民法典

合同编及司法解释

应用一本通

法律应用一本通系列

法律出版社法律应用中心　编

法律出版社 | LAW PRESS
北京

图书在版编目(CIP)数据

民法典合同编及司法解释应用一本通 / 法律出版社法律应用中心编. -- 北京 : 法律出版社, 2024
ISBN 978-7-5197-8196-5

Ⅰ. ①民… Ⅱ. ①法… Ⅲ. ①合同法－法律解释－中国－手册 Ⅳ. ①D923.65-62

中国国家版本馆 CIP 数据核字(2023)第 150642 号

民法典合同编及司法解释应用一本通
MINFADIAN HETONGBIAN JI SIFA JIESHI YINGYONG YIBENTONG

法律出版社法律应用中心 编

策划编辑 朱海波
责任编辑 朱海波
装帧设计 鲍龙卉

出版发行 法律出版社
编辑统筹 法律应用出版分社
责任校对 蒋 橙
责任印制 刘晓伟
经　　销 新华书店

开本 A5
印张 20　**字数** 600 千
版本 2024 年 1 月第 1 版
印次 2024 年 1 月第 1 次印刷
印刷 天津嘉恒印务有限公司

地址:北京市丰台区莲花池西里 7 号(100073)
网址:www. lawpress. com. cn
投稿邮箱:info@ lawpress. com. cn
举报盗版邮箱:jbwq@ lawpress. com. cn

销售电话:010-83938349
客服电话:010-83938350
咨询电话:010-63939796

书号:ISBN 978-7-5197-8196-5
定价:68.00 元
凡购买本社图书,如有印装错误,我社负责退换。电话:010-83938349

出版说明

法治社会离不开合同。大到港口货运、房地产开发，小到购物消费、存款借贷，方方面面都与合同密切相关，其重要性不言而喻。在民法典的1260个条文中，合同编就有526条，加之总则编中民事法律行为、代理、民事责任等有关规定，可以说民法典一半的条文都与合同相关。为方便广大法律工作者和普通读者查阅、学习、研究、理解和适用民法典合同编的相关规定，我们编写了这本《民法典合同编及司法解释应用一本通》。

本书的编排主要有以下几点考虑：

1. 本书并没有将所有配套的法律规定罗列在一起，而是将合同编通则司法解释与买卖合同、技术合同、建设工程施工合同等具体合同类型的司法解释单独列出作为合同编条文的"对应司法解释"，紧列条文之后，其他法律规定作为"关联法律法规"。这样划分有助于读者更快、更清楚地查阅到有关条文的具体司法解释，并能够结合条文进行比照理解。

2. 本书对重点条文进行了"条文应用提示"，并列出了"典型案例指导"，以帮助读者更深入地学习和理解法律规定。"条文应用提示"部分精练自全国人大、最高人民法院等国家机关和有关部门的解释、解读或相关配套规定。"典型案例指导"为最高人民法院发布的指导案例、典型案例和公报案例，除指导案例全文收纳外，其他案例对裁判要点或典型意义进行了提炼。

3. 本书还设有“旧法对应关系”板块，主要列明了合同编的条文与合同法、原合同法解释等相关法律、司法解释的对应关系。鉴于民法典已经实施数年，与旧法的对应在实际应用中并没有民法典刚出台时的迫切，书稿中只列明了对应的法律规定的条文序号，读者若需了解具体内容可以扫描本书中的二维码查看。

4. 本书虽定位民法典合同编的适用，但考虑到有关合同的原则、效力、代理等相关基本的规定体现在总则编之中，本书在附录部分列出了总则编的部分条文的具体适用，以便读者查阅。

由于时间仓促与经验所限，疏漏之处在所难免，敬请读者指正。

法律规定简称表

全称	简称
中华人民共和国合同法	合同法
中华人民共和国担保法	担保法
中华人民共和国民法通则	民法通则
中华人民共和国民法总则	民法总则
最高人民法院印发《关于贯彻执行〈中华人民共和国民法通则〉若干问题的意见(试行)》的通知	民通意见
最高人民法院关于适用《中华人民共和国合同法》若干问题的解释(一)(法释〔1999〕19号)	原合同法解释一
最高人民法院关于适用《中华人民共和国合同法》若干问题的解释(二)(法释〔2009〕5号)	原合同法解释二
最高人民法院关于适用《中华人民共和国担保法》若干问题的解释(法释〔2000〕44号)	原担保法解释
最高人民法院关于审理买卖合同纠纷案件适用法律问题的解释(法释〔2012〕8号)	原买卖合同解释
最高人民法院关于审理商品房买卖合同纠纷案件适用法律若干问题的解释(法释〔2003〕7号)	原商品房买卖合同解释
最高人民法院关于审理建设工程施工合同纠纷案件适用法律问题的解释(法释〔2004〕14号)	原建设工程施工合同解释
最高人民法院关于审理建设工程施工合同纠纷案件适用法律问题的解释(二)(法释〔2018〕20号)	原建设工程施工合同解释二

续表

全称	简称
最高人民法院关于审理城镇房屋租赁合同纠纷案件具体应用法律若干问题的解释（法释〔2009〕11号）	原房屋租赁合同解释
最高人民法院关于审理融资租赁合同纠纷案件适用法律问题的解释（法释〔2014〕3号）	原融资租赁合同解释
最高人民法院关于审理技术合同纠纷案件适用法律若干问题的解释（法释〔2004〕20号）	原技术合同解释
最高人民法院审理物业服务纠纷案件具体应用法律若干问题的解释（法释〔2009〕8号）	原物业服务解释

目　　录

条文索引

第一分编　通　　则

第一章　一般规定

第四百六十三条　【合同编的调整范围】本编调整因合同产生的民事关系。

第四百六十四条　【合同的定义和身份关系协议的法律适用】合同是民事主体之间设立、变更、终止民事法律关系的协议。

婚姻、收养、监护等有关身份关系的协议，适用有关该身份关系的法律规定；没有规定的，可以根据其性质参照适用本编规定。

条文应用提示

合同编主要调整财产关系，婚姻、收养、监护等有关身份关系的协议有其特殊性，相关法律对这些身份关系作出规定的，适用该相关法律规定；相关法律对这些身份关系没有作出规定的，可以根据婚姻、收养、监护这类身份关系协议的性质，参照适用合同编的相关规定。

旧法对应关系

合同法第二条

关联法律法规

《中华人民共和国保险法》（2015 年 4 月 24 日修正）

第十条　职工应当参加基本养老保险，由用人单位和职工共同缴纳基本养老保险费。

无雇工的个体工商户、未在用人单位参加基本养老保险的非全日制从业人员以及其他灵活就业人员可以参加基本养老保险，由个人缴纳基本养老保险费。

公务员和参照公务员法管理的工作人员养老保险的办法由国务院规定。

典型案例指导

雷某与某体育公司合同纠纷案(2023年6月21日《最高人民法院发布八起涉体育纠纷民事典型案例》)

雷某(未满十六周岁)之父代其与某体育公司签订《合约书》,雷某成为某体育公司的台球合约选手。后某体育公司与案外人解除了培训基地的投资合作协议,雷某未再参加任何培训及公司安排的比赛活动。雷某以无法享受培训、某体育公司无法继续履行合同义务为由,起诉请求判令解除合同、某体育公司支付违约金。某体育公司以雷某未经同意擅自离开、违约在先为由,反诉请求判令雷某返还学费、住宿费等费用,平均分配雷某自行参赛所获奖金。审理法院认为,雷某签订合同时系未满十六周岁的未成年人,具备受体育单位招用的资格。某体育公司作为招用单位,应当遵守国家有关规定,并保障雷某接受义务教育的权利。雷某与某体育公司签订的合同性质及履行状况均符合劳动关系建立的组织性、从属性、有偿性等条件,双方已建立劳动关系。本案不属于合同纠纷,属于劳动争议,应当适用劳动法律法规确定双方权利义务。

【典型意义】

国家促进和规范职业体育市场化、职业化发展。运动员与其接受训练、代表参赛的单位之间的法律关系性质引发社会普遍关注。未满十六周岁的未成年人可以被文艺、体育和特种工艺单位招用,只要招用单位与未满十六周岁的未成年人之间的法律关系具备人身、经济从属性等劳动关系特征,应当认定双方建立劳动关系。人民法院结合案件情况,不简单适用"外观主义"审查,重点审查未成年运动员与招用单位之间是否存在劳动管理事实和从属性特征,有利于充分保障未成年运动员的合法权利,打牢竞技体育人才培养的根基,促进职业体育行业健康有序发展。

第四百六十五条　【依法成立的合同效力】依法成立的合同,受法律保护。

依法成立的合同,仅对当事人具有法律约束力,但是法律另有规定的除外。

第四百六十六条 【合同条款的解释】当事人对合同条款的理解有争议的，应当依据本法第一百四十二条第一款的规定，确定争议条款的含义。

合同文本采用两种以上文字订立并约定具有同等效力的，对各文本使用的词句推定具有相同含义。各文本使用的词句不一致的，应当根据合同的相关条款、性质、目的以及诚信原则等予以解释。

对应司法解释

《最高人民法院关于适用〈中华人民共和国民法典〉合同编通则若干问题的解释》（法释〔2023〕13号）

第一条 人民法院依据民法典第一百四十二条第一款、第四百六十六条第一款的规定解释合同条款时，应当以词句的通常含义为基础，结合相关条款、合同的性质和目的、习惯以及诚信原则，参考缔约背景、磋商过程、履行行为等因素确定争议条款的含义。

有证据证明当事人之间对合同条款有不同于词句的通常含义的其他共同理解，一方主张按照词句的通常含义理解合同条款的，人民法院不予支持。

对合同条款有两种以上解释，可能影响该条款效力的，人民法院应当选择有利于该条款有效的解释；属于无偿合同的，应当选择对债务人负担较轻的解释。

条文应用提示

合同条款是基于合同当事人意思表示一致而订立的，但在实践中由于种种原因，当事人可能会对合同某些条款的理解发生争议。《民法典》总则编第一百四十二条第一款规定，有相对人的意思表示的解释，应当按照所使用的词句，结合相关条款、行为的性质和目的、习惯以及诚信原则，确定意思表示的含义。对此，可作以下理解：第一，首先要按照条款所使用的词句进行解释。第二，对条款中词句的理解不能孤立进行，而要结合其他相关条款、行为的性质和目的、习惯以及诚实信用原则，综合判断、确定争议条款的含义。

典型案例指导

BETA 股份公司(BETA S. A.)诉天津鲁治钢铁贸易有限公司国际货物买卖合同纠纷案[《最高人民法院公报》2023 年第 10 期(总第 326 期)]

【裁判要旨】

在适用《联合国国际货物销售合同公约》第八条"客观标准"解释合同条款时,应结合当事人实际使用文字的含义、与上下文的关系、商业合理性等因素,并适当考虑相关事实情况,予以综合考量,以确定"一个通情达理的人应有的理解"。买方延迟付款,除卖方依照公约第六十三条、第六十四条的相关规定为买方确定宽限付款日期,而买方在该宽限付款日期结束以前依然没有履行支付义务或声明其将不在所规定的时间内履行外,买方实际付款晚于约定日期在通常情况下,并不构成该公约下的根本违反合同。

关联法律法规

《中华人民共和国民法典》(2020 年 5 月 28 日)

第一百四十二条第一款　有相对人的意思表示的解释,应当按照所使用的词句,结合相关条款、行为的性质和目的、习惯以及诚信原则,确定意思表示的含义。

第四百六十七条　【无名合同及涉外合同的法律适用】本法或者其他法律没有明文规定的合同,适用本编通则的规定,并可以参照适用本编或者其他法律最相类似合同的规定。

在中华人民共和国境内履行的中外合资经营企业合同、中外合作经营企业合同、中外合作勘探开发自然资源合同,适用中华人民共和国法律。

条文应用提示

合同编通则的规定是针对所有合同的共性规定。因此,非典型合同应当适用合同编通则的规定,合同编通则对合同的订立、合同的效力、合同的履行、合同的保全、合同的变更和转让、合同的权利义务终止、违约责任等所作的规定均适用于各类非典型合同。合同编第二分编规定的典型合同,虽然是对某类合同的专门性规定,但其他一些合同可能会与合同编规定的典型合同存在共同之处或者相近之处。例如,买卖合同是典型的有偿合同,非典型合同中也有许多有偿合同,这些有偿合同可以参照适用买卖合同的有关规定。

旧法对应关系

合同法第一百二十四条,民法总则第一百四十二条第一款

典型案例指导

福州九农贸易有限公司诉上海寻梦信息技术有限公司网络服务合同纠纷案(2019年12月7日《最高人民法院发布中国互联网司法典型案例》)

基于网络平台发生的购物活动,具有买卖迅速、交易量大、跨地域广、主体分散等特点,行政部门监督难度不断加大,网络平台自治规则的作用不断增强。本案明确平台与商家在入驻协议中约定"消费者赔付金",属于平台自治行为,且协议内容不违反法律、行政法规的强制性规定。当商家在平台上发生售假行为构成违约时,平台有权按照约定的"消费者赔付金"规则,直接扣付相关钱款给消费者,肯定了互联网平台自治规则的效力。

俞建水与中国工商银行股份有限公司上海市鞍山路支行、中国工商银行股份有限公司上海市杨浦支行储蓄存款合同纠纷案(2014年3月19日《最高人民法院公布保障民生第二批典型案例》)

本案是一起因银行工作人员内外勾结,以高息揽储业务引诱储户与银行建立储蓄存款合同关系,进而骗划存款资金,引发银行与储户之间储蓄存款合同纠纷的典型案例。本案审理的关键在于银行与储户对存款被骗导致的损失是否具有过错,以及如何承担与其过错相适应的责任。本案中,法院结合储蓄存款合同的性质特点、货币资金所有权的变动、银行履行合同义务的情况以及原告过错与损失结果之间的关联性,认定银行应当按照合同约定对储户的存款本金及利息损失承担全部责任,较好地维护了储户作为金融消费者的合法权益,对促进银行规范交易流程、加强管理具有重要意义。

焦建军与江苏省中山国际旅行社有限公司、第三人中国康辉南京国际旅行社有限责任公司旅游侵权纠纷案[江苏省南京市中级人民法院2012年3月19日民事判决书,《最高人民法院公报》2012年第11期(总第193期)]

旅游者与旅行社签订旅游合同后,双方形成旅游服务合同关系,旅行社所提供的服务应当符合保障旅游者人身、财产安全的要求。同时,旅行社委托的旅游辅助人所提供的食宿、交通运输等服务系旅行社履行旅游服务合同义务

的延续，应认定为是代表旅行社的行为，旅游辅助人的侵权行为可直接认定为旅行社的侵权行为。旅游者在旅游过程中乘坐旅行社提供的车辆发生交通事故导致人身损害、财产损失的，构成违约责任和侵权责任的竞合，旅游者有权选择合同之诉或侵权之诉要求旅行社承担相应民事赔偿责任。

第四百六十八条　【非因合同产生的债权债务关系的法律适用】非因合同产生的债权债务关系，适用有关该债权债务关系的法律规定；没有规定的，适用本编通则的有关规定，但是根据其性质不能适用的除外。

第二章　合同的订立

第四百六十九条　【合同订立形式】当事人订立合同，可以采用书面形式、口头形式或者其他形式。

书面形式是合同书、信件、电报、电传、传真等可以有形地表现所载内容的形式。

以电子数据交换、电子邮件等方式能够有形地表现所载内容，并可以随时调取查用的数据电文，视为书面形式。

对应司法解释

《最高人民法院关于审理买卖合同纠纷案件适用法律问题的解释》（法释〔2020〕17号修正）

第一条　当事人之间没有书面合同，一方以送货单、收货单、结算单、发票等主张存在买卖合同关系的，人民法院应当结合当事人之间的交易方式、交易习惯以及其他相关证据，对买卖合同是否成立作出认定。

对账确认函、债权确认书等函件、凭证没有记载债权人名称，买卖合同当事人一方以此证明存在买卖合同关系的，人民法院应予支持，但有相反证据足以推翻的除外。

条文应用提示

依据本条第二款的规定，书面形式的核心特征是可以有形地表现所载内容。

根据本条第三款的规定，无论是以电子数据交换方式，还是以电子邮件或者其他方式，如果该数据电文能够有形地表现所载内容，并且可以随时调取查用，就可以视为书面形式。

旧法对应关系

合同法第十条、第十一条，民法总则第一百三十五条

关联法律法规

《中华人民共和国民法典》(2020年5月28日)

第一百三十五条 民事法律行为可以采用书面形式、口头形式或者其他形式；法律、行政法规规定或者当事人约定采用特定形式的，应当采用特定形式。

《中华人民共和国民用航空法》(2021年4月29日修正)

第十四条 民用航空器所有权的取得、转让和消灭，应当向国务院民用航空主管部门登记；未经登记的，不得对抗第三人。

民用航空器所有权的转让，应当签订书面合同。

第一百四十八条 通用航空企业从事经营性通用航空活动，应当与用户订立书面合同，但是紧急情况下的救护或者救灾飞行除外。

《中华人民共和国广告法》(2021年4月29日修正)

第三十条 广告主、广告经营者、广告发布者之间在广告活动中应当依法订立书面合同。

《中华人民共和国城市房地产管理法》(2019年8月26日修正)

第十五条 土地使用权出让，应当签订书面出让合同。

土地使用权出让合同由市、县人民政府土地管理部门与土地使用者签订。

第四十一条 房地产转让，应当签订书面转让合同，合同中应当载明土地使用权取得的方式。

第五十条 房地产抵押，抵押人和抵押权人应当签订书面抵押合同。

第五十四条 房屋租赁，出租人和承租人应当签订书面租赁合同，约

定租赁期限、租赁用途、租赁价格、修缮责任等条款,以及双方的其他权利和义务,并向房产管理部门登记备案。

《中华人民共和国电子签名法》(2019年4月23日修正)

第二条　本法所称电子签名,是指数据电文中以电子形式所含、所附用于识别签名人身份并表明签名人认可其中内容的数据。

本法所称数据电文,是指以电子、光学、磁或者类似手段生成、发送、接收或者储存的信息。

第三条　民事活动中的合同或者其他文件、单证等文书,当事人可以约定使用或者不使用电子签名、数据电文。

当事人约定使用电子签名、数据电文的文书,不得仅因为其采用电子签名、数据电文的形式而否定其法律效力。

前款规定不适用下列文书:

(一)涉及婚姻、收养、继承等人身关系的;

(二)涉及停止供水、供热、供气等公用事业服务的;

(三)法律、行政法规规定的不适用电子文书的其他情形。

第四条　能够有形地表现所载内容,并可以随时调取查用的数据电文,视为符合法律、法规要求的书面形式。

第五条　符合下列条件的数据电文,视为满足法律、法规规定的原件形式要求:

(一)能够有效地表现所载内容并可供随时调取查用;

(二)能够可靠地保证自最终形成时起,内容保持完整、未被更改。但是,在数据电文上增加背书以及数据交换、储存和显示过程中发生的形式变化不影响数据电文的完整性。

第六条　符合下列条件的数据电文,视为满足法律、法规规定的文件保存要求:

(一)能够有效地表现所载内容并可供随时调取查用;

(二)数据电文的格式与其生成、发送或者接收时的格式相同,或者格式不相同但是能够准确表现原来生成、发送或者接收的内容;

(三)能够识别数据电文的发件人、收件人以及发送、接收的时间。

第七条　数据电文不得仅因为其是以电子、光学、磁或者类似手段生成、发送、接收或者储存的而被拒绝作为证据使用。

第八条 审查数据电文作为证据的真实性，应当考虑以下因素：

（一）生成、储存或者传递数据电文方法的可靠性；

（二）保持内容完整性方法的可靠性；

（三）用以鉴别发件人方法的可靠性；

（四）其他相关因素。

《中华人民共和国建筑法》（2019年4月23日修正）

第十五条 建筑工程的发包单位与承包单位应当依法订立书面合同，明确双方的权利和义务。

发包单位和承包单位应当全面履行合同约定的义务。不按照合同约定履行义务的，依法承担违约责任。

《中华人民共和国商业银行法》（2015年8月29日修正）

第三十七条 商业银行贷款，应当与借款人订立书面合同。合同应当约定贷款种类、借款用途、金额、利率、还款期限、还款方式、违约责任和双方认为需要约定的其他事项。

《中华人民共和国保险法》（2015年4月24日修正）

第十三条 投保人提出保险要求，经保险人同意承保，保险合同成立。保险人应当及时向投保人签发保险单或者其他保险凭证。

保险单或者其他保险凭证应当载明当事人双方约定的合同内容。当事人也可以约定采用其他书面形式载明合同内容。

依法成立的保险合同，自成立时生效。投保人和保险人可以对合同的效力约定附条件或者附期限。

典型案例指导

北京市五金矿产进出口公司诉中国五金矿产进出口公司货款纠纷案［北京市高级人民法院2000年6月8日民事判决书，《最高人民法院公报》2000年第5期（总第67期）］

双方当事人虽未签订合同，但事实上履行了买卖行为，且有相关文件证明，则可认定双方当事人之间存在债权债务关系。债权人有权要求债务人按照合同的约定或者依照法律的规定履行义务。

第四百七十条 【合同主要条款与示范文本】合同的内容由当事人约定，一般包括下列条款：

（一）当事人的姓名或者名称和住所；
（二）标的；
（三）数量；
（四）质量；
（五）价款或者报酬；
（六）履行期限、地点和方式；
（七）违约责任；
（八）解决争议的方法。
当事人可以参照各类合同的示范文本订立合同。

旧法对应关系

合同法第十二条，原合同法解释二第一条

关联法律法规

《中华人民共和国期货和衍生品法》（2022年4月20日）

第三十二条　衍生品交易采用主协议方式的，主协议、主协议项下的全部补充协议以及交易双方就各项具体交易作出的约定等，共同构成交易双方之间一个完整的单一协议，具有法律约束力。

第三十三条　本法第三十二条规定的主协议等合同范本，应当按照国务院授权的部门或者国务院期货监督管理机构的规定报送备案。

《中华人民共和国草原法》（2021年4月29日修正）

第十四条　承包经营草原，发包方和承包方应当签订书面合同。草原承包合同的内容应当包括双方的权利和义务、承包草原四至界限、面积和等级、承包期和起止日期、承包草原用途和违约责任等。承包期届满，原承包经营者在同等条件下享有优先承包权。

承包经营草原的单位和个人，应当履行保护、建设和按照承包合同约定的用途合理利用草原的义务。

第十五条　草原承包经营权受法律保护，可以按照自愿、有偿的原则依法转让。

草原承包经营权转让的受让方必须具有从事畜牧业生产的能力，并应当履行保护、建设和按照承包合同约定的用途合理利用草原的义务。

草原承包经营权转让应当经发包方同意。承包方与受让方在转让合同中约定的转让期限,不得超过原承包合同剩余的期限。

《中华人民共和国农村土地承包法》(2018年12月29日修正)

第四十条 土地经营权流转,当事人双方应当签订书面流转合同。

土地经营权流转合同一般包括以下条款:

(一)双方当事人的姓名、住所;

(二)流转土地的名称、坐落、面积、质量等级;

(三)流转期限和起止日期;

(四)流转土地的用途;

(五)双方当事人的权利和义务;

(六)流转价款及支付方式;

(七)土地被依法征收、征用、占用时有关补偿费的归属;

(八)违约责任。

承包方将土地交由他人代耕不超过一年的,可以不签订书面合同。

《中华人民共和国旅游法》(2018年10月26日修正)

第五十八条 包价旅游合同应当采用书面形式,包括下列内容:

(一)旅行社、旅游者的基本信息;

(二)旅游行程安排;

(三)旅游团成团的最低人数;

(四)交通、住宿、餐饮等旅游服务安排和标准;

(五)游览、娱乐等项目的具体内容和时间;

(六)自由活动时间安排;

(七)旅游费用及其交纳的期限和方式;

(八)违约责任和解决纠纷的方式;

(九)法律、法规规定和双方约定的其他事项。

订立包价旅游合同时,旅行社应当向旅游者详细说明前款第二项至第八项所载内容。

第四百七十一条 【合同订立方式】当事人订立合同,可以采取要约、承诺方式或者其他方式。

条文应用提示

要约、承诺方式是最为典型的合同订立方式。当事人形成合意的过程，是对合同内容协商一致的过程，很多都是经过要约、承诺完成的。向对方提出合同条件、作出签订合同的意思表示称为“要约”，而另一方如果表示接受就称为“承诺”。

旧法对应关系

合同法第十三条

第四百七十二条 【要约的定义及构成要件】要约是希望与他人订立合同的意思表示，该意思表示应当符合下列条件：

（一）内容具体确定；

（二）表明经受要约人承诺，要约人即受该意思表示约束。

条文应用提示

要约是希望与他人订立合同的意思表示。发出要约的人称为“要约人”，接收要约的人称为“受要约人”。

要约的效力在于，一经受要约人承诺，合同即可成立。要约必须表明经受要约人承诺，要约人即受该意思表示拘束。能否构成一个要约要看这种意思表示是否表达了与被要约人订立合同的意愿，这要根据特定情况和当事人所使用的语言表达来判断。要约一般应向特定人发出。因为，相对人的特定化意味着要约人对谁有资格作为承诺人和合同相对方作出了选择，这样对方一承诺，一个合同就成立了。如果相对人不确定，则作为合同的另一方当事人就是不确定的，既然不确定，作出承诺后合同也不一定成立。在这种情况下，把一项订约的意思表示视为一个要约就是不合适的，只能视为一个要约邀请。

旧法对应关系

合同法第十四条

第四百七十三条 【要约邀请】要约邀请是希望他人向自己发出要约的表示。拍卖公告、招标公告、招股说明书、债券募集办法、基金招募说明书、商业广告和宣传、寄送的价目表等为要约邀请。

商业广告和宣传的内容符合要约条件的,构成要约。

对应司法解释

《最高人民法院关于审理商品房买卖合同纠纷案件适用法律若干问题的解释》(法释〔2020〕17号修正)

第三条 商品房的销售广告和宣传资料为要约邀请,但是出卖人就商品房开发规划范围内的房屋及相关设施所作的说明和允诺具体确定,并对商品房买卖合同的订立以及房屋价格的确定有重大影响的,构成要约。该说明和允诺即使未载入商品房买卖合同,亦应当为合同内容,当事人违反的,应当承担违约责任。

条文应用提示

要约邀请,又称要约引诱,是邀请或者引诱他人向自己发出要约的表示,可以是向特定人发出的,也可以是向不特定的人发出的。本条列举了五种比较典型的要约邀请类型:第一,拍卖公告。拍卖是一种特殊买卖方式。一般认为,在拍卖活动中,竞买人的出价为要约,拍卖人击槌(或者以其他方式)拍定为承诺。第二,招标公告。招标投标是一种特殊的签订合同的方式,广泛应用于货物买卖、建设工程、土地使用权出让与转让、技术转让等领域。第三,招股说明书、债券募集办法和基金招募说明书。招股说明书是股份有限公司发起人向社会公开募集股份时或者公司经批准向社会公开发行新股时,向社会公众公开的说明文书。债券募集办法,是指公司发行公司债券时,应当按照规定公告公司债券募集办法,记载并披露对投资者作出投资决策有重大影响的信息。基金招募说明书是基金发起人公开发售基金时,为基金投资者提供的对基金情况进行说明的文件。第四,商业广告和宣传。商业广告是指商品经营者或者服务提供者通过一定媒介和形式直接或者间接地介绍自己所推销的商品或者服务的广告。第五,寄送的价目表。根据对要约条件的分析,价目表仅指明了商品、价格,并没有指明数量,对方不能以"是"、"对"或者"同意”等肯定词语的答复使合同成立，自然不符合要约的条件，只能视作要约邀请。

本条第二款规定，商业广告和宣传的内容符合要约条件的，构成要约。认定一项商业广告或者商业宣传是否符合要约的条件，需要根据实际情况进行判断。

旧法对应关系

合同法第十五条

关联法律法规

《中华人民共和国公司法》(2018年12月26日修正)

第八十六条　招股说明书应当附有发起人制订的公司章程，并载明下列事项：

(一)发起人认购的股份数；

(二)每股的票面金额和发行价格；

(三)无记名股票的发行总数；

(四)募集资金的用途；

(五)认股人的权利、义务；

(六)本次募股的起止期限及逾期未募足时认股人可以撤回所认股份的说明。

第八十七条　发起人向社会公开募集股份，应当由依法设立的证券公司承销，签订承销协议。

《中华人民共和国招标投标法》(2017年12月27日修正)

第十条　招标分为公开招标和邀请招标。

公开招标，是指招标人以招标公告的方式邀请不特定的法人或者其他组织投标。

邀请招标，是指招标人以投标邀请书的方式邀请特定的法人或者其他组织投标。

第十六条　招标人采用公开招标方式的，应当发布招标公告。依法必须进行招标的项目的招标公告，应当通过国家指定的报刊、信息网络或者其他媒介发布。

招标公告应当载明招标人的名称和地址、招标项目的性质、数量、实施地点和时间以及获取招标文件的办法等事项。

第十七条 招标人采用邀请招标方式的,应当向三个以上具备承担招标项目的能力、资信良好的特定的法人或者其他组织发出投标邀请书。

投标邀请书应当载明本法第十六条第二款规定的事项。

《中华人民共和国拍卖法》(2015年4月24日修正)

第四十五条 中标人确定后,招标人应当向中标人发出中标通知书,并同时将中标结果通知所有未中标的投标人。

中标通知书对招标人和中标人具有法律效力。中标通知书发出后,招标人改变中标结果的,或者中标人放弃中标项目的,应当依法承担法律责任。

第四十六条 招标人和中标人应当自中标通知书发出之日起三十日内,按照招标文件和中标人的投标文件订立书面合同。招标人和中标人不得再行订立背离合同实质性内容的其他协议。

招标文件要求中标人提交履约保证金的,中标人应当提交。

第四十七条 依法必须进行招标的项目,招标人应当自确定中标人之日起十五日内,向有关行政监督部门提交招标投标情况的书面报告。

第四十八条 中标人应当按照合同约定履行义务,完成中标项目。中标人不得向他人转让中标项目,也不得将中标项目肢解后分别向他人转让。

中标人按照合同约定或者经招标人同意,可以将中标项目的部分非主体、非关键性工作分包给他人完成。接受分包的人应当具备相应的资格条件,并不得再次分包。

中标人应当就分包项目向招标人负责,接受分包的人就分包项目承担连带责任。

第四百七十四条 【要约生效时间】要约生效的时间适用本法第一百三十七条的规定。

旧法对应关系

合同法第十六条,民法总则第一百三十七条

第四百七十五条 【要约撤回】要约可以撤回。要约的撤回适用本法第一百四十一条的规定。

条文应用提示

要约的撤回,是指在要约发出之后、生效以前,要约人欲使该要约不发生法律效力而作出的意思表示。要约之所以可以撤回,是因为要约尚未发生法律效力,不会对受要约人产生任何影响,也不会危害交易秩序。因此,在此阶段,应当允许要约人撤回要约,使尚未生效的要约不产生预期的效力,这也是对行为人意愿的充分尊重。基于此,本条规定,要约可以撤回。

旧法对应关系

合同法第十七条,民法总则第一百四十一条

第四百七十六条 【要约不得撤销情形】要约可以撤销,但是有下列情形之一的除外:

(一)要约人以确定承诺期限或者其他形式明示要约不可撤销;

(二)受要约人有理由认为要约是不可撤销的,并已经为履行合同做了合理准备工作。

条文应用提示

要约的撤销,是指要约人在要约发生法律效力之后、受要约人作出承诺之前,欲使该要约失去法律效力的意思表示。

旧法对应关系

合同法第十八条、第十九条

关联法律法规

《中华人民共和国证券法》(2019年12月28日修订)

第六十八条 在收购要约确定的承诺期限内,收购人不得撤销其收购要约。收购人需要变更收购要约的,应当及时公告,载明具体变更事项,且不得存在下列情形:

(一)降低收购价格;

(二)减少预定收购股份数额;

(三)缩短收购期限;

(四)国务院证券监督管理机构规定的其他情形。

第四百七十七条 【要约撤销】撤销要约的意思表示以对话方式作出的,该意思表示的内容应当在受要约人作出承诺之前为受要约人所知道;撤销要约的意思表示以非对话方式作出的,应当在受要约人作出承诺之前到达受要约人。

条文应用提示

要约生效后,受要约人已经知悉了要约的内容,甚至可能已经基于对要约的信赖做出了某些行为。为了保障受要约人的合理信赖利益,要约人应当在受要约人作出承诺之前撤销要约。如果受要约人已经作出承诺,则要约人不得撤销要约。

第四百七十八条 【要约失效】有下列情形之一的,要约失效:

(一)要约被拒绝;

(二)要约被依法撤销;

(三)承诺期限届满,受要约人未作出承诺;

(四)受要约人对要约的内容作出实质性变更。

条文应用提示

要约的失效,也可以称为要约的消灭或者要约的终止,是指要约丧失法律效力,要约人与受要约人均不再受其约束。要约人不再承担接受承诺的义务,受要约人亦不再享有通过承诺使合同得以成立的权利。其中,受要约人对一项要约的内容作出实质性变更的,为新要约。新要约使原要约失去效力,要约人即不受原要约的拘束。

旧法对应关系

合同法第二十条

关联法律法规

《中华人民共和国拍卖法》(2015年4月24日修正)

第三十六条 竞买人一经应价,不得撤回,当其他竞买人有更高应价时,其应价即丧失约束力。

第四百七十九条 【承诺的定义】承诺是受要约人同意要约的意思表示。

条文应用提示

所谓承诺,是指受要约人同意接受要约的全部条件以缔结合同的意思表示。从性质上来说,承诺与要约一样,都属于意思表示。意思表示是指行为人为了产生一定民法上的效果而将其内心意思通过一定方式表达于外部的行为,是实现当事人意思自治的工具。对承诺的定义,可以从以下三个方面理解

一是承诺须由受要约人作出。要约是要约人向受要约人发出的,受要约人是要约人选定的交易相对方,只有受要约人才具有作出承诺的资格,受要约人以外的第三人不具有承诺的资格。

二是承诺须向要约人作出。承诺是对要约的同意,受要约人意在与要约人订立合同,当然要向要约人作出。如果承诺不是向要约人作出,则作出的承诺意思表示不视为承诺,不能达到与要约人订立合同的目的。

三是承诺的内容须与要约的内容保持一致。这是承诺最核心的要件,承诺必须是对要约完全的、单纯的同意。因为受要约人如想与要约人订立合同,必须使承诺在内容上与要约的内容保持一致,否则要约人就可能拒绝受要约人而使合同不能成立。如果受要约人在承诺中对要约的内容加以扩张、限制或者变更,便不能构成承诺,并可能构成一项新的要约。

旧法对应关系

合同法第二十一条

第四百八十条 【承诺的方式】承诺应当以通知的方式作出；但是，根据交易习惯或者要约表明可以通过行为作出承诺的除外。

条文应用提示

承诺方式，是指受要约人将其承诺的意思表示传达给要约人所采用的方式。一般来说，法律并不对承诺必须采取的方式作限定，而只是一般规定承诺应当以明示或者默示的方式作出。所谓明示的方式，一般指通知。以通知的方式作出承诺可以是口头通知，也可以是书面通知。所谓默示的方式，一般指按照交易的习惯或者当事人之间的约定，受要约人尽管没有通过书面或者口头方式明确表达其意思，但是通过实施一定的行为和其他形式作出了承诺。本条中“通知的方式”是典型的明示方式。

旧法对应关系

合同法第二十二条，原合同法解释二第七条

第四百八十一条 【承诺的期限】承诺应当在要约确定的期限内到达要约人。

要约没有确定承诺期限的，承诺应当依照下列规定到达：

（一）要约以对话方式作出的，应当即时作出承诺；

（二）要约以非对话方式作出的，承诺应当在合理期限内到达。

条文应用提示

本条区分要约是否确定了承诺期限，对承诺的到达时间分别作了规定。要约确定了承诺期限的，受要约人自然应当尊重要约人的意愿，承诺应当在该承诺期限内到达要约人。要约没有确定承诺期限的，根据要约是以对话方式作出还是以非对话方式作出，承诺到达时间又有所不同：

一是关于以对话方式作出的要约。所谓以对话方式作出的要约，是指采取使受要约方可以同步受领的方式作出的要约，如面对面交谈、电话等方式。在以这种方式作出的要约中，要约人作出要约和受要约人受领要约是同步进行的，没有时间差，受要约人可以即时决定是否接受。

二是关于以非对话方式作出的要约。要约本身没有确定承诺期限的，如果要约以非对话方式作出，则如何确定承诺期限？一般来说，"合理期限"可分为三段：第一，要约到达于受要约人的期间；第二，为承诺所必要的期间；第三，承诺的通知到达要约人所必要的期间。

旧法对应关系

合同法第二十三条

第四百八十二条 【以信件或者电报等作出的要约的承诺期限计算方法】要约以信件或者电报作出的，承诺期限自信件载明的日期或者电报交发之日开始计算。信件未载明日期的，自投寄该信件的邮戳日期开始计算。要约以电话、传真、电子邮件等快速通讯方式作出的，承诺期限自要约到达受要约人时开始计算。

旧法对应关系

合同法第二十四条

第四百八十三条 【合同成立时间】承诺生效时合同成立，但是法律另有规定或者当事人另有约定的除外。

对应司法解释

《最高人民法院关于适用〈中华人民共和国民法典〉合同编通则若干问题的解释》（法释〔2023〕13号）

第四条　采取招标方式订立合同，当事人请求确认合同自中标通知书到达中标人时成立的，人民法院应予支持。合同成立后，当事人拒绝签订书面合同的，人民法院应当依据招标文件、投标文件和中标通知书等确定合同内容。

> 采取现场拍卖、网络拍卖等公开竞价方式订立合同,当事人请求确认合同自拍卖师落槌、电子交易系统确认成交时成立的,人民法院应予支持。合同成立后,当事人拒绝签订成交确认书的,人民法院应当依据拍卖公告、竞买人的报价等确定合同内容。
>
> 产权交易所等机构主持拍卖、挂牌交易,其公布的拍卖公告、交易规则等文件公开确定了合同成立需要具备的条件,当事人请求确认合同自该条件具备时成立的,人民法院应予支持。

条文应用提示

一般而言,原则上承诺生效时,就是合同成立之时。但民事活动应当充分尊重当事人的意愿。总则编第五条规定,民事主体从事民事活动,应当遵循自愿原则,按照自己的意思设立、变更、终止民事法律关系。据此,合同成立时间也应当允许当事人双方另行约定。

本条在原则上将"承诺生效时"作为合同成立时间的同时,还作了但书规定,即"法律另有规定或者当事人另有规定的除外"。这样,既为法律另行规定留下空间,也有利于当事人根据实际情况对合同成立时间另行约定。比如,依照法律规定,实践性合同自实际交付标的物时成立。合同编第五百八十六条规定,定金合同自实际交付定金时成立。第六百七十九条规定,自然人之间的借款合同,自贷款人提供借款时成立。第九百零五条规定,仓储合同自保管人和存货人意思表示一致时成立。此外,要约人与受要约人也可能会对合同成立时间作出另行约定。例如,要约人与受要约人约定,承诺生效后还要制作专门的合同书,当事人均签名、盖章时合同始成立。在这种情况下,就不能将承诺生效时间直接作为合同成立时间,而是应当尊重当事人之间的约定,以当事人均签名、盖章时作为合同成立时间。

旧法对应关系

合同法第二十五条

典型案例指导

某物业管理有限公司与某研究所房屋租赁合同纠纷案（最高人民法院发布《关于适用〈中华人民共和国民法典〉合同编通则若干问题的解释》相关典型案例之一）

【裁判要点】

招投标程序中，中标通知书送达后，一方当事人不履行订立书面合同的义务，相对方请求确认合同自中标通知书到达中标人时成立的，人民法院应予支持。

【简要案情】

2021年7月8日，某研究所委托招标公司就案涉宿舍项目公开发出投标邀请。2021年7月28日，某物业管理有限公司向招标公司发出《投标文件》，表示对招标文件无任何异议，愿意提供招标文件要求的服务。2021年8月1日，招标公司向物业管理公司送达中标通知书，确定物业管理公司为中标人。2021年8月11日，研究所向物业管理公司致函，要求解除与物业管理公司之间的中标关系，后续合同不再签订。物业管理公司主张中标通知书送达后双方租赁合同法律关系成立，研究所应承担因违约给其造成的损失。研究所辩称双方并未签订正式书面租赁合同，仅成立预约合同关系。

【判决理由】

法院生效裁判认为，从合同法律关系成立角度，招投标程序中的招标行为应为要约邀请，投标行为应为要约，经评标后招标人向特定投标人发送中标通知书的行为应为承诺，中标通知书送达投标人后承诺生效，合同成立。预约合同是指约定将来订立本约合同的合同，其主要目的在于将来成立本约合同。《中华人民共和国招标投标法》第四十六条第一款规定："招标人和中标人应当自中标通知书发出之日起三十日内，按照招标文件和中标人的投标文件订立书面合同。招标人和中标人不得再行订立背离合同实质性内容的其他协议。"从该条可以看出，中标通知书发出后签订的书面合同必须按照招投标文件订立。本案中招投标文件对租赁合同内容已有明确记载，故应认为中标通知书到达投标人时双方当事人已就租赁合同内容达成合意。该合意与主要目的为签订本约合同的预约合意存在区别，应认为租赁合同在中标通知书送达时成立。中标通知书送达后签订的书面合同，按照上述法律规定其实质性内容应与招投标文件一致，因此应为租赁合同成立后法律要求的书面确认形式，而非新的合同。由于中标通知书送达后租赁合同法律关系已成立，故研究所不履行合同义务,应承担违约责任。

【司法解释相关条文】

《最高人民法院关于适用〈中华人民共和国民法典〉合同编通则若干问题的解释》第四条

鲁瑞庚诉东港市公安局悬赏广告纠纷案[辽宁省高级人民法院2002年4月12日民事判决书,《最高人民法院公报》2003年第1期(总第81期)]

发布悬赏广告是一种民事法律行为,即广告人以广告的方式发布声明,承诺对任何按照声明的条件完成指定事项的人给予约定的报酬。任何人按照广告公布的条件,完成了广告所指定的行为,即对广告人享有报酬请求权。发出悬赏广告的人,则应该按照所发布广告的约定,向完成广告指定行为的人支付承诺的报酬。

第四百八十四条 【承诺生效时间】以通知方式作出的承诺,生效的时间适用本法第一百三十七条的规定。

承诺不需要通知的,根据交易习惯或者要约的要求作出承诺的行为时生效。

条文应用提示

承诺生效的时间即为合同成立的时间,合同一成立即对当事人双方都产生法律约束力。承诺何时生效还直接影响承诺生效地点的确定。本条区分以通知方式作出的承诺与通过行为作出的承诺,对承诺的生效时间分别作了规定。

(1)以通知方式作出的承诺的生效时间。对于以通知方式作出的承诺的生效时间,也应当区分承诺是以对话方式作出的还是以非对话方式作出的,分别对待。①承诺是以对话方式作出的,即受要约人通过面对面交谈、电话等方式向要约人作出承诺的,受要约人作出承诺和要约人受领承诺是同步进行的,没有时间差。受要约人作出承诺并使要约人知道时即发生效力。②承诺是以非对话方式作出的,比如受要约人通过信函、传真、电子邮件等方式向要约人作出承诺的,受要约人作出承诺的时间与要约人受领承诺的时间不同步,二者之间存在时间差。

(2)通过行为作出承诺的生效时间。根据本条规定,承诺不需要通知的，根据交易习惯或者要约的要求作出承诺的行为时，承诺生效。

旧法对应关系

合同法第二十六条，民法总则第一百三十七条

第四百八十五条　【承诺的撤回】承诺可以撤回。承诺的撤回适用本法第一百四十一条的规定。

条文应用提示

承诺的撤回，是指受要约人阻止承诺发生法律效力的意思表示。承诺是一种能够产生法律效果的意思表示，承诺作出后如果要撤回必须满足一定的条件。总则编第一百四十一条对意思表示的撤回条件作了规定，即撤回意思表示的通知应当在意思表示到达相对人前或者与意思表示同时到达相对人。承诺是一种意思表示，承诺的撤回条件应当适用总则编第一百四十一条关于意思表示撤回条件的规定。据此，承诺的撤回条件可以概括为：撤回承诺的通知应当在承诺通知到达要约人之前或者与承诺通知同时到达要约人。如果撤回承诺的通知晚于承诺通知到达要约人，则承诺已经生效，合同已经成立，受要约人撤回承诺的通知不生效力。

旧法对应关系

合同法第二十七条，民法总则第一百四十一条

第四百八十六条　【迟延承诺】受要约人超过承诺期限发出承诺，或者在承诺期限内发出承诺，按照通常情形不能及时到达要约人的，为新要约；但是，要约人及时通知受要约人该承诺有效的除外。

条文应用提示

本条从反面对逾期承诺，即承诺到达要约人时超过承诺期限的情形予以规定，明确了逾期承诺的法律效果。对本条的规定可以从以下两个层面理解：

一是逾期承诺视为新要约。本条的“承诺期限”不仅指要约人在要约

中确定的承诺期限，也指要约人未确定承诺期限，而根据实际情况推断的合理期限。逾期承诺包括两类情形：第一类情形是，受要约人超过承诺期限发出承诺。在这种情况下，承诺到达要约人时肯定也已经超过承诺期限。第二类情形是，承诺虽然是在承诺期限内发出的，按照通常情形不能及时到达要约人，并且也确实没有在承诺期限内到达要约人。

二是虽然承诺已经迟延到达要约人，但是如果要约人及时通知受要约人该承诺有效的，该承诺仍为有效。这体现了对要约人意愿的尊重，也符合受要约人的利益，有利于促进交易。何谓“及时”，要根据交易的实际情况予以判断。

旧法对应关系

合同法第二十八条

第四百八十七条 【未迟发而迟到的承诺】受要约人在承诺期限内发出承诺，按照通常情形能够及时到达要约人，但是因其他原因致使承诺到达要约人时超过承诺期限的，除要约人及时通知受要约人因承诺超过期限不接受该承诺外，该承诺有效。

条文应用提示

对于未迟发而逾期的承诺，按照通常情形能够及时到达要约人，只是因其他原因造成承诺逾期，受要约人对承诺能够及时到达要约人的预期和信赖有必要予以保护，在法律效果上应当与《民法典》第四百八十六条规定的逾期承诺的一般情形区别对待。依照本条规定，受要约人在承诺期限内发出承诺，按照通常情形能够及时到达要约人，但是因其他原因致使承诺到达要约人时超过承诺期限的，该承诺有效。同时为了保护要约人的利益，本条对此作了除外规定，允许要约人及时否定该承诺的效力，即如果要约人及时通知受要约人因承诺超过期限不接受该承诺，则该承诺对要约人不产生拘束力。如果要约人没有及时通知受要约人不接受该承诺，则该承诺有效，合同成立。

旧法对应关系

合同法第二十九条

第四百八十八条 【承诺对要约内容的实质性变更】承诺的内容应当与要约的内容一致。受要约人对要约的内容作出实质性变更的，为新要约。有关合同标的、数量、质量、价款或者报酬、履行期限、履行地点和方式、违约责任和解决争议方法等的变更，是对要约内容的实质性变更。

条文应用提示

承诺的内容必须与要约的内容一致，不得作更改，否则视为新的要约。但在解释上，这一原则也并非铁板一块。因为现实中的承诺往往不是简单地回答“是”或者“同意”，承诺是否与要约一致，也是需要进行判断的。承诺虽然在形式上对要约内容有变更，但实质上并没有变更的，仍然可以认为与要约一致，承诺仍为有效。比如，承诺的内容与要约的主要内容意思一致，仅就要约的附随事项附以条件或者为其他非实质变更的，承诺仍为有效。

本条对实质性条款作了列举，有关合同标的、数量、质量、价款或者报酬、履行期限、履行地点和方式、违约责任和解决争议方法的条款，为实质性条款。但是，实质性条款不限于所列的这些项目，例如，对合同所适用的法律的选择一般也可以归为实质性条款。本条对于实质性条款项目的开列具有提示性质，在实际交易的具体合同中，哪些条款内容的变更构成实质性变更，还需就个案进行具体分析。

旧法对应关系

合同法第三十条

第四百八十九条 【承诺对要约内容的非实质性变更】承诺对要约的内容作出非实质性变更的，除要约人及时表示反对或者要约表明承诺不得对要约的内容作出任何变更外，该承诺有效，合同的内容以承诺的内容为准。

条文应用提示

承诺对要约的内容作出非实质性变更的，该承诺有效，合同的内容以承诺的内容为准。但是如果要约人及时表示反对或者要约表明承诺不得对要约的内容作出任何变更,则承诺对要约人不产生拘束力;如果要约人没有及时表示反对,要约也没有表明承诺不得对要约的内容作出任何变更,则该承诺仍为有效承诺,合同的内容以承诺的内容为准。

旧法对应关系

合同法第三十一条

第四百九十条 【合同成立时间】当事人采用合同书形式订立合同的,自当事人均签名、盖章或者按指印时合同成立。在签名、盖章或者按指印之前,当事人一方已经履行主要义务,对方接受时,该合同成立。

法律、行政法规规定或者当事人约定合同应当采用书面形式订立,当事人未采用书面形式但是一方已经履行主要义务,对方接受时,该合同成立。

条文应用提示

本条第一款规定,当事人采用合同书形式订立合同的,自当事人均签名、盖章或者按指印时合同成立。本条第二款规定就属于当事人未按照规定或者约定采用书面形式但合同仍成立的一种情形。法律、行政法规规定或者当事人约定合同应当采用书面形式订立,一般来说,主要是考虑到有些合同类型各方权利义务关系比较复杂,采用书面形式订立合同对明确各方当事人的权利义务、责任至关重要,对促进合同履行、预防和处理纠纷都具有重要意义。

旧法对应关系

合同法第三十二条、第三十六条、第三十七条,原合同法解释二第五条

关联法律法规

《中华人民共和国电子商务法》(2018年8月31日)

第四十九条 电子商务经营者发布的商品或者服务信息符合要约条件的,用户选择该商品或者服务并提交订单成功,合同成立。当事人另有约定的,从其约定。

电子商务经营者不得以格式条款等方式约定消费者支付价款后合同不成立;格式条款等含有该内容的,其内容无效。

《中华人民共和国信托法》(2001年4月28日)

第八条　设立信托,应当采取书面形式。

书面形式包括信托合同、遗嘱或者法律、行政法规规定的其他书面文件等。

采取信托合同形式设立信托的,信托合同签订时,信托成立。采取其他书面形式设立信托的,受托人承诺信托时,信托成立。

《中华人民共和国电子签名法》(2019年4月23日修正)

第十三条　电子签名同时符合下列条件的,视为可靠的电子签名:

(一)电子签名制作数据用于电子签名时,属于电子签名人专有;

(二)签署时电子签名制作数据仅由电子签名人控制;

(三)签署后对电子签名的任何改动能够被发现;

(四)签署后对数据电文内容和形式的任何改动能够被发现。

当事人也可以选择使用符合其约定的可靠条件的电子签名。

第十四条　可靠的电子签名与手写签名或者盖章具有同等的法律效力。

第二十六条　经国务院信息产业主管部门根据有关协议或者对等原则核准后,中华人民共和国境外的电子认证服务提供者在境外签发的电子签名认证证书与依照本法设立的电子认证服务提供者签发的电子签名认证证书具有同等的法律效力。

第二十七条　电子签名人知悉电子签名制作数据已经失密或者可能已经失密未及时告知有关各方、并终止使用电子签名制作数据,未向电子认证服务提供者提供真实、完整和准确的信息,或者有其他过错,给电子签名依赖方、电子认证服务提供者造成损失的,承担赔偿责任。

第二十八条　电子签名人或者电子签名依赖方因依据电子认证服务提供者提供的电子签名认证服务从事民事活动遭受损失,电子认证服务提供者不能证明自己无过错的,承担赔偿责任。

《最高人民法院关于审理著作权民事纠纷案件适用法律若干问题的解释》(法释〔2020〕19号修正)

第二十二条　著作权转让合同未采取书面形式的,人民法院依据民法典第四百九十条的规定审查合同是否成立。

《最高人民法院关于印发〈全国法院民商事审判工作会议纪要〉的通知》(法〔2019〕254号)

41.【盖章行为的法律效力】司法实践中,有些公司有意刻制两套甚至多套公章,有的法定代表人或者代理人甚至私刻公章,订立合同时恶意加盖非备案的公章或者假公章,发生纠纷后法人以加盖的是假公章为由否定合同效力的情形并不鲜见。人民法院在审理案件时,应当主要审查签约人于盖章之时有无代表权或者代理权,从而根据代表或者代理的相关规则来确定合同的效力。

法定代表人或者其授权之人在合同上加盖法人公章的行为,表明其是以法人名义签订合同,除《公司法》第16条等法律对其职权有特别规定的情形外,应当由法人承担相应的法律后果。法人以法定代表人事后已无代表权、加盖的是假章、所盖之章与备案公章不一致等为由否定合同效力的,人民法院不予支持。

代理人以被代理人名义签订合同,要取得合法授权。代理人取得合法授权后,以被代理人名义签订的合同,应当由被代理人承担责任。被代理人以代理人事后已无代理权、加盖的是假章、所盖之章与备案公章不一致等为由否定合同效力的,人民法院不予支持。

典型案例指导

陈呈浴与内蒙古昌宇石业有限公司合同纠纷案[最高人民法院(2014)民提字第178号民事判决书,《最高人民法院公报》2016年第3期(总第233期)]

印章真实不等于协议真实。协议形成行为与印章加盖行为在性质上具有相对独立性,协议内容是双方合意行为的表现形式,而印章加盖行为是各方确认双方合意内容的方式,二者相互关联又相对独立。在证据意义上,印章真实一般即可推定协议真实,但在有证据否定或怀疑合意形成行为真实性的情况下,即不能根据印章的真实性直接推定协议的真实性。也就是说,印章在证明协议真实性上尚属初步证据,人民法院认定协议的真实性需综合考虑其他证据及事实。

建行浦东分行诉中基公司等借款合同纠纷案[最高人民法院(2001)民二终字第155号民事判决书,《最高人民法院公报》2004年第7期(总第93期)]

有争议的合同文本经司法鉴定认定,一方当事人的签名系伪造,印章系变造，且经当事人举证和人民法院查证，均不能证明变造的印章为该当事人自己加盖或授意他人加盖，也不能证明该当事人有明知争议合同文本的存在而不予否认、或者在其他业务活动中使用过变造印章、或者明知他人使用变造印章而不予否认等情形，故不能认定或推定争议合同文本为该当事人的真实意思表示。

第四百九十一条 【信件、数据电文形式合同和网络合同成立时间】当事人采用信件、数据电文等形式订立合同要求签订确认书的，签订确认书时合同成立。

当事人一方通过互联网等信息网络发布的商品或者服务信息符合要约条件的，对方选择该商品或者服务并提交订单成功时合同成立，但是当事人另有约定的除外。

条文应用提示

依照本条第一款的规定，当事人采用信件、数据电文等形式订立合同要求签订确认书的，签订确认书时合同成立。这一规定虽然没有明确何时可以提出签订确认书的要求，但不能理解为允许当事人在承诺生效后再提出签订确认书的要求。因为按照本法规定的要约、承诺规则，承诺生效后合同即已成立。在合同成立后，一方当事人提出签订确认书的要求的，对合同的成立不产生任何影响。

本条第二款吸收了《电子商务法》的规定，对电子合同的成立时间作了规定。根据本条规定，电子合同的成立需要具备两个基本条件：(1)当事人一方通过互联网等信息网络发布的商品或者服务信息符合要约条件。符合要约条件，是指符合合同编第四百七十二条规定的要约条件。(2)相对方选择该商品或者服务并提交订单成功。相对方选择该商品或者服务并成功提交订单，即属于作出承诺。

旧法对应关系

合同法第三十三条，原买卖合同解释第一条

关联法律法规

《中华人民共和国电子商务法》(2018年8月31日)

第四十九条　电子商务经营者发布的商品或者服务信息符合要约条

件的，用户选择该商品或者服务并提交订单成功，合同成立。当事人另有约定的，从其约定。

电子商务经营者不得以格式条款等方式约定消费者支付价款后合同不成立；格式条款等含有该内容的，其内容无效。

《中华人民共和国拍卖法》（2015年4月24日修正）

第五十三条　拍卖人进行拍卖时，应当制作拍卖笔录。拍卖笔录应当由拍卖师、记录人签名；拍卖成交的，还应当由买受人签名。

第四百九十二条　【合同成立地点】承诺生效的地点为合同成立的地点。

采用数据电文形式订立合同的，收件人的主营业地为合同成立的地点；没有主营业地的，其住所地为合同成立的地点。当事人另有约定的，按照其约定。

条文应用提示

一般来说，承诺生效时合同成立，承诺生效的地点为合同成立的地点。此外，本条虽然没有明确规定，但基于民法的自愿原则，合同成立的地点也可以由双方当事人自行约定。

根据本条第二款的规定，采用数据电文形式订立的合同，原则上以收件人的主营业地为合同成立的地点。这里的收件人是指要约人，即收到承诺的人。如果收件人没有主营业地，则其住所地为合同成立的地点，即收件人是自然人的，合同成立的地点以自然人的住所地为准；收件人是法人的，合同成立的地点以法人的主要办事机构所在地为准。

旧法对应关系

合同法第三十四条

第四百九十三条　【书面合同成立地点】当事人采用合同书形式订立合同的，最后签名、盖章或者按指印的地点为合同成立的地点，但是当事人另有约定的除外。

条文应用提示

非要式的合同,一般以承诺生效的地点为合同成立的地点。要式合同,以要式达成的地点为合同成立的地点。当事人采用合同书形式订立合同的,以签名、盖章或者按指印的地点为合同成立的地点;如果各方当事人签名、盖章或者按指印的时间不同步,则以最后签名、盖章或者按指印的地点为合同成立的地点。

旧法对应关系

合同法第三十五条,原合同法解释二第四条

关联法律法规

《中华人民共和国电子签名法》(2019年4月23日修正)

第十二条　发件人的主营业地为数据电文的发送地点,收件人的主营业地为数据电文的接收地点。没有主营业地的,其经常居住地为发送或者接收地点。

当事人对数据电文的发送地点、接收地点另有约定的,从其约定。

《中华人民共和国民事诉讼法》(2023年9月1日修正)

第三十五条　合同或者其他财产权益纠纷的当事人可以书面协议选择被告住所地、合同履行地、合同签订地、原告住所地、标的物所在地等与争议有实际联系的地点的人民法院管辖,但不得违反本法对级别管辖和专属管辖的规定。

第四百九十四条　【依国家订货任务、指令性任务订立合同及强制要约、强制承诺】国家根据抢险救灾、疫情防控或者其他需要下达国家订货任务、指令性任务的,有关民事主体之间应当依照有关法律、行政法规规定的权利和义务订立合同。

依照法律、行政法规的规定负有发出要约义务的当事人,应当及时发出合理的要约。

依照法律、行政法规的规定负有作出承诺义务的当事人,不得拒绝对方合理的订立合同要求。

第四百九十五条 【预约合同】当事人约定在将来一定期限内订立合同的认购书、订购书、预订书等，构成预约合同。

当事人一方不履行预约合同约定的订立合同义务的，对方可以请求其承担预约合同的违约责任。

对应司法解释

《最高人民法院关于适用〈中华人民共和国民法典〉合同编通则若干问题的解释》(法释〔2023〕13号)

第六条 当事人以认购书、订购书、预订书等形式约定在将来一定期限内订立合同，或者为担保在将来一定期限内订立合同交付了定金，能够确定将来所要订立合同的主体、标的等内容的，人民法院应当认定预约合同成立。

当事人通过签订意向书或者备忘录等方式，仅表达交易的意向，未约定在将来一定期限内订立合同，或者虽然有约定但是难以确定将来所要订立合同的主体、标的等内容，一方主张预约合同成立的，人民法院不予支持。

当事人订立的认购书、订购书、预订书等已就合同标的、数量、价款或者报酬等主要内容达成合意，符合本解释第三条第一款规定的合同成立条件，未明确约定在将来一定期限内另行订立合同，或者虽然有约定但是当事人一方已实施履行行为且对方接受的，人民法院应当认定本约合同成立。

第七条 预约合同生效后，当事人一方拒绝订立本约合同或者在磋商订立本约合同时违背诚信原则导致未能订立本约合同的，人民法院应当认定该当事人不履行预约合同约定的义务。

人民法院认定当事人一方在磋商订立本约合同时是否违背诚信原则，应当综合考虑该当事人在磋商时提出的条件是否明显背离预约合同约定的内容以及是否已尽合理努力进行协商等因素。

第八条 预约合同生效后，当事人一方不履行订立本约合同的义务，对方请求其赔偿因此造成的损失的，人民法院依法予以支持。

前款规定的损失赔偿，当事人有约定的，按照约定；没有约定的，人民法院应当综合考虑预约合同在内容上的完备程度以及订立本约合同的条件的成就程度等因素酌定。

《最高人民法院关于审理商品房买卖合同纠纷案件适用法律若干问题的解释》（法释〔2020〕17号修正）

第五条　商品房的认购、订购、预订等协议具备《商品房销售管理办法》第十六条规定的商品房买卖合同的主要内容，并且出卖人已经按照约定收受购房款的，该协议应当认定为商品房买卖合同。

条文应用提示

《合同法》并未规定预约合同，但为解决实践中大量存在的预约合同纠纷案件，原买卖合同解释第二条就预约合同作了明确规定。此外，原商品房买卖合同解释第五条还就商品房买卖中立约定金的法律适用作了明确规定。《民法典》第四百九十五条在吸收司法实践经验的基础上，以立法的形式确定了预约合同制度，肯定预约合同是一种独立的合同，回应了实践的需求，具有十分重要的意义。预约合同与本约合同有所区别。是否要另行订立合同，是预约合同与本约合同最显著的区别。预约合同的目的在于订立本约合同，预约合同当事人的义务就是在一定期限内订立本约合同，订立本约合同是预约合同得到履行的结果。本约合同当事人可直接履行各自义务（例如，一方交付货物、另一方支付货款），实现合同目的，无须再另行订立合同。

旧法对应关系

原买卖合同解释第二条

典型案例指导

某通讯公司与某实业公司房屋买卖合同纠纷案（最高人民法院发布《关于适用〈中华人民共和国民法典〉合同编通则若干问题的解释》相关典型案例之二）

【裁判要点】

判断当事人之间订立的合同是本约还是预约的根本标准应当是当事人是否有意在将来另行订立一个新的合同，以最终明确双方之间的权利义务关系。即使当事人对标的、数量以及价款等内容进行了约定，但如果约定将来一定期间仍须另行订立合同，就应认定该约定是预约而非本约。当事人在签订预约合同后，已经实施交付标的物或者支付价款等履行行为，应当认定当事人以行为的方式订立了本约合同。

【简要案情】

2006年9月20日，某实业公司与某通讯公司签订《购房协议书》，对买卖诉争房屋的位置、面积及总价款等事宜作出约定，该协议书第三条约定在本协议原则下磋商确定购房合同及付款方式，第五条约定本协议在双方就诉争房屋签订房屋买卖合同时自动失效。通讯公司向实业公司的股东某纤维公司共转款1000万元，纤维公司为此出具定金收据两张，金额均为500万元。次年1月4日，实业公司向通讯公司交付了诉争房屋，此后该房屋一直由通讯公司使用。2009年9月28日，通讯公司发出《商函》给实业公司，该函的内容为因受金融危机影响，且房地产销售价格整体下调，请求实业公司将诉争房屋的价格下调至6000万元左右。当天，实业公司发函给通讯公司，要求其在30日内派员协商正式的房屋买卖合同。通讯公司于次日回函表示同意商谈购房事宜，商谈时间为同年10月9日。2009年10月10日，实业公司发函致通讯公司，要求通讯公司对其拟定的《房屋买卖合同》作出回复。当月12日，通讯公司回函对其已收到上述合同文本作出确认。2009年11月12日，实业公司发函给通讯公司，函件内容为双方因对买卖合同的诸多重大问题存在严重分歧，未能签订《房屋买卖合同》，故双方并未成立买卖关系，通讯公司应支付场地使用费。通讯公司于当月17日回函，称双方已实际履行了房屋买卖义务，其系合法占有诉争房屋，故无需支付场地占用费。2010年3月3日，实业公司发函给通讯公司，解除其与通讯公司签订于2006年9月20日的《购房协议书》，且要求通讯公司腾出诉争房屋并支付场地使用费、退还定金。通讯公司以其与实业公司就诉争房屋的买卖问题签订了《购房协议书》，且其已支付1000万元定金，实业公司亦已将诉争房屋交付给其使用，双方之间的《购房协议书》合法有效，且以已实际履行为由，认为其与实业公司于2006年9月20日签订的《购房协议书》已成立并合法有效，请求判令实业公司向其履行办理房屋产权过户登记的义务。

【判决理由】

法院生效裁判认为，判断当事人之间订立的合同系本约还是预约的根本标准应当是当事人的意思表示，即当事人是否有意在将来订立一个新的合同，以最终明确在双方之间形成某种法律关系的具体内容。如果当事人存在明确的将来订立本约的意思，那么，即使预约的内容与本约已经十分接近，且通过合同解释，从预约中可以推导出本约的全部内容，也应当尊重当事人的意思表示，排除这种客观解释的可能性。不过，仅就案涉《购房协议书》而言，虽然其性质应为预约，但结合双方当事人在订立《购房协议书》之后的履行事实，实业公司与通讯公司之间已经成立了房屋买卖法律关系。对于当事人之间存在预约还是本约关系，不能仅凭一份孤立的协议就简单地加以认定，而是应当综合审查相关协议的内容以及当事人嗣后为达成交易进行的磋商甚至具体的履行行为等事实，从中探寻当事人的真实意思，并据此对当事人之间法律关系的性质作出准确的界定。本案中，双方当事人在签订《购房协议书》时，作为买受人的通讯公司已经实际交付了定金并约定在一定条件下自动转为购房款，作为出卖人的实业公司也接受了通讯公司的交付。在签订《购房协议书》的三个多月后，实业公司将合同项下的房屋交付给了通讯公司，通讯公司接受了该交付。而根据《购房协议书》的预约性质，实业公司交付房屋的行为不应视为对该合同的履行，在当事人之间不存在租赁等其他有偿使用房屋的法律关系的情形下，实业公司的该行为应认定为系基于与通讯公司之间的房屋买卖关系而为的交付。据此，可以认定当事人之间达成了买卖房屋的合意，成立了房屋买卖法律关系。

【司法解释相关条文】

《最高人民法院关于适用〈中华人民共和国民法典〉合同编通则若干问题的解释》第六条

巩义市嘉成能源有限公司与河南大有能源股份有限公司定金合同纠纷案（2023年1月19日《最高人民法院发布2022年全国法院十大商事案件》）

终审判决认为，判断案涉协议是否为预约合同，要根据协议的名称、约定的内容尤其是约束力条款，后续的履行情况、是否交付定金等情况，运用文义解释、目的解释、体系解释等合同解释方法，综合审查分析，以探究协议当事人的真实意思。当事人在案涉转让协议中为担保将来订立正式合同设置了定金条款，则该定金具有立约定金的性质。

北京万方源房地产开发有限公司与中国长城资产管理公司沈阳办事处债权置换股份协议纠纷案（2016年10月31日《最高人民法院第二巡回法庭发布关于公正审理跨省重大民商事和行政案件典型案例》）

万方源公司与长城资产沈阳办事处签订的《意向协议》已经双方签字盖章生效，并不违反法律、行政法规的效力性强制性规定，应当认定为合法、有效。但《意向协议》仅具有预约合同的性质。因为:第一,《意向协议》并没有明确约定股权折现的具体时间、价格和支付方式,双方还需要通过签订和履行《股权折现协议》,来实现《意向协议》中约定的股权折现的目的;第二,根据《意向协议》,并不能直接发生支付折现款的法律后果,对于已质押股份的折现,亦需要得到合同双方的再行确认;第三,《意向协议》约定了签订《股权折现协议》的两个履行条件,即由万方源公司向长城资产沈阳办事处支付签约保证金,股权折现方案还需要通过长城资产沈阳办事处的上级机关中国长城资产管理公司的审核批准,而全部履行上述两项义务,才能使签订本约合同即《股权折现协议》成为可能。

成都讯捷通讯连锁有限公司与四川蜀都实业有限责任公司、四川友利投资控股股份有限公司房屋买卖合同纠纷案[最高人民法院(2013)民提字第90号民事判决书,《最高人民法院公报》2015年第1期(总第219期)]

判断当事人之间订立的合同系本约还是预约的根本标准应当是当事人的意思表示,也就是说,当事人是否有意在将来订立一个新的合同,以最终明确在双方之间形成某种法律关系的具体内容。对于当事人之间存在预约还是本约关系,不能仅孤立地以当事人之间签订的协议之约定为依据,而是应当综合审查相关协议的内容以及当事人嗣后为达成交易进行的磋商和有关的履行行为等事实,从中探寻当事人的真实意思,并据此对当事人之间法律关系的性质作出准确界定。

张励与徐州市同力创展房地产有限公司商品房预售合同纠纷案[江苏省徐州市泉山区人民法院2011年4月2日民事判决书,《最高人民法院公报》2012年第11期(总第193期)]

预约合同是一种约定将来订立一定合同的合同。当事人一方违反预约合同约定,不与对方签订本约合同或无法按照预约的内容与对方签订本约合同的,应当向对方承担违约责任。

判断商品房买卖中的认购、订购、预订等协议究竟是预约合同还是本约合同,最主要的是看见此类协议是否具备《商品房销售管理办法》第十六条规定的商品房买卖合同的主要内容,即只要具备了双方当事人的姓名或名称,商品房的基本情况(包括房号、建筑面积)、总价或单价、付款时间、方式、交付条件及日期,同时出卖人已经按照约定收受购房款的,就可以认定此类协议已经具备了商品房买卖合同本约的条件;反之,则应认定为预约合同。如果双方当事人在协议中明确约定在具备商品房预售条件时还需重新签订商品房买卖合同的，该协议应认定为预约合同。

第四百九十六条　【格式条款】格式条款是当事人为了重复使用而预先拟定，并在订立合同时未与对方协商的条款。

采用格式条款订立合同的，提供格式条款的一方应当遵循公平原则确定当事人之间的权利和义务，并采取合理的方式提示对方注意免除或者减轻其责任等与对方有重大利害关系的条款，按照对方的要求，对该条款予以说明。提供格式条款的一方未履行提示或者说明义务，致使对方没有注意或者理解与其有重大利害关系的条款的，对方可以主张该条款不成为合同的内容。

对应司法解释

《最高人民法院关于适用〈中华人民共和国民法典〉合同编通则若干问题的解释》（法释〔2023〕13号）

第九条　合同条款符合民法典第四百九十六条第一款规定的情形，当事人仅以合同系依据合同示范文本制作或者双方已经明确约定合同条款不属于格式条款为由主张该条款不是格式条款的，人民法院不予支持。

从事经营活动的当事人一方仅以未实际重复使用为由主张其预先拟定且未与对方协商的合同条款不是格式条款的，人民法院不予支持。但是，有证据证明该条款不是为了重复使用而预先拟定的除外。

第十条　提供格式条款的一方在合同订立时采用通常足以引起对方注意的文字、符号、字体等明显标识，提示对方注意免除或者减轻其责任、排除或者限制对方权利等与对方有重大利害关系的异常条款的，人民法院可以认定其已经履行民法典第四百九十六条第二款规定的提示义务。

提供格式条款的一方按照对方的要求，就与对方有重大利害关系的异常条款的概念、内容及其法律后果以书面或者口头形式向对方作出通常能够理解的解释说明的，人民法院可以认定其已经履行民法典第四百九十六条第二款规定的说明义务。

提供格式条款的一方对其已经尽到提示义务或者说明义务承担举证责任。对于通过互联网等信息网络订立的电子合同，提供格式条款的一方仅以采取了设置勾选、弹窗等方式为由主张其已经履行提示义务或者说明义务的，人民法院不予支持，但是其举证符合前两款规定的除外。

《最高人民法院关于适用〈中华人民共和国民法典〉时间效力的若干规定》（法释〔2020〕15号）

第九条 民法典施行前订立的合同，提供格式条款一方未履行提示或者说明义务，涉及格式条款效力认定的，适用民法典第四百九十六条的规定。

条文应用提示

格式条款最实质的特征在于"未与对方协商"。"未与对方协商"就是指格式条款提供方没有就条款内容与相对方进行实质上的磋商，相对方对条款内容并没有进行实际修改的余地。

本条第二款规定了格式条款提供方的提示、说明义务，并明确了违反该义务的法律效果。依照本条规定，采用"合理的方式"，目的在于使相对方充分注意，如实践中一些格式条款采用特别的字体予以提示。"有重大利害关系的条款"，一般来说主要包括但不限于格式条款提供方免除或者减轻其责任、加重对方责任、限制或者排除对方主要权利等的条款。

旧法对应关系

合同法第三十九条，原合同法解释二第六条

关联法律法规

《最高人民法院关于适用〈中华人民共和国保险法〉若干问题的解释（二）》（法释〔2020〕18号修正）

第十条 保险人将法律、行政法规中的禁止性规定情形作为保险合同免责条款的免责事由，保险人对该条款作出提示后，投保人、被保险人或者受益人以保险人未履行明确说明义务为由主张该条款不成为合同内容的，人民法院不予支持。

《最高人民法院关于适用〈中华人民共和国保险法〉若干问题的解释(四)》(法释〔2020〕18号修正)

第二条　保险人已向投保人履行了保险法规定的提示和明确说明义务,保险标的受让人以保险标的转让后保险人未向其提示或者明确说明为由,主张免除保险人责任的条款不成为合同内容的,人民法院不予支持。

典型案例指导

刘超捷诉中国移动通信集团江苏有限公司徐州分公司电信服务合同纠纷案(最高人民法院指导案例64号)

【裁判要点】

1. 经营者在格式合同中未明确规定对某项商品或服务的限制条件,且未能证明在订立合同时已将该限制条件明确告知消费者并获得消费者同意的,该限制条件对消费者不产生效力。

2. 电信服务企业在订立合同时未向消费者告知某项服务设定了有效期限限制,在合同履行中又以该项服务超过有效期限为由限制或停止对消费者服务的,构成违约,应当承担违约责任。

【相关法条】

《中华人民共和国合同法》第三十九条(注:对应《民法典》第四百九十六条)

【基本案情】

2009年11月24日,原告刘超捷在被告中国移动通信集团江苏有限公司徐州分公司(以下简称移动徐州分公司)营业厅申请办理“神州行标准卡”,手机号码为1590520××××,付费方式为预付费。原告当场预付话费50元,并参与移动徐州分公司充50元送50元的活动。在业务受理单所附《中国移动通信客户入网服务协议》中,双方对各自的权利和义务进行了约定,其中第四项特殊情况的承担中的第1条为:在下列情况下,乙方有权暂停或限制甲方的移动通信服务,由此给甲方造成的损失,乙方不承担责任:(1)甲方银行账户被查封、冻结或余额不足等非乙方原因造成的结算时扣划不成功的;(2)甲方预付费使用完毕而未及时补交款项(包括预付费账户余额不足以扣划下一笔预付费用)的。

2010年7月5日,原告在中国移动官方网站网上营业厅通过银联卡网上充值50元。2010年11月7日,原告在使用该手机号码时发现该手机号码已被停机,原告到被告的营业厅查询,得知被告于2010年10月23日因话费有效期到期而暂停移动通信服务，此时账户余额为11.70元。原告认为被告单方终止服务构成合同违约，遂诉至法院。

【裁判结果】

徐州市泉山区人民法院于2011年6月16日作出(2011)泉商初字第240号民事判决：被告移动徐州分公司于本判决生效之日起十日内取消对原告刘超捷的手机号码为1590520××××的话费有效期的限制，恢复该号码的移动通信服务。一审宣判后，被告提出上诉，二审期间申请撤回上诉，一审判决已发生法律效力。

【裁判理由】

法院生效裁判认为：电信用户的知情权是电信用户在接受电信服务时的一项基本权利，用户在办理电信业务时，电信业务的经营者必须向其明确说明该电信业务的内容，包括业务功能、费用收取办法及交费时间、障碍申告等。如果用户在不知悉该电信业务的真实情况下进行消费，就会剥夺用户对电信业务的选择权，达不到真正追求的电信消费目的。

依据《中华人民共和国合同法》第三十九条的规定，采用格式条款订立合同的，提供格式条款的一方应当遵循公平原则确定当事人之间的权利和义务，并采取合理的方式提请对方注意免除或者限制其责任的条款，按照对方的要求，对该条款予以说明。电信业务的经营者作为提供电信服务合同格式条款的一方，应当遵循公平原则确定与电信用户的权利义务内容，权利义务的内容必须符合维护电信用户和电信业务经营者的合法权益、促进电信业的健康发展的立法目的，并有效告知对方注意免除或者限制其责任的条款并向其释明。业务受理单、入网服务协议是电信服务合同的主要内容，确定了原、被告双方的权利义务内容，入网服务协议第四项约定有权暂停或限制移动通信服务的情形，第五项约定有权解除协议、收回号码、终止提供服务的情形，均没有因有效期到期而中止、解除、终止合同的约定。而话费有效期限制直接影响原告手机号码的正常使用，一旦有效期到期，将导致停机、号码被收回的后果，因此被告对此负有明确如实告知的义务，且在订立电信服务合同之前就应如实告知原告。如果在订立合同之前未告知，即使在缴费阶段告知，亦剥夺了当事人的选择权，有违公平和诚实信用原则。被告主张“通过单联发票、宣传册和短信的方式向原告告知了有效期”，但未能提供有效的证据予以证明。综上，本案被告既未在电信服务合同中约定有效期内容，也未提供有效证据证实已将有效期限制明确告知原告，被告暂停服务、收回号码的行为构成违约，应当承担继续履行等违约责任,故对原告主张“取消被告对原告的话费有效期的限制,继续履行合同”的诉讼请求依法予以支持。

邬某诉某旅游App经营公司网络服务合同纠纷案(2022年3月15日《最高人民法院发布10起消费者权益保护典型案例》)

法院经审理认为,对“到店支付”的通常理解应为用户到酒店办理住宿时才会支付款项,未入住之前不需要支付。即使该条款后补充说明部分酒店会“预先收取全额预订费用”,但对这种例外情形应当进行特别提示和说明,如果只在内容复杂繁多的条款中规定,不足以起到提示的作用,A公司作为预定服务的提供者应当承担责任。最终,法院支持邬某退还房款的诉讼请求。

【典型意义】

在数字经济、互联网产业飞速发展的大背景下,线上交易中企业基本都采用格式条款的方式与消费者建立契约关系。但是,在格式条款发挥其便捷、高效、积极作用的同时,因其本身具有的单方提供、内容固定的特质所带来的问题和风险,也不容忽视。法律明确赋予了格式条款提供者进行提示说明的义务,《民法典》第四百九十六条规定:“提供格式条款的一方未履行提示或者说明义务,致使对方没有注意或者理解与其有重大利害关系的条款的,对方可以主张该条款不成为合同的内容。”提供格式条款的企业应当基于公平、诚信原则,依法、合理制定格式条款的内容,并对于履行方式等与消费者有重大利害关系的条款,向消费者进行特别的提醒和说明,从而维护交易秩序,平衡双方利益,促进行业发展。本案的裁判进一步厘清了网络服务提供者作为提供格式条款一方的责任,引导互联网交易模式更加符合契约自由和契约正义的精神。

邓美华诉上海永达鑫悦汽车销售服务有限公司买卖合同纠纷案[最高人民法院2017年12月4日民事判决书,《最高人民法院公报》2018年第11期(总第265期)]

订立合同时,虽然被上诉人永达公司在《订单》上进行了概括性的格式告知,但是不能据此认定其履行了事前的说明义务而因之免责。因为,永达公司未以消费者能够接受和理解的方式特别提示PDI检测的性质、目的、范围和内容,以及车辆发生质量瑕疵后的修理行为亦包含在PDI检测范围内。同时,双方合同约定交付新车,但对于新车的标准,《订单》第4条注明:“卖方将车辆交予买方前,已根据厂方要求为该车辆做了交车前PDI检测,并根据PDI检测结果进行车辆检修、调校,确保该车辆符合厂方新车交付标准。”从该条内容的意思看,双方对车辆交付时符合厂方新车标准的检验标准和方法作了约定。虽然订单经上诉人邓美华签字确认,但该条款系格式条款。永达公司并未采取合理、显著的方式提请邓美华注意免除或者限制其责任的条款,或按照邓美华的要求,对该条款予以说明。该条款实际上排除了邓美华作为消费者的重要权利,即知情权、选择权。因此,该条款属于无效条款。

第四百九十七条 【格式条款无效的情形】有下列情形之一的,该格式条款无效:

(一)具有本法第一编第六章第三节和本法第五百零六条规定的无效情形;

(二)提供格式条款一方不合理地免除或者减轻其责任、加重对方责任、限制对方主要权利;

(三)提供格式条款一方排除对方主要权利。

条文应用提示

格式条款无效情形包含两种:一是与其他民事法律行为通用的无效情形,即具有总则编第六章第三节和合同编第五百零六条规定的无效情形。二是格式条款特有的无效情形。本条第二项规定的“不合理地免除或者减轻其责任、加重对方责任、限制对方主要权利”,以及第三项规定的“提供格式条款一方排除对方主要权利”,均属于违背公平原则的情形。格式条款具有这些情形的,该格式条款无效。

旧法对应关系

合同法第四十条,原合同法解释二第十条

关联法律法规

《中华人民共和国消费者权益保护法》(2013年10月25日修正)

第二十六条 经营者在经营活动中使用格式条款的,应当以显著方式提请消费者注意商品或者服务的数量和质量、价款或者费用、履行期限和方式、安全注意事项和风险警示、售后服务、民事责任等与消费者有重大利害关系的内容,并按照消费者的要求予以说明。

经营者不得以格式条款、通知、声明、店堂告示等方式,作出排除或者限制消费者权利、减轻或者免除经营者责任、加重消费者责任等对消费者不公平、不合理的规定,不得利用格式条款并借助技术手段强制交易。

格式条款、通知、声明、店堂告示等含有前款所列内容的,其内容无效。

《中华人民共和国民用航空法》(2021年4月29日修正)

第一百三十一条　任何旨在免除本法规定的承运人责任或者降低本法规定的赔偿责任限额的条款,均属无效;但是,此种条款的无效,不影响整个航空运输合同的效力。

《中华人民共和国保险法》(2018年12月29日修正)

第十九条　采用保险人提供的格式条款订立的保险合同中的下列条款无效:

(一)免除保险人依法应承担的义务或者加重投保人、被保险人责任的;

(二)排除投保人、被保险人或者受益人依法享有的权利的。

《中华人民共和国海商法》(1992年11月7日)

第一百二十六条　海上旅客运输合同中含有下列内容之一的条款无效:

(一)免除承运人对旅客应当承担的法定责任;

(二)降低本章规定的承运人责任限额;

(三)对本章规定的举证责任作出相反的约定;

(四)限制旅客提出赔偿请求的权利。

前款规定的合同条款的无效,不影响合同其他条款的效力。

《最高人民法院关于适用〈中华人民共和国民事诉讼法〉的解释》(法释〔2022〕11号修正)

第三十一条　经营者使用格式条款与消费者订立管辖协议,未采取合理方式提请消费者注意,消费者主张管辖协议无效的,人民法院应予支持。

《最高人民法院关于审理网络消费纠纷案件适用法律若干问题的规定(一)》(法释〔2022〕8号)

第一条　电子商务经营者提供的格式条款有以下内容的,人民法院应当依法认定无效:

（一）收货人签收商品即视为认可商品质量符合约定；

（二）电子商务平台经营者依法应承担的责任一概由平台内经营者承担；

（三）电子商务经营者享有单方解释权或者最终解释权；

（四）排除或者限制消费者依法投诉、举报、请求调解、申请仲裁、提起诉讼的权利；

（五）其他排除或者限制消费者权利、减轻或者免除电子商务经营者责任、加重消费者责任等对消费者不公平、不合理的内容。

《最高人民法院关于审理食品药品纠纷案件适用法律若干问题的规定》（法释〔2021〕17号修正）

第十六条　食品、药品的生产者与销售者以格式合同、通知、声明、告示等方式作出排除或者限制消费者权利，减轻或者免除经营者责任、加重消费者责任等对消费者不公平、不合理的规定，消费者依法请求认定该内容无效的，人民法院应予支持。

《最高人民法院关于审理使用人脸识别技术处理个人信息相关民事案件适用法律若干问题的规定》（2021年7月27日）

第十一条　信息处理者采用格式条款与自然人订立合同，要求自然人授予其无期限限制、不可撤销、可任意转授权等处理人脸信息的权利，该自然人依据民法典第四百九十七条请求确认格式条款无效的，人民法院依法予以支持。

《最高人民法院关于审理消费民事公益诉讼案件适用法律若干问题的解释》（法释〔2020〕20号修正）

第十三条　原告在消费民事公益诉讼案件中，请求被告承担停止侵害、排除妨碍、消除危险、赔礼道歉等民事责任的，人民法院可予支持。

经营者利用格式条款或者通知、声明、店堂告示等，排除或者限制消费者权利、减轻或者免除经营者责任、加重消费者责任，原告认为对消费者不公平、不合理主张无效的，人民法院应依法予以支持。

《最高人民法院关于适用〈中华人民共和国保险法〉若干问题的解释（二）》（法释〔2020〕18号修正）

第九条　保险人提供的格式合同文本中的责任免除条款、免赔额、免赔率、比例赔付或者给付等免除或者减轻保险人责任的条款，可以认定为保险法第十七条第二款规定的“免除保险人责任的条款”。

保险人因投保人、被保险人违反法定或者约定义务，享有解除合同权利的条款，不属于保险法第十七条第二款规定的“免除保险人责任的条款”。

第十条 保险人将法律、行政法规中的禁止性规定情形作为保险合同免责条款的免责事由，保险人对该条款作出提示后，投保人、被保险人或者受益人以保险人未履行明确说明义务为由主张该条款不成为合同内容的，人民法院不予支持。

《最高人民法院关于审理旅游纠纷案件适用法律若干问题的规定》(法释〔2020〕17号修正)

第六条 旅游经营者以格式条款、通知、声明、店堂告示等方式作出排除或者限制旅游者权利、减轻或者免除旅游经营者责任、加重旅游者责任等对旅游者不公平、不合理的规定，旅游者依据消费者权益保护法第二十六条的规定请求认定该内容无效的，人民法院应予支持。

《最高人民法院关于审理食品药品纠纷案件适用法律若干问题的规定》(法释〔2020〕17号修正)

第十六条 食品、药品的生产者与销售者以格式合同、通知、声明、告示等方式作出排除或者限制消费者权利，减轻或者免除经营者责任、加重消费者责任等对消费者不公平、不合理的规定，消费者依法请求认定该内容无效的，人民法院应予支持。

《网络交易平台合同格式条款规范指引》(2014年7月30日)

第十条 网络交易平台经营者不得在合同格式条款中免除或者减轻自己的下列责任：

(一)造成消费者人身损害的责任；

(二)因故意或者重大过失造成消费者财产损失的责任；

(三)对平台内经营者提供商品或者服务依法应当承担的连带责任；

(四)对收集的消费者个人信息和经营者商业秘密的信息安全责任；

(五)依法应当承担的违约责任和其他责任。

第十一条 网络交易平台经营者不得有下列利用合同格式条款加重平台内经营者或者消费者责任的行为：

(一)使消费者承担违约金或者损害赔偿明显超过法定数额或者合理

数额；

（二）使平台内经营者或者消费者承担依法应由网络交易平台经营者承担的责任；

（三）合同附终止期限的，擅自延长平台内经营者或者消费者履行合同的期限；

（四）使平台内经营者或者消费者承担在不确定期限内履行合同的责任；

（五）违法加重平台内经营者或消费者其他责任的行为。

第十二条　网络交易平台经营者不得在合同格式条款中排除或者限制平台内经营者或者消费者的下列权利：

（一）依法变更、撤销或者解除合同的权利；

（二）依法中止履行或者终止履行合同的权利；

（三）依法请求继续履行、采取补救措施、支付违约金或者损害赔偿的权利；

（四）就合同争议提起诉讼、仲裁或者其他救济途径的权利；

（五）请求解释格式条款的权利；

（六）平台内经营者或消费者依法享有的其他权利。

典型案例指导

刘智超诉同方知网（北京）技术有限公司买卖合同纠纷案［江苏省苏州市姑苏区人民法院2019年1月30日民事判决书，《最高人民法院公报》2020年第1期（总第279期）］

经营者单方设定的最低充值金额条款不仅侵犯了消费者的自主选择权、无故占用了消费者的资金，还会额外增加消费者申请退款时的负担，因此，该最低充值金额条款属于限制消费者合法权益的格式条款，系对消费者不公平、不合理的规定，应认定无效。

张宇、张霞诉上海亚绿实业投资有限公司商品房预售合同纠纷案［上海市第一中级人民法院（2017）沪01民终9095号民事判决书，《最高人民法院公报》2019年第5期（总第271期）］

责任限制型格式条款本质上是一种风险转移约定，根据诚实信用原则，在签约时，经营者除了需要对条款内容进行重点提示，还应当对免责范围内已经显露的重大风险进行如实告知，以保护相对人的信赖利益。经营者故意隐瞒重大风险，造成相对人在信息不对称的情况下达成免责合意，应当认定相对人的真实意思表示中不包括承担被隐瞒的重大风险，免责合意的范围仅限于签约后发生的不确定风险。在后续履约中，因恶意隐瞒重大风险最终导致违约情形发生，经营者主张适用免责条款排除自身违约责任的，人民法院不予支持。

周某某与南京市雨花台区尹某某美容美发店、洪某某、孔某、欧某某服务合同纠纷案（2023年5月《人民法院高质量服务保障长三角一体化发展典型案例》）

消费者有自主选择消费的权利。在美容美发、健身、餐饮等一些消费领域，经营者出于其营销手段的考虑，经常引导消费者选择预付储值的消费方式。而当服务场所无法保障原有服务质量和服务环境，或当特定服务提供者离职时，消费者的预期目的即无法实现。消费者以此诉请退款的，即使预付卡服务协议中有"不退还""不折现"等条款，人民法院也应支持消费者解除合同的诉请。

张某与吴某网络购物合同纠纷案（2023年3月15日《最高人民法院发布十件网络消费典型案例》）

审理法院认为，平台《用户行为规范》关于"交易完成，不支持售后维权"的内容，是电子商务经营者为重复使用而预先拟定，在订立合同时未与对方协商的条款，属格式条款。该格式条款不合理地免除了经营者责任，排除了消费者权利，依据《最高人民法院关于审理网络消费纠纷案件适用法律若干问题的规定（一）》第一条之规定，应认定为无效。

实践中，存在电子商务经营者利用其优势地位，制定不公平不合理的格式条款侵害消费者合法权益的情况。本案裁判通过对网络消费格式条款进行合法性审查，对于不合理地免除经营者责任、排除消费者权利的格式条款作出否定性评价，有力地维护了消费者合法权益和健康、清朗消费环境。

吴声威与北京爱奇艺科技有限公司网络服务合同纠纷案（2021年2月10日《最高人民法院民二庭发布2020年全国法院十大商事案例》）

原告吴声威系爱奇艺公司的黄金VIP会员。在VIP会员服务合同中，第3.5条："超前点播剧集，根据爱奇艺实际运营需要，就爱奇艺平台上部分定期更新的视频内容，爱奇艺将提供剧集超前点播的服务模式，会员在进行额外付费后，可提前观看该部分视频内容的更多剧集，具体的点播规则以爱奇艺平台实际说明或提供为准。"导言第二款："双方同意前述免责、限制责任条款不属于《合同法》第40条规定的'免除其责任、加重对方责任、排除对方主要权利'的条款,即您和爱奇艺均认可前述条款的合法性及有效性,您不会以爱奇艺未尽到合理提示义务为由而声称协议中条款非法或无效。"第3.1条:"爱奇艺有权基于自身运营策略变更全部或部分会员权益、适用的用户设备终端。"第10.2条:"双方同意,解决争议时,应以您同意的最新《爱奇艺VIP会员服务协议》为准"。第3.3条:"您理解并同意部分视频出于版权方等原因,视频的片头仍会有其他形式的广告呈现,上述呈现不视为爱奇艺侵权或违约。"

吴声威认为在电视剧《庆余年》播出过程中爱奇艺公司又推出的"付费超前点播"模式,使其需要额外付费才能看最新剧集,损害了其会员权益。此外,"VIP会员协议"被爱奇艺公司单方面更改,该协议中亦存在多处违法条款,应属无效。北京互联网法院判决确认服务协议导言第二款内容无效,第3.5条中的内容对原告吴声威不发生效力,爱奇艺公司向吴声威连续15日提供吴声威原享有的"黄金VIP会员"权益,使其享有爱奇艺平台卫视热播电视剧、爱奇艺优质自制剧已经更新的剧集的观看权利,赔偿吴声威公证费损失1500元等。爱奇艺公司上诉,北京市第四中级人民法院判决:驳回上诉,维持原判。

第四百九十八条　【格式条款的解释】对格式条款的理解发生争议的,应当按照通常理解予以解释。对格式条款有两种以上解释的,应当作出不利于提供格式条款一方的解释。格式条款和非格式条款不一致的,应当采用非格式条款。

条文应用提示

本条是关于格式条款解释的规定:

一是按照通常理解予以解释规则。格式条款是为了重复使用而拟定的,因此对格式条款也应当按照通常理解予以解释,既不按照提供格式条款一方的理解予以解释,也不按照个别的相对方的理解予以解释,而是按照可能订立该格式条款的一般人的理解予以解释,这对保护相对方的利益是公平的。

二是不利解释规则。对格式条款有两种以上解释的,应当如何处理?格式条款提供方往往处于优势地位,相对方不能实际参与格式条款内容的拟定与磋商，无法对格式条款内容施加影响，因此在对格式条款内容有两种以上解释时，有必要给予相对方倾斜性的保护，即作出不利于提供格式条款一方的解释。

旧法对应关系

合同法第四十一条，原合同法解释二第六条

关联法律法规

《中华人民共和国保险法》(2018年12月29日修正)

第三十条　采用保险人提供的格式条款订立的保险合同，保险人与投保人、被保险人或者受益人对合同条款有争议的，应当按照通常理解予以解释。对合同条款有两种以上解释的，人民法院或者仲裁机构应当作出有利于被保险人和受益人的解释。

《最高人民法院关于为促进消费提供司法服务和保障的意见》(法发〔2022〕35号)

5.依法整治消费领域"霸王条款"。提供格式条款的经营者未依法履行提示或者说明义务，致使消费者没有注意或者理解与其有重大利害关系的条款的，消费者有权主张该条款不成为合同的内容。消费者主张经营者提供的排除或者不合理地限制消费者主要权利的格式条款，以及不合理地免除或者减轻经营者责任的格式条款无效的，人民法院应当依法支持。对格式条款的理解发生争议，消费者主张依照民法典第四百九十八条规定进行解释，经营者以其享有最终解释权为由进行抗辩的，人民法院对其抗辩不予支持。

《旅行社条例》(2020年11月29日修订)

第二十九条　旅行社在与旅游者签订旅游合同时，应当对旅游合同的具体内容作出真实、准确、完整的说明。

旅行社和旅游者签订的旅游合同约定不明确或者对格式条款的理解发生争议的，应当按照通常理解予以解释；对格式条款有两种以上解释的，应当作出有利于旅游者的解释；格式条款和非格式条款不一致的，应当采用非格式条款。

《网络交易平台合同格式条款规范指引》(2014年7月30日)

第十三条　对网络交易平台经营者提供的合同格式条款内容理解发

生争议的,应当按照通常理解予以解释;对相应内容有两种以上解释的,应当作出不利于网络交易平台经营者的解释。格式条款与非格式条款不一致的,应当采用非格式条款。

第四百九十九条 【悬赏广告】悬赏人以公开方式声明对完成特定行为的人支付报酬的,完成该行为的人可以请求其支付。

条文应用提示

悬赏广告在经济社会中较为常见,各个国家和地区普遍对悬赏广告制度作了规定。依据本条规定,悬赏广告的构成要满足以下三个条件:一是以公开的方式作出声明。公开的具体方式,可以是通过广播电视、报纸期刊或者互联网等媒介发布,也可以是在公众场所发传单、在公开的宣传栏张贴广告等。二是悬赏人在声明中提出明确的要求,即要完成特定行为。声明对于该要求,要有具体、明确的表达,不能含混不清。三是悬赏人具有支付报酬的意思表示,即对完成特定行为的人给付一定报酬。悬赏人应当对报酬的形式、给付方式等作出明确的表达;如果报酬是给付金钱,应当明确金钱的币种、数额等。对于满足以上条件的悬赏广告,完成该特定行为的人可以请求悬赏人支付报酬,悬赏人不得拒绝。

旧法对应关系

原合同法解释二第三条

第五百条 【缔约过失责任】当事人在订立合同过程中有下列情形之一,造成对方损失的,应当承担赔偿责任:

(一)假借订立合同,恶意进行磋商;

(二)故意隐瞒与订立合同有关的重要事实或者提供虚假情况;

(三)有其他违背诚信原则的行为。

条文应用提示

缔约过失责任指当事人在订立合同过程中,因违背诚信原则而给对方造成损失的赔偿责任。在这个阶段,合同尚未成立,但一方对另一方在协商、谈判中实施的行为已经产生了合理信赖。如果当事人在这个阶段实施了违背诚信原则的行为,如隐瞒了重要事实和情况等,使对方的信赖利益受损,则缔约过失责任即成立。

根据本条规定,有下列情况之一,给对方当事人造成损失的,应当承担缔约过失责任:(1)假借订立合同,恶意进行磋商。这是指当事人根本没有与对方订立合同的目的,与对方进行谈判协商只是个借口,目的是损害对方或者第三人的利益。(2)故意隐瞒与订立合同有关的重要事实或者提供虚假情况。根据诚信原则的要求,当事人在订立合同过程中,对有关的重要事实和情况负有告知义务。当事人故意隐瞒重要事实和情况,造成对方损失的,应当承担缔约过失责任。(3)其他违背诚信原则的行为。如果当事人违反了诚信原则要求的互相协助、照顾、保护、通知等义务,实施了违背诚信原则的行为,并造成对方损失,就要承担缔约过失责任。

缔约过失责任的赔偿范围以受损害的当事人的信赖利益的损失为限,包括直接利益的减少,如谈判中发生的费用,还包括受损害的当事人因此失去与第三人订立合同机会的损失。具体的损失额根据案件实际情况进行计算,但不得超过合同履行利益即合同成立并得到履行后所获得的利益。

旧法对应关系

合同法第四十二条,原合同法解释二第八条

关联法律法规

《最高人民法院关于审理期货纠纷案件若干问题的规定》(法释〔2020〕18号修正)

第十六条　期货公司在与客户订立期货经纪合同时,未提示客户注意《期货交易风险说明书》内容,并由客户签字或者盖章,对于客户在交易中的损失,应当依据民法典第五百条第三项的规定承担相应的赔偿责任。但是,根据以往交易结果记载,证明客户已有交易经历的,应当免除期货公司的责任。

第五百零一条 【当事人保密义务】当事人在订立合同过程中知悉的商业秘密或者其他应当保密的信息，无论合同是否成立，不得泄露或者不正当地使用；泄露、不正当地使用该商业秘密或者信息，造成对方损失的，应当承担赔偿责任。

条文应用提示

按照我国《反不正当竞争法》第九条的规定，商业秘密是指不为公众所知悉、具有商业价值并经权利人采取相应保密措施的技术信息、经营信息等商业信息。

旧法对应关系

合同法第四十三条，原合同法解释二第六条

关联法律法规

《中华人民共和国反不正当竞争法》（2019年4月23日修正）

第九条 经营者不得实施下列侵犯商业秘密的行为：

（一）以盗窃、贿赂、欺诈、胁迫、电子侵入或者其他不正当手段获取权利人的商业秘密；

（二）披露、使用或者允许他人使用以前项手段获取的权利人的商业秘密；

（三）违反保密义务或者违反权利人有关保守商业秘密的要求，披露、使用或者允许他人使用其所掌握的商业秘密；

（四）教唆、引诱、帮助他人违反保密义务或者违反权利人有关保守商业秘密的要求，获取、披露、使用或者允许他人使用权利人的商业秘密。

经营者以外的其他自然人、法人和非法人组织实施前款所列违法行为的，视为侵犯商业秘密。

第三人明知或者应知商业秘密权利人的员工、前员工或者其他单位、个人实施本条第一款所列违法行为，仍获取、披露、使用或者允许他人使用该商业秘密的，视为侵犯商业秘密。

本法所称的商业秘密，是指不为公众所知悉、具有商业价值并经权利人采取相应保密措施的技术信息、经营信息等商业信息。

第二十一条　经营者以及其他自然人、法人和非法人组织违反本法第九条规定侵犯商业秘密的，由监督检查部门责令停止违法行为，没收违法所得，处十万元以上一百万元以下的罚款；情节严重的，处五十万元以上五百万元以下的罚款。

第三章　合同的效力

第五百零二条　【合同生效时间】依法成立的合同，自成立时生效，但是法律另有规定或者当事人另有约定的除外。

依照法律、行政法规的规定，合同应当办理批准等手续的，依照其规定。未办理批准等手续影响合同生效的，不影响合同中履行报批等义务条款以及相关条款的效力。应当办理申请批准等手续的当事人未履行义务的，对方可以请求其承担违反该义务的责任。

依照法律、行政法规的规定，合同的变更、转让、解除等情形应当办理批准等手续的，适用前款规定。

对应司法解释

《最高人民法院关于适用〈中华人民共和国民法典〉合同编通则若干问题的解释》（法释〔2023〕13号）

第十二条　合同依法成立后，负有报批义务的当事人不履行报批义务或者履行报批义务不符合合同的约定或者法律、行政法规的规定，对方请求其继续履行报批义务的，人民法院应予支持；对方主张解除合同并请求其承担违反报批义务的赔偿责任的，人民法院应予支持。

人民法院判决当事人一方履行报批义务后，其仍不履行，对方主张解除合同并参照违反合同的违约责任请求其承担赔偿责任的，人民法院应予支持。

合同获得批准前,当事人一方起诉请求对方履行合同约定的主要义务,经释明后拒绝变更诉讼请求的,人民法院应当判决驳回其诉讼请求,但是不影响其另行提起诉讼。

负有报批义务的当事人已经办理申请批准等手续或者已经履行生效判决确定的报批义务,批准机关决定不予批准,对方请求其承担赔偿责任的,人民法院不予支持。但是,因迟延履行报批义务等可归责于当事人的原因导致合同未获批准,对方请求赔偿因此受到的损失的,人民法院应当依据民法典第一百五十七条的规定处理。

第十三条 合同存在无效或者可撤销的情形,当事人以该合同已在有关行政管理部门办理备案、已经批准机关批准或者已依据该合同办理财产权利的变更登记、移转登记等为由主张合同有效的,人民法院不予支持。

《最高人民法院关于审理技术合同纠纷案件适用法律若干问题的解释》(法释〔2020〕19 号修正)

第八条 生产产品或者提供服务依法须经有关部门审批或者取得行政许可,而未经审批或者许可的,不影响当事人订立的相关技术合同的效力。

当事人对办理前款所称审批或者许可的义务没有约定或者约定不明确的,人民法院应当判令由实施技术的一方负责办理,但法律、行政法规另有规定的除外。

《最高人民法院关于审理涉及农村土地承包纠纷案件适用法律问题的解释》(法释〔2020〕17 号修正)

第十四条 承包方依法采取出租、入股或者其他方式流转土地经营权,发包方仅以该土地经营权流转合同未报其备案为由,请求确认合同无效的,不予支持。

《最高人民法院关于审理商品房买卖合同纠纷案件适用法律若干问题的解释》(法释〔2020〕17 号修正)

第二条 出卖人未取得商品房预售许可证明,与买受人订立的商品房预售合同,应当认定无效,但是在起诉前取得商品房预售许可证明的,可以认定有效。

第六条　当事人以商品房预售合同未按照法律、行政法规规定办理登记备案手续为由，请求确认合同无效的，不予支持。

当事人约定以办理登记备案手续为商品房预售合同生效条件的，从其约定，但当事人一方已经履行主要义务，对方接受的除外。

第七条　买受人以出卖人与第三人恶意串通，另行订立商品房买卖合同并将房屋交付使用，导致其无法取得房屋为由，请求确认出卖人与第三人订立的商品房买卖合同无效的，应予支持。

条文应用提示

在未办理批准等手续影响合同生效的情形下，如果当事人未办理批准等手续，则该合同不生效。但即使合同整体因未办理批准等手续不生效，也不影响合同中履行报批等义务条款以及相关条款的效力。即合同中履行报批等义务条款以及相关条款的效力不受合同整体不生效的影响。

旧法对应关系

合同法第四十四条，原合同法解释一第九条，原融资租赁合同解释第三条，原房屋租赁合同解释第四条，原买卖合同解释第六条，原技术合同解释第八条

关联法律法规

《中华人民共和国城市房地产管理法》(2019 年 8 月 26 日修正)

第四十四条　以出让方式取得土地使用权的，转让房地产后，受让人改变原土地使用权出让合同约定的土地用途的，必须取得原出让方和市、县人民政府城市规划行政主管部门的同意，签订土地使用权出让合同变更协议或者重新签订土地使用权出让合同，相应调整土地使用权出让金。

《中华人民共和国民用航空法》(2021 年 4 月 29 日修正)

第十四条　民用航空器所有权的取得、转让和消灭，应当向国务院民用航空主管部门登记；未经登记的，不得对抗第三人。

民用航空器所有权的转让，应当签订书面合同。

《中华人民共和国海商法》(1992 年 11 月 7 日)

第十三条　【抵押权登记】设定船舶抵押权，由抵押权人和抵押人共

同向船舶登记机关办理抵押权登记;未经登记的,不得对抗第三人。

船舶抵押权登记,包括下列主要项目:

(一)船舶抵押权人和抵押人的姓名或者名称、地址;

(二)被抵押船舶的名称、国籍、船舶所有权证书的颁发机关和证书号码;

(三)所担保的债权数额、利息率、受偿期限。

船舶抵押权的登记状况,允许公众查询。

《最高人民法院关于审理外商投资企业纠纷案件若干问题的规定(一)》(法释〔2020〕18号修正)

第一条　当事人在外商投资企业设立、变更等过程中订立的合同,依法律、行政法规的规定应当经外商投资企业审批机关批准后才生效的,自批准之日起生效;未经批准的,人民法院应当认定该合同未生效。当事人请求确认该合同无效的,人民法院不予支持。

前款所述合同因未经批准而被认定未生效的,不影响合同中当事人履行报批义务条款及因该报批义务而设定的相关条款的效力。

第二条　当事人就外商投资企业相关事项达成的补充协议对已获批准的合同不构成重大或实质性变更的,人民法院不应以未经外商投资企业审批机关批准为由认定该补充协议未生效。

前款规定的重大或实质性变更包括注册资本、公司类型、经营范围、营业期限、股东认缴的出资额、出资方式的变更以及公司合并、公司分立、股权转让等。

第三条　人民法院在审理案件中,发现经外商投资企业审批机关批准的外商投资企业合同具有法律、行政法规规定的无效情形的,应当认定合同无效;该合同具有法律、行政法规规定的可撤销情形,当事人请求撤销的,人民法院应予支持。

第十三条　外商投资企业股东与债权人订立的股权质押合同,除法律、行政法规另有规定或者合同另有约定外,自成立时生效。未办理质权登记的,不影响股权质押合同的效力。

当事人仅以股权质押合同未经外商投资企业审批机关批准为由主张合同无效或未生效的,人民法院不予支持。

股权质押合同依照民法典的相关规定办理了出质登记的,股权质权自登记时设立。

第十五条　合同约定一方实际投资、另一方作为外商投资企业名义股东,不具有法律、行政法规规定的无效情形的,人民法院应认定该合同有效。一方当事人仅以未经外商投资企业审批机关批准为由主张该合同无效或者未生效的,人民法院不予支持。

实际投资者请求外商投资企业名义股东依据双方约定履行相应义务的,人民法院应予支持。

双方未约定利益分配,实际投资者请求外商投资企业名义股东向其交付从外商投资企业获得的收益的,人民法院应予支持。外商投资企业名义股东向实际投资者请求支付必要报酬的,人民法院应酌情予以支持。

《最高人民法院关于审理与企业改制相关的民事纠纷案件若干问题的规定》(法释〔2020〕18号修正)

第十四条　债权人与债务人自愿达成债权转股权协议,且不违反法律和行政法规强制性规定的,人民法院在审理相关的民事纠纷案件中,应当确认债权转股权协议有效。

政策性债权转股权,按照国务院有关部门的规定处理。

第十七条　以协议转让形式出售企业,企业出售合同未经有审批权的地方人民政府或其授权的职能部门审批的,人民法院在审理相关的民事纠纷案件时,应当确认该企业出售合同不生效。

《最高人民法院关于印发〈全国法院民商事审判工作会议纪要〉的通知》(法〔2019〕254号)

37.【未经批准合同的效力】法律、行政法规规定某类合同应当办理批准手续生效的,如商业银行法、证券法、保险法等法律规定购买商业银行、证券公司、保险公司5%以上股权须经相关主管部门批准,依据《合同法》第44条第2款的规定,批准是合同的法定生效条件,未经批准的合同因欠缺法律规定的特别生效条件而未生效。实践中的一个突出问题是,把未生效合同认定为无效合同,或者虽认定为未生效,却按无效合同处理。无效合同从本质上来说是欠缺合同的有效要件,或者具有合同无效的法定事由,自始不发生法律效力。而未生效合同已具备合同的有效要件,对双方具有一定的拘束力,任何一方不得擅自撤回、解除、变更,但因欠缺法律、行政法规规定或当事人约定的特别生效条件,在该生效条件成就前,不能产生请求对方履行合同主要权利义务的法律效力。

38.【报批义务及相关违约条款独立生效】须经行政机关批准生效的合同,对报批义务及未履行报批义务的违约责任等相关内容作出专门约定的,该约定独立生效。一方因另一方不履行报批义务,请求解除合同并请求其承担合同约定的相应违约责任的,人民法院依法予以支持。

39.【报批义务的释明】须经行政机关批准生效的合同,一方请求另一方履行合同主要权利义务的,人民法院应当向其释明,将诉讼请求变更为请求履行报批义务。一方变更诉讼请求的,人民法院依法予以支持;经释明后当事人拒绝变更的,应当驳回其诉讼请求,但不影响其另行提起诉讼。

40.【判决履行报批义务后的处理】人民法院判决一方履行报批义务后,该当事人拒绝履行,经人民法院强制执行仍未履行,对方请求其承担合同违约责任的,人民法院依法予以支持。一方依据判决履行报批义务,行政机关予以批准,合同发生完全的法律效力,其请求对方履行合同的,人民法院依法予以支持;行政机关没有批准,合同不具有法律上的可履行性,一方请求解除合同的,人民法院依法予以支持。

典型案例指导

吉美投资有限公司(Ge Mei Investment Limited)与河南鹰城集团有限公司、张顺义、张磊股权转让纠纷案[最高人民法院(2017)最高法民终651号,2022年2月28日《最高人民法院发布第三批涉"一带一路"建设典型案例》]

最高人民法院经审理认为,自2016年10月1日起,我国对外商投资准入特别管理措施以外的外商投资企业的设立、变更,已由行政审批制转为备案管理制。对不属于外资准入负面清单的外商投资企业的股权转让合同,不再将审批作为认定合同生效的要件。当事人关于"自审批机关批准之日起生效"的约定,亦不再具有限定合同生效条件的意义,应当认定合同有效。鹰城集团最迟付款履行期间已经届满,故判决鹰城集团向吉美公司支付股权转让款1亿元。

我国外商投资管理体制自2016年10月1日起实施重大改革,将运行多年的全面审批制改为普遍备案制与负面清单下的审批制。如何认定备案的性质以及履行期限跨越新法实施日的外商投资企业合同的效力,是司法实践中亟待解决的问题。本案的裁判规则指出,备案不再构成外商投资负面清单以外的外商投资企业合同的生效要件。相应地,未报批的该类外商投资企业股权转让合同亦为生效合同。该判决所确立的裁判规则对于指导外商投资企业纠纷的处理、保护外商投资者的合法权益具有重要意义。

大宗集团有限公司、宗锡晋与淮北圣火矿业有限公司、淮北圣火房地产开发有限责任公司、涡阳圣火房地产开发有限公司股权转让纠纷案［最高人民法院(2015)民二终字第236号民事判决书,《最高人民法院公报》2016年第6期(总第236期)］

矿业权与股权是两种不同的民事权利,如果仅转让公司股权而不导致矿业权主体的变更,则不属于矿业权转让,转让合同无须地质矿产主管部门审批,在不违反法律、行政法规强制性规定的情况下,应认定合同合法有效。迟延履行生效合同约定义务的当事人以迟延履行期间国家政策变化为由主张情势变更的,不予支持。

王仕龙与刘俊波采矿权转让合同纠纷案［《最高人民法院公报》2014年第11期(总第217期)］

当事人签订采矿权转让合同后,未依法履行报批手续的,此时合同尚未生效。但按照法律规定,合法成立的合同仍然对双方当事人具有法律拘束力,即当事人应当积极履行各自的义务,促使合同生效,以维护交易各方的合法权益。因此,在这种情况下,如果一方提起诉讼要求解除合同的,法院不应当支持其主张,而是应当判令双方按照各自义务办理相应报批手续,积极促使合同生效,以符合合同法鼓励交易、创造财富的原则。

第五百零三条　【被代理人对无权代理合同的追认】无权代理人以被代理人的名义订立合同,被代理人已经开始履行合同义务或者接受相对人履行的,视为对合同的追认。

对应司法解释

《最高人民法院关于适用〈中华人民共和国民法典〉合同编通则若干问题的解释》(法释〔2023〕13号)

第二十一条　法人、非法人组织的工作人员就超越其职权范围的事项以法人、非法人组织的名义订立合同,相对人主张该合同对法人、非法人组织发生效力并由其承担违约责任的,人民法院不予支持。但是,法人、非法人组织有过错的,人民法院可以参照民法典第一百五十七条的规定判决其承担相应的赔偿责任。前述情形,构成表见代理的,人民法院应当依据民法典第一百七十二条的规定处理。

合同所涉事项有下列情形之一的,人民法院应当认定法人、非法人组织的工作人员在订立合同时超越其职权范围:

(一)依法应当由法人、非法人组织的权力机构或者决策机构决议的事项;

(二)依法应当由法人、非法人组织的执行机构决定的事项;

(三)依法应当由法定代表人、负责人代表法人、非法人组织实施的事项;

(四)不属于通常情形下依其职权可以处理的事项。

合同所涉事项未超越依据前款确定的职权范围,但是超越法人、非法人组织对工作人员职权范围的限制,相对人主张该合同对法人、非法人组织发生效力并由其承担违约责任的,人民法院应予支持。但是,法人、非法人组织举证证明相对人知道或者应当知道该限制的除外。

法人、非法人组织承担民事责任后,向故意或者有重大过失的工作人员追偿的,人民法院依法予以支持。

条文应用提示

《民法典》总则编第一百七十一条规定,行为人没有代理权、超越代理权或者代理权终止后,仍然实施代理行为,未经被代理人追认的,对被代理人不发生效力。

旧法对应关系

原合同法解释二第十二条

第五百零四条 【越权订立的合同效力】法人的法定代表人或者非法人组织的负责人超越权限订立的合同,除相对人知道或者应当知道其超越权限外,该代表行为有效,订立的合同对法人或者非法人组织发生效力。

对应司法解释

《最高人民法院关于适用〈中华人民共和国民法典〉合同编通则若干问题的解释》（法释〔2023〕13 号）

第二十条　法律、行政法规为限制法人的法定代表人或者非法人组织的负责人的代表权，规定合同所涉事项应当由法人、非法人组织的权力机构或者决策机构决议，或者应当由法人、非法人组织的执行机构决定，法定代表人、负责人未取得授权而以法人、非法人组织的名义订立合同，未尽到合理审查义务的相对人主张该合同对法人、非法人组织发生效力并由其承担违约责任的，人民法院不予支持，但是法人、非法人组织有过错的，可以参照民法典第一百五十七条的规定判决其承担相应的赔偿责任。相对人已尽到合理审查义务，构成表见代表的，人民法院应当依据民法典第五百零四条的规定处理。

合同所涉事项未超越法律、行政法规规定的法定代表人或者负责人的代表权限，但是超越法人、非法人组织的章程或者权力机构等对代表权的限制，相对人主张该合同对法人、非法人组织发生效力并由其承担违约责任的，人民法院依法予以支持。但是，法人、非法人组织举证证明相对人知道或者应当知道该限制的除外。

法人、非法人组织承担民事责任后，向有过错的法定代表人、负责人追偿因越权代表行为造成的损失的，人民法院依法予以支持。法律、司法解释对法定代表人、负责人的民事责任另有规定的，依照其规定。

第二十二条　法定代表人、负责人或者工作人员以法人、非法人组织的名义订立合同且未超越权限，法人、非法人组织仅以合同加盖的印章不是备案印章或者系伪造的印章为由主张该合同对其不发生效力的，人民法院不予支持。

合同系以法人、非法人组织的名义订立，但是仅有法定代表人、负责人或者工作人员签名或者按指印而未加盖法人、非法人组织的印章，相对人能够证明法定代表人、负责人或者工作人员在订立合同时未超越权限的，人民法院应当认定合同对法人、非法人组织发生效力。但是，当事人约定以加盖印章作为合同成立条件的除外。

合同仅加盖法人、非法人组织的印章而无人员签名或者按指印，相对人能够证明合同系法定代表人、负责人或者工作人员在其权限范围内订立的，人民法院应当认定该合同对法人、非法人组织发生效力。

在前三款规定的情形下，法定代表人、负责人或者工作人员在订立合同时虽然超越代表或者代理权限，但是依据民法典第五百零四条的规定构成表见代表，或者依据民法典第一百七十二条的规定构成表见代理的，人民法院应当认定合同对法人、非法人组织发生效力。

《最高人民法院关于适用〈中华人民共和国民法典〉有关担保制度的解释》（法释〔2020〕28号）

第七条　公司的法定代表人违反公司法关于公司对外担保决议程序的规定，超越权限代表公司与相对人订立担保合同，人民法院应当依照民法典第六十一条和第五百零四条等规定处理：

（一）相对人善意的，担保合同对公司发生效力；相对人请求公司承担担保责任的，人民法院应予支持。

（二）相对人非善意的，担保合同对公司不发生效力；相对人请求公司承担赔偿责任的，参照适用本解释第十七条的有关规定。

法定代表人超越权限提供担保造成公司损失，公司请求法定代表人承担赔偿责任的，人民法院应予支持。

第一款所称善意，是指相对人在订立担保合同时不知道且不应当知道法定代表人超越权限。相对人有证据证明已对公司决议进行了合理审查，人民法院应当认定其构成善意，但是公司有证据证明相对人知道或者应当知道决议系伪造、变造的除外。

第八条　有下列情形之一，公司以其未依照公司法关于公司对外担保的规定作出决议为由主张不承担担保责任的，人民法院不予支持：

（一）金融机构开立保函或者担保公司提供担保；

（二）公司为其全资子公司开展经营活动提供担保；

（三）担保合同系由单独或者共同持有公司三分之二以上对担保事项有表决权的股东签字同意。

上市公司对外提供担保，不适用前款第二项、第三项的规定。

第九条　相对人根据上市公司公开披露的关于担保事项已经董

事会或者股东大会决议通过的信息,与上市公司订立担保合同,相对人主张担保合同对上市公司发生效力,并由上市公司承担担保责任的,人民法院应予支持。

相对人未根据上市公司公开披露的关于担保事项已经董事会或者股东大会决议通过的信息,与上市公司订立担保合同,上市公司主张担保合同对其不发生效力,且不承担担保责任或者赔偿责任的,人民法院应予支持。

相对人与上市公司已公开披露的控股子公司订立的担保合同,或者相对人与股票在国务院批准的其他全国性证券交易场所交易的公司订立的担保合同,适用前两款规定。

第十条 一人有限责任公司为其股东提供担保,公司以违反公司法关于公司对外担保决议程序的规定为由主张不承担担保责任的,人民法院不予支持。公司因承担担保责任导致无法清偿其他债务,提供担保时的股东不能证明公司财产独立于自己的财产,其他债权人请求该股东承担连带责任的,人民法院应予支持。

条文应用提示

法人的法定代表人或者非法人组织的负责人超越权限订立合同的,一般情况下代表行为有效,所订立的合同对法人或者非法人组织发生效力。如果合同的相对人在订立合同时知道或者应当知道法人的法定代表人或者其他组织的负责人的行为是超越权限的,而仍与之订立合同,则合同相对人具有恶意,此时没有对合同的相对人加以保护的必要。本条立足于维护交易安全,应当保护的是善意相对人的利益。因此,本条在规定法定代表人、负责人超越权限订立的合同一般对法人或者非法人组织发生效力的同时,排除了相对人知道或者应当知道其超越权限的情形。

旧法对应关系

合同法第五十条,原担保法解释第十一条

关联法律法规

《中华人民共和国公司法》(2018 年 10 月 26 日修正)

第十六条　公司向其他企业投资或者为他人提供担保,依照公司章程的规定,由董事会或者股东会、股东大会决议;公司章程对投资或者担保的总额及单项投资或者担保的数额有限额规定的,不得超过规定的限额。

公司为公司股东或者实际控制人提供担保的,必须经股东会或者股东大会决议。

前款规定的股东或者受前款规定的实际控制人支配的股东,不得参加前款规定事项的表决。该项表决由出席会议的其他股东所持表决权的过半数通过。

《最高人民法院关于印发〈全国法院民商事审判工作会议纪要〉的通知》(法〔2019〕254 号)

17.【违反《公司法》第 16 条构成越权代表】为防止法定代表人随意代表公司为他人提供担保给公司造成损失,损害中小股东利益,《公司法》第 16 条对法定代表人的代表权进行了限制。根据该条规定,担保行为不是法定代表人所能单独决定的事项,而必须以公司股东(大)会、董事会等公司机关的决议作为授权的基础和来源。法定代表人未经授权擅自为他人提供担保的,构成越权代表,人民法院应当根据《合同法》第 50 条关于法定代表人越权代表的规定,区分订立合同时债权人是否善意分别认定合同效力:债权人善意的,合同有效;反之,合同无效。

18.【善意的认定】前条所称的善意,是指债权人不知道或者不应当知道法定代表人超越权限订立担保合同。《公司法》第 16 条对关联担保和非关联担保的决议机关作出了区别规定,相应地,在善意的判断标准上也应当有所区别。一种情形是,为公司股东或者实际控制人提供关联担保,《公司法》第 16 条明确规定必须由股东(大)会决议,未经股东(大)会决议,构成越权代表。在此情况下,债权人主张担保合同有效,应当提供证据证明其在订立合同时对股东(大)会决议进行了审查,决议的表决程序符合《公司法》第 16 条的规定,即在排除被担保股东表决权的情况下,该项表决由出席会议的其他股东所持表决权的过半数通过,签字人员也符合公司章程的规定。另一种情形是,公司为公司股东或者实际控制人以外的人提供非关联担保，根据《公司法》第16条的规定，此时由公司章程规定是由董事会决议还是股东（大）会决议。无论章程是否对决议机关作出规定，也无论章程规定决议机关为董事会还是股东（大）会，根据《民法总则》第61条第3款关于"法人章程或者法人权力机构对法定代表人代表权的限制，不得对抗善意相对人"的规定，只要债权人能够证明其在订立担保合同时对董事会决议或者股东（大）会决议进行了审查，同意决议的人数及签字人员符合公司章程的规定，就应当认定其构成善意，但公司能够证明债权人明知公司章程对决议机关有明确规定的除外。

债权人对公司机关决议内容的审查一般限于形式审查，只要求尽到必要的注意义务即可，标准不宜太过严苛。公司以机关决议系法定代表人伪造或者变造、决议程序违法、签章（名）不实、担保金额超过法定限额等事由抗辩债权人非善意的，人民法院一般不予支持。但是，公司有证据证明债权人明知决议系伪造或者变造的除外。

19.【无须机关决议的例外情况】存在下列情形的，即便债权人知道或者应当知道没有公司机关决议，也应当认定担保合同符合公司的真实意思表示，合同有效：

（1）公司是以为他人提供担保为主营业务的担保公司，或者是开展保函业务的银行或者非银行金融机构；

（2）公司为其直接或者间接控制的公司开展经营活动向债权人提供担保；

（3）公司与主债务人之间存在相互担保等商业合作关系；

（4）担保合同系由单独或者共同持有公司三分之二以上有表决权的股东签字同意。

20.【越权担保的民事责任】依据前述3条规定，担保合同有效，债权人请求公司承担担保责任的，人民法院依法予以支持；担保合同无效，债权人请求公司承担担保责任的，人民法院不予支持，但可以按照担保法及有关司法解释关于担保无效的规定处理。公司举证证明债权人明知法定代表人超越权限或者机关决议系伪造或者变造，债权人请求公司承担合同无效后的民事责任的，人民法院不予支持。

21.【权利救济】法定代表人的越权担保行为给公司造成损失，公司请求法定代表人承担赔偿责任的，人民法院依法予以支持。公司没有提起诉讼,股东依据《公司法》第151条的规定请求法定代表人承担赔偿责任的,人民法院依法予以支持。

22.【上市公司为他人提供担保】债权人根据上市公司公开披露的关于担保事项已经董事会或者股东大会决议通过的信息订立的担保合同,人民法院应当认定有效。

23.【债务加入准用担保规则】法定代表人以公司名义与债务人约定加入债务并通知债权人或者向债权人表示愿意加入债务,该约定的效力问题,参照本纪要关于公司为他人提供担保的有关规则处理。

典型案例指导

招商银行股份有限公司大连东港支行与大连振邦氟涂料股份有限公司、大连振邦集团有限公司借款合同纠纷案[最高人民法院(2012)民提字第156号民事判决书,《最高人民法院公报》2015年第2期(总第220期)]

《公司法》第十六条第二款规定,公司为公司股东或者实际控制人提供担保的,必须经股东会或者股东大会决议。该条款是关于公司内部控制管理的规定,不应以此作为评价合同效力的依据。担保人抗辩认为其法定代表人订立抵押合同的行为超越代表权,债权人以其对相关股东会决议履行了形式审查义务,主张担保人的法定代表人构成表见代表的,人民法院应予支持。

第五百零五条 【超越经营范围订立的合同效力】当事人超越经营范围订立的合同的效力,应当依照本法第一编第六章第三节和本编的有关规定确定,不得仅以超越经营范围确认合同无效。

条文应用提示

《民法典》总则编第六章第三节和本编对合同的效力问题作了全面、系统的规定。对当事人超越经营范围订立的合同效力的判断,应当依照这些规定确定,例如,要看是否有违反法律、行政法规强制性规定的情形等,而不得仅以超越经营范围认定合同无效。

旧法对应关系

合同法第五十三条

关联法律法规

《中华人民共和国公司法》(2018年10月26日修正)

第十二条　公司的经营范围由公司章程规定,并依法登记。公司可以修改公司章程,改变经营范围,但是应当办理变更登记。

公司的经营范围中属于法律、行政法规规定须经批准的项目,应当依法经过批准。

第五百零六条　【免责条款效力】合同中的下列免责条款无效:

(一)造成对方人身损害的;

(二)因故意或者重大过失造成对方财产损失的。

条文应用提示

合同中的免责条款是指合同中的双方当事人在合同中约定的免除或者限制一方或者双方当事人责任的条款。

关联法律法规

《中华人民共和国民用航空法》(2021年4月29日修正)

第一百三十条　任何旨在免除本法规定的承运人责任或者降低本法规定的赔偿责任限额的条款,均属无效;但是,此种条款的无效,不影响整个航空运输合同的效力。

《中华人民共和国保险法》(2018年12月29日修正)

第十九条　采用保险人提供的格式条款订立的保险合同中的下列条款无效:

(一)免除保险人依法应承担的义务或者加重投保人、被保险人责任的;

(二)排除投保人、被保险人或者受益人依法享有的权利的。

《中华人民共和国消费者权益保护法》(2013年10月25日修正)

第二十六条　经营者在经营活动中使用格式条款的,应当以显著方式提请消费者注意商品或者服务的数量和质量、价款或者费用、履行期限和方式、安全注意事项和风险警示、售后服务、民事责任等与消费者有重大利害关系的内容,并按照消费者的要求予以说明。

经营者不得以格式条款、通知、声明、店堂告示等方式,作出排除或者限制消费者权利、减轻或者免除经营者责任、加重消费者责任等对消费者不公平、不合理的规定,不得利用格式条款并借助技术手段强制交易。

格式条款、通知、声明、店堂告示等含有前款所列内容的,其内容无效。

《中华人民共和国海商法》(1992年11月7日)

第一百二十六条　海上旅客运输合同中含有下列内容之一的条款无效:

(一)免除承运人对旅客应当承担的法定责任;

(二)降低本章规定的承运人责任限额;

(三)对本章规定的举证责任作出相反的约定;

(四)限制旅客提出赔偿请求的权利。

前款规定的合同条款的无效,不影响合同其他条款的效力。

典型案例指导

齐某与某文化公司、郝某健康权纠纷案(2023年6月21日《最高人民法院发布八起涉体育纠纷民事典型案例》)

审理法院认为,《培训协议》的免责条款违反了《中华人民共和国民法典》第五百零六条及《中华人民共和国消费者权益保护法》第二十六条的规定,应当认定为无效。某文化公司作为专门从事体育运动项目培训的机构,应当尽到对学员的专业指导、安全保障等义务;其作为培训活动的组织者,无权以《中华人民共和国民法典》规定的自甘风险规则进行抗辩。现有证据不能认定齐某受伤由齐某、郝某故意或者重大过失所致,二人均不承担责任。审理法院判决某文化公司赔偿齐某医疗费等损失。

【典型意义】

全民健身在体育事业发展中具有基础性作用。随着"健身热"持续升温,社会力量办体育的积极性不断提高,越来越多的人选择到健身场所锻炼,随之产生的涉体育纠纷也成为公众关注的热点问题。体育活动《培训协议》有关除非培训公司存在故意或者重大过失,其不承担责任的约定将培训公司承担责任的情形仅限于存在故意或者重大过失,属于"造成对方人身损害的"免责条款无效情形,此约定依法无效。本案裁判维护了体育培训学员的合法权益,有利于提升体育培训机构安保意识、服务质量和教学水平,促使其依法依约开展培训活动，引导体育培训行业良性发展。

第五百零七条　【争议解决条款效力】合同不生效、无效、被撤销或者终止的，不影响合同中有关解决争议方法的条款的效力。

条文应用提示

合同不生效、无效、被撤销或者终止，虽不能产生当事人所预期的法律效果，但并不是不产生任何法律后果。本条所说的有关解决争议方法的条款包括以下四种形式：

第一，仲裁条款。仲裁条款是仲裁协议的一种表现形式，是当事人在合同中约定的用仲裁方式解决双方争议的条款。第二，选择受诉法院的条款。第三，选择检验、鉴定机构的条款。当事人可以在合同中约定，若对标的物质量或技术的品种发生争议，在提交仲裁或者诉讼前，应当将标的物送交双方认可的机构或科研单位检验或鉴定。第四，法律适用条款。

旧法对应关系

合同法第五十七条

关联法律法规

《中华人民共和国仲裁法》(2017年9月1日修正)

第十九条　仲裁协议独立存在，合同的变更、解除、终止或者无效，不影响仲裁协议的效力。

仲裁庭有权确认合同的效力。

《最高人民法院关于适用〈中华人民共和国仲裁法〉若干问题的解释》(法释〔2006〕7号，2008年调整)

第十条　合同成立后未生效或者被撤销的，仲裁协议效力的认定适用仲裁法第十九条第一款的规定。

当事人在订立合同时就争议达成仲裁协议的，合同未成立不影响仲裁协议的效力。

《最高人民法院关于王国林申请撤销中国国际经济贸易仲裁委员会华南分会(2012)中国贸仲深裁字第3号仲裁裁决一案的请示的复函》(〔2013〕民四他字第8号)

本案系当事人申请撤销我国仲裁机构作出的涉台仲裁裁决案件,应当参照《中华人民共和国仲裁法》第七十条和《中华人民共和国民事诉讼法》(2012年修正)第二百七十四条第一款的规定进行审查。

关于仲裁条款的效力问题。本案当事人在案涉合同中约定了明确的仲裁条款。根据仲裁条款独立性原则,案涉合同的无效并不影响合同中仲裁条款的效力。同意你院关于案涉仲裁条款有效的意见。关于仲裁裁决是否存在超裁问题。本案中,吴硕琛系以案涉合同有效并要求王国林支付股权转让余款为请求提起仲裁,仲裁庭有权主动对案涉合同的效力进行审查并作出认定。但是,仲裁庭在未向当事人释明合同无效的后果以及未给予当事人变更仲裁请求机会的情况下,直接对合同无效后的返还以及赔偿责任作出裁决,确实超出了当事人的请求,属于超裁。人民法院可以参照《中华人民共和国仲裁法》第七十条和《中华人民共和国民事诉讼法》第二百七十四条第一款第(四)项的规定对案涉仲裁裁决予以撤销。但是考虑到本案标的具体情况,仲裁庭有能力纠正上述错误,人民法院可给予仲裁庭重新仲裁的机会。因此,对于本案的具体处理,人民法院应当根据《中华人民共和国仲裁法》第六十一条的规定通知仲裁庭重新仲裁,如果仲裁庭拒绝重新仲裁,人民法院可以对案涉仲裁裁决予以撤销。

典型案例指导

招商银行股份有限公司无锡分行与中国光大银行股份有限公司长春分行委托合同纠纷管辖权异议案[最高人民法院(2015)民二终字第428号民事裁定书,《最高人民法院公报》2016年第7期(总第237期)]

合同效力是对已经成立的合同是否具有合法性的评价,依法成立的合同,对当事人具有法律约束力。《中华人民共和国合同法》第五十七条关于“合同无效、被撤销或者终止的,不影响合同中独立存在的有关解决争议方法的条款的效力”的规定适用于已经成立的合同,“有关解决争议方法的条款”应当符合法定的成立条件。

第五百零八条　【合同效力援引规定】本编对合同的效力没有规定的，适用本法第一编第六章的有关规定。

对应司法解释

《最高人民法院关于适用〈中华人民共和国民法典〉合同编通则若干问题的解释》（法释〔2023〕13号）

第十四条　当事人之间就同一交易订立多份合同，人民法院应当认定其中以虚假意思表示订立的合同无效。当事人为规避法律、行政法规的强制性规定，以虚假意思表示隐藏真实意思表示的，人民法院应当依据民法典第一百五十三条第一款的规定认定被隐藏合同的效力；当事人为规避法律、行政法规关于合同应当办理批准等手续的规定，以虚假意思表示隐藏真实意思表示的，人民法院应当依据民法典第五百零二条第二款的规定认定被隐藏合同的效力。

依据前款规定认定被隐藏合同无效或者确定不发生效力的，人民法院应当以被隐藏合同为事实基础，依据民法典第一百五十七条的规定确定当事人的民事责任。但是，法律另有规定的除外。

当事人就同一交易订立的多份合同均系真实意思表示，且不存在其他影响合同效力情形的，人民法院应当在查明各合同成立先后顺序和实际履行情况的基础上，认定合同内容是否发生变更。法律、行政法规禁止变更合同内容的，人民法院应当认定合同的相应变更无效。

第十五条　人民法院认定当事人之间的权利义务关系，不应当拘泥于合同使用的名称，而应当根据合同约定的内容。当事人主张的权利义务关系与根据合同内容认定的权利义务关系不一致的，人民法院应当结合缔约背景、交易目的、交易结构、履行行为以及当事人是否存在虚构交易标的等事实认定当事人之间的实际民事法律关系。

第十六条　合同违反法律、行政法规的强制性规定，有下列情形之一，由行为人承担行政责任或者刑事责任能够实现强制性规定的立法目的的，人民法院可以依据民法典第一百五十三条第一款关于“该强制性规定不导致该民事法律行为无效的除外”的规定认定该合同不因违反强制性规定无效：

（一）强制性规定虽然旨在维护社会公共秩序，但是合同的实际履行对社会公共秩序造成的影响显著轻微，认定合同无效将导致案件处理结果有失公平公正；

（二）强制性规定旨在维护政府的税收、土地出让金等国家利益或者其他民事主体的合法利益而非合同当事人的民事权益，认定合同有效不会影响该规范目的的实现；

（三）强制性规定旨在要求当事人一方加强风险控制、内部管理等，对方无能力或者无义务审查合同是否违反强制性规定，认定合同无效将使其承担不利后果；

（四）当事人一方虽然在订立合同时违反强制性规定，但是在合同订立后其已经具备补正违反强制性规定的条件却违背诚信原则不予补正；

（五）法律、司法解释规定的其他情形。

法律、行政法规的强制性规定旨在规制合同订立后的履行行为，当事人以合同违反强制性规定为由请求认定合同无效的，人民法院不予支持。但是，合同履行必然导致违反强制性规定或者法律、司法解释另有规定的除外。

依据前两款认定合同有效，但是当事人的违法行为未经处理的，人民法院应当向有关行政管理部门提出司法建议。当事人的行为涉嫌犯罪的，应当将案件线索移送刑事侦查机关；属于刑事自诉案件的，应当告知当事人可以向有管辖权的人民法院另行提起诉讼。

第十七条　合同虽然不违反法律、行政法规的强制性规定，但是有下列情形之一，人民法院应当依据民法典第一百五十三条第二款的规定认定合同无效：

（一）合同影响政治安全、经济安全、军事安全等国家安全的；

（二）合同影响社会稳定、公平竞争秩序或者损害社会公共利益等违背社会公共秩序的；

（三）合同背离社会公德、家庭伦理或者有损人格尊严等违背善良风俗的。

人民法院在认定合同是否违背公序良俗时，应当以社会主义核心价值观为导向,综合考虑当事人的主观动机和交易目的、政府部门的监管强度、一定期限内当事人从事类似交易的频次、行为的社会后果等因素,并在裁判文书中充分说理。当事人确因生活需要进行交易,未给社会公共秩序造成重大影响,且不影响国家安全,也不违背善良风俗的,人民法院不应当认定合同无效。

第十八条 法律、行政法规的规定虽然有"应当""必须"或者"不得"等表述,但是该规定旨在限制或者赋予民事权利,行为人违反该规定将构成无权处分、无权代理、越权代表等,或者导致合同相对人、第三人因此获得撤销权、解除权等民事权利的,人民法院应当依据法律、行政法规规定的关于违反该规定的民事法律后果认定合同效力。

第十九条 以转让或者设定财产权利为目的订立的合同,当事人或者真正权利人仅以让与人在订立合同时对标的物没有所有权或者处分权为由主张合同无效的,人民法院不予支持;因未取得真正权利人事后同意或者让与人事后未取得处分权导致合同不能履行,受让人主张解除合同并请求让与人承担违反合同的赔偿责任的,人民法院依法予以支持。

前款规定的合同被认定有效,且让与人已经将财产交付或者移转登记至受让人,真正权利人请求认定财产权利未发生变动或者请求返还财产的,人民法院应予支持。但是,受让人依据民法典第三百一十一条等规定善意取得财产权利的除外。

条文应用提示

合同属于双方或者多方民事法律行为,本编即合同编没有规定的,自然应当适用总则编第六章的有关规定。

典型案例指导

某甲银行和某乙银行合同纠纷案(最高人民法院发布《关于适用〈中华人民共和国民法典〉合同编通则若干问题的解释》相关典型案例之三)

【裁判要点】

案涉交易符合以票据贴现为手段的多链条融资交易的基本特征。案涉《回购协议》是双方虚假意思表示,目的是借用银行承兑汇票买入返售的形式为某甲银行向实际用资人提供资金通道,真实合意是资金通道合同。在资金通道合同项下,各方当事人的权利义务是,过桥行提供资金通道服务,由出资银行提供所需划转的资金并支付相应的服务费,过桥行无交付票据的义务,但应根据其过错对出资银行的损失承担相应的赔偿责任。

【简要案情】

票据中介王某与某甲银行票据部员工姚某等联系以开展票据回购交易的方式进行融资,2015 年 3 月至 12 月间,双方共完成 60 笔交易。交易的模式是:姚某与王某达成票据融资的合意后,姚某与王某分别联系为两者之间的交易提供资金划转服务的银行即过桥行,包括某乙银行、某丙银行、某丁银行等。所有的交易资金最终通过过桥行流入由王某控制的企业账户中;在票据的交付上,王某从持票企业收购票据后,通过其控制的村镇银行完成票据贴现,并直接向某甲银行交付。资金通道或过桥的特点是过桥行不需要见票、验票、垫资,没有资金风险,仅收取利差。票据回购到期后,由于王某与姚某等人串通以虚假票据入库,致使某甲银行的资金遭受损失,王某与姚某等人亦因票据诈骗、挪用资金等行为被判处承担刑事责任。之后,某甲银行以其与某乙银行签订的《银行承兑汇票回购合同》(以下简称《回购合同》)为据,以其与某乙银行开展票据回购交易而某乙银行未能如期交付票据为由提起诉讼,要求某乙银行承担回购合同约定的违约责任。

【判决理由】

生效判决认为:《回购合同》系双方虚假合意,该虚假合意隐藏的真实合意是由某乙银行为某甲银行提供资金通道服务,故双方之间的法律关系为资金通道合同法律关系。具体理由为:第一,某甲银行明知以票据回购形式提供融资发生在其与王某之间,亦明知是在无票据作为担保的情况下向王某融出资金,而某乙银行等过桥行仅凭某甲银行提供的票据清单开展交易,为其提供通道服务。因此,本案是以票据贴现为手段,以票据清单交易为形式的多链条融资模式,某甲银行是实际出资行,王某是实际用资人,某乙银行是过桥行。第二,某甲银行与某乙银行之间不交票、不背书,仅凭清单交易的事实可以证明,《回购合同》并非双方当事人的真实合意。第三,案涉交易存在不符合正常票据回购交易顺序的倒打款,进一步说明《回购合同》并非双方的真实意思表示。《回购合同》表面约定的票据回购系双方的虚假意思而无效;隐藏的资金通道合同违反了金融机构审慎经营原则,且扰乱了票据市场交易秩序、引发金融风险,因此双方当事人基于真实意思表示形成的资金通道合同属于违背公序良俗、损害社会公共利益的合同,依据《中华人民共和国民法总则》第一百五十三条第二款及《中华人民共和国合同法》第五十二条第四项的规定,应为无效。在《回购合同》无效的情形下,某甲银行请求某乙银行履行合同约定的义务并承担违约责任,缺乏法律依据,但某乙银行应根据其过错对某甲银行的损失承担相应的赔偿责任。

【司法解释相关条文】

《最高人民法院关于适用〈中华人民共和国民法典〉合同编通则若干问题的解释》第十五条

第四章　合同的履行

第五百零九条　【合同履行的原则】当事人应当按照约定全面履行自己的义务。

当事人应当遵循诚信原则,根据合同的性质、目的和交易习惯履行通知、协助、保密等义务。

当事人在履行合同过程中,应当避免浪费资源、污染环境和破坏生态。

条文应用提示

按照全面履行原则的要求,当事人应当履行的义务不限于合同的主要义务,对于当事人约定的其他义务,当事人也应当按照约定履行。

按照诚信履行的原则的要求,当事人除应当按照合同约定履行自己的义务外,也要履行合同未作约定但依照诚信原则应当履行的通知、协助、保密等义务。第一,在合同履行过程中,当事人一方有必要在某些情况下向对方告知、报告有关信息。第二,在合同履行过程中,当事人一方有必要在某些情况下为对方行使权利、履行义务提供必要的协助。第三,一方当事人对在合同履行中知悉的商业秘密或者其他应当保密的信息,不得泄露或者不正当使用。

旧法对应关系

合同法第六十条

典型案例指导

陈某某与余姚市中梁宏置业有限公司商品房销售合同纠纷案(2023 年 5 月《人民法院高质量服务保障长三角一体化发展典型案例》)

因购房人与开发商签订的购房合同为固定房屋总价款的合同,在合同未对降税、退税即应调减合同价款作出约定的情况下,开发商是否确已纳税,以及缴税的具体金额和种类是否发生变化,对于合同约定的固定房屋总价款不产生影响。购房人以国家税率变化为由要求开发商对合同价款予以调减,缺乏事实和法律依据。

熊某等诉某旅行社网络服务合同纠纷案(2023 年 3 月 15 日《最高人民法院发布十件网络消费典型案例》)

审理法院认为,本案双方是网络服务合同关系,被告提供服务的主要内容为通过相应渠道代原告预订其指定酒店,以使原告与酒店方顺利建立住宿服务合同关系。鉴于涉案服务合同履行的特殊性,预订等事宜并非由原告直接与相应产品提供方沟通确定,故在原告因同行人员患病需取消预订时,应当认为被告依法负有及时协助原告向酒店方申请取消订单、申请退款等合同附随义务,而非一经预订成功即视为全部义务已履行完毕。本案中,案涉酒店预订事实上可以取消,至多承担 800 元违约金,但被告未将该情况如实告知原告,依据《民法典》第五百零九条之规定,应认定被告未能履行附随义务导致原告损失,被告应予以赔偿。

第五百一十条 【合同没有约定或者约定不明的补救措施】合同生效后,当事人就质量、价款或者报酬、履行地点等内容没有约定或者约定不明确的,可以协议补充;不能达成补充协议的,按照合同相关条款或者交易习惯确定。

对应司法解释

《最高人民法院关于适用〈中华人民共和国民法典〉合同编通则若干问题的解释》(法释〔2023〕13号)

第二条　下列情形,不违反法律、行政法规的强制性规定且不违背公序良俗的,人民法院可以认定为民法典所称的"交易习惯":

(一)当事人之间在交易活动中的惯常做法;

(二)在交易行为当地或者某一领域、某一行业通常采用并为交易对方订立合同时所知道或者应当知道的做法。

对于交易习惯,由提出主张的当事人一方承担举证责任。

《最高人民法院关于审理买卖合同纠纷案件适用法律问题的解释》(法释〔2020〕17号修正)

第二条　标的物为无需以有形载体交付的电子信息产品,当事人对交付方式约定不明确,且依照民法典第五百一十条的规定仍不能确定的,买受人收到约定的电子信息产品或者权利凭证即为交付。

条文应用提示

一般来说,合同的标的、数量是合同的必备条款,需由当事人明确约定。当事人对合同的标的、数量没有约定或者约定不明确的,合同内容无法确定,合同不成立。但当事人就质量、价款或者报酬、履行期限、履行地点和方式等没有约定或者约定不明,一般并不影响合同成立,可以就这些内容进行补充。这体现了民法典尽可能鼓励交易、促成交易达成的立法目的。

如果当事人就有关内容不能达成补充协议,则按照合同有关条款或者交易习惯确定。合同各条款都是当事人协商一致的结果,体现了当事人的真实意愿。关于交易习惯的认定,司法解释有进一步的规定。

旧法对应关系

合同法第六十一条

关联法律法规

《最高人民法院关于审理民事案件适用诉讼时效制度若干问题的规定》(法释〔2020〕17号修正)

第四条 未约定履行期限的合同,依照民法典第五百一十条、第五百一十一条的规定,可以确定履行期限的,诉讼时效期间从履行期限届满之日起计算;不能确定履行期限的,诉讼时效期间从债权人要求债务人履行义务的宽限期届满之日起计算,但债务人在债权人第一次向其主张权利之时明确表示不履行义务的,诉讼时效期间从债务人明确表示不履行义务之日起计算。

第五百一十一条 【合同约定不明确时的履行】当事人就有关合同内容约定不明确,依据前条规定仍不能确定的,适用下列规定:

(一)质量要求不明确的,按照强制性国家标准履行;没有强制性国家标准的,按照推荐性国家标准履行;没有推荐性国家标准的,按照行业标准履行;没有国家标准、行业标准的,按照通常标准或者符合合同目的的特定标准履行。

(二)价款或者报酬不明确的,按照订立合同时履行地的市场价格履行;依法应当执行政府定价或者政府指导价的,依照规定履行。

(三)履行地点不明确,给付货币的,在接受货币一方所在地履行;交付不动产的,在不动产所在地履行;其他标的,在履行义务一方所在地履行。

(四)履行期限不明确的,债务人可以随时履行,债权人也可以随时请求履行,但是应当给对方必要的准备时间。

(五)履行方式不明确的,按照有利于实现合同目的的方式履行。

(六)履行费用的负担不明确的,由履行义务一方负担;因债权人原因增加的履行费用,由债权人负担。

旧法对应关系

合同法第六十二条

关联法律法规

《中华人民共和国电子商务法》(2018年8月31日)

第五十一条　合同标的为交付商品并采用快递物流方式交付的，收货人签收时间为交付时间。合同标的为提供服务的，生成的电子凭证或者实物凭证中载明的时间为交付时间；前述凭证没有载明时间或者载明时间与实际提供服务时间不一致的，实际提供服务的时间为交付时间。

合同标的为采用在线传输方式交付的，合同标的进入对方当事人指定的特定系统并且能够检索识别的时间为交付时间。

合同当事人对交付方式、交付时间另有约定的，从其约定。

第五十二条　电子商务当事人可以约定采用快递物流方式交付商品。

快递物流服务提供者为电子商务提供快递物流服务，应当遵守法律、行政法规，并应当符合承诺的服务规范和时限。快递物流服务提供者在交付商品时，应当提示收货人当面查验；交由他人代收的，应当经收货人同意。

快递物流服务提供者应当按照规定使用环保包装材料，实现包装材料的减量化和再利用。

快递物流服务提供者在提供快递物流服务的同时，可以接受电子商务经营者的委托提供代收货款服务。

第五十三条　电子商务当事人可以约定采用电子支付方式支付价款。

电子支付服务提供者为电子商务提供电子支付服务，应当遵守国家规定，告知用户电子支付服务的功能、使用方法、注意事项、相关风险和收费标准等事项，不得附加不合理交易条件。电子支付服务提供者应当确保电子支付指令的完整性、一致性、可跟踪稽核和不可篡改。

电子支付服务提供者应当向用户免费提供对账服务以及最近三年的交易记录。

《最高人民法院关于为促进消费提供司法服务和保障的意见》(法发〔2022〕35号)

4. 加强预付式消费中消费者权益保护。经营者以打折、低价吸引消费者预存费用、办卡消费后，不兑现承诺，随意扣费、任意加价、降低商品或者服务质量，消费者请求经营者承担违约责任的，人民法院应当依法支持。经营者收取消费者预付款后未与消费者签订书面合同，导致双方对合同内容产生争议的，可依据交易习惯和民法典第五百一十一条规定认定合同内容。经营者收取预付款后,终止营业却不通知消费者退款,导致消费者既无法继续获得商品或者服务也无法申请退款,构成欺诈的,对消费者请求经营者承担惩罚性赔偿责任的诉讼请求,人民法院应当依法支持。经营者的行为构成犯罪的,依法追究刑事责任。

《最高人民法院关于适用〈中华人民共和国民事诉讼法〉的解释》(法释〔2022〕11号修正)

第十八条 合同约定履行地点的,以约定的履行地点为合同履行地。

合同对履行地点没有约定或者约定不明确,争议标的为给付货币的,接收货币一方所在地为合同履行地;交付不动产的,不动产所在地为合同履行地;其他标的,履行义务一方所在地为合同履行地。即时结清的合同,交易行为地为合同履行地。

合同没有实际履行,当事人双方住所地都不在合同约定的履行地的,由被告住所地人民法院管辖。

第十九条 财产租赁合同、融资租赁合同以租赁物使用地为合同履行地。合同对履行地有约定的,从其约定。

第二十条 以信息网络方式订立的买卖合同,通过信息网络交付标的的,以买受人住所地为合同履行地;通过其他方式交付标的的,收货地为合同履行地。合同对履行地有约定的,从其约定。

第二十一条 因财产保险合同纠纷提起的诉讼,如果保险标的物是运输工具或者运输中的货物,可以由运输工具登记注册地、运输目的地、保险事故发生地人民法院管辖。

因人身保险合同纠纷提起的诉讼,可以由被保险人住所地人民法院管辖。

《中华人民共和国标准化法》(2017年11月4日修订)

第十条 对保障人身健康和生命财产安全、国家安全、生态环境安全以及满足经济社会管理基本需要的技术要求,应当制定强制性国家标准。

国务院有关行政主管部门依据职责负责强制性国家标准的项目提出、组织起草、征求意见和技术审查。国务院标准化行政主管部门负责强制性国家标准的立项、编号和对外通报。国务院标准化行政主管部门应当对拟制定的强制性国家标准是否符合前款规定进行立项审查,对符合前款规定的予以立项。

省、自治区、直辖市人民政府标准化行政主管部门可以向国务院标准化行政主管部门提出强制性国家标准的立项建议，由国务院标准化行政主管部门会同国务院有关行政主管部门决定。社会团体、企业事业组织以及公民可以向国务院标准化行政主管部门提出强制性国家标准的立项建议，国务院标准化行政主管部门认为需要立项的，会同国务院有关行政主管部门决定。

强制性国家标准由国务院批准发布或者授权批准发布。

法律、行政法规和国务院决定对强制性标准的制定另有规定的，从其规定。

第十一条　对满足基础通用、与强制性国家标准配套、对各有关行业起引领作用等需要的技术要求，可以制定推荐性国家标准。

推荐性国家标准由国务院标准化行政主管部门制定。

第十二条　对没有推荐性国家标准、需要在全国某个行业范围内统一的技术要求，可以制定行业标准。

行业标准由国务院有关行政主管部门制定，报国务院标准化行政主管部门备案。

第五百一十二条　【电子合同标的交付时间】通过互联网等信息网络订立的电子合同的标的为交付商品并采用快递物流方式交付的，收货人的签收时间为交付时间。电子合同的标的为提供服务的，生成的电子凭证或者实物凭证中载明的时间为提供服务时间；前述凭证没有载明时间或者载明时间与实际提供服务时间不一致的，以实际提供服务的时间为准。

电子合同的标的物为采用在线传输方式交付的，合同标的物进入对方当事人指定的特定系统且能够检索识别的时间为交付时间。

电子合同当事人对交付商品或者提供服务的方式、时间另有约定的，按照其约定。

条文应用提示

本条吸收了《电子商务法》的规定，明确电子合同标的为交付商品并采用快递物流方式交付的，收货人的签收时间为交付时间。电子合同的标的为提供服务的，原则上以生成的电子凭证或者实物凭证中载明的时间为提供服务时间。但是,实践中有的电子凭证或者实物凭证没有载明时间,也有的电子凭证或者实物凭证载明的时间与实际提供服务时间不一致,这些情况下,以实际提供服务的时间为准。

关联法律法规

《中华人民共和国电子商务法》(2018年8月31日)

第五十一条 合同标的为交付商品并采用快递物流方式交付的,收货人签收时间为交付时间。合同标的为提供服务的,生成的电子凭证或者实物凭证中载明的时间为交付时间;前述凭证没有载明时间或者载明时间与实际提供服务时间不一致的,实际提供服务的时间为交付时间。

合同标的为采用在线传输方式交付的,合同标的进入对方当事人指定的特定系统并且能够检索识别的时间为交付时间。

合同当事人对交付方式、交付时间另有约定的,从其约定。

第五十二条 电子商务当事人可以约定采用快递物流方式交付商品。

快递物流服务提供者为电子商务提供快递物流服务,应当遵守法律、行政法规,并应当符合承诺的服务规范和时限。快递物流服务提供者在交付商品时,应当提示收货人当面查验;交由他人代收的,应当经收货人同意。

快递物流服务提供者应当按照规定使用环保包装材料,实现包装材料的减量化和再利用。

快递物流服务提供者在提供快递物流服务的同时,可以接受电子商务经营者的委托提供代收货款服务。

第五十三条 电子商务当事人可以约定采用电子支付方式支付价款。

电子支付服务提供者为电子商务提供电子支付服务,应当遵守国家规定,告知用户电子支付服务的功能、使用方法、注意事项、相关风险和收费标准等事项,不得附加不合理交易条件。电子支付服务提供者应当确保电子支付指令的完整性、一致性、可跟踪稽核和不可篡改。

电子支付服务提供者应当向用户免费提供对账服务以及最近三年的交易记录。

第五十四条 电子支付服务提供者提供电子支付服务不符合国家有关支付安全管理要求,造成用户损失的,应当承担赔偿责任。

第五十五条　用户在发出支付指令前，应当核对支付指令所包含的金额、收款人等完整信息。

支付指令发生错误的，电子支付服务提供者应当及时查找原因，并采取相关措施予以纠正。造成用户损失的，电子支付服务提供者应当承担赔偿责任，但能够证明支付错误非自身原因造成的除外。

第五十六条　电子支付服务提供者完成电子支付后，应当及时准确地向用户提供符合约定方式的确认支付的信息。

第五十七条　用户应当妥善保管交易密码、电子签名数据等安全工具。用户发现安全工具遗失、被盗用或者未经授权的支付的，应当及时通知电子支付服务提供者。

未经授权的支付造成的损失，由电子支付服务提供者承担；电子支付服务提供者能够证明未经授权的支付是因用户的过错造成的，不承担责任。

电子支付服务提供者发现支付指令未经授权，或者收到用户支付指令未经授权的通知时，应当立即采取措施防止损失扩大。电子支付服务提供者未及时采取措施导致损失扩大的，对损失扩大部分承担责任。

第五百一十三条　【政府定价、政府指导价】执行政府定价或者政府指导价的，在合同约定的交付期限内政府价格调整时，按照交付时的价格计价。逾期交付标的物的，遇价格上涨时，按照原价格执行；价格下降时，按照新价格执行。逾期提取标的物或者逾期付款的，遇价格上涨时，按照新价格执行；价格下降时，按照原价格执行。

条文应用提示

政府指导价，是指由政府价格主管部门或者其他有关部门按照定价权限和范围规定基准价及其浮动幅度，指导经营者定价的价格。政府定价，是指由政府价格主管部门或者其他有关部门按照定价权限和范围制定的价格。

旧法对应关系

合同法第六一三条

第五百一十四条 【金钱之债中对于履行币种约定不明时的处理】以支付金钱为内容的债,除法律另有规定或者当事人另有约定外,债权人可以请求债务人以实际履行地的法定货币履行。

条文应用提示

法定货币依靠国家规定成为一定地域内合法流通的货币。基于法定货币的特殊地位,本条规定,在合同交易中,对于以支付金钱为内容的债务,除法律另有规定或者当事人另有约定外,债权人可以请求债务人以实际履行地的法定货币履行。

第五百一十五条 【选择之债中选择权归属与移转】标的有多项而债务人只需履行其中一项的,债务人享有选择权;但是,法律另有规定、当事人另有约定或者另有交易习惯的除外。

享有选择权的当事人在约定期限内或者履行期限届满未作选择,经催告后在合理期限内仍未选择的,选择权转移至对方。

条文应用提示

本条规定了选择之债归属的三种例外情形。一是法律对选择权的归属主体另有规定的,应当按照该规定确定享有选择权的主体。二是民事活动应当遵循自愿原则,在当事人对选择权的归属主体作出特别约定的情况下,应当尊重当事人的选择,按照当事人的约定确定选择权的归属主体。三是交易习惯在某一地域、某一领域、某一行业等范围内被普遍接受和采用,或者在特定当事人之间经常使用的,适用交易习惯确定选择权的归属主体符合当事人的预期,有利于公平、合理地平衡当事人之间的利益。

第五百一十六条 【选择权的行使方式】当事人行使选择权应当及时通知对方,通知到达对方时,标的确定。标的确定后不得变更,但是经对方同意的除外。

可选择的标的发生不能履行情形的,享有选择权的当事人不得选择不能履行的标的,但是该不能履行的情形是由对方造成的除外。

条文应用提示

选择之债的选择权属于形成权的一种。选择权一旦经当事人行使，将直接导致民事权利义务关系的变动，债的标的得以确定，债务人应当按照确定后的标的履行义务，债权人有权按照确定后的标的请求债务人履行义务。有选择权的当事人行使选择权应当采用通知的方式，通知到达对方时，标的即确定，不需要经过相对方同意。标的一旦确定，对双方当事人均产生拘束力。此外，从尽可能促成债务履行的角度出发，享有选择权的当事人不得选择不能履行的标的，即只能从剩余的标的中选择。

第五百一十七条　【按份之债】债权人为二人以上，标的可分，按照份额各自享有债权的，为按份债权；债务人为二人以上，标的可分，按照份额各自负担债务的，为按份债务。

按份债权人或者按份债务人的份额难以确定的，视为份额相同。

条文应用提示

依照本条第一款的规定，按份债权和按份债务的标的都是可分的，标的不可分不能成立按份债权或者按份债务。当然标的可分的债权并不都是按份债权，标的可分的债务并不都是按份债务，标的可分的债权或者债务也可依照法律规定或者当事人约定成立连带债权或者连带债务。依照第一款的规定，按份债权的债权人为二人以上，按照份额各自享有债权，每个债权人只能就自己的份额向债务人主张债权，不得超过自己份额行使债权。按份债务的债务人为二人以上，按照份额各自负担债务，每个债务人只就自己应当承担的份额向债权人履行债务，对超过自己份额的债务有权拒绝。由此可以看出，第一款对按份债权和按份债务的定义所作的界定，同时包含了按份债权和按份债务的内外部效力，即各债权人之间对内按照份额分享权利，对外按照各自份额行使权利；各债务人之间对内按照份额分担债务，对外按照各自份额履行债务。

旧法对应关系

民法总则第一百七十七条

第五百一十八条　【连带之债】债权人为二人以上,部分或者全部债权人均可以请求债务人履行债务的,为连带债权;债务人为二人以上,债权人可以请求部分或者全部债务人履行全部债务的,为连带债务。

连带债权或者连带债务,由法律规定或者当事人约定。

条文应用提示

连带债务的成立对债权人有利,但对各债务人影响重大,对其成立有必要作严格的限制。因此本条第二款规定,连带债务由法律规定或者当事人约定。既没有法律规定,也没有当事人约定的,不可成立连带债务。连带债权的各债权人共享同一债权,但可以由某一债权人单独行使该债权,这种情况也要有法律的明确规定或者当事人之间的特别约定。

旧法对应关系

民法总则第一百七十八条

关联法律法规

《中华人民共和国合伙企业法》(2006 年 8 月 27 日修订)

第三十条　合伙人对合伙企业有关事项作出决议,按照合伙协议约定的表决办法办理。合伙协议未约定或者约定不明确的,实行合伙人一人一票并经全体合伙人过半数通过的表决办法。

本法对合伙企业的表决办法另有规定的,从其规定。

第三十一条　除合伙协议另有约定外,合伙企业的下列事项应当经全体合伙人一致同意:

(一)改变合伙企业的名称;

(二)改变合伙企业的经营范围、主要经营场所的地点;

(三)处分合伙企业的不动产;

(四)转让或者处分合伙企业的知识产权和其他财产权利;

(五)以合伙企业名义为他人提供担保;

(六)聘任合伙人以外的人担任合伙企业的经营管理人员。

第三十二条　合伙人不得自营或者同他人合作经营与本合伙企业相竞争的业务。

除合伙协议另有约定或者经全体合伙人一致同意外，合伙人不得同本合伙企业进行交易。

合伙人不得从事损害本合伙企业利益的活动。

第三十三条　合伙企业的利润分配、亏损分担，按照合伙协议的约定办理；合伙协议未约定或者约定不明确的，由合伙人协商决定；协商不成的，由合伙人按照实缴出资比例分配、分担；无法确定出资比例的，由合伙人平均分配、分担。

合伙协议不得约定将全部利润分配给部分合伙人或者由部分合伙人承担全部亏损。

第三十四条　合伙人按照合伙协议的约定或者经全体合伙人决定，可以增加或者减少对合伙企业的出资。

第三十五条　被聘任的合伙企业的经营管理人员应当在合伙企业授权范围内履行职务。

被聘任的合伙企业的经营管理人员，超越合伙企业授权范围履行职务，或者在履行职务过程中因故意或者重大过失给合伙企业造成损失的，依法承担赔偿责任。

第三十六条　合伙企业应当依照法律、行政法规的规定建立企业财务、会计制度。

第三十七条　合伙企业对合伙人执行合伙事务以及对外代表合伙企业权利的限制，不得对抗善意第三人。

第三十八条　合伙企业对其债务，应先以其全部财产进行清偿。

第三十九条　合伙企业不能清偿到期债务的，合伙人承担无限连带责任。

第四十条　合伙人由于承担无限连带责任，清偿数额超过本法第三十三条第一款规定的其亏损分担比例的，有权向其他合伙人追偿。

第五百一十九条　【连带债务人的份额确定及追偿权】连带债务人之间的份额难以确定的，视为份额相同。

实际承担债务超过自己份额的连带债务人，有权就超出部分在其

他连带债务人未履行的份额范围内向其追偿，并相应地享有债权人的权利，但是不得损害债权人的利益。其他连带债务人对债权人的抗辩，可以向该债务人主张。

被追偿的连带债务人不能履行其应分担份额的，其他连带债务人应当在相应范围内按比例分担。

条文应用提示

债权人有权要求任一连带债务人履行全部债务，这是就各连带债务人与债权人之间的关系而言的。至于在连带债务人内部关系中如何确定各自应当承担的债务份额，有法律规定或者当事人约定的，按照法律规定或者当事人约定；既没有法律规定也没有当事人约定，难以确定各连带债务人的债务份额的，依照本条第一款的规定，视为份额相同，即由各连带债务人平均分担债务。

连带债务人所享有的债权人的权利，比较典型的是债权所附的担保等从权利。连带债务人之一通过清偿债务使债权人对连带债务人的债权消灭的，由作出清偿的连带债务人在一定范围内取得原债权人的地位，取得原债权人所享有的担保权等权利。此外，为了合理平衡享有追偿权的连带债务人与其他连带债务人之间的利益，本条还规定，其他连带债务人对债权人的抗辩，可以向该债务人主张。

基于公平考虑，本条第三款规定被追偿的连带债务人不能履行其应分担份额的，其他连带债务人应当在相应范围内按比例分担。该规定中的“其他连带债务人”是指除不能履行其应分担份额的连带债务人之外的所有连带债务人，包括实际承担债务后行使追偿权的连带债务人。

第五百二十条 【连带债务涉他效力】部分连带债务人履行、抵销债务或者提存标的物的，其他债务人对债权人的债务在相应范围内消灭；该债务人可以依据前条规定向其他债务人追偿。

部分连带债务人的债务被债权人免除的，在该连带债务人应当承担的份额范围内，其他债务人对债权人的债务消灭。

部分连带债务人的债务与债权人的债权同归于一人的，在扣除该债务人应当承担的份额后，债权人对其他债务人的债权继续存在。

债权人对部分连带债务人的给付受领迟延的，对其他连带债务人发生效力。

条文应用提示

部分连带债务人向债权人履行债务、以债权人对自己所负债务与连带债务人对债权人所负债务相抵销，或者提存标的物，均可使债权人的债权全部或者部分得到满足，其他债务人对债权人的债务也就在相应范围内消灭。

在发生混同时，即部分连带债务人的债务与债权人的债权同归于一人的，对其他债务人产生什么效力的问题，采取了限制绝对效力的做法。根据本条规定，部分连带债务人的债务与债权人的债权同归于一人的，混同后的债权人（或者发生混同的连带债务人）仍然可以以债权人的地位，向其他连带债务人请求承担连带债务，但是连带债务的数额要扣除发生混同的连带债务人应当承担的内部份额。

第五百二十一条　【连带债权的内部关系及法律适用】连带债权人之间的份额难以确定的，视为份额相同。

实际受领债权的连带债权人，应当按比例向其他连带债权人返还。

连带债权参照适用本章连带债务的有关规定。

第五百二十二条　【向第三人履行的合同】当事人约定由债务人向第三人履行债务，债务人未向第三人履行债务或者履行债务不符合约定的，应当向债权人承担违约责任。

法律规定或者当事人约定第三人可以直接请求债务人向其履行债务，第三人未在合理期限内明确拒绝，债务人未向第三人履行债务或者履行债务不符合约定的，第三人可以请求债务人承担违约责任；债务人对债权人的抗辩，可以向第三人主张。

对应司法解释

《最高人民法院关于适用〈中华人民共和国民法典〉合同编通则若干问题的解释》（法释〔2023〕13号）

第二十九条 民法典第五百二十二条第二款规定的第三人请求债务人向自己履行债务的，人民法院应予支持；请求行使撤销权、解除权等民事权利的，人民法院不予支持，但是法律另有规定的除外。

合同依法被撤销或者被解除，债务人请求债权人返还财产的，人民法院应予支持。

债务人按照约定向第三人履行债务，第三人拒绝受领，债权人请求债务人向自己履行债务的，人民法院应予支持，但是债务人已经采取提存等方式消灭债务的除外。第三人拒绝受领或者受领迟延，债务人请求债权人赔偿因此造成的损失的，人民法院依法予以支持。

条文应用提示

为了适应复杂的交易实践需求，现代民法对涉他合同予以认可。涉他合同，又称涉及第三人的合同，包括利益第三人合同和由第三人履行的合同。我们可以将本条第一款称为不真正的利益第三人合同，将第二款称为真正的利益第三人合同。二者的重要区别就是，真正的利益第三人合同的第三人取得对债务人的履行请求权，而不真正的利益第三人合同的第三人仅可以接受债务人的履行，不享有对债务人的履行请求权。

旧法对应关系

合同法第六十四条

第五百二十三条 【由第三人履行的合同】当事人约定由第三人向债权人履行债务，第三人不履行债务或者履行债务不符合约定的，债务人应当向债权人承担违约责任。

条文应用提示

由第三人履行的合同，又称第三人负担的合同，是指双方当事人约定债务由第三人履行的合同。根据本条规定，由第三人履行的合同，具有三个特点：一是合同是在债权人与债务人之间订立，以债权人、债务人为合同双方当事人，第三人不是合同当事人。二是合同标的是第三人向债权人的履行行为。由第三人履行的合同，不是由债务人直接向债权人履行债务，而是由第三人向债权人履行债务。三是第三人不履行债务的违约责任由债务人承担，而不是由第三人承担。

还需要注意的是，由第三人履行的合同没有突破合同相对性，不解决债权人是否具有直接请求第三人履行的问题。债权人是否享有直接请求第三人履行的权利，属于真正的利益第三人合同的范畴，要看债务人与第三人之间是否订有以债权人为受益人的真正的利益第三人合同。

旧法对应关系

合同法第六十五条

关联法律法规

《中华人民共和国旅游法》(2018年10月26日修正)

第七十一条　由于地接社、履行辅助人的原因导致违约的，由组团社承担责任；组团社承担责任后可以向地接社、履行辅助人追偿。

由于地接社、履行辅助人的原因造成旅游者人身损害、财产损失的，旅游者可以要求地接社、履行辅助人承担赔偿责任，也可以要求组团社承担赔偿责任；组团社承担责任后可以向地接社、履行辅助人追偿。但是，由于公共交通经营者的原因造成旅游者人身损害、财产损失的，由公共交通经营者依法承担赔偿责任，旅行社应当协助旅游者向公共交通经营者索赔。

第一百一十一条　本法下列用语的含义：

（一）旅游经营者，是指旅行社、景区以及为旅游者提供交通、住宿、餐饮、购物、娱乐等服务的经营者。

（二）景区，是指为旅游者提供游览服务、有明确的管理界限的场所或者区域。

（三）包价旅游合同，是指旅行社预先安排行程，提供或者通过履行辅助人提供交通、住宿、餐饮、游览、导游或者领队等两项以上旅游服务，旅游者以总价支付旅游费用的合同。

（四）组团社，是指与旅游者订立包价旅游合同的旅行社。

（五）地接社，是指接受组团社委托，在目的地接待旅游者的旅行社。

（六）履行辅助人，是指与旅行社存在合同关系，协助其履行包价旅游合同义务，实际提供相关服务的法人或者自然人。

《最高人民法院关于审理旅游纠纷案件适用法律若干问题的规定》（法释〔2020〕17号修正）

第四条 因旅游辅助服务者的原因导致旅游经营者违约，旅游者仅起诉旅游经营者的，人民法院可以将旅游辅助服务者追加为第三人。

第五百二十四条 【第三人清偿规则】债务人不履行债务，第三人对履行该债务具有合法利益的，第三人有权向债权人代位履行；但是，根据债务性质、按照当事人约定或者依照法律规定只能由债务人履行的除外。

债权人接受第三人履行后，其对债务人的债权转让给第三人，但是债务人和第三人另有约定的除外。

对应司法解释

《最高人民法院关于适用〈中华人民共和国民法典〉合同编通则若干问题的解释》（法释〔2023〕13号）

第三十条 下列民事主体，人民法院可以认定为民法典第五百二十四条第一款规定的对履行债务具有合法利益的第三人：

（一）保证人或者提供物的担保的第三人；

（二）担保财产的受让人、用益物权人、合法占有人；

（三）担保财产上的后顺位担保权人；

（四）对债务人的财产享有合法权益且该权益将因财产被强制执行而丧失的第三人；

（五）债务人为法人或者非法人组织的，其出资人或者设立人；

（六）债务人为自然人的，其近亲属；

（七）其他对履行债务具有合法利益的第三人。

第三人在其已经代为履行的范围内取得对债务人的债权，但是不得损害债权人的利益。

担保人代为履行债务取得债权后，向其他担保人主张担保权利的，依据《最高人民法院关于适用〈中华人民共和国民法典〉有关担保制度的解释》第十三条、第十四条、第十八条第二款等规定处理。

条文应用提示

本条规定打破了债的相对性，赋予该第三人代位履行的权利。该第三人代位履行债务，不需要考虑是否违反债务人的意思，债权人也不得拒绝。何谓"对债务履行具有合法利益的第三人"，本条未作具体规定，需要根据实践情况的需要和发展进行判断并归纳总结。目前，根据《最高人民法院关于适用〈中华人民共和国民法典〉合同编通则若干问题的解释》第三十条的规定下列民事主体具有合法利益的第三人：(1)保证人或者提供物的担保的第三人；(2)担保财产的受让人、用益物权人、合法占有人；(3)担保财产上的后顺位担保权人；(4)对债务人的财产享有合法权益且该权益将因财产被强制执行而丧失的第三人；(5)债务人为法人或者非法人组织的，其出资人或者设立人；(6)债务人为自然人的，其近亲属；(7)其他对履行债务具有合法利益的第三人。当然，具有合法利益的第三人并不是在所有情况下都享有代位履行的权利，本条对此作了除外规定，即根据债务性质、按照当事人约定或者依照法律规定只能由债务人履行的，则第三人即使具有合法利益，也不能代位履行。何谓"根据债务性质"，要根据具体情况进行判断。例如，对于育儿保姆提供的劳务，一般来说就属于根据债务性质只能由债务人履行的情况，第三人不得代位履行。

典型案例指导

某物流有限公司诉吴某运输合同纠纷案［2022年2月25日《最高人民法院发布人民法院贯彻实施民法典典型案例（第一批）》］

【典型意义】

《民法典》合同编新增了具有合法利益的第三人代为履行的规定，对于确保各交易环节有序运转，促进债权实现，维护交易安全，优化营商环境具有重要意义。本案是适用民法典关于具有合法利益的第三人代为履行规则的典型案例。审理法院适用民法典相关规定，依法认定原告某物流有限公司代被告吴某向承运司机支付吴某欠付的运费具有合法利益，且在原告履行后依法取得承运司机对被告吴某的债权。本案判决不仅对维护物流运输行业交易秩序、促进物流运输行业蓬勃发展具有保障作用，也对人民法院探索具有合法利益的第三人代为履行规则的适用具有积极意义。

【基本案情】某物流有限公司（甲方）与吴某（乙方）于2020年签订《货物运输合同》，约定该公司的郑州运输业务由吴某承接。合同还约定调运车辆、雇佣运输司机的费用由吴某结算，与某物流有限公司无关。某物流有限公司与吴某之间已结清大部分运费，但因吴某未及时向承运司机结清运费，2020年11月某日，承运司机在承运货物时对货物进行扣留。基于运输货物的时效性，某物流有限公司向承运司机垫付了吴某欠付的46万元，并通知吴某，吴某当时对此无异议。后吴某仅向某物流有限公司支付了6万元。某物流有限公司向吴某追偿余款未果，遂提起诉讼。

【裁判结果】生效裁判认为，某物流有限公司与吴某存在运输合同关系，在吴某未及时向货物承运司机结清费用，致使货物被扣留时，某物流有限公司对履行该债务具有合法利益，有权代吴某向承运司机履行。某物流有限公司代为履行后，承运司机对吴某的债权即转让给该公司，故依照《民法典》第五百二十四条规定，判决支持某物流有限公司请求吴某支付剩余运费的诉讼请求。

第五百二十五条 【同时履行抗辩权】当事人互负债务，没有先后履行顺序的，应当同时履行。一方在对方履行之前有权拒绝其履行请求。一方在对方履行债务不符合约定时，有权拒绝其相应的履行请求。

对应司法解释

《最高人民法院关于适用〈中华人民共和国民法典〉合同编通则若干问题的解释》（法释〔2023〕13号）

第三十一条 当事人互负债务，一方以对方没有履行非主要债务为由拒绝履行自己的主要债务的，人民法院不予支持。但是，对方不履行非主要债务致使不能实现合同目的或者当事人另有约定的除外。

当事人一方起诉请求对方履行债务，被告依据民法典第五百二十五条的规定主张双方同时履行的抗辩且抗辩成立，被告未提起反诉的，人民法院应当判决被告在原告履行债务的同时履行自己的债务，并在判项中明确原告申请强制执行的，人民法院应当在原告履行自己的债务后对被告采取执行行为；被告提起反诉的，人民法院应当判决双方同时履行自己的债务，并在判项中明确任何一方申请强制执行的，人民法院应当在该当事人履行自己的债务后对对方采取执行行为。

当事人一方起诉请求对方履行债务，被告依据民法典第五百二十六条的规定主张原告应先履行的抗辩且抗辩成立的，人民法院应当驳回原告的诉讼请求，但是不影响原告履行债务后另行提起诉讼。

条文应用提示

同时履行抗辩权，是指在没有先后履行顺序的双务合同中，一方当事人在对方当事人未为履行或者履行不符合约定的情况下，享有拒绝对待给付的权利。同时履行抗辩权属延期的抗辩权，只是暂时阻止对方当事人请求权的行使，非永久的抗辩权。对方当事人完全履行了合同义务，同时履行抗辩权消灭，当事人应当履行自己的义务。当事人行使同时履行抗辩权致使合同迟延履行的，该当事人不承担违约责任。

旧法对应关系

合同法第六十六条

关联法律法规

《最高人民法院关于审理海上货运代理纠纷案件若干问题的规定》（法释〔2020〕19号修正）

第七条　海上货运代理合同约定货运代理企业交付处理海上货运代理事务取得的单证以委托人支付相关费用为条件，货运代理企业以委托人未支付相关费用为由拒绝交付单证的，人民法院应予支持。

合同未约定或约定不明确，货运代理企业以委托人未支付相关费用为由拒绝交付单证的，人民法院应予支持，但提单、海运单或者其他运输单证除外。

第五百二十六条 【先履行抗辩权】当事人互负债务，有先后履行顺序，应当先履行债务一方未履行的，后履行一方有权拒绝其履行请求。先履行一方履行债务不符合约定的，后履行一方有权拒绝其相应的履行请求。

对应司法解释

《最高人民法院关于审理买卖合同纠纷案件适用法律问题的解释》(法释〔2020〕17号修正)

第三十一条 出卖人履行交付义务后诉请买受人支付价款，买受人以出卖人违约在先为由提出异议的，人民法院应当按照下列情况分别处理：

(一)买受人拒绝支付违约金、拒绝赔偿损失或者主张出卖人应当采取减少价款等补救措施的，属于提出抗辩；

(二)买受人主张出卖人应支付违约金、赔偿损失或者要求解除合同的，应当提起反诉。

条文应用提示

后履行抗辩权的成立，需具备以下要件：一是需基于同一双务合同。双方当事人因同一合同互负债务，在履行上存在关联性。后履行抗辩权不适用于单务合同。二是当事人的债务有先后履行顺序。当事人互负债务，并且能够确定先后履行顺序。这种履行顺序的确立，或依法律规定，或按当事人约定，或按交易习惯。三是应当先履行的当事人不履行债务或者履行债务不符合约定。四是后履行一方当事人的债务已届履行期。

后履行抗辩权属延期的抗辩权，只是暂时阻止对方当事人请求权的行使，非永久的抗辩权。对方当事人履行了合同义务，后履行抗辩权消灭，当事人应当履行自己的义务。后履行一方当事人行使后履行抗辩权致使合同迟延履行的，该当事人不承担违约责任，迟延履行的责任由对方承担。后履行一方当事人行使后履行抗辩权，不影响追究应当先履行一方当事人的违约责任。

旧法对应关系

合同法第六十七条

典型案例指导

东方电气集团东方汽轮机有限公司与大庆高新技术产业开发区大丰建筑安装有限公司、大庆大丰能源技术服务有限公司买卖合同纠纷案［最高人民法院(2019)最高法民终185号民事判决书,《最高人民法院公报》2020年第11期(总第289期)］

货物交付使用后,买受人未在约定的质保期内提出质量异议,嗣后又以质量存在问题为由主张行使先履行抗辩权而拒绝付款的,不予支持。出卖人违反交付技术材料的从给付义务,买受人可主张相应的违约责任;但违反从给付义务不影响货物正常使用和合同目的实现的,买受人不得以此为由拒绝履行给付货款的主给付义务。

第五百二十七条 【不安抗辩权】应当先履行债务的当事人,有确切证据证明对方有下列情形之一的,可以中止履行:

(一)经营状况严重恶化;

(二)转移财产、抽逃资金,以逃避债务;

(三)丧失商业信誉;

(四)有丧失或者可能丧失履行债务能力的其他情形。

当事人没有确切证据中止履行的,应当承担违约责任。

条文应用提示

依照本条规定,不安抗辩权的成立,要具备以下要件:(1)当事人需基于同一双务合同互负债务。(2)当事人互负的债务有先后履行顺序。这也是不安抗辩权和后履行抗辩权共同的成立要件,只是不安抗辩权由应当先履行债务的一方当事人享有,后履行抗辩权由后履行债务的一方当事人享有。当事人互负的债务没有先后履行顺序的,属于同时履行抗辩权的成立要件。(3)后履行的当事人发生了丧失或者可能丧失债务履行能力的情形。这些情形包括经营状况严重恶化,转移财产、抽逃资金以逃避债务,丧失商业信誉和其他丧失或者可能丧失履行债务能力的情形。

旧法对应关系

合同法第六十八条

第五百二十八条 【不安抗辩权的行使】当事人依据前条规定中止履行的,应当及时通知对方。对方提供适当担保的,应当恢复履行。中止履行后,对方在合理期限内未恢复履行能力且未提供适当担保的,视为以自己的行为表明不履行主要债务,中止履行的一方可以解除合同并可以请求对方承担违约责任。

条文应用提示

不安抗辩权的行使,对对方当事人影响重大,应当让对方及时知晓,以便作出相应安排。从诚信原则出发,法律有必要规定应先履行债务一方的通知义务。依照本条规定,应先履行的一方当事人行使不安抗辩权,中止履行后,应当及时通知对方当事人。当事人行使不安抗辩权中止履行后,往往会给对方当事人一个"补救"机会,即要求对方当事人在一定期限内提供担保。对方未提供担保的,应当先履行债务一方可以解除合同;对方提供担保的,应当先履行债务一方恢复履行。

旧法对应关系

合同法第六十九条

第五百二十九条 【因债权人原因致债务履行困难时的处理】债权人分立、合并或者变更住所没有通知债务人,致使履行债务发生困难的,债务人可以中止履行或者将标的物提存。

条文应用提示

法人分立包括存续分立和新设分立。存续分立指法人分出一部分财产设立新法人,原法人不因分出财产而终止。新设分立,是指一个法人分成几个法人,原法人终止。法人合并包括新设合并和吸收合并。新设合并是指几个法人合为一个新法人,原法人终止。吸收合并,是指一个法人将其财产移交给另一个法人,移交出财产的法人终止。

债权人分立、合并或者变更住所应当及时通知债务人，以便债务人履行债务。如果没有通知债务人，致使债务人履行债务发生困难的，此时债务人可以中止履行或者将标的物提存。这种情形下债务人中止履行或者将标的物提存，不能算作债务人违约。当然，如果债权人分立、合并或者变更住所没有通知债务人，但并不会使债务履行发生困难的，此时债务人不得以此为由中止履行或者将标的物提存，否则属于债务人违约。

旧法对应关系

合同法第七十条

第五百三十条　【债务人提前履行债务】债权人可以拒绝债务人提前履行债务，但是提前履行不损害债权人利益的除外。

债务人提前履行债务给债权人增加的费用，由债务人负担。

第五百三十一条　【债务人部分履行债务】债权人可以拒绝债务人部分履行债务，但是部分履行不损害债权人利益的除外。

债务人部分履行债务给债权人增加的费用，由债务人负担。

条文应用提示

本条规定的部分履行债务不同于分期履行。分期履行是合同约定的，由债务人分期给付，每期的给付虽然也属于债务整体的一部分，但不属于本条所规定的部分履行。本条所规定的部分履行是指债务的履行期限届满时，债务人只履行其中一部分债务，既可以是就整个债务部分履行，也可以是就分期履行中的某一期部分履行。如果债务人部分履行不损害债权人的利益，基于诚信原则，债权人应当接受债务人部分履行债务，不得拒绝。债权人接受债务人部分履行，可能会额外增加一些费用，这些费用由债务人负担。

旧法对应关系

合同法第七十一条

第五百三十二条 【当事人变化对合同履行的影响】合同生效后，当事人不得因姓名、名称的变更或者法定代表人、负责人、承办人的变动而不履行合同义务。

旧法对应关系

合同法第七十六条

第五百三十三条 【情势变更】合同成立后，合同的基础条件发生了当事人在订立合同时无法预见的、不属于商业风险的重大变化，继续履行合同对于当事人一方明显不公平的，受不利影响的当事人可以与对方重新协商；在合理期限内协商不成的，当事人可以请求人民法院或者仲裁机构变更或者解除合同。

人民法院或者仲裁机构应当结合案件的实际情况，根据公平原则变更或者解除合同。

对应司法解释

《最高人民法院关于适用〈中华人民共和国民法典〉合同编通则若干问题的解释》（法释〔2023〕13号）

第三十二条 合同成立后，因政策调整或者市场供求关系异常变动等原因导致价格发生当事人在订立合同时无法预见的、不属于商业风险的涨跌，继续履行合同对于当事人一方明显不公平的，人民法院应当认定合同的基础条件发生了民法典第五百三十三条第一款规定的“重大变化”。但是，合同涉及市场属性活跃、长期以来价格波动较大的大宗商品以及股票、期货等风险投资型金融产品的除外。

合同的基础条件发生了民法典第五百三十三条第一款规定的重大变化，当事人请求变更合同的，人民法院不得解除合同；当事人一方请求变更合同，对方请求解除合同的，或者当事人一方请求解除合同，对方请求变更合同的，人民法院应当结合案件的实际情况，根据公平原则判决变更或者解除合同。

人民法院依据民法典第五百三十三条的规定判决变更或者解除合

同的，应当综合考虑合同基础条件发生重大变化的时间、当事人重新协商的情况以及因合同变更或者解除给当事人造成的损失等因素，在判项中明确合同变更或者解除的时间。

当事人事先约定排除民法典第五百三十三条适用的，人民法院应当认定该约定无效。

条文应用提示

情势变更制度，是指合同依法成立后，客观情况发生了无法预见的重大变化，致使原来订立合同的基础丧失或者动摇，如继续履行合同则对一方当事人明显不公平，因此允许变更或者解除合同以维持当事人之间的公平。依照本条规定，情势变更制度的适用需要满足以下基本条件：一是合同成立后，合同的基础条件发生了重大变化。第一，这种重大变化是一种客观情况，要达到足以动摇合同基础的程度。第二，这种重大变化应发生在合同成立后至履行完毕前的期间内。第三，这种重大变化应当是当事人在订立合同时无法预见的。第四，这种重大变化不能属于商业风险。对于合同履行过程中的商业风险，按照独立决定、独立负责的原则，遭受不利的当事人应当自行承担不利后果。二是继续履行合同对于当事人一方明显不公平。

满足以上情势变更制度适用条件的，可以产生以下法律效果：一是受不利影响的当事人有权请求与对方重新协商。二是双方当事人在协商过程中，就合同的变更或者解除达不成一致意见，协商不成的，当事人可以请求法院或者仲裁机构作最终裁断。

旧法对应关系

原合同法解释二第二十六条

典型案例指导

某旅游管理公司与某村村民委员会等合同纠纷案（最高人民法院发布《关于适用〈中华人民共和国民法典〉合同编通则若干问题的解释》相关典型案例之四）

【裁判要点】

当事人签订具有合作性质的长期性合同，因政策变化对当事人履行合同产生影响,但该变化不属于订立合同时无法预见的重大变化,按照变化后的政策要求予以调整亦不影响合同继续履行,且继续履行不会对当事人一方明显不公平,该当事人不能依据《中华人民共和国民法典》第五百三十三条请求变更或者解除合同。该当事人请求终止合同权利义务关系,守约方不同意终止合同,但双方当事人丧失合作可能性导致合同目的不能实现的,属于《中华人民共和国民法典》第五百八十条第一款第二项规定的"债务的标的不适于强制履行",应根据违约方的请求判令终止合同权利义务关系并判决违约方承担相应的违约责任。

【简要案情】

2019年初,某村村委会、村股份经济合作社(甲方)与某旅游管理有限公司(乙方)就某村村域范围内旅游资源开发建设签订经营协议,约定经营期限50年。2019年底,某村所在市辖区水务局将经营范围内河沟两侧划定为城市蓝线,对蓝线范围内的建设活动进行管理。2019年11月左右,某旅游管理有限公司得知河沟两侧被划定为城市蓝线。2020年5月11日,某旅游管理有限公司书面通知要求解除相关协议。经调查,经营协议确定的范围绝大部分不在蓝线范围内,且对河道治理验收合格就能对在蓝线范围内的部分地域进行开发建设。

【判决理由】

生效判决认为,双方约定就经营区域进行民宿与旅游开发建设,因流经某村村域的河道属于签订经营协议时既有的山区河道,不属于无法预见的重大变化,城市蓝线主要是根据江、河、湖、库、渠和湿地等城市地标水体来进行地域界限划定,主要目的是为了水体保护和控制,某旅游管理有限公司可在履行相应行政手续审批或符合政策文件的具体要求时继续进行开发活动,故城市蓝线划定不构成情势变更。某村村委会、村股份经济合作社并不存在违约行为,某旅游管理有限公司明确表示不再对经营范围进行民宿及旅游资源开发,属于违约一方。某旅游管理有限公司以某村村委会及村股份经济合作社根本违约为由要求解除合同,明确表示不再对经营范围进行民宿及旅游资源开发,某村村委会及村股份经济合作社不同意解除合同或终止合同权利义务,双方已构成合同僵局。考虑到双方合同持续履行长达50年,须以双方自愿且相互信赖为前提,如不允许双方权利义务终止,既不利于充分发挥土地等资源的价值利用,又不利于双方利益的平衡保护,案涉经营协议已丧失继续履行的现实可行性,合同权利义务关系应当终止。

【司法解释相关条文】

《最高人民法院关于适用〈中华人民共和国民法典〉合同编通则若干问题的解释》第三十二条

第五百三十四条　【合同监管】对当事人利用合同实施危害国家利益、社会公共利益行为的，市场监督管理和其他有关行政主管部门依照法律、行政法规的规定负责监督处理。

旧法对应关系

合同法第一百二十七条

关联法律法规

《合同违法行为监督处理办法》(2020年12月31日修订)

第一条　为了维护市场经济秩序，保护国家利益、社会公共利益和当事人合法权益，依据《中华人民共和国民法典》和有关法律法规的规定，制定本办法。

第二条　本办法所称合同违法行为，是指自然人、法人、其他组织利用合同，以牟取非法利益为目的，违反法律法规及本办法的行为。

第三条　当事人订立、履行合同，应当遵守法律、行政法规，尊重社会公德，不得扰乱社会经济秩序，损害国家利益、社会公共利益。

第四条　各级市场监督管理部门在职权范围内，依照有关法律法规及本办法的规定，负责监督处理合同违法行为。

第五条　各级市场监督管理部门依法监督处理合同违法行为，实行查处与引导相结合，处罚与教育相结合，推行行政指导，督促、引导当事人依法订立、履行合同，维护国家利益、社会公共利益。

第六条　当事人不得利用合同实施下列欺诈行为，危害国家利益、社会公共利益：

(一)伪造合同；

(二)虚构合同主体资格或者盗用、冒用他人名义订立合同；

(三)虚构合同标的或者虚构货源、销售渠道诱人订立、履行合同；

(四)发布或者利用虚假信息，诱人订立合同；

（五）隐瞒重要事实，诱骗对方当事人做出错误的意思表示订立合同，或者诱骗对方当事人履行合同；

（六）没有实际履行能力，以先履行小额合同或者部分履行合同的方法，诱骗对方当事人订立、履行合同；

（七）恶意设置事实上不能履行的条款，造成对方当事人无法履行合同；

（八）编造虚假理由中止（终止）合同，骗取财物；

（九）提供虚假担保；

（十）采用其他欺诈手段订立、履行合同。

第七条　当事人不得利用合同实施下列危害国家利益、社会公共利益的行为：

（一）以贿赂、胁迫等手段订立、履行合同，损害国家利益、社会公共利益；

（二）以恶意串通手段订立、履行合同，损害国家利益、社会公共利益；

（三）非法买卖国家禁止或者限制买卖的财物；

（四）没有正当理由，不履行国家指令性合同义务；

（五）其他危害国家利益、社会公共利益的合同违法行为。

第八条　任何单位和个人不得在知道或者应当知道的情况下，为他人实施本办法第六条、第七条规定的违法行为，提供证明、执照、印章、账户及其他便利条件。

第九条　经营者与消费者采用格式条款订立合同的，经营者不得在格式条款中免除自己的下列责任：

（一）造成消费者人身伤害的责任；

（二）因故意或者重大过失造成消费者财产损失的责任；

（三）对提供的商品或者服务依法应当承担的保证责任；

（四）因违约依法应当承担的违约责任；

（五）依法应当承担的其他责任。

第十条　经营者与消费者采用格式条款订立合同的，经营者不得在格式条款中加重消费者下列责任：

（一）违约金或者损害赔偿金超过法定数额或者合理数额；

（二）承担应当由格式条款提供方承担的经营风险责任；

（三）其他依照法律法规不应由消费者承担的责任。

第十一条　经营者与消费者采用格式条款订立合同的，经营者不得在格式条款中排除消费者下列权利：

（一）依法变更或者解除合同的权利；

（二）请求支付违约金的权利；

（三）请求损害赔偿的权利；

（四）解释格式条款的权利；

（五）就格式条款争议提起诉讼的权利；

（六）消费者依法应当享有的其他权利。

第十二条　当事人违反本办法第六条、第七条、第八条、第九条、第十条、第十一条规定，法律法规已有规定的，从其规定；法律法规没有规定的，市场监督管理部门视其情节轻重，分别给予警告，处以违法所得额三倍以下，但最高不超过三万元的罚款，没有违法所得的，处以一万元以下的罚款。

第十三条　当事人合同违法行为轻微并及时纠正，没有造成危害后果的，应当依法不予行政处罚；主动消除或者减轻危害后果的，应当依法从轻或者减轻行政处罚；经督促、引导，能够主动改正或者及时中止合同违法行为的，可以依法从轻行政处罚。

第十四条　违反本办法规定涉嫌犯罪的，市场监督管理部门应当按照有关规定，移交司法机关追究其刑事责任。

第十五条　本办法由国家市场监督管理总局负责解释。

第十六条　本办法自2010年11月13日起施行。

第五章　合同的保全

第五百三十五条　【债权人代位权】因债务人怠于行使其债权或者与该债权有关的从权利，影响债权人的到期债权实现的，债权人可以向人民法院请求以自己的名义代位行使债务人对相对人的权利，但是该权利专属于债务人自身的除外。

代位权的行使范围以债权人的到期债权为限。债权人行使代位权的必要费用,由债务人负担。

相对人对债务人的抗辩,可以向债权人主张。

对应司法解释

《最高人民法院关于适用〈中华人民共和国民法典〉合同编通则若干问题的解释》(法释〔2023〕13号)

第三十三条 债务人不履行其对债权人的到期债务,又不以诉讼或者仲裁方式向相对人主张其享有的债权或者与该债权有关的从权利,致使债权人的到期债权未能实现的,人民法院可以认定为民法典第五百三十五条规定的"债务人怠于行使其债权或者与该债权有关的从权利,影响债权人的到期债权实现"。

第三十四条 下列权利,人民法院可以认定为民法典第五百三十五条第一款规定的专属于债务人自身的权利:

(一)抚养费、赡养费或者扶养费请求权;

(二)人身损害赔偿请求权;

(三)劳动报酬请求权,但是超过债务人及其所扶养家属的生活必需费用的部分除外;

(四)请求支付基本养老保险金、失业保险金、最低生活保障金等保障当事人基本生活的权利;

(五)其他专属于债务人自身的权利。

第三十五条 债权人依据民法典第五百三十五条的规定对债务人的相对人提起代位权诉讼的,由被告住所地人民法院管辖,但是依法应当适用专属管辖规定的除外。

债务人或者相对人以双方之间的债权债务关系订有管辖协议为由提出异议的,人民法院不予支持。

第三十六条 债权人提起代位权诉讼后,债务人或者相对人以双方之间的债权债务关系订有仲裁协议为由对法院主管提出异议的,人民法院不予支持。但是,债务人或者相对人在首次开庭前就债务人与相对人之间的债权债务关系申请仲裁的,人民法院可以依法中止代位权诉讼。

第三十七条　债权人以债务人的相对人为被告向人民法院提起代位权诉讼，未将债务人列为第三人的，人民法院应当追加债务人为第三人。

两个以上债权人以债务人的同一相对人为被告提起代位权诉讼的，人民法院可以合并审理。债务人对相对人享有的债权不足以清偿其对两个以上债权人负担的债务的，人民法院应当按照债权人享有的债权比例确定相对人的履行份额，但是法律另有规定的除外。

第三十八条　债权人向人民法院起诉债务人后，又向同一人民法院对债务人的相对人提起代位权诉讼，属于该人民法院管辖的，可以合并审理。不属于该人民法院管辖的，应当告知其向有管辖权的人民法院另行起诉；在起诉债务人的诉讼终结前，代位权诉讼应当中止。

第三十九条　在代位权诉讼中，债务人对超过债权人代位请求数额的债权部分起诉相对人，属于同一人民法院管辖的，可以合并审理。不属于同一人民法院管辖的，应当告知其向有管辖权的人民法院另行起诉；在代位权诉讼终结前，债务人对相对人的诉讼应当中止。

第四十条　代位权诉讼中，人民法院经审理认为债权人的主张不符合代位权行使条件的，应当驳回诉讼请求，但是不影响债权人根据新的事实再次起诉。

债务人的相对人仅以债权人提起代位权诉讼时债权人与债务人之间的债权债务关系未经生效法律文书确认为由，主张债权人提起的诉讼不符合代位权行使条件的，人民法院不予支持。

第四十一条　债权人提起代位权诉讼后，债务人无正当理由减免相对人的债务或者延长相对人的履行期限，相对人以此向债权人抗辩的，人民法院不予支持。

条文应用提示

代位权指债务人怠于行使权利，债权人为保全债权，以自己的名义代位行使债务人对相对人的权利。《民法典》合同编对代位权制度基本上延续了《合同法》的规定，同时根据实践发展作了一定修改。债权人行使代位权会支出一定的费用,本条第二款规定,债权人行使代位权的必要费用,由债务人负担。

旧法对应关系

合同法第七十三条,原合同法解释一第十一条、第十二条、第十三条、第十四条

关联法律法规

《中华人民共和国税收征收管理法》(2015 年 4 月 24 日修正)

第五十条 欠缴税款的纳税人因怠于行使到期债权,或者放弃到期债权,或者无偿转让财产,或者以明显不合理的低价转让财产而受让人知道该情形,对国家税收造成损害的,税务机关可以依照合同法第七十三条、第七十四条的规定行使代位权、撤销权。

税务机关依照前款规定行使代位权、撤销权的,不免除欠缴税款的纳税人尚未履行的纳税义务和应承担的法律责任。

《最高人民法院关于审理建设工程施工合同纠纷案件适用法律问题的解释(一)》(法释〔2020〕25 号)

第四十四条 实际施工人依据民法典第五百三十五条规定,以转包人或者违法分包人怠于向发包人行使到期债权或者与该债权有关的从权利,影响其到期债权实现,提起代位权诉讼的,人民法院应予支持。

典型案例指导

某控股株式会社与某利公司等债权人代位权纠纷案(最高人民法院发布《关于适用〈中华人民共和国民法典〉合同编通则若干问题的解释》相关典型案例之五)

【裁判要点】

在代位权诉讼中,相对人以其与债务人之间的债权债务关系约定了仲裁条款为由,主张案件不属于人民法院受理案件范围的,人民法院不予支持。

【简要案情】

2015 年至 2016 年,某控股株式会社与某利国际公司等先后签订《可转换公司债发行及认购合同》及补充协议,至 2019 年 3 月,某利国际公司欠付某控股株式会社款项 6400 余万元。2015 年 5 月,某利公司与其母公司某利国际公司签订《贷款协议》,由某利国际公司向某利公司出借 2.75 亿元用于公司经

营。同年6月,某利国际公司向某利公司发放了贷款。案涉《可转换公司债发行及认购合同》及补充协议、《贷款协议》均约定了仲裁条款。某控股株式会社认为某利国际公司怠于行使对某利公司的债权,影响了某控股株式会社到期债权的实现,遂提起代位权诉讼。一审法院认为,虽然某控股株式会社与某利公司之间并无直接的仲裁协议,但某控股株式会社向某利公司行使代位权时,应受某利公司与某利国际公司之间仲裁条款的约束。相关协议约定的仲裁条款排除了人民法院的管辖,故裁定驳回某控股株式会社的起诉。某控股株式会社不服提起上诉。二审法院依据《最高人民法院关于适用〈中华人民共和国合同法〉若干问题的解释(一)》第十四条的规定,裁定撤销一审裁定,移送被告住所地人民法院审理。

【判决理由】

生效裁判认为,虽然案涉合同中均约定了仲裁条款,但仲裁条款只约束签订合同的各方当事人,对合同之外的当事人不具有约束力。本案并非债权转让引起的诉讼,某控股株式会社既非《贷款协议》的当事人,亦非该协议权利义务的受让人,一审法院认为某控股株式会社行使代位权时应受某利公司与某利国际公司之间仲裁条款的约束缺乏依据。

【司法解释相关条文】

《最高人民法院关于适用〈中华人民共和国民法典〉合同编通则若干问题的解释》第三十六条

第五百三十六条　【债权人代位权的提前行使】债权人的债权到期前,债务人的债权或者与该债权有关的从权利存在诉讼时效期间即将届满或者未及时申报破产债权等情形,影响债权人的债权实现的,债权人可以代位向债务人的相对人请求其向债务人履行、向破产管理人申报或者作出其他必要的行为。

条文应用提示

为了保护债权人的利益,即使债权人的债权未到期,也应当允许债权人代位行使债务人的权利,作出中断诉讼时效、申报债权等必要的行为,该行为在理论上称为“保存行为”。本条列举规定了保存行为的两种典型类型:一是债权人可以代位债务人作出中断诉讼时效的行为。针对的是债权人的债权到期前,债务人的债权或者与债权有关的从权利存在诉讼时效期间即将届满的情况。二是债权人可以代位向破产管理人申报破产债权。针对的是债务人的相对人破产,债务人不积极申报破产债权,影响债权人的债权将来实现的,债权人可以代位向债务人的相对人的破产管理人申报破产债权。

关联法律法规

《中华人民共和国企业破产法》(2006年8月27日)

第四十五条 人民法院受理破产申请后,应当确定债权人申报债权的期限。债权申报期限自人民法院发布受理破产申请公告之日起计算,最短不得少于三十日,最长不得超过三个月。

第四十六条 未到期的债权,在破产申请受理时视为到期。

附利息的债权自破产申请受理时起停止计息。

第五百三十七条 【债权人代位权行使效果】人民法院认定代位权成立的,由债务人的相对人向债权人履行义务,债权人接受履行后,债权人与债务人、债务人与相对人之间相应的权利义务终止。债务人对相对人的债权或者与该债权有关的从权利被采取保全、执行措施,或者债务人破产的,依照相关法律的规定处理。

旧法对应关系

原合同法解释一第二十条

典型案例指导

北京大唐燃料有限公司诉山东百富物流有限公司买卖合同纠纷案(最高人民法院指导案例167号)

【关键词】

民事/买卖合同/代位权诉讼/未获清偿/另行起诉

【裁判要点】

代位权诉讼执行中,因相对人无可供执行的财产而被终结本次执行程序,债权人就未实际获得清偿的债权另行向债务人主张权利的,人民法院应予支持。

【相关法条】

《最高人民法院关于适用〈中华人民共和国合同法〉若干问题的解释

(一)》第二十条(注:对应《中华人民共和国民法典》第五百三十七条)

【基本案情】

2012年1月20日至2013年5月29日,北京大唐燃料有限公司(以下简称大唐公司)与山东百富物流有限公司(以下简称百富公司)之间共签订采购合同41份,约定百富公司向大唐公司销售镍铁、镍矿、精煤、冶金焦等货物。双方在履行合同过程中采用滚动结算的方式支付货款,但是每次付款金额与每份合同约定的货款金额并不一一对应。自2012年3月15日至2014年1月8日,大唐公司共支付百富公司货款1827867179.08元,百富公司累计向大唐公司开具增值税发票总额为1869151565.63元。大唐公司主张百富公司累计供货货值为1715683565.63元,百富公司主张其已按照开具增值税发票数额足额供货。

2014年11月25日,大唐公司作为原告,以宁波万象进出口有限公司(以下简称万象公司)为被告,百富公司为第三人,向浙江省宁波市中级人民法院提起债权人代位权诉讼。该院作出(2014)浙甬商初字第74号民事判决书,判决万象公司向大唐公司支付款项36369405.32元。大唐公司于2016年9月28日就(2014)浙甬商初字第74号民事案件向浙江省象山县人民法院申请强制执行。该院于2016年10月8日依法向万象公司发出执行通知书,但万象公司逾期仍未履行义务,万象公司尚应支付执行款36369405.32元及利息,承担诉讼费209684元、执行费103769.41元。经该院执行查明,万象公司名下有机动车二辆,该院已经查封但实际未控制。大唐公司在限期内未能提供万象公司可供执行的财产,也未向该院提出异议。该院于2017年3月25日作出(2016)浙0225执3676号执行裁定书,终结本次执行程序。

大唐公司以百富公司为被告,向山东省高级人民法院提起本案诉讼,请求判令百富公司向其返还本金及利息。

【裁判结果】

山东省高级人民法院于2018年8月13日作出(2018)鲁民初10号民事判决:一、百富公司向大唐公司返还货款75814208.13元;二、百富公司向大唐公司赔偿占用货款期间的利息损失(以75814208.13元为基数,自2014年11月25日起至百富公司实际支付之日止,按照中国人民银行同期同类贷款基准利率计算);三、驳回大唐公司其他诉讼请求。大唐公司不服一审判决,提起上诉。最高人民法院于2019年6月20日作出(2019)最高法民终6号民事判决:一、撤销山东省高级人民法院(2018)鲁民初10号民事判决;二、百富公司向大唐公司返还货款153468000元;三、百富公司向大唐公司赔偿占用货款期间的利息损失(以153468000元为基数,自2014年11月25日起至百富公司实际支付之日止,按照中国人民银行同期同类贷款基准利率计算);四、驳回大唐公司的其他诉讼请求。

【裁判理由】

最高人民法院认为:关于(2014)浙甬商初字第74号民事判决书涉及的36369405.32元债权问题。大唐公司有权就该笔款项另行向百富公司主张。

第一,《最高人民法院关于适用〈中华人民共和国合同法〉若干问题的解释(一)》(以下简称《合同法解释(一)》)第二十条规定,债权人向次债务人提起的代位权诉讼经人民法院审理后认定代位权成立的,由次债务人向债权人履行清偿义务,债权人与债务人、债务人与次债务人之间相应的债权债务关系即予消灭。根据该规定,认定债权人与债务人之间相应债权债务关系消灭的前提是次债务人已经向债权人实际履行相应清偿义务。本案所涉执行案件中,因并未执行到万象公司的财产,浙江省象山县人民法院已经作出终结本次执行的裁定,故在万象公司并未实际履行清偿义务的情况下,大唐公司与百富公司之间的债权债务关系并未消灭,大唐公司有权向百富公司另行主张。

第二,代位权诉讼属于债的保全制度,该制度是为防止债务人财产不当减少或者应当增加而未增加,给债权人实现债权造成障碍,而非要求债权人在债务人与次债务人之间择一选择作为履行义务的主体。如果要求债权人择一选择,无异于要求债权人在提起代位权诉讼前,需要对次债务人的偿债能力作充分调查,否则应当由其自行承担债务不得清偿的风险,这不仅加大了债权人提起代位权诉讼的经济成本,还会严重挫伤债权人提起代位权诉讼的积极性,与代位权诉讼制度的设立目的相悖。

第三,本案不违反"一事不再理"原则。根据《最高人民法院关于适用〈中华人民共和国民事诉讼法〉的解释》第二百四十七条规定,判断是否构成重复起诉的主要条件是当事人、诉讼标的、诉讼请求是否相同,或者后诉的诉讼请求是否实质上否定前诉裁判结果等。代位权诉讼与对债务人的诉讼并不相同,从当事人角度看,代位权诉讼以债权人为原告、次债务人为被告,而对债务人的诉讼则以债权人为原告、债务人为被告,两者被告身份不具有同一性。从诉讼标的及诉讼请求上看,代位权诉讼虽然要求次债务人直接向债权人履行清偿义务,但针对的是债务人与次债务人之间的债权债务,而对债务人的诉讼则是要求债务人向债权人履行清偿义务,针对的是债权人与债务人之间的债权债务，两者在标的范围、法律关系等方面亦不相同。从起诉要件上看，与对债务人诉讼不同的是，代位权诉讼不仅要求具备《民事诉讼法》规定的起诉条件，同时还应当具备《合同法解释（一）》第十一条规定的诉讼条件。基于上述不同，代位权诉讼与对债务人的诉讼并非同一事由，两者仅具有法律上的关联性，故大唐公司提起本案诉讼并不构成重复起诉。

第五百三十八条　【无偿处分时的债权人撤销权行使】债务人以放弃其债权、放弃债权担保、无偿转让财产等方式无偿处分财产权益，或者恶意延长其到期债权的履行期限，影响债权人的债权实现的，债权人可以请求人民法院撤销债务人的行为。

条文应用提示

本条是关于撤销债务人无偿行为的规定。债权人行使代位权是防止债务人消极行使权利而听任责任财产不当减少，债权人行使撤销权是通过撤销债务人积极减少责任财产的不当行为来达到债权保全的目的。

旧法对应关系

合同法第七十四条第一款，原合同法解释二第十八条、第十九条

关联法律法规

《中华人民共和国税收征收管理法》（2015年4月24日修正）

第五十条　欠缴税款的纳税人因怠于行使到期债权，或者放弃到期债权，或者无偿转让财产，或者以明显不合理的低价转让财产而受让人知道该情形，对国家税收造成损害的，税务机关可以依照合同法第七十三条、第七十四条的规定行使代位权、撤销权。

税务机关依照前款规定行使代位权、撤销权的，不免除欠缴税款的纳税人尚未履行的纳税义务和应承担的法律责任。

《最高人民法院关于适用〈中华人民共和国企业破产法〉若干问题的规定（二）》（法释〔2020〕18号修正）

第十三条　破产申请受理后，管理人未依据企业破产法第三十一条的规定请求撤销债务人无偿转让财产、以明显不合理价格交易、放弃债权行为的，债权人依据民法典第五百三十八条、第五百三十九条等规定提起

诉讼，请求撤销债务人上述行为并将因此追回的财产归入债务人财产的，人民法院应予受理。

相对人以债权人行使撤销权的范围超出债权人的债权抗辩的，人民法院不予支持。

《最高人民法院关于审理与企业改制相关的民事纠纷案件若干问题的规定》（法释〔2020〕18号修正）

第二十九条　出售企业的行为具有民法典第五百三十八条、第五百三十九条规定的情形，债权人在法定期限内行使撤销权的，人民法院应当予以支持。

第五百三十九条　【不合理价格交易时的债权人撤销权行使】债务人以明显不合理的低价转让财产、以明显不合理的高价受让他人财产或者为他人的债务提供担保，影响债权人的债权实现，债务人的相对人知道或者应当知道该情形的，债权人可以请求人民法院撤销债务人的行为。

对应司法解释

《最高人民法院关于适用〈中华人民共和国民法典〉合同编通则若干问题的解释》（法释〔2023〕13号）

第四十二条　对于民法典第五百三十九条规定的“明显不合理”的低价或者高价，人民法院应当按照交易当地一般经营者的判断，并参考交易时交易地的市场交易价或者物价部门指导价予以认定。

转让价格未达到交易时交易地的市场交易价或者指导价百分之七十的，一般可以认定为“明显不合理的低价”；受让价格高于交易时交易地的市场交易价或者指导价百分之三十的，一般可以认定为“明显不合理的高价”。

债务人与相对人存在亲属关系、关联关系的，不受前款规定的百分之七十、百分之三十的限制。

第四十三条　债务人以明显不合理的价格，实施互易财产、以物抵债、出租或者承租财产、知识产权许可使用等行为，影响债权人的债权实现，债务人的相对人知道或者应当知道该情形，债权人请求撤销债务人的行为的，人民法院应当依据民法典第五百三十九条的规定予以支持。

条文应用提示

根据本条规定，债务人的行为是有偿行为情形下撤销权的成立要件包括：一是要有以明显不合理的低价转让财产、以明显不合理的高价受让他人财产或者为他人的债务提供担保的行为。《最高人民法院关于适用〈中华人民共和国民法典〉合同编通则部分的解释》第四十二条规定，明显不合理的低价或者高价，人民法院应当按照交易当地一般经营者的判断，并参考交易时交易地的市场交易价或者物价部门指导价予以认定。转让价格未达到交易时交易地的市场交易价或者指导价百分之七十的，一般可以认定为明显不合理的低价；受让价格高于交易时交易地的市场交易价或者指导价百分之三十的，一般可以认定为明显不合理的高价。债务人与相对人存在亲属关系、关联关系的，不受前述规定的百分之七十、百分之三十的限制。二是债务人的行为影响债权人的债权实现。债务人以明显不合理的低价转让财产、以明显不合理的高价受让他人财产或者为他人的债务提供担保的行为，要在客观上影响债权人债权的实现，方能撤销。三是债务人的相对人主观上存在恶意。这一要件是与债务人的行为是无偿行为时行使撤销权所不同之处。

典型案例指导

鞍山市中小企业信用担保中心诉汪薇、鲁金英第三人撤销之诉案（最高人民法院指导案例 152 号）

【关键词】

民事/第三人撤销之诉/撤销权/原告主体资格

【裁判要点】

债权人申请强制执行后，被执行人与他人在另外的民事诉讼中达成调解协议，放弃其取回财产的权利，并大量减少债权，严重影响债权人债权实现，符合《合同法》第七十四条规定的债权人行使撤销权条件的，债权人对民事调解书具有提起第三人撤销之诉的原告主体资格。

【相关法条】

《中华人民共和国民事诉讼法》第五十六条

《中华人民共和国合同法》第七十四条

【基本案情】

2008年12月，鞍山市中小企业信用担保中心（以下简称担保中心）与台安县农村信用合作社黄沙坨信用社（以下简称黄沙坨信用社）签订保证合同，为汪薇经营的鞍山金桥生猪良种繁育养殖厂（以下简称养殖厂）在该信用社的贷款提供连带责任担保。汪薇向担保中心出具一份个人连带责任保证书，为借款人的债务提供反担保。后因养殖厂及汪薇没有偿还贷款，担保中心于2010年4月向黄沙坨信用社支付代偿款2973197.54元。2012年担保中心以养殖厂、汪薇等为被告起诉至铁东区人民法院，要求养殖厂及汪薇等偿还代偿款。辽宁省鞍山市铁东区人民法院于2013年6月作出判决：（一）汪薇于该判决书生效之日起十五日内给付担保中心代偿银行欠款2973197.54元及银行利息；（二）张某某以其已办理的抵押房产对前款判项中的本金及利息承担抵押担保责任；（三）驳回担保中心的其他诉讼请求。该判决已经发生法律效力。

2010年12月汪薇将养殖厂转让给鲁金英，转让费450万元，约定合同签订后立即给付163万余元，余款于2011年12月1日全部给付。如鲁金英不能到期付款，养殖厂的所有资产仍归汪薇，首付款作违约金归汪薇所有。合同签订后，鲁金英支付了约定的首付款。汪薇将养殖厂交付鲁金英，但鲁金英未按约定支付剩余转让款。2014年1月，铁东区人民法院基于担保中心的申请，从鲁金英处执行其欠汪薇资产转让款30万元，将该款交给了担保中心。

汪薇于2013年11月起诉鲁金英，请求判令养殖厂的全部资产归其所有；鲁金英承担违约责任。辽宁省鞍山市中级人民法院经审理认为，汪薇与鲁金英签订的《资产转让合同书》合法有效，鲁金英未按合同约定期限支付余款构成违约。据此作出（2013）鞍民三初字第66号民事判决：1.鲁金英将养殖厂的资产归还汪薇所有；2.鲁金英赔偿汪薇实际损失及违约金1632573元。其中应扣除鲁金英代汪薇偿还的30万元，实际履行中由汪薇给付鲁金英30万元。鲁金英向辽宁省高级人民法院提起上诉。该案二审期间，汪薇和鲁金英自愿达成调解协议。辽宁省高级人民法院于2014年8月作出（2014）辽民二终字第00183号民事调解书予以确认。调解协议主要内容为养殖厂归鲁金英所有，双方同意将原转让款450万元变更为3132573元，鲁金英已给付汪薇1632573元，再给付150万元，不包括鲁金英已给付担保中心的30万元等。

鲁金英依据调解书向担保中心、执行法院申请回转已被执行的30万元，担保中心知悉汪薇和鲁金英买卖合同纠纷诉讼及调解书内容，随即提起本案第三人撤销之诉。

【裁判结果】

辽宁省高级人民法院于2017年5月23日作出(2016)辽民撤8号民事判决：一、撤销辽宁省高级人民法院(2014)辽民二终字第00183号民事调解书和鞍山市中级人民法院(2013)鞍民三初字第66号民事判决书；二、被告鲁金英于判决生效之日起十日内，将养殖厂的资产归还被告汪薇所有；三、被告鲁金英已给付被告汪薇的首付款1632573元作为实际损失及违约金赔偿汪薇，但应从中扣除代替汪薇偿还担保中心的30万元，即实际履行中由汪薇给付鲁金英30万元。鲁金英不服，提起上诉。最高人民法院于2018年5月30日作出(2017)最高法民终626号民事判决：一、维持辽宁省高级人民法院(2016)辽民撤8号民事判决第一项；二、撤销辽宁省高级人民法院(2016)辽民撤8号民事判决第二项、第三项；三、驳回担保中心的其他诉讼请求。

【裁判理由】

最高人民法院判决认为，本案中，虽然担保中心与汪薇之间基于贷款代偿形成的债权债务关系，与汪薇和鲁金英之间因转让养殖厂形成的买卖合同关系属两个不同法律关系，但是，汪薇系为创办养殖厂与担保中心形成案涉债权债务关系，与黄沙坨信用社签订借款合同的主体亦为养殖厂，故汪薇和鲁金英转让的养殖厂与担保中心对汪薇债权的形成存在关联关系。在汪薇与鲁金英因养殖厂转让发生纠纷提起诉讼时，担保中心对汪薇的债权已经生效民事判决确认并已进入执行程序。在该案诉讼及判决执行过程中，铁东区人民法院已裁定冻结了汪薇对养殖厂（投资人鲁金英）的到期债权。鲁金英亦已向铁东区人民法院确认其欠付汪薇转让款及数额，同意通过法院向担保中心履行，并已实际给付了30万元。铁东区人民法院也对养殖厂的相关财产予以查封冻结，并向养殖厂送达了协助执行通知书。故汪薇与鲁金英因养殖厂资产转让合同权利义务的变化与上述对汪薇财产的执行存在直接牵连关系，并可能影响担保中心的利益。《合同法》第七十四条规定：“债务人以明显不合理的低价转让财产，对债权人造成损害，并且受让人知道该情形的，债权人也可以请求人民法院撤销债务人的行为。”因本案汪薇和鲁金英系在诉讼中达成以3132573元交易价转让养殖厂的协议，该协议经人民法院作出(2014)辽民二终字第00183号民事调解书予以确认并已发生法律效力。在此情形下，担保中心认为汪薇与鲁金英该资产转让行为符合《合同法》第七十四条规定的情形，却无法依据《合同法》第七十四条规定另行提起诉讼行使撤销权。故本案担保中心与汪薇之间虽然属于债权债务关系，但基于担保中心对汪薇债权形成与汪薇转让的养殖厂之间的关联关系，法院对汪薇因养殖厂转让形成的到期债权在诉讼和执行程序中采取的保全和执行措施使得汪薇与鲁金英买卖合同纠纷案件处理结果对担保中心利益产生的影响，以及担保中心主张受损害的民事权益因(2014)辽民二终字第00183号民事调解书而存在根据《合同法》第七十四条提起撤销权诉讼障碍等本案基本事实，可以认定汪薇和鲁金英买卖合同纠纷案件处理结果与担保中心具有法律上的利害关系，担保中心有权提起本案第三人撤销之诉。

东北电气发展股份有限公司与国家开发银行股份有限公司、沈阳高压开关有限责任公司等执行复议案(最高人民法院指导案例118号)

【裁判要点】

1. 债权人撤销权诉讼的生效判决撤销了债务人与受让人的财产转让合同，并判令受让人向债务人返还财产，受让人未履行返还义务的，债权人可以债务人、受让人为被执行人申请强制执行。

2. 受让人未通知债权人，自行向债务人返还财产，债务人将返还的财产立即转移，致使债权人丧失申请法院采取查封、冻结等措施的机会，撤销权诉讼目的无法实现的，不能认定生效判决已经得到有效履行。债权人申请对受让人执行生效判决确定的财产返还义务的，人民法院应予支持。

【相关法条】

《中华人民共和国民事诉讼法》第二百二十五条

【基本案情】

国家开发银行股份有限公司(以下简称国开行)与沈阳高压开关有限责任公司(以下简称沈阳高开)、东北电气发展股份有限公司(以下简称东北电气)、沈阳变压器有限责任公司、东北建筑安装工程总公司、新东北电气(沈阳)高压开关有限公司(现已更名为沈阳兆利高压电器设备有限公司，以下简称新东北高开)、新东北电气(沈阳)高压隔离开关有限公司(原沈阳新泰高压电气有限公司，以下简称新东北隔离)、沈阳北富机械制造有限公司(原沈阳诚泰能源动力有限公司，以下简称北富机械)、沈阳东利物流有限公司(原沈阳新泰仓储物流有限公司，以下简称东利物流)借款合同、撤销权纠纷一案，经北京市高级人民法院(以下简称北京高院)一审、最高人民法院二审,最高人民法院于2008年9月5日作出(2008)民二终字第23号民事判决,最终判决结果为:一、沈阳高开偿还国开行借款本金人民币15000万元及利息、罚息等,沈阳变压器有限责任公司对债务中的14000万元及利息、罚息承担连带保证责任,东北建筑安装工程总公司对债务中的1000万元及利息、罚息承担连带保证责任。二、撤销东北电气以其对外享有的7666万元对外债权及利息与沈阳高开持有的在北富机械95%的股权和在东利物流95%的股权进行股权置换的合同;东北电气与沈阳高开相互返还股权和债权,如不能相互返还,东北电气在24711.65万元范围内赔偿沈阳高开的损失,沈阳高开在7666万元范围内赔偿东北电气的损失。三、撤销沈阳高开以其在新东北隔离74.4%的股权与东北电气持有的在沈阳添升通讯设备有限公司(以下简称沈阳添升)98.5%的股权进行置换的合同。双方相互返还股权,如果不能相互返还,东北电气应在13000万元扣除2787.88万元的范围内赔偿沈阳高开的损失。依据上述判决内容,东北电气需要向沈阳高开返还下列三项股权:在北富机械的95%股权、在东利物流的95%股权、在新东北隔离的74.4%股权,如不能返还,扣除沈阳高开应返还东北电气的债权和股权,东北电气需要向沈阳高开支付的款项总额为27000万余元。判决生效后,经国开行申请,北京高院立案执行,并于2009年3月24日,向东北电气送达了执行通知,责令其履行法律文书确定的义务。

2009年4月15日,被执行人东北电气向北京高院提交了《关于履行最高人民法院(2008)民二终字第23号民事判决的情况说明》(以下简称说明一),表明该公司已通过支付股权对价款的方式履行完毕生效判决确定的义务。北京高院经调查认定,根据中信银行沈阳分行铁西支行的有关票据记载,2007年12月20日,东北电气支付的17046万元分为5800万元、5746万元、5500万元,通过转账付给沈阳高开;当日,沈阳高开向辽宁新泰电气设备经销有限公司(沈阳添升98.5%股权的实际持有人,以下简称辽宁新泰),辽宁新泰向新东北高开,新东北高开向新东北隔离,新东北隔离向东北电气通过转账支付了5800万元、5746万元、5500万元。故北京高院对东北电气已经支付完毕款项的说法未予认可。此后,北京高院裁定终结本次执行程序。

2013年7月1日,国开行向北京高院申请执行东北电气因不能返还股权而按照判决应履行的赔偿义务,请求控制东北电气相关财产,并为此提供保证。2013年7月12日,北京高院向工商管理机关发出协助执行通知书,冻结了东北电气持有的沈阳高东加干燥设备有限公司67.887%的股权及沈阳凯毅电气有限公司10%(10万元)的股权。

对此,东北电气于2013年7月18日向北京高院提出执行异议,理由是:一、北京高院在查封财产前未作出裁定;二、履行判决义务的主体为沈阳高开与东北电气,国开行无申请强制执行的主体资格;三、东北电气已经按本案生效判决之规定履行完毕向沈阳高开返还股权的义务,不应当再向国开行支付17000万元。同年9月2日,东北电气向北京高院出具《关于最高人民法院(2008)民二终字第23号判决书履行情况的说明》(以下简称说明二),具体说明本案终审判决生效后的履行情况:(1)关于在北富机械95%股权和东利物流95%股权返还的判项。2008年9月18日,东北电气、沈阳高开、新东北高开(当时北富机械95%股权的实际持有人)、沈阳恒宇机械设备有限公司(当时东利物流95%股权的实际持有人,以下简称恒宇机械)签订四方协议,约定由新东北高开、恒宇机械代东北电气向沈阳高开分别返还北富机械95%股权和东利物流95%股权;(2)关于新东北隔离74.4%的股权返还的判项。东北电气与沈阳高开、阜新封闭母线有限责任公司(当时新东北隔离74.4%股权的实际持有人,以下简称阜新母线)、辽宁新泰于2008年9月18日签订四方协议,约定由阜新母线代替东北电气向沈阳高开返还新东北隔离74.4%的股权。2008年9月22日,各方按照上述协议交割了股权,并完成了股权变更工商登记。相关协议中约定,股权代返还后,东北电气对代返还的三个公司承担对应义务。

2008年9月23日,沈阳高开将新东北隔离的股权、北富机械的股权、东利物流的股权转让给沈阳德佳经贸有限公司,并在工商管理机关办理完毕变更登记手续。

【裁判结果】

北京高院审查后,于2016年12月30日作出(2015)高执异字第52号执行裁定,驳回了东北电气的异议。东北电气不服,向最高人民法院申请复议。最高人民法院于2017年8月31日作出(2017)最高法执复27号执行裁定,驳回东北电气的复议请求,维持北京高院(2015)高执异字第52号执行裁定。

【裁判理由】

最高人民法院认为:

一、关于国开行是否具备申请执行人的主体资格问题

经查,北京高院2016年12月20日的谈话笔录中显示,东北电气的委托代理人雷爱民明确表示放弃执行程序违法、国开行不具备主体资格两个异议请求。从雷爱民的委托代理权限看,其权限为代为申请执行异议、应诉、答辩,

代为承认、放弃、变更执行异议请求，代为接收法律文书。因此，雷爱民在异议审查程序中所作的意思表示，依法由委托人东北电气承担。故，东北电气在异议审查中放弃了关于国开行不具备申请执行人的主体资格的主张，在复议审查程序再次提出该项主张，本院依法可不予审查。即使东北电气未放弃该主张，国开行申请执行的主体资格也无疑问。本案诉讼案由是借款合同、撤销权纠纷，法院经审理，判决支持了国开行的请求，判令东北电气偿还借款，并撤销了东北电气与沈阳高开股权置换的行为，判令东北电气和沈阳高开之间相互返还股权，东北电气如不能返还股权，则承担相应的赔偿责任。相互返还这一判决结果不是基于东北电气与沈阳高开双方之间的争议，而是基于国开行的诉讼请求。东北电气向沈阳高开返还股权，不仅是对沈阳高开的义务，而且实质上主要是对胜诉债权人国开行的义务。故国开行完全有权利向人民法院申请强制有关义务人履行该判决确定的义务。

二、关于东北电气是否履行了判决确定的义务问题

（一）不能认可本案返还行为的正当性

法律设置债权人撤销权制度的目的，在于纠正债务人损害债权的不当处分财产行为，恢复债务人责任财产以向债权人清偿债务。东北电气返还股权、恢复沈阳高开的偿债能力的目的是向国开行偿还其债务。只有在通知胜诉债权人，以使其有机会申请法院采取冻结措施，从而能够以返还的财产实现债权的情况下，完成财产返还行为，才是符合本案诉讼目的的履行行为。任何使国开行诉讼目的落空的所谓返还行为，都是严重背离该判决实质要求的行为。因此，认定东北电气所主张的履行是否构成符合判决要求的履行，都应以该判决的目的为基本指引。尽管在本案诉讼期间及判决生效后，东北电气与沈阳高开之间确实有运作股权返还的行为，但其事前不向人民法院和债权人作出任何通知，且股权变更登记到沈阳高开名下的次日即被转移给其他公司，在此情况下，该种行为实质上应认定为规避判决义务的行为。

（二）不能确定东北电气协调各方履行无偿返还义务的真实性

东北电气主张因为案涉股权已实际分别转由新东北高开、恒宇机械、阜新母线等三家公司持有，无法由东北电气直接从自己名下返还给沈阳高开，故由东北电气协调新东北高开、恒宇机械、阜新母线三家公司将案涉股权无偿返还给沈阳高开。如其所主张的该事实成立，则也可以视为其履行了判决确定的返还义务。但依据本案证据不能认定该事实。

1. 东北电气的证据前后矛盾，不能做合理解释。本案在执行过程中，东北

电气向北京高院提交过两次说明,即 2009 年 4 月 16 日提交的说明一和 2013 年 9 月 2 日提交的说明二。其中,说明一显示,东北电气与沈阳高开于 2007 年 12 月 18 日签订协议,鉴于双方无法按判决要求相互返还股权和债权,约定东北电气向沈阳高开支付股权转让对价款,东北电气已于 2007 年 12 月 20 日(二审期间)向沈阳高开支付了 17046 万元,并以 2007 年 12 月 18 日东北电气与沈阳高开签订的《协议书》、2007 年 12 月 20 日中信银行沈阳分行铁西支行的三张银行进账单作为证据。说明二则称,2008 年 9 月 18 日,东北电气与沈阳高开、新东北高开、恒宇机械签订四方协议,约定由新东北高开、恒宇机械代东北电气向沈阳高开返还了北富机械 95%股权、东利物流 95%股权;同日,东北电气与沈阳高开、阜新母线、辽宁新泰亦签订四方协议,约定由阜新母线代东北电气向沈阳高开返还新东北隔离 74.4%的股权;2008 年 9 月 22 日,各方按照上述协议交割了股权,并完成了股权变更工商登记。

对于其所称的履行究竟是返还上述股权还是以现金赔偿,东北电气的前后两个说明自相矛盾。第一,说明一表明,东北电气在二审期间已履行了支付股权对价款义务,而对于该支付行为,经过北京高院调查,该款项经封闭循环,又返回到东北电气,属虚假给付。第二,在执行程序中,东北电气 2009 年 4 月 16 日提交说明一时,案涉股权的交割已经完成,但东北电气并未提及 2008 年 9 月 18 日东北电气与沈阳高开、新东北高开、恒宇机械签订的四方协议。第三,既然 2007 年 12 月 20 日东北电气与沈阳高开已就股权对价款进行了交付,那么 2008 年 9 月 22 日又通过四方协议,将案涉股权返还给沈阳高开,明显不符合常理。第四,东北电气的《重大诉讼公告》于 2008 年 9 月 26 日发布,其中提到接受本院判决结果,但并未提到其已经于 9 月 22 日履行了判决,且称其收到诉讼代理律师转交的本案判决书的日期是 9 月 24 日,现在又坚持其在 9 月 22 日履行了判决,难以自圆其说。由此只能判断其在执行过程中所谓履行最高法院判决的说法,可能是对过去不同时期已经发生了的某种与涉案股权相关的转让行为,自行解释为是对本案判决的履行行为。故对四方协议的真实性及东北电气的不同阶段的解释的可信度高度存疑。

2. 经东北电气协调无偿返还涉案股权的事实不能认定。工商管理机关有关登记备案的材料载明,2008 年 9 月 22 日,恒宇机械持有的东利物流的股权、新东北高开持有的北富机械的股权、阜新母线持有的新东北隔离的股权已过户至沈阳高开名下。但登记资料显示,沈阳高开与新东北高开、沈阳高开与恒宇机械、沈阳高开与阜新母线签订的《股权转让协议书》中约定有沈阳高开应分别向三公司支付相应的股权转让对价款。东北电气称,《股权转让协议书》系按照工商管理部门的要求而制作,实际上没有也无须支付股权转让对价款。对此,东北电气不能提供充分的证据予以证明,北京高院到沈阳市有关工商管理部门调查,亦未发现足以证明提交《股权转让协议书》确系为了满足工商备案登记要求的证据。且北京高院经查询案涉股权变更登记的工商登记档案,其中除了有《股权转让协议书》,还有主管部门同意股权转让的批复、相关公司同意转让、受让或接收股权的股东会决议、董事会决议等材料,这些材料均未提及作为本案执行依据的生效判决以及两份四方协议。在四方协议本身存在重大疑问的情况下,人民法院判断相关事实应当以经工商备案的资料为准,认定本案相关股权转让和变更登记是以备案的相关协议为基础的,即案涉股权于 2008 年 9 月 22 日登记到沈阳高开名下,属于沈阳高开依据转让协议有偿取得,与四方协议无关。沈阳高开自取得案涉股权至今是否实际上未支付对价,以及东北电气在异议复议过程中所提出的恒宇机械已经注销的事实,新东北高开、阜新母线关于放弃向沈阳高开要求支付股权对价的承诺等,并不具有最终意义,因其不能排除新东北高开、恒宇机械、阜新母线的债权人依据经工商登记备案的有偿《股权转让协议》,向沈阳高开主张权利,故不能改变《股权转让协议》的有偿性质。因此,依据现有证据无法认定案涉股权曾经变更登记到沈阳高开名下系经东北电气协调履行四方协议的结果,无法认定系东北电气履行了生效判决确定的返还股权义务。

根据永安市燕诚房地产开发有限公司与郑耀南、远东(厦门)房地产发展有限公司及第三人高俪珍第三人撤销之诉案:最高人民法院(2017)最高法民终 885 号民事判决书[《最高人民法院公报》2020 年第 4 期(总第 282 期)],作为普通债权人的第三人一般不具有基于债权提起第三人撤销之诉的事由,但是如果生效裁判所确认的债务人相关财产处分行为符合《合同法》第七十四条所规定的撤销权条件,则依法享有撤销权的债权人与该生效裁判案件处理结果具有法律上的利害关系,从而具备以无独立请求权第三人身份提起第三人撤销之诉的原告主体资格。

第五百四十条 【债权人撤销权行使范围以及必要费用承担】撤销权的行使范围以债权人的债权为限。债权人行使撤销权的必要费用,由债务人负担。

对应司法解释

《最高人民法院关于适用〈中华人民共和国民法典〉合同编通则若干问题的解释》(法释〔2023〕13号)

第四十四条 债权人依据民法典第五百三十八条、第五百三十九条的规定提起撤销权诉讼的,应当以债务人和债务人的相对人为共同被告,由债务人或者相对人的住所地人民法院管辖,但是依法应当适用专属管辖规定的除外。

两个以上债权人就债务人的同一行为提起撤销权诉讼的,人民法院可以合并审理。

第四十五条 在债权人撤销权诉讼中,被撤销行为的标的可分,当事人主张在受影响的债权范围内撤销债务人的行为的,人民法院应予支持;被撤销行为的标的不可分,债权人主张将债务人的行为全部撤销的,人民法院应予支持。

债权人行使撤销权所支付的合理的律师代理费、差旅费等费用,可以认定为民法典第五百四十条规定的"必要费用"。

旧法对应关系

合同法第七十四条第二款

第五百四十一条 【债权人撤销权除斥期间】撤销权自债权人知道或者应当知道撤销事由之日起一年内行使。自债务人的行为发生之日起五年内没有行使撤销权的,该撤销权消灭。

条文应用提示

本条是关于撤销权行使期间的规定。除斥期间是法律为形成权设定的行使期间。除斥期间届满,形成权消灭。

第五百四十二条 【债权人撤销权行使效果】债务人影响债权人的债权实现的行为被撤销的,自始没有法律约束力。

对应司法解释

《最高人民法院关于适用〈中华人民共和国民法典〉合同编通则若干问题的解释》(法释〔2023〕13号)

第四十六条　债权人在撤销权诉讼中同时请求债务人的相对人向债务人承担返还财产、折价补偿、履行到期债务等法律后果的,人民法院依法予以支持。

债权人请求受理撤销权诉讼的人民法院一并审理其与债务人之间的债权债务关系,属于该人民法院管辖的,可以合并审理。不属于该人民法院管辖的,应当告知其向有管辖权的人民法院另行起诉。

债权人依据其与债务人的诉讼、撤销权诉讼产生的生效法律文书申请强制执行的,人民法院可以就债务人对相对人享有的权利采取强制执行措施以实现债权人的债权。债权人在撤销权诉讼中,申请对相对人的财产采取保全措施的,人民法院依法予以准许。

旧法对应关系

合同法第七十五条,民法总则第一百五十二条、第一百九十九条

典型案例指导

周某与丁某、薛某债权人撤销权纠纷案(最高人民法院发布《关于适用〈中华人民共和国民法典〉合同编通则若干问题的解释》相关典型案例之六)

【裁判要点】

在债权人撤销权诉讼中,债权人请求撤销债务人与相对人的行为并主张相对人向债务人返还财产的,人民法院依法予以支持。

【简要案情】

周某因丁某未能履行双方订立的加油卡买卖合同,于2020年8月提起诉讼,请求解除买卖合同并由丁某返还相关款项。生效判决对周某的诉讼请求予以支持,但未能执行到位。执行中,周某发现丁某于2020年6月至7月间向其母亲薛某转账87万余元,遂提起债权人撤销权诉讼,请求撤销丁某无偿转让财产的行为并同时主张薛某向丁某返还相关款项。

【判决理由】

生效裁判认为,丁某在其基于加油卡买卖合同关系形成的债务未能履行

的情况下,将名下银行卡中的款项无偿转账给其母亲薛某的行为客观上影响了债权人周某债权的实现。债权人周某在法定期限内提起撤销权诉讼,符合法律规定。丁某的行为被撤销后,薛某即丧失占有案涉款项的合法依据,应当负有返还义务,遂判决撤销丁某的行为、薛某向丁某返还相关款项。

【司法解释相关条文】

《最高人民法院关于适用〈中华人民共和国民法典〉合同编通则若干问题的解释》第四十六条第一款

第六章 合同的变更和转让

第五百四十三条 【协议变更合同】当事人协商一致,可以变更合同。

条文应用提示

合同的变更,是指合同成立后,当事人对合同的内容进行修改或者补充。本条规定的合同变更,不包括合同当事人或者合同主体的改变,债权人和债务人的改变,是通过本章债权转让、债务转移等制度调整的。

此外,法律、行政法规规定合同的变更等情形需要办理批准等手续的,应当依照其规定。这在《民法典》第五百零二条第三款中明确予以规定。同时,根据第五百零二条第二款,如果未办理批准等手续影响当事人之间的改变原合同内容的合同生效的,不影响当事人履行报批等义务条款和相关条款的效力。应当办理申请批准等手续的当事人未履行该义务的,对方可以请求其承担违反该义务的责任。同时,当事人之间的合同变更,未经第三人同意,不得对该第三人产生不利影响,否则对第三人不发生效力。

合同的变更不仅可以通过当事人协商一致的民事法律行为实现,还可以通过人民法院的判决或者仲裁机构的仲裁裁决实现。应当注意的是,合同变更与合同更新不同。合同更新,又称合同更改,是消灭旧的权利义务,设定新的权利义务。其与合同变更的区别在于,合同变更没有使合同丧失同一性，合同更新则使合同丧失了同一性。故在合同变更中，合同债权所附着的担保、抗辩等利益和瑕疵继续存在，而合同更新中，这些利益和瑕疵归于消灭。

旧法对应关系

合同法第七十七条

关联法律法规

《中华人民共和国保险法》（2015年4月24日修正）

第二十条　投保人和保险人可以协商变更合同内容。

变更保险合同的，应当由保险人在保险单或者其他保险凭证上批注或者附贴批单，或者由投保人和保险人订立变更的书面协议。

第五百四十四条　【变更不明确推定为未变更】当事人对合同变更的内容约定不明确的，推定为未变更。

条文应用提示

本条是关于合同变更的内容约定不明确的规定。合同变更的过程，就是当事人协商一致的过程。因此，本法中关于要约、承诺的规定也适用于合同变更的情况。合同变更会改变当事人之间的权利义务，直接关系当事人的利益，为了减少在合同变更时可能发生的纠纷，本条规定，当事人对合同变更的内容约定不明确的，推定为未变更。即使当事人对变更形成合意，但是，在对变更的内容约定不明确的情况下，推定为未变更，除非当事人可以举证推翻该推定。此时，当事人只需按照原有合同的规定履行即可，任何一方不得要求对方履行变更中约定不明确的内容。如果当事人在约定合同变更时，对部分条款的变更的约定是明确的，但另一部分条款的变更约定是不明确的，若这两类条款在内容上可以分开，则约定明确的部分有效，而约定不明确的部分推定为未变更；但如果这两类条款在内容上是不可分割的，则应当认为，整个合同条款的变更约定不明确，应当推定为未变更。

旧法对应关系

合同法第七十八条

第五百四十五条 【债权转让】债权人可以将债权的全部或者部分转让给第三人,但是有下列情形之一的除外:

(一)根据债权性质不得转让;

(二)按照当事人约定不得转让;

(三)依照法律规定不得转让。

当事人约定非金钱债权不得转让的,不得对抗善意第三人。当事人约定金钱债权不得转让的,不得对抗第三人。

条文应用提示

债权转让,是指不改变债权的内容,由债权人通过合同将债权转让给第三人。从鼓励交易、促进市场经济发展的目的看,法律应当允许债权人的转让行为,承认债权的经济价值,使债权具有流通性,实现担保融资、托收、贴现、保理、资产证券化等多种交易模式的构建可能。因此,债权原则上具有可转让性,债权人可以转让其债权,无论该债权是现有的还是将有的债权,只要债权可以被特定化。此时,债权人作为让与人,与第三人作为受让人之间,必须经过协商一致达成债权转让合同,转让合同作为民事法律行为应当适用民事法律行为的一般性规定。

旧法对应关系

合同法第七十九条

关联法律法规

《中华人民共和国保险法》(2018 年 12 月 29 日修正)

第三十四条 以死亡为给付保险金条件的合同,未经被保险人同意并认可保险金额的,合同无效。

按照以死亡为给付保险金条件的合同所签发的保险单,未经被保险人书面同意,不得转让或者质押。

父母为其未成年子女投保的人身保险,不受本条第一款规定限制。

《最高人民法院关于判决生效后当事人将判决确认的债权转让债权受让人对该判决不服提出再审申请人民法院是否受理问题的批复》(法释〔2011〕2号)

判决生效后当事人将判决确认的债权转让,债权受让人对该判决不服提出再审申请的,因其不具有申请再审人主体资格,人民法院应依法不予受理。

第五百四十六条　【债权转让通知】债权人转让债权,未通知债务人的,该转让对债务人不发生效力。

债权转让的通知不得撤销,但是经受让人同意的除外。

对应司法解释

《最高人民法院关于适用〈中华人民共和国民法典〉合同编通则若干问题的解释》(法释〔2023〕13号)

第四十八条　债务人在接到债权转让通知前已经向让与人履行,受让人请求债务人履行的,人民法院不予支持;债务人接到债权转让通知后仍然向让与人履行,受让人请求债务人履行的,人民法院应予支持。

让与人未通知债务人,受让人直接起诉债务人请求履行债务,人民法院经审理确认债权转让事实的,应当认定债权转让自起诉状副本送达时对债务人发生效力。债务人主张因未通知而给其增加的费用或者造成的损失从认定的债权数额中扣除的,人民法院依法予以支持。

第四十九条　债务人接到债权转让通知后,让与人以债权转让合同不成立、无效、被撤销或者确定不发生效力为由请求债务人向其履行的,人民法院不予支持。但是,该债权转让通知被依法撤销的除外。

受让人基于债务人对债权真实存在的确认受让债权后,债务人又以该债权不存在为由拒绝向受让人履行的,人民法院不予支持。但是,受让人知道或者应当知道该债权不存在的除外。

第五十条　让与人将同一债权转让给两个以上受让人,债务人以已经向最先通知的受让人履行为由主张其不再履行债务的，人民法院应予支持。债务人明知接受履行的受让人不是最先通知的受让人，最先通知的受让人请求债务人继续履行债务或者依据债权转让协议请求让与人承担违约责任的，人民法院应予支持；最先通知的受让人请求接受履行的受让人返还其接受的财产的，人民法院不予支持，但是接受履行的受让人明知该债权在其受让前已经转让给其他受让人的除外。

前款所称最先通知的受让人，是指最先到达债务人的转让通知中载明的受让人。当事人之间对通知到达时间有争议的，人民法院应当结合通知的方式等因素综合判断，而不能仅根据债务人认可的通知时间或者通知记载的时间予以认定。当事人采用邮寄、通讯电子系统等方式发出通知的，人民法院应当以邮戳时间或者通讯电子系统记载的时间等作为认定通知到达时间的依据。

旧法对应关系

合同法第八十条，原合同法解释二第六条

第五百四十七条 【债权转让时从权利一并变动】债权人转让债权的，受让人取得与债权有关的从权利，但是该从权利专属于债权人自身的除外。

受让人取得从权利不因该从权利未办理转移登记手续或者未转移占有而受到影响。

条文应用提示

从权利，是指附随于主权利的权利。抵押权、质权、保证等担保权利以及附属于主债权的利息等孳息请求权，都属于主权利的从权利。

根据本条第一款的规定，债权人转让主权利时应当将从权利一并转让，受让人在取得主权利的同时，也取得与债权有关的从权利。

旧法对应关系

合同法第八十一条

第五百四十八条 【债权转让时债务人抗辩权】债务人接到债权转让通知后，债务人对让与人的抗辩，可以向受让人主张。

对应司法解释

《最高人民法院关于适用〈中华人民共和国民法典〉合同编通则若干问题的解释》（法释〔2023〕13号）

第四十七条 债权转让后，债务人向受让人主张其对让与人的抗辩的，人民法院可以追加让与人为第三人。

债务转移后，新债务人主张原债务人对债权人的抗辩的，人民法院可以追加原债务人为第三人。

当事人一方将合同权利义务一并转让后，对方就合同权利义务向受让人主张抗辩或者受让人就合同权利义务向对方主张抗辩的，人民法院可以追加让与人为第三人。

条文应用提示

债权人转让债权，不需要经债务人同意，因此债务人的利益不应因债权人转让权利的行为而遭受损害，受让人所享有的权利也不应优于让与人曾经享有的权利，而是享有和让与人同样的权利；同时，受让人较之债务人也更有能力控制由此所产生的风险。

旧法对应关系

合同法第八十二条，原合同法解释一第二十七条

第五百四十九条 【债权转让时债务人抵销权】有下列情形之一的，债务人可以向受让人主张抵销：

（一）债务人接到债权转让通知时，债务人对让与人享有债权，且债务人的债权先于转让的债权到期或者同时到期；

（二）债务人的债权与转让的债权是基于同一合同产生。

条文应用提示

债务人对受让人主张抵销权的条件包括:(1)债务人必须对让与人享有债权,且标的物种类、品质相同。(2)债务人对让与人享有债权的法律原因必须在债务人接到债权转让通知时已经存在。(3)债务人对让与人的债权先于转让的债权到期或者同时到期。(4)债务人对让与人的债权与转让债权是基于同一合同产生的。由于这两个债权是基于同一合同产生的,因此具有密切的联系,受让人就应当认识到债务人对让与人可能基于该合同享有债权,因此受让人能够在订立债权转让合同时对这种抵销可能性进行预先的安排。

旧法对应关系

合同法第八十三条

关联法律法规

《中华人民共和国合伙企业法》(2006年8月27日修订)

第四十一条 合伙人发生与合伙企业无关的债务,相关债权人不得以其债权抵销其对合伙企业的债务;也不得代位行使合伙人在合伙企业中的权利。

第五百五十条 【债权转让增加的履行费用的负担】因债权转让增加的履行费用,由让与人负担。

第五百五十一条 【债务转移】债务人将债务的全部或者部分转移给第三人的,应当经债权人同意。

债务人或者第三人可以催告债权人在合理期限内予以同意,债权人未作表示的,视为不同意。

条文应用提示

债务转移,是指不改变债务的内容,债务人将债务全部或者部分地转移给第三人。正如债权人可以全部或者部分转让债权一样,债务人也可以依照法律规定将债务全部或者部分转移给第三人。债务转移分为两种情况：一种情况是债务的全部转移，在这种情况下，新的债务人完全取代了原债务人，新的债务人负责全面地履行债务；另一种情况是债务的部分转移，即原债务人和新债务人负有按份债务。

旧法对应关系

合同法第八十四条

关联法律法规

《中华人民共和国招标投标法》(2017年12月27日修正)

第四十八条　中标人应当按照合同约定履行义务，完成中标项目。中标人不得向他人转让中标项目，也不得将中标项目肢解后分别向他人转让。

中标人按照合同约定或者经招标人同意，可以将中标项目的部分非主体、非关键性工作分包给他人完成。接受分包的人应当具备相应的资格条件，并不得再次分包。

中标人应当就分包项目向招标人负责，接受分包的人就分包项目承担连带责任。

第五百五十二条　【并存的债务承担】第三人与债务人约定加入债务并通知债权人，或者第三人向债权人表示愿意加入债务，债权人未在合理期限内明确拒绝的，债权人可以请求第三人在其愿意承担的债务范围内和债务人承担连带债务。

对应司法解释

《最高人民法院关于适用〈中华人民共和国民法典〉合同编通则若干问题的解释》(法释〔2023〕13号)

第五十一条　第三人加入债务并与债务人约定了追偿权，其履行债务后主张向债务人追偿的，人民法院应予支持；没有约定追偿权，第三人依照民法典关于不当得利等的规定，在其已经向债权人履行债务的范围内请求债务人向其履行的，人民法院应予支持，但是第三人知道或者应当知道加入债务会损害债务人利益的除外。

债务人就其对债权人享有的抗辩向加入债务的第三人主张的，人民法院应予支持。

《最高人民法院关于适用〈中华人民共和国民法典〉有关担保制度的解释》(法释〔2020〕28号)

第十二条 法定代表人依照民法典第五百五十二条的规定以公司名义加入债务的,人民法院在认定该行为的效力时,可以参照本解释关于公司为他人提供担保的有关规则处理。

第三十六条 第三人向债权人提供差额补足、流动性支持等类似承诺文件作为增信措施,具有提供担保的意思表示,债权人请求第三人承担保证责任的,人民法院应当依照保证的有关规定处理。

第三人向债权人提供的承诺文件,具有加入债务或者与债务人共同承担债务等意思表示的,人民法院应当认定为民法典第五百五十二条规定的债务加入。

前两款中第三人提供的承诺文件难以确定是保证还是债务加入的,人民法院应当将其认定为保证。

第三人向债权人提供的承诺文件不符合前三款规定的情形,债权人请求第三人承担保证责任或者连带责任的,人民法院不予支持,但是不影响其依据承诺文件请求第三人履行约定的义务或者承担相应的民事责任。

条文应用提示

债务加入,即第三人加入债务中,作为新债务人和原债务人一起向债权人负有连带债务。债务加入与债务转移之间的区别在于,债务转移中,原则上原债务人不再作为债务人,而由第三人作为债务人,因此债务转移又被称为免责的债务转移;但债务加入中,第三人和原债务人一起对债权人负有连带债务,因此债务加入也被称为并存的债务转移。

同样应当区分的是债务加入和连带保证。两者均增加了担保债权实现的责任财产,但不同之处在于:第一,保证债务是债务人不履行债务时,保证人承担保证责任的从属性债务,而债务加入中第三人作为连带债务人,没有主从关系;第二,连带保证具有保证期间和诉讼时效的限制,而债务加入后产生的连带债务仅具有诉讼时效的限制;第三,连带保证人承担保证责任后,可以向债务人追偿,而债务加入人作为连带债务人履行债务后,是否对债务人有追偿权,取决于其与债务人之间的约定。

旧法对应关系

合同法第八十五条

典型案例指导

蔡某勤诉姚某、杨某昊买卖合同纠纷案(2023年1月12日《最高人民法院发布人民法院贯彻实施民法典典型案例(第二批)》)

【典型意义】

本案是适用民法典债务加入规则的典型案例。民法典总结民商事审判经验,回应民商事实践发展需要,以立法形式对债务加入作出规定,赋予民事主体更加多元的选择,对于贯彻自愿原则、保障债权安全、优化营商环境具有重要意义。本案中,审理法院结合具体案情,依法认定被告向原告作出的还款意思表示不属于债务转移,而是构成债务加入,是人民法院适用民法典新增制度规则的一次生动实践。

【基本案情】2020年春节后新冠疫情暴发期间,蔡某勤与姚某协商订购200支额温枪,并支付77000元货款,姚某收款后与杨某昊联系订购150支额温枪,并付款42000元。后姚某、杨某昊均未能交付货物,经蔡某勤催要,姚某退还蔡某勤15000元。杨某昊向蔡某勤出具承诺,表示其因被他人诈骗不能交付货物,如2020年6月3日前不能退赃退赔,愿意直接退还蔡某勤42000元。后姚某、杨某昊均未退还货款,蔡某勤遂提起诉讼,要求姚某对62000元及利息承担还款责任,杨某昊对其中42000元及利息承担连带责任。

【裁判结果】生效裁判认为,蔡某勤、杨某昊均未明示同意免除姚某的还款责任,双方的诉讼主张也表明双方均未同意免除姚某的还款责任,故本案不属于债务转移,姚某应对62000元货款承担还款责任。杨某昊自愿向蔡某勤作出承担42000元债务的意思表示,其行为构成债务加入。民法典之前的法律对债务加入未作规定,根据《最高人民法院关于适用〈中华人民共和国民法典〉时间效力的若干规定》第三条,本案可以适用民法典关于债务加入的规定。故判决由姚某对62000元及利息承担还款责任,杨某昊对其中42000元及利息承担连带责任。

第五百五十三条 【债务转移时新债务人抗辩权】债务人转移债务的,新债务人可以主张原债务人对债权人的抗辩;原债务人对债权人享有债权的,新债务人不得向债权人主张抵销。

旧法对应关系

合同法第八十五条

第五百五十四条 【债务转移时从债务一并转移】债务人转移债务的,新债务人应当承担与主债务有关的从债务,但是该从债务专属于原债务人自身的除外。

条文应用提示

债务人转移主债务的,与主债务有关的从债务随着主债务的转移而转移,新债务人应当承担与主债务有关的从债务。如附随于主债务的未发生的利息债务等,因主债务转移将转移给新的债务人,新债务人应当向债权人承担这些从债务。新债务人在承担债务时能够对该债务的状况进行调查或者审核,因此新债务人承担这些从债务也是公平的。但是,有的从债务是专属于债务人本身的,这些从债务不随主债务的转移而转移。

旧法对应关系

合同法第八十六条

第五百五十五条 【合同权利义务一并转让】当事人一方经对方同意,可以将自己在合同中的权利和义务一并转让给第三人。

条文应用提示

合同权利义务的一并转让,又被称为概括转让或者合同地位转让,是指合同关系的一方当事人将其合同权利义务一并转移给第三人,由第三人全部承受这些权利义务。合同权利义务的一并转让不同于债权转让、债务转移的是,它是一方当事人对其当事人地位的转让,其转让的内容实际上包括但不限于债权转让和债务转移,并非债权转让和债务转移的简单组合,而是第三人成为新的当事人,与当事人地位联系在一起的撤销权、解除权等权利,也均转移给第三人。合同权利义务的一并转让主要发生于双务合同,只有双务合同中的当事人一方才可以转让此种权利和义务。在单务合同中,由于一方当事人可能仅享有权利或仅承担义务,因此不能出让全部的权利义务，故单务合同一般不发生合同权利义务的一并转让。

旧法对应关系

合同法第八十八条

第五百五十六条 【合同权利义务一并转让的法律适用】合同的权利和义务一并转让的，适用债权转让、债务转移的有关规定。

条文应用提示

合同权利和义务一并转让时，应当遵守本法有关债权转让和债务转移的其他规定。具体而言，在涉及债权转让的范围内，适用以下规定：(1)不得转让的债权的规定(第五百四十五条)。(2)债权受让人取得与债权有关的从权利的规定(第五百四十七条)。(3)债务人对让与人的抗辩可以继续向受让人主张的规定(第五百四十八条)。(4)债务人对受让人主张抵销的规定(第五百四十九条)。(5)债权转让增加的履行费用的负担的规定(第五百五十条)。(6)债权转让批准的规定(第五百零二条第三款)。

在涉及债务转移的范围内，适用以下规定：(1)新债务人的抗辩和抵销的规定(第五百五十三条)。(2)新债务人承担与主债务有关的从债务的规定(第五百五十四条)。(3)债务转移批准的规定(第五百零二条第三款)。

旧法对应关系

合同法第八十九条

关联法律法规

《最高人民法院关于审理旅游纠纷案件适用法律若干问题的规定》(法释〔2020〕17号修正)

第十一条 除合同性质不宜转让或者合同另有约定之外，在旅游行程开始前的合理期间内，旅游者将其在旅游合同中的权利义务转让给第三人，请求确认转让合同效力的，人民法院应予支持。

因前款所述原因,旅游经营者请求旅游者、第三人给付增加的费用或者旅游者请求旅游经营者退还减少的费用的,人民法院应予支持。

典型案例指导

王兵诉汪帆、周洁、上海舞泡网络科技有限公司网络店铺转让合同纠纷案
(2018年8月16日《最高人民法院发布第一批涉互联网典型案例》)

网络店铺的私自转让现实中大量存在,因此产生的纠纷亦有不断进入诉讼的趋势。该案涉及网络店铺转让究竟系转让什么、转让的法律效力如何等问题,理论界和实务界并无相对统一之见解。本案例明确了涉网络店铺转让纠纷相应的裁判规则,具有一定的典型性和指导价值。

本案中,汪帆系通过与淘宝平台签订服务协议并经实名认证,取得系争网络店铺之经营权。服务协议内容经双方认可,且不存在违反法律、行政法规强制性规定、损害社会公共利益等情形,故汪帆与淘宝平台间形成合法有效的合同关系。现周洁在汪帆认可之情况下,与王兵、舞泡公司签署网络店铺转让合同,实际上系将汪帆与淘宝平台间合同关系项下的权利义务一并转让给王兵。根据《中华人民共和国合同法》第八十八条、第八十九条之规定,当事人一方将自己在合同中的权利和义务一并转让给第三方的,须经对方当事人的同意。现周洁虽有汪帆之认可但未征得淘宝平台同意,私自转让系争网络店铺,该转让行为不发生法律效力。故王兵以合同约定内容为据,要求周洁等支付违约金、双倍返还转让费之主张,缺乏依据。而根据《中华人民共和国合同法》第四十二条规定,当事人在订立合同过程中有违背诚实信用原则的行为,给对方造成损失的,应当承担损害赔偿责任。周洁在汪帆认可的情况下,将系争店铺让与王兵,现转让行为未生效,且店铺已被汪帆找回并实际控制,周洁理应就王兵因此而产生之损失承担赔偿责任。

该案通过对网络店铺店主与网络平台经营方之间法律关系的厘清,对实际普遍存在的网络店铺私自转让行为,从法律上作出了妥当评价,有利于网络平台经营方更好地实施管理、提供服务、控制网络交易风险,促进电子商务的进一步健康、有序发展。

第七章　合同的权利义务终止

第五百五十七条　【债权债务终止情形】有下列情形之一的，债权债务终止：

（一）债务已经履行；

（二）债务相互抵销；

（三）债务人依法将标的物提存；

（四）债权人免除债务；

（五）债权债务同归于一人；

（六）法律规定或者当事人约定终止的其他情形。

合同解除的，该合同的权利义务关系终止。

条文应用提示

按照本条第一款规定，有下列情形之一的，债权债务终止：

（1）债务已经履行，是指债务人按照债的标的、质量、数量、价款或者报酬、履行期限、履行地点和方式正确地、适当地全面履行了债务。

（2）债务相互抵销，是指当事人互负债务、互享债权，以自己的到期债权充抵对方的债权，使自己的债务与对方的债务在等额内消灭。

（3）债务人依法将标的物提存。提存，是指由于法律规定的原因，债务人无法向债权人交付合同标的物时，债务人将该标的物交给提存部门而消灭债务的制度。

（4）债权人免除债务。债权人免除债务，是指债权人放弃自己的债权。债权人可以免除债务的部分，也可以免除债务的全部。

（5）债权债务同归于一人。债权和债务同归于一人，是指由于某种事实的发生，使原本由一方当事人享有的债权，而由另一方当事人负担的债务，统归于一方当事人，使该当事人既是债权人，又是债务人。

（6）法律规定或者当事人约定终止的其他情形。除了前述债权债务终止的情形，出现了法律规定的终止的其他情形的，合同的权利义务也可以终止。比如,根据《民法典》第九百三十四条规定,委托人死亡、终止或者受托人死亡、丧失民事能力、终止,构成了委托合同的特殊终止事由。

旧法对应关系

合同法第九十一条

关联法律法规

《中华人民共和国证券投资基金法》(2015年4月24日修正)

第八十一条　基金合同终止时,基金管理人应当组织清算组对基金财产进行清算。

清算组由基金管理人、基金托管人以及相关的中介服务机构组成。

清算组作出的清算报告经会计师事务所审计,律师事务所出具法律意见书后,报国务院证券监督管理机构备案并公告。

第五百五十八条　【债权债务终止后的义务】债权债务终止后,当事人应当遵循诚信等原则,根据交易习惯履行通知、协助、保密、旧物回收等义务。

条文应用提示

本条是关于后合同义务的规定。后合同义务,是指合同的权利义务终止后,当事人依照法律的规定,遵循诚信等原则,根据交易习惯履行的各项义务。遵循诚信等原则,根据交易习惯,债权债务终止后的义务通常有以下几个方面:(1)通知的义务。合同权利义务终止后,一方当事人应当将有关情况及时通知另一方当事人。(2)协助的义务。合同的权利义务终止后,当事人应当协助对方处理与原合同有关的事务。(3)保密的义务。保密指保守国家秘密、商业秘密和合同约定不得泄露的事项。(4)旧物回收的义务。

旧法对应关系

合同法第九十二条,原合同法解释二第二十二条

第五百五十九条　【债权的从权利消灭】债权债务终止时,债权的从权利同时消灭,但是法律另有规定或者当事人另有约定的除外。

关联法律法规

《中华人民共和国大气污染防治法》(2018年10月26日修正)

第六十条　在用机动车排放大气污染物超过标准的，应当进行维修；经维修或者采用污染控制技术后，大气污染物排放仍不符合国家在用机动车排放标准的，应当强制报废。其所有人应当将机动车交售给报废机动车回收拆解企业，由报废机动车回收拆解企业按照国家有关规定进行登记、拆解、销毁等处理。

国家鼓励和支持高排放机动车船、非道路移动机械提前报废。

《中华人民共和国海商法》(1992年11月7日)

第二百五十二条　【索赔权转移】保险标的发生保险责任范围内的损失是由第三人造成的，被保险人向第三人要求赔偿的权利，自保险人支付赔偿之日起，相应转移给保险人。

被保险人应当向保险人提供必要的文件和其所需要知道的情况，并尽力协助保险人向第三人追偿。

第五百六十条　【债的清偿抵充顺序】债务人对同一债权人负担的数项债务种类相同，债务人的给付不足以清偿全部债务的，除当事人另有约定外，由债务人在清偿时指定其履行的债务。

债务人未作指定的，应当优先履行已经到期的债务；数项债务均到期的，优先履行对债权人缺乏担保或者担保最少的债务；均无担保或者担保相等的，优先履行债务人负担较重的债务；负担相同的，按照债务到期的先后顺序履行；到期时间相同的，按照债务比例履行。

对应司法解释

《最高人民法院关于适用〈中华人民共和国民法典〉合同编通则若干问题的解释》(法释〔2023〕13号)

第五十六条第一款　行使抵销权的一方负担的数项债务种类相同，但是享有的债权不足以抵销全部债务，当事人因抵销的顺序发生争议的，人民法院可以参照民法典第五百六十条的规定处理。

条文应用提示

在当事人对抵充顺序没有约定时,则由债务人指定其履行的债务,但债务人的指定应在清偿时作出,其生效适用《民法典》第一百三十七条的一般规则。债务人在清偿时未指定,清偿后不可指定,否则在有争议时,债务人可以立即指定,之后的法定抵充顺序就没有任何意义了。

在当事人对抵充顺序没有约定且债务人在清偿时未指定的,则直接依据法定的顺序。在本条第一款已经承认了债务人指定权的情况下,法定的抵充顺序应更多地考量债权人的利益,采取债权人利益优先、兼顾债务人利益的原则确定顺序。依据本条第二款规定,依次依据下列方式确定抵充顺序:

(1)已到期债务。如果到期的债务和未到期的债务并存,应当先抵充已到期的债务,毕竟债务未到期,则债务人不负有履行义务。

(2)缺乏担保或者担保最少的债务。该规定旨在保护债权人的利益,使债权人未清偿的债务尽量存在担保。

(3)债务人负担较重的债务。该规定旨在保护债务人的利益,优先清偿负担较重的债务,使债务人因清偿而获益最多。

(4)先到期的债务。

旧法对应关系

原合同法解释二第二十条

第五百六十一条 【费用、利息和主债务的抵充顺序】债务人在履行主债务外还应当支付利息和实现债权的有关费用,其给付不足以清偿全部债务的,除当事人另有约定外,应当按照下列顺序履行:

(一)实现债权的有关费用;

(二)利息;

(三)主债务。

对应司法解释

《最高人民法院关于适用〈中华人民共和国民法典〉合同编通则若干问题的解释》(法释〔2023〕13号)

第五十六条第二款　行使抵销权的一方享有的债权不足以抵销其负担的包括主债务、利息、实现债权的有关费用在内的全部债务,当事人因抵销的顺序发生争议的,人民法院可以参照民法典第五百六十一条的规定处理。

条文应用提示

本条的适用,首先要求债务人在履行主债务外还应当支付利息和实现债权的有关费用。其次要求债务人的给付不足以清偿主债务、利息和实现费用。此时确定清偿抵充顺序的基本原则是有约定的按约定,无约定的按法定。

在当事人对抵充顺序没有约定时,各个立法例与本条的规定基本一致,采取有利于债权人的立场,依次按照下列顺序抵充:

(1)实现债权的有关费用。包括保管费用、诉讼费用、执行费用等。(2)利息。利息是债权人预期应有的收益,是资金占有的成本,应当先于主债务或者本金而抵充。(3)主债务。

旧法对应关系

原合同法解释二第二十一条

典型案例指导

某实业发展公司与某棉纺织品公司委托合同纠纷案(最高人民法院发布《关于适用〈中华人民共和国民法典〉合同编通则若干问题的解释》相关典型案例之八)

【裁判要点】

据以行使抵销权的债权不足以抵销其全部债务,应当按照实现债权的有关费用、利息、主债务的顺序进行抵销。

【简要案情】

2012年6月7日,某实业发展公司与某棉纺织品公司签订《委托协议》,约定某实业发展公司委托某棉纺织品公司通过某银行向案外人某商贸公司发放贷款5000万元。该笔委托贷款后展期至2015年6月9日。某商贸公司在贷款期间所支付的利息，均已通过某棉纺织品公司支付给某实业发展公司。2015年6月2日，某商贸公司将5000万元本金归还某棉纺织品公司，但某棉纺织品公司未将该笔款项返还给某实业发展公司，形成本案诉讼。另，截至2015年12月31日，某实业发展公司欠某棉纺织品公司8296517.52元。某棉纺织品公司于2017年7月20日向某实业发展公司送达《债务抵销通知书》，提出以其对某实业发展公司享有的8296517.52元债权抵销案涉5000万元本金债务。某实业发展公司以某棉纺织品公司未及时归还所欠款项为由诉至法院，要求某棉纺织品公司归还本息。在本案一审期间，某棉纺织品公司又以抗辩的形式就该笔债权向一审法院提出抵销，并提起反诉，后主动撤回反诉。

【判决理由】

生效裁判认为，某棉纺织品公司据以行使抵销权的债权不足以抵销其对某实业发展公司负有的全部债务，参照《最高人民法院关于适用〈中华人民共和国合同法〉若干问题的解释（二）》第二十一条的规定，应当按照实现债权的有关费用、利息、主债务的顺序进行抵销，即某棉纺织品公司对某实业发展公司享有的8296517.52元债权，先用于抵销其对某实业发展公司负有的5000万元债务中的利息，然后再用于抵销本金。某棉纺织品公司有关8296517.52元先用于抵销5000万元本金的再审申请缺乏事实和法律依据，故不予支持。

【司法解释相关条文】

《最高人民法院关于适用〈中华人民共和国民法典〉合同编通则若干问题的解释》第五十六条第二款

第五百六十二条 【合同约定解除】当事人协商一致，可以解除合同。

当事人可以约定一方解除合同的事由。解除合同的事由发生时，解除权人可以解除合同。

对应司法解释

《最高人民法院关于适用〈中华人民共和国民法典〉合同编通则若干问题的解释》（法释〔2023〕13号）

第五十二条 当事人就解除合同协商一致时未对合同解除后的

违约责任、结算和清理等问题作出处理，一方主张合同已经解除的，人民法院应予支持。但是，当事人另有约定的除外。

有下列情形之一的，除当事人一方另有意思表示外，人民法院可以认定合同解除：

（一）当事人一方主张行使法律规定或者合同约定的解除权，经审理认为不符合解除权行使条件但是对方同意解除；

（二）双方当事人均不符合解除权行使的条件但是均主张解除合同。

前两款情形下的违约责任、结算和清理等问题，人民法院应当依据民法典第五百六十六条、第五百六十七条和有关违约责任的规定处理。

条文应用提示

协商解除，是指合同产生法律约束力后，当事人以解除合同为目的，经协商一致，订立一个解除原来合同的协议。

约定解除权，是指当事人约定，合同履行过程中出现某种情况，当事人一方或者双方有解除合同的权利。解除权的约定也是一种合同，行使约定的解除权应当以该合同为基础，因此对解除权的约定也应当遵循民事法律行为和合同的一般规定。当事人行使约定解除权，应当通知对方，合同解除的时间根据《民法典》第五百六十五条的规定处理，除非当事人另有约定。合同解除的效果首先根据当事人的约定予以确定，当事人没有约定或约定不明时，适用本法对于合同解除效果的规定。

旧法对应关系

合同法第九十三条

关联法律法规

《中华人民共和国劳动法》（2018 年 12 月 29 日修正）

第二十四条　经劳动合同当事人协商一致，劳动合同可以解除。

《最高人民法院关于印发〈全国法院民商事审判工作会议纪要〉的通知》（法〔2019〕254号）

47.【约定解除条件】合同约定的解除条件成就时，守约方以此为由请求解除合同的，人民法院应当审查违约方的违约程度是否显著轻微，是否影响守约方合同目的的实现，根据诚实信用原则，确定合同应否解除。违约方的违约程度显著轻微，不影响守约方合同目的的实现，守约方请求解除合同的，人民法院不予支持；反之，则依法予以支持。

第五百六十三条 【合同法定解除】有下列情形之一的，当事人可以解除合同：

（一）因不可抗力致使不能实现合同目的；

（二）在履行期限届满前，当事人一方明确表示或者以自己的行为表明不履行主要债务；

（三）当事人一方迟延履行主要债务，经催告后在合理期限内仍未履行；

（四）当事人一方迟延履行债务或者有其他违约行为致使不能实现合同目的；

（五）法律规定的其他情形。

以持续履行的债务为内容的不定期合同，当事人可以随时解除合同，但是应当在合理期限之前通知对方。

对应司法解释

《最高人民法院关于审理买卖合同纠纷案件适用法律问题的解释》（法释〔2020〕17号修正）

第十一条 当事人对风险负担没有约定，标的物为种类物，出卖人未以装运单据、加盖标记、通知买受人等可识别的方式清楚地将标的物特定于买卖合同，买受人主张不负担标的物毁损、灭失的风险的，人民法院应予支持。

第十九条 出卖人没有履行或者不当履行从给付义务，致使买受人不能实现合同目的，买受人主张解除合同的，人民法院应当根据民法典第五百六十三条第一款第四项的规定，予以支持。

《最高人民法院关于审理技术合同纠纷案件适用法律若干问题的解释》（法释〔2020〕19号修正）

第十五条　技术合同当事人一方迟延履行主要债务，经催告后在30日内仍未履行，另一方依据民法典第五百六十三条第一款第（三）项的规定主张解除合同的，人民法院应当予以支持。

当事人在催告通知中附有履行期限且该期限超过30日的，人民法院应当认定该履行期限为民法典第五百六十三条第一款第（三）项规定的合理期限。

《最高人民法院关于审理商品房买卖合同纠纷案件适用法律问题的解释》（法释〔2020〕17号修正）

第九条　因房屋主体结构质量不合格不能交付使用，或者房屋交付使用后，房屋主体结构质量经核验确属不合格，买受人请求解除合同和赔偿损失的，应予支持。

第十条　因房屋质量问题严重影响正常居住使用，买受人请求解除合同和赔偿损失的，应予支持。

第十一条　根据民法典第五百六十三条的规定，出卖人迟延交付房屋或者买受人迟延支付购房款，经催告后在三个月的合理期限内仍未履行，解除权人请求解除合同的，应予支持，但当事人另有约定的除外。

法律没有规定或者当事人没有约定，经对方当事人催告后，解除权行使的合理期限为三个月。对方当事人没有催告的，解除权人自知道或者应当知道解除事由之日起一年内行使。逾期不行使的，解除权消灭。

第十五条　商品房买卖合同约定或者城市房地产开发经营管理条例第三十二条规定的办理不动产登记的期限届满后超过一年，由于出卖人的原因，导致买受人无法办理不动产登记，买受人请求解除合同和赔偿损失的，应予支持。

条文应用提示

法律规定解除的事由,也是对任意解除合同的限制,以鼓励交易,避免资源浪费,合理保护双方当事人的合法权益;同时,并不是说具备这些事由,当事人必须解除合同,是否行使解除的权利,应由当事人决定。法定解除权的发生,不以当事人的过错为要件。为了避免当事人任意解除合同,重点考虑的是合同目的是否能够实现,这是判断是否产生法定解除权的重心。

旧法对应关系

合同法第九十四条,原合同法解释二第二十六条

关联法律法规

《中华人民共和国城市房地产管理法》(2019 年 8 月 26 日修正)

第十六条 土地使用者必须按照出让合同约定,支付土地使用权出让金;未按照出让合同约定支付土地使用权出让金的,土地管理部门有权解除合同,并可以请求违约赔偿。

第十七条 土地使用者按照出让合同约定支付土地使用权出让金的,市、县人民政府土地管理部门必须按照出让合同约定,提供出让的土地;未按照出让合同约定提供出让的土地的,土地使用者有权解除合同,由土地管理部门返还土地使用权出让金,土地使用者并可以请求违约赔偿。

《中华人民共和国农村土地承包法》(2018 年 12 月 29 日修正)

第四十二条 承包方不得单方解除土地经营权流转合同,但受让方有下列情形之一的除外:

(一)擅自改变土地的农业用途;

(二)弃耕抛荒连续两年以上;

(三)给土地造成严重损害或者严重破坏土地生态环境;

(四)其他严重违约行为。

《中华人民共和国消费者权益保护法》(2013 年 10 月 25 日修正)

第二十四条 经营者提供的商品或者服务不符合质量要求的,消费者可以依照国家规定、当事人约定退货,或者要求经营者履行更换、修理

等义务。没有国家规定和当事人约定的，消费者可以自收到商品之日起七日内退货；七日后符合法定解除合同条件的，消费者可以及时退货，不符合法定解除合同条件的，可以要求经营者履行更换、修理等义务。

依照前款规定进行退货、更换、修理的，经营者应当承担运输等必要费用。

《中华人民共和国旅游法》(2018年10月26日修正)

第六十三条　旅行社招徕旅游者组团旅游，因未达到约定人数不能出团的，组团社可以解除合同。但是，境内旅游应当至少提前七日通知旅游者，出境旅游应当至少提前三十日通知旅游者。

因未达到约定人数不能出团的，组团社经征得旅游者书面同意，可以委托其他旅行社履行合同。组团社对旅游者承担责任，受委托的旅行社对组团社承担责任。旅游者不同意的，可以解除合同。

因未达到约定的成团人数解除合同的，组团社应当向旅游者退还已收取的全部费用。

第六十六条　旅游者有下列情形之一的，旅行社可以解除合同：

(一)患有传染病等疾病，可能危害其他旅游者健康和安全的；

(二)携带危害公共安全的物品且不同意交有关部门处理的；

(三)从事违法或者违反社会公德的活动的；

(四)从事严重影响其他旅游者权益的活动，且不听劝阻、不能制止的；

(五)法律规定的其他情形。

因前款规定情形解除合同的，组团社应当在扣除必要的费用后，将余款退还旅游者；给旅行社造成损失的，旅游者应当依法承担赔偿责任。

第六十七条　因不可抗力或者旅行社、履行辅助人已尽合理注意义务仍不能避免的事件，影响旅游行程的，按照下列情形处理：

(一)合同不能继续履行的，旅行社和旅游者均可以解除合同。合同不能完全履行的，旅行社经向旅游者作出说明，可以在合理范围内变更合同；旅游者不同意变更的，可以解除合同。

(二)合同解除的，组团社应当在扣除已向地接社或者履行辅助人支付且不可退还的费用后，将余款退还旅游者；合同变更的，因此增加的费用由旅游者承担，减少的费用退还旅游者。

（三）危及旅游者人身、财产安全的，旅行社应当采取相应的安全措施，因此支出的费用，由旅行社与旅游者分担。

（四）造成旅游者滞留的，旅行社应当采取相应的安置措施。因此增加的食宿费用，由旅游者承担；增加的返程费用，由旅行社与旅游者分担。

《中华人民共和国保险法》（2018年12月29日修正）

第十五条　除本法另有规定或者保险合同另有约定外，保险合同成立后，投保人可以解除合同，保险人不得解除合同。

第十六条　订立保险合同，保险人就保险标的或者被保险人的有关情况提出询问的，投保人应当如实告知。

投保人故意或者因重大过失未履行前款规定的如实告知义务，足以影响保险人决定是否同意承保或者提高保险费率的，保险人有权解除合同。

前款规定的合同解除权，自保险人知道有解除事由之日起，超过三十日不行使而消灭。自合同成立之日起超过二年的，保险人不得解除合同；发生保险事故的，保险人应当承担赔偿或者给付保险金的责任。

投保人故意不履行如实告知义务的，保险人对于合同解除前发生的保险事故，不承担赔偿或者给付保险金的责任，并不退还保险费。

投保人因重大过失未履行如实告知义务，对保险事故的发生有严重影响的，保险人对于合同解除前发生的保险事故，不承担赔偿或者给付保险金的责任，但应当退还保险费。

保险人在合同订立时已经知道投保人未如实告知的情况的，保险人不得解除合同；发生保险事故的，保险人应当承担赔偿或者给付保险金的责任。

保险事故是指保险合同约定的保险责任范围内的事故。

第二十七条　未发生保险事故，被保险人或者受益人谎称发生了保险事故，向保险人提出赔偿或者给付保险金请求的，保险人有权解除合同，并不退还保险费。

投保人、被保险人故意制造保险事故的，保险人有权解除合同，不承担赔偿或者给付保险金的责任；除本法第四十三条规定外，不退还保险费。

保险事故发生后，投保人、被保险人或者受益人以伪造、变造的有关证明、资料或者其他证据,编造虚假的事故原因或者夸大损失程度的,保险人对其虚报的部分不承担赔偿或者给付保险金的责任。

投保人、被保险人或者受益人有前三款规定行为之一,致使保险人支付保险金或者支出费用的,应当退回或者赔偿。

第三十二条　投保人申报的被保险人年龄不真实,并且其真实年龄不符合合同约定的年龄限制的,保险人可以解除合同,并按照合同约定退还保险单的现金价值。保险人行使合同解除权,适用本法第十六条第三款、第六款的规定。

投保人申报的被保险人年龄不真实,致使投保人支付的保险费少于应付保险费的,保险人有权更正并要求投保人补交保险费,或者在给付保险金时按照实付保险费与应付保险费的比例支付。

投保人申报的被保险人年龄不真实,致使投保人支付的保险费多于应付保险费的,保险人应当将多收的保险费退还投保人。

第三十七条　合同效力依照本法第三十六条规定中止的,经保险人与投保人协商并达成协议,在投保人补交保险费后,合同效力恢复。但是,自合同效力中止之日起满二年双方未达成协议的,保险人有权解除合同。

保险人依照前款规定解除合同的,应当按照合同约定退还保险单的现金价值。

第四十九条　保险标的转让的,保险标的的受让人承继被保险人的权利和义务。

保险标的转让的,被保险人或者受让人应当及时通知保险人,但货物运输保险合同和另有约定的合同除外。

因保险标的转让导致危险程度显著增加的,保险人自收到前款规定的通知之日起三十日内,可以按照合同约定增加保险费或者解除合同。保险人解除合同的,应当将已收取的保险费,按照合同约定扣除自保险责任开始之日起至合同解除之日止应收的部分后,退还投保人。

被保险人、受让人未履行本条第二款规定的通知义务的,因转让导致保险标的危险程度显著增加而发生的保险事故,保险人不承担赔偿保险金的责任。

第五十条　货物运输保险合同和运输工具航程保险合同,保险责任开始后,合同当事人不得解除合同。

第五十一条 被保险人应当遵守国家有关消防、安全、生产操作、劳动保护等方面的规定,维护保险标的的安全。

保险人可以按照合同约定对保险标的的安全状况进行检查,及时向投保人、被保险人提出消除不安全因素和隐患的书面建议。

投保人、被保险人未按照约定履行其对保险标的的安全应尽责任的,保险人有权要求增加保险费或者解除合同。

保险人为维护保险标的的安全,经被保险人同意,可以采取安全预防措施。

第五十二条 在合同有效期内,保险标的的危险程度显著增加的,被保险人应当按照合同约定及时通知保险人,保险人可以按照合同约定增加保险费或者解除合同。保险人解除合同的,应当将已收取的保险费,按照合同约定扣除自保险责任开始之日起至合同解除之日止应收的部分后,退还投保人。

被保险人未履行前款规定的通知义务的,因保险标的的危险程度显著增加而发生的保险事故,保险人不承担赔偿保险金的责任。

第五十八条 保险标的发生部分损失的,自保险人赔偿之日起三十日内,投保人可以解除合同;除合同另有约定外,保险人也可以解除合同,但应当提前十五日通知投保人。

合同解除的,保险人应当将保险标的未受损失部分的保险费,按照合同约定扣除自保险责任开始之日起至合同解除之日止应收的部分后,退还投保人。

《中华人民共和国企业破产法》(2016 年 8 月 27 日)

第十八条 人民法院受理破产申请后,管理人对破产申请受理前成立而债务人和对方当事人均未履行完毕的合同有权决定解除或者继续履行,通知对方当事人。管理人自破产申请受理之日起二个月内未通知对方当事人,或者自收到对方当事人催告之日起三十日内未答复的,视为解除合同。

管理人决定继续履行合同的,对方当事人应当履行;但是,对方当事人有权要求管理人提供担保。管理人不提供担保的,视为解除合同。

《最高人民法院关于适用〈中华人民共和国保险法〉若干问题的解释（二）》（法释〔2020〕18号修正）

第七条　保险人在保险合同成立后知道或者应当知道投保人未履行如实告知义务，仍然收取保险费，又依照保险法第十六条第二款的规定主张解除合同的，人民法院不予支持。

《最高人民法院关于审理外商投资企业纠纷案件若干问题的规定（一）》（法释〔2020〕18号修正）

第五条　外商投资企业股权转让合同成立后，转让方和外商投资企业不履行报批义务，经受让方催告后在合理的期限内仍未履行，受让方请求解除合同并由转让方返还其已支付的转让款、赔偿因未履行报批义务而造成的实际损失的，人民法院应予支持。

第六条　外商投资企业股权转让合同成立后，转让方和外商投资企业不履行报批义务，受让方以转让方为被告、以外商投资企业为第三人提起诉讼，请求转让方与外商投资企业在一定期限内共同履行报批义务的，人民法院应予支持。受让方同时请求在转让方和外商投资企业于生效判决确定的期限内不履行报批义务时自行报批的，人民法院应予支持。

转让方和外商投资企业拒不根据人民法院生效判决确定的期限履行报批义务，受让方另行起诉，请求解除合同并赔偿损失的，人民法院应予支持。赔偿损失的范围可以包括股权的差价损失、股权收益及其他合理损失。

第七条　转让方、外商投资企业或者受让方根据本规定第六条第一款的规定就外商投资企业股权转让合同报批，未获外商投资企业审批机关批准，受让方另行起诉，请求转让方返还其已支付的转让款的，人民法院应予支持。受让方请求转让方赔偿因此造成的损失的，人民法院应根据转让方是否存在过错以及过错大小认定其是否承担赔偿责任及具体赔偿数额。

第八条　外商投资企业股权转让合同约定受让方支付转让款后转让方才办理报批手续，受让方未支付股权转让款，经转让方催告后在合理的期限内仍未履行，转让方请求解除合同并赔偿因迟延履行而造成的实际损失的，人民法院应予支持。

第十六条　外商投资企业名义股东不履行与实际投资者之间的合同，致使实际投资者不能实现合同目的，实际投资者请求解除合同并由外商投资企业名义股东承担违约责任的，人民法院应予支持。

《最高人民法院关于审理期货纠纷案件若干问题的规定》(法释〔2020〕18号修正)

第四十四条　在交割日，卖方期货公司未向期货交易所交付标准仓单，或者买方期货公司未向期货交易所账户交付足额货款，构成交割违约。

构成交割违约的，违约方应当承担违约责任；具有民法典第五百六十三条第一款第四项规定情形的，对方有权要求终止交割或者要求违约方继续交割。

征购或者竞卖失败的，应当由违约方按照交易所有关赔偿办法的规定承担赔偿责任。

《最高人民法院关于审理旅游纠纷案件适用法律若干问题的规定》(法释〔2020〕17号修正)

第十条　旅游经营者将旅游业务转让给其他旅游经营者，旅游者不同意转让，请求解除旅游合同、追究旅游经营者违约责任的，人民法院应予支持。

旅游经营者擅自将其旅游业务转让给其他旅游经营者，旅游者在旅游过程中遭受损害，请求与其签订旅游合同的旅游经营者和实际提供旅游服务的旅游经营者承担连带责任的，人民法院应予支持。

典型案例指导

长春泰恒房屋开发有限公司与长春市规划和自然资源局国有土地使用权出让合同纠纷案［最高人民法院(2019)最高法民再246号民事判决书，《最高人民法院公报》2020年第6期(总第284期)］

因国家法律、法规及政策出台导致当事人签订的合同不能履行，以致一方当事人缔约目的不能实现，该方当事人请求法院判决解除合同的，人民法院应予支持；鉴于双方当事人对于合同不能履行及一方当事人缔约目的不能实现均无过错，故可依据《中华人民共和国合同法》第九十七条的规定，仅判决返还已经支付的价款及相应孳息，对一方当事人请求对方当事人赔偿损失的请求不予支持；对于一方当事人为履行合同而支付的契税损失，在双方当事人对于案涉合同的解除均无过错的情况下，可由双方当事人基于公平原则平均分担。

寿光中石油昆仑燃气有限公司诉寿光市人民政府、潍坊市人民政府解除政府特许经营协议案[山东省高级人民法院2017年5月5日行政判决书,《最高人民法院公报》2018年第9期(总第263期)]

行政相对人迟延履行政府特许经营协议致使协议目的无法实现的,行政机关可以单方解除政府特许经营协议。行政机关据此强制收回特许经营权行为,应肯定其效力,但对于收回特许经营权过程中没有履行听证程序的做法应给予确认违法的评价。因公用事业特许经营涉及社会公共利益,当程序正当与公共利益发生冲突时,法官应运用利益衡量方法综合考量得出最优先保护的价值。在取消特许经营权行为实体正确、程序违法的情况下,判决确认违法但不撤销该行政行为,并要求行政机关采取补救措施,体现了人民法院在裁判过程中既要优先保护社会公共利益,又要依法保护行政相对人合法权益的司法价值取向。

北京宣房投资管理集团有限公司诉吕某霞房屋租赁合同纠纷案(2023年2月7日《最高人民法院发布十五起依法保护文物和文化遗产典型案例》)

北京市西城区人民法院一审认为,一切机关、组织和个人都有依法保护文物的义务。使用不可移动文物,必须遵守不改变文物原状的原则,负责保护建筑物及其附属文物的安全,不得损毁、改建、添建或者拆除不可移动文物。宣房公司作为公有住房的经营管理单位,有权依法履行文物保护职责,其依据北京市西城区人民政府公函,经有关政府主管部门同意,制定了腾退安置方案,与吕某霞一方进行了房屋腾退安置的洽商。在双方未能就腾退协议达成一致的情形下,基于相关法律规定,宣房公司有权要求解除合同,但同时应保障相对人的合法居住利益。经核勘,宣房公司已为吕某霞一方提供了适当住房,可以判定具备腾退条件。对于安置、补偿问题,当事人应当依法另行协商妥处。依法判决:确认解除吕某霞与宣房公司正在履行的案涉公房租赁合同;吕某霞、陈某将案涉公房腾空后交与宣房公司,同时搬至宣房公司提供的周转房屋居住;案件受理费由宣房公司负担。北京市第二中级人民法院二审维持原判。

第五百六十四条　【解除权行使期限】法律规定或者当事人约定解除权行使期限,期限届满当事人不行使的,该权利消灭。

法律没有规定或者当事人没有约定解除权行使期限,自解除权人知道或者应当知道解除事由之日起一年内不行使,或者经对方催告后在合理期限内不行使的,该权利消灭。

对应司法解释

《最高人民法院关于适用〈中华人民共和国民法典〉时间效力的若干规定》(法释〔2020〕15号)

第二十五条 民法典施行前成立的合同,当时的法律、司法解释没有规定且当事人没有约定解除权行使期限,对方当事人也未催告的,解除权人在民法典施行前知道或者应当知道解除事由,自民法典施行之日起一年内不行使的,人民法院应当依法认定该解除权消灭;解除权人在民法典施行后知道或者应当知道解除事由的,适用民法典第五百六十四条第二款关于解除权行使期限的规定。

《最高人民法院关于审理商品房买卖合同纠纷案件适用法律问题的解释》(法释〔2020〕17号修正)

第十一条 根据民法典第五百六十三条的规定,出卖人迟延交付房屋或者买受人迟延支付购房款,经催告后在三个月的合理期限内仍未履行,解除权人请求解除合同的,应予支持,但当事人另有约定的除外。

法律没有规定或者当事人没有约定,经对方当事人催告后,解除权行使的合理期限为三个月。对方当事人没有催告的,解除权人自知道或者应当知道解除事由之日起一年内行使。逾期不行使的,解除权消灭。

条文应用提示

无论是约定解除权,还是法定解除权,解除权的行使,是法律赋予当事人的保护自己合法权益的手段,但该权利的行使不能毫无限制。行使解除权会引起合同关系的重大变化,如果享有解除权的当事人长期不行使解除的权利,就会使合同关系处于不确定状态,影响当事人权利的享有和义务的履行。因此,解除权作为形成权,应当在一定期限内行使,以促使法律关系尽早得以确定。该期限是解除权的行使期限、存续期间或者除斥期间。按照本条规定,行使解除权的期限分为三种情况:

一是按照法律规定或者当事人约定的解除权的行使期限行使。法律规定或者当事人约定解除权行使期限的,期限届满当事人不行使的,该权利消灭。

二是在对方当事人催告后的合理期限内行使。法律没有规定或者当事人没有约定解除权行使期限的,对方当事人为明确自己义务是否还需要履行,可以催告享有解除权的当事人行使解除权,享有解除权的当事人超过合理期限不行使解除权的,解除权消灭,合同关系仍然存在,当事人仍要按照合同约定履行义务。

三是自解除权人知道或者应当知道解除事由之日起1年内不行使。法律没有规定或者当事人没有约定解除权行使期限的,另一方当事人未催告的,或者另一方当事人在很长时间之后才进行催告的,如果解除权长期存在,就可能在很长时间之后仍然行使解除权,这不利于合同关系的尽快确定和稳定。

旧法对应关系

合同法第九十五条,民法总则第一百九十九条,原商品房买卖合同解释第十五条

第五百六十五条　【合同解除程序】当事人一方依法主张解除合同的,应当通知对方。合同自通知到达对方时解除;通知载明债务人在一定期限内不履行债务则合同自动解除,债务人在该期限内未履行债务的,合同自通知载明的期限届满时解除。对方对解除合同有异议的,任何一方当事人均可以请求人民法院或者仲裁机构确认解除行为的效力。

当事人一方未通知对方,直接以提起诉讼或者申请仲裁的方式依法主张解除合同,人民法院或者仲裁机构确认该主张的,合同自起诉状副本或者仲裁申请书副本送达对方时解除。

对应司法解释

《最高人民法院关于适用〈中华人民共和国民法典〉合同编通则若干问题的解释》(法释〔2023〕13号)

第五十三条　当事人一方以通知方式解除合同,并以对方未在约定的异议期限或者其他合理期限内提出异议为由主张合同已经解除的,

人民法院应当对其是否享有法律规定或者合同约定的解除权进行审查。经审查,享有解除权的,合同自通知到达对方时解除;不享有解除权的,不发生合同解除的效力。

第五十四条 当事人一方未通知对方,直接以提起诉讼的方式主张解除合同,撤诉后再次起诉主张解除合同,人民法院经审理支持该主张的,合同自再次起诉的起诉状副本送达对方时解除。但是,当事人一方撤诉后又通知对方解除合同且该通知已经到达对方的除外。

《最高人民法院关于适用〈中华人民共和国民法典〉时间效力的若干规定》(法释〔2020〕15号)

第十条 民法典施行前,当事人一方未通知对方而直接以提起诉讼方式依法主张解除合同的,适用民法典第五百六十五条第二款的规定。

条文应用提示

当事人一方依照《民法典》第五百六十二条第二款、第五百六十三条规定行使解除权而解除合同,应当遵守下列规定:

(1)必须享有解除权。《民法典》第五百六十二条第二款和第五百六十三条对约定解除权和法定解除权作了规定,按照这两条规定,才享有解除权,而不必经对方当事人同意,只需向对方作出解除合同的意思表示,就可以解除合同。(2)行使解除权应当通知对方当事人。当事人一方行使解除合同的权利,必然引起合同的权利义务的终止。但是,解除权产生之后,并不导致合同自动解除,为了防止一方当事人因不确定对方已行使合同解除权而仍为履行的行为,避免债权人的消极反应使债务人误解债权人会接受其履行,从而对己方给付作出必要的安排以避免遭受损害,解除权人必须行使解除权才能使合同解除。

解除权是一种形成权,其仅需要通知对方即可,而无须取得对方的同意。同时,自解除通知到达对方当事人时,合同解除。

旧法对应关系

合同法第九十六条,原合同法解释二第二十四条

关联法律法规

《最高人民法院关于印发〈全国法院民商事审判工作会议纪要〉的通知》(法〔2019〕254号)

46.【通知解除的条件】审判实践中,部分人民法院对合同法司法解释(二)第二十四条的理解存在偏差,认为不论发出解除通知的一方有无解除权,只要另一方未在异议期限内以起诉方式提出异议,就判令解除合同,这不符合合同法关于合同解除权行使的有关规定。对该条的准确理解是,只有享有法定或者约定解除权的当事人才能以通知方式解除合同。不享有解除权的一方向另一方发出解除通知,另一方即便未在异议期限内提起诉讼,也不发生合同解除的效果。人民法院在审理案件时,应当审查发出解除通知的一方是否享有约定或者法定的解除权来决定合同应否解除,不能仅以受通知一方在约定或者法定的异议期限届满内未起诉这一事实就认定合同已经解除。

典型案例指导

孙某与某房地产公司合资、合作开发房地产合同纠纷案(最高人民法院发布《关于适用〈中华人民共和国民法典〉合同编通则若干问题的解释》相关典型案例之七)

【裁判要点】

合同一方当事人以通知形式行使合同解除权的,须以享有法定或者约定解除权为前提。不享有解除权的一方向另一方发出解除通知,另一方即便未在合理期限内提出异议,也不发生合同解除的效力。

【简要案情】

2014年5月,某房地产开发有限公司(以下简称房地产公司)与孙某签订《合作开发协议》。协议约定:房地产公司负有证照手续办理、项目招商、推广销售的义务,孙某承担全部建设资金的投入;房地产公司拟定的《项目销售整体推广方案》,应当与孙某协商并取得孙某书面认可;孙某投入500万元(保证金)资金后,如果销售额不足以支付工程款,孙某再投入500万元,如不到位按违约处理;孙某享有全权管理施工项目及承包商、施工场地权利,房地产公司支付施工方款项必须由孙某签字认可方能转款。同年10月,房地产公司向孙某发出协调函,双方就第二笔500万元投资款是否达到支付条件产生分歧。2015年1月20日,房地产公司向孙某发出《关于履行的通知》,告知孙某5日内履行合作义务，向该公司支付500万元投资款，否则将解除《合作开发协议》。孙某在房地产公司发出协调函后，对其中提及的需要支付的工程款并未提出异议，亦未要求该公司提供依据，并于2015年1月23日向该公司发送回复函，要求该公司近日内尽快推出相关楼栋销售计划并取得其签字认可，尽快择期开盘销售，并尽快按合同约定设立项目资金管理共同账户。房地产公司于2015年3月13日向孙某发出《解除合同告知函》，通知解除《合作开发协议》。孙某收到该函后，未对其形式和内容提出异议。2015年7月17日，孙某函告房地产公司，请该公司严格执行双方合作协议约定，同时告知"销售已近半月，望及时通报销售进展实况"。后孙某诉至法院，要求房地产公司支付合作开发房地产收益分红总价值3000万元；房地产公司提出反诉，要求孙某给付违约金300万元。一审、二审法院认为，孙某收到解除通知后，未对通知的形式和内容提出异议，亦未在法律规定期限内请求人民法院或者仲裁机构确认解除合同的效力，故认定双方的合同已经解除。孙某不服二审判决，向最高人民法院申请再审。

【判决理由】

生效裁判认为，房地产公司于2015年3月13日向孙某发送《解除合同告知函》，通知解除双方签订的《合作开发协议》，但该《解除合同告知函》产生解除合同的法律效果须以该公司享有法定或者约定解除权为前提。从案涉《合作开发协议》的约定看，孙某第二次投入500万元资金附有前置条件，即房地产公司应当对案涉项目进行销售，只有在销售额不足以支付工程款时，才能要求孙某投入第二笔500万元。结合《合作开发协议》的约定，能否认定房地产公司作为守约方，享有法定解除权，应当审查该公司是否依约履行了己方合同义务。包括案涉项目何时开始销售，销售额是否足以支付工程款；房地产公司在房屋销售前后，是否按照合同约定，将《项目销售整体推广方案》报孙某审批；工程款的支付是否经由孙某签字等一系列事实。一审、二审法院未对上述涉及房地产公司是否享有法定解除权的事实进行审理，即以孙某"未在法律规定期限内请求人民法院或者仲裁机构确认解除合同的效力"为由，认定《合作开发协议》已经解除，属于认定事实不清，适用法律错误。

【司法解释相关条文】

《最高人民法院关于适用〈中华人民共和国民法典〉合同编通则若干问题的解释》第五十三条

第五百六十六条　【合同解除的效力】合同解除后，尚未履行的，终止履行；已经履行的，根据履行情况和合同性质，当事人可以请求恢复原状或者采取其他补救措施，并有权请求赔偿损失。

合同因违约解除的，解除权人可以请求违约方承担违约责任，但是当事人另有约定的除外。

主合同解除后，担保人对债务人应当承担的民事责任仍应当承担担保责任，但是担保合同另有约定的除外。

对应司法解释

《最高人民法院关于审理商品房买卖合同纠纷案件适用法律问题的解释》(法释〔2020〕17号修正)

第十九条　商品房买卖合同约定，买受人以担保贷款方式付款、因当事人一方原因未能订立商品房担保贷款合同并导致商品房买卖合同不能继续履行的，对方当事人可以请求解除合同和赔偿损失。因不可归责于当事人双方的事由未能订立商品房担保贷款合同并导致商品房买卖合同不能继续履行的，当事人可以请求解除合同，出卖人应当将收受的购房款本金及其利息或者定金返还买受人。

第二十条　因商品房买卖合同被确认无效或者被撤销、解除，致使商品房担保贷款合同的目的无法实现，当事人请求解除商品房担保贷款合同的，应予支持。

第二十一条　以担保贷款为付款方式的商品房买卖合同的当事人一方请求确认商品房买卖合同无效或者撤销、解除合同的，如果担保权人作为有独立请求权第三人提出诉讼请求，应当与商品房担保贷款合同纠纷合并审理；未提出诉讼请求的，仅处理商品房买卖合同纠纷。担保权人就商品房担保贷款合同纠纷另行起诉的，可以与商品房买卖合同纠纷合并审理。

商品房买卖合同被确认无效或者被撤销、解除后，商品房担保贷款合同也被解除的，出卖人应当将收受的购房贷款和购房款的本金及利息分别返还担保权人和买受人。

第二十二条　买受人未按照商品房担保贷款合同的约定偿还贷款，亦未与担保权人办理不动产抵押登记手续，担保权人起诉买受人，请求处分商品房买卖合同项下买受人合同权利的，应当通知出卖人参加诉讼；担保权人同时起诉出卖人时，如果出卖人为商品房担保贷款

> 合同提供保证的,应当列为共同被告。
>
> 第二十三条 买受人未按照商品房担保贷款合同的约定偿还贷款,但是已经取得不动产权属证书并与担保权人办理了不动产抵押登记手续,抵押权人请求买受人偿还贷款或者就抵押的房屋优先受偿的,不应当追加出卖人为当事人,但出卖人提供保证的除外。

条文应用提示

本条遵循经济活动高效的原则,对合同解除的效力作了比较灵活的规定。针对已经履行的部分,根据履行情况和合同性质,当事人可以要求恢复原状、采取其他补救措施,并有权要求赔偿损失。如果当事人互负恢复原状或者采取其他补救措施的义务,可以行使同时履行抗辩权。所谓根据履行情况,是指根据履行部分对债权的影响。如果债权人的利益不是必须通过恢复原状才能得到保护,不一定采用恢复原状。当然如果债务人已经履行的部分,对债权人根本无意义,可以请求恢复原状。所谓根据合同性质,是指根据合同标的的属性。根据合同的属性不可能或者不容易恢复原状的,不必恢复原状。这类情况主要包括:(1)以持续履行的债务为内容的合同。(2)涉及第三人利益或者交易秩序的合同。所谓恢复原状,是指恢复到订约前的状态。恢复原状时,因合同而取得的财产,应当返还,财产不存在的,如果原物是种类物,可以返还同一种类物。所谓采取其他补救措施,主要指的是财产因不可归责于债务人的原因而发生毁损、灭失、添附或者其他事由,导致不能恢复原状的,或者受领的标的为劳务或者物的使用而无法恢复原状的,或者虽然能够恢复原状但因为成本过高等原因而没有必要恢复原状的,应当折价补偿。

本条第二款在《合同法》规定的基础上进一步明确,合同因违约解除的,解除权人可以请求违约方承担违约责任,但是当事人另有约定的除外。首先,本款适用的前提是合同因违约而被解除,如果合同是因为不可抗力而被解除,依据《民法典》第五百九十条的规定,不存在违约责任。其次,除当事人另有约定外,解除权人可以请求违约方承担违约责任。这里的违约责任并不包括继续履行、修理、重作、更换,解除与这些违约责任形式是互斥的,如果非违约方认为继续履行、修理、重作、更换对其有利,比如他希望得到标的物,或者在对方交货不足情况下希望对方交足,对方交付了瑕疵产品时希望对方修理、重作、更换，他就应选择继续履行、修理、重作、更换而不应解除合同；一旦非违约方选择了继续履行，就意味着他放弃了解除合同的权利。但是，合同因违约而解除后，解除权人可以请求违约方承担退货、减少价款或者报酬、赔偿损失等违约责任。

本条第三款在《合同法》规定的基础上明确规定，主合同解除后，担保人对债务人应当承担的民事责任仍应当承担担保责任，但是担保合同另有约定的除外。

旧法对应关系

合同法第九十七条，民法通则第一百一十五条

关联法律法规

《中华人民共和国城市房地产管理法》（2019年8月26日修正）

第十六条　土地使用者必须按照出让合同约定，支付土地使用权出让金；未按照出让合同约定支付土地使用权出让金的，土地管理部门有权解除合同，并可以请求违约赔偿。

《中华人民共和国劳动法》（2018年12月29日修正）

第二十八条　用人单位依据本法第二十四条、第二十六条、第二十七条的规定解除劳动合同的，应当依照国家有关规定给予经济补偿。

《中华人民共和国保险法》（2018年12月29日修正）

第四十七条　失业保险金的标准，由省、自治区、直辖市人民政府确定，不得低于城市居民最低生活保障标准。

《中华人民共和国旅游法》（2018年10月26日修正）

第六十五条　旅游行程结束前，旅游者解除合同的，组团社应当在扣除必要的费用后，将余款退还旅游者。

第六十八条　旅游行程中解除合同的，旅行社应当协助旅游者返回出发地或者旅游者指定的合理地点。由于旅行社或者履行辅助人的原因导致合同解除的，返程费用由旅行社承担。

《最高人民法院关于适用〈中华人民共和国保险法〉若干问题的解释（三）》（法释〔2020〕18号修正）

第十六条　人身保险合同解除时，投保人与被保险人、受益人为不同主体，被保险人或者受益人要求退还保险单的现金价值的，人民法院不予

支持,但保险合同另有约定的除外。

投保人故意造成被保险人死亡、伤残或者疾病,保险人依照保险法第四十三条规定退还保险单的现金价值的,其他权利人按照被保险人、被保险人的继承人的顺序确定。

《最高人民法院关于审理外商投资企业纠纷案件若干问题的规定(一)》(法释〔2020〕18号修正)

第六条 外商投资企业股权转让合同成立后,转让方和外商投资企业不履行报批义务,受让方以转让方为被告、以外商投资企业为第三人提起诉讼,请求转让方与外商投资企业在一定期限内共同履行报批义务的,人民法院应予支持。受让方同时请求在转让方和外商投资企业于生效判决确定的期限内不履行报批义务时自行报批的,人民法院应予支持。

转让方和外商投资企业拒不根据人民法院生效判决确定的期限履行报批义务,受让方另行起诉,请求解除合同并赔偿损失的,人民法院应予支持。赔偿损失的范围可以包括股权的差价损失、股权收益及其他合理损失。

第七条 转让方、外商投资企业或者受让方根据本规定第六条第一款的规定就外商投资企业股权转让合同报批,未获外商投资企业审批机关批准,受让方另行起诉,请求转让方返还其已支付的转让款的,人民法院应予支持。受让方请求转让方赔偿因此造成的损失的,人民法院应根据转让方是否存在过错以及过错大小认定其是否承担赔偿责任及具体赔偿数额。

《最高人民法院关于审理旅游纠纷案件适用法律若干问题的规定》(法释〔2020〕17号修正)

第十二条 旅游行程开始前或者进行中,因旅游者单方解除合同,旅游者请求旅游经营者退还尚未实际发生的费用,或者旅游经营者请求旅游者支付合理费用的,人民法院应予支持。

《最高人民法院关于印发〈全国法院民商事审判工作会议纪要〉的通知》(法〔2019〕254号)

49.【合同解除的法律后果】合同解除时,一方依据合同中有关违约金、约定损害赔偿的计算方法、定金责任等违约责任条款的约定,请求另一方承担违约责任的,人民法院依法予以支持。

双务合同解除时人民法院的释明问题，参照本纪要第36条的相关规定处理。

第五百六十七条 【合同终止后有关结算和清理条款效力】合同的权利义务关系终止，不影响合同中结算和清理条款的效力。

旧法对应关系

合同法第九十八条

第五百六十八条 【债务法定抵销】当事人互负债务，该债务的标的物种类、品质相同的，任何一方可以将自己的债务与对方的到期债务抵销；但是，根据债务性质、按照当事人约定或者依照法律规定不得抵销的除外。

当事人主张抵销的，应当通知对方。通知自到达对方时生效。抵销不得附条件或者附期限。

对应司法解释

《最高人民法院关于适用〈中华人民共和国民法典〉合同编通则若干问题的解释》（法释〔2023〕13号）

第五十五条 当事人一方依据民法典第五百六十八条的规定主张抵销，人民法院经审理认为抵销权成立的，应当认定通知到达对方时双方互负的主债务、利息、违约金或者损害赔偿金等债务在同等数额内消灭。

第五十六条 行使抵销权的一方负担的数项债务种类相同，但是享有的债权不足以抵销全部债务，当事人因抵销的顺序发生争议的，人民法院可以参照民法典第五百六十条的规定处理。

行使抵销权的一方享有的债权不足以抵销其负担的包括主债务、利息、实现债权的有关费用在内的全部债务，当事人因抵销的顺序发生争议的，人民法院可以参照民法典第五百六十一条的规定处理。

> 第五十七条 因侵害自然人人身权益,或者故意、重大过失侵害他人财产权益产生的损害赔偿债务,侵权人主张抵销的,人民法院不予支持。
>
> 第五十八条 当事人互负债务,一方以其诉讼时效期间已经届满的债权通知对方主张抵销,对方提出诉讼时效抗辩的,人民法院对该抗辩应予支持。一方的债权诉讼时效期间已经届满,对方主张抵销的,人民法院应予支持。

条文应用提示

法定抵销,是指法律规定抵销的条件,具备条件时依当事人一方的意思表示即发生抵销的效力。抵销使债权人无须诉讼、判决或者强制执行,即可实现债权。法定抵销应具备以下条件:(1)当事人双方互负有效的债务、互享有效的债权。(2)被抵销一方的债务已经到期。(3)债务的标的物种类、品质相同。

当事人互负债务,该债务的标的物种类、品质相同的,任何一方可以将自己的债务与对方的到期债务抵销,但根据债务性质不得抵销的情形除外,主要有:(1)必须履行的债务不得抵销。如应当支付给下岗工人的生活保障金,不得用以抵销工人欠企业的债务。(2)具有特定人身性质或者依赖特定技能完成的债务,以及相互提供劳务的债务,不得相互抵销。(3)不作为债务不得相互抵销,此种债务不经过相互实际履行,就无法实现债权的目的。(4)故意侵权所产生的债务,作为债务人的侵权人不得主张抵销,避免债权人任意侵犯债务人的人身和财产权利,如果允许抵销,有违公序良俗,且会诱发故意的侵权行为。(5)约定应当向第三人履行的债务,债务人不得以自己对于对方当事人享有的债权而主张抵销。(6)相互出资的义务不得抵销,即使仅存在两个出资人。

旧法对应关系

合同法第九十九条,原合同法解释二第二十三条、第二十四条

关联法律法规

《最高人民法院关于人民法院办理执行异议和复议案件若干问题的规定》(法释〔2020〕21号修正)

第十九条　当事人互负到期债务,被执行人请求抵销,请求抵销的债务符合下列情形的,除依照法律规定或者按照债务性质不得抵销的以外,人民法院应予支持:

(一)已经生效法律文书确定或者经申请执行人认可;

(二)与被执行人所负债务的标的物种类、品质相同。

《最高人民法院关于适用〈中华人民共和国企业破产法〉若干问题的规定(二)》(法释〔2020〕18号修正)

第四十一条　债权人依据企业破产法第四十条的规定行使抵销权,应当向管理人提出抵销主张。

管理人不得主动抵销债务人与债权人的互负债务,但抵销使债务人财产受益的除外。

第四十二条　管理人收到债权人提出的主张债务抵销的通知后,经审查无异议的,抵销自管理人收到通知之日起生效。

管理人对抵销主张有异议的,应当在约定的异议期限内或者自收到主张债务抵销的通知之日起三个月内向人民法院提起诉讼。无正当理由逾期提起的,人民法院不予支持。

人民法院判决驳回管理人提起的抵销无效诉讼请求的,该抵销自管理人收到主张债务抵销的通知之日起生效。

第四十三条　债权人主张抵销,管理人以下列理由提出异议的,人民法院不予支持:

(一)破产申请受理时,债务人对债权人负有的债务尚未到期;

(二)破产申请受理时,债权人对债务人负有的债务尚未到期;

(三)双方互负债务标的物种类、品质不同。

第四十四条　破产申请受理前六个月内,债务人有企业破产法第二条第一款规定的情形,债务人与个别债权人以抵销方式对个别债权人清偿,其抵销的债权债务属于企业破产法第四十条第(二)、(三)项规定的情形之一,管理人在破产申请受理之日起三个月内向人民法院提起诉讼,主张该抵销无效的,人民法院应予支持。

第四十五条 企业破产法第四十条所列不得抵销情形的债权人,主张以其对债务人特定财产享有优先受偿权的债权,与债务人对其不享有优先受偿权的债权抵销,债务人管理人以抵销存在企业破产法第四十条规定的情形提出异议的,人民法院不予支持。但是,用以抵销的债权大于债权人享有优先受偿权财产价值的除外。

第四十六条 债务人的股东主张以下列债务与债务人对其负有的债务抵销,债务人管理人提出异议的,人民法院应予支持:

(一)债务人股东因欠缴债务人的出资或者抽逃出资对债务人所负的债务;

(二)债务人股东滥用股东权利或者关联关系损害公司利益对债务人所负的债务。

《最高人民法院关于印发〈全国法院民商事审判工作会议纪要〉的通知》(法〔2019〕254号)

43.【抵销】抵销权既可以通知的方式行使,也可以提出抗辩或者提起反诉的方式行使。抵销的意思表示自到达对方时生效,抵销一经生效,其效力溯及自抵销条件成就之时,双方互负的债务在同等数额内消灭。双方互负的债务数额,是截至抵销条件成就之时各自负有的包括主债务、利息、违约金、赔偿金等在内的全部债务数额。行使抵销权一方享有的债权不足以抵销全部债务数额,当事人对抵销顺序又没有特别约定的,应当根据实现债权的费用、利息、主债务的顺序进行抵销。

典型案例指导

厦门源昌房地产开发有限公司与海南悦信集团有限公司委托合同纠纷案

[最高人民法院(2018)最高法民再51号民事判决书,《最高人民法院公报》2019年第4期(总第270期)]

双方债务均已到期属于法定抵销权形成的积极条件之一。该条件不仅意味着双方债务均已届至履行期,同时还要求双方债务各自从履行期届至到诉讼时效期间届满的时间段,应当存在重合的部分。在上述时间段的重合部分,双方债权均处于没有时效等抗辩的可履行状态,“双方债务均已到期”之条件即为成就,即使此后抵销权行使之时主动债权已经超过诉讼时效,亦不影响该条件的成立。

因被动债权诉讼时效的抗辩可由当事人自主放弃,故在审查抵销权形成的积极条件时，当重点考察主动债权的诉讼时效，即主动债权的诉讼时效届满之前，被动债权进入履行期的，当认为满足双方债务均已到期之条件；反之则不得认定该条件已经成就。

抵销权的行使不同于抵销权的形成。作为形成权，抵销权的行使不受诉讼时效的限制。我国法律并未对法定抵销权的行使设置除斥期间。在法定抵销权已经有效成立的情况下，如抵销权的行使不存在不合理迟延之情形，综合实体公平及抵销权的担保功能等因素，人民法院应认可抵销的效力。

第五百六十九条　【债务约定抵销】当事人互负债务，标的物种类、品质不相同的，经协商一致，也可以抵销。

条文应用提示

约定抵销，是指当事人双方协商一致，使自己的债务与对方的债务在对等额内消灭。法定抵销与约定抵销都是将双方的债务在对等额内消灭。但两者有所不同，主要表现在：(1)抵销的根据不同。法定抵销是基于法律规定，只要具备法定条件，任何一方可将自己的债务与对方的债务抵销，无须对方当事人的同意；约定抵销，双方必须协商一致，不能由单方决定抵销。(2)对抵销的债务的要求不同。法定抵销要求标的物的种类、品质相同；约定抵销标的物的种类、品质可以不同。例如，可以约定以煤炭抵销运输费，以二级大米抵销一级大米。(3)对抵销的债务的期限要求不同。法定抵销要求提出抵销的当事人一方所享有的债权即对方的债务已经到期；约定抵销，双方互负的债务即使没有到期，只要双方当事人协商一致，愿意在履行期到来前将互负的债务抵销，也可以抵销。(4)程序要求不同。法定抵销，当事人主张抵销的应当通知对方，通知未到达对方，抵销不生效；约定抵销，双方达成抵销协议时，除双方另有约定外，即发生抵销的法律效力，不必履行通知义务。

约定抵销使交易活动更加灵活，改变法定抵销的条件，可能对当事人也更为便利，也可能使抵销更为困难。

旧法对应关系

合同法第一百条

第五百七十条 【标的物提存的条件】有下列情形之一，难以履行债务的，债务人可以将标的物提存：

（一）债权人无正当理由拒绝受领；

（二）债权人下落不明；

（三）债权人死亡未确定继承人、遗产管理人，或者丧失民事行为能力未确定监护人；

（四）法律规定的其他情形。

标的物不适于提存或者提存费用过高的，债务人依法可以拍卖或者变卖标的物，提存所得的价款。

条文应用提示

提存，是指由于法律规定的原因导致债务人难以向债权人履行债务时，债务人将标的物交给提存部门而消灭债务的制度。本条规定了提存的四种情形：(1)债权人无正当理由拒绝受领，是指在债务履行期届至后，债务的履行需要债权人受领时，债务人提出了履行债务的请求，债权人能够接受履行，却无正当理由的不予受领。(2)债权人下落不明。债权人下落不明，是指当事人离开自己的住所、不知去向，或因为债权人地址不详等原因无法查找。债权人下落不明，即使未被宣告失踪，债务人也无法履行，为消灭债权债务关系，债务人可以将标的物提存。(3)债权人死亡未确定继承人、遗产管理人，或者丧失民事行为能力未确定监护人。债权人死亡或者丧失民事行为能力，并不必然导致债务人债务的消灭。当债权人死亡时，由于该债权人的继承人可以继承其债权，因此，债务人应当向债权人的继承人、遗产管理人履行债务。如果债权人死亡以后其继承人、遗产管理人未确定，造成债务人无法履行其债务的，债务人可以将标的物提存。如果债权人因为丧失民事行为能力导致其在法律上不能受领，应由其监护人代理。如果债权人的监护人未确定，造成债务人无法履行其债务的，债务人也可以将标的物提存。(4)法律规定的其他情形。除了上述三种由于债权人的原因导致难以履行债务的事由之外，还存在法律规定的其他事由。

所谓标的物提存费用过高，一般是指提存费与所提存的标的的价额不成比例，如需要特殊设备或者人工照顾的动物。标的物不适于提存或者提存费用过高有悖设立提存制度的目的,但不提存,债务人又达不到使得债务消灭的目的,为此,可以依照我国《拍卖法》等有关法律规定,拍卖或者变卖标的物,提存所得的价款。

旧法对应关系

合同法第一百零一条

关联法律法规

《提存公证规则》(1995年6月2日)

第二条　提存公证是公证处依照法定条件和程序,对债务人或担保人为债权人的利益而交付的债之标的物或担保物(含担保物的替代物)进行寄托、保管,并在条件成就时交付债权人的活动。为履行清偿义务或担保义务而向公证处申请提存的人为提存人。提存之债的债权人为提存受领人。

第三条　以清偿为目的的提存公证具有债的消灭和债之标的物风险责任转移的法律效力。

以担保为目的的提存公证具有保证债务履行和替代其他担保形式的法律效力。

不符合法定条件的提存或提存人取回提存标的的,不具有提存公证的法律效力。

第四条　提存公证由债务履行地的公证处管辖。

以担保为目的的提存公证或在债务履行地申办提存公证有困难的,可由担保人住所地或债务人住所地的公证处管辖。

第五条　债务清偿期限届至,有下列情况之一使债务人无法按时给付的,公证处可以根据债务人申请依法办理提存:

(一)债权人无正当理由拒绝或延迟受领债之标的的;

(二)债权人不在债务履行地又不能到履行地受领的;

(三)债权人不清、地址不详,或失踪、死亡(消灭)其继承人不清,或无行为能力其法定代理人不清的。

第六条　有下列情况之一的,公证处可以根据当事人申请办理提存公证:

(一)债的双方在合同(协议)中约定以提存方式给付的;

(二)为了保护债权人利益,保证人、抵押人或质权人请求将担保物

(金)或其替代物提存的;

当事人申办前款所列提存公证,必须列明提存物给付条件,公证处应按提存人所附条件给付提存标的物。

第七条 下列标的物可以提存:

(一)货币;

(二)有价证券、票据、提单、权利证书;

(三)贵重物品;

(四)担保物(金)或其替代物;

(五)其他适宜提存的标的物。

第八条 公证处应当在指定银行设立提存帐户,并置备保管有价证券、贵重物品的专用设备或租用银行的保险箱。

第五百七十一条 【提存成立及提存对债务人效力】债务人将标的物或者将标的物依法拍卖、变卖所得价款交付提存部门时,提存成立。

提存成立的,视为债务人在其提存范围内已经交付标的物。

旧法对应关系

原合同法解释二第二十五条

第五百七十二条 【提存通知】标的物提存后,债务人应当及时通知债权人或者债权人的继承人、遗产管理人、监护人、财产代管人。

旧法对应关系

合同法第一百零二条

关联法律法规

《提存公证规则》(1995年6月2日)

第十八条 提存人应将提存事实及时通知提存受领人。

以清偿为目的的提存或提存人通知有困难的,公证处应自提存之日起七日内,以书面形式通知提存受领人,告知其领取提存物的时间、期限、地点、方法。

提存受领人不清或下落不明、地址不详无法送达通知的，公证处应自提存之日起六十日内，以公告方式通知。公告应刊登在国家或债权人在国内住所地的法制报刊上，公告应在一个月内在同一报刊刊登三次。

第五百七十三条　【提存对债权人效力】标的物提存后，毁损、灭失的风险由债权人承担。提存期间，标的物的孳息归债权人所有。提存费用由债权人负担。

旧法对应关系

合同法第一百零三条

关联法律法规

《提存公证规则》(1995年6月2日)

第二十五条　除当事人另有约定外，提存费用由提存受领人承担。

提存费用包括：提存公证费、公告费、邮电费、保管费、评估鉴定费、代管费、拍卖变卖费、保险费，以及为保管、处理、运输提存标的物所支出的其他费用。

提存受领人未支付提存费用前，公证处有权留置价值相当的提存标的物。

第二十七条　公证处不得挪用提存标的。公证处或公证人员挪用提存标的的，除应负相应的赔偿责任外，对直接责任人员要追究行政或刑事责任。

提存期间，提存物毁损灭失的风险责任由提存受领人负担；但因公证处过错造成毁损、灭失的，公证处负有赔偿责任。

公民、法人以不正当手段骗取提存标的的，负有赔偿责任；构成犯罪的，依法追究刑事责任。

公证处未按法定或当事人约定条件给付提存标的给当事人造成损失的，公证处负有连带赔偿责任。

第五百七十四条　【提存物的受领及受领权消灭】债权人可以随时领取提存物。但是，债权人对债务人负有到期债务的，在债权人未履

行债务或者提供担保之前,提存部门根据债务人的要求应当拒绝其领取提存物。

债权人领取提存物的权利,自提存之日起五年内不行使而消灭,提存物扣除提存费用后归国家所有。但是,债权人未履行对债务人的到期债务,或者债权人向提存部门书面表示放弃领取提存物权利的,债务人负担提存费用后有权取回提存物。

旧法对应关系

合同法第一百零五条

关联法律法规

《提存公证规则》(1995 年 6 月 2 日)

第十九条 公证处有保管提存标的物的权利和义务。公证处应当采取适当的方法妥善保管提存标的,以防毁损、变质或灭失。

对不宜保存的、提存受领人到期不领取或超过保管期限的提存物品,公证处可以拍卖,保存其价款。

第二十条 下列物品的保管期限为六个月:

(一)不适于长期保管或长期保管将损害其价值的;

(二)六个月的保管费用超过物品价值 5%的。

第二十一条 从提存之日起,超过二十年无人领取的提存标的物,视为无主财产;公证处应在扣除提存费用后将其余额上缴国库。

第五百七十五条 【债务免除】债权人免除债务人部分或者全部债务的,债权债务部分或者全部终止,但是债务人在合理期限内拒绝的除外。

条文应用提示

免除,是指债权人抛弃债权,从而全部或者部分消灭债权债务。

免除也是意思表示,而且是有相对人的意思表示,因此应当适用意思表示的一般规定。免除发生债权消灭的后果,需要债权人具有处分权,且不得损害第三人的利益,否则对第三人不发生免除效力。

免除可以附条件或者附期限。

旧法对应关系

合同法第一百零五条

第五百七十六条　【债权债务混同】债权和债务同归于一人的，债权债务终止，但是损害第三人利益的除外。

条文应用提示

债权债务的混同，是指债权人和债务人同归于一人，致使债权债务终止。广义的混同，是指不能并立的两种法律关系同归于一人而使其权利义务归于消灭的现象。包括：(1)所有权与他物权同归于一人；(2)债权与债务同归于一人；(3)主债务与保证债务同归于一人。狭义的混同，也即债权债务的混同，仅指债权与债务同归于一人的情况。本条仅规定了债权债务的混同，混同是一种法律规定的事件，即因某些客观事实发生而产生的债权债务同归一人，不必由当事人为意思表示。

旧法对应关系

合同法第一百零六条

第八章　违约责任

第五百七十七条　【违约责任】当事人一方不履行合同义务或者履行合同义务不符合约定的，应当承担继续履行、采取补救措施或者赔偿损失等违约责任。

条文应用提示

违约责任的形式包括继续履行、采取补救措施或者赔偿损失等。具体而言，包括：(1)继续履行；(2)修理、重作、更换；(3)采取其他补救措施，包括退货、减少价款或者报酬等；(4)赔偿损失，包括法定的赔偿损失和违约金、定金等约定的赔偿损失。本章对此进行了详细的规定。《民法典》第一百七十九条第二款、第三款规定:“法律规定惩罚性赔偿的,依照其规定。本条规定的承担民事责任的方式,可以单独适用,也可以合并适用。”

旧法对应关系

合同法第一百零七条,民法通则第一百一十一条

关联法律法规

《中华人民共和国旅游法》(2018年10月26日修正)

第七十条 旅行社不履行包价旅游合同义务或者履行合同义务不符合约定的,应当依法承担继续履行、采取补救措施或者赔偿损失等违约责任;造成旅游者人身损害、财产损失的,应当依法承担赔偿责任。旅行社具备履行条件,经旅游者要求仍拒绝履行合同,造成旅游者人身损害、滞留等严重后果的,旅游者还可以要求旅行社支付旅游费用一倍以上三倍以下的赔偿金。

由于旅游者自身原因导致包价旅游合同不能履行或者不能按照约定履行,或者造成旅游者人身损害、财产损失的,旅行社不承担责任。

在旅游者自行安排活动期间,旅行社未尽到安全提示、救助义务的,应当对旅游者的人身损害、财产损失承担相应责任。

第七十一条 由于地接社、履行辅助人的原因导致违约的,由组团社承担责任;组团社承担责任后可以向地接社、履行辅助人追偿。

由于地接社、履行辅助人的原因造成旅游者人身损害、财产损失的,旅游者可以要求地接社、履行辅助人承担赔偿责任,也可以要求组团社承担赔偿责任;组团社承担责任后可以向地接社、履行辅助人追偿。但是,由于公共交通经营者的原因造成旅游者人身损害、财产损失的,由公共交通经营者依法承担赔偿责任,旅行社应当协助旅游者向公共交通经营者索赔。

第七十二条 旅游者在旅游活动中或者在解决纠纷时,损害旅行社、履行辅助人、旅游从业人员或者其他旅游者的合法权益的,依法承担赔偿责任。

《最高人民法院关于审理食品药品纠纷案件适用法律若干问题的规定》(法释〔2021〕17号修正)

第五条 消费者举证证明所购买食品、药品的事实以及所购食品、药

品不符合合同的约定,主张食品、药品的生产者、销售者承担违约责任的,人民法院应予支持。

消费者举证证明因食用食品或者使用药品受到损害,初步证明损害与食用食品或者使用药品存在因果关系,并请求食品、药品的生产者、销售者承担侵权责任的,人民法院应予支持,但食品、药品的生产者、销售者能证明损害不是因产品不符合质量标准造成的除外。

《最高人民法院关于审理建设工程施工合同纠纷案件适用法律问题的解释(一)》(法释〔2020〕25号)

第十九条　当事人对建设工程的计价标准或者计价方法有约定的,按照约定结算工程价款。

因设计变更导致建设工程的工程量或者质量标准发生变化,当事人对该部分工程价款不能协商一致的,可以参照签订建设工程施工合同时当地建设行政主管部门发布的计价方法或者计价标准结算工程价款。

建设工程施工合同有效,但建设工程经竣工验收不合格的,依照民法典第五百七十七条规定处理。

《最高人民法院关于适用〈中华人民共和国公司法〉若干问题的规定(四)》(法释〔2020〕18号修正)

第二十一条　有限责任公司的股东向股东以外的人转让股权,未就其股权转让事项征求其他股东意见,或者以欺诈、恶意串通等手段,损害其他股东优先购买权,其他股东主张按照同等条件购买该转让股权的,人民法院应当予以支持,但其他股东自知道或者应当知道行使优先购买权的同等条件之日起三十日内没有主张,或者自股权变更登记之日起超过一年的除外。

前款规定的其他股东仅提出确认股权转让合同及股权变动效力等请求,未同时主张按照同等条件购买转让股权的,人民法院不予支持,但其他股东非因自身原因导致无法行使优先购买权,请求损害赔偿的除外。

股东以外的股权受让人,因股东行使优先购买权而不能实现合同目的的,可以依法请求转让股东承担相应民事责任。

《最高人民法院关于印发〈全国法院审理债券纠纷案件座谈会纪要〉的通知》(法〔2020〕185号)

21. 发行人的违约责任范围。债券发行人未能如约偿付债券当期利息或者到期本息的，债券持有人请求发行人支付当期利息或者到期本息，并支付逾期利息、违约金、实现债权的合理费用的，人民法院应当予以支持。

债券持有人以发行人出现债券募集文件约定的违约情形为由，要求发行人提前还本付息的，人民法院应当综合考量债券募集文件关于预期违约、交叉违约等的具体约定以及发生事件的具体情形予以判断。

债券持有人以发行人存在其他证券的欺诈发行、虚假陈述为由，请求提前解除合同并要求发行人承担还本付息等责任的，人民法院应当综合考量其他证券的欺诈发行、虚假陈述等行为是否足以导致合同目的不能实现等因素，判断是否符合提前解除合同的条件。

典型案例指导

徐欣诉招商银行股份有限公司上海延西支行银行卡纠纷案（最高人民法院指导案例169号）

【关键词】

民事/银行卡纠纷/网络盗刷/责任认定

【裁判要点】

持卡人提供证据证明他人盗用持卡人名义进行网络交易，请求发卡行承担被盗刷账户资金减少的损失赔偿责任，发卡行未提供证据证明持卡人违反信息妥善保管义务，仅以持卡人身份识别信息和交易验证信息相符为由主张不承担赔偿责任的，人民法院不予支持。

【相关法条】

《中华人民共和国合同法》第一百零七条（注：现行有效的法律为《中华人民共和国民法典》第五百七十七条）

【基本案情】

徐欣系招商银行股份有限公司上海延西支行（以下简称招行延西支行）储户，持有卡号为××××的借记卡一张。

2016年3月2日，徐欣上述借记卡发生三笔转账，金额分别为50000元、50000元及46200元，共计146200元。转入户名均为石某，卡号：××××，转入行：中国农业银行。

2016年5月30日，徐欣父亲徐某至上海市公安局青浦分局经侦支队报警并取得《受案回执》。当日，上海市公安局青浦分局经侦支队向徐欣发送沪公

(青)立告字(2016)3923号《立案告知书》,告知信用卡诈骗案决定立案。

2016年4月29日,福建省福清市公安局出具融公(刑侦)捕字(2016)00066号《逮捕证》,载明:经福清市人民检察院批准,兹由我局对涉嫌盗窃罪的谢某1执行逮捕,送福清市看守所羁押。

2016年5月18日,福建省福清市公安局刑侦大队向犯罪嫌疑人谢某1制作《讯问笔录》,载明:……我以9800元人民币向我师傅购买了笔记本电脑、银行黑卡(使用别人身份办理的银行卡)、身份证、优盘等设备用来实施盗刷他人银行卡存款。我师傅卖给我的优盘里有受害人的身份信息、手机号码、银行卡号、取款密码以及银行卡内的存款情况。……用自己人的头像补一张虚假的临时身份证,办理虚假的临时身份证的目的是用于到手机服务商营业厅将我们要盗刷的那个受害者的手机挂失并补新的SIM卡,我们补新SIM卡的目的是掌握受害者预留给银行的手机,以便于接收转账等操作时银行发送的验证码,只有输入验证码手机银行内的钱才能被转账成功。而且将受害者的银行卡盗刷后,他手上持有的SIM卡接收不到任何信息,我们转他银行账户内的钱不至于被他发现。……2016年3月2日,我师傅告诉我说这次由他负责办理受害人假的临时身份证,并补办受害者关联银行卡的新手机SIM卡。他给了我三个银行账号和密码(经辨认银行交易明细……一张是招行卡号为××××,户名:徐欣)。

2016年6月,福建省福清市公安局出具《呈请案件侦查终结报告书》,载明:……2016年3月2日,此次作案由谢某1负责转账取款,上家负责提供信息、补卡,此次谢某1盗刷了周某、徐欣、汪某等人银行卡内存款共计400700元……

2016年6月22日,福建省福清市人民检察院向徐欣发送《被害人诉讼权利义务告知书》,载明:犯罪嫌疑人谢某1、谢某2等3人盗窃案一案,已由福清市公安局移送审查起诉……

徐欣向人民法院起诉请求招行延西支行赔偿银行卡盗刷损失及利息。

【裁判结果】

上海市长宁区人民法院于2017年4月25日作出(2017)沪0105民初1787号民事判决:一、招商银行股份有限公司上海延西支行给付徐欣存款损失146200元;二、招商银行股份有限公司上海延西支行给付原告徐欣自2016年3月3日起至判决生效之日止,以146200元为基数,按照中国人民银行同期存款利率计算的利息损失。招商银行股份有限公司上海延西支行不服一审判决,向上海市第一中级人民法院提起上诉。上海市第一中级人民法院2017年10月31日作出(2017)沪01民终9300号民事判决:驳回上诉,维持原判。

【裁判理由】

法院生效裁判认为:被上诉人在上诉人处办理了借记卡并将资金存入上诉人处,上诉人与被上诉人之间建立储蓄存款合同关系。《中华人民共和国商业银行法》第六条规定,"商业银行应当保障存款人的合法权益不受任何单位和个人的侵犯"。在储蓄存款合同关系中,上诉人作为商业银行对作为存款人的被上诉人,具有保障账户资金安全的法定义务以及向被上诉人本人或者其授权的人履行的合同义务。为此,上诉人作为借记卡的发卡行及相关技术、设备和操作平台的提供者,应当对交易机具、交易场所加强安全管理,对各项软硬件设施及时更新升级,以最大限度地防范资金交易安全漏洞。尤其是,随着电子银行业务的发展,商业银行作为电子交易系统的开发、设计、维护者,也是从电子交易便利中获得经济利益的一方,应当也更有能力采取更为严格的技术保障措施,以增强防范银行卡违法犯罪行为的能力。本案根据查明的事实,被上诉人涉案账户的资金损失,系因案外人谢某1非法获取被上诉人的身份信息、手机号码、取款密码等账户信息后,通过补办手机SIM卡截获上诉人发送的动态验证码,进而进行转账所致。在存在网络盗刷的情况下,上诉人仍以身份识别信息和交易验证信息通过为由主张案涉交易是持卡人本人或其授权交易,不能成立。而且,根据本案现有证据无法查明案外人谢某1如何获得交易密码等账户信息,上诉人亦未提供相应的证据证明账户信息泄露系因被上诉人没有妥善保管使用银行卡所导致,因此,就被上诉人自身具有过错,应当由上诉人承担举证不能的法律后果。上诉人另主张,手机运营商在涉案事件中存在过错。然,本案被上诉人提起诉讼的请求权基础为储蓄存款合同关系,手机运营商并非合同以及本案的当事人,手机运营商是否存在过错以及上诉人对被上诉人承担赔偿责任后,是否有权向手机运营商追偿,并非本案审理范围。综上,上诉人在储蓄存款合同履行过程中,对上诉人账户资金未尽到安全保障义务,又无证据证明被上诉人存在违约行为可以减轻责任,上诉人对被上诉人的账户资金损失应当承担全部赔偿责任。上诉人的上诉请求,理由不成立,不予支持。

第五百七十八条 【预期违约责任】当事人一方明确表示或者以自己的行为表明不履行合同义务的,对方可以在履行期限届满前请求其承担违约责任。

条文应用提示

按照违约行为发生的时间,可分为预期违约和届期违约。违约行为发生于合同履行期限届满之前的,为预期违约,又称为先期违约。在履行期限届满之前,当事人一方明确表示或者以自己的行为表明不履行合同债务,当然要求其不享有履行抗辩权等正当理由的,才构成预期违约。

旧法对应关系

合同法第一百零八条

关联法律法规

《最高人民法院关于执行和解若干问题的规定》(法释〔2020〕21号修正)

第十一条　申请执行人以被执行人一方不履行执行和解协议为由申请恢复执行,人民法院经审查,理由成立的,裁定恢复执行;有下列情形之一的,裁定不予恢复执行:

(一)执行和解协议履行完毕后申请恢复执行的;

(二)执行和解协议约定的履行期限尚未届至或者履行条件尚未成就的,但符合民法典第五百七十八条规定情形的除外;

(三)被执行人一方正在按照执行和解协议约定履行义务的;

(四)其他不符合恢复执行条件的情形。

第十九条　执行过程中,被执行人根据当事人自行达成但未提交人民法院的和解协议,或者一方当事人提交人民法院但其他当事人不予认可的和解协议,依照民事诉讼法第二百二十五条规定提出异议的,人民法院按照下列情形,分别处理:

(一)和解协议履行完毕的,裁定终结原生效法律文书的执行;

(二)和解协议约定的履行期限尚未届至或者履行条件尚未成就的,裁定中止执行,但符合民法典第五百七十八条规定情形的除外;

(三)被执行人一方正在按照和解协议约定履行义务的,裁定中止执行;

(四)被执行人不履行和解协议的,裁定驳回异议;

(五)和解协议不成立、未生效或者无效的,裁定驳回异议。

第五百七十九条 【金钱债务实际履行责任】当事人一方未支付价款、报酬、租金、利息,或者不履行其他金钱债务的,对方可以请求其支付。

条文应用提示

所谓金钱债务,是指以债务人给付一定货币作为内容的债务,包括以支付价款、报酬、租金、利息,或者以履行其他金钱债务为内容的债务。当然,这里所说的报酬指的是金钱报酬,而不包括其他形式的报酬。本条在《合同法》规定的基础上进一步明确适用前提是金钱债务,以与下一条相对应。

当事人一方未按照合同约定履行金钱债务的,对方可以请求其履行。货币具有高度流通性和可替代性,一般不会出现法律上或者事实上不能履行,或者不适于强制履行、履行费用过高的情形,也不会出现因为不可抗力而完全不能继续履行的情形,因此违约方应当继续履行,对方可以请求其支付。本条要求金钱债务的继续履行,这有利于强化诚信观念,防止交易当事人以各种不正当理由拒绝继续履行金钱债务。

当事人一方迟延履行金钱债务的,除应当继续履行金钱债务外,还应当承担其他违约责任,如支付违约金、赔偿逾期利息等。

旧法对应关系

合同法第一百零九条

第五百八十条 【非金钱债务实际履行责任及违约责任】当事人一方不履行非金钱债务或者履行非金钱债务不符合约定的,对方可以请求履行,但是有下列情形之一的除外:

(一)法律上或者事实上不能履行;

(二)债务的标的不适于强制履行或者履行费用过高;

(三)债权人在合理期限内未请求履行。

有前款规定的除外情形之一,致使不能实现合同目的的,人民法院或者仲裁机构可以根据当事人的请求终止合同权利义务关系,但是不影响违约责任的承担。

对应司法解释

《最高人民法院关于适用〈中华人民共和国民法典〉时间效力的若干规定》(法释〔2020〕15 号)

第十一条　民法典施行前成立的合同,当事人一方不履行非金钱债务或者履行非金钱债务不符合约定,对方可以请求履行,但是有民法典第五百八十条第一款第一项、第二项、第三项除外情形之一,致使不能实现合同目的,当事人请求终止合同权利义务关系的,适用民法典第五百八十条第二款的规定。

《最高人民法院关于适用〈中华人民共和国民法典〉合同编通则若干问题的解释》(法释〔2023〕13 号)

第五十九条　当事人一方依据民法典第五百八十条第二款的规定请求终止合同权利义务关系的,人民法院一般应当以起诉状副本送达对方的时间作为合同权利义务关系终止的时间。根据案件的具体情况,以其他时间作为合同权利义务关系终止的时间更加符合公平原则和诚信原则的,人民法院可以以该时间作为合同权利义务关系终止的时间,但是应当在裁判文书中充分说明理由。

条文应用提示

本条是关于非金钱债务继续履行的规定。所谓继续履行,也称为实际履行,就是按照合同的约定继续履行义务。

债权人请求继续履行,必须以非金钱债务能够继续履行为前提,如果非金钱债务不能继续履行,对方就不能请求继续履行,或者其提出继续履行的请求,债务人能够依据本条第一款提出抗辩。当然,即使债权人不能请求债务人继续履行,但其仍然有权依法请求债务人承担其他违约责任,尤其是赔偿损失。不能请求继续履行具体包括以下情形:

(1)法律上或者事实上不能履行。所谓法律上不能履行,指的是基于法律规定而不能履行,或者履行将违反法律的强制性规定。

(2)债务的标的不适于强制履行或者履行费用过高。债务的标的不适于强制履行,指依据债务的性质不适合强制履行,或者执行费用过高。履行费用过高,指履行仍然可能,但确会导致履行方负担过重,产生不合理的过大的负担或者过高的费用。

（3）债权人在合理期限内未请求履行。履行合同义务需要债务人进行特定的准备和努力，如果履行期限已过，并且债权人未在合理期限内请求债务人继续履行，债务人则可能会推定债权人不再坚持继续履行。

旧法对应关系

合同法第一百一十条

关联法律法规

《最高人民法院关于印发〈全国法院民商事审判工作会议纪要〉的通知》（法〔2019〕254号）

48.【违约方起诉解除】违约方不享有单方解除合同的权利。但是，在一些长期性合同如房屋租赁合同履行过程中，双方形成合同僵局，一概不允许违约方通过起诉的方式解除合同，有时对双方都不利。在此前提下，符合下列条件，违约方起诉请求解除合同的，人民法院依法予以支持：

（1）违约方不存在恶意违约的情形；

（2）违约方继续履行合同，对其显失公平；

（3）守约方拒绝解除合同，违反诚实信用原则。

人民法院判决解除合同的，违约方本应当承担的违约责任不能因解除合同而减少或者免除。

典型案例指导

新宇公司诉冯玉梅商铺买卖合同纠纷案［江苏省南京市中级人民法院2004年9月6日民事判决书，《最高人民法院公报》2006年第6期（总第116期）］

根据《合同法》第一百一十条规定，有违约行为的一方当事人请求解除合同，没有违约行为的另一方当事人要求继续履行合同，当违约方继续履约所需的财力、物力超过合同双方基于合同履行所能获得的利益，合同已不具备继续履行的条件时，为衡平双方当事人利益，可以允许违约方解除合同，但必须由违约方向对方承担赔偿责任，以保证对方当事人的现实既得利益不因合同解除而减少。

北京某旅游公司诉北京某村民委员会等合同纠纷案（2023年1月12日《最高人民法院发布人民法院贯彻实施民法典典型案例（第二批）》）

【典型意义】

本案是人民法院准确适用民法典关于合同权利义务关系终止和违约责任

承担等制度,依法妥善化解民事纠纷的典型案例。审理法院根据案件具体情况认定所涉案件事实不构成情势变更,防止市场主体随意以构成情势变更为由逃避合同规定的义务,同时考虑到合同已经丧失继续履行的现实可行性,依法终止合同权利义务关系。本案裁判有利于指引市场主体遵循诚信原则依法行使权利、履行义务,对于维护市场交易秩序、弘扬诚实守信的社会主义核心价值观具有积极意义。

【基本案情】

2019年2月26日,北京某村民委员会、北京某经济合作社、北京某旅游公司就北京某村域范围内旅游资源开发建设签订经营协议,经营面积595.88公顷,经营范围内有河沟、山谷、民宅等旅游资源,经营期限50年。北京某旅游公司交纳合作费用300万元。2018年年中,区水务局开始进行城市蓝线规划工作,至2019年年底形成正式稿,将涉案经营范围内河沟两侧划定为城市蓝线。2019年11月左右,北京某旅游公司得知河沟两侧被划定为城市蓝线,于2020年5月11日通知要求解除相关协议,后北京某旅游公司撤场。区水务局提供的城市蓝线图显示,城市蓝线沿着河沟两侧划定,大部分村民旧宅在城市蓝线范围外。区水务局陈述,城市蓝线是根据标准不同以及河道防洪等级不同划定的,开发建设必须保证不影响防洪,如果影响,需要对河道进行治理,治理验收合格后则能正常开发建设。庭审中,北京某旅游公司未提交证据证明其对经营范围内区域进行旅游开发时,曾按照政策要求报请相关审批手续,也未提交证据证明因城市蓝线的划定相关政府部门向其出具禁止开展任何活动的通知。

【裁判结果】

生效裁判认为,本案中城市蓝线的划定不属于情势变更。城市蓝线划定不属于无法预见的重大变化,不会导致一方当事人无法履约。经营协议确定的绝大部分经营区域并不在城市蓝线范围内,对于在城市蓝线范围内的经营区域,北京某旅游公司亦可在履行相应行政审批手续、符合政策文件具体要求的情况下继续进行开发活动,城市蓝线政策不必然导致其履约困难。北京某村民委员会、北京某经济合作社并不存在违约行为,北京某旅游公司明确表示不再对经营范围进行民宿及旅游资源开发,属于违约一方,不享有合同的法定解除权。本案中,北京某旅游公司已撤场,且明确表示不再对经营范围进行民宿及旅游资源开发,要求解除或终止合同,而北京某村民委员会不同意解除或终止合同,要求北京某旅游公司继续履行合同。双方签订的经营协议系具有合作性质的长期性合同,北京某旅游公司是否对民宿及旅游资源进行开发建设必将影响北京某村民委员会的后期收益,北京某旅游公司的开发建设既属权利,也系义务,该不履行属“不履行非金钱债务”情形,且该债务不适合强制履行。同时,长期性合作合同须以双方自愿且相互信赖为前提,在涉案经营协议已丧失继续履行的现实可行性情形下,如不允许双方权利义务终止,既不利于充分发挥土地等资源的价值,又不利于双方利益的平衡保护。因此,涉案经营协议履行已陷入僵局,故对于当事人依据《民法典》第五百八十条请求终止合同权利义务关系的主张,人民法院予以支持。本案中,旅游开发建设未实际开展,合同权利义务关系终止后,产生恢复原状的法律后果,但合同权利义务关系终止不影响违约责任的承担。综合考虑北京某村民委员会前期费用支出、双方合同权利义务约定、北京某旅游公司的违约情形、合同实际履行期间等因素,酌定北京某村民委员会、北京某经济合作社退还北京某旅游公司部分合作费 120 万元。

第五百八十一条 【替代履行】当事人一方不履行债务或者履行债务不符合约定,根据债务的性质不得强制履行的,对方可以请求其负担由第三人替代履行的费用。

条文应用提示

本条适用的前提是,当事人一方不履行债务或者履行债务不符合约定,并且该债务根据债务的性质不得强制履行。此时,债权人可以请求债务人负担由第三人替代履行的费用。如果该债务是以作为为标的的债务,则债权人可以请求债务人负担由第三人替代履行的费用。比如,《民法典》第七百一十三条第一款规定,承租人在租赁物需要维修时可以请求出租人在合理期限内维修。出租人未履行维修义务的,承租人可以自行维修,维修费用由出租人负担。如果该债务是以不作为为标的的债务,且表现为有形状态的持续,则债权人同样可以请求债务人负担由第三人替代履行的费用。例如,债务人负有不搭建建筑物的义务,债务人搭建后则负有拆除的义务,债务人不拆除的,则债权人可请求债务人负担由第三人拆除该建筑物的费用。

第五百八十二条 【瑕疵履行违约责任】履行不符合约定的,应当按照当事人的约定承担违约责任。对违约责任没有约定或者约定不明

确，依据本法第五百一十条的规定仍不能确定的，受损害方根据标的的性质以及损失的大小，可以合理选择请求对方承担修理、重作、更换、退货、减少价款或者报酬等违约责任。

条文应用提示

债务人履行合同义务不符合约定的，主要是品质、数量等不符合约定，可以考虑一些补救措施，主要包括修理、重作、更换以及退货、减少价款或者报酬。这有利于尽量维持当事人之间的合同关系。

如果债务人和债权人事先对此有约定的，应当按照当事人的约定承担违约责任，该约定是民事法律行为，因此适用民事法律行为的一般规定。比如，双方约定的“三包”规定中，对不同瑕疵的后果进行了详细的约定，此时违约方就应当按照当事人之间的约定承担违约责任。

如果当事人对违约责任没有约定，或者虽有约定但约定不明确的，此时就应当依据《民法典》第五百一十条的规定予以确定，即合同生效后，当事人就质量、价款或者报酬、履行地点等内容没有约定或者约定不明确的，可以协议补充；不能达成补充协议的，按照合同相关条款或者交易习惯确定。

如果当事人对此既无约定，也无法依据《民法典》第五百一十条的规定予以确定的，则受损害方根据标的的性质以及损失的大小，可以合理选择请求对方承担修理、重作、更换、退货、减少价款或者报酬等违约责任。

旧法对应关系

合同法第一百一十一条，原买卖合同解释第二十一条、第二十二条、第二十三条

关联法律法规

《最高人民法院关于审理买卖合同纠纷案件适用法律问题的解释》（法释〔2020〕17号修正）

第十五条　买受人依约保留部分价款作为质量保证金，出卖人在质量保证期未及时解决质量问题而影响标的物的价值或者使用效果，出卖人主张支付该部分价款的，人民法院不予支持。

第十六条 买受人在检验期限、质量保证期、合理期限内提出质量异议,出卖人未按要求予以修理或者因情况紧急,买受人自行或者通过第三人修理标的物后,主张出卖人负担因此发生的合理费用的,人民法院应予支持。

第十七条 标的物质量不符合约定,买受人依照民法典第五百八十二条的规定要求减少价款的,人民法院应予支持。当事人主张以符合约定的标的物和实际交付的标的物按交付时的市场价值计算差价的,人民法院应予支持。

价款已经支付,买受人主张返还减价后多出部分价款的,人民法院应予支持。

《最高人民法院关于审理商品房买卖合同纠纷案件适用法律问题的解释》(法释〔2020〕17号修正)

第十三条 商品房买卖合同没有约定违约金数额或者损失赔偿额计算方法,违约金数额或者损失赔偿额可以参照以下标准确定:

逾期付款的,按照未付购房款总额,参照中国人民银行规定的金融机构计收逾期贷款利息的标准计算。

逾期交付使用房屋的,按照逾期交付使用房屋期间有关主管部门公布或者有资格的房地产评估机构评定的同地段同类房屋租金标准确定。

第十四条 由于出卖人的原因,买受人在下列期限届满未能取得不动产权属证书的,除当事人有特殊约定外,出卖人应当承担违约责任:

(一)商品房买卖合同约定的办理不动产登记的期限;

(二)商品房买卖合同的标的物为尚未建成房屋的,自房屋交付使用之日起90日;

(三)商品房买卖合同的标的物为已竣工房屋的,自合同订立之日起90日。

合同没有约定违约金或者损失数额难以确定的,可以按照已付购房款总额,参照中国人民银行规定的金融机构计收逾期贷款利息的标准计算。

第五百八十三条 【违约损害赔偿责任】当事人一方不履行合同义务或者履行合同义务不符合约定的，在履行义务或者采取补救措施后，对方还有其他损失的，应当赔偿损失。

旧法对应关系

合同法第一百一十二条

第五百八十四条 【损害赔偿范围】当事人一方不履行合同义务或者履行合同义务不符合约定，造成对方损失的，损失赔偿额应当相当于因违约所造成的损失，包括合同履行后可以获得的利益；但是，不得超过违约一方订立合同时预见到或者应当预见到的因违约可能造成的损失。

对应司法解释

《最高人民法院关于适用〈中华人民共和国民法典〉合同编通则若干问题的解释》（法释〔2023〕13号）

第六十条 人民法院依据民法典第五百八十四条的规定确定合同履行后可以获得的利益时，可以在扣除非违约方为订立、履行合同支出的费用等合理成本后，按照非违约方能够获得的生产利润、经营利润或者转售利润等计算。

非违约方依法行使合同解除权并实施了替代交易，主张按照替代交易价格与合同价格的差额确定合同履行后可以获得的利益的，人民法院依法予以支持；替代交易价格明显偏离替代交易发生时当地的市场价格，违约方主张按照市场价格与合同价格的差额确定合同履行后可以获得的利益的，人民法院应予支持。

非违约方依法行使合同解除权但是未实施替代交易，主张按照违约行为发生后合理期间内合同履行地的市场价格与合同价格的差额确定合同履行后可以获得的利益的，人民法院应予支持。

第六十一条 在以持续履行的债务为内容的定期合同中，一方不履行支付价款、租金等金钱债务，对方请求解除合同，人民法院经审理认为合同应当依法解除的,可以根据当事人的主张,参考合同主体、交易类型、市场价格变化、剩余履行期限等因素确定非违约方寻找替代交易的合理期限,并按照该期限对应的价款、租金等扣除非违约方应当支付的相应履约成本确定合同履行后可以获得的利益。

非违约方主张按照合同解除后剩余履行期限相应的价款、租金等扣除履约成本确定合同履行后可以获得的利益的,人民法院不予支持。但是,剩余履行期限少于寻找替代交易的合理期限的除外。

第六十二条 非违约方在合同履行后可以获得的利益难以根据本解释第六十条、第六十一条的规定予以确定的,人民法院可以综合考虑违约方因违约获得的利益、违约方的过错程度、其他违约情节等因素,遵循公平原则和诚信原则确定。

第六十三条 在认定民法典第五百八十四条规定的"违约一方订立合同时预见到或者应当预见到的因违约可能造成的损失"时,人民法院应当根据当事人订立合同的目的,综合考虑合同主体、合同内容、交易类型、交易习惯、磋商过程等因素,按照与违约方处于相同或者类似情况的民事主体在订立合同时预见到或者应当预见到的损失予以确定。

除合同履行后可以获得的利益外,非违约方主张还有其向第三人承担违约责任应当支出的额外费用等其他因违约所造成的损失,并请求违约方赔偿,经审理认为该损失系违约一方订立合同时预见到或者应当预见到的,人民法院应予支持。

在确定违约损失赔偿额时,违约方主张扣除非违约方未采取适当措施导致的扩大损失、非违约方也有过错造成的相应损失、非违约方因违约获得的额外利益或者减少的必要支出的,人民法院依法予以支持。

条文应用提示

违约赔偿损失,是指行为人违反合同约定造成对方损失时,行为人向受害人支付一定数额的金钱以弥补其损失,是运用较为广泛的一种责任方式。

承担违约赔偿损失责任的构成要件包括:一是有违约行为,即当事人一方不履行合同义务或者履行合同义务不符合约定。二是违约行为造成了对方的损失。如果违约行为未给对方造成损失,则不能用赔偿损失的方式追究违约人的民事责任。三是违约行为与对方损失之间有因果关系,对方的损失是违约行为所导致的。四是无免责事由。

按照完全赔偿原则,违约损失赔偿额应当相当于因违约所造成的损失,包括对实际损失和可得利益的赔偿。实际损失,即所受损害,是指因违约而导致现有利益的减少,是现实利益的损失,又被称为积极损失。可得利益是合同履行后债权人所能获得的纯利润。可得利益也可能与信赖利益中的丧失其他交易机会的损失存在重合。根据交易的性质、合同的目的等因素,可得利益损失主要分为生产利润损失、经营利润损失和转售利润损失等类型。

按照本条规定,违约赔偿的数额不得超过违反合同一方订立合同时预见到或者应当预见到的因违反合同可能造成的损失,这不仅适用于对可得利益的限制,也适用于对实际损失的限制。

旧法对应关系

合同法第一百一十三条,原买卖合同解释第二十九条、第三十条、第三十一条,原商品房买卖合同解释第八条、第九条

关联法律法规

《中华人民共和国食品安全法》(2021年4月29日修正)

第一百四十八条　消费者因不符合食品安全标准的食品受到损害的,可以向经营者要求赔偿损失,也可以向生产者要求赔偿损失。接到消费者赔偿要求的生产经营者,应当实行首负责任制,先行赔付,不得推诿;属于生产者责任的,经营者赔偿后有权向生产者追偿;属于经营者责任的,生产者赔偿后有权向经营者追偿。

生产不符合食品安全标准的食品或者经营明知是不符合食品安全标准的食品,消费者除要求赔偿损失外,还可以向生产者或者经营者要求支付价款十倍或者损失三倍的赔偿金;增加赔偿的金额不足一千元的,为一千元。但是,食品的标签、说明书存在不影响食品安全且不会对消费者造成误导的瑕疵的除外。

《中华人民共和国旅游法》(2018年10月26日修正)

第七十条 旅行社不履行包价旅游合同义务或者履行合同义务不符合约定的,应当依法承担继续履行、采取补救措施或者赔偿损失等违约责任;造成旅游者人身损害、财产损失的,应当依法承担赔偿责任。旅行社具备履行条件,经旅游者要求仍拒绝履行合同,造成旅游者人身损害、滞留等严重后果的,旅游者还可以要求旅行社支付旅游费用一倍以上三倍以下的赔偿金。

由于旅游者自身原因导致包价旅游合同不能履行或者不能按照约定履行,或者造成旅游者人身损害、财产损失的,旅行社不承担责任。

在旅游者自行安排活动期间,旅行社未尽到安全提示、救助义务的,应当对旅游者的人身损害、财产损失承担相应责任。

《中华人民共和国消费者权益保护法》(2013年10月25日修正)

第七条 消费者在购买、使用商品和接受服务时享有人身、财产安全不受损害的权利。

消费者有权要求经营者提供的商品和服务,符合保障人身、财产安全的要求。

第十一条 消费者因购买、使用商品或者接受服务受到人身、财产损害的,享有依法获得赔偿的权利。

第四十九条 经营者提供商品或者服务,造成消费者或者其他受害人人身伤害的,应当赔偿医疗费、护理费、交通费等为治疗和康复支出的合理费用,以及因误工减少的收入。造成残疾的,还应当赔偿残疾生活辅助具费和残疾赔偿金。造成死亡的,还应当赔偿丧葬费和死亡赔偿金。

第五十一条 经营者有侮辱诽谤、搜查身体、侵犯人身自由等侵害消费者或者其他受害人人身权益的行为,造成严重精神损害的,受害人可以要求精神损害赔偿。

第五十二条 经营者提供商品或者服务,造成消费者财产损害的,应当依照法律规定或者当事人约定承担修理、重作、更换、退货、补足商品数量、退还货款和服务费用或者赔偿损失等民事责任。

第五十五条 经营者提供商品或者服务有欺诈行为的,应当按照消费者的要求增加赔偿其受到的损失,增加赔偿的金额为消费者购买商品的价款或者接受服务的费用的三倍;增加赔偿的金额不足五百元的,为五百元。法律另有规定的,依照其规定。

经营者明知商品或者服务存在缺陷,仍然向消费者提供,造成消费者或者其他受害人死亡或者健康严重损害的,受害人有权要求经营者依照本法第四十九条、第五十一条等法律规定赔偿损失,并有权要求所受损失二倍以下的惩罚性赔偿。

《最高人民法院关于审理买卖合同纠纷案件适用法律问题的解释》(法释〔2020〕17号修正)

第二十二条　买卖合同当事人一方违约造成对方损失,对方主张赔偿可得利益损失的,人民法院在确定违约责任范围时,应当根据当事人的主张,依据民法典第五百八十四条、第五百九十一条、第五百九十二条、本解释第二十三条等规定进行认定。

第二十三条　买卖合同当事人一方因对方违约而获有利益,违约方主张从损失赔偿额中扣除该部分利益的,人民法院应予支持。

《最高人民法院关于审理旅游纠纷案件适用法律若干问题的规定》(法释〔2020〕17号修正)

第二十一条　旅游经营者因过错致其代办的手续、证件存在瑕疵,或者未尽妥善保管义务而遗失、毁损,旅游者请求旅游经营者补办或者协助补办相关手续、证件并承担相应费用的,人民法院应予支持。

因上述行为影响旅游行程,旅游者请求旅游经营者退还尚未发生的费用、赔偿损失的,人民法院应予支持。

典型案例指导

某石材公司与某采石公司买卖合同纠纷案(最高人民法院发布《关于适用〈中华人民共和国民法典〉合同编通则若干问题的解释》相关典型案例之九)

【裁判要点】

非违约方主张按照违约行为发生后合理期间内合同履行地的市场价格与合同价格的差额确定合同履行后可以获得的利益的,人民法院依法予以支持。

【简要案情】

某石材公司与某采石公司签订《大理石方料买卖合同》,约定自某采石公司在某石材公司具备生产能力后前两年每月保证供应石料1200立方米至

1500 立方米。合同约定的大理石方料收方价格根据体积大小，主要有两类售价：每立方米 350 元和每立方米 300 元。自 2011 年 7 月至 2011 年 9 月，某采石公司向某石材公司供应了部分石料，但此后某采石公司未向某石材公司供货，某石材公司遂起诉主张某采石公司承担未按照合同供货的违约损失。某采石公司提供的评估报告显示荒料单价为每立方米 715.64 元。

【判决理由】

生效裁判认为，某采石公司提供的评估报告显示的石材荒料单价每立方米 715.64 元，是某石材公司在某采石公司违约后如采取替代交易的方法再购得每立方米同等质量的石料所需要支出的费用。以该价格扣除合同约定的供货价每立方米 350 元，即某石材公司受到的单位损失。

【司法解释相关条文】

《最高人民法院关于适用〈中华人民共和国民法典〉合同编通则若干问题的解释》第六十条第三款

中信银行股份有限公司东莞分行诉陈志华等金融借款合同纠纷案（最高人民法院指导案例 168 号）

【关键词】

民事/金融借款合同/未办理抵押登记/赔偿责任/过错

【裁判要点】

以不动产提供抵押担保，抵押人未依抵押合同约定办理抵押登记的，不影响抵押合同的效力。债权人依据抵押合同主张抵押人在抵押物的价值范围内承担违约赔偿责任的，人民法院应予支持。抵押权人对未能办理抵押登记有过错的，相应减轻抵押人的赔偿责任。

【相关法条】

1.《中华人民共和国物权法》第十五条（注：现行有效的法律为《中华人民共和国民法典》第二百一十五条）；

2.《中华人民共和国合同法》第一百零七条、第一百一十三条第一款、第一百一十九条第一款（注：现行有效的法律为《中华人民共和国民法典》第五百七十七条、第五百八十四条、第五百九十一条第一款）。

【基本案情】

2013 年 12 月 31 日，中信银行股份有限公司东莞分行（以下简称中信银行东莞分行）与东莞市华丰盛塑料有限公司（以下简称华丰盛公司）、东莞市亿阳信通集团有限公司（以下简称亿阳公司）、东莞市高力信塑料有限公司（以下简称高力信公司)签订《综合授信合同》,约定中信银行东莞分行为亿阳公司、高力信公司、华丰盛公司提供4亿元的综合授信额度,额度使用期限自2013年12月31日起至2014年12月31日止。为担保该合同,中信银行东莞分行于同日与陈志波、陈志华、陈志文、亿阳公司、高力信公司、华丰盛公司、东莞市怡联贸易有限公司(以下简称怡联公司)、东莞市力宏贸易有限公司(以下简称力宏公司)、东莞市同汇贸易有限公司(以下简称同汇公司)分别签订了《最高额保证合同》,约定:高力信公司、华丰盛公司、亿阳公司、力宏公司、同汇公司、怡联公司、陈志波、陈志华、陈志文为上述期间的贷款本息、实现债权费用在各自保证限额内向中信银行东莞分行提供连带保证责任。同时,中信银行东莞分行还分别与陈志华、陈志波、陈仁兴、梁彩霞签订了《最高额抵押合同》,陈志华、陈志波、陈仁兴、梁彩霞同意为中信银行东莞分行自2013年12月31日至2014年12月31日期间对亿阳公司等授信产生的债权提供最高额抵押,担保的主债权限额均为4亿元,担保范围包括贷款本息及相关费用,抵押物包括:1. 陈志华位于东莞市中堂镇东泊村的房产及位于东莞市中堂镇东泊村中堂汽车站旁的一栋综合楼(未取得不动产登记证书);2. 陈志波位于东莞市中堂镇东泊村陈屋东兴路东一巷面积为4667.7平方米的土地使用权及地上建筑物、位于东莞市中堂镇吴家涌面积为30801平方米的土地使用权、位于东莞市中堂镇东泊村面积为12641.9平方米的土地使用权(均未取得不动产登记证书);3. 陈仁兴位于东莞市中堂镇的房屋;4. 梁彩霞位于东莞市中堂镇东泊村陈屋新村的房产。以上不动产均未办理抵押登记。

另,中信银行东莞分行于同日与亿阳公司签订了《最高额权利质押合同》《应收账款质押登记协议》。

基于《综合授信合同》,中信银行东莞分行与华丰盛公司于2014年3月18日、19日分别签订了《人民币流动资金贷款合同》,约定:中信银行东莞分行为华丰盛公司分别提供2500万元、2500万元、2000万元流动资金贷款,贷款期限分别为2014年3月18日至2015年3月18日、2014年3月19日至2015年3月15日、2014年3月19日至2015年3月12日。

东莞市房产管理局于2011年6月29日向东莞市各金融机构发出《关于明确房地产抵押登记有关事项的函》(东房函〔2011〕119号),内容为:"东莞市各金融机构:由于历史遗留问题,我市存在一些土地使用权人与房屋产权人不一致的房屋。2008年,住建部出台了《房屋登记办法》(建设部令第168

号),其中第八条明确规定‘办理房屋登记,应当遵循房屋所有权和房屋占用范围内的土地使用权权利主体一致的原则’。因此,上述房屋在申请所有权转移登记时,必须先使房屋所有权与土地使用权权利主体一致后才能办理。为了避免抵押人在实现该类房屋抵押权时,因无法在房管部门办理房屋所有权转移登记而导致合法利益无法得到保障,根据《物权法》《房屋登记办法》等相关规定,我局进一步明确房地产抵押登记的有关事项,现函告如下:一、土地使用权人与房屋产权人不一致的房屋需办理抵押登记的,必须在房屋所有权与土地使用权权利主体取得一致后才能办理。二、目前我市个别金融机构由于实行先放款再到房地产管理部门申请办理抵押登记,产生了一些不必要的矛盾纠纷。为了减少金融机构信贷风险和信贷矛盾纠纷,我局建议各金融机构在日常办理房地产抵押贷款申请时,应认真审查抵押房地产的房屋所有权和土地使用权权利主体是否一致,再决定是否发放该笔贷款。如对房地产权属存在疑问,可咨询房地产管理部门。三、为了更好地保障当事人利益,我局将从 2011 年 8 月 1 日起,对所有以自建房屋申请办理抵押登记的业务,要求申请人必须同时提交土地使用权证。”

中信银行东莞分行依约向华丰盛公司发放了 7000 万贷款。然而,华丰盛公司自 2014 年 8 月 21 日起未能按期付息。中信银行东莞分行提起本案诉讼。请求:华丰盛公司归还全部贷款本金 7000 万元并支付贷款利息等;陈志波、陈志华、陈仁兴、梁彩霞在抵押物价值范围内承担连带赔偿责任。

【裁判结果】

广东省东莞市中级人民法院于 2015 年 11 月 19 日作出(2015)东中法民四初字第 15 号民事判决:一、东莞市华丰盛塑料有限公司向中信银行股份有限公司东莞分行偿还借款本金 7000 万元、利息及复利并支付罚息;二、东莞市华丰盛塑料有限公司赔偿中信银行股份有限公司东莞分行支出的律师费 13 万元;三、东莞市亿阳信通集团有限公司、东莞市高力信塑料有限公司、东莞市力宏贸易有限公司、东莞市同汇贸易有限公司、东莞市怡联贸易有限公司、陈志波、陈志华、陈志文在各自《最高额保证合同》约定的限额范围内就第一、二判项确定的东莞市华丰盛塑料有限公司所负中信银行股份有限公司东莞分行的债务范围内承担连带清偿责任,保证人在承担保证责任后,有权向东莞市华丰盛塑料有限公司追偿;四、陈志华在位于广东省东莞市中堂镇东泊村中堂汽车站旁的一栋综合楼、陈志波在位于广东省东莞市中堂镇东泊村陈屋东兴路东一巷面积为 4667.7 平方米的土地使用权及地上建筑物(面积为 3000 平方米的三幢住宅)、位于东莞市中堂镇吴家涌面积为30801平方米的土地使用权、位于东莞市中堂镇东泊村面积为12641.9平方米的土地使用权的价值范围内就第一、二判项确定的东莞市华丰盛塑料有限公司所负中信银行股份有限公司东莞分行债务的未受清偿部分的二分之一范围内承担连带赔偿责任;五、驳回中信银行股份有限公司东莞分行的其他诉讼请求。中信银行股份有限公司东莞分行提出上诉。广东省高级人民法院于2017年11月14日作出(2016)粤民终1107号民事判决:驳回上诉,维持原判。中信银行股份有限公司东莞分行不服向最高人民法院申请再审。最高人民法院于2018年9月28日作出(2018)最高法民申3425号民事裁定,裁定提审本案。2019年12月9日,最高人民法院作出(2019)最高法民再155号民事判决:一、撤销广东省高级人民法院(2016)粤民终1107号民事判决;二、维持广东省东莞市中级人民法院(2015)东中法民四初字第15号民事判决第一、二、三、四项;三、撤销广东省东莞市中级人民法院(2015)东中法民四初字第15号民事判决第五项;四、陈志华在位于东莞市中堂镇东泊村的房屋价值范围内、陈仁兴在位于东莞市中堂镇的房屋价值范围内、梁彩霞在位于东莞市中堂镇东泊村陈屋新村的房屋价值范围内,就广东省东莞市中级人民法院(2015)东中法民四初字第15号民事判决第一、二判项确定的东莞市华丰盛塑料有限公司所负债务未清偿部分的二分之一范围内向中信银行股份有限公司东莞分行承担连带赔偿责任;五、驳回中信银行股份有限公司东莞分行的其他诉讼请求。

【裁判理由】

最高人民法院认为:《中华人民共和国物权法》第十五条规定:"当事人之间订立有关设立、变更、转让和消灭不动产物权的合同,除法律另有规定或者合同另有约定外,自合同成立时生效;未办理物权登记的,不影响合同效力。"本案中,中信银行东莞分行分别与陈志华等三人签订的《最高额抵押合同》,约定陈志华以其位于东莞市中堂镇东泊村的房屋、陈仁兴以其位于东莞市中堂镇的房屋、梁彩霞以其位于东莞市中堂镇东泊村陈屋新村的房屋为案涉债务提供担保。上述合同内容系双方当事人的真实意思表示,内容不违反法律、行政法规的强制性规定,应为合法有效。虽然前述抵押物未办理抵押登记,但根据《中华人民共和国物权法》第十五条之规定,该事实并不影响抵押合同的效力。

依法成立的合同,对当事人具有法律约束力,当事人应当按照合同约定履行各自义务,不履行合同义务或履行合同义务不符合约定的,应依据合同约定或法律规定承担相应责任。《最高额抵押合同》第六条“甲方声明与保证”约定:“6.2 甲方对本合同项下的抵押物拥有完全的、有效的、合法的所有权或处分权,需依法取得权属证明的抵押物已依法获发全部权属证明文件,且抵押物不存在任何争议或任何权属瑕疵……6.4 设立本抵押不会受到任何限制或不会造成任何不合法的情形。”第十二条“违约责任”约定:“12.1 本合同生效后,甲乙双方均应履行本合同约定的义务,任何一方不履行或不完全履行本合同约定的义务的,应当承担相应的违约责任,并赔偿由此给对方造成的损失。12.2 甲方在本合同第六条所作声明与保证不真实、不准确、不完整或故意使人误解,给乙方造成损失的,应予赔偿。”根据上述约定,陈志华等三人应确保案涉房产能够依法办理抵押登记,否则应承担相应的违约责任。本案中,陈志华等三人尚未取得案涉房屋所占土地使用权证,因房地权属不一致,案涉房屋未能办理抵押登记,抵押权未依法设立,陈志华等三人构成违约,应依据前述约定赔偿由此给中信银行东莞分行造成的损失。

《中华人民共和国合同法》第一百一十三条第一款规定:“当事人一方不履行合同义务或者履行合同义务不符合约定,给对方造成损失的,损失赔偿额应当相当于因违约所造成的损失,包括合同履行后可以获得的利益,但不得超过违反合同一方订立合同时预见到或者应当预见到的因违反合同可能造成的损失。”《最高额抵押合同》第 6.6 条约定:“甲方承诺:当主合同债务人不履行到期债务或发生约定的实现担保物权的情形,无论乙方对主合同项下的债权是否拥有其他担保(包括但不限于主合同债务人自己提供物的担保、保证、抵押、质押、保函、备用信用证等担保方式),乙方有权直接请求甲方在其担保范围内承担担保责任,无需行使其他权利(包括但不限于先行处置主合同债务人提供的物的担保)。”第 8.1 条约定:“按照本合同第二条第 2.2 款确定的债务履行期限届满之日债务人未按主合同约定履行全部或部分债务的,乙方有权按本合同的约定处分抵押物。”在《最高额抵押合同》正常履行的情况下,当主债务人不履行到期债务时,中信银行东莞分行可直接请求就抵押物优先受偿。本案抵押权因未办理登记而未设立,中信银行东莞分行无法实现抵押权,损失客观存在,其损失范围相当于在抵押财产价值范围内华丰盛公司未清偿债务数额部分,并可依约直接请求陈志华等三人进行赔偿。同时,根据本案查明的事实,中信银行东莞分行对《最高额抵押合同》无法履行亦存在过错。东莞市房产管理局已于 2011 年明确函告辖区各金融机构,房地权属不一致的房屋不能再办理抵押登记。据此可以认定,中信银行东莞分行在 2013 年签订《最高额抵押合同》时对于案涉房屋无法办理抵押登记的情况应当知情或者应当能够预见。中信银行东莞分行作为以信贷业务为主营业务的专业金融机构，应比一般债权人具备更高的审核能力。相对于此前曾就案涉抵押物办理过抵押登记的陈志华等三人来说，中信银行东莞分行具有更高的判断能力，负有更高的审查义务。中信银行东莞分行未尽到合理的审查和注意义务，对抵押权不能设立亦存在过错。同时，根据《中华人民共和国合同法》第一百一十九条“当事人一方违约后，对方应当采取适当措施防止损失的扩大；没有采取适当措施致使损失扩大的，不得就扩大的损失要求赔偿”的规定，中信银行东莞分行在知晓案涉房屋无法办理抵押登记后，没有采取降低授信额度、要求提供补充担保等措施防止损失扩大，可以适当减轻陈志华等三人的赔偿责任。综合考虑双方当事人的过错程度以及本案具体情况，酌情认定陈志华等三人以抵押财产价值为限，在华丰盛公司尚未清偿债务的二分之一范围内，向中信银行东莞分行承担连带赔偿责任。

第五百八十五条　【违约金】当事人可以约定一方违约时应当根据违约情况向对方支付一定数额的违约金，也可以约定因违约产生的损失赔偿额的计算方法。

约定的违约金低于造成的损失的，人民法院或者仲裁机构可以根据当事人的请求予以增加；约定的违约金过分高于造成的损失的，人民法院或者仲裁机构可以根据当事人的请求予以适当减少。

当事人就迟延履行约定违约金的，违约方支付违约金后，还应当履行债务。

对应司法解释

《最高人民法院关于适用〈中华人民共和国民法典〉合同编通则若干问题的解释》（法释〔2023〕13号）

第六十四条　当事人一方通过反诉或者抗辩的方式，请求调整违约金的，人民法院依法予以支持。

违约方主张约定的违约金过分高于违约造成的损失，请求予以适当减少的，应当承担举证责任。非违约方主张约定的违约金合理的，也应当提供相应的证据。

当事人仅以合同约定不得对违约金进行调整为由主张不予调整违约金的,人民法院不予支持。

第六十五条 当事人主张约定的违约金过分高于违约造成的损失,请求予以适当减少的,人民法院应当以民法典第五百八十四条规定的损失为基础,兼顾合同主体、交易类型、合同的履行情况、当事人的过错程度、履约背景等因素,遵循公平原则和诚信原则进行衡量,并作出裁判。

约定的违约金超过造成损失的百分之三十的,人民法院一般可以认定为过分高于造成的损失。

恶意违约的当事人一方请求减少违约金的,人民法院一般不予支持。

第六十六条 当事人一方请求对方支付违约金,对方以合同不成立、无效、被撤销、确定不发生效力、不构成违约或者非违约方不存在损失等为由抗辩,未主张调整过高的违约金的,人民法院应当就若不支持该抗辩,当事人是否请求调整违约金进行释明。第一审人民法院认为抗辩成立且未予释明,第二审人民法院认为应当判决支付违约金的,可以直接释明,并根据当事人的请求,在当事人就是否应当调整违约金充分举证、质证、辩论后,依法判决适当减少违约金。

被告因客观原因在第一审程序中未到庭参加诉讼,但是在第二审程序中到庭参加诉讼并请求减少违约金的,第二审人民法院可以在当事人就是否应当调整违约金充分举证、质证、辩论后,依法判决适当减少违约金。

旧法对应关系

合同法第一百一十四条,原合同法解释二第二十八条、第二十九条,原买卖合同解释第二十四条、第二十六条、第二十七条,民间借贷规定第三十条

关联法律法规

《最高人民法院关于审理买卖合同纠纷案件适用法律问题的解释》(法释〔2020〕17号修正)

第十八条 买卖合同对付款期限作出的变更,不影响当事人关于逾

期付款违约金的约定,但该违约金的起算点应当随之变更。

买卖合同约定逾期付款违约金,买受人以出卖人接受价款时未主张逾期付款违约金为由拒绝支付该违约金的,人民法院不予支持。

买卖合同约定逾期付款违约金,但对账单、还款协议等未涉及逾期付款责任,出卖人根据对账单、还款协议等主张欠款时请求买受人依约支付逾期付款违约金的,人民法院应予支持,但对账单、还款协议等明确载有本金及逾期付款利息数额或者已经变更买卖合同中关于本金、利息等约定内容的除外。

买卖合同没有约定逾期付款违约金或者该违约金的计算方法,出卖人以买受人违约为由主张赔偿逾期付款损失,违约行为发生在2019年8月19日之前的,人民法院可以中国人民银行同期同类人民币贷款基准利率为基础,参照逾期罚息利率标准计算;违约行为发生在2019年8月20日之后的,人民法院可以违约行为发生时中国人民银行授权全国银行间同业拆借中心公布的一年期贷款市场报价利率(LPR)标准为基础,加计30—50%计算逾期付款损失。

第二十条　买卖合同因违约而解除后,守约方主张继续适用违约金条款的,人民法院应予支持;但约定的违约金过分高于造成的损失的,人民法院可以参照民法典第五百八十五条第二款的规定处理。

第二十一条　买卖合同当事人一方以对方违约为由主张支付违约金,对方以合同不成立、合同未生效、合同无效或者不构成违约等为由进行免责抗辩而未主张调整过高的违约金的,人民法院应当就法院若不支持免责抗辩,当事人是否需要主张调整违约金进行释明。

一审法院认为免责抗辩成立且未予释明,二审法院认为应当判决支付违约金的,可以直接释明并改判。

《最高人民法院关于审理商品房买卖合同纠纷案件适用法律问题的解释》(法释〔2020〕17号修正)

第十二条　当事人以约定的违约金过高为由请求减少的,应当以违约金超过造成的损失30%为标准适当减少;当事人以约定的违约金低于造成的损失为由请求增加的,应当以违约造成的损失确定违约金数额。

《最高人民法院关于印发〈全国法院民商事审判工作会议纪要〉的通知》(法〔2019〕254号)

50.【违约金过高标准及举证责任】认定约定违约金是否过高,一般应当以《合同法》第一百一十三条规定的损失为基础进行判断,这里的损失包括合同履行后可以获得的利益。除借款合同外的双务合同,作为对价的价款或者报酬给付之债,并非借款合同项下的还款义务,不能以受法律保护的民间借贷利率上限作为判断违约金是否过高的标准,而应当兼顾合同履行情况、当事人过错程度以及预期利益等因素综合确定。主张违约金过高的违约方应当对违约金是否过高承担举证责任。

《最高人民法院关于审理民间借贷案件适用法律若干问题的规定》(法释〔2020〕17号修正)

第二十九条　出借人与借款人既约定了逾期利率,又约定了违约金或者其他费用,出借人可以选择主张逾期利息、违约金或者其他费用,也可以一并主张,但是总计超过合同成立时一年期贷款市场报价利率四倍的部分,人民法院不予支持。

典型案例指导

上海熊猫互娱文化有限公司诉李岑、昆山播爱游信息技术有限公司合同纠纷案(最高人民法院指导案例189号)

【关键词】

民事/合同纠纷/违约金调整/网络主播

【裁判要点】

网络主播违反约定的排他性合作条款,未经直播平台同意在其他平台从事类似业务的,应当依法承担违约责任。网络主播主张合同约定的违约金明显过高请求予以减少的,在实际损失难以确定的情形下,人民法院可以根据网络直播行业特点,以网络主播从平台中获取的实际收益为参考基础,结合平台前期投入、平台流量、主播个体商业价值等因素合理酌定。

【相关法条】

《中华人民共和国民法典》第五百八十五条(本案适用的是自1999年10月1日起实施的《中华人民共和国合同法》第一百一十四条)

【基本案情】

被告李岑原为原告上海熊猫互娱文化有限公司(以下简称熊猫公司)创

办的熊猫直播平台游戏主播,被告昆山播爱游信息技术有限公司(以下简称播爱游公司)为李岑的经纪公司。2018 年 2 月 28 日,熊猫公司、播爱游公司及李岑签订《主播独家合作协议》(以下简称《合作协议》),约定李岑在熊猫直播平台独家进行"绝地求生游戏"的第一视角游戏直播和游戏解说。该协议违约条款中约定,协议有效期内,播爱游公司或李岑未经熊猫公司同意,擅自终止本协议或在直播竞品平台上进行相同或类似合作,或将已在熊猫直播上发布的直播视频授权给任何第三方使用的,构成根本性违约,播爱游公司应向熊猫直播平台支付如下赔偿金:(1)本协议及本协议签订前李岑因与熊猫直播平台开展直播合作熊猫公司累计支付的合作费用;(2)5000 万元人民币;(3)熊猫公司为李岑投入的培训费和推广资源费。主播李岑对此向熊猫公司承担连带责任。合同约定的合作期限为一年,从 2018 年 3 月 1 日至 2019 年 2 月 28 日。

2018 年 6 月 1 日,播爱游公司向熊猫公司发出主播催款单,催讨欠付李岑的两个月合作费用。截至 2018 年 6 月 4 日,熊猫公司为李岑直播累计支付 2017 年 2 月至 2018 年 3 月的合作费用 1111661 元。

2018 年 6 月 27 日,李岑发布微博称其将带领所在直播团队至斗鱼直播平台进行直播,并公布了直播时间及房间号。2018 年 6 月 29 日,李岑在斗鱼直播平台进行首播。播爱游公司也于官方微信公众号上发布李岑在斗鱼直播平台的直播间链接。根据"腾讯游戏"微博新闻公开报道:"BIU 雷哥(李岑)是全国主机游戏直播节目的开创者,也是全国著名网游直播明星主播,此外也是一位优酷游戏频道的原创达人,在优酷视频拥有超过 20 万的粉丝和 5000 万的点击……"

2018 年 8 月 24 日,熊猫公司向人民法院提起诉讼,请求判令两被告继续履行独家合作协议、立即停止在其他平台的直播活动并支付相应违约金。一审审理中,熊猫公司调整诉讼请求为判令两被告支付原告违约金 300 万元。播爱游公司不同意熊猫公司请求,并提出反诉请求:1. 判令确认熊猫公司、播爱游公司、李岑三方于 2018 年 2 月 28 日签订的《合作协议》于 2018 年 6 月 28 日解除;2. 判令熊猫公司向播爱游公司支付 2018 年 4 月至 2018 年 6 月之间的合作费用 224923.32 元;3. 判令熊猫公司向播爱游公司支付律师费 20000 元。

【裁判结果】

上海市静安区人民法院于 2019 年 9 月 16 日作出(2018)沪 0106 民初 31513 号民事判决:一、播爱游公司于判决生效之日起十日内支付熊猫公司违约金 2600000 元;二、李岑对播爱游公司上述付款义务承担连带清偿责任;三、熊猫公司于判决生效之日起十日内支付播爱游公司 2018 年 4 月至 2018

年6月的合作费用186640.10元;四、驳回播爱游公司其他反诉请求。李岑不服一审判决,提起上诉。上海市第二中级人民法院于2020年11月12日作出(2020)沪02民终562号民事判决:驳回上诉,维持原判。

【裁判理由】

法院生效裁判认为:

第一,根据本案查明的事实,熊猫公司与播爱游公司、李岑签订《合作协议》,自愿建立合同法律关系,而非李岑主张的劳动合同关系。《合作协议》系三方真实意思表示,不违反法律法规的强制性规定,应认定为有效,各方理应依约恪守。从《合作协议》的违约责任条款来看,该协议对合作三方的权利义务都进行了详细约定,主播未经熊猫公司同意在竞争平台直播构成违约,应当承担赔偿责任。

第二,熊猫公司虽然存在履行瑕疵但并不足以构成根本违约,播爱游公司、李岑并不能以此为由主张解除《合作协议》。且即便从解除的方式来看,合同解除的意思表示也应当按照法定或约定的方式明确无误地向合同相对方发出,李岑在微博平台上向不特定对象发布的所谓"官宣"或直接至其他平台直播的行为,均不能认定为向熊猫公司发出明确的合同解除的意思表示。因此,李岑、播爱游公司在二审中提出因熊猫公司违约而已经行使合同解除权的主张不能成立。

第三,当事人主张约定的违约金过高请求予以适当减少的,应当以实际损失为基础,兼顾合同的履行情况、当事人的过错程度以及预期利益等综合因素,根据公平原则和诚实信用原则予以衡量。对于公平、诚信原则的适用尺度,与因违约所受损失的准确界定,应当充分考虑网络直播这一新兴行业的特点。网络直播平台是以互联网为必要媒介、以主播为核心资源的企业,在平台运营中通常需要在带宽、主播上投入较多的前期成本,而主播违反合同在第三方平台进行直播的行为给直播平台造成损失的具体金额实际难以量化,如对网络直播平台苛求过重的举证责任,则有违公平原则。故本案违约金的调整应当考虑网络直播平台的特点以及签订合同时对熊猫公司成本及收益的预见性。本案中,考虑主播李岑在游戏直播行业中享有很高的人气和知名度的实际情况,结合其收益情况、合同剩余履行期间、双方违约及各自过错大小、熊猫公司能够量化的损失、熊猫公司已对约定违约金作出的减让、熊猫公司平台的现状等情形,根据公平与诚实信用原则以及直播平台与主播个人的利益平衡,酌情将违约金调整为260万元。

北京隆昌伟业贸易有限公司诉北京城建重工有限公司合同纠纷案（最高人民法院指导案例166号）

【关键词】

民事/合同纠纷/违约金调整/诚实信用原则

【裁判要点】

当事人双方就债务清偿达成和解协议，约定解除财产保全措施及违约责任。一方当事人依约申请人民法院解除了保全措施后，另一方当事人违反诚实信用原则不履行和解协议，并在和解协议违约金诉讼中请求减少违约金的，人民法院不予支持。

【相关法条】

《中华人民共和国合同法》第六条、第一百一十四条（注：现行有效的法律为《中华人民共和国民法典》第七条、第五百八十五条）

【基本案情】

2016年3月，北京隆昌伟业贸易有限公司（以下简称隆昌贸易公司）因与北京城建重工有限公司（以下简称城建重工公司）买卖合同纠纷向人民法院提起民事诉讼，人民法院于2016年8月作出（2016）京0106民初6385号民事判决，判决城建重工公司给付隆昌贸易公司货款5284648.68元及相应利息。城建重工公司对此判决提起上诉，在上诉期间，城建重工公司与隆昌贸易公司签订协议书，协议书约定：（1）城建重工公司承诺于2016年10月14日前向隆昌贸易公司支付人民币300万元，剩余的本金2284648.68元、利息462406.72元及诉讼费25802元（共计2772857.4元）于2016年12月31日前支付完毕；城建重工公司未按照协议约定的时间支付首期给付款300万元或未能在2016年12月31日前足额支付完毕全部款项的，应向隆昌贸易公司支付违约金80万元；如果城建重工公司未能在2016年12月31日前足额支付完毕全部款项的，隆昌贸易公司可以自2017年1月1日起随时以（2016）京0106民初6385号民事判决为依据向人民法院申请强制执行，同时有权向城建重工公司追索本协议确定的违约金80万元。（2）隆昌贸易公司申请解除在他案中对城建重工公司名下财产的保全措施。双方达成协议后城建重工公司向二审法院申请撤回上诉并按约定于2016年10月14日给付隆昌贸易公司首期款项300万元，隆昌贸易公司按协议约定申请解除了对城建重工公司财产的保全。后城建重工公司未按照协议书的约定支付剩余款项，2017年1月隆昌贸易公司申请执行（2016）京0106民初6385号民事判决书所确定的债权，并于2017年6

月起诉城建重工公司支付违约金 80 万元。

一审中,城建重工公司答辩称:隆昌贸易公司要求给付的请求不合理,违约金数额过高。根据生效判决,城建重工公司应给付隆昌贸易公司的款项为 5284648.68 元及利息。隆昌贸易公司诉求城建重工公司因未完全履行和解协议承担违约金的数额为 80 万元,此违约金数额过高,有关请求不合理。一审宣判后,城建重工公司不服一审判决,上诉称:一审判决在错误认定城建重工公司恶意违约的基础上,适用惩罚性违约金,不考虑隆昌贸易公司的损失情况等综合因素而全部支持其诉讼请求,显失公平,请求适当减少违约金。

【裁判结果】

北京市丰台区人民法院于 2017 年 6 月 30 日作出(2017)京 0106 民初 15563 号民事判决:北京城建重工有限公司于判决生效之日起十日内支付北京隆昌伟业贸易有限公司违约金 80 万元。北京城建重工有限公司不服一审判决,提起上诉。北京市第二中级人民法院于 2017 年 10 月 31 日作出(2017)京 02 民终 8676 号民事判决:驳回上诉,维持原判。

【裁判理由】

法院生效裁判认为:隆昌贸易公司与城建重工公司在诉讼期间签订了协议书,该协议书均系双方的真实意思表示,不违反法律法规强制性规定,合法有效,双方应诚信履行。本案涉及诉讼中和解协议的违约金调整问题。本案中,隆昌贸易公司与城建重工公司签订协议书约定城建重工公司如未能于 2016 年 10 月 14 日前向隆昌贸易公司支付人民币 300 万元,或未能于 2016 年 12 月 31 日前支付剩余的本金 2284648.68 元、利息 462406.72 元及诉讼费 25802 元(共计 2772857.4 元),则隆昌贸易公司有权申请执行原一审判决并要求城建重工公司承担 80 万元违约金。现城建重工公司于 2016 年 12 月 31 日前未依约向隆昌贸易公司支付剩余的 2772857.4 元,隆昌贸易公司的损失主要为尚未得到清偿的 2772857.4 元。城建重工公司在诉讼期间与隆昌贸易公司达成和解协议并撤回上诉,隆昌贸易公司按协议约定申请解除了对城建重工公司账户的冻结。而城建重工公司作为商事主体自愿给隆昌贸易公司出具和解协议并承诺高额违约金,但在账户解除冻结后城建重工公司并未依约履行后续给付义务,具有主观恶意,有悖诚实信用。一审法院判令城建重工公司依约支付 80 万元违约金,并无不当。

金昌久策工业气体有限公司与甘肃丰盛环保科技股份有限公司加工合同纠纷案[《最高人民法院公报》2023年第8期(总第324期)]

【裁判要旨】

合同约定的逾期付款违约金与民事诉讼法规定的迟延履行金系两种不同且可并用的民事责任。法院判决生效后,逾期付款的违约行为在债务清偿前持续存在,债务人应继续承担逾期付款违约责任,债权人请求将违约金计算至实际清偿之日的,人民法院应予支持。

周杰帅诉余姚绿城房地产有限公司商品房预售合同纠纷案[《最高人民法院公报》2019年第12期(总第278期)]

当事人约定的违约金超过损失的百分之三十的,一般可以认定为《合同法》第一百一十四条第二款规定的"过分高于造成的损失"的规定,当事人主张约定的违约金过高请求予以适当减少的,人民法院应当以实际损失为基础,兼顾合同的约定、履行情况、当事人的过错程度以及预期利益等综合因素,根据公平原则和诚实信用原则进行考量,作出认定。

周某某与余姚绿城房地产有限公司商品房预售合同纠纷案(2023年5月《人民法院高质量服务保障长三角一体化发展典型案例》)

当事人约定的违约金超过损失的百分之三十的,一般可以认定为《合同法》第一百一十四条第二款规定的"过分高于造成的损失"的规定。当事人主张约定的违约金过高请求予以适当减少的,人民法院应当以实际损失为基础,兼顾合同的约定、履行情况、当事人的过错程度以及预期利益等综合因素,根据公平原则和诚实信用原则进行考量,作出认定。

关于违约责任的承担,被告绿城公司认为双方约定的违约金明显过高,要求调至每日万分之一,并且根据《商品房买卖合同》附件九"若被告逾期交房,则被告承诺取得土地、房屋权属证书的时间相应顺延,顺延期限与商品房交付的逾期期限相同,该期限内被告不承担逾期办证的相应违约责任及赔偿责任"的约定,原告周某某也无权要求被告同时承担逾期交付土地、房屋权属证书的违约责任。对合同约定的违约金是否需要调整,法院注意到,首先《商品房买卖合同》附件九中存在"买受人同意,出卖人逾期交房且应按照本合同第十条相关约定承担逾期交房违约责任时,买受人要求继续履行合同的,出卖人向买受人支付的违约金总金额最高不超过买受人已付房价款的10%"的约定。其次,在法院组织原、被告双方现场查勘过程中,原告认可被告在2016年10月已对验房时发现的渗水问题进行修复,在原告向法院提交的书面说明中也认可被告于2016年10月29日让物业工作人员通知原告渗水问题已经修复，原告也于2016年11月11日再次去查验房屋。但再次查验过程中原告要求被告对东阳台渗水的修复采取养水24小时观察，并要求被告对养水后遗留的渗漏点继续修复。后原告在2016年年底至2017年11月间多次前往涉案房屋查验，并在2016年年底以及2017年后续指出北阳台渗水、南卧室窗台下渗水等问题。考量到北阳台渗水、南卧室窗台下渗水等问题并未在2016年9月30日的验房问题清单中，即不属于原、被告关于“待处理好后再交房，其他验房步骤下次再验”的约定范围内，且双方也认可后续发现的渗水问题主要涉及譬如楼上住户装修时安装的热水器摆放位置、阳台水管皮圈的更换以及水管检修口未拧紧此类通过物业协调以及配件更换检查的问题，并不影响房屋质量，被告物业工作人员也做出了相应处理。因此综合考虑上述因素以及原告因被告逾期交付房屋、逾期交付权属证书所造成的损失范围，法院认为将被告承担的违约金从按日万分之五、日万分之二分别计算至交付日调整至整体按原告已付房价款的10%计算违约金较为合理。至于被告提出原告质量异议不涉及所购车位，违约金标准应按照已付房屋价款1893799元为基数计算，车位款300000元不应作为违约金计算基数的抗辩，法院认为，《商品房买卖合同》中对相关违约金的约定中并未对“已付房价款”作出进一步限制说明，不宜作出对格式合同提供方有利的解释，且在房屋存在逾期交付的情况下原告也无法单独使用附属车位，故法院对被告上述抗辩不予支持。

第五百八十六条 【定金担保】当事人可以约定一方向对方给付定金作为债权的担保。定金合同自实际交付定金时成立。

定金的数额由当事人约定；但是，不得超过主合同标的额的百分之二十，超过部分不产生定金的效力。实际交付的定金数额多于或者少于约定数额的，视为变更约定的定金数额。

条文应用提示

所谓定金，就是指当事人约定的，为保证债权的实现，由一方在履行前预先向对方给付的一定数量的货币或者其他代替物。担保法对定金作出了规定，考虑到本法生效后，担保法被废止，因此本法吸收了担保法有关定金的规定。

定金是担保的一种形式，由于定金是预先交付的，定金惩罚的数额在事先也是明确的,因此通过定金罚则的运用可以督促双方自觉履行义务,起到担保作用。(1)定金与预付款不同,定金具有担保作用,不履行债务或者履行债务不符合约定,致使不能实现合同目的的,适用定金罚则;但预付款仅是在标的物正常交付或者服务正常提供的情况下预付的款项,如有不足,交付预付款的一方再补交剩余的价款即可,在交付标的物或者提供服务的一方违约时,如果交付预付款的一方解除合同,有权请求返还预付款。(2)定金与押金也不同,一般而言,押金的数额没有定金数额的限制,而且没有定金罚则的适用。押金类型非常多,无法统一确定,甚至有的押金需要清算,多退少补。履约保证金的类型也是多种多样。当事人交付留置金、担保金、保证金、订约金、押金或者订金等,但没有约定定金性质的,不能按照定金处理,但是,如果押金和保证金根据当事人的约定符合定金构成的,可以按照定金处理。

旧法对应关系

合同法第一百一十五条

第五百八十七条 【定金罚则】债务人履行债务的,定金应当抵作价款或者收回。给付定金的一方不履行债务或者履行债务不符合约定,致使不能实现合同目的的,无权请求返还定金;收受定金的一方不履行债务或者履行债务不符合约定,致使不能实现合同目的的,应当双倍返还定金。

对应司法解释

《最高人民法院关于适用〈中华人民共和国民法典〉合同编通则若干问题的解释》(法释〔2023〕13号)

第六十七条 当事人交付留置金、担保金、保证金、订约金、押金或者订金等,但是没有约定定金性质,一方主张适用民法典第五百八十七条规定的定金罚则的,人民法院不予支持。当事人约定了定金性质,但是未约定定金类型或者约定不明,一方主张为违约定金的,人民法院应予支持。

当事人约定以交付定金作为订立合同的担保,一方拒绝订立合同或者在磋商订立合同时违背诚信原则导致未能订立合同,对方主张适用民法典第五百八十七条规定的定金罚则的,人民法院应予支持。

当事人约定以交付定金作为合同成立或者生效条件,应当交付定金的一方未交付定金,但是合同主要义务已经履行完毕并为对方所接受的,人民法院应当认定合同在对方接受履行时已经成立或者生效。

当事人约定定金性质为解约定金,交付定金的一方主张以丧失定金为代价解除合同的,或者收受定金的一方主张以双倍返还定金为代价解除合同的,人民法院应予支持。

第六十八条　双方当事人均具有致使不能实现合同目的的违约行为,其中一方请求适用定金罚则的,人民法院不予支持。当事人一方仅有轻微违约,对方具有致使不能实现合同目的的违约行为,轻微违约方主张适用定金罚则,对方以轻微违约方也构成违约为由抗辩的,人民法院对该抗辩不予支持。

当事人一方已经部分履行合同,对方接受并主张按照未履行部分所占比例适用定金罚则的,人民法院应予支持。对方主张按照合同整体适用定金罚则的,人民法院不予支持,但是部分未履行致使不能实现合同目的的除外。

因不可抗力致使合同不能履行,非违约方主张适用定金罚则的,人民法院不予支持。

条文应用提示

按照本条规定,债务人按照合同约定履行债务的,定金应当抵作价款或者收回。但如果债务人不履行债务或者履行债务不符合约定,致使不能实现合同目的的,违约定金最为重要的效力是定金罚则,即定金合同约定的条件成就时,进行双倍返还定金或者扣收。

适用定金罚则的前提条件首先是按照当事人的约定和法律的规定,当法律对定金有特别规定时,应当适用特别规定;当事人另有约定时,根据自愿原则,应尊重当事人的特别约定。在不存在法律另有规定或者当事人另有约定的情形中,适用定金罚则的前提条件是,当事人一方不履行债务或者履行债务不符合约定,并且该违约行为要达到致使合同目的不能实现,即根本违约的程度。同时,违约方必须要因违约行为承担违约责任的，才能适用定金罚则。如果违约方因不可抗力而免责，则也不能适用定金罚则。

适用定金罚则的效果是，给付定金的一方无权请求返还定金，收受定金的一方应当双倍返还定金。

旧法对应关系

担保法第八十九条、第九十条、第九十一条，原担保法解释第一百一十五条、第一百一十六条、第一百一十七条、第一百一十八条

关联法律法规

《最高人民法院关于审理商品房买卖合同纠纷案件适用法律问题的解释》（法释〔2020〕17号修正）

第四条　出卖人通过认购、订购、预订等方式向买受人收受定金作为订立商品房买卖合同担保的，如果因当事人一方原因未能订立商品房买卖合同，应当按照法律关于定金的规定处理；因不可归责于当事人双方的事由，导致商品房买卖合同未能订立的，出卖人应当将定金返还买受人。

第五百八十八条　【违约金与定金竞合时的责任】当事人既约定违约金，又约定定金的，一方违约时，对方可以选择适用违约金或者定金条款。

定金不足以弥补一方违约造成的损失的，对方可以请求赔偿超过定金数额的损失。

条文应用提示

本条第一款规定了违约金和定金之间的适用关系，合同当事人既约定了违约金，又约定了定金，在当事人不存在明确的特别约定的情况下，如果一方违约，对方当事人可以选择适用违约金或者定金条款，即对方当事人享有选择权，可以选择适用违约金条款，也可以选择适用定金条款，但二者不能并用。当然，不能并用的前提是针对同一违约行为，如果违约金和定金是针对不同的违约行为，在这些违约行为都存在的前提下，仍然存在并用的可能性，但无论如何不应超过违约行为所造成的

损失总额。

本条第二款规定了定金和法定赔偿损失之间的适用关系。与违约金不同,定金的数额不得超过主合同标的额的20%,但是,违约行为造成的损失可能会超过适用定金罚则之后的数额;并且,对于违约金,《民法典》第五百八十五条第二款规定了司法酌增的规则,而对于定金并未明确规定类似规则。因此,本款规定,定金不足以弥补一方违约造成的损失的,对方可以请求赔偿超过定金数额的损失。

旧法对应关系

合同法第一百一十六条,原买卖合同解释第二十八条

第五百八十九条 【拒绝受领和受领迟延】债务人按照约定履行债务,债权人无正当理由拒绝受领的,债务人可以请求债权人赔偿增加的费用。

在债权人受领迟延期间,债务人无须支付利息。

条文应用提示

债权人无正当理由拒绝受领,是指债务人按照约定履行了债务或者提出了履行债务的请求,债权人无理由地不予受领或者协助。

债权人无正当理由拒绝受领,构成的要件包括:(1)债务人按照约定现实履行了债务,或者提出了履行债务的请求,即债务人已经现实提出或者言辞提出。但是,如果债权人预先表示了拒绝受领的意思,或者给付也同时需要债权人的行为的,债务人可以准备给付的情事通知债权人,代替提出。这里同样也包括第三人依法有权代债务人履行债务,且债权人无权拒绝的情形。(2)债务内容的实现以债权人的受领给付或者其他协助为必要。如果是不需要受领给付或者其他协助的债务,例如不作为债务,就不会产生拒绝受领的问题。(3)债权人拒绝受领,这里的拒绝受领是广义的,即不受领,包括了迟延受领或者明确或以自己的行为表明拒绝受领等情形。例如,应在债务人一方所在地履行的债务,债务人按照约定把受领给付的时间和地点通知债权人,债权人没有在债务人所在地出现以受领给付;甲、乙约定由甲到乙家里为其提供辅导,甲按时到达,但乙却外出

旅游不归。(4)债权人无正当理由。债权人拒绝的正当理由,例如,债务人交付的标的物存在严重质量问题、迟延交付或者有其他违约行为,致使不能实现合同目的。但是,如果债务人履行的瑕疵仅仅是非常轻微的,这不构成债权人拒绝受领的正当理由。

第五百九十条 【不可抗力】当事人一方因不可抗力不能履行合同的,根据不可抗力的影响,部分或者全部免除责任,但是法律另有规定的除外。因不可抗力不能履行合同的,应当及时通知对方,以减轻可能给对方造成的损失,并应当在合理期限内提供证明。

当事人迟延履行后发生不可抗力的,不免除其违约责任。

条文应用提示

不可抗力是独立于人的行为之外,不受当事人意志所支配的现象,是人力所不可抗拒的力量。不可抗力规则的适用存在以下要求:(1)发生了不可抗力的事件。《民法典》第一百八十条第二款规定,不可抗力是不能预见、不能避免且不能克服的客观情况。(2)债务人因不可抗力事件的发生不能履行合同。不可抗力事件的发生,对合同履行造成的影响是不同的,可能是对主体、履行期限的影响;可能是对合同标的物的影响,例如,租赁的房屋、场所无法经营;可能是对合同履行方式的影响;可能是全部不能履行或者部分不能履行;可能是一时不能履行或者永久不能履行。不可抗力事件的发生必须要导致债务人不能履行合同,不能履行合同义务并非狭义的履行不能情形,而是包括所有不能履行合同义务或者履行合同义务不符合约定的情形。在符合上述两个条件时,在所产生的法律后果上,要根据不可抗力的影响,部分或者全部免除债务人的责任。

本条第二款规定,当事人迟延履行后发生不可抗力的,不免除其违约责任。如果债务人没有迟延履行,则不可抗力的发生就不会导致债务的不能履行进而发生损害,因此债务人的迟延履行与债权人的损害之间具有因果关系,债务人应当就不可抗力负责。但是,如果债务人能够证明,即使其不迟延履行,仍不免发生债务的不能履行进而发生损害的,则债务人应当能够免责,此时债务人的迟延履行和债务的不能履行进而发生损害之间不存在因果关系。

旧法对应关系

合同法第一百一十七条、第一百一十八条,民法总则第一百八十条

第五百九十一条 【减损规则】当事人一方违约后,对方应当采取适当措施防止损失的扩大;没有采取适当措施致使损失扩大的,不得就扩大的损失请求赔偿。

当事人因防止损失扩大而支出的合理费用,由违约方负担。

对应司法解释

《最高人民法院关于适用〈中华人民共和国民法典〉合同编通则若干问题的解释》(法释〔2023〕13号)

第六十三条第三款 在确定违约损失赔偿额时,违约方主张扣除非违约方未采取适当措施导致的扩大损失、非违约方也有过错造成的相应损失、非违约方因违约获得的额外利益或者减少的必要支出的,人民法院依法予以支持。

《最高人民法院关于审理买卖合同纠纷案件适用法律问题的解释》(法释〔2020〕17号修正)

第二十二条 买卖合同当事人一方违约造成对方损失,对方主张赔偿可得利益损失的,人民法院在确定违约责任范围时,应当根据当事人的主张,依据民法典第五百八十四条、第五百九十一条、第五百九十二条、本解释第二十三条等规定进行认定。

旧法对应关系

合同法第一百一十九条,民法通则第一百一十四条,原买卖合同解释第二十九条、第三十条

典型案例指导

柴某与某管理公司房屋租赁合同纠纷案（最高人民法院发布《关于适用〈中华人民共和国民法典〉合同编通则若干问题的解释》相关典型案例之十）

【裁判要点】

当事人一方违约后，对方没有采取适当措施致使损失扩大的，不得就扩大的损失请求赔偿。承租人已经通过多种途径向出租人作出了解除合同的意思表示，而出租人一直拒绝接收房屋，造成涉案房屋的长期空置，不得向承租人主张全部空置期内的租金。

【简要案情】

2018年7月21日，柴某与某管理公司签订《资产管理服务合同》，约定：柴某委托某管理公司管理运营涉案房屋，用于居住；管理期限自2018年7月24日起至2021年10月16日止。合同签订后，柴某依约向某管理公司交付了房屋。某管理公司向柴某支付了服务质量保证金，以及至2020年10月16日的租金。后某管理公司与柴某协商合同解除事宜，但未能达成一致，某管理公司向柴某邮寄解约通知函及该公司单方签章的结算协议，通知柴某该公司决定于2020年11月3日解除《资产管理服务合同》。柴某对某管理公司的单方解除行为不予认可。2020年12月29日，某管理公司向柴某签约时留存并认可的手机号码发送解约完成通知及房屋密码锁的密码。2021年10月8日，法院判决终止双方之间的合同权利义务关系。柴某起诉请求某管理公司支付2020年10月17日至2021年10月16日房屋租金114577.2元及逾期利息、违约金19096.2元、未履行租期年度对应的空置期部分折算金额7956.75元等。

【判决理由】

生效裁判认为，当事人一方违约后，对方应当采取适当措施防止损失的扩大；没有采取适当措施致使损失扩大的，不得就扩大的损失请求赔偿。合同终止前，某管理公司应当依约向柴某支付租金。但鉴于某管理公司已经通过多种途径向柴某表达解除合同的意思表示，并向其发送房屋密码锁密码，而柴某一直拒绝接收房屋，造成涉案房屋的长期空置。因此，柴某应当对其扩大损失的行为承担相应责任。法院结合双方当事人陈述、合同实际履行情况、在案证据等因素，酌情支持柴某主张的房屋租金至某管理公司向其发送电子密码后一个月，即2021年1月30日，应付租金为33418.35元。

【司法解释相关条文】

《最高人民法院关于适用〈中华人民共和国民法典〉合同编通则若干问题

的解释》第六十一条第二款、第六十三条第三款

第五百九十二条 【双方违约和与有过失】当事人都违反合同的，应当各自承担相应的责任。

当事人一方违约造成对方损失，对方对损失的发生有过错的，可以减少相应的损失赔偿额。

条文应用提示

本条第一款规定了双方违约。违约可以区分为单方违约和双方违约。仅当事人一方违约的，称为单方违约；双方当事人都违约的，称为双方违约。在双务合同中，有些合同义务是彼此独立的，不具有牵连性和对价性，因此，双方违反这些相互独立的合同义务是可能的，并且不成立双务合同的履行抗辩权。在双方各自违反了相互独立的合同义务时，实际上是两个独立的违约行为，因此各自都要向对方承担相应的违约责任。据此，本条第一款规定，当事人都违反合同的，应当各自承担相应的责任。

本条第二款规定了与有过错。与有过错，又称为过错相抵、混合过错，是指受损害一方对于损害结果的发生存在过错的，在计算损失赔偿额时应当予以相应减少。

旧法对应关系

合同法第一百二十条

第五百九十三条 【第三人原因造成违约时违约责任承担】当事人一方因第三人的原因造成违约的，应当依法向对方承担违约责任。当事人一方和第三人之间的纠纷，依照法律规定或者按照约定处理。

旧法对应关系

合同法第一百二十一条

第五百九十四条　【国际贸易合同诉讼时效和仲裁时效】因国际货物买卖合同和技术进出口合同争议提起诉讼或者申请仲裁的时效期间为四年。

旧法对应关系

合同法第一百二十九条

第二分编　典型合同

第九章　买卖合同

第五百九十五条　【买卖合同定义】买卖合同是出卖人转移标的物的所有权于买受人,买受人支付价款的合同。

对应司法解释

《最高人民法院关于审理买卖合同纠纷案件适用法律问题的解释》(法释〔2020〕17号修正)

第一条　当事人之间没有书面合同,一方以送货单、收货单、结算单、发票等主张存在买卖合同关系的,人民法院应当结合当事人之间的交易方式、交易习惯以及其他相关证据,对买卖合同是否成立作出认定。

对账确认函、债权确认书等函件、凭证没有记载债权人名称,买卖合同当事人一方以此证明存在买卖合同关系的,人民法院应予支持,但有相反证据足以推翻的除外。

旧法对应关系

合同法第一百三十条

第五百九十六条　【买卖合同条款】买卖合同的内容一般包括标的物的名称、数量、质量、价款、履行期限、履行地点和方式、包装方式、检验标准和方法、结算方式、合同使用的文字及其效力等条款。

旧法对应关系

合同法第一百三十一条

第五百九十七条　【无权处分效力】因出卖人未取得处分权致使标的物所有权不能转移的，买受人可以解除合同并请求出卖人承担违约责任。

法律、行政法规禁止或者限制转让的标的物，依照其规定。

对应司法解释

《最高人民法院关于审理买卖合同纠纷案件适用法律问题的解释》（法释〔2020〕17号修正）

第六条　出卖人就同一普通动产订立多重买卖合同，在买卖合同均有效的情况下，买受人均要求实际履行合同的，应当按照以下情形分别处理：

（一）先行受领交付的买受人请求确认所有权已经转移的，人民法院应予支持；

（二）均未受领交付，先行支付价款的买受人请求出卖人履行交付标的物等合同义务的，人民法院应予支持；

（三）均未受领交付，也未支付价款，依法成立在先合同的买受人请求出卖人履行交付标的物等合同义务的，人民法院应予支持。

第七条　出卖人就同一船舶、航空器、机动车等特殊动产订立多重买卖合同，在买卖合同均有效的情况下，买受人均要求实际履行合同的，应当按照以下情形分别处理：

（一）先行受领交付的买受人请求出卖人履行办理所有权转移登记手续等合同义务的，人民法院应予支持；

（二）均未受领交付，先行办理所有权转移登记手续的买受人请求出卖人履行交付标的物等合同义务的，人民法院应予支持；

（三）均未受领交付，也未办理所有权转移登记手续，依法成立在先合同的买受人请求出卖人履行交付标的物和办理所有权转移登记手续等合同义务的，人民法院应予支持；

（四）出卖人将标的物交付给买受人之一，又为其他买受人办理所有权转移登记，已受领交付的买受人请求将标的物所有权登记在自己名下的，人民法院应予支持。

条文应用提示

无权处分,是指没有处分权而处分他人财产,无权处分行为是现代社会生活中的常见现象,在买卖交易关系中尤为普遍。依据买卖合同的定义,出卖人负有交付买卖标的物并移转所有权的义务,因此,出卖人为保证买卖合同的履行,应当对买卖标的物具有处分权。

旧法对应关系

合同法第一百三十二条,物权法第四十一条,原买卖合同解释第三条(本条已失效)

关联法律法规

《中华人民共和国宪法》(2018 年 3 月 11 日修正)

第十条　城市的土地属于国家所有。

农村和城市郊区的土地,除由法律规定属于国家所有的以外,属于集体所有;宅基地和自留地、自留山,也属于集体所有。

国家为了公共利益的需要,可以依照法律规定对土地实行征收或者征用并给予补偿。

任何组织或者个人不得侵占、买卖或者以其他形式非法转让土地。土地的使用权可以依照法律的规定转让。

一切使用土地的组织和个人必须合理地利用土地。

《中华人民共和国土地管理法》(2019 年 8 月 26 日修正)

第二条　中华人民共和国实行土地的社会主义公有制,即全民所有制和劳动群众集体所有制。

全民所有,即国家所有土地的所有权由国务院代表国家行使。

任何单位和个人不得侵占、买卖或者以其他形式非法转让土地。土地使用权可以依法转让。

国家为了公共利益的需要,可以依法对土地实行征收或者征用并给予补偿。

国家依法实行国有土地有偿使用制度。但是,国家在法律规定的范围内划拨国有土地使用权的除外。

《中华人民共和国草原法》(2021 年 4 月 29 日修正)

第九条　草原属于国家所有,由法律规定属于集体所有的除外。国家所有的草原，由国务院代表国家行使所有权。

任何单位或者个人不得侵占、买卖或者以其他形式非法转让草原。

《中华人民共和国城市房地产管理法》(2019年8月26日修正)

第三十八条　下列房地产，不得转让：

(一)以出让方式取得土地使用权的，不符合本法第三十九条规定的条件的；

(二)司法机关和行政机关依法裁定、决定查封或者以其他形式限制房地产权利的；

(三)依法收回土地使用权的；

(四)共有房地产，未经其他共有人书面同意的；

(五)权属有争议的；

(六)未依法登记领取权属证书的；

(七)法律、行政法规规定禁止转让的其他情形。

《中华人民共和国农村土地承包法》(2018年12月29日修正)

第四条　农村土地承包后，土地的所有权性质不变。承包地不得买卖。

《中华人民共和国野生动物保护法》(2022年12月30日修订)

第二十七条　禁止出售、购买、利用国家重点保护野生动物及其制品。

因科学研究、人工繁育、公众展示展演、文物保护或者其他特殊情况，需要出售、购买、利用国家重点保护野生动物及其制品的，应当经省、自治区、直辖市人民政府野生动物保护主管部门批准，并按照规定取得和使用专用标识，保证可追溯，但国务院对批准机关另有规定的除外。

实行国家重点保护野生动物及其制品专用标识的范围和管理办法，由国务院野生动物保护主管部门规定。

出售、利用非国家重点保护野生动物的，应当提供狩猎、进出口等合法来源证明。

出售本条第二款、第四款规定的野生动物的，还应当依法附有检疫证明。

《中华人民共和国文物保护法》(2017年11月4日修正)

第五十一条　公民、法人和其他组织不得买卖下列文物：

（一）国有文物，但是国家允许的除外；

（二）非国有馆藏珍贵文物；

（三）国有不可移动文物中的壁画、雕塑、建筑构件等，但是依法拆除的国有不可移动文物中的壁画、雕塑、建筑构件等不属于本法第二十条第四款规定的应由文物收藏单位收藏的除外；

（四）来源不符合本法第五十条规定的文物。

《中华人民共和国枪支管理法》（2015年4月24日修正）

第三条　国家严格管制枪支。禁止任何单位或者个人违反法律规定持有、制造（包括变造、装配）、买卖、运输、出租、出借枪支。

国家严厉惩处违反枪支管理的违法犯罪行为。任何单位和个人对违反枪支管理的行为有检举的义务。国家对检举人给予保护，对检举违反枪支管理犯罪活动有功的人员，给予奖励。

《中华人民共和国矿产资源法》（2009年8月27日修正）

第六条　除按下列规定可以转让外，探矿权、采矿权不得转让：

（一）探矿权人有权在划定的勘查作业区内进行规定的勘查作业，有权优先取得勘查作业区内矿产资源的采矿权。探矿权人在完成规定的最低勘查投入后，经依法批准，可以将探矿权转让他人。

（二）已取得采矿权的矿山企业，因企业合并、分立，与他人合资、合作经营，或者因企业资产出售以及有其他变更企业资产产权的情形而需要变更采矿权主体的，经依法批准可以将采矿权转让他人采矿。

前款规定的具体办法和实施步骤由国务院规定。

禁止将探矿权、采矿权倒卖牟利。

《中华人民共和国野生植物保护条例》（2017年10月7日修订）

第十八条　禁止出售、收购国家一级保护野生植物。

出售、收购国家二级保护野生植物的，必须经省、自治区、直辖市人民政府野生植物行政主管部门或者其授权的机构批准。

《宗教事务条例》（2017年8月26日修订）

第五十四条　宗教活动场所用于宗教活动的房屋、构筑物及其附属的宗教教职人员生活用房不得转让、抵押或者作为实物投资。

《人体器官移植条例》（2007年3月31日）

第三条　任何组织或者个人不得以任何形式买卖人体器官，不得从事与买卖人体器官有关的活动。

典型案例指导

万学全、万兵诉狄平等人房屋买卖合同纠纷案[江苏省扬州市中级人民法院2014年3月20日民事判决书,《最高人民法院公报》2018年第2期(总第256期)]

共同居住的家庭成员,以自己的名义将其他家庭成员名下的房屋出卖给他人,该行为对房屋所有人是否有效,须判断房屋所有人是否事前知晓且同意。为此,人民法院应当结合房屋产权证书、钥匙是否为房屋所有人持有,对价支付情况,买受人实际占有房屋持续时间以及相关证人证言等综合判定。

第五百九十八条 【出卖人基本义务】出卖人应当履行向买受人交付标的物或者交付提取标的物的单证,并转移标的物所有权的义务。

对应司法解释

《最高人民法院关于审理买卖合同纠纷案件适用法律问题的解释》(法释〔2020〕17号修正)

第二条 标的物为无需以有形载体交付的电子信息产品,当事人对交付方式约定不明确,且依照民法典第五百一十条的规定仍不能确定的,买受人收到约定的电子信息产品或者权利凭证即为交付。

第五条 出卖人仅以增值税专用发票及税款抵扣资料证明其已履行交付标的物义务,买受人不认可的,出卖人应当提供其他证据证明交付标的物的事实。

合同约定或者当事人之间习惯以普通发票作为付款凭证,买受人以普通发票证明已经履行付款义务的,人民法院应予支持,但有相反证据足以推翻的除外。

旧法对应关系

合同法第一百三十五条,原买卖合同解释第五条(已变更为最新司法解释第二条)、第八条(已变更为最新司法解释第五条)

关联法律法规

《中华人民共和国土地管理法》(2019年8月26日修正)

第十二条　土地的所有权和使用权的登记，依照有关不动产登记的法律、行政法规执行。

依法登记的土地的所有权和使用权受法律保护，任何单位和个人不得侵犯。

《中华人民共和国城市房地产管理法》(2019年8月26日修正)

第六十条　国家实行土地使用权和房屋所有权登记发证制度。

第六十一条　以出让或者划拨方式取得土地使用权，应当向县级以上地方人民政府土地管理部门申请登记，经县级以上地方人民政府土地管理部门核实，由同级人民政府颁发土地使用权证书。

在依法取得的房地产开发用地上建成房屋的，应当凭土地使用权证书向县级以上地方人民政府房产管理部门申请登记，由县级以上地方人民政府房产管理部门核实并颁发房屋所有权证书。

房地产转让或者变更时，应当向县级以上地方人民政府房产管理部门申请房产变更登记，并凭变更后的房屋所有权证书向同级人民政府土地管理部门申请土地使用权变更登记，经同级人民政府土地管理部门核实，由同级人民政府更换或者更改土地使用权证书。

法律另有规定的，依照有关法律的规定办理。

《中华人民共和国民用航空法》(2021年4月29日修正)

第十四条　民用航空器所有权的取得、转让和消灭，应当向国务院民用航空主管部门登记；未经登记的，不得对抗第三人。

民用航空器所有权的转让，应当签订书面合同。

《中华人民共和国道路交通安全法》(2021年4月29日修正)

第八条　国家对机动车实行登记制度。机动车经公安机关交通管理部门登记后，方可上道路行驶。尚未登记的机动车，需要临时上道路行驶的，应当取得临时通行牌证。

第十二条　有下列情形之一的，应当办理相应的登记：

(一)机动车所有权发生转移的；

(二)机动车登记内容变更的；

(三)机动车用作抵押的；

(四)机动车报废的。

第五百九十九条 【出卖人交付有关单证和资料义务】出卖人应当按照约定或者交易习惯向买受人交付提取标的物单证以外的有关单证和资料。

对应司法解释

《最高人民法院关于审理买卖合同纠纷案件适用法律问题的解释》(法释〔2020〕17号修正)

第四条 出卖人通过认购、订购、预订等方式向买受人收受定金作为订立商品房买卖合同担保的,如果因当事人一方原因未能订立商品房买卖合同,应当按照法律关于定金的规定处理;因不可归责于当事人双方的事由,导致商品房买卖合同未能订立的,出卖人应当将定金返还买受人。

旧法对应关系

合同法第一百三十六条,原买卖合同解释第七条

第六百条 【知识产权归属】出卖具有知识产权的标的物的,除法律另有规定或者当事人另有约定外,该标的物的知识产权不属于买受人。

条文应用提示

在买卖合同中,有些标的物本身可能是知识产权的载体,如计算机软件等。本条规定的意旨在于说明作为知识产权的载体的买卖与知识产权转让的不同。知识产权的转让是权利买卖的一种。涉及权利主体转变的合同法律关系,在有关法律中一般称为权利的转让。因此,如果一个买卖合同的标的物本身体现着一定的知识产权,除非当事人明确表明或者法律有相关规定(如《著作权法》规定美术作品的展览权随作品原件转移),买卖可以影响知识产权,否则,该标的物所体现的知识产权就不转移于买受人。

旧法对应关系

合同法第一百三十七条

关联法律法规

《中华人民共和国著作权法》(2020年11月11日修正)

第十八条 自然人为完成法人或者非法人组织工作任务所创作的作品是职务作品,除本条第二款的规定以外,著作权由作者享有,但法人或者非法人组织有权在其业务范围内优先使用。作品完成两年内,未经单位同意,作者不得许可第三人以与单位使用的相同方式使用该作品。

有下列情形之一的职务作品,作者享有署名权,著作权的其他权利由法人或者非法人组织享有,法人或者非法人组织可以给予作者奖励:

(一)主要是利用法人或者非法人组织的物质技术条件创作,并由法人或者非法人组织承担责任的工程设计图、产品设计图、地图、示意图、计算机软件等职务作品;

(二)报社、期刊社、通讯社、广播电台、电视台的工作人员创作的职务作品;

(三)法律、行政法规规定或者合同约定著作权由法人或者非法人组织享有的职务作品。

《计算机软件保护条例》(2013年1月30日修订)

第九条 软件著作权属于软件开发者,本条例另有规定的除外。

如无相反证明,在软件上署名的自然人、法人或者其他组织为开发者。

第十条 由两个以上的自然人、法人或者其他组织合作开发的软件,其著作权的归属由合作开发者签订书面合同约定。无书面合同或者合同未作明确约定,合作开发的软件可以分割使用的,开发者对各自开发的部分可以单独享有著作权;但是,行使著作权时,不得扩展到合作开发的软件整体的著作权。合作开发的软件不能分割使用的,其著作权由各合作开发者共同享有,通过协商一致行使;不能协商一致,又无正当理由的,任何一方不得阻止他方行使除转让权以外的其他权利,但是所得收益应当合理分配给所有合作开发者。

第十一条 接受他人委托开发的软件,其著作权的归属由委托人与受托人签订书面合同约定;无书面合同或者合同未作明确约定的,其著作权由受托人享有。

第十二条 由国家机关下达任务开发的软件,著作权的归属与行使由项目任务书或者合同规定;项目任务书或者合同中未作明确规定的,软件著作权由接受任务的法人或者其他组织享有。

第十三条 自然人在法人或者其他组织中任职期间所开发的软件有下列情形之一的,该软件著作权由该法人或者其他组织享有,该法人或者其他组织可以对开发软件的自然人进行奖励:

(一)针对本职工作中明确指定的开发目标所开发的软件;

(二)开发的软件是从事本职工作活动所预见的结果或者自然的结果;

(三)主要使用了法人或者其他组织的资金、专用设备、未公开的专门信息等物质技术条件所开发并由法人或者其他组织承担责任的软件。

第十四条 软件著作权自软件开发完成之日起产生。

自然人的软件著作权,保护期为自然人终生及其死亡后50年,截止于自然人死亡后第50年的12月31日;软件是合作开发的,截止于最后死亡的自然人死亡后第50年的12月31日。

法人或者其他组织的软件著作权,保护期为50年,截止于软件首次发表后第50年的12月31日,但软件自开发完成之日起50年内未发表的,本条例不再保护。

第六百零一条 【标的物交付期限】出卖人应当按照约定的时间交付标的物。约定交付期限的,出卖人可以在该交付期限内的任何时间交付。

对应司法解释

《最高人民法院关于审理商品房买卖合同纠纷案件适用法律若干问题的解释》(法释〔2020〕17号修正)

第十四条 由于出卖人的原因,买受人在下列期限届满未能取得不动产权属证书的,除当事人有特殊约定外,出卖人应当承担违约责任:

（一）商品房买卖合同约定的办理不动产登记的期限；

（二）商品房买卖合同的标的物为尚未建成房屋的，自房屋交付使用之日起90日；

（三）商品房买卖合同的标的物为已竣工房屋的，自合同订立之日起90日。

合同没有约定违约金或者损失数额难以确定的，可以按照已付购房款总额，参照中国人民银行规定的金融机构计收逾期贷款利息的标准计算。

旧法对应关系

合同法第一百三十八条

第六百零二条　【标的物交付期限不明时的处理】当事人没有约定标的物的交付期限或者约定不明确的，适用本法第五百一十条、第五百一十一条第四项的规定。

旧法对应关系

合同法第一百三十九条

第六百零三条　【标的物交付地点】出卖人应当按照约定的地点交付标的物。

当事人没有约定交付地点或者约定不明确，依据本法第五百一十条的规定仍不能确定的，适用下列规定：

（一）标的物需要运输的，出卖人应当将标的物交付给第一承运人以运交给买受人；

（二）标的物不需要运输，出卖人和买受人订立合同时知道标的物在某一地点的，出卖人应当在该地点交付标的物；不知道标的物在某一地点的，应当在出卖人订立合同时的营业地交付标的物。

对应司法解释

《最高人民法院关于审理买卖合同纠纷案件适用法律问题的解释》（法释〔2020〕17 号修正）

第八条　民法典第六百零三条第二款第一项规定的“标的物需要运输的”，是指标的物由出卖人负责办理托运，承运人系独立于买卖合同当事人之外的运输业者的情形。标的物毁损、灭失的风险负担，按照民法典第六百零七条第二款的规定处理。

旧法对应关系

合同法第一百四十一条，原买卖合同解释第十一条

第六百零四条　【标的物毁损、灭失风险负担的基本规则】标的物毁损、灭失的风险，在标的物交付之前由出卖人承担，交付之后由买受人承担，但是法律另有规定或者当事人另有约定的除外。

对应司法解释

《最高人民法院关于审理买卖合同纠纷案件适用法律问题的解释》（法释〔2020〕17 号修正）

第十一条　当事人对风险负担没有约定，标的物为种类物，出卖人未以装运单据、加盖标记、通知买受人等可识别的方式清楚地将标的物特定于买卖合同，买受人主张不负担标的物毁损、灭失的风险的，人民法院应予支持。

《最高人民法院关于审理商品房买卖合同纠纷案件适用法律问题的解释》（法释〔2020〕17 号修正）

第八条　对房屋的转移占有，视为房屋的交付使用，但当事人另有约定的除外。

房屋毁损、灭失的风险，在交付使用前由出卖人承担，交付使用后由买受人承担；买受人接到出卖人的书面交房通知，无正当理由拒绝接收的，房屋毁损、灭失的风险自书面交房通知确定的交付使用之日起由买受人承担，但法律另有规定或者当事人另有约定的除外。

条文应用提示

本条也是买卖合同章最重要的条文之一。风险承担,是指买卖的标的物在合同生效后因不可归责于当事人双方的事由,如地震、火灾、飓风等致使发生毁损、灭失时,该损失应当由哪方当事人承担。本条确立的规则属于买卖合同风险承担的一般性规则,如果特别法或者本法另有特别规定,则应当适用该特别规定。

旧法对应关系

合同法第一百四十二条

第六百零五条 【迟延交付标的物的风险负担】因买受人的原因致使标的物未按照约定的期限交付的,买受人应当自违反约定时起承担标的物毁损、灭失的风险。

对应司法解释

《最高人民法院关于审理商品房买卖合同纠纷案件适用法律问题的解释》(法释〔2020〕17号修正)

第八条 对房屋的转移占有,视为房屋的交付使用,但当事人另有约定的除外。

房屋毁损、灭失的风险,在交付使用前由出卖人承担,交付使用后由买受人承担;买受人接到出卖人的书面交房通知,无正当理由拒绝接收的,房屋毁损、灭失的风险自书面交房通知确定的交付使用之日起由买受人承担,但法律另有规定或者当事人另有约定的除外。

旧法对应关系

合同法第一百四十三条,原商品房买卖合同解释第十一条

第六百零六条 【路货买卖中的标的物风险负担】出卖人出卖交由承运人运输的在途标的物,除当事人另有约定外,毁损、灭失的风险自合同成立时起由买受人承担。

对应司法解释

《最高人民法院关于审理买卖合同纠纷案件适用法律问题的解释》(法释〔2020〕17号修正)

第十条 出卖人出卖交由承运人运输的在途标的物,在合同成立时知道或者应当知道标的物已经毁损、灭失却未告知买受人,买受人主张出卖人负担标的物毁损、灭失的风险的,人民法院应予支持。

旧法对应关系

合同法第一百四十四条,原商品房买卖合同解释第十一条

第六百零七条 【需要运输的标的物风险负担】出卖人按照约定将标的物运送至买受人指定地点并交付给承运人后,标的物毁损、灭失的风险由买受人承担。

当事人没有约定交付地点或者约定不明确,依据本法第六百零三条第二款第一项的规定标的物需要运输的,出卖人将标的物交付给第一承运人后,标的物毁损、灭失的风险由买受人承担。

对应司法解释

《最高人民法院关于审理买卖合同纠纷案件适用法律问题的解释》(法释〔2020〕17号修正)

第九条 出卖人根据合同约定将标的物运送至买受人指定地点并交付给承运人后,标的物毁损、灭失的风险由买受人负担,但当事人另有约定的除外。

第十一条 当事人对风险负担没有约定,标的物为种类物,出卖人未以装运单据、加盖标记、通知买受人等可识别的方式清楚地将标的物特定于买卖合同,买受人主张不负担标的物毁损、灭失的风险的,人民法院应予支持。

旧法对应关系

合同法第一百四十五条,原买卖合同解释第十二条、第十四条

第六百零八条 【买受人不收取标的物的风险负担】出卖人按照约定或者依据本法第六百零三条第二款第二项的规定将标的物置于交付地点，买受人违反约定没有收取的，标的物毁损、灭失的风险自违反约定时起由买受人承担。

旧法对应关系

合同法第一百四十六条

第六百零九条 【未交付单证、资料不影响风险转移】出卖人按照约定未交付有关标的物的单证和资料的，不影响标的物毁损、灭失风险的转移。

条文应用提示

本条内容主要包括两个方面：一方面，出卖人已经将标的物交付给买受人并由买受人占有，只是没有按照约定履行交付有关标的物的单证和资料的义务；另一方面，没有交付有关单证和资料，不影响标的物毁损、灭失风险的转移，即此时的风险由买受人承担。需要说明的是，本条中所称的"有关标的物的单证和资料"，既可能是提取标的物的单证，也可能是提取标的物单证以外的有关单证和资料。

旧法对应关系

合同法第一百四十七条

第六百一十条 【出卖人根本违约的风险负担】因标的物不符合质量要求，致使不能实现合同目的的，买受人可以拒绝接受标的物或者解除合同。买受人拒绝接受标的物或者解除合同的，标的物毁损、灭失的风险由出卖人承担。

对应司法解释

《最高人民法院关于审理买卖合同纠纷案件适用法律问题的解释》(法释〔2020〕17号修正)

第二十四条　买受人在缔约时知道或者应当知道标的物质量存在瑕疵,主张出卖人承担瑕疵担保责任的,人民法院不予支持,但买受人在缔约时不知道该瑕疵会导致标的物的基本效用显著降低的除外。

旧法对应关系

合同法第一百四十八条

第六百一十一条　【买受人承担风险与出卖人违约责任关系】标的物毁损、灭失的风险由买受人承担的,不影响因出卖人履行义务不符合约定,买受人请求其承担违约责任的权利。

条文应用提示

本条的规定表明,在出卖人违约的情况下,买受人虽然按照本法的规定承担了标的物风险,但并不影响因出卖人的违约行为,买受人请求其承担违约责任的权利,如请求损害赔偿。主要的理由在于:标的物毁损、灭失的风险由买受人承担的根据是买受人已经收到了出卖人交付的标的物,但并不表明买受人已经认可出卖人已经完全履行了债务,也不表明出卖人没有违约行为;如果出卖人存在违约行为,买受人自然可以要求出卖人承担违约责任。

需要特别说明的是,本条规定确实可能与前条的规定存在交叉。比如,在出卖人向买受人交付的标的物不符合质量要求,致使不能实现合同目的的情况下,买受人可以依据前条的规定主张权利。即买受人既可以通过拒收标的物或者解除合同而不承担标的物毁损、灭失风险,也可以进一步要求出卖人承担相应的违约责任。

旧法对应关系

合同法第一百四十九条

第六百一十二条 【出卖人权利瑕疵担保义务】出卖人就交付的标的物,负有保证第三人对该标的物不享有任何权利的义务,但是法律另有规定的除外。

条文应用提示

买卖合同中出卖人对标的物的权利担保义务,是指出卖人应当保证对标的物享有合法的权利,没有侵犯任何第三人的权利,并且任何第三人就该标的物不享有任何权利。买卖合同根本上就是标的物所有权的转让,因此,出卖人的这项义务也就是其一项最基本的义务。本条所规定的义务是买卖合同中出卖人的一项法定义务,即使合同中对其未作约定,出卖人也必须履行。

具体到本条的规定而言,出卖人的权利担保义务包括:(1)出卖人对出卖的标的物享有合法的权利,他须对标的物具有所有权或者处分权。出卖人作为代理人替货主出售货物,即是出卖人具有处分权的情形。而出卖人将其合法占有或者非法占有的他人财产作为出卖的标的物,或者出卖自己只有部分权利的标的物,如与他人共有的财产等都是对本项义务的违反。(2)出卖人应当保证标的物上不存在他人实际享有的权利,如抵押权、租赁权等。(3)出卖人应当保证标的物没有侵犯他人的知识产权。确定出卖人的这项义务比较复杂,需要结合有关知识产权的法律作出判断。

旧法对应关系

合同法第一百五十条

第六百一十三条 【出卖人权利瑕疵担保义务免除】买受人订立合同时知道或者应当知道第三人对买卖的标的物享有权利的,出卖人不承担前条规定的义务。

旧法对应关系

合同法第一百五十一条

第六百一十四条　【买受人的中止支付价款权】买受人有确切证据证明第三人对标的物享有权利的,可以中止支付相应的价款,但是出卖人提供适当担保的除外。

旧法对应关系

合同法第一百五十二条

第六百一十五条　【标的物的质量要求】出卖人应当按照约定的质量要求交付标的物。出卖人提供有关标的物质量说明的,交付的标的物应当符合该说明的质量要求。

对应司法解释

《最高人民法院关于审理买卖合同纠纷案件适用法律问题的解释》(法释〔2020〕17号修正)

第二十四条　买受人在缔约时知道或者应当知道标的物质量存在瑕疵,主张出卖人承担瑕疵担保责任的,人民法院不予支持,但买受人在缔约时不知道该瑕疵会导致标的物的基本效用显著降低的除外。

旧法对应关系

合同法第一百五十三条,原买卖合同解释第三十二条、第三十三条

关联法律法规

《中华人民共和国消费者权益保护法》(2013年10月25日修正)

第十八条　经营者应当保证其提供的商品或者服务符合保障人身、财产安全的要求。对可能危及人身、财产安全的商品和服务,应当向消费者作出真实的说明和明确的警示,并说明和标明正确使用商品或者接受服务的方法以及防止危害发生的方法。

宾馆、商场、餐馆、银行、机场、车站、港口、影剧院等经营场所的经营者,应当对消费者尽到安全保障义务。

第二十三条　经营者应当保证在正常使用商品或者接受服务的情况下其提供的商品或者服务应当具有的质量、性能、用途和有效期限;但消费者在购买该商品或者接受该服务前已经知道其存在瑕疵,且存在该瑕疵不违反法律强制性规定的除外。

经营者以广告、产品说明、实物样品或者其他方式表明商品或者服务的质量状况的,应当保证其提供的商品或者服务的实际质量与表明的质量状况相符。

经营者提供的机动车、计算机、电视机、电冰箱、空调器、洗衣机等耐用商品或者装饰装修等服务,消费者自接受商品或者服务之日起六个月内发现瑕疵,发生争议的,由经营者承担有关瑕疵的举证责任。

《中华人民共和国产品质量法》(2018 年 12 月 29 日修正)

第二十六条　生产者应当对其生产的产品质量负责。

产品质量应当符合下列要求:

(一)不存在危及人身、财产安全的不合理的危险,有保障人体健康和人身、财产安全的国家标准、行业标准的,应当符合该标准;

(二)具备产品应当具备的使用性能,但是,对产品存在使用性能的瑕疵作出说明的除外;

(三)符合在产品或者其包装上注明采用的产品标准,符合以产品说明、实物样品等方式表明的质量状况。

典型案例指导

程浩诉南京欧尚超市有限公司江宁店等产品生产者、销售者责任案[江苏省南京市中级人民法院 2017 年 3 月 13 日民事判决书,《最高人民法院公报》2018 年第 9 期(总第 263 期)]

食品标签欠缺成分含量标注的可认定为标签瑕疵食品,但标签瑕疵食品不等于不安全食品。消费者以食品标签存在瑕疵为由,依据《中华人民共和国食品安全法》第一百四十八条第二款规定索赔十倍价款或三倍损失赔偿的,应由消费者继续就标签瑕疵食品存在其他不符合食品安全标准的情形或该标签瑕疵对食品安全造成影响或对消费者造成误导进行举证证明。

苏向前与徐州百鑫商业有限责任公司百惠超市分公司、徐州百鑫商业有限责任公司侵犯消费者权益纠纷案[江苏省徐州市中级人民法院2013年6月19日民事判决书,《最高人民法院公报》2013年第12期(总第206期)]

产品标识为消费者认识和判断商品特征、价值、适当性和效用的基本依据,是消费者选择和判断是否进行产品消费的重要信息来源。依照《中华人民共和国产品质量法》第五条的规定,销售者应确保产品标识内容的真实性,该内容为对消费者所负真实义务的最低标准。如因产品标识记载的内容不真实而导致消费者受损,经营者应当依法承担相应的责任。

第六百一十六条 【标的物质量要求不明时的处理】当事人对标的物的质量要求没有约定或者约定不明确,依据本法第五百一十条的规定仍不能确定的,适用本法第五百一十一条第一项的规定。

条文应用提示

本条解决的中心问题是买卖双方如果在合同中对标的物的质量要求问题没有约定或者约定不明确时怎么办。与合同的其他条款一样,首先要依照《民法典》第五百一十条的规定予以确定。确定不了的,接着适用《民法典》第五百一十一条的有关一般性规定。

旧法对应关系

合同法第一百零七条,民法通则第一百一十一条

第六百一十七条 【质量瑕疵担保责任】出卖人交付的标的物不符合质量要求的,买受人可以依据本法第五百八十二条至第五百八十四条的规定请求承担违约责任。

旧法对应关系

合同法第一百五十五条

关联法律法规

《中华人民共和国消费者权益保护法》(2013年10月25日修正)

第二十三条 经营者应当保证在正常使用商品或者接受服务的情况

下其提供的商品或者服务应当具有的质量、性能、用途和有效期限；但消费者在购买该商品或者接受该服务前已经知道其存在瑕疵，且存在该瑕疵不违反法律强制性规定的除外。

经营者以广告、产品说明、实物样品或者其他方式表明商品或者服务的质量状况的，应当保证其提供的商品或者服务的实际质量与表明的质量状况相符。

经营者提供的机动车、计算机、电视机、电冰箱、空调器、洗衣机等耐用商品或者装饰装修等服务，消费者自接受商品或者服务之日起六个月内发现瑕疵，发生争议的，由经营者承担有关瑕疵的举证责任。

典型案例指导

张某与某房地产开发公司房屋买卖合同纠纷案（2022 年 3 月 15 日《最高人民法院发布 10 起消费者权益保护典型案例》）

法院认为，开发商作为建设单位，对其交付的房屋应当承担质量瑕疵担保责任，对存在质量问题的房屋应当及时予以修复。本案中，出现质量问题的电路系统虽然不属于房屋主体结构，但仍然是房屋整体的组成部分。尽管房屋整体通过竣工验收，但不影响开发商对经鉴定确定存在的问题承担修复责任，开发商始终未予修复，应当赔偿张某的修复损失。关于修复费用的标准，虽然鉴定机构在出具鉴定意见时，给出了两种不同的修复方案，但是张某不同意适用明敷设配管配线的修复方案，综合考虑案件质量问题的起因、质量问题的程度、质量问题持续的时间、开发商在解决问题过程中的作为情况，法院最终判决开发商按照恢复原状修复方案赔偿张某修缮费用并承担本案鉴定费用。

【典型意义】

住有所居、安居宜居，是万千家庭的共同心愿。商品房房款动辄几百万元，普通家庭要举一家几代人的力量才能负担。商品房质量直接关系群众的居住体验，关系老百姓的安居幸福感。电路插座也是房屋的重要组成部分，尽管该瑕疵在房屋交付验收时不易被发现，但却实际影响了张某的日常用电和生活起居，且持续多年未得到解决。本案裁判不仅明确了开发商对出售房屋的质量瑕疵担保责任，而且明确了全面、充分保护的原则。就修复方案的考量，还考虑了房屋质量问题的起因、程度、持续时间以及开发商在解决问题过程中的作为情况，最大限度地保障了房屋买受人的合法权益，有助于引导房地产企业重品质、守诚信，对构建诚实、守信、和谐的房地产市场环境贡献了司法力量。

第六百一十八条　【减轻或者免除瑕疵担保责任的例外】当事人约定减轻或者免除出卖人对标的物瑕疵承担的责任，因出卖人故意或者重大过失不告知买受人标的物瑕疵的，出卖人无权主张减轻或者免除责任。

旧法对应关系

原买卖合同解释第三十三条

第六百一十九条　【标的物包装方式】出卖人应当按照约定的包装方式交付标的物。对包装方式没有约定或者约定不明确，依据本法第五百一十条的规定仍不能确定的，应当按照通用的方式包装；没有通用方式的，应当采取足以保护标的物且有利于节约资源、保护生态环境的包装方式。

旧法对应关系

合同法第一百五十六条

第六百二十条　【买受人的检验义务】买受人收到标的物时应当在约定的检验期限内检验。没有约定检验期限的，应当及时检验。

旧法对应关系

合同法第一百五十七条，原买卖合同解释第十五条、第十六条

第六百二十一条　【买受人的通知义务】当事人约定检验期限的，买受人应当在检验期限内将标的物的数量或者质量不符合约定的情形通知出卖人。买受人怠于通知的，视为标的物的数量或者质量符合约定。

当事人没有约定检验期限的，买受人应当在发现或者应当发现标的物的数量或者质量不符合约定的合理期限内通知出卖人。买受人在

合理期限内未通知或者自收到标的物之日起二年内未通知出卖人的，视为标的物的数量或者质量符合约定；但是，对标的物有质量保证期的，适用质量保证期，不适用该二年的规定。

出卖人知道或者应当知道提供的标的物不符合约定的，买受人不受前两款规定的通知时间的限制。

对应司法解释

《最高人民法院关于审理买卖合同纠纷案件适用法律问题的解释》（法释〔2020〕17号修正）

第十二条　人民法院具体认定民法典第六百二十一条第二款规定的“合理期限”时，应当综合当事人之间的交易性质、交易目的、交易方式、交易习惯、标的物的种类、数量、性质、安装和使用情况、瑕疵的性质、买受人应尽的合理注意义务、检验方法和难易程度、买受人或者检验人所处的具体环境、自身技能以及其他合理因素，依据诚实信用原则进行判断。

民法典第六百二十一条第二款规定的“二年”是最长的合理期限。该期限为不变期间，不适用诉讼时效中止、中断或者延长的规定。

第十三条　买受人在合理期限内提出异议，出卖人以买受人已经支付价款、确认欠款数额、使用标的物等为由，主张买受人放弃异议的，人民法院不予支持，但当事人另有约定的除外。

第十四条　民法典第六百二十一条规定的检验期限、合理期限、二年期限经过后，买受人主张标的物的数量或者质量不符合约定的，人民法院不予支持。

出卖人自愿承担违约责任后，又以上述期限经过为由翻悔的，人民法院不予支持。

条文应用提示

根据《最高人民法院关于审理买卖合同纠纷案件适用法律问题的解释》第十二条至第十四条的规定，人民法院具体认定本第二款规定的“合理期限”时，应当综合当事人之间的交易性质、交易目的、交易方式、交易习惯、标的物的种类、数量、性质、安装和使用情况、瑕疵的性质、买受人应尽的合理注意义务、检验方法和难易程度、买受人或者检验人所处的具体环境、自身技能以及其他合理因素，依据诚实信用原则进行判断。

旧法对应关系

合同法第一百五十八条，原买卖合同解释第十七条、第十九条、第二十条

第六百二十二条　【检验期限过短时的处理】当事人约定的检验期限过短，根据标的物的性质和交易习惯，买受人在检验期限内难以完成全面检验的，该期限仅视为买受人对标的物的外观瑕疵提出异议的期限。

约定的检验期限或者质量保证期短于法律、行政法规规定期限的，应当以法律、行政法规规定的期限为准。

旧法对应关系

原买卖合同解释第十八条

第六百二十三条　【检验期限未约定时的处理】当事人对检验期限未作约定，买受人签收的送货单、确认单等载明标的物数量、型号、规格的，推定买受人已经对数量和外观瑕疵进行检验，但是有相关证据足以推翻的除外。

旧法对应关系

原买卖合同解释第十五条

第六百二十四条　【向第三人履行情形下的检验标准】出卖人依照买受人的指示向第三人交付标的物，出卖人和买受人约定的检验标准与买受人和第三人约定的检验标准不一致的，以出卖人和买受人约定的检验标准为准。

旧法对应关系

原买卖合同解释第十六条

第六百二十五条 【出卖人回收义务】依照法律、行政法规的规定或者按照当事人的约定,标的物在有效使用年限届满后应予回收的,出卖人负有自行或者委托第三人对标的物予以回收的义务。

第六百二十六条 【买受人支付价款的数额和方式】买受人应当按照约定的数额和支付方式支付价款。对价款的数额和支付方式没有约定或者约定不明确的,适用本法第五百一十条、第五百一十一条第二项和第五项的规定。

旧法对应关系

合同法第一百五十九条

第六百二十七条 【买受人支付价款的地点】买受人应当按照约定的地点支付价款。对支付地点没有约定或者约定不明确,依据本法第五百一十条的规定仍不能确定的,买受人应当在出卖人的营业地支付;但是,约定支付价款以交付标的物或者交付提取标的物单证为条件的,在交付标的物或者交付提取标的物单证的所在地支付。

旧法对应关系

合同法第一百六十条

第六百二十八条 【买受人支付价款的时间】买受人应当按照约定的时间支付价款。对支付时间没有约定或者约定不明确,依据本法第五百一十条的规定仍不能确定的,买受人应当在收到标的物或者提取标的物单证的同时支付。

旧法对应关系

合同法第一百六十一条

第六百二十九条　【出卖人多交标的物的处理】出卖人多交标的物的,买受人可以接收或者拒绝接收多交的部分。买受人接收多交部分的,按照约定的价格支付价款;买受人拒绝接收多交部分的,应当及时通知出卖人。

对应司法解释

《最高人民法院关于审理买卖合同纠纷案件适用法律问题的解释》(法释〔2020〕17号修正)

第三条　根据民法典第六百二十九条的规定,买受人拒绝接收多交部分标的物的,可以代为保管多交部分标的物。买受人主张出卖人负担代为保管期间的合理费用的,人民法院应予支持。

买受人主张出卖人承担代为保管期间非因买受人故意或者重大过失造成的损失的,人民法院应予支持。

旧法对应关系

合同法第一百六十二条,原买卖合同解释第六条

第六百三十条　【标的物孳息的归属】标的物在交付之前产生的孳息,归出卖人所有;交付之后产生的孳息,归买受人所有。但是,当事人另有约定的除外。

条文应用提示

孳息是"原物"的对称,是由物或者权利而产生的收益,分为"天然孳息"和"法定孳息"。天然孳息,是指物依自然规律产生的收益,如土地生长的稻麦、树木的果实、牲畜的幼畜、挤出的牛乳、剪下的羊毛等。法定孳息,是指依民事法律关系产生的收益,如有利息的借贷或租赁、出借人有权收取的利息、出租人有权收取的租金等。买卖合同中标的物涉及的孳息,一般为天然孳息。但如果买卖的不是一般的货物,则也有可能涉及法定孳息,如买卖正被出租的房屋即是。

旧法对应关系

合同法第一百六十三条

第六百三十一条 【从物与合同解除】因标的物的主物不符合约定而解除合同的,解除合同的效力及于从物。因标的物的从物不符合约定被解除的,解除的效力不及于主物。

旧法对应关系

合同法第一百六十四条

第六百三十二条 【数物同时出卖时的合同解除】标的物为数物,其中一物不符合约定的,买受人可以就该物解除。但是,该物与他物分离使标的物的价值显受损害的,买受人可以就数物解除合同。

旧法对应关系

合同法第一百六十五条

第六百三十三条 【分批交付标的物的合同解除】出卖人分批交付标的物的,出卖人对其中一批标的物不交付或者交付不符合约定,致使该批标的物不能实现合同目的的,买受人可以就该批标的物解除。

出卖人不交付其中一批标的物或者交付不符合约定,致使之后其他各批标的物的交付不能实现合同目的的,买受人可以就该批以及之后其他各批标的物解除。

买受人如果就其中一批标的物解除,该批标的物与其他各批标的物相互依存的,可以就已经交付和未交付的各批标的物解除。

旧法对应关系

合同法第一百六十六条

第六百三十四条 【分期付款买卖合同】分期付款的买受人未支付到期价款的数额达到全部价款的五分之一,经催告后在合理期限内

仍未支付到期价款的，出卖人可以请求买受人支付全部价款或者解除合同。

出卖人解除合同的，可以向买受人请求支付该标的物的使用费。

对应司法解释

《最高人民法院关于审理买卖合同纠纷案件适用法律问题的解释》（法释〔2020〕17号修正）

第二十七条　民法典第六百三十四条第一款规定的“分期付款”，系指买受人将应付的总价款在一定期限内至少分三次向出卖人支付。

分期付款买卖合同的约定违反民法典第六百三十四条第一款的规定，损害买受人利益，买受人主张该约定无效的，人民法院应予支持。

第二十八条　分期付款买卖合同约定出卖人在解除合同时可以扣留已受领价金，出卖人扣留的金额超过标的物使用费以及标的物受损赔偿额，买受人请求返还超过部分的，人民法院应予支持。

当事人对标的物的使用费没有约定的，人民法院可以参照当地同类标的物的租金标准确定。

条文应用提示

分期付款买卖合同，是指由出卖人先向买受人交付标的物，买受人将应付的总价款，在一定期限内分次向出卖人支付的买卖合同。分期付款买卖也是一种特殊买卖，其根本特征在于买受人在接受标的物后不是一次性支付全部价款，而是将全部价款分成若干份，分不同日期支付。

分期付款买卖使买受人未支付全部价金即取得买卖标的物，出卖人未得到全部价金即需移转买卖标的物，出卖人存在不能取得全部价金的风险。因此，在分期付款买卖合同中，出卖人为规避风险，往往提出一些有利于自己的合同条款。一般来说这也是合理的，是合同自愿原则的体现。然而，分期付款的买受人往往是弱者，其利益容易受到损害。因此，法律为了防止出卖人提出的这些条款过于苛刻，就应当作出一定的限制，以保证买卖当事人之间利益的平衡。

出卖人在对分期付款买卖采取规避风险的各种措施中，最重要的就是解除合同或者请求支付全部价款的特别约定。

旧法对应关系

合同法第一百六十七条,原买卖合同解释第三十八条、第三十九条

典型案例指导

汤长龙诉周士海股权转让纠纷案(最高人民法院指导案例 67 号)

【裁判要点】

有限责任公司的股权分期支付转让款中发生股权受让人延迟或者拒付等违约情形,股权转让人要求解除双方签订的股权转让合同的,不适用《中华人民共和国合同法》第一百六十七条关于分期付款买卖中出卖人在买受人未支付到期价款的金额达到合同全部价款的五分之一时即可解除合同的规定。

【相关法条】

《中华人民共和国合同法》第九十四条、第一百六十七条

【基本案情】

原告汤长龙与被告周士海于 2013 年 4 月 3 日签订《股权转让协议》及《股权转让资金分期付款协议》。双方约定:周士海将其持有的青岛变压器集团成都双星电器有限公司 6.35%股权转让给汤长龙。股权合计 710 万元,分四期付清,即 2013 年 4 月 3 日付 150 万元;2013 年 8 月 2 日付 150 万元;2013 年 12 月 2 日付 200 万元;2014 年 4 月 2 日付 210 万元。此协议双方签字生效,永不反悔。协议签订后,汤长龙于 2013 年 4 月 3 日依约向周士海支付第一期股权转让款 150 万元。因汤长龙逾期未支付约定的第二期股权转让款,周士海于同年 10 月 11 日,以公证方式向汤长龙送达了《关于解除协议的通知》,以汤长龙根本违约为由,提出解除双方签订的《股权转让资金分期付款协议》。次日,汤长龙即向周士海转账支付了第二期 150 万元股权转让款,并按照约定的时间和数额履行了后续第三、四期股权转让款的支付义务。周士海以其已经解除合同为由,如数退回汤长龙支付的 4 笔股权转让款。汤长龙遂向人民法院提起诉讼,要求确认周士海发出的解除协议通知无效,并责令其继续履行合同。

另查明,2013 年 11 月 7 日,青岛变压器集团成都双星电器有限公司的变更(备案)登记中,周士海所持有的 6.35%股权已经变更登记至汤长龙名下。

【裁判结果】

四川省成都市中级人民法院于 2014 年 4 月 15 日作出(2013)成民初字第 1815 号民事判决:驳回原告汤长龙的诉讼请求。汤长龙不服,提起上诉。四

川省高级人民法院于2014年12月19日作出(2014)川民终字第432号民事判决:一、撤销原审判决;二、确认周士海要求解除双方签订的《股权转让资金分期付款协议》行为无效;三、汤长龙于本判决生效后十日内向周士海支付股权转让款710万元。周士海不服四川省高级人民法院的判决,以二审法院适用法律错误为由,向最高人民法院申请再审。最高人民法院于2015年10月26日作出(2015)民申字第2532号民事裁定,驳回周士海的再审申请。

【裁判理由】

法院生效判决认为:本案争议的焦点问题是周士海是否享有《中华人民共和国合同法》(以下简称《合同法》)第一百六十七条规定的合同解除权。

一、《合同法》第一百六十七条第一款规定,"分期付款的买受人未支付到期价款的金额达到全部价款的五分之一的,出卖人可以要求买受人支付全部价款或解除合同"。第二款规定,"出卖人解除合同的,可以向买受人要求支付该标的物的使用费"。《最高人民法院关于审理买卖合同纠纷案件适用法律问题的解释》第三十八条规定,"合同法第一百六十七条第一款规定的'分期付款',系指买受人将应付的总价款在一定期间内至少分三次向出卖人支付。分期付款买卖合同的约定违反合同法第一百六十七条第一款的规定,损害买受人利益,买受人主张该约定无效的,人民法院应予支持"。依据上述法律和司法解释的规定,分期付款买卖的主要特征为:一是买受人向出卖人支付总价款分三次以上,出卖人交付标的物之后买受人分两次以上向出卖人支付价款;二是多发、常见在经营者和消费者之间,一般是买受人作为消费者为满足生活消费而发生的交易;三是出卖人向买受人授予了一定信用,而作为授信人的出卖人在价款回收上存在一定风险,为保障出卖人剩余价款的回收,出卖人在一定条件下可以行使解除合同的权利。

本案系有限责任公司股东将股权转让给公司股东之外的其他人。尽管案涉股权的转让形式也是分期付款,但由于本案买卖的标的物是股权,因此具有与以消费为目的的一般买卖不同的特点:一是汤长龙受让股权是为参与公司经营管理并获取经济利益,并非满足生活消费;二是周士海作为有限责任公司的股权出让人,基于其所持股权一直存在于目标公司中的特点,其因分期回收股权转让款而承担的风险,与一般以消费为目的分期付款买卖中出卖人收回价款的风险并不同等;三是双方解除股权转让合同,也不存在向受让人要求支付标的物使用费的情况。综上特点,股权转让分期付款合同,与一般以消费为目的分期付款买卖合同有较大区别。对案涉《股权转让资金分期付款协议》

不宜简单适用《合同法》第一百六十七条规定的合同解除权。

二、本案中,双方订立《股权转让资金分期付款协议》的合同目的能够实现。汤长龙和周士海订立《股权转让资金分期付款协议》的目的是转让周士海所持青岛变压器集团成都双星电器有限公司6.35%股权给汤长龙。根据汤长龙履行股权转让款的情况,除第2笔股权转让款150万元逾期支付两个月,其余3笔股权转让款均按约支付,周士海认为汤长龙逾期付款构成违约要求解除合同,退回了汤长龙所付710万元,不影响汤长龙按约支付剩余3笔股权转让款的事实的成立,且本案一、二审审理过程中,汤长龙明确表示愿意履行付款义务。因此,周士海签订案涉《股权转让资金分期付款协议》的合同目的能够得以实现。另查明,2013年11月7日,青岛变压器集团成都双星电器有限公司的变更(备案)登记中,周士海所持有的6.35%股权已经变更登记至汤长龙名下。

三、从诚实信用的角度,《合同法》第六十条规定,“当事人应当按照约定全面履行自己的义务。当事人应当遵循诚实信用原则,根据合同的性质、目的和交易习惯履行通知、协助、保密等义务”。鉴于双方在股权转让合同上明确约定“此协议一式两份,双方签字生效,永不反悔”,因此周士海即使依据《合同法》第一百六十七条的规定,也应当首先选择要求汤长龙支付全部价款,而不是解除合同。

四、从维护交易安全的角度,一项有限责任公司的股权交易,关涉诸多方面,如其他股东对受让人汤长龙的接受和信任(过半数同意股权转让),记载到股东名册和在工商部门登记股权,社会成本和影响已经倾注其中。本案中,汤长龙受让股权后已实际参与公司经营管理、股权也已过户登记到其名下,如果不是汤长龙有根本违约行为,动辄撤销合同可能对公司经营管理的稳定产生不利影响。

综上所述,本案中,汤长龙主张的周士海依据《合同法》第一百六十七条之规定要求解除合同依据不足的理由,于法有据,应当予以支持。

第六百三十五条 【凭样品买卖合同】凭样品买卖的当事人应当封存样品,并可以对样品质量予以说明。出卖人交付的标的物应当与样品及其说明的质量相同。

对应司法解释

《最高人民法院关于审理买卖合同纠纷案件适用法律问题的解释》(法释〔2020〕17号修正)

第二十九条　合同约定的样品质量与文字说明不一致且发生纠纷时当事人不能达成合意,样品封存后外观和内在品质没有发生变化的,人民法院应当以样品为准;外观和内在品质发生变化,或者当事人对是否发生变化有争议而又无法查明的,人民法院应当以文字说明为准。

条文应用提示

凭样品买卖合同,又称货样买卖,是指买卖双方根据货物样品而订立的由出卖人按照样品交付标的物的合同。

样品是凭样品买卖的核心问题。这对于双方当事人来讲均很重要,需要高度重视,否则容易引起不必要的纠纷。为此,本条规定,“当事人应当封存样品”。这一规定包括三层意思:一是样品必须是订立合同时的样品;二是样品的封存必须为双方所认可,包括对封存地点、数量、时间以及保存人的认可等;三是双方当事人应当对封存的样品盖章或者签字。至于封存的具体方法,当事人可以根据自己的具体情况作出具体的约定。

旧法对应关系

合同法第一百六十八条,原买卖合同解释第四十条

第六百三十六条　【凭样品买卖合同的隐蔽瑕疵处理】凭样品买卖的买受人不知道样品有隐蔽瑕疵的,即使交付的标的物与样品相同,出卖人交付的标的物的质量仍然应当符合同种物的通常标准。

旧法对应关系

合同法第一百六十九条

第六百三十七条　【试用买卖的试用期限】试用买卖的当事人可以约定标的物的试用期限。对试用期限没有约定或者约定不明确，依据本法第五百一十条的规定仍不能确定的，由出卖人确定。

条文应用提示

试用买卖合同，也称试验买卖合同，是指出卖人和买受人约定，由买受人对标的物进行试用，并由买受人决定是否购买标的物的一种特殊的买卖合同。在试用买卖中，买卖当事人双方约定由买受人使用或者试验标的物，以买受人经过一段时间后认可标的物为合同生效条件。因此，标的物的试用期限是试用买卖合同中的重要条款，基于合同的自愿原则，合同当事人可以就标的物的试用期限进行约定。所以，本条首先规定试用买卖的当事人可以约定标的物的试用期限。试用买卖的买受人在试用期内已经支付部分价款或者对标的物实施出卖、出租、设立担保物权等行为的，视为同意购买。

旧法对应关系

合同法第一百七十条，原买卖合同解释第四十二条、第四十三条

第六百三十八条　【试用买卖的效力】试用买卖的买受人在试用期内可以购买标的物，也可以拒绝购买。试用期限届满，买受人对是否购买标的物未作表示的，视为购买。

试用买卖的买受人在试用期内已经支付部分价款或者对标的物实施出卖、出租、设立担保物权等行为的，视为同意购买。

对应司法解释

《最高人民法院关于审理买卖合同纠纷案件适用法律问题的解释》（法释〔2020〕17号修正）

第三十条　买卖合同存在下列约定内容之一的，不属于试用买卖。买受人主张属于试用买卖的，人民法院不予支持：

（一）约定标的物经过试用或者检验符合一定要求时，买受人应当购买标的物；

（二）约定第三人经试验对标的物认可时，买受人应当购买标的物；

（三）约定买受人在一定期限内可以调换标的物；

（四）约定买受人在一定期限内可以退还标的物。

旧法对应关系

合同法第一百七十一条，原买卖合同解释第四十一条

第六百三十九条 【试用买卖使用费的负担】试用买卖的当事人对标的物使用费没有约定或者约定不明确的，出卖人无权请求买受人支付。

旧法对应关系

原买卖合同解释第四十三条

第六百四十条 【试用期间标的物灭失风险的承担】标的物在试用期内毁损、灭失的风险由出卖人承担。

第六百四十一条 【所有权保留】当事人可以在买卖合同中约定买受人未履行支付价款或者其他义务的，标的物的所有权属于出卖人。

出卖人对标的物保留的所有权，未经登记，不得对抗善意第三人。

对应司法解释

《最高人民法院关于审理买卖合同纠纷案件适用法律问题的解释》（法释〔2020〕17号修正）

第二十五条 买卖合同当事人主张民法典第六百四十一条关于标的物所有权保留的规定适用于不动产的，人民法院不予支持。

《最高人民法院关于适用〈中华人民共和国民法典〉有关担保制度的解释》(法释〔2020〕28号)

第五十四条 动产抵押合同订立后未办理抵押登记,动产抵押权的效力按照下列情形分别处理:

(一)抵押人转让抵押财产,受让人占有抵押财产后,抵押权人向受让人请求行使抵押权的,人民法院不予支持,但是抵押权人能够举证证明受让人知道或者应当知道已经订立抵押合同的除外;

(二)抵押人将抵押财产出租给他人并移转占有,抵押权人行使抵押权的,租赁关系不受影响,但是抵押权人能够举证证明承租人知道或者应当知道已经订立抵押合同的除外;

(三)抵押人的其他债权人向人民法院申请保全或者执行抵押财产,人民法院已经作出财产保全裁定或者采取执行措施,抵押权人主张对抵押财产优先受偿的,人民法院不予支持;

(四)抵押人破产,抵押权人主张对抵押财产优先受偿的,人民法院不予支持。

第六十七条 在所有权保留买卖、融资租赁等合同中,出卖人、出租人的所有权未经登记不得对抗的"善意第三人"的范围及其效力,参照本解释第五十四条的规定处理。

条文应用提示

通常来讲,买卖合同标的物的所有权自标的物交付时起转移,但法律另有规定或者当事人另有约定的,则应当依照法律规定或者当事人的约定确定所有权转移的时间。本条的规定即体现了当事人另外约定的一种情形。因此,本条实际上是一个提示性的条款,当事人可以根据实际情况运用这样的约定确定相互的权利义务关系,而这种约定是当事人根据合同自愿原则确定合同内容的表现,是受法律保护的。

买卖合同中的所有权保留条款,是标的物所有权转移问题中的重要内容。所有权保留条款是有利于出卖人的条款。它的主要功能是可以使出卖人躲避不能取得标的物价款的风险。在买受人未履行支付价款或者其他义务以前,出卖人仍然享有标的物的所有权。这样就可以免去在出卖人已交付标的物而买受人不履行其主要义务时,因所有权已转移可能给出卖人造成的损害。

自2020年1月1日起施行的《优化营商环境条例》第四十七条第二款规定："国家推动建立统一的动产和权利担保登记公示系统，逐步实现市场主体在一个平台上办理动产和权利担保登记。纳入统一登记公示系统的动产和权利范围另行规定。"

基于实现优化营商环境、消灭隐形担保的总目标，本条规定出卖人对标的物保留的所有权，未经登记不得对抗善意第三人，明确了必须登记才能取得对抗第三人的效力。

旧法对应关系

合同法第一百三十四条，原买卖合同解释第三十四条

关联法律法规

《最高人民法院关于适用〈中华人民共和国企业破产法〉若干问题的规定（二）》（法释〔2020〕18号修正）

第二条　下列财产不应认定为债务人财产：

（一）债务人基于仓储、保管、承揽、代销、借用、寄存、租赁等合同或者其他法律关系占有、使用的他人财产；

（二）债务人在所有权保留买卖中尚未取得所有权的财产；

（三）所有权专属于国家且不得转让的财产；

（四）其他依照法律、行政法规不属于债务人的财产。

第三十四条　买卖合同双方当事人在合同中约定标的物所有权保留，在标的物所有权未依法转移给买受人前，一方当事人破产的，该买卖合同属于双方均未履行完毕的合同，管理人有权依据企业破产法第十八条的规定决定解除或者继续履行合同。

第三十五条　出卖人破产，其管理人决定继续履行所有权保留买卖合同的，买受人应当按照原买卖合同的约定支付价款或者履行其他义务。

买受人未依约支付价款或者履行完毕其他义务，或者将标的物出卖、出质或者作出其他不当处分，给出卖人造成损害，出卖人管理人依法主张取回标的物的，人民法院应予支持。但是，买受人已经支付标的物总价款百分之七十五以上或者第三人善意取得标的物所有权或者其他物权的

除外。

因本条第二款规定未能取回标的物,出卖人管理人依法主张买受人继续支付价款、履行完毕其他义务,以及承担相应赔偿责任的,人民法院应予支持。

第三十六条 出卖人破产,其管理人决定解除所有权保留买卖合同,并依据企业破产法第十七条的规定要求买受人向其交付买卖标的物的,人民法院应予支持。

买受人以其不存在未依约支付价款或者履行完毕其他义务,或者将标的物出卖、出质或者作出其他不当处分情形抗辩的,人民法院不予支持。

买受人依法履行合同义务并依据本条第一款将买卖标的物交付出卖人管理人后,买受人已支付价款损失形成的债权作为共益债务清偿。但是,买受人违反合同约定,出卖人管理人主张上述债权作为普通破产债权清偿的,人民法院应予支持。

第三十七条 买受人破产,其管理人决定继续履行所有权保留买卖合同的,原买卖合同中约定的买受人支付价款或者履行其他义务的期限在破产申请受理时视为到期,买受人管理人应当及时向出卖人支付价款或者履行其他义务。

买受人管理人无正当理由未及时支付价款或者履行完毕其他义务,或者将标的物出卖、出质或者作出其他不当处分,给出卖人造成损害,出卖人依据民法典第六百四十一条等规定主张取回标的物的,人民法院应予支持。但是,买受人已支付标的物总价款百分之七十五以上或者第三人善意取得标的物所有权或者其他物权的除外。

因本条第二款规定未能取回标的物,出卖人依法主张买受人继续支付价款、履行完毕其他义务,以及承担相应赔偿责任的,人民法院应予支持。对因买受人未支付价款或者未履行完毕其他义务,以及买受人管理人将标的物出卖、出质或者作出其他不当处分导致出卖人损害产生的债务,出卖人主张作为共益债务清偿的,人民法院应予支持。

第三十八条 买受人破产,其管理人决定解除所有权保留买卖合同,出卖人依据企业破产法第三十八条的规定主张取回买卖标的物的,人民法院应予支持。

出卖人取回买卖标的物，买受人管理人主张出卖人返还已支付价款的，人民法院应予支持。取回的标的物价值明显减少给出卖人造成损失的，出卖人可从买受人已支付价款中优先予以抵扣后，将剩余部分返还给买受人；对买受人已支付价款不足以弥补出卖人标的物价值减损损失形成的债权，出卖人主张作为共益债务清偿的，人民法院应予支持。

典型案例指导

扬州市海力精密机械制造有限公司诉安徽奥泰粉末冶金有限公司取回权案（2021年11月2日《最高人民法院发布十四起人民法院服务和保障长三角一体化发展典型案例》）

本案涉及的主要问题是所有权保留买卖合同的买受人进入破产程序后，在出卖人无法取回合同标的物的情况下，买受人所欠货款能否作为共益债务进行清偿。本案中，奥泰公司与海力公司系长三角地区跨省企业，奥泰公司向海力公司购买全自动粉末成型机，约定了所有权保留条款。奥泰公司在尚未付清价款的情况下进入破产程序，并对合同标的物进行了处分，向皖东农商行城中支行设定抵押，导致海力公司无法取回；而奥泰公司管理人对所欠货款又不予认定为共益债务，致使海力公司利益受损。本案裁判体现了人民法院为长三角一体化发展提供司法服务和保障的自觉性，实现了当事人诉求在长三角区域法院无差别受理、同标准审理，平等保护长三角区域企业的合法民事权益，为优化长三角区域法治化营商环境提供了有力司法保障。

第六百四十二条 【出卖人的取回权】当事人约定出卖人保留合同标的物的所有权，在标的物所有权转移前，买受人有下列情形之一，造成出卖人损害的，除当事人另有约定外，出卖人有权取回标的物：

（一）未按照约定支付价款，经催告后在合理期限内仍未支付；

（二）未按照约定完成特定条件；

（三）将标的物出卖、出质或者作出其他不当处分。

出卖人可以与买受人协商取回标的物；协商不成的，可以参照适用担保物权的实现程序。

对应司法解释

《最高人民法院关于审理买卖合同纠纷案件适用法律问题的解释》(法释〔2020〕17 号修正)

第二十六条 买受人已经支付标的物总价款的百分之七十五以上,出卖人主张取回标的物的,人民法院不予支持。

在民法典第六百四十二条第一款第三项情形下,第三人依据民法典第三百一十一条的规定已经善意取得标的物所有权或者其他物权,出卖人主张取回标的物的,人民法院不予支持。

《最高人民法院关于适用〈中华人民共和国民法典〉有关担保制度的解释》(法释〔2020〕28 号)

第六十四条 在所有权保留买卖中,出卖人依法有权取回标的物,但是与买受人协商不成,当事人请求参照民事诉讼法"实现担保物权案件"的有关规定,拍卖、变卖标的物的,人民法院应予准许。

出卖人请求取回标的物,符合民法典第六百四十二条规定的,人民法院应予支持;买受人以抗辩或者反诉的方式主张拍卖、变卖标的物,并在扣除买受人未支付的价款以及必要费用后返还剩余款项的,人民法院应当一并处理。

条文应用提示

所谓所有权保留出卖人取回权,是指在所有权保留买卖合同中,当买受人出现违约的情形时,出卖人享有取回标的物的权利。依据本条第一款的规定,出卖人取回权的主要内涵为:在所有权保留买卖中,标的物进行实际交付以后,标的物所有权移转于买受人之前,因买受人未按照约定支付价款、未按照约定完成特定条件或者将标的物作出卖或者出质等不当处分的,出卖人有权取回标的物。据此表明,出卖人若取回标的物,除当事人另有约定外,必须符合本条规定的条件才可以行使。之所以明确出卖人的取回权,是因为在所有权保留买卖中,由于买受人占有、使用标的物,出卖人以保留的所有权来担保其价金债权的实现,这就造成了所有权人和标的物相分离,一旦买受人不依约支付价款,或者对标的物进行处分进而使标的物的价值降低或状态改变,都将危害到出卖人的利益。在此前提下，当买受人未履行支付价款义务或未尽善良管理人应尽的注意义务时，出卖人应当享有一定的救济权利，取回标的物无疑是最好的手段。出卖人可以行使取回权的具体条件如下：

第一，买受人未按照约定支付价款。通常情况下，出卖人在买受人未支付价款达到何种程度才可以取回标的物，应当由合同约定。如果合同没有约定，出卖人在买受人未支付价款达到何种程度可以取回。

第二，买受人未按照约定完成特定条件。如果汽车买卖当事人约定买受人应当在购买车辆一个月内更换刹车系统并购买车辆交强险及商业险，否则出卖人有权取回汽车。

第三，买受人在占有标的物期间擅自处分标的物且标的物未被第三人善意取得。在买卖双方未就出卖人何时可以取回标的物作出约定时，买受人就标的物实施了转卖、出质等行为的，将严重侵害出卖人的所有权，故出卖人依法有权行使取回权。

但是，如果第三人依据《民法典》第三百一十一条的规定已经善意取得标的物所有权或者其他物权的，出卖人无权取回标的物，否则将严重损害交易的安全和交易的秩序。

在符合上述出卖人可以行使取回权条件的前提下，出卖人应当以何种程序取回，将影响出卖人取回标的物的效率。因此，本条第二款规定，出卖人可以与买受人协商取回标的物；协商不成的，可以参照适用担保物权的实现程序。

旧法对应关系

原买卖合同解释第三十五条

第六百四十三条　【买受人的回赎权】出卖人依据前条第一款的规定取回标的物后，买受人在双方约定或者出卖人指定的合理回赎期限内，消除出卖人取回标的物的事由的，可以请求回赎标的物。

买受人在回赎期限内没有回赎标的物，出卖人可以以合理价格将标的物出卖给第三人，出卖所得价款扣除买受人未支付的价款以及必要费用后仍有剩余的，应当返还买受人；不足部分由买受人清偿。

旧法对应关系

原买卖合同解释第三十七条

关联法律法规

《中华人民共和国反不正当竞争法》(2019年4月23日修正)

第十五条 监督检查部门及其工作人员对调查过程中知悉的商业秘密负有保密义务。

第六百四十四条 【招标投标买卖】招标投标买卖的当事人的权利和义务以及招标投标程序等,依照有关法律、行政法规的规定。

旧法对应关系

合同法第一百七十二条

第六百四十五条 【拍卖】拍卖的当事人的权利和义务以及拍卖程序等,依照有关法律、行政法规的规定。

旧法对应关系

合同法第一百七十三条

典型案例指导

广东龙正投资发展有限公司与广东景茂拍卖行有限公司委托拍卖执行复议案(最高人民法院指导案例35号)

【裁判要点】

拍卖行与买受人有关联关系,拍卖行为存在以下情形,损害与标的物相关权利人合法权益的,人民法院可以视为拍卖行与买受人恶意串通,依法裁定该拍卖无效:(1)拍卖过程中没有其他无关联关系的竞买人参与竞买,或者虽有其他竞买人参与竞买,但未进行充分竞价的;(2)拍卖标的物的评估价明显低于实际价格,仍以该评估价成交的。

【相关法条】

《中华人民共和国民法通则》第五十八条

《中华人民共和国拍卖法》第六十五条

【基本案情】

广州白云荔发实业公司（以下简称荔发公司）与广州广丰房产建设有限公司（以下简称广丰公司）、广州银丰房地产有限公司（以下简称银丰公司）、广州金汇房产建设有限公司（以下简称金汇公司）非法借贷纠纷一案，广东省高级人民法院（以下简称广东高院）于1997年5月20日作出（1996）粤法经一初字第4号民事判决，判令广丰公司、银丰公司共同清偿荔发公司借款160647776.07元及利息，金汇公司承担连带赔偿责任。

广东高院在执行前述判决过程中，于1998年2月11日裁定查封了广丰公司名下的广丰大厦未售出部分，面积18851.86平方米。次日，委托广东景茂拍卖行有限公司（以下简称景茂拍卖行）进行拍卖。同年6月，该院委托的广东粤财房地产评估所出具评估报告，结论为：广丰大厦该部分物业在1998年6月12日的拍卖价格为102493594元。后该案因故暂停处置。

2001年年初，广东高院重新启动处置程序，于同年4月4日委托景茂拍卖行对广丰大厦整栋进行拍卖。同年11月初，广东高院在报纸上刊登拟拍卖整栋广丰大厦的公告，要求涉及广丰大厦的所有权利人或购房业主，于2001年11月30日前向景茂拍卖行申报权利和登记，待广东高院处理。根据公告要求，向景茂拍卖行申报的权利有申请交付广丰大厦预售房屋、回迁房屋和申请返还购房款、工程款、银行借款等，金额高达15亿多元，其中，购房人缴纳的购房款逾2亿元。

2003年8月26日，广东高院委托广东财兴资产评估有限公司（原广东粤财房地产评估所）对广丰大厦整栋进行评估。同年9月10日，该所出具评估报告，结论为：整栋广丰大厦（用地面积3009平方米，建筑面积34840平方米）市值为3445万元，建议拍卖保留价为市值的70%即2412万元。同年10月17日，景茂拍卖行以2412万元将广丰大厦整栋拍卖给广东龙正投资发展有限公司（以下简称龙正公司）。广东高院于同年10月28日作出（1997）粤高法执字第7号民事裁定，确认将广丰大厦整栋以2412万元转给龙正公司所有。2004年1月5日，该院向广州市国土房管部门发出协助执行通知书，要求将广丰大厦整栋产权过户给买受人龙正公司，并声明原广丰大厦的所有权利人，包括购房人、受让人、抵押权人、被拆迁人或拆迁户等的权益，由该院依法处理。龙正公司取得广丰大厦后，在原主体框架结构基础上继续投入资金进行续建，续建完成后更名为“时代国际大厦”。

2011年6月2日，广东高院根据有关部门的意见对该案复查后，作出

(1997)粤高法执字第7-1号执行裁定,认定景茂拍卖行和买受人龙正公司的股东系亲属,存在关联关系。广丰大厦两次评估价格差额巨大,第一次评估了广丰大厦约一半面积的房产,第二次评估了该大厦整栋房产,但第二次评估价格仅为第一次评估价格的35%,即使考虑市场变化因素,其价格变化也明显不正常。根据景茂拍卖行报告,拍卖时有三个竞买人参加竞买,另外两个竞买人均未举牌竞价,龙正公司因而一次举牌即以起拍价2412万元竞买成功。但经该院协调有关司法机关无法找到该二人,后书面通知景茂拍卖行提供该二人的竞买资料,景茂拍卖行未能按要求提供;景茂拍卖行也未按照《拍卖监督管理暂行办法》(编者注:该办法已废止)第四条"拍卖企业举办拍卖活动,应当于拍卖日前七天内到拍卖活动所在地工商行政管理局备案……拍卖企业应当在拍卖活动结束后7天内,将竞买人名单、身份证明复印件送拍卖活动所在地工商行政管理局备案"的规定,向工商管理部门备案。现有证据不能证实另外两个竞买人参加了竞买。综上,可以认定拍卖人景茂拍卖行和竞买人龙正公司在拍卖广丰大厦中存在恶意串通行为,导致广丰大厦拍卖不能公平竞价、损害了购房人和其他债权人的利益。根据《中华人民共和国民法通则》(以下简称《民法通则》)第五十八条、《中华人民共和国拍卖法》(以下简称《拍卖法》)第六十五条的规定,裁定拍卖无效,撤销该院2003年10月28日作出的(1997)粤高法执字第7号民事裁定。对此,买受人龙正公司和景茂拍卖行分别向广东高院提出异议。

龙正公司和景茂拍卖行异议被驳回后,又向最高人民法院申请复议。主要复议理由为:对广丰大厦前后两次评估的价值相差巨大的原因存在合理性,评估结果与拍卖行和买受人无关;拍卖保留价也是根据当时实际情况决定的,拍卖成交价是当时市场客观因素造成的;景茂拍卖行不能提供另外两名竞买人的资料,不违反《拍卖法》第五十四条第二款关于"拍卖资料保管期限自委托拍卖合同终止之日起计算,不得少于五年"的规定;拍卖广丰大厦的拍卖过程公开、合法,拍卖前曾四次在报纸上刊出拍卖公告,法律没有禁止拍卖行股东亲属的公司参与竞买。故不存在拍卖行与买受人恶意串通、损害购房人和其他债权人利益的事实。广东高院推定竞买人与拍卖行存在恶意串通行为是错误的。

【裁判结果】

广东高院于2011年10月9日作出(2011)粤高法执异字第1号执行裁定:维持(1997)粤高法执字第7-1号执行裁定意见,驳回异议。裁定送达后,龙正公司和景茂拍卖行向最高人民法院申请复议。最高人民法院于2012年6月15日作出(2012)执复字第6号执行裁定:驳回龙正公司和景茂拍卖行的复议请求。

【裁判理由】

最高人民法院认为:受人民法院委托进行的拍卖属于司法强制拍卖,其与公民、法人和其他组织自行委托拍卖机构进行的拍卖不同,人民法院有权对拍卖程序及拍卖结果的合法性进行审查。因此,即使拍卖已经成交,人民法院发现其所委托的拍卖行为违法,仍可以根据《民法通则》第五十八条、《拍卖法》第六十五条等法律规定,对在拍卖过程中恶意串通,导致拍卖不能公平竞价、损害他人合法权益的,裁定该拍卖无效。

买受人在拍卖过程中与拍卖机构是否存在恶意串通,应从拍卖过程、拍卖结果等方面综合考察。如果买受人与拍卖机构存在关联关系,拍卖过程没有进行充分竞价,而买受人和拍卖机构明知标的物评估价和成交价明显过低,仍以该低价成交,损害标的物相关权利人合法权益的,可以认定双方存在恶意串通。

本案中,在景茂拍卖行与买受人之间因股东的亲属关系而存在关联关系的情况下,除非能够证明拍卖过程中有其他无关联关系的竞买人参与竞买,且进行了充分的竞价,否则可以推定景茂拍卖行与买受人之间存在串通。该竞价充分的举证责任应由景茂拍卖行和与其有关联关系的买受人承担。2003年拍卖结束后,景茂拍卖行给广东高院的拍卖报告中指出,还有另外两个自然人参加竞买,现场没有举牌竞价,拍卖中仅一次叫价即以保留价成交,并无竞价。而买受人龙正公司和景茂拍卖行不能提供其他两个竞买人的情况。经审核,其复议中提供的向工商管理部门备案的材料中,并无另外两个竞买人参加竞买的资料。拍卖资料经过了保存期,不是其不能提供竞买人情况的理由。据此,不能认定有其他竞买人参加了竞买,可以认定景茂拍卖行与买受人龙正公司之间存在串通行为。

鉴于本案拍卖系直接以评估机构确定的市场价的70%之保留价成交的,故评估价是否合理对于拍卖结果是否公正合理有直接关系。之前对一半房产的评估价已达1亿多元,但是本次对全部房产的评估价格却只有原来一半房产评估价格的35%。拍卖行明知价格过低,却通过亲属来购买房产,未经多轮竞价,严重侵犯了他人的利益。拍卖整个楼的价格与评估部分房产时的价格相差悬殊,拍卖行和买受人的解释不能让人信服,可以认定两者间存在恶意串通。同时,与广丰大厦相关的权利有申请交付广丰大厦预售房屋、回迁房屋和申请返还购房款、工程款、银行借款等,总额达15亿多元,仅购房人登记所交购房款即超过2亿元。而本案拍卖价款仅为2412万元,对于没有优先受偿权的本案申请执行人毫无利益可言,明显属于无益拍卖。鉴于景茂拍卖行负责接受与广丰大厦相关的权利的申报工作,且买受人与其存在关联关系,可认定景茂拍卖行与买受人对上述问题也应属明知。因此,对于此案拍卖导致与广丰大厦相关的权利人的权益受侵害,景茂拍卖行与买受人龙正公司之间构成恶意串通。

综上,广东高院认定拍卖人景茂拍卖行和买受人龙正公司在拍卖广丰大厦中存在恶意串通行为,导致广丰大厦拍卖不能公平竞价、损害了购房人和其他债权人的利益,是正确的。故(1997)粤高法执字第7-1号及(2011)粤高法执异字第1号执行裁定并无不当,景茂拍卖行与龙正公司申请复议的理由不能成立。

第六百四十六条　【买卖合同准用于有偿合同】法律对其他有偿合同有规定的,依照其规定;没有规定的,参照适用买卖合同的有关规定。

旧法对应关系

合同法第一百七十四条

第六百四十七条　【互易合同】当事人约定易货交易,转移标的物的所有权的,参照适用买卖合同的有关规定。

旧法对应关系

合同法第一百七十五条

第十章　供用电、水、气、热力合同

第六百四十八条　【供用电合同定义及强制缔约义务】供用电合同是供电人向用电人供电,用电人支付电费的合同。

向社会公众供电的供电人,不得拒绝用电人合理的订立合同要求。

条文应用提示

供用电合同涉及千家万户,关系基本民生,供用电合同不仅关系当事人的利益,而且关系社会公共利益。如果作为供电人的供电企业拒绝向某个当事人提供供电服务,则用电人将很可能无法得到这些服务,进而影响最基本的生产和生活,需要法律对此类合同作出特别规定,对供电人的自由进行适当限制。因此,法律上有必要规定强制缔约义务。

所谓强制缔约,是指只要一方提出订立合同的要求,负有强制缔约义务的人依法不得拒绝,必须与之订立合同。我国《电力法》第二十六条第一款规定:"供电营业区内的供电营业机构,对本营业区内的用户有按照国家规定供电的义务;不得违反国家规定对其营业区内申请用电的单位和个人拒绝供电。"这就是供电人的强制缔约义务。在民法典编纂过程中,考虑到用电的普遍性和对民众生活的必需性,经研究认为,有必要在电力法的基础上,进一步在民法典中对供用电合同当事人的强制缔约义务作出规定,以在更广范围指引社会、经济生活。因此本条第二款规定:"向社会公众供电的供电人,不得拒绝用电人合理的订立合同要求。"

本章从现实出发,本着合同自愿订立的原则,把供用电双方作为平等的民事主体,着重从当事人合同关系的角度,对供用电合同的有关内容、供用电双方的权利义务及违约责任等作出规定,以适应社会主义市场经济体制发展和完善的需要。

旧法对应关系

合同法第一百七十六条

关联法律法规

《中华人民共和国电力法》(2018年12月29日修正)

第二十七条　电力供应与使用双方应当根据平等自愿、协商一致的原则,按照国务院制定的电力供应与使用办法签订供用电合同,确定双方的权利和义务。

《电力供应与使用条例》(2019年3月2日修订)

第三十三条　供用电合同应当具备以下条款:

(一)供电方式、供电质量和供电时间;

(二)用电容量和用电地址、用电性质;
(三)计量方式和电价、电费结算方式;
(四)供用电设施维护责任的划分;
(五)合同的有效期限;
(六)违约责任;
(七)双方共同认为应当约定的其他条款。

第六百四十九条　【供用电合同内容】供用电合同的内容一般包括供电的方式、质量、时间,用电容量、地址、性质,计量方式,电价、电费的结算方式,供用电设施的维护责任等条款。

旧法对应关系

合同法第一百七十七条

第六百五十条　【供用电合同履行地】供用电合同的履行地点,按照当事人约定;当事人没有约定或者约定不明确的,供电设施的产权分界处为履行地点。

旧法对应关系

合同法第一百七十八条

第六百五十一条　【供电人的安全供电义务】供电人应当按照国家规定的供电质量标准和约定安全供电。供电人未按照国家规定的供电质量标准和约定安全供电,造成用电人损失的,应当承担赔偿责任。

旧法对应关系

合同法第一百七十九条

关联法律法规

《中华人民共和国电力法》(2018年12月29日修正)

第二十八条　供电企业应当保证供给用户的供电质量符合国家标准。对公用供电设施引起的供电质量问题,应当及时处理。

用户对供电质量有特殊要求的,供电企业应当根据其必要性和电网的可能,提供相应的电力。

第五十九条　电力企业或者用户违反供用电合同,给对方造成损失的,应当依法承担赔偿责任。

电力企业违反本法第二十八条、第二十九条第一款的规定,未保证供电质量或者未事先通知用户中断供电,给用户造成损失的,应当依法承担赔偿责任。

第六十条　因电力运行事故给用户或者第三人造成损害的,电力企业应当依法承担赔偿责任。

电力运行事故由下列原因之一造成的,电力企业不承担赔偿责任:

(一)不可抗力;

(二)用户自身的过错。

因用户或者第三人的过错给电力企业或者其他用户造成损害的,该用户或者第三人应当依法承担赔偿责任。

《电力供应与使用条例》(2019年3月2日修订)

第十九条　用户受电端的供电质量应当符合国家标准或者电力行业标准。

第二十条　供电方式应当按照安全、可靠、经济、合理和便于管理的原则,由电力供应与使用双方根据国家有关规定以及电网规划、用电需求和当地供电条件等因素协商确定。

在公用供电设施未到达的地区,供电企业可以委托有供电能力的单位就近供电。非经供电企业委托,任何单位不得擅自向外供电。

第二十一条　因抢险救灾需要紧急供电时,供电企业必须尽速安排供电。所需工程费用和应付电费由有关地方人民政府有关部门从抢险救灾经费中支出,但是抗旱用电应当由用户交付电费。

第二十二条　用户对供电质量有特殊要求的,供电企业应当根据其必要性和电网的可能,提供相应的电力。

第二十三条 申请新装用电、临时用电、增加用电容量、变更用电和终止用电,均应当到当地供电企业办理手续,并按照国家有关规定交付费用;供电企业没有不予供电的合理理由的,应当供电。供电企业应当在其营业场所公告用电的程序、制度和收费标准。

第二十四条 供电企业应当按照国家标准或者电力行业标准参与用户受送电装置设计图纸的审核,对用户受送电装置隐蔽工程的施工过程实施监督,并在该受送电装置工程竣工后进行检验;检验合格的,方可投入使用。

第六百五十二条 【供电人中断供电时的通知义务】供电人因供电设施计划检修、临时检修、依法限电或者用电人违法用电等原因,需要中断供电时,应当按照国家有关规定事先通知用电人;未事先通知用电人中断供电,造成用电人损失的,应当承担赔偿责任。

条文应用提示

供用电合同是一种持续供给合同,供电人在发电、供电系统正常的情况下,应当连续向用电人供电,不得中断,否则应当承担违约责任。这是供电人连续供电的义务。但是在某些法定情形下,供电人可以中断供电,根据本条和《电力法》第二十九条的规定,这些情形主要包括:

(1)供电设施检修。为了保障安全、及时供电,供电人应当加强对供电设施的检修,从公平合理角度来讲,检修供电设施自然可以中断供电。本条对“供电设施检修”未加法定限制条件,因此,无论是计划检修还是临时检修,只要依照规定事先通知了用电人,供电人都可以根据需要中断供电。

(2)依法限电。这是指依照有关法律、行政法规对一个地区中的一部分地区、部分用户、用电大户的部分用电设施中断供电,使其用电总量减少的一种措施行为。既然是依法进行的限电,供电人根据需要中断供电是应有之义。

(3)用电人违法用电。这种情形具体包括违章用电、窃电、超计划用电、不安全用电以及其他违反法律、行政法规用电的行为。《电力法》第三十二条第一款规定:“用户用电不得危害供电、用电安全和扰乱供电、用电秩序。”其中的“危害供电、用电安全”，是指用户违反供用电安全的有关规定，故意采取不正当手段，威胁供用电安全，或由于管理、使用不当，引发电气设施损坏事故、火灾事故、人身伤亡事故、停电事故等情况。“扰乱供电、用电秩序”则主要包括违章用电行为、窃电行为、超计划用电行为、故意冲击供电企业与变电设施所在地行为等。供电人在上述情形下中断供电，不承担违约责任，但前提是应当按照国家有关规定事先通知用电人。

因供电设施计划检修停电，供电企业应当提前 7 天通知用户或者进行公告。因供电设施临时检修停电，供电企业应当提前 24 小时通知重要用户。因发电、供电系统发生故障需要停电、限电时，供电企业应当按照事先确定的限电序位进行停电或者限电；但限电序位应事前公告用户。引起停电或者限电的原因消除后，供电企业应当尽快恢复供电。但是，如果因供电设施检修、依法限电或者用户违法用电等原因中断供电，供电企业没有按照国家有关规定事先通知用户，比如遇到计划检修时，没有提前 7 天通知用户或者进行公告，依法限电时，没有按照事先确定的限电序位进行限电，因此给用电人造成损失的，应当承担损害赔偿责任。

旧法对应关系

合同法第一百八十条

关联法律法规

《中华人民共和国电力法》(2018 年 12 月 29 日修正)

第二十九条 供电企业在发电、供电系统正常的情况下，应当连续向用户供电，不得中断。因供电设施检修、依法限电或者用户违法用电等原因，需要中断供电时，供电企业应当按照国家有关规定事先通知用户。

用户对供电企业中断供电有异议的，可以向电力管理部门投诉；受理投诉的电力管理部门应当依法处理。

《电力供应与使用条例》(2019 年 3 月 2 日修订)

第二十八条 供电企业应当保证供给用户的供电质量符合国家标准。对公用供电设施引起的供电质量问题，应当及时处理。

用户对供电质量有特殊要求的，供电企业应当根据其必要性和电网的可能，提供相应的电力。

第六百五十三条 【供电人的抢修义务】因自然灾害等原因断电，供电人应当按照国家有关规定及时抢修；未及时抢修，造成用电人损失的，应当承担赔偿责任。

旧法对应关系

合同法第一百八十一条

关联法律法规

《中华人民共和国电力法》(2018 年 12 月 29 日修正)

第三十条 因抢险救灾需要紧急供电时，供电企业必须尽速安排供电，所需供电工程费用和应付电费依照国家有关规定执行。

第六百五十四条 【用电人的交付电费义务】用电人应当按照国家有关规定和当事人的约定及时支付电费。用电人逾期不支付电费的，应当按照约定支付违约金。经催告用电人在合理期限内仍不支付电费和违约金的，供电人可以按照国家规定的程序中止供电。

供电人依据前款规定中止供电的，应当事先通知用电人。

旧法对应关系

合同法第一百八十二条

关联法律法规

《中华人民共和国电力法》(2018 年 12 月 29 日修正)

第三十三条 供电企业应当按照国家核准的电价和用电计量装置的记录，向用户计收电费。

供电企业查电人员和抄表收费人员进入用户，进行用电安全检查或者抄表收费时，应当出示有关证件。

用户应当按照国家核准的电价和用电计量装置的记录，按时交纳电费；对供电企业查电人员和抄表收费人员依法履行职责，应当提供方便。

《电力供应与使用条例》(2019 年 3 月 2 日修订)

第二十三条 申请新装用电、临时用电、增加用电容量、变更用电和终止用电，均应当到当地供电企业办理手续，并按照国家有关规定交付费用；供电企业没有不予供电的合理理由的，应当供电。供电企业应当在其营业场所公告用电的程序、制度和收费标准。

第二十四条　供电企业应当按照国家标准或者电力行业标准参与用户受送电装置设计图纸的审核，对用户受送电装置隐蔽工程的施工过程实施监督，并在该受送电装置工程竣工后进行检验；检验合格的，方可投入使用。

第二十五条　供电企业应当按照国家有关规定实行分类电价、分时电价。

第二十六条　用户应当安装用电计量装置。用户使用的电力、电量，以计量检定机构依法认可的用电计量装置的记录为准。用电计量装置，应当安装在供电设施与受电设施的产权分界处。

安装在用户处的用电计量装置，由用户负责保护。

第三十四条　供电企业应当按照合同约定的数量、质量、时间、方式，合理调度和安全供电。

用户应当按照合同约定的数量、条件用电，交付电费和国家规定的其他费用。

第六百五十五条　【用电人的安全用电义务】用电人应当按照国家有关规定和当事人的约定安全、节约和计划用电。用电人未按照国家有关规定和当事人的约定用电，造成供电人损失的，应当承担赔偿责任。

条文应用提示

用电人违章用电，应当承担一定的法律责任，有关电力供应与使用的法律法规对违章用电的法律责任作出了规定。故本条规定，用电人未按照国家有关规定和当事人的约定用电，造成供电人损失的，应当承担赔偿责任。具体地，用电人承担哪种违约责任，承担多大的违约责任，均由当事人根据合同编第一分编通则有关违约责任的规定加以确定。通常包括采取补救措施、支付违约金、供电人中止供电等，造成供电人损失的，应当给予赔偿。

旧法对应关系

合同法第一百八十三条

关联法律法规

《中华人民共和国电力法》(2018年12月29日修正)

第三十二条 供电企业和用户应当在供电前根据用户需要和供电企业的供电能力签订供用电合同。

《电力供应与使用条例》(2019年3月2日修订)

第二十九条 县级以上人民政府电力管理部门应当遵照国家产业政策,按照统筹兼顾、保证重点、择优供应的原则,做好计划用电工作。

供电企业和用户应当制订节约用电计划,推广和采用节约用电的新技术、新材料、新工艺、新设备,降低电能消耗。

供电企业和用户应当采用先进技术、采取科学管理措施,安全供电、用电,避免发生事故,维护公共安全。

第三十条 用户不得有下列危害供电、用电安全,扰乱正常供电、用电秩序的行为:

(一)擅自改变用电类别;

(二)擅自超过合同约定的容量用电;

(三)擅自超过计划分配的用电指标的;

(四)擅自使用已经在供电企业办理暂停使用手续的电力设备,或者擅自启用已经被供电企业查封的电力设备;

(五)擅自迁移、更动或者擅自操作供电企业的用电计量装置、电力负荷控制装置、供电设施以及约定由供电企业调度的用户受电设备;

(六)未经供电企业许可,擅自引入、供出电源或者将自备电源擅自并网。

第三十一条 禁止窃电行为。窃电行为包括:

(一)在供电企业的供电设施上,擅自接线用电;

(二)绕越供电企业的用电计量装置用电;

(三)伪造或者开启法定的或者授权的计量检定机构加封的用电计量装置封印用电;

(四)故意损坏供电企业用电计量装置;

(五)故意使供电企业的用电计量装置计量不准或者失效;

（六）采用其他方法窃电。

第六百五十六条 【供用水、供用气、供用热力合同的参照适用】供用水、供用气、供用热力合同，参照适用供用电合同的有关规定。

旧法对应关系

合同法第一百八十四条

关联法律法规

《城市供水条例》、《城镇燃气管理条例》

典型案例指导

盐城市天孜食品有限公司诉盐城市自来水有限公司供用水合同纠纷案［江苏省盐城市中级人民法院2019年5月28日民事判决书，《最高人民法院公报》2020年第3期（总第281期）］

在供水合同关系中，供水方自来水公司承担的安装、更换、维修水表以及供水等义务是一种公共服务。用水方系被动接受水表和计量结果。水表更换前后，在用水方生产量基本不变且无管道跑水故障的情况下，水表显示用于生产的用水量却大幅增加，有悖常理。由此引发争议时，人民法院应当根据民事诉讼证明原则和日常经验法则，对案件事实作出综合判断并公平合理地确定计算方法和损失数额。

第十一章 赠与合同

第六百五十七条 【赠与合同定义】赠与合同是赠与人将自己的财产无偿给予受赠人，受赠人表示接受赠与的合同。

条文应用提示

赠与是一种合意，是双方的法律行为。赠与合同虽为单务、无偿合同，但也需有当事人双方一致的意思表示才能成立。赠与合同是以赠与人将自己的财产给予受赠人为内容的合同，是赠与人转移财产所有权于受赠人的合同。这是赠与合同与借用合同的主要区别。

在一般情况下，赠与合同仅由赠与人负有将自己的财产给予受赠人的义务，而受赠人并不负有义务。在附义务的赠与中，赠与人负有将其财产给予受赠人的义务，受赠人按照合同约定负担某种义务，但受赠人所负担的义务并非赠与人所负义务的对价，受赠人的义务通常远小于赠与人的义务，双方的义务并不是相互对应的，因此，赠与合同为单务合同。

旧法对应关系

合同法第一百八十五条

典型案例指导

俞彬华与广州华多网络科技有限公司、王子戎、哈尔滨兴戎文化传媒有限公司、刘奇琪网络服务合同纠纷案（2019 年 12 月 7 日《最高人民法院发布中国互联网司法典型案例》）

法院在本案中认定，直播平台为用户提供平台服务，通过用户购买和使用虚拟货币收取服务费，两者形成网络服务合同法律关系。用户对直播发布者的“打赏”，一般成立赠与合同，除非有证据证明直播发布者接受“打赏”前后须履行具体、明确的合同义务。本案中原告俞彬华对被告刘奇琪的“打赏”，并未约定要求对方履行特定义务，没有提出“打赏”的对价，因此并非服务合同关系，应当认定为赠与合同。

第六百五十八条 【赠与人任意撤销权及其限制】赠与人在赠与财产的权利转移之前可以撤销赠与。

经过公证的赠与合同或者依法不得撤销的具有救灾、扶贫、助残等公益、道德义务性质的赠与合同，不适用前款规定。

旧法对应关系

合同法第一百八十六条

关联法律法规

《中华人民共和国公益事业捐赠法》(1999年6月28日)

第二条　自然人、法人或者其他组织自愿无偿向依法成立的公益性社会团体和公益性非营利的事业单位捐赠财产,用于公益事业的,适用本法。

第三条　本法所称公益事业是指非营利的下列事项:

(一)救助灾害、救济贫困、扶助残疾人等困难的社会群体和个人的活动;

(二)教育、科学、文化、卫生、体育事业;

(三)环境保护、社会公共设施建设;

(四)促进社会发展和进步的其他社会公共和福利事业。

第四条　捐赠应当是自愿和无偿的,禁止强行摊派或者变相摊派,不得以捐赠为名从事营利活动。

第五条　捐赠财产的使用应当尊重捐赠人的意愿,符合公益目的,不得将捐赠财产挪作他用。

《最高人民法院关于适用〈中华人民共和国民法典〉婚姻家庭编的解释(一)》(法释〔2020〕22号)

第三十二条　婚前或者婚姻关系存续期间,当事人约定将一方所有的房产赠与另一方或者共有,赠与方在赠与房产变更登记之前撤销赠与,另一方请求判令继续履行的,人民法院可以按照民法典第六百五十八条的规定处理。

典型案例指导

于某某诉高某某离婚后财产纠纷案(2015年12月4日《最高人民法院公布49起婚姻家庭纠纷典型案例》)

本案中,双方争议的焦点是在离婚协议中约定将夫妻共同共有的房产赠与未成年子女,离婚后一方在赠与房产变更登记之前是否有权予以撤销。在离婚协议中双方将共同财产赠与未成年子女的约定与解除婚姻关系、子女抚养、共同财产分割、共同债务清偿、离婚损害赔偿等内容互为前提、互为结果,构成了一个整体,是"一揽子"的解决方案。如果允许一方反悔,那么男女双方离婚协议的"整体性"将被破坏。在婚姻关系已经解除且不可逆的情况下如果允许当事人对于财产部分反悔将助长先离婚再恶意占有财产之有违诚实信用的行为,也不利于保护未成年子女的权益。因此,在离婚后一方欲根据《合同法》第一百八十六条第一款之规定单方撤销赠与时亦应取得双方合意,在未征得作为共同共有人的另一方同意的情况下,无权单方撤销赠与。

第六百五十九条 【赠与财产办理有关法律手续】赠与的财产依法需要办理登记或者其他手续的,应当办理有关手续。

旧法对应关系

合同法第一百八十七条

第六百六十条 【受赠人的交付请求权以及赠与人的赔偿责任】经过公证的赠与合同或者依法不得撤销的具有救灾、扶贫、助残等公益、道德义务性质的赠与合同,赠与人不交付赠与财产的,受赠人可以请求交付。

依据前款规定应当交付的赠与财产因赠与人故意或者重大过失致使毁损、灭失的,赠与人应当承担赔偿责任。

旧法对应关系

合同法第一百八十八条、第一百八十九条

第六百六十一条 【附义务赠与合同】赠与可以附义务。

赠与附义务的,受赠人应当按照约定履行义务。

条文应用提示

附义务的赠与,也称附负担的赠与,是指以受赠人对赠与人或者第三人为一定给付为条件的赠与,即使受赠人接受赠与后负担一定义务的赠与。附义务的赠与不同于一般的赠与,而属一种特殊的赠与。其特殊性在于:(1)一般的赠与,受赠人仅享有取得赠与财产的权利,不承担任何义务;而附义务的赠与,赠与人对其赠与附加一定的条件,使受赠人承担一定的义务。(2)附义务的赠与,其所附义务不是赠与的对价,即所附义务不能大于或者等于受赠人所获得的利益,通常是低于赠与财产的价值。

(3)除当事人另有约定外,通常情况下,在赠与人履行了赠与义务后,才发生受赠人义务的履行问题。例如,某捐款人应当先将捐款实际交付某大学,该大学拿到捐款后才开始动工建造捐款人希望建造的图书馆和体育场馆。(4)赠与所附义务既可以约定向赠与人履行,也可以约定向第三人履行,还可以约定向不特定的多数人履行。(5)履行赠与所负的义务,依照当事人的约定,既可以是作为,也可以是不作为。(6)赠与所附义务,是赠与合同的组成部分,而不是另外的独立合同。(7)附义务的赠与,其义务不能违反法律或者违背公序良俗,如赠与人提出受赠人只能用赠款去还赌债,这个附义务的赠与就是不合法的,因为赌债是不合法的债务。

旧法对应关系

合同法第一百九十条

第六百六十二条　【赠与人瑕疵担保责任】赠与的财产有瑕疵的,赠与人不承担责任。附义务的赠与,赠与的财产有瑕疵的,赠与人在附义务的限度内承担与出卖人相同的责任。

赠与人故意不告知瑕疵或者保证无瑕疵,造成受赠人损失的,应当承担赔偿责任。

旧法对应关系

合同法第一百九十一条

第六百六十三条　【赠与人的法定撤销权及其行使期间】受赠人有下列情形之一的,赠与人可以撤销赠与:

(一)严重侵害赠与人或者赠与人近亲属的合法权益;

(二)对赠与人有扶养义务而不履行;

(三)不履行赠与合同约定的义务。

赠与人的撤销权,自知道或者应当知道撤销事由之日起一年内行使。

条文应用提示

赠与合同的法定撤销,是指赠与合同成立后,在具备法律规定的情形时,撤销权人可以撤销赠与。赠与的法定撤销与任意撤销的不同之处在于:第一,撤销赠与须依法律规定的事由;第二,只要具备法定事由,无论赠与合同是以何种形式订立甚至经过公证证明,无论赠与的财产是否已经交付或已发生权利转移,也无论赠与是否属于社会公益或者道德义务性质,享有撤销权的赠与人均可以撤销赠与。

赠与人的法定撤销权属于形成权,撤销权一经赠与人行使即发生效力,双方当事人的赠与关系即归于消灭。

旧法对应关系

合同法第一百九十二条

第六百六十四条 【赠与人继承人或者法定代理人的撤销权】因受赠人的违法行为致使赠与人死亡或者丧失民事行为能力的,赠与人的继承人或者法定代理人可以撤销赠与。

赠与人的继承人或者法定代理人的撤销权,自知道或者应当知道撤销事由之日起六个月内行使。

旧法对应关系

合同法第一百九十三条

第六百六十五条 【撤销赠与的法律后果】撤销权人撤销赠与的,可以向受赠人请求返还赠与的财产。

旧法对应关系

合同法第一百九十四条

第六百六十六条 【赠与人穷困抗辩】赠与人的经济状况显著恶化,严重影响其生产经营或者家庭生活的,可以不再履行赠与义务。

旧法对应关系

合同法第一百九十五条

第十二章 借款合同

第六百六十七条 【借款合同定义】借款合同是借款人向贷款人借款,到期返还借款并支付利息的合同。

对应司法解释

《最高人民法院关于审理民间借贷案件适用法律若干问题的规定》(法释〔2020〕17号修正)

第一条 本规定所称的民间借贷,是指自然人、法人和非法人组织之间进行资金融通的行为。

经金融监管部门批准设立的从事贷款业务的金融机构及其分支机构,因发放贷款等相关金融业务引发的纠纷,不适用本规定。

第十条 法人之间、非法人组织之间以及它们相互之间为生产、经营需要订立的民间借贷合同,除存在民法典第一百四十六条、第一百五十三条、第一百五十四条以及本规定第十三条规定的情形外,当事人主张民间借贷合同有效的,人民法院应予支持。

第十一条 法人或者非法人组织在本单位内部通过借款形式向职工筹集资金,用于本单位生产、经营,且不存在民法典第一百四十四条、第一百四十六条、第一百五十三条、第一百五十四条以及本规定第十三条规定的情形,当事人主张民间借贷合同有效的,人民法院应予支持。

第十二条 借款人或者出借人的借贷行为涉嫌犯罪,或者已经生效的裁判认定构成犯罪,当事人提起民事诉讼的,民间借贷合同并不当然无效。人民法院应当依据民法典第一百四十四条、第一百四十六条、第一百五十三条、第一百五十四条以及本规定第十三条之规定,认定民间借贷合同的效力。

担保人以借款人或者出借人的借贷行为涉嫌犯罪或者已经生效的裁判认定构成犯罪为由，主张不承担民事责任的，人民法院应当依据民间借贷合同与担保合同的效力、当事人的过错程度，依法确定担保人的民事责任。

第十三条 具有下列情形之一的，人民法院应当认定民间借贷合同无效：

（一）套取金融机构贷款转贷的；

（二）以向其他营利法人借贷、向本单位职工集资，或者以向公众非法吸收存款等方式取得的资金转贷的；

（三）未依法取得放贷资格的出借人，以营利为目的向社会不特定对象提供借款的；

（四）出借人事先知道或者应当知道借款人借款用于违法犯罪活动仍然提供借款的；

（五）违反法律、行政法规强制性规定的；

（六）违背公序良俗的。

第三十一条 本规定施行后，人民法院新受理的一审民间借贷纠纷案件，适用本规定。

2020 年 8 月 20 日之后新受理的一审民间借贷案件，借贷合同成立于 2020 年 8 月 20 日之前，当事人请求适用当时的司法解释计算自合同成立到 2020 年 8 月 19 日的利息部分的，人民法院应予支持；对于自 2020 年 8 月 20 日到借款返还之日的利息部分，适用起诉时本规定的利率保护标准计算。

本规定施行后，最高人民法院以前作出的相关司法解释与本规定不一致的，以本规定为准。

条文应用提示

借款合同，是指贷款人向借款人提供借款，借款人到期返还借款，并向贷款人支付利息的合同。

借款合同和传统民法借贷合同的概念有所区别。借贷合同是贷与人交付金钱或者其他种类物并转移其所有权供借用人消耗使用，借用人向贷与人返还种类、质量、数量相同的种类物的合同，一般分为使用借贷和消费借贷。其中，使用借贷是指当事人约定，当事人一方将物品借给对方使用，对方无偿使用后将物品返还的合同，又称为借用合同。消费借贷是指当事人约定，当事人一方有偿地将金钱或者其他代替物的所有权转移给对方，对方以相同物品返还的合同。本法并未对使用借贷作出规定，本章的借款合同，仅指消费借贷中的金钱借贷的内容。

旧法对应关系

合同法第一百九十六条

关联法律法规

《最高人民法院关于为稳定就业提供司法服务和保障的意见》（法发〔2022〕36号）

3. 推动落实金融支持政策，增强服务行业就业吸纳能力。依法审理金融借款合同纠纷案件，充分考虑延期还本付息、加大普惠小微贷款支持等金融支持政策，对金融机构违反金融支持政策提出的借款提前到期、解除合同等诉讼请求，人民法院不予支持。批发零售、住宿餐饮、物流运输、文化旅游等服务行业企业、个体工商户等，因受疫情影响生产经营、复工复产暂时困难、无力还款，主张延期还款、分期还款、减免逾期利息、降低利率的，应当积极引导当事人双方协商解决纠纷；协商解决不成，借款人的主张依据充分或者符合政策条件的，人民法院应当依法支持。

《最高人民法院关于新民间借贷司法解释适用范围问题的批复》（法释〔2020〕27号）

一、关于适用范围问题。经征求金融监管部门意见，由地方金融监管部门监管的小额贷款公司、融资担保公司、区域性股权市场、典当行、融资租赁公司、商业保理公司、地方资产管理公司等七类地方金融组织，属于经金融监管部门批准设立的金融机构，其因从事相关金融业务引发的纠纷，不适用新民间借贷司法解释。

《最高人民法院关于印发〈全国法院民商事审判工作会议纪要〉的通知》（法〔2019〕254号）

51.【变相利息的认定】金融借款合同纠纷中，借款人认为金融机构以服务费、咨询费、顾问费、管理费等为名变相收取利息，金融机构或者由其指定的人收取的相关费用不合理的,人民法院可以根据提供服务的实际情况确定借款人应否支付或者酌减相关费用。

52.【高利转贷】民间借贷中,出借人的资金必须是自有资金。出借人套取金融机构信贷资金又高利转贷给借款人的民间借贷行为,既增加了融资成本,又扰乱了信贷秩序,根据民间借贷司法解释第十四条第一项的规定,应当认定此类民间借贷行为无效。人民法院在适用该条规定时,应当注意把握以下几点:一是要审查出借人的资金来源。借款人能够举证证明在签订借款合同时出借人尚欠银行贷款未还的,一般可以推定为出借人套取信贷资金,但出借人能够举反证予以推翻的除外;二是从宽认定"高利"转贷行为的标准,只要出借人通过转贷行为牟利的,就可以认定为是"高利"转贷行为;三是对该条规定的"借款人事先知道或者应当知道的"要件,不宜把握过苛。实践中,只要出借人在签订借款合同时存在尚欠银行贷款未还事实的,一般可以认为满足了该条规定的"借款人事先知道或者应当知道"这一要件。

53.【职业放贷人】未依法取得放贷资格的以民间借贷为业的法人,以及以民间借贷为业的非法人组织或者自然人从事的民间借贷行为,应当依法认定无效。同一出借人在一定期间内多次反复从事有偿民间借贷行为的,一般可以认定为是职业放贷人。民间借贷比较活跃的地方的高级人民法院或者经其授权的中级人民法院,可以根据本地区的实际情况制定具体的认定标准。

第六百六十八条 【借款合同形式和内容】借款合同应当采用书面形式,但是自然人之间借款另有约定的除外。

借款合同的内容一般包括借款种类、币种、用途、数额、利率、期限和还款方式等条款。

旧法对应关系

合同法第一百九十七条,民间借贷规定(2015)第一条

关联法律法规

《中华人民共和国商业银行法》(2015年8月29日修正)

第三十七条　商业银行贷款,应当与借款人订立书面合同。合同应

当约定贷款种类、借款用途、金额、利率、还款期限、还款方式、违约责任和双方认为需要约定的其他事项。

第六百六十九条 【借款人应当提供真实情况义务】订立借款合同,借款人应当按照贷款人的要求提供与借款有关的业务活动和财务状况的真实情况。

旧法对应关系

合同法第一百九十九条

关联法律法规

《中华人民共和国商业银行法》(2015年8月29日修正)

第三十九条 商业银行贷款,应当遵守下列资产负债比例管理的规定:

(一)资本充足率不得低于百分之八;

(二)流动性资产余额与流动性负债余额的比例不得低于百分之二十五;

(三)对同一借款人的贷款余额与商业银行资本余额的比例不得超过百分之十;

(四)国务院银行业监督管理机构对资产负债比例管理的其他规定。

本法施行前设立的商业银行,在本法施行后,其资产负债比例不符合前款规定的,应当在一定的期限内符合前款规定。具体办法由国务院规定。

第六百七十条 【借款利息不得预先扣除】借款的利息不得预先在本金中扣除。利息预先在本金中扣除的,应当按照实际借款数额返还借款并计算利息。

对应司法解释

《最高人民法院关于审理民间借贷案件适用法律若干问题的规定》(法释〔2020〕17号修正)

第二十六条 借据、收据、欠条等债权凭证载明的借款金额,一般认定为本金。预先在本金中扣除利息的，人民法院应当将实际出借的金额认定为本金。

旧法对应关系

合同法第二百条，民间借贷规定(2015)第二十七条

典型案例指导

华融国际信托有限责任公司与山西梅园华盛能源开发有限公司等金融借款合同纠纷案(2021年9月3日《最高人民法院发布十起人民法院助推民营经济高质量发展典型民商事案例》)

本案贷款人共计借出款项4.098亿元，同时以财务顾问费的形式，在每次放款前均要求借款人提前支付“砍头息”，共计3405万元，约为贷款总额的8.3%。二审法院因贷款人不能举证证明其为借款人具体提供了何种财务顾问服务，故认定其实际未提供财务顾问服务，将收取的高额财务顾问费用认定为以顾问费名义预先收取利息，在计算欠款本金时予以扣除。同时，原借款合同约定了非常复杂的利息、复利、罚息、违约金以及其他费用的计算方式，给实体企业增加了沉重的违约负担。二审依法予以调整，体现了人民法院秉持以人民为中心促进共同富裕的理念，依法保护合法收入，坚决取缔非法收入。

第六百七十一条 【贷款人未按照约定提供借款以及借款人未按照约定收取借款的后果】贷款人未按照约定的日期、数额提供借款，造成借款人损失的，应当赔偿损失。

借款人未按照约定的日期、数额收取借款的，应当按照约定的日期、数额支付利息。

旧法对应关系

合同法第二百零一条

关联法律法规

《中华人民共和国商业银行法》(2015年8月29日修正)

第四十二条 借款人应当按期归还贷款的本金和利息。

借款人到期不归还担保贷款的，商业银行依法享有要求保证人归还

贷款本金和利息或者就该担保物优先受偿的权利。商业银行因行使抵押权、质权而取得的不动产或者股权，应当自取得之日起二年内予以处分。

借款人到期不归还信用贷款的，应当按照合同约定承担责任。

第六百七十二条 【贷款人的监督、检查权】贷款人按照约定可以检查、监督借款的使用情况。借款人应当按照约定向贷款人定期提供有关财务会计报表或者其他资料。

旧法对应关系

合同法第二百零二条

第六百七十三条 【借款人未按照约定用途使用借款的责任】借款人未按照约定的借款用途使用借款的，贷款人可以停止发放借款、提前收回借款或者解除合同。

旧法对应关系

合同法第二百零三条

第六百七十四条 【借款人支付利息的期限】借款人应当按照约定的期限支付利息。对支付利息的期限没有约定或者约定不明确，依据本法第五百一十条的规定仍不能确定，借款期间不满一年的，应当在返还借款时一并支付；借款期间一年以上的，应当在每届满一年时支付，剩余期间不满一年的，应当在返还借款时一并支付。

旧法对应关系

合同法第二百零五条

关联法律法规

《中华人民共和国商业银行法》(2015年8月29日修正)

第四十二条 借款人应当按期归还贷款的本金和利息。

借款人到期不归还担保贷款的，商业银行依法享有要求保证人归还贷款本金和利息或者就该担保物优先受偿的权利。商业银行因行使抵押权、质权而取得的不动产或者股权,应当自取得之日起二年内予以处分。

借款人到期不归还信用贷款的,应当按照合同约定承担责任。

第六百七十五条 【借款人返还借款的期限】借款人应当按照约定的期限返还借款。对借款期限没有约定或者约定不明确,依据本法第五百一十条的规定仍不能确定的,借款人可以随时返还;贷款人可以催告借款人在合理期限内返还。

旧法对应关系

合同法第二百零六条

第六百七十六条 【借款人逾期返还借款的责任】借款人未按照约定的期限返还借款的,应当按照约定或者国家有关规定支付逾期利息。

对应司法解释

《最高人民法院关于审理民间借贷案件适用法律若干问题的规定》(法释〔2020〕17号修正)

第二十八条 借贷双方对逾期利率有约定的,从其约定,但是以不超过合同成立时一年期贷款市场报价利率四倍为限。

未约定逾期利率或者约定不明的,人民法院可以区分不同情况处理:

(一)既未约定借期内利率,也未约定逾期利率,出借人主张借款人自逾期还款之日起参照当时一年期贷款市场报价利率标准计算的利息承担逾期还款违约责任的,人民法院应予支持;

(二)约定了借期内利率但是未约定逾期利率,出借人主张借款人自逾期还款之日起按照借期内利率支付资金占用期间利息的,人民法院应予支持。

第二十九条 出借人与借款人既约定了逾期利率,又约定了违约金或者其他费用,出借人可以选择主张逾期利息、违约金或者其他费用,也可以一并主张,但是总计超过合同成立时一年期贷款市场报价利率四倍的部分,人民法院不予支持。

旧法对应关系

合同法第二百零七条,民间借贷规定第二十九条变更、第三十条

典型案例指导

马某诉张某民间借贷纠纷案(2015年12月4日《最高人民法院发布19起合同纠纷典型案例》)

民间借贷是指公民之间,公民与非金融机构企业之间的借贷行为。民间借贷是一种直接融资渠道,是民间资本的一种投资渠道,是民间金融的一种形式。对民间借贷的利息法律区分了有约定和无约定两种情形。本案双方当事人未约定利息和利息的计算方式,根据《中华人民共和国合同法》第二百零七条的规定当事人可以要求支付逾期利息。而本案中马某未提供证据证明何时向张某主张了权利,何时应开始计算逾期利息,为了维护市场经济秩序的和谐稳定,故驳回马某对利息主张。

第六百七十七条 【借款人提前返还借款】借款人提前返还借款的,除当事人另有约定外,应当按照实际借款的期间计算利息。

对应司法解释

《最高人民法院关于审理民间借贷案件适用法律若干问题的规定》(法释〔2020〕17号修正)

第三十条 借款人可以提前偿还借款,但是当事人另有约定的除外。

借款人提前偿还借款并主张按照实际借款期限计算利息的,人民法院应予支持。

旧法对应关系

合同法第二百零八条,民间借贷规定第三十二条

第六百七十八条 【借款展期】借款人可以在还款期限届满前向贷款人申请展期;贷款人同意的,可以展期。

对应司法解释

《最高人民法院关于审理民间借贷案件适用法律若干问题的规定》(法释〔2020〕17号修正)

第二十七条 借贷双方对前期借款本息结算后将利息计入后期借款本金并重新出具债权凭证,如果前期利率没有超过合同成立时一年期贷款市场报价利率四倍,重新出具的债权凭证载明的金额可认定为后期借款本金。超过部分的利息,不应认定为后期借款本金。

按前款计算,借款人在借款期间届满后应当支付的本息之和,超过以最初借款本金与以最初借款本金为基数、以合同成立时一年期贷款市场报价利率四倍计算的整个借款期间的利息之和的,人民法院不予支持。

条文应用提示

借款展期,是指借款人在合同约定的借款期限不能偿还借款,在征得贷款人同意的情况下,延长原借款的期限,使借款人能够继续使用借款。借款展期实际上是对原合同的履行期限的变更,因此,借款展期应当遵循合同变更的有关规定。

旧法对应关系

合同法第二百零九条

第六百七十九条 【自然人之间借款合同的成立时间】自然人之间的借款合同,自贷款人提供借款时成立。

对应司法解释

《最高人民法院关于审理民间借贷案件适用法律若干问题的规定》(法释〔2020〕17号修正)

第九条 自然人之间的借款合同具有下列情形之一的,可以视为合同成立：

（一）以现金支付的，自借款人收到借款时；

（二）以银行转账、网上电子汇款等形式支付的，自资金到达借款人账户时；

（三）以票据交付的，自借款人依法取得票据权利时；

（四）出借人将特定资金账户支配权授权给借款人的，自借款人取得对该账户实际支配权时；

（五）出借人以与借款人约定的其他方式提供借款并实际履行完成时。

旧法对应关系

合同法第二百一十条

第六百八十条　【禁止高利放贷以及对借款利息的确定】禁止高利放贷，借款的利率不得违反国家有关规定。

借款合同对支付利息没有约定的，视为没有利息。

借款合同对支付利息约定不明确，当事人不能达成补充协议的，按照当地或者当事人的交易方式、交易习惯、市场利率等因素确定利息；自然人之间借款的，视为没有利息。

对应司法解释

《最高人民法院关于审理民间借贷案件适用法律若干问题的规定》（法释〔2020〕17号修正）

第二十四条　借贷双方没有约定利息，出借人主张支付利息的，人民法院不予支持。

自然人之间借贷对利息约定不明，出借人主张支付利息的，人民法院不予支持。除自然人之间借贷的外，借贷双方对借贷利息约定不明，出借人主张利息的，人民法院应当结合民间借贷合同的内容，并根据当地或者当事人的交易方式、交易习惯、市场报价利率等因素确定利息。

第二十五条 出借人请求借款人按照合同约定利率支付利息的，人民法院应予支持，但是双方约定的利率超过合同成立时一年期贷款市场报价利率四倍的除外。

前款所称"一年期贷款市场报价利率"，是指中国人民银行授权全国银行间同业拆借中心自2019年8月20日起每月发布的一年期贷款市场报价利率。

条文应用提示

对于借款合同当事人就支付利息约定不明确时的处理规则：首先，应当允许当事人就支付利息问题进行重新协商，经重新协商能够达成补充协议的，按补充协议的内容执行。其次，如果借款合同当事人就支付利息问题不能达成补充协议的，依据《民法典》第一百四十二条第一款以及第五百一十条的规定，应当根据借款合同所使用的词句，结合合同的相关条款确定利息约定不明条款的含义，如果通过合同的文义解释和整体解释能够确定利息的，可据此确定的利息标准执行。再次，如果通过上述两种方式均无法确定借款合同的利息标准，可以按照合同履行地或者当事人之间的交易方式、交易习惯补充确定利息。但是，利用交易方式、交易习惯确定利息标准，必须接受四个限制：一是就客观条件而言，应为交易行为当地或者行业通常采用的做法；二是就主观条件而言，为交易对方知道或者应当知道，以加强对不了解当地习惯或者缺乏业内经验的相对人的保护；三是从交易习惯的时间节点来看，应为订立合同时知道或者应当知道的习惯做法；四是交易习惯本身不得违反法律、行政法规的强制性规定或者公序良俗，否则将影响借款合同本身的效力。最后，如果按照上述三种方法仍然无法确定利息标准的，应当依据《民法典》第五百一十一条第二项的规定，价款或者报酬不明确的，按照订立合同时履行地的市场价格履行；依法应当执行政府定价或者政府指导价的，依照规定履行，以此最终确定借款合同的利息计付标准。实践中，法院或者仲裁机构在当事人就利息问题约定不明时，可以以订立借款合同时合同履行地的商业银行同期同类贷款利率计算利息。

旧法对应关系

合同法第二百零一十一条，民间借贷规定第二十五条、第二十六条、第三十条、第三十一条

第十三章　保证合同

第一节　一般规定

第六百八十一条　【保证合同定义】保证合同是为保障债权的实现，保证人和债权人约定，当债务人不履行到期债务或者发生当事人约定的情形时，保证人履行债务或者承担责任的合同。

对应司法解释

《最高人民法院关于适用〈中华人民共和国民法典〉有关担保制度的解释》（法释〔2020〕28号）

第一条　因抵押、质押、留置、保证等担保发生的纠纷，适用本解释。所有权保留买卖、融资租赁、保理等涉及担保功能发生的纠纷，适用本解释的有关规定。

条文应用提示

保证，是指法人、非法人组织和公民以其信誉和不特定的财产为他人的债务提供担保，当债务人不履行其债务时，该第三人按照约定履行债务或者承担责任的担保方式。这里的第三人叫作保证人，保证人必须是主合同以外的第三人。债务人不得为自己的债务作保证，且保证人应当具有清偿债务的能力，必须具有足以承担保证责任的财产，具有代位清偿能力是保证人应当具备的条件。这里的债权人既是主合同等主债务的债权人，又是保证合同中的债权人，“保证人履行债务或者承担责任”成为保证债务或者保证责任。保证属于人的担保范畴，而不同于抵押、质押、留置等物的担保形式。保证不是用具体的财产提供担保，而是以保证人的信

誉和不特定的财产为他人的债务提供担保。

第六百八十二条 【保证合同的从属性及保证合同无效的法律后果】保证合同是主债权债务合同的从合同。主债权债务合同无效的，保证合同无效，但是法律另有规定的除外。

保证合同被确认无效后，债务人、保证人、债权人有过错的，应当根据其过错各自承担相应的民事责任。

对应司法解释

《最高人民法院关于适用〈中华人民共和国民法典〉时间效力的若干规定》（法释〔2020〕15号）

第二十七条 民法典施行前成立的保证合同，当事人对保证期间约定不明确，主债务履行期限届满至民法典施行之日不满二年，当事人主张保证期间为主债务履行期限届满之日起二年的，人民法院依法予以支持；当事人对保证期间没有约定，主债务履行期限届满至民法典施行之日不满六个月，当事人主张保证期间为主债务履行期限届满之日起六个月的，人民法院依法予以支持。

《最高人民法院关于适用〈中华人民共和国民法典〉有关担保制度的解释》（法释〔2020〕28号）

第二条 当事人在担保合同中约定担保合同的效力独立于主合同，或者约定担保人对主合同无效的法律后果承担担保责任，该有关担保独立性的约定无效。主合同有效的，有关担保独立性的约定无效不影响担保合同的效力；主合同无效的，人民法院应当认定担保合同无效，但是法律另有规定的除外。

因金融机构开立的独立保函发生的纠纷，适用《最高人民法院关于审理独立保函纠纷案件若干问题的规定》。

第十七条 主合同有效而第三人提供的担保合同无效，人民法院应当区分不同情形确定担保人的赔偿责任：

（一）债权人与担保人均有过错的，担保人承担的赔偿责任不应超过债务人不能清偿部分的二分之一；

（二）担保人有过错而债权人无过错的，担保人对债务人不能清偿的部分承担赔偿责任；

（三）债权人有过错而担保人无过错的，担保人不承担赔偿责任。

主合同无效导致第三人提供的担保合同无效，担保人无过错的，不承担赔偿责任；担保人有过错的，其承担的赔偿责任不应超过债务人不能清偿部分的三分之一。

旧法对应关系

担保法第五条，原担保法解释第七条、第八条、第九条、第十条

关联法律法规

《最高人民法院关于审理独立保函纠纷案件若干问题的规定》（2020年12月29日修正）

第十七条　当事人对人民法院就止付申请作出的裁定有异议的，可以在裁定书送达之日起十日内向作出裁定的人民法院申请复议。复议期间不停止裁定的执行。

人民法院应当在收到复议申请后十日内审查，并询问当事人。

第六百八十三条　【不得担任保证人的主体范围】机关法人不得为保证人，但是经国务院批准为使用外国政府或者国际经济组织贷款进行转贷的除外。

以公益为目的的非营利法人、非法人组织不得为保证人。

对应司法解释

《最高人民法院关于适用〈中华人民共和国民法典〉有关担保制度的解释》（法释〔2020〕28号）

第五条　机关法人提供担保的，人民法院应当认定担保合同无效，但是经国务院批准为使用外国政府或者国际经济组织贷款进行转贷的除外。

居民委员会、村民委员会提供担保的，人民法院应当认定担保合同

无效，但是依法代行村集体经济组织职能的村民委员会，依照村民委员会组织法规定的讨论决定程序对外提供担保的除外。

第六条 以公益为目的的非营利性学校、幼儿园、医疗机构、养老机构等提供担保的，人民法院应当认定担保合同无效，但是有下列情形之一的除外：

（一）在购入或者以融资租赁方式承租教育设施、医疗卫生设施、养老服务设施和其他公益设施时，出卖人、出租人为担保价款或者租金实现而在该公益设施上保留所有权；

（二）以教育设施、医疗卫生设施、养老服务设施和其他公益设施以外的不动产、动产或者财产权利设立担保物权。

登记为营利法人的学校、幼儿园、医疗机构、养老机构等提供担保，当事人以其不具有担保资格为由主张担保合同无效的，人民法院不予支持。

旧法对应关系

担保法第八条

关联法律法规

《中华人民共和国公司法》(2018年10月26日修正)

第十六条 公司向其他企业投资或者为他人提供担保，依照公司章程的规定，由董事会或者股东会、股东大会决议；公司章程对投资或者担保的总额及单项投资或者担保的数额有限额规定的，不得超过规定的限额。

公司为公司股东或者实际控制人提供担保的，必须经股东会或者股东大会决议。

前款规定的股东或者受前款规定的实际控制人支配的股东，不得参加前款规定事项的表决。该项表决由出席会议的其他股东所持表决权的过半数通过。

《中华人民共和国商业银行法》(2015年8月29日修正)

第二十二条 公司股东会或者股东大会、董事会的决议内容违反法律、行政法规的无效。

股东会或者股东大会、董事会的会议召集程序、表决方式违反法律、行政法规或者公司章程，或者决议内容违反公司章程的，股东可以自决议作出之日起六十日内，请求人民法院撤销。

股东依照前款规定提起诉讼的，人民法院可以应公司的请求，要求股东提供相应担保。

公司根据股东会或者股东大会、董事会决议已办理变更登记的，人民法院宣告该决议无效或者撤销该决议后，公司应当向公司登记机关申请撤销变更登记。

第六百八十四条 【保证合同内容】保证合同的内容一般包括被保证的主债权的种类、数额，债务人履行债务的期限，保证的方式、范围和期间等条款。

旧法对应关系

担保法第十五条

第六百八十五条 【保证合同形式】保证合同可以是单独订立的书面合同，也可以是主债权债务合同中的保证条款。

第三人单方以书面形式向债权人作出保证，债权人接收且未提出异议的，保证合同成立。

条文应用提示

保证合同为要式合同。此要式为书面形式，即保证合同既可以是单独订立的书面合同，也可以是书面订立的主债权债务合同中的保证条款。而保证合同的成立方式也可以有所变通，债权人和保证人可以协议约定保证合同的成立方式和时间。但当第三人单方以书面形式向债权人作出保证时，只要债权人接收第三人的保证书或主债权债务中的保证条款且未提出异议的，保证合同也可成立，此时法律推定债权人默示同意，因为此时债权人无附加义务而增加了权利，对债权人只会有利。

旧法对应关系

担保法第十三条，原担保法解释第二十二条

第六百八十六条 【保证方式】保证的方式包括一般保证和连带责任保证。

当事人在保证合同中对保证方式没有约定或者约定不明确的,按照一般保证承担保证责任。

条文应用提示

保证的方式被分为一般保证和连带责任保证。一般保证是指当事人在保证合同中约定,在债务人不能履行债务时,保证人承担保证责任的保证。连带责任保证是指当事人在保证合同中约定保证人与债务人对债务承担连带责任的保证。这两种保证之间最大的区别在于保证人是否享有先诉抗辩权。在一般保证的情况下,保证人享有先诉抗辩权,即一般保证的保证人在就债务人的财产依法强制执行仍不能履行债务前,对债权人可以拒绝承担保证责任。而在连带责任保证的情况下,保证人不享有先诉抗辩权,即连带责任保证的债务人在主合同规定的债务履行期届满没有履行债务的,债权人既可以要求债务人履行债务,也可以要求保证人在其保证范围内承担保证责任。

上述情况表明,保证人在不同的保证方式中所处的地位不同,其利益受到法律保护的程度也有差异。一般而言,保证人在一般保证中的地位较为优越,往往并不实际承担任何责任,债务人是债务履行的第一顺序人,保证人则是债务履行的第二顺序人,保证人在债务人履行不能或者不能完全承担责任时,对债务承担补充责任。保证人在连带责任保证中的地位不太有利,只要连带责任保证的债务人在主合同规定的履行期届满没有履行债务的,债权人既可以要求债务人履行债务,也可以要求保证人在其保证范围内承担保证责任。于此情形,法律对保证人和债务人同等要求。既然如此,保证人承担何种方式的保证责任就显得十分重要,需认真对待,最好是在保证合同中明确约定。但当事人对保证方式没有约定或者约定不明确的,按照一般保证承担保证责任。

旧法对应关系

担保法第十六条、第十九条,原担保法解释第三十二条

第六百八十七条　【一般保证人先诉抗辩权】当事人在保证合同中约定，债务人不能履行债务时，由保证人承担保证责任的，为一般保证。

一般保证的保证人在主合同纠纷未经审判或者仲裁，并就债务人财产依法强制执行仍不能履行债务前，有权拒绝向债权人承担保证责任，但是有下列情形之一的除外：

（一）债务人下落不明，且无财产可供执行；

（二）人民法院已经受理债务人破产案件；

（三）债权人有证据证明债务人的财产不足以履行全部债务或者丧失履行债务能力；

（四）保证人书面表示放弃本款规定的权利。

对应司法解释

《最高人民法院关于适用〈中华人民共和国民法典〉有关担保制度的解释》（法释〔2020〕28号）

第二十五条　当事人在保证合同中约定了保证人在债务人不能履行债务或者无力偿还债务时才承担保证责任等类似内容，具有债务人应当先承担责任的意思表示的，人民法院应当将其认定为一般保证。

当事人在保证合同中约定了保证人在债务人不履行债务或者未偿还债务时即承担保证责任、无条件承担保证责任等类似内容，不具有债务人应当先承担责任的意思表示的，人民法院应当将其认定为连带责任保证。

第二十六条　一般保证中，债权人以债务人为被告提起诉讼的，人民法院应予受理。债权人未就主合同纠纷提起诉讼或者申请仲裁，仅起诉一般保证人的，人民法院应当驳回起诉。

一般保证中，债权人一并起诉债务人和保证人的，人民法院可以受理，但是在作出判决时，除有民法典第六百八十七条第二款但书规定的情形外，应当在判决书主文中明确，保证人仅对债务人财产依法强制执行后仍不能履行的部分承担保证责任。

债权人未对债务人的财产申请保全,或者保全的债务人的财产足以清偿债务,债权人申请对一般保证人的财产进行保全的,人民法院不予准许。

第二十七条　一般保证的债权人取得对债务人赋予强制执行效力的公证债权文书后,在保证期间内向人民法院申请强制执行,保证人以债权人未在保证期间内对债务人提起诉讼或者申请仲裁为由主张不承担保证责任的,人民法院不予支持。

第二十八条　一般保证中,债权人依据生效法律文书对债务人的财产依法申请强制执行,保证债务诉讼时效的起算时间按照下列规则确定:

(一)人民法院作出终结本次执行程序裁定,或者依照民事诉讼法第二百五十七条第三项、第五项的规定作出终结执行裁定的,自裁定送达债权人之日起开始计算;

(二)人民法院自收到申请执行书之日起一年内未作出前项裁定的,自人民法院收到申请执行书满一年之日起开始计算,但是保证人有证据证明债务人仍有财产可供执行的除外。

条文应用提示

一般保证,是指当事人在保证合同中约定,在债务人不能履行债务时,保证人承担保证责任的保证。一般保证与连带责任保证之间最大的区别在于保证人是否享有先诉抗辩权。在一般保证的情况下,保证人享有先诉抗辩权,又称为检索抗辩权,是指一般保证的保证人在就债务人的财产依法强制执行仍不能履行债务前,对债权人可以拒绝承担保证责任的权利。先诉抗辩权既可以通过诉讼方式行使,也可以在诉讼外行使。

旧法对应关系

担保法第十七条,原担保法解释第二十五条、第二十六条

关联法律法规

《最高人民法院关于适用〈中华人民共和国企业破产法〉若干问题的规定(三)》(法释〔2020〕18号修正)

第四条　保证人被裁定进入破产程序的,债权人有权申报其对保证

人的保证债权。

主债务未到期的，保证债权在保证人破产申请受理时视为到期。一般保证的保证人主张行使先诉抗辩权的，人民法院不予支持，但债权人在一般保证人破产程序中的分配额应予提存，待一般保证人应承担的保证责任确定后再按照破产清偿比例予以分配。

保证人被确定应当承担保证责任的，保证人的管理人可以就保证人实际承担的清偿额向主债务人或其他债务人行使求偿权。

第二十五条　当事人在保证合同中约定了保证人在债务人不能履行债务或者无力偿还债务时才承担保证责任等类似内容，具有债务人应当先承担责任的意思表示的，人民法院应当将其认定为一般保证。

当事人在保证合同中约定了保证人在债务人不履行债务或者未偿还债务时即承担保证责任、无条件承担保证责任等类似内容，不具有债务人应当先承担责任的意思表示的，人民法院应当将其认定为连带责任保证。

第二十六条　一般保证中，债权人以债务人为被告提起诉讼的，人民法院应予受理。债权人未就主合同纠纷提起诉讼或者申请仲裁，仅起诉一般保证人的，人民法院应当驳回起诉。

一般保证中，债权人一并起诉债务人和保证人的，人民法院可以受理，但是在作出判决时，除有民法典第六百八十七条第二款但书规定的情形外，应当在判决书主文中明确，保证人仅对债务人财产依法强制执行后仍不能履行的部分承担保证责任。

债权人未对债务人的财产申请保全，或者保全的债务人的财产足以清偿债务，债权人申请对一般保证人的财产进行保全的，人民法院不予准许。

典型案例指导

青海金泰融资担保有限公司与上海金桥工程建设发展有限公司、青海三工置业有限公司执行复议案（最高人民法院指导案例120号）

【裁判要点】

在案件审理期间保证人为被执行人提供保证，承诺在被执行人无财产可供执行或者财产不足以清偿债务时承担保证责任的，执行法院对保证人应当适用一般保证的执行规则。在被执行人虽有财产但严重不方便执行时，可以执行保证人在保证责任范围内的财产。

【相关法条】

《中华人民共和国民事诉讼法》第二百二十五条

《中华人民共和国担保法》第十七条第一款、第二款

【基本案情】

青海省高级人民法院(以下简称青海高院)在审理上海金桥工程建设发展有限公司(以下简称金桥公司)与青海海西家禾酒店管理有限公司(后更名为青海三工置业有限公司,以下简称家禾公司)建设工程施工合同纠纷一案期间,依金桥公司申请采取财产保全措施,冻结家禾公司账户存款1500万元(账户实有存款余额23万余元),并查封该公司32438.8平方米土地使用权。之后,家禾公司以需要办理银行贷款为由,申请对账户予以解封,并由担保人宋万玲以银行存款1500万元提供担保。青海高院冻结宋万玲存款1500万元后,解除对家禾公司账户的冻结措施。2014年5月22日,青海金泰融资担保有限公司(以下简称金泰公司)向青海高院提供担保书,承诺家禾公司无力承担责任时,愿承担家禾公司应承担的责任,担保最高限额1500万元,并申请解除对宋万玲担保存款的冻结措施。青海高院据此解除对宋万玲1500万元担保存款的冻结措施。案件进入执行程序后,经青海高院调查,被执行人青海三工置业有限公司(原青海海西家禾酒店管理有限公司)除已经抵押的土地使用权及在建工程外(在建工程价值4亿余元),无其他可供执行财产。保全阶段冻结的账户,因提供担保解除冻结后,进出款8900余万元。执行中,青海高院作出执行裁定,要求金泰公司在三日内清偿金桥公司债务1500万元,并扣划担保人金泰公司银行存款820万元。金泰公司对此提出异议称,被执行人青海三工置业有限公司尚有在建工程及相应的土地使用权,请求返还已扣划的资金。

【裁判结果】

青海省高级人民法院于2017年5月11日作出(2017)青执异12号执行裁定:驳回金泰公司的异议。金泰公司不服,向最高人民法院提出复议申请。最高人民法院于2017年12月21日作出(2017)最高法执复38号执行裁定:驳回金泰公司的复议申请,维持青海省高级人民法院(2017)青执异12号执行裁定。

【裁判理由】

最高人民法院认为,《最高人民法院关于人民法院执行工作若干问题的规定(试行)》第八十五条规定:"人民法院在审理案件期间,保证人为被执行人

提供保证,人民法院据此未对被执行人的财产采取保全措施或解除保全措施的,案件审结后如果被执行人无财产可供执行或其财产不足清偿债务时,即使生效法律文书中未确定保证人承担责任,人民法院有权裁定执行保证人在保证责任范围内的财产。”上述规定中的保证责任及金泰公司所做承诺,类似于担保法规定的一般保证责任。《中华人民共和国担保法》第十七条第一款及第二款规定:“当事人在保证合同中约定,债务人不能履行债务时,由保证人承担保证责任的,为一般保证。一般保证的保证人在主合同纠纷未经审判或者仲裁,并就债务人财产依法强制执行仍不能履行债务前,对债权人可以拒绝承担保证责任。”《最高人民法院关于适用〈中华人民共和国担保法〉若干问题的解释》第一百三十一条规定:“本解释所称‘不能清偿’指对债务人的存款、现金、有价证券、成品、半成品、原材料、交通工具等可以执行的动产和其他方便执行的财产执行完毕后,债务仍未能得到清偿的状态。”依据上述规定,在一般保证情形,并非只有在债务人没有任何财产可供执行的情形下,才可以要求一般保证人承担责任,即债务人虽有财产,但其财产严重不方便执行时,可以执行一般保证人的财产。参照上述规定精神,由于青海三工置业有限公司仅有在建工程及相应的土地使用权可供执行,既不经济也不方便,在这种情况下,人民法院可以直接执行金泰公司的财产。

第六百八十八条　【连带责任保证】当事人在保证合同中约定保证人和债务人对债务承担连带责任的,为连带责任保证。

连带责任保证的债务人不履行到期债务或者发生当事人约定的情形时,债权人可以请求债务人履行债务,也可以请求保证人在其保证范围内承担保证责任。

对应司法解释

《最高人民法院关于适用〈中华人民共和国民法典〉有关担保制度的解释》(法释〔2020〕28号)

第二十五条　当事人在保证合同中约定了保证人在债务人不能履行债务或者无力偿还债务时才承担保证责任等类似内容,具有债务人应当先承担责任的意思表示的,人民法院应当将其认定为一般保证。

当事人在保证合同中约定了保证人在债务人不履行债务或者未偿还债务时即承担保证责任、无条件承担保证责任等类似内容,不具有债务人应当先承担责任的意思表示的,人民法院应当将其认定为连带责任保证。

条文应用提示

连带责任保证,是指当事人在保证合同中约定保证人与债务人对债务承担连带责任的保证。债务履行期届满债务人没有履行债务的,债权人既可以要求债务人履行债务,也可以要求保证人在其保证范围内履行债务。故在连带责任保证中,保证责任已届承担期,债权人请求保证人实际承担保证责任的,保证人没有先诉抗辩权,但有主债务已适当履行或相应责任已经承担的抗辩权。连带责任保证一方面对于保证人来说承担了较重的责任,另一方面有利于保护债权人的权益。

值得注意的是,本条的连带责任保证(理论上简称"连带保证")要与《民法典》第六百九十九条规定的共同保证中的多个保证人之间承担连带责任的情形(理论上简称"保证连带")进行区分。本条解决的是保证人和债务人之间的关系是不是连带责任的问题;《民法典》第六百九十九条解决的是多个保证人之间是否是连带责任的问题。因此,实际上在共同保证的情形,结合本条和《民法典》第六百九十九条,可能会出现四种不同的责任形态的排列组合:按份共同一般保证、按份共同连带保证、连带共同一般保证、连带共同连带保证。共同保证时,民法典出台前的默认规则是连带共同连带保证,民法典出台后的默认规则是连带共同一般保证。

旧法对应关系

担保法第十八条,原担保法解释第二十七条

第六百八十九条 【反担保】保证人可以要求债务人提供反担保。

对应司法解释

《最高人民法院关于适用〈中华人民共和国民法典〉有关担保制度的解释》(法释〔2020〕28 号)

第十九条　担保合同无效,承担了赔偿责任的担保人按照反担保合同的约定,在其承担赔偿责任的范围内请求反担保人承担担保责任的,人民法院应予支持。

反担保合同无效的,依照本解释第十七条的有关规定处理。当事人仅以担保合同无效为由主张反担保合同无效的,人民法院不予支持。

条文应用提示

所谓反担保,是指在商品贸易、工程承包和资金借贷等经济往来中,为了换取担保人提供保证、抵押或质押等担保方式,由债务人或第三人向该担保人新设担保,以担保该担保人在承担了担保责任后易于实现其追偿权的制度。设立反担保的行为是法律行为,必须符合本法总则编关于民事法律行为有效的条件。

旧法对应关系

担保法第四条,原担保法解释第二条、第九条

第六百九十条　【最高额保证合同】保证人与债权人可以协商订立最高额保证的合同,约定在最高债权额限度内就一定期间连续发生的债权提供保证。

最高额保证除适用本章规定外,参照适用本法第二编最高额抵押权的有关规定。

对应司法解释

《最高人民法院关于适用〈中华人民共和国民法典〉有关担保制度的解释》(法释〔2020〕28 号)

第三十条　最高额保证合同对保证期间的计算方式、起算时间等有约定的,按照其约定。

最高额保证合同对保证期间的计算方式、起算时间等没有约定或者约定不明，被担保债权的履行期限均已届满的，保证期间自债权确定之日起开始计算；被担保债权的履行期限尚未届满的，保证期间自最后到期债权的履行期限届满之日起开始计算。

前款所称债权确定之日，依照民法典第四百二十三条的规定认定。

条文应用提示

最高额保证，是指保证人和债权人签订一个总的保证合同，为一定期限内连续发生的借款合同或同种类其他债权提供保证，只要债权人和债务人在保证合同约定的期限内且债权额限度内进行交易，保证人则依法承担保证责任的保证行为。最高额保证基于保证人与债务人双方约定而产生，属于人的担保中保证的一种特殊形式，是在最高债权额限度内对一定期间连续发生的不特定同种类债权提供的保证，为现实经济活动中，特别是银行融资业务中一种较为常用的担保方式。其特征具体体现为以下几个方面：

第一，不特定性。在普通保证中，被担保的主债务是现实存在的债务，且保证合同的成立，须以主债务的存在为前提。

第二，连续性。普通保证中，主债务的发生通常是基于一个合同，而最高额保证所担保的是连续发生的一系列债务。

第三，期间性。根据债法基本原理，债务人承担债务的前提是债务的内容具有特定性。债务的内容由当事人协商确定，或者由法律规定。每一个具体的债务，都有具体和确定的标的及其质量、数量、履行期限等内容，使之特定化。由于最高额保证担保的主债务属于未来的、连续性债务，具有不确定性，基于保证债务的从属性，如果不限制主债务的发生期间，不仅无法使保证债务特定化，也使保证人无法预知何时方能解脱，既不利于债权人获得清偿，也对保证人实为不利。因而最高额保证所担保的债权，须在规定期间内发生。

第四，同质性。最高额保证担保的债权系列并非多个任意债权的组合，它们必须是同种类债权，产生于同一性质的法律关系，在该法律关系中债务人对债权人承担同一性质的给付义务。

值得注意的是最高额保证与最高额抵押权的区别。本法物权编第四百二十条至第四百二十四条对最高额抵押权有具体的规定。

本条第二款规定，最高额保证除适用本章规定外，参照适用物权编最高额抵押权的有关规定。也就是说，最高额保证的债权的范围、确定、转让等方面的规定与最高额抵押权保持一致。

旧法对应关系

担保法第十四条，原担保法解释第二十三条

典型案例指导

温州银行股份有限公司宁波分行诉浙江创菱电器有限公司等金融借款合同纠纷案（最高人民法院指导案例57号）

【裁判要点】

在有数份最高额担保合同情形下，具体贷款合同中选择性列明部分最高额担保合同，如债务发生在最高额担保合同约定的决算期内，且债权人未明示放弃担保权利，未列明的最高额担保合同的担保人也应当在最高债权限额内承担担保责任。

【相关法条】

《中华人民共和国担保法》第十四条

【基本案情】

原告浙江省温州银行股份有限公司宁波分行（以下简称温州银行）诉称：其与被告宁波婷微电子科技有限公司（以下简称婷微电子公司）、岑建锋、宁波三好塑模制造有限公司（以下简称三好塑模公司）分别签订了“最高额保证合同”，约定三被告为浙江创菱电器有限公司（以下简称创菱电器公司）一定时期和最高额度内借款，提供连带责任担保。创菱电器公司从温州银行借款后，不能按期归还部分贷款，故诉请判令被告创菱电器公司归还原告借款本金250万元，支付利息、罚息和律师费用；岑建锋、三好塑模公司、婷微电子公司对上述债务承担连带保证责任。

被告创菱电器公司、岑建锋未作答辩。

被告三好塑模公司辩称：原告诉请的律师费不应支持。

被告婷微电子公司辩称：其与温州银行签订的最高额保证合同，并未被列入借款合同所约定的担保合同范围，故其不应承担保证责任。

法院经审理查明：2010年9月10日，温州银行与婷微电子公司、岑建锋分别签订了编号为温银9022010年高保字01003号、01004号的最高额保证合同,约定婷微电子公司、岑建锋自愿为创菱电器公司在2010年9月10日至2011年10月18日发生的余额不超过1100万元的债务本金及利息、罚息等提供连带责任保证担保。

2011年10月12日,温州银行与岑建锋、三好塑模公司分别签署了编号为温银9022011年高保字00808号、00809号最高额保证合同,岑建锋、三好塑模公司自愿为创菱电器公司在2010年9月10日至2011年10月18日发生的余额不超过550万元的债务本金及利息、罚息等提供连带责任保证担保。

2011年10月14日,温州银行与创菱电器公司签署了编号为温银9022011企贷字00542号借款合同,约定温州银行向创菱电器公司发放贷款500万元,到期日为2012年10月13日,并列明担保合同编号分别为温银9022011年高保字00808号、00809号。贷款发放后,创菱电器公司于2012年8月6日归还了借款本金250万元,婷微电子公司于2012年6月29日、10月31日、11月30日先后支付了贷款利息31115.3元、53693.71元、21312.59元。截至2013年4月24日,创菱电器公司尚欠借款本金250万元、利息141509.01元。另查明,温州银行为实现本案债权而发生律师费用95200元。

【裁判结果】

浙江省宁波市江东区人民法院于2013年12月12日作出(2013)甬东商初字第1261号民事判决:一、创菱电器公司于本判决生效之日起十日内归还温州银行借款本金250万元,支付利息141509.01元,并支付自2013年4月25日起至本判决确定的履行之日止按借款合同约定计算的利息、罚息;二、创菱电器公司于本判决生效之日起十日内赔偿温州银行为实现债权而发生的律师费用95200元;三、岑建锋、三好塑模公司、婷微电子公司对上述第一、二项款项承担连带清偿责任,其承担保证责任后,有权向创菱电器公司追偿。宣判后,婷微电子公司以其未被列入借款合同,不应承担保证责任为由,提起上诉。浙江省宁波市中级人民法院于2014年5月14日作出(2014)浙甬商终字第369号民事判决,驳回上诉,维持原判。

【裁判理由】

法院生效裁判认为:温州银行与创菱电器公司之间签订的编号为温银9022011企贷字00542号借款合同合法有效,温州银行发放贷款后,创菱电器公司未按约还本付息,已经构成违约。原告要求创菱电器公司归还贷款本金250万元,支付按合同约定方式计算的利息、罚息,并支付原告为实现债权而发生的律师费95200元,应予支持。岑建锋、三好塑模公司自愿为上述债务提供最高额保证担保,应承担连带清偿责任,其承担保证责任后,有权向创菱电器公司追偿。

本案的争议焦点为,婷微电子公司签订的温银9022010年高保字01003号最高额保证合同未被选择列入温银9022011企贷字00542号借款合同所约定的担保合同范围,婷微电子公司是否应当对温银9022011企贷字00542号借款合同项下债务承担保证责任。对此,法院经审理认为,婷微电子公司应当承担保证责任。理由如下:第一,民事权利的放弃必须采取明示的意思表示才能发生法律效力,默示的意思表示只有在法律有明确规定及当事人有特别约定的情况下才能发生法律效力,不宜在无明确约定或者法律无特别规定的情况下,推定当事人对权利进行放弃。具体到本案,温州银行与创菱电器公司签订的温银9022011企贷字00542号借款合同虽未将婷微电子公司签订的最高额保证合同列入,但原告未以明示方式放弃婷微电子公司提供的最高额保证,故婷微电子公司仍是该诉争借款合同的最高额保证人。第二,本案诉争借款合同签订时间及贷款发放时间均在婷微电子公司签订的编号温银9022010年高保字01003号最高额保证合同约定的决算期内(2010年9月10日至2011年10月18日),温州银行向婷微电子公司主张权利并未超过合同约定的保证期间,故婷微电子公司应依约在其承诺的最高债权限额内为创菱电器公司对温州银行的欠债承担连带保证责任。第三,最高额担保合同是债权人和担保人之间约定担保法律关系和相关权利义务关系的直接合同依据,不能以主合同内容取代从合同的内容。具体到本案,温州银行与婷微电子公司签订了最高额保证合同,双方的担保权利义务应以该合同为准,不受温州银行与创菱电器公司之间签订的温州银行非自然人借款合同约束或变更。第四,婷微电子公司曾于2012年6月、10月、11月三次归还过本案借款利息,上述行为也是婷微电子公司对本案借款履行保证责任的行为表征。综上,婷微电子公司应对创菱电器公司的上述债务承担连带清偿责任,其承担保证责任后,有权向创菱电器公司追偿。

中国长城资产管理股份有限公司山西省分公司与山西朔州平鲁区华美奥崇升煤业有限公司等借款合同纠纷案[最高人民法院(2019)最高法民终823号民事判决书,《最高人民法院公报》2020年第5期(总第283期)]

在最高额保证合同关系中,如果合同明确约定所担保的最高债权额包括主债权的数额和相应的利息、违约金、损害赔偿金以及实现债权的费用,保证人即应当依照约定对利息、违约金、损害赔偿金以及实现债权的费用承担保证责任,而不受主债权数额的限制。

第二节 保证责任

第六百九十一条 【保证范围】保证的范围包括主债权及其利息、违约金、损害赔偿金和实现债权的费用。当事人另有约定的,按照其约定。

对应司法解释

《最高人民法院关于适用〈中华人民共和国民法典〉有关担保制度的解释》(法释〔2020〕28 号)

第三条 当事人对担保责任的承担约定专门的违约责任,或者约定的担保责任范围超出债务人应当承担的责任范围,担保人主张仅在债务人应当承担的责任范围内承担责任的,人民法院应予支持。

担保人承担的责任超出债务人应当承担的责任范围,担保人向债务人追偿,债务人主张仅在其应当承担的责任范围内承担责任的,人民法院应予支持;担保人请求债权人返还超出部分的,人民法院依法予以支持。

条文应用提示

主债权即主合同所确立的债权,这是保证范围的主要部分,当事人设立保证合同,就是为了担保主债权的实现。利息即主债权所产生的利息,有法定利息和约定利息两种。违约金是指由当事人通过协商预先确定的、在违约后一方向另一方支付一定数额的金钱。损害赔偿金是指一方违约时应当向另一方承担的损害赔偿责任。在担保关系中,担保的对象也包括损害赔偿金。实现债权的费用包括诉讼费用,申请扣押、执行等的费用。

保证范围是保证合同的一项内容,保证人可以随意约定保证范围,约定范围既可大于上述法定范围,也可等于或小于上述法定范围。约定范围与法定范围不一致的,适用约定范围,即约定范围优于法定范围。

旧法对应关系

担保法第二十一条第一款

典型案例指导

株洲硬质合金集团有限公司诉中国光大银行长沙华升支行、中国建设银行股份有限公司株洲市分行、茶陵县大蒜制品厂借款担保合同纠纷抗诉案[最高人民法院2006年8月22日民事判决书,《最高人民检察院公报》2007年第4号(总第99号)]

当事人对保证担保的范围没有约定或者约定不明确的,保证人应当对全部债务承担责任。但因法院错判引起债权利息损失扩大的,因为该部分不是因债务人未按照合同约定履行义务而产生的利息,不属于保证担保的范围,保证人不承担责任。

第六百九十二条 【保证期间】保证期间是确定保证人承担保证责任的期间,不发生中止、中断和延长。

债权人与保证人可以约定保证期间,但是约定的保证期间早于主债务履行期限或者与主债务履行期限同时届满的,视为没有约定;没有约定或者约定不明确的,保证期间为主债务履行期限届满之日起六个月。

债权人与债务人对主债务履行期限没有约定或者约定不明确的,保证期间自债权人请求债务人履行债务的宽限期届满之日起计算。

对应司法解释

《最高人民法院关于适用〈中华人民共和国民法典〉时间效力的若干规定》(法释〔2020〕15号)

第二十七条 民法典施行前成立的保证合同,当事人对保证期间约定不明确,主债务履行期限届满至民法典施行之日不满二年,当事人主张保证期间为主债务履行期限届满之日起二年的,人民法院依法予以支持;当事人对保证期间没有约定,主债务履行期限届满至民法典施行之日不满六个月,当事人主张保证期间为主债务履行期限届满之日起六个月的,人民法院依法予以支持。

《最高人民法院关于适用〈中华人民共和国民法典〉有关担保制度的解释》(法释〔2020〕28号)

第三十条 最高额保证合同对保证期间的计算方式、起算时间等有约定的,按照其约定。

最高额保证合同对保证期间的计算方式、起算时间等没有约定或者约定不明,被担保债权的履行期限均已届满的,保证期间自债权确定之日起开始计算;被担保债权的履行期限尚未届满的,保证期间自最后到期债权的履行期限届满之日起开始计算。

前款所称债权确定之日,依照民法典第四百二十三条的规定认定。

第三十一条 一般保证的债权人在保证期间内对债务人提起诉讼或者申请仲裁后,又撤回起诉或者仲裁申请,债权人在保证期间届满前未再行提起诉讼或者申请仲裁,保证人主张不再承担保证责任的,人民法院应予支持。

连带责任保证的债权人在保证期间内对保证人提起诉讼或者申请仲裁后,又撤回起诉或者仲裁申请,起诉状副本或者仲裁申请书副本已经送达保证人的,人民法院应当认定债权人已经在保证期间内向保证人行使了权利。

第三十二条 保证合同约定保证人承担保证责任直至主债务本息还清时为止等类似内容的,视为约定不明,保证期间为主债务履行期限届满之日起六个月。

第三十四条 人民法院在审理保证合同纠纷案件时,应当将保证期间是否届满、债权人是否在保证期间内依法行使权利等事实作为案件基本事实予以查明。

债权人在保证期间内未依法行使权利的,保证责任消灭。保证责任消灭后,债权人书面通知保证人要求承担保证责任,保证人在通知书上签字、盖章或者按指印,债权人请求保证人继续承担保证责任的,人民法院不予支持,但是债权人有证据证明成立了新的保证合同的除外。

条文应用提示

保证期间为确定保证人承担保证责任的期间，事关保证人和债权人之间的债权债务能否行使或履行，也是确定保证债务和诉讼时效关系的依据。保证期间既可以是法定期间，也可以是约定期间。如果债权人请求保证人承担保证责任超过该期间，则保证人无须再承担保证责任。如果当事人没有就保证期间作出特别约定，则可以适用法定期间。保证合同中之所以要规定保证期间，是因为保证期间可以起到督促债权人主张权利、限制保证人责任的作用。

保证期间具有如下特征：第一，保证期间是就保证责任的承担所设定的期间。从性质上说，保证期间是确定保证人承担保证责任的期间，它既非保证合同的有效期间，也非附期限合同中的期限，而仅是针对保证责任的承担所设定的期限。第二，保证期间由当事人约定或法律规定。保证期间可以由法律作出明确规定，也可以由当事人通过特别约定确定，在当事人没有约定或约定不明时，才适用法律规定的保证期间。保证期间设立的目的在于限制保证人的责任、保障保证人的利益，当事人可以就保证期间作出特别约定，按照私法自治的原则，此种约定应当有效。第三，保证期间是保证合同的组成部分。保证合同的当事人可以就保证期间作出约定，只要此种约定不违反法律的强制性规定，该约定就是有效的，其应当成为保证合同的重要组成部分。

本条第三款规定了主债务履行期限没有约定或约定不明确的情况下保证期间的起算问题，此时保证期间自债权人请求债务人履行债务的宽限期届满之日起计算。

旧法对应关系

担保法第三十一条，原担保法解释第三十一条、第三十二条、第三十三条

第六百九十三条　【保证责任免除】一般保证的债权人未在保证期间对债务人提起诉讼或者申请仲裁的，保证人不再承担保证责任。

连带责任保证的债权人未在保证期间请求保证人承担保证责任的，保证人不再承担保证责任。

对应司法解释

《最高人民法院关于适用〈中华人民共和国民法典〉有关担保制度的解释》（法释〔2020〕28号）

第二十六条 一般保证中，债权人以债务人为被告提起诉讼的，人民法院应予受理。债权人未就主合同纠纷提起诉讼或者申请仲裁，仅起诉一般保证人的，人民法院应当驳回起诉。

一般保证中，债权人一并起诉债务人和保证人的，人民法院可以受理，但是在作出判决时，除有民法典第六百八十七条第二款但书规定的情形外，应当在判决书主文中明确，保证人仅对债务人财产依法强制执行后仍不能履行的部分承担保证责任。

债权人未对债务人的财产申请保全，或者保全的债务人的财产足以清偿债务，债权人申请对一般保证人的财产进行保全的，人民法院不予准许。

第三十一条 一般保证的债权人在保证期间内对债务人提起诉讼或者申请仲裁后，又撤回起诉或者仲裁申请，债权人在保证期间届满前未再行提起诉讼或者申请仲裁，保证人主张不再承担保证责任的，人民法院应予支持。

连带责任保证的债权人在保证期间内对保证人提起诉讼或者申请仲裁后，又撤回起诉或者仲裁申请，起诉状副本或者仲裁申请书副本已经送达保证人的，人民法院应当认定债权人已经在保证期间内向保证人行使了权利。

第三十三条 保证合同无效，债权人未在约定或者法定的保证期间内依法行使权利，保证人主张不承担赔偿责任的，人民法院应予支持。

第三十四条 人民法院在审理保证合同纠纷案件时，应当将保证期间是否届满、债权人是否在保证期间内依法行使权利等事实作为案件基本事实予以查明。

债权人在保证期间内未依法行使权利的，保证责任消灭。保证责任消灭后，债权人书面通知保证人要求承担保证责任，保证人在通知书上签字、盖章或者按指印，债权人请求保证人继续承担保证责任的，人民法院不予支持，但是债权人有证据证明成立了新的保证合同的除外。

旧法对应关系

担保法第二十五条、第二十六条

第六百九十四条　【保证债务诉讼时效】一般保证的债权人在保证期间届满前对债务人提起诉讼或者申请仲裁的，从保证人拒绝承担保证责任的权利消灭之日起，开始计算保证债务的诉讼时效。

连带责任保证的债权人在保证期间届满前请求保证人承担保证责任的，从债权人请求保证人承担保证责任之日起，开始计算保证债务的诉讼时效。

对应司法解释

《最高人民法院关于适用〈中华人民共和国民法典〉有关担保制度的解释》（法释〔2020〕28号）

第二十八条　一般保证中，债权人依据生效法律文书对债务人的财产依法申请强制执行，保证债务诉讼时效的起算时间按照下列规则确定：

（一）人民法院作出终结本次执行程序裁定，或者依照民事诉讼法第二百五十七条第三项、第五项的规定作出终结执行裁定的，自裁定送达债权人之日起开始计算；

（二）人民法院自收到申请执行书之日起一年内未作出前项裁定的，自人民法院收到申请执行书满一年之日起开始计算，但是保证人有证据证明债务人仍有财产可供执行的除外。

一般保证的债权人在保证期间届满前对债务人提起诉讼或者申请仲裁，债权人举证证明存在民法典第六百八十七条第二款但书规定情形的，保证债务的诉讼时效自债权人知道或者应当知道该情形之日起开始计算。

第三十五条 保证人知道或者应当知道主债权诉讼时效期间届满仍然提供保证或者承担保证责任，又以诉讼时效期间届满为由拒绝承担保证责任或者请求返还财产的，人民法院不予支持；保证人承担保证责任后向债务人追偿的，人民法院不予支持，但是债务人放弃诉讼时效抗辩的除外。

条文应用提示

保证债务的诉讼时效，是指当债权人请求保证人履行保证债务，经过法定的时效期间即丧失获得法院强制执行保证人承担保证责任的权利。该时效期间适用本法关于诉讼时效的规定。

保证合同诉讼时效的设立，使保证人享有两种期限利益：一是保证期间利益；二是时效利益。如果债权人未在保证期间内向主债务人或保证人主张权利，保证人可以免责。如果债权人在保证期间内主张了权利，但在此后诉讼时效期间内未向保证人要求承担保证责任，则诉讼时效届满，保证人也可以行使保证合同时效抗辩权而无须承担责任。

需要注意的是，本条第一款对原《最高人民法院关于适用〈中华人民共和国担保法〉若干问题的解释》第三十六条进行修正，该条第一款中规定，"一般保证中，主债务诉讼时效中断，保证债务诉讼时效中断"，这一规定具有逻辑错误，在主债务诉讼时效中断的时候，保证债务的诉讼时效尚未计算，所以保证债务的诉讼时效中断一说无从谈起。

本条第二款是对连带责任保证的保证债务诉讼时效起算的规定。不同于一般保证，连带责任保证中债权人对债务人或保证人主张债权并无先后次序之分，债权人既可以要求债务人履行主债务，也可以要求保证人履行其保证责任，保证人不能以债权人尚未对债务人主张债务而拒绝履行保证责任。所以在连带责任保证中，债权人在保证期间届满前要求保证人履行保证责任之时，才系保证责任的诉讼时效开始之日。但此处有两点值得注意：其一，债权人要求保证人履行保证责任的方式，并不仅限于诉讼与仲裁，还包括其他的非司法途径，比如口头催告、书面告知等，但实务中一般采用书面的方式请求保证人履行保证责任，因为书面的方式更加易于举证；其二，债权人需要向保证人要求履行保证责任，才构成保证债务诉讼时效的开始，而债权人向债务人要求履行债务，并不构成保证债务诉讼时效的开始。

旧法对应关系

原担保法解释第三十四条

第六百九十五条 【主合同变更对保证责任影响】债权人和债务人未经保证人书面同意，协商变更主债权债务合同内容，减轻债务的，保证人仍对变更后的债务承担保证责任；加重债务的，保证人对加重的部分不承担保证责任。

债权人和债务人变更主债权债务合同的履行期限，未经保证人书面同意的，保证期间不受影响。

对应司法解释

《最高人民法院关于适用〈中华人民共和国民法典〉有关担保制度的解释》（法释〔2020〕28号）

第十六条　主合同当事人协议以新贷偿还旧贷，债权人请求旧贷的担保人承担担保责任的，人民法院不予支持；债权人请求新贷的担保人承担担保责任的，按照下列情形处理：

（一）新贷与旧贷的担保人相同的，人民法院应予支持；

（二）新贷与旧贷的担保人不同，或者旧贷无担保新贷有担保的，人民法院不予支持，但是债权人有证据证明新贷的担保人提供担保时对以新贷偿还旧贷的事实知道或者应当知道的除外。

主合同当事人协议以新贷偿还旧贷，旧贷的物的担保人在登记尚未注销的情形下同意继续为新贷提供担保，在订立新的贷款合同前又以该担保财产为其他债权人设立担保物权，其他债权人主张其担保物权顺位优先于新贷债权人的，人民法院不予支持。

第二十条　人民法院在审理第三人提供的物的担保纠纷案件时，可以适用民法典第六百九十五条第一款、第六百九十六条第一款、第六百九十七条第二款、第六百九十九条、第七百条、第七百零一条、第七百零二条等关于保证合同的规定。

条文应用提示

合同变更,是债的变更的主要形式,是指在合同成立以后,尚未履行或尚未完全履行之前,当事人就合同的内容达成修改和补充的协议,或者依据法律规定请求法院或者仲裁机构变更合同内容。本法所采纳的合同变更是狭义上的合同变更,即合同内容的变更。主债权债务合同变更后,原由保证人承担的保证范围可能发生变化,由此可能加大保证人的责任,这对于保证人而言是十分不利的。因此,法律要求债权人与债务人协议变更主债权债务合同时需要取得保证人的书面同意。保证人书面同意,意味着其愿意为变更后的合同内容提供保证。否则,在未取得保证人书面同意的情况下,减轻债务的,保证人仍对变更后的债务承担保证责任,而加重债务的,保证人对加重的部分不承担保证责任。这改变了《担保法》第二十四条协议变更主合同未经保证人书面同意的,保证人不再承担保证责任的规定,更加符合维护保证人利益的原则。

保证期间可以由当事人自主约定,但约定的保证期间如早于主债务履行期限或者与主债务履行期限同时届满的,视为没有约定;没有约定或者约定不明确的,保证期间为主债务履行期限届满之日起6个月。如果债权人和债务人在未经保证人书面同意的情况下变更主债权债务合同的履行期间,可能会对保证人的保证期间利益带来不利影响,因此,作出了本款规定。但需要特别指出的是,未经保证人书面同意的主债权债务合同履行期限变更未必一定给保证人带来保证期间上的不利影响,但本款规定未像第一款规定作出"有利变更则有效,不利变更则无效"的规定。

旧法对应关系

原担保法解释第三十条

典型案例指导

卞松祥与许峰、徐州利峰木业有限公司等民间借贷纠纷案[江苏省高级人民法院2018年8月23日民事判决书,《最高人民法院公报》2021年第1期(总第291期)]

民间借贷中,债权人与债务人协议以新贷偿还旧贷,等同于新贷保证人为旧贷提供担保,在前后保证人并非同一人且新贷保证人不知情的情况下,有违保证人的真实意思,保证人不承担民事责任。

第六百九十六条 【债权转让对保证责任影响】债权人转让全部或者部分债权，未通知保证人的，该转让对保证人不发生效力。

保证人与债权人约定禁止债权转让，债权人未经保证人书面同意转让债权的，保证人对受让人不再承担保证责任。

对应司法解释

《最高人民法院关于适用〈中华人民共和国民法典〉有关担保制度的解释》（法释〔2020〕28号）

第二十条 人民法院在审理第三人提供的物的担保纠纷案件时，可以适用民法典第六百九十五条第一款、第六百九十六条第一款、第六百九十七条第二款、第六百九十九条、第七百条、第七百零一条、第七百零二条等关于保证合同的规定。

旧法对应关系

担保法第二十二条，原担保法解释第二十八条

第六百九十七条 【债务承担对保证责任影响】债权人未经保证人书面同意，允许债务人转移全部或者部分债务，保证人对未经其同意转移的债务不再承担保证责任，但是债权人和保证人另有约定的除外。

第三人加入债务的，保证人的保证责任不受影响。

对应司法解释

《最高人民法院关于适用〈中华人民共和国民法典〉有关担保制度的解释》（法释〔2020〕28号）

第二十条 人民法院在审理第三人提供的物的担保纠纷案件时，可以适用民法典第六百九十五条第一款、第六百九十六条第一款、第六百九十七条第二款、第六百九十九条、第七百条、第七百零一条、第七百零二条等关于保证合同的规定。

> 第三十六条 第三人向债权人提供差额补足、流动性支持等类似承诺文件作为增信措施，具有提供担保的意思表示，债权人请求第三人承担保证责任的，人民法院应当依照保证的有关规定处理。
>
> 第三人向债权人提供的承诺文件，具有加入债务或者与债务人共同承担债务等意思表示的，人民法院应当认定为民法典第五百五十二条规定的债务加入。
>
> 前两款中第三人提供的承诺文件难以确定是保证还是债务加入的，人民法院应当将其认定为保证。

条文应用提示

债务承担，是指在不改变债务内容的情况下转移债务，由第三人承担了原债务人的债务。债务承担可以分为免责的债务承担和并存的债务承担。免责的债务承担，即第三人代替原债务人成为新债务人，原债务人的债务消灭。并存的债务承担，即第三人成为连带债务人，与原债务人共同承担债务。两种债务承担都会对保证人的责任产生影响，本条第一款规定免责的债务承担对保证责任的影响，第二款规定并存的债务承担对保证责任的影响。

正确理解本条应当注意以下几点：一是债权人允许债务人转移债务必须要经保证人的书面同意。如果不是书面形式，而是其他形式，视为不存在担保人的同意。根据法律规定，书面形式是指合同书、信件和数据电文（包括电传、电报、传真、电子数据交换和电子邮件）等可以有形地表现所载内容的形式。二是本条规定的债务转移不但包括债务人将债务全部转移给他人，也包括将部分债务转移给他人。债权人许可债务人部分转移的，原债务人并不退出债务关系，只是其所应承担的债务额发生减少，新债务人与原债务人共同向债权人承担债务。部分转移债务的也必须经担保人同意，否则担保人对转移出去的部分债务不承担担保责任。三是未经担保人书面同意，债权人许可债务人转移全部债务的，可以免除担保人全部担保责任；债权人许可债务人转移部分债务的，可以免除担保人部分担保责任，担保人不得要求免除全部担保责任。

不同于债权让与，在债权让与中只规定债务加重需要经过保证人书面同意，这是由于除了具有人身专属性的特别情形，对于保证人来说，对哪个债权人承担保证责任，其实是没有那么重要的，因为最终而言债务人无法履行债务才是最关键的。但是在免责债务承担的情形下，债务转出的部分若要保证人继续承担保证责任，需要经过保证人的书面同意，因为债务承担会影响保证人的权益，债务转让导致相应部分的债务人更换，而债务人的偿债能力会影响保证人的权益。债务人的责任承担能力，对于保证人是否会承担保证责任以及最后的追偿权能否实现，都是极其重要的。

本条第二款应结合第五百五十二条进行解释，该条规定："第三人与债务人约定加入债务并通知债权人，或者第三人向债权人表示愿意加入债务，债权人未在合理期限内明确拒绝的，债权人可以请求第三人在其愿意承担的债务范围内和债务人承担连带责任。"第三人加入债务，债务人的整体责任承担能力只会增加而不会有所减损，对保证人的权益不会有影响，只会更有利于保证人，因此，不需要保证人书面同意，保证人按照约定继续承担保证责任。

旧法对应关系

担保法第二十三条，原担保法解释第二十九条

第六百九十八条　【一般保证人保证责任免除】一般保证的保证人在主债务履行期限届满后，向债权人提供债务人可供执行财产的真实情况，债权人放弃或者怠于行使权利致使该财产不能被执行的，保证人在其提供可供执行财产的价值范围内不再承担保证责任。

条文应用提示

此条适用于一般保证的情形。所谓一般保证，是指当事人在保证合同中约定，在债务人不能履行债务时，保证人承担保证责任的保证。区别于连带责任保证，一般保证情况下保证人享有先诉抗辩权，即一般保证的保证人在主合同纠纷未经审判或者仲裁，并就债务人财产依法强制执行仍不能履行债务前，对债权人可以拒绝承担保证责任。

一般保证情形下，债权人需要在对债务人财产执行不能之后，才能主张保证人承担保证责任，也就是说，债务人财产执行不能时，保证人有承

担责任的义务。本条规定,如果是因为债权人自己放弃或者怠于行使权利致使债务人相应财产执行不能时,此时由于债权人自己的原因导致对债务人财产执行不能,因此,保证人可以在相应范围内免责。

连带责任保证是指当事人在保证合同中约定保证人与债务人对债务承担连带责任的保证。在连带责任保证中,由于债权人对债务人和保证人请求承担责任的主张没有先后顺序,债权人可自主决定请求债务人或是连带保证人承担全部或部分责任,因此,本条规定不适用于连带责任保证的情形。

旧法对应关系

原担保法解释第二十四条

第六百九十九条　【共同保证】同一债务有两个以上保证人的,保证人应当按照保证合同约定的保证份额,承担保证责任;没有约定保证份额的,债权人可以请求任何一个保证人在其保证范围内承担保证责任。

对应司法解释

《最高人民法院关于适用〈中华人民共和国民法典〉有关担保制度的解释》(法释〔2020〕28号)

第十三条　同一债务有两个以上第三人提供担保,担保人之间约定相互追偿及分担份额,承担了担保责任的担保人请求其他担保人按照约定分担份额的,人民法院应予支持;担保人之间约定承担连带共同担保,或者约定相互追偿但是未约定分担份额的,各担保人按照比例分担向债务人不能追偿的部分。

同一债务有两个以上第三人提供担保,担保人之间未对相互追偿作出约定且未约定承担连带共同担保,但是各担保人在同一份合同书上签字、盖章或者按指印,承担了担保责任的担保人请求其他担保人按照比例分担向债务人不能追偿部分的,人民法院应予支持。

除前两款规定的情形外,承担了担保责任的担保人请求其他担保人分担向债务人不能追偿部分的,人民法院不予支持。

第十四条　同一债务有两个以上第三人提供担保，担保人受让债权的，人民法院应当认定该行为系承担担保责任。受让债权的担保人作为债权人请求其他担保人承担担保责任的，人民法院不予支持；该担保人请求其他担保人分担相应份额的，依照本解释第十三条的规定处理。

第二十条　人民法院在审理第三人提供的物的担保纠纷案件时，可以适用民法典第六百九十五条第一款、第六百九十六条第一款、第六百九十七条第二款、第六百九十九条、第七百条、第七百零一条、第七百零二条等关于保证合同的规定。

第二十九条　同一债务有两个以上保证人，债权人以其已经在保证期间内依法向部分保证人行使权利为由，主张已经在保证期间内向其他保证人行使权利的，人民法院不予支持。

同一债务有两个以上保证人，保证人之间相互有追偿权，债权人未在保证期间内依法向部分保证人行使权利，导致其他保证人在承担保证责任后丧失追偿权，其他保证人主张在其不能追偿的范围内免除保证责任的，人民法院应予支持。

条文应用提示

共同保证，是指两个或两个以上的保证人为同一债务而向债权人所提供的担保。共同保证是相对于一人保证而言的，它是指数人为一人担保。

本条所规定的共同保证，无论是按份共同保证还是连带共同保证，和一般保证、连带责任保证是完全不同的概念。一般保证和连带责任保证定义的是保证人和主债务人之间的关系，而本条所涉及的共同保证是保证人之间的相互关系。一般保证的情形下，保证人享有先诉抗辩权，一般保证的保证人在主合同纠纷未经审判或者仲裁，并就债务人财产依法强制执行仍不能履行债务前，对债权人可以拒绝承担保证责任；连带责任保证情形下，保证人和主债务人是连带关系，债权人可以任意选择向主债务人或者保证人请求承担责任，保证人不享有先诉抗辩权。

此条所涉及的按份共同保证和连带共同保证定义的是多个保证人之间的关系，多个保证人之间的关系，实际上是三种情形：明确约定为按份共同保证;明确约定为连带共同保证,此时为真正连带;没有约定保证份额,但适用本法第六百九十九条所规定的"没有约定保证份额的,债权人可以请求任何一个保证人在其保证范围内承担保证责任"的不真正连带共同保证,此时债权人可以请求任何一个保证人承担全部保证责任,保证人承担保证责任之后可以找债务人追偿,但是多个保证人之间没有相互追偿权。

旧法对应关系

担保法第十二条,原担保法解释第十九条、第二十条、第二十一条

典型案例指导

顾善芳诉张小君、林兴钢、钟武军追偿权纠纷案[浙江省宁波市中级人民法院 2014 年 4 月 24 日民事判决书,《最高人民法院公报》2017 年第 10 期(总第 252 期)]

对格式条款的理解发生争议的,首先应当按照通常理解予以解释。只有按照通常理解对格式条款有两种以上解释的,才应采用不利解释原则。连带共同保证中保证人减少时,应按实际保证人人数平均分配保证份额。

第七百条 【保证人追偿权】保证人承担保证责任后,除当事人另有约定外,有权在其承担保证责任的范围内向债务人追偿,享有债权人对债务人的权利,但是不得损害债权人的利益。

对应司法解释

《最高人民法院关于适用〈中华人民共和国民法典〉有关担保制度的解释》(法释〔2020〕28 号)

第十八条 承担了担保责任或者赔偿责任的担保人,在其承担责任的范围内向债务人追偿的,人民法院应予支持。

同一债权既有债务人自己提供的物的担保,又有第三人提供的担保,承担了担保责任或者赔偿责任的第三人,主张行使债权人对债务人享有的担保物权的,人民法院应予支持。

第二十条 人民法院在审理第三人提供的物的担保纠纷案件时,可以适用民法典第六百九十五条第一款、第六百九十六条第一款、第六

百九十七条第二款、第六百九十九条、第七百条、第七百零一条、第七百零二条等关于保证合同的规定。

旧法对应关系

担保法第三十一条，原担保法解释第四十二条、第四十三条

关联法律法规

《中华人民共和国企业破产法》(2006年8月27日)

第五十一条　债务人的保证人或者其他连带债务人已经代替债务人清偿债务的，以其对债务人的求偿权申报债权。

债务人的保证人或者其他连带债务人尚未代替债务人清偿债务的，以其对债务人的将来求偿权申报债权。但是，债权人已经向管理人申报全部债权的除外。

《最高人民法院关于适用〈中华人民共和国企业破产法〉若干问题的规定(三)》(法释〔2020〕18号修正)

第五条　债务人、保证人均被裁定进入破产程序的，债权人有权向债务人、保证人分别申报债权。

债权人向债务人、保证人均申报全部债权的，从一方破产程序中获得清偿后，其对另一方的债权额不作调整，但债权人的受偿额不得超出其债权总额。保证人履行保证责任后不再享有求偿权。

第七百零一条　【保证人抗辩权】保证人可以主张债务人对债权人的抗辩。债务人放弃抗辩的，保证人仍有权向债权人主张抗辩。

对应司法解释

《最高人民法院关于适用〈中华人民共和国民法典〉有关担保制度的解释》(法释〔2020〕28号)

第二十条　人民法院在审理第三人提供的物的担保纠纷案件时，可以适用民法典第六百九十五条第一款、第六百九十六条第一款、第六百九十七条第二款、第六百九十九条、第七百条、第七百零一条、第七百零二条等关于保证合同的规定。

旧法对应关系

担保法第二十条第一款

第七百零二条 【保证人拒绝履行权】债务人对债权人享有抵销权或者撤销权的，保证人可以在相应范围内拒绝承担保证责任。

对应司法解释

《最高人民法院关于适用〈中华人民共和国民法典〉有关担保制度的解释》（法释〔2020〕28号）

第二十条 人民法院在审理第三人提供的物的担保纠纷案件时，可以适用民法典第六百九十五条第一款、第六百九十六条第一款、第六百九十七条第二款、第六百九十九条、第七百条、第七百零一条、第七百零二条等关于保证合同的规定。

第十四章 租赁合同

第七百零三条 【租赁合同定义】租赁合同是出租人将租赁物交付承租人使用、收益，承租人支付租金的合同。

对应司法解释

《最高人民法院关于审理城镇房屋租赁合同纠纷案件具体应用法律若干问题的解释》（法释〔2020〕17号修正）

第一条 本解释所称城镇房屋，是指城市、镇规划区内的房屋。

乡、村庄规划区内的房屋租赁合同纠纷案件，可以参照本解释处理。但法律另有规定的，适用其规定。

当事人依照国家福利政策租赁公有住房、廉租住房、经济适用住房产生的纠纷案件，不适用本解释。

第二条 出租人就未取得建设工程规划许可证或者未按照建设

工程规划许可证的规定建设的房屋,与承租人订立的租赁合同无效。但在一审法庭辩论终结前取得建设工程规划许可证或者经主管部门批准建设的,人民法院应当认定有效。

第三条 出租人就未经批准或者未按照批准内容建设的临时建筑,与承租人订立的租赁合同无效。但在一审法庭辩论终结前经主管部门批准建设的,人民法院应当认定有效。

租赁期限超过临时建筑的使用期限,超过部分无效。但在一审法庭辩论终结前经主管部门批准延长使用期限的,人民法院应当认定延长使用期限内的租赁期间有效。

第四条 房屋租赁合同无效,当事人请求参照合同约定的租金标准支付房屋占有使用费的,人民法院一般应予支持。

当事人请求赔偿因合同无效受到的损失,人民法院依照民法典第一百五十七条和本解释第七条、第十一条、第十二条的规定处理。

第五条 出租人就同一房屋订立数份租赁合同,在合同均有效的情况下,承租人均主张履行合同的,人民法院按照下列顺序确定履行合同的承租人:

(一)已经合法占有租赁房屋的;

(二)已经办理登记备案手续的;

(三)合同成立在先的。

不能取得租赁房屋的承租人请求解除合同、赔偿损失的,依照民法典的有关规定处理。

第十六条 本解释施行前已经终审,本解释施行后当事人申请再审或者按照审判监督程序决定再审的案件,不适用本解释。

旧法对应关系

合同法第二百一十二条

关联法律法规

《中华人民共和国城市房地产管理法》(2019年8月26日修正)

第五十三条 房屋租赁,是指房屋所有权人作为出租人将其房屋出租给承租人使用,由承租人向出租人支付租金的行为。

第五十四条 房屋租赁,出租人和承租人应当签订书面租赁合同,约定租赁期限、租赁用途、租赁价格、修缮责任等条款,以及双方的其他权利和义务,并向房产管理部门登记备案。

第五十五条 住宅用房的租赁,应当执行国家和房屋所在城市人民政府规定的租赁政策。租用房屋从事生产、经营活动的,由租赁双方协商议定租金和其他租赁条款。

《中华人民共和国城镇国有土地使用权出让和转让暂行条例》(自2020年11月29日起施行)

第二十八条 土地使用权出租是指土地使用者作为出租人将土地使用权随同地上建筑物、其他附着物租赁给承租人使用,由承租人向出租人支付租金的行为。

未按土地使用权出让合同规定的期限和条件投资开发、利用土地的,土地使用权不得出租。

第二十九条 土地使用权出租,出租人与承租人应当签订租赁合同。

租赁合同不得违背国家法律、法规和土地使用权出让合同的规定。

第三十条 土地使用权出租后,出租人必须继续履行土地使用权出让合同。

第三十一条 土地使用权和地上建筑物、其他附着物出租,出租人应当依照规定办理登记。

第七百零四条 【租赁合同主要内容】租赁合同的内容一般包括租赁物的名称、数量、用途、租赁期限、租金及其支付期限和方式、租赁物维修等条款。

旧法对应关系

合同法第二百一十三条

关联法律法规

《中华人民共和国海商法》(1992年11月7日)

第一百三十条 【合同内容】定期租船合同的内容,主要包括出租人和承租人的名称、船名、船籍、船级、吨位、容积、船速、燃料消耗、航区、用途、租船期间、交船和还船的时间和地点以及条件、租金及其支付,以及其他有关事项。

第一百四十五条　【合同内容】光船租赁合同的内容,主要包括出租人和承租人的名称、船名、船籍、船级、吨位、容积、航区、用途、租船期间、交船和还船的时间和地点以及条件、船舶检验、船舶的保养维修、租金及其支付、船舶保险、合同解除的时间和条件,以及其他有关事项。

第七百零五条　【租赁最长期限】租赁期限不得超过二十年。超过二十年的,超过部分无效。

租赁期限届满,当事人可以续订租赁合同;但是,约定的租赁期限自续订之日起不得超过二十年。

旧法对应关系

合同法第二百一十四条

第七百零六条　【租赁合同的登记备案手续对合同效力影响】当事人未依照法律、行政法规规定办理租赁合同登记备案手续的,不影响合同的效力。

旧法对应关系

合同法第二百一十五条,原房屋租赁合同解释第四条

第七百零七条　【租赁合同形式】租赁期限六个月以上的,应当采用书面形式。当事人未采用书面形式,无法确定租赁期限的,视为不定期租赁。

条文应用提示

本条所称的超过或低于6个月的租赁期限,应指当事人所约定的租赁期限。为了既便利交易又保证交易安全,本条对租赁合同的形式作了以下几个层次的规定:

第一,租赁期限不满6个月的租赁合同,可以采用口头形式也可以采用书面形式。这是因为租赁期限较短的合同一般来说租赁物价值不大

(当然不排除大型的机械设备),租赁物使用后变化不大,租金也较少,租赁关系结束得快,证据不易失散。一旦发生纠纷容易分清责任,因此,不必要求当事人非以书面形式订立合同。但对于房屋租赁合同即使租赁期限不满6个月,因房屋的价值较高,租金较多,按照我国《城市房地产管理法》规定,房屋租赁,出租人和承租人应当签订书面租赁合同,并向房产管理部门登记备案。此项规定可以在一定程度上弥补短期租赁涉及金额较大情况下,形式要件对交易安全的保护问题。

第二,租赁期限6个月以上的,当事人没有采用书面形式,并非导致合同无效,而是产生约定的期限不予承认的效果,即以不定期租赁作为不采用书面形式的后果,促使欲保持交易稳定性的当事人注重满足订立合同的形式要件。同时,增加欲保持交易状态灵活性的当事人从合同中摆脱的可能性。

旧法对应关系

合同法第二百一十五条,原房屋租赁合同解释第四条

第七百零八条 【出租人交付租赁物义务和适租义务】出租人应当按照约定将租赁物交付承租人,并在租赁期限内保持租赁物符合约定的用途。

旧法对应关系

合同法第二百一十六条

第七百零九条 【承租人按约定使用租赁物的义务】承租人应当按照约定的方法使用租赁物。对租赁物的使用方法没有约定或者约定不明确,依据本法第五百一十条的规定仍不能确定的,应当根据租赁物的性质使用。

旧法对应关系

合同法第二百一十七条

第七百一十条 【承租人按约定使用租赁物的免责义务】承租人按照约定的方法或者根据租赁物的性质使用租赁物,致使租赁物受到

损耗的，不承担赔偿责任。

旧法对应关系

合同法第二百一十八条

第七百一十一条 【租赁人未按约定使用租赁物的责任】承租人未按照约定的方法或者未根据租赁物的性质使用租赁物，致使租赁物受到损失的，出租人可以解除合同并请求赔偿损失。

对应司法解释

《最高人民法院关于审理城镇房屋租赁合同纠纷案件具体应用法律若干问题的解释》（法释〔2020〕17号修正）

第六条 承租人擅自变动房屋建筑主体和承重结构或者扩建，在出租人要求的合理期限内仍不予恢复原状，出租人请求解除合同并要求赔偿损失的，人民法院依照民法典第七百一十一条的规定处理。

旧法对应关系

合同法第二百一十九条

第七百一十二条 【出租人维修义务】出租人应当履行租赁物的维修义务，但是当事人另有约定的除外。

条文应用提示

出租人的维修义务是出租人对物的瑕疵担保责任中派生的义务。出租人的维修义务并不是绝对的、无限的，应当满足以下要件：(1)有维修的正当理由，即限于租赁物本身的缺陷造成，对承租人增添于租赁物的缺陷无维修的义务。(2)须租赁物有维修的必要。有维修的必要是指租赁物已出现影响正常使用、发挥效用的情况，不进行维修就不能使用，出租人应对租赁物进行及时维修，以保证其正常使用。(3)须租赁物有维修的可能。有维修的可能是指租赁物损坏后能够将其修好以恢复或达到损坏前的状态。维修不能,包括事实不能与经济不能。(4)当事人无相反的约定。基于租赁合同债权相对性,尊重当事人意思自治,允许当事人对维修义务的分配作出约定,即另有约定时也存在承租人承担维修义务的情况。

旧法对应关系

合同法第二百二十条

关联法律法规

《中华人民共和国海商法》(1992年11月7日)

第一百三十二条 【船舶适航】出租人交付船舶时,应当做到谨慎处理,使船舶适航。交付的船舶应当适于约定的用途。

出租人违反前款规定的,承租人有权解除合同,并有权要求赔偿因此遭受的损失。

第一百三十三条 【不适航的责任】船舶在租期内不符合约定的适航状态或者其他状态,出租人应当采取可能采取的合理措施,使之尽快恢复。

船舶不符合约定的适航状态或者其他状态而不能正常营运连续满二十四小时的,对因此而损失的营运时间,承租人不付租金,但是上述状态是由承租人造成的除外。

第一百四十六条 【船舶交付】出租人应当在合同约定的港口或者地点,按照合同约定的时间,向承租人交付船舶以及船舶证书。交船时,出租人应当做到谨慎处理,使船舶适航。交付的船舶应当适于合同约定的用途。

出租人违反前款规定的,承租人有权解除合同,并有权要求赔偿因此遭受的损失。

第七百一十三条 【出租人不履行维修义务的法律后果】承租人在租赁物需要维修时可以请求出租人在合理期限内维修。出租人未履行维修义务的,承租人可以自行维修,维修费用由出租人负担。因维修租赁物影响承租人使用的,应当相应减少租金或者延长租期。

因承租人的过错致使租赁物需要维修的,出租人不承担前款规定的维修义务。

旧法对应关系

合同法第二百二十一条

第七百一十四条　【承租人妥善保管租赁物义务】承租人应当妥善保管租赁物，因保管不善造成租赁物毁损、灭失的，应当承担赔偿责任。

旧法对应关系

合同法第二百二十二条

第七百一十五条　【承租人对租赁物进行改善或增设他物】承租人经出租人同意，可以对租赁物进行改善或者增设他物。

承租人未经出租人同意，对租赁物进行改善或者增设他物的，出租人可以请求承租人恢复原状或者赔偿损失。

对应司法解释

《最高人民法院关于审理城镇房屋租赁合同纠纷案件具体应用法律若干问题的解释》（法释〔2020〕17号修正）

第七条　承租人经出租人同意装饰装修，租赁合同无效时，未形成附合的装饰装修物，出租人同意利用的，可折价归出租人所有；不同意利用的，可由承租人拆除。因拆除造成房屋毁损的，承租人应当恢复原状。

已形成附合的装饰装修物，出租人同意利用的，可折价归出租人所有；不同意利用的，由双方各自按照导致合同无效的过错分担现值损失。

第八条　承租人经出租人同意装饰装修，租赁期间届满或者合同解除时，除当事人另有约定外，未形成附合的装饰装修物，可由承租人拆除。因拆除造成房屋毁损的，承租人应当恢复原状。

第九条　承租人经出租人同意装饰装修，合同解除时，双方对已形成附合的装饰装修物的处理没有约定的，人民法院按照下列情形分别处理：

（一）因出租人违约导致合同解除，承租人请求出租人赔偿剩余租赁期内装饰装修残值损失的，应予支持；

（二）因承租人违约导致合同解除，承租人请求出租人赔偿剩余租赁期内装饰装修残值损失的，不予支持。但出租人同意利用的，应在利用价值范围内予以适当补偿；

（三）因双方违约导致合同解除，剩余租赁期内的装饰装修残值损失，由双方根据各自的过错承担相应的责任；

（四）因不可归责于双方的事由导致合同解除的，剩余租赁期内的装饰装修残值损失，由双方按照公平原则分担。法律另有规定的，适用其规定。

第十条 承租人经出租人同意装饰装修，租赁期间届满时，承租人请求出租人补偿附合装饰装修费用的，不予支持。但当事人另有约定的除外。

第十一条 承租人未经出租人同意装饰装修或者扩建发生的费用，由承租人负担。出租人请求承租人恢复原状或者赔偿损失的，人民法院应予支持。

第十二条 承租人经出租人同意扩建，但双方对扩建费用的处理没有约定的，人民法院按照下列情形分别处理：

（一）办理合法建设手续的，扩建造价费用由出租人负担；

（二）未办理合法建设手续的，扩建造价费用由双方按照过错分担。

旧法对应关系

合同法第二百二十三条

第七百一十六条 【承租人对租赁物转租】承租人经出租人同意，可以将租赁物转租给第三人。承租人转租的，承租人与出租人之间的租赁合同继续有效；第三人造成租赁物损失的，承租人应当赔偿损失。

承租人未经出租人同意转租的，出租人可以解除合同。

条文应用提示

转租，是指承租人将租赁物转让给第三人使用、收益，承租人与第三人形成新的租赁合同关系，而承租人与出租人的租赁关系继续合法有效的一种交易形式。转租包括经出租人同意和未经出租人同意两种情况。

(1)经出租人同意的转租包括两种情形:一是在租赁合同订立时明确约定承租人有权转租租赁物;二是在租赁期限内承租人征得出租人同意将租赁物转租。根据《民法典》第七百一十八条的规定,出租人知道或者应当知道承租人转租,但是在6个月内未提出异议的,视为出租人同意转租。

经出租人同意的转租是有效的,但由于在同一租赁物上出现了三个当事人(出租人、承租人、次承租人)、两个合同关系,这三人之间的法律关系必须明确。按照本条的规定经过转租的租赁合同关系当事人的关系应包括三个方面:其一,出租人与承租人之间的关系不因转租而受影响,继续有效,承租人仍然应向出租人承担支付租金、在租赁期限届满时返还租赁物的义务。因次承租人的行为造成租赁物损失的,承租人仍然要对出租人负责。其二,虽然次承租人与出租人之间没有合同关系,次承租人在特定条件下可以直接向出租人支付租金,出租人不得拒绝。其三,在租赁合同终止或者被解除时,承租人与次承租人之间的租赁关系也随之终止。因为这个次承租合同的订立是以前一个租赁合同为基础的。

(2)未经出租人同意转租的,出租人可以解除合同。因为承租人未经出租人同意擅自将租赁物转租他人,直接破坏了出租人对承租人的信任,也直接损害了出租人对租赁物的所有权或处分权,同时造成多层次的对租赁物的占有关系,增加了出租人要求返还租赁物的困难或使租赁物的毁损程度加重,所以出租人有权解除合同。

旧法对应关系

合同法第二百二十四条,原房屋租赁合同解释第十六条

关联法律法规

《中华人民共和国海商法》(1992年11月7日)

第一百三十八条 【已租船舶所有权的转让】船舶所有人转让已经租出的船舶的所有权,定期租船合同约定的当事人的权利和义务不受影响,但是应当及时通知承租人。船舶所有权转让后,原租船合同由受让人和承租人继续履行。

第一百三十九条 【海难救助报酬的分配】在合同期间,船舶进行海难救助的,承租人有权获得扣除救助费用、损失赔偿、船员应得部分以及其他费用后的救助款项的一半。

第一百五十条　【船舶转租的限制】在光船租赁期间，未经出租人书面同意，承租人不得转让合同的权利和义务或者以光船租赁的方式将船舶进行转租。

第七百一十七条　【超过承租人剩余租赁期限的转租期间效力】承租人经出租人同意将租赁物转租给第三人，转租期限超过承租人剩余租赁期限的，超过部分的约定对出租人不具有法律约束力，但是出租人与承租人另有约定的除外。

旧法对应关系

原房屋租赁合同解释第十五条

第七百一十八条　【推定出租人同意转租】出租人知道或者应当知道承租人转租，但是在六个月内未提出异议的，视为出租人同意转租。

旧法对应关系

原房屋租赁合同解释第十六条

第七百一十九条　【次承租人代位求偿权】承租人拖欠租金的，次承租人可以代承租人支付其欠付的租金和违约金，但是转租合同对出租人不具有法律约束力的除外。

次承租人代位支付的租金和违约金，可以充抵次承租人应当向承租人支付的租金；超出其应付的租金数额的，可以向承租人追偿。

对应司法解释

《最高人民法院关于审理城镇房屋租赁合同纠纷案件具体应用法律若干问题的解释》（法释〔2020〕17号修正）

第十三条　房屋租赁合同无效、履行期限届满或者解除，出租人请求负有腾房义务的次承租人支付逾期腾房占有使用费的，人民法院应予支持。

旧法对应关系

原房屋租赁合同解释第十七条

第七百二十条　【租赁物收益归属】在租赁期限内因占有、使用租赁物获得的收益，归承租人所有，但是当事人另有约定的除外。

旧法对应关系

合同法第二百二十五条

第七百二十一条　【租金支付期限】承租人应当按照约定的期限支付租金。对支付租金的期限没有约定或者约定不明确，依据本法第五百一十条的规定仍不能确定，租赁期限不满一年的，应当在租赁期限届满时支付；租赁期限一年以上的，应当在每届满一年时支付，剩余期限不满一年的，应当在租赁期限届满时支付。

旧法对应关系

合同法第二百二十六条

第七百二十二条　【承租人违反支付租金义务的法律后果】承租人无正当理由未支付或者迟延支付租金的，出租人可以请求承租人在合理期限内支付；承租人逾期不支付的，出租人可以解除合同。

关联法律法规

《中华人民共和国海商法》(1992年11月7日)

第一百四十条　【租金的支付】承租人应当按照合同约定支付租金。承租人未按照合同约定支付租金的，出租人有权解除合同，并有权要求赔偿因此遭受的损失。

《最高人民法院关于为稳定就业提供司法服务和保障的意见》(法发〔2022〕36号)

2. 推动落实阶段性减免房产租金等助企纾困政策，支持中小微企业稳就业规模。依法妥善审理房屋租赁合同纠纷等案件，推动落实阶段性减免国有房产租金等政策，引导出租人减免或者缓收租金，依法减轻中小微企业、个体工商户等负担，稳住中小微企业就业规模。承租国有企业房屋或者行政事业单位房屋用于经营，符合政策条件的服务业中小微企业、个体工商户等请求按照国家有关政策减免一定期限内租金的，人民法院应当依法支持。承租非国有房屋的承租人请求减免或者延期支付租金的，可以引导当事人参照有关租金减免政策、条件进行和解；和解不成的，结合案件实际情况，依照民法典有关规定处理。

《最高人民法院关于为促进消费提供司法服务和保障的意见》（法发〔2022〕35号）

22. 妥善处理房屋租赁合同纠纷。疫情或者疫情防控措施导致小微企业、个体工商户等承租人没有收入或者收入明显减少，造成支付租金困难，出租人请求解除房屋租赁合同、由承租人承担违约责任的，人民法院应当加强调解，引导出租人和承租人合理分担损失，共克时艰。对国有房屋租金数额发生争议，承租人请求按照有关政府机关的规定减免租金的，人民法院应当依法支持。出租人减免租金后主张税务机关按照相关规定减免当年房产税、城镇土地使用税，符合法律规定或者国家税收政策的，人民法院应当依法支持。

旧法对应关系

合同法第二百二十七条

第七百二十三条　【出租人权利瑕疵担保责任】因第三人主张权利，致使承租人不能对租赁物使用、收益的，承租人可以请求减少租金或者不支付租金。

第三人主张权利的，承租人应当及时通知出租人。

条文应用提示

所谓出租人的权利瑕疵担保，是指出租人担保第三人不能就租赁物主张任何权利。权利瑕疵担保责任，是指当第三人对租赁物主张权利时，出租人所应承担的责任。权利瑕疵担保责任的构成要件为：第一，权利瑕疵在合同成立时已存在;第二,相对人不知有权利瑕疵的存在,如果在订立合同时相对人明知行为人对该物无处分权而与之订立合同,相对人不能作为善意相对人而享受对对方权利的瑕疵担保的要求;第三,权利瑕疵在合同成立后仍未能排除,如果在合同成立时,虽有权利瑕疵,但在合同成立后,行为人取得了该物的处分权,则应视为权利瑕疵已经除去。

出租人承担权利瑕疵担保责任的条件为:

第一,因第三人向承租人主张权利。第三人主张权利可以是第三人作为租赁物的所有人主张出租人对租赁物无处分权,该租赁合同无效;也可以是第三人作为租赁物的抵押权人,在义务人不履行义务时,要求实现其抵押权。在这种情况下,势必影响承租人对租赁物的使用、收益。

第二,第三人主张权利妨碍承租人对租赁物的使用和收益。例如,第三人主张抵押权的实现时,因其涉及对租赁物实体的处置,则会妨碍承租人对租赁物的使用。

第三,承租人在订立合同时不知有权利瑕疵。如果承租人在订立合同时明知出租人对该租赁物没有处分权,而自愿承担第三人主张权利的风险,出租人不负瑕疵担保责任。

在第三人主张权利时,除出租人已经知道第三人主张权利外,承租人应当及时通知出租人,如果承租人怠于通知致使出租人能够救济而未能及时救济的,则出租人对承租人的损失不负赔偿责任。承租人及时通知出租人,出租人对第三人主张权利不能排除的,承租人事实上对租赁物已无法使用、收益,这时,承租人有权请求减少租金或不支付租金。

旧法对应关系

合同法第二百二十八条

第七百二十四条 【非承租人构成根本性违约承租人可以解除合同】有下列情形之一,非因承租人原因致使租赁物无法使用的,承租人可以解除合同:

(一)租赁物被司法机关或者行政机关依法查封、扣押;

(二)租赁物权属有争议;

(三)租赁物具有违反法律、行政法规关于使用条件的强制性规定情形。

旧法对应关系

原房屋租赁合同解释第八条

第七百二十五条 【所有权变动不破租赁】租赁物在承租人按照租赁合同占有期限内发生所有权变动的,不影响租赁合同的效力。

对应司法解释

《最高人民法院关于审理城镇房屋租赁合同纠纷案件具体应用法律若干问题的解释》(法释〔2020〕17号修正)

第十四条 租赁房屋在承租人按照租赁合同占有期限内发生所有权变动,承租人请求房屋受让人继续履行原租赁合同的,人民法院应予支持。但租赁房屋具有下列情形或者当事人另有约定的除外:

(一)房屋在出租前已设立抵押权,因抵押权人实现抵押权发生所有权变动的;

(二)房屋在出租前已被人民法院依法查封的。

旧法对应关系

合同法第二百二十九条

关联法律法规

《最高人民法院关于人民法院办理执行异议和复议案件若干问题的规定》(法释〔2020〕21号修正)

第三十一条 承租人请求在租赁期内阻止向受让人移交占有被执行的不动产,在人民法院查封之前已签订合法有效的书面租赁合同并占有使用该不动产的,人民法院应予支持。

承租人与被执行人恶意串通,以明显不合理的低价承租被执行的不动产或者伪造交付租金证据的,对其提出的阻止移交占有的请求,人民法院不予支持。

《最高人民法院关于人民法院民事执行中拍卖、变卖财产的规定》(法释〔2020〕20号修正)

第二十八条 拍卖财产上原有的担保物权及其他优先受偿权,因拍卖而消灭，拍卖所得价款，应当优先清偿担保物权人及其他优先受偿权人的债权，但当事人另有约定的除外。

拍卖财产上原有的租赁权及其他用益物权，不因拍卖而消灭，但该权利继续存在于拍卖财产上，对在先的担保物权或者其他优先受偿权的实现有影响的，人民法院应当依法将其除去后进行拍卖。

典型案例指导

唐学富、庞华与合肥建鑫房地产开发有限公司给付瑕疵担保责任纠纷案

［安徽省高级人民法院 2018 年 4 月 13 日民事判决书，《最高人民法院公报》2020 年第 2 期（总第 280 期）］

买卖尚处于租赁期间的房屋，出卖人应当告知买受人房屋租赁合同的内容，但承租人的履约能力属于商业风险范畴，不属于出卖人先合同义务，买受人应自行审查与承担。租赁期间房屋产权发生变更，除当事人有特别约定外，租金自产权变更之日归买受人所有。买受人在产权变更后，因租金难以收取，以出卖人有缔约过失、交付房屋存在瑕疵为由，要求出卖人承担租金损失的，人民法院不予支持。

第七百二十六条　【房屋承租人优先购买权】出租人出卖租赁房屋的，应当在出卖之前的合理期限内通知承租人，承租人享有以同等条件优先购买的权利；但是，房屋按份共有人行使优先购买权或者出租人将房屋出卖给近亲属的除外。

出租人履行通知义务后，承租人在十五日内未明确表示购买的，视为承租人放弃优先购买权。

对应司法解释

《最高人民法院关于审理城镇房屋租赁合同纠纷案件具体应用法律若干问题的解释》（法释〔2020〕17 号修正）

第十五条　出租人与抵押权人协议折价、变卖租赁房屋偿还债务，应当在合理期限内通知承租人。承租人请求以同等条件优先购买房屋的，人民法院应予支持。

条文应用提示

房屋承租人优先购买权的适用条件包括以下几个方面：

第一，存在合法有效的房屋租赁合同关系，即两者之间的房屋租赁合同依法成立并生效。

第二，在同等条件下行使。所谓同等条件，是指承租人与其他购买人在买卖条件上等同，要综合考虑价格的多少、付款期限的长短、一次性付清还是分期付款、有无担保等因素。在非同等条件下，承租人不能享有优先购买权。设立房屋承租人优先购买权制度的初衷是在不损害房屋出租人实质利益的情况下，维护承租人居住或生产经营的稳定。

第三，必须在一定期限内行使。如果出租人通知承租人其将要出卖租赁的房屋，而承租人在 15 日内没有购买的意思表示，则承租人优先购买权丧失。这说明承租人并不想购买该房屋，也就没有保护的必要了。对承租人优先购买权的行使期限加以限制是基于促进经济正常运转、交易安全的同时，以保护出租人和承租人双方各自利益为考虑。

同时，本条还规定了房屋承租人优先购买权行使的限制情形：

第一，共有人的优先购买权与承租人优先购买权行使的竞合。共有分为按份共有和共同共有，在共同共有关系中，房屋出租人未经全体共有人同意不得出售该共有房屋，共同共有人无行使优先购买权的必要。而在按份共有关系中，若房屋出租人所占份额超过 2/3，则其有权决定出售该共有房屋，此时必然会对其他按份共有人的利益造成一定影响。同时，《民法典》第三百零六条规定，按份共有人在同等条件下也享有优先购买权。从表面上看，似乎有可能出现同一标的物上承租人的优先购买权和按份共有人的优先购买权的冲突。但是仔细分析会发现，两种优先购买权针对的标的物是不同的。按份共有人的优先购买权针对的是其他共有人的共有份额；而承租人的优先购买权针对的是租赁标的物本身。所以实际上，二者并不会真正发生冲突。当涉及按份共有人的优先购买权时，此时讨论的是份额买卖问题，根本就不会触发承租人的优先购买权。当然，仅从结果上看，确实是按份共有人的优先购买权可以优先行使。本条将按份共有人行使优先购买权作为承租人行使优先购买权的例外，直接在条文文字层面点明此点，从而避免实践中引发不必要的争议。

第二，近亲属之间的房屋买卖具有浓厚的人身色彩，与纯粹的买卖关系有很大区别。我国是亲情和人情关系极为浓厚的熟人社会,在社会主义市场经济往来中,人们既注重经济效益,也注重人与人之间的情感关系,出租人将租赁房屋出售给近亲属时同样也会夹杂这种情感关系,其与纯粹意义上的买卖关系之间存在区别,主要体现在低于正常价格出售房屋、延长交易付款期限等,其无法作为承租人优先购买权行使的同等条件。故本条确认出租人将租赁房屋出卖给近亲属的,承租人不得主张优先购买权。

承租人享有优先购买权就要求出租人在出卖租赁房屋时应当在出卖之前的合理期限内通知承租人,给承租人考虑是否购买该房屋的时间。承租人在接到通知后应及时答复,若承租人接到通知后 15 日内未明确表示购买,则自动丧失优先购买权,这是基于不动产交易秩序和交易安全所做的考虑。

旧法对应关系

合同法第二百三十条,原房屋租赁合同解释第二十一条、第二十四条

关联法律法规

《最高人民法院关于人民法院办理执行异议和复议案件若干问题的规定》(法释〔2020〕21 号修正)

第五条　有下列情形之一的,当事人以外的自然人、法人和非法人组织,可以作为利害关系人提出执行行为异议:

(一)认为人民法院的执行行为违法,妨碍其轮候查封、扣押、冻结的债权受偿的;

(二)认为人民法院的拍卖措施违法,妨碍其参与公平竞价的;

(三)认为人民法院的拍卖、变卖或者以物抵债措施违法,侵害其对执行标的的优先购买权的;

(四)认为人民法院要求协助执行的事项超出其协助范围或者违反法律规定的;

(五)认为其他合法权益受到人民法院违法执行行为侵害的。

《最高人民法院关于人民法院民事执行中拍卖、变卖财产的规定》(法释〔2020〕21 号修正)

第十一条　人民法院应当在拍卖五日前以书面或者其他能够确认收

悉的适当方式，通知当事人和已知的担保物权人、优先购买权人或者其他优先权人于拍卖日到场。

优先购买权人经通知未到场的，视为放弃优先购买权。

第十三条 拍卖过程中，有最高应价时，优先购买权人可以表示以该最高价买受，如无更高应价，则拍归优先购买权人；如有更高应价，而优先购买权人不作表示的，则拍归该应价最高的竞买人。

顺序相同的多个优先购买权人同时表示买受的，以抽签方式决定买受人。

第七百二十七条 【委托拍卖情况下房屋承租人优先购买权】出租人委托拍卖人拍卖租赁房屋的，应当在拍卖五日前通知承租人。承租人未参加拍卖的，视为放弃优先购买权。

旧法对应关系

原房屋租赁合同解释第二十二条

第七百二十八条 【房屋承租人优先购买权受到侵害的法律后果】出租人未通知承租人或者有其他妨害承租人行使优先购买权情形的，承租人可以请求出租人承担赔偿责任。但是，出租人与第三人订立的房屋买卖合同的效力不受影响。

旧法对应关系

原房屋租赁合同解释第二十一条

第七百二十九条 【不可归责于承租人的租赁物毁损、灭失的法律后果】因不可归责于承租人的事由，致使租赁物部分或者全部毁损、灭失的，承租人可以请求减少租金或者不支付租金；因租赁物部分或者全部毁损、灭失，致使不能实现合同目的的，承租人可以解除合同。

旧法对应关系

合同法第二百三十一条

第七百三十条 【租赁期限没有约定或约定不明确时的法律后果】当事人对租赁期限没有约定或者约定不明确,依据本法第五百一十条的规定仍不能确定的,视为不定期租赁;当事人可以随时解除合同,但是应当在合理期限之前通知对方。

旧法对应关系

合同法第二百三十二条

关联法律法规

《最高人民法院关于审理涉及农村土地承包纠纷案件适用法律问题的解释》(法释〔2020〕17号)

第十六条 当事人对出租地流转期限没有约定或者约定不明的,参照民法典第七百三十条规定处理。除当事人另有约定或者属于林地承包经营外,承包地交回的时间应当在农作物收获期结束后或者下一耕种期开始前。

对提高土地生产能力的投入,对方当事人请求承包方给予相应补偿的,应予支持。

第七百三十一条 【租赁物质量不合格时承租人解除权】租赁物危及承租人的安全或者健康的,即使承租人订立合同时明知该租赁物质量不合格,承租人仍然可以随时解除合同。

旧法对应关系

合同法第二百三十三条

典型案例指导

江卫民诉南京宏阳房产经纪有限公司房屋租赁合同纠纷案[江苏省南京市中级人民法院2022年2月17日民事裁定书,《最高人民法院公报》2022年第11期(总第315期)]

出租人向承租人提供租赁物,应符合租赁用途。经营房屋租赁业务的出租人,应对室内空气质量进行检测、治理,使之符合国家有关环保标准。出租人如提供有害气体超标的租赁房屋,侵害了承租人的生命健康安全,致承租人的租赁目的无法实现,承租人要求解除合同并退还租金等费用的,人民法院应予支持。

仪征市兴成塑业包装有限公司诉仪征市新城镇新华村村民委员会、郭玉年财产损害赔偿纠纷案[江苏省扬州市中级人民法院2013年12月18日民事判决书,《最高人民法院公报》2016年第3期(总第233期)]

房屋出租人明知承租人生产易燃产品而将不符合消防安全要求或未经消防验收合格的房屋出租给承租人用于生产,租赁期间因房屋不符合消防安全要求导致火灾发生或扩大的,出租人存在过错,应依法承担相应的赔偿责任。

第七百三十二条 【房屋承租人死亡的租赁关系的处理】承租人在房屋租赁期限内死亡的,与其生前共同居住的人或者共同经营人可以按照原租赁合同租赁该房屋。

旧法对应关系

合同法第二百三十四条

第七百三十三条 【租赁期限届满承租人返还租赁物】租赁期限届满,承租人应当返还租赁物。返还的租赁物应当符合按照约定或者根据租赁物的性质使用后的状态。

旧法对应关系

合同法第二百三十五条

关联法律法规

《中华人民共和国海商法》(1992年11月7日)

第一百四十二条 【船舶交还】承租人向出租人交还船舶时,该船舶应当具有与出租人交船时相同的良好状态,但是船舶本身的自然磨损除外。

船舶未能保持与交船时相同的良好状态的,承租人应当负责修复或者给予赔偿。

第一百四十三条 【还船日期】经合理计算,完成最后航次的日期约为合同约定的还船日期，但可能超过合同约定的还船日期的，承租人有权超期用船以完成该航次。超期期间，承租人应当按照合同约定的租金率支付租金；市场的租金率高于合同约定的租金率的，承租人应当按照市场租金率支付租金。

第七百三十四条　【租赁期限届满承租人继续使用租赁物及房屋承租人的优先承租权】租赁期限届满，承租人继续使用租赁物，出租人没有提出异议的，原租赁合同继续有效，但是租赁期限为不定期。

租赁期限届满，房屋承租人享有以同等条件优先承租的权利。

对应司法解释

《最高人民法院关于适用〈中华人民共和国民法典〉时间效力的若干规定》（法释〔2020〕15号）

第二十一条　民法典施行前租赁期限届满，当事人主张适用民法典第七百三十四条第二款规定的，人民法院不予支持；租赁期限在民法典施行后届满，当事人主张适用民法典第七百三十四条第二款规定的，人民法院依法予以支持。

条文应用提示

法定优先承租权的行使条件包括以下几个要件：第一，存在合法有效的租赁关系。第二，出租人继续出租房屋。第三，满足同等条件。为了保障相对人的利益，优先权必须在同等条件下才能被行使，法定优先承租权也不例外。第四，在合理期限内主张。法定优先承租权的行使理应存在时间限制，否则涉及租赁物的新的租赁法律关系将无法产生及确定，法律关系长期悬而未决会导致更多的法律纠纷，也侵害了出租人和第三人的合法权益，不符合法定优先承租权设立的前提，此外，为保障承租人在合理期限内能够主张权利，出租人应当承担通知义务。

旧法对应关系

合同法第二百三十六条

第十五章 融资租赁合同

第七百三十五条 【融资租赁合同定义】融资租赁合同是出租人根据承租人对出卖人、租赁物的选择,向出卖人购买租赁物,提供给承租人使用,承租人支付租金的合同。

对应司法解释

《最高人民法院关于审理融资租赁合同纠纷案件适用法律问题的解释》(法释〔2020〕17号修正)

第一条 人民法院应当根据民法典第七百三十五条的规定,结合标的物的性质、价值、租金的构成以及当事人的合同权利和义务,对是否构成融资租赁法律关系作出认定。

对名为融资租赁合同,但实际不构成融资租赁法律关系的,人民法院应按照其实际构成的法律关系处理。

第二条 承租人将其自有物出卖给出租人,再通过融资租赁合同将租赁物从出租人处租回的,人民法院不应仅以承租人和出卖人系同一人为由认定不构成融资租赁法律关系。

条文应用提示

融资租赁是一种贸易与信贷相结合,融资与融物为一体的综合性交易。鉴于其复杂的法律关系,不同国家和地区对融资租赁有着不同的理解和定义。

旧法对应关系

合同法第二百三十七条

关联法律法规

《中华人民共和国民用航空法》(2021年4月29日修正)

第二十六条 民用航空器租赁合同,包括融资租赁合同和其他租赁合同,应当以书面形式订立。

第二十七条 民用航空器的融资租赁,是指出租人按照承租人对供货方和民用航空器的选择,购得民用航空器,出租给承租人使用,由承租人定期交纳租金。

第二十八条 融资租赁期间,出租人依法享有民用航空器所有权,承租人依法享有民用航空器的占有、使用、收益权。

第二十九条 融资租赁期间,出租人不得干扰承租人依法占有、使用民用航空器;承租人应当适当地保管民用航空器,使之处于原交付时的状态,但是合理损耗和经出租人同意的对民用航空器的改变除外。

第七百三十六条 【融资租赁合同内容和形式】融资租赁合同的内容一般包括租赁物的名称、数量、规格、技术性能、检验方法,租赁期限,租金构成及其支付期限和方式、币种,租赁期限届满租赁物的归属等条款。

融资租赁合同应当采用书面形式。

旧法对应关系

合同法第二百三十八条

第七百三十七条 【融资租赁合同无效】当事人以虚构租赁物方式订立的融资租赁合同无效。

第七百三十八条 【租赁物经营许可对合同效力影响】依照法律、行政法规的规定,对于租赁物的经营使用应当取得行政许可的,出租人未取得行政许可不影响融资租赁合同的效力。

旧法对应关系

原融资租赁合同解释第三条

第七百三十九条 【融资租赁标的物交付】出租人根据承租人对出卖人、租赁物的选择订立的买卖合同,出卖人应当按照约定向承租人交付标的物,承租人享有与受领标的物有关的买受人的权利。

旧法对应关系

合同法第二百三十九条

第七百四十条 【承租人拒绝受领标的物的条件】出卖人违反向承租人交付标的物的义务，有下列情形之一的，承租人可以拒绝受领出卖人向其交付的标的物：

（一）标的物严重不符合约定；

（二）未按照约定交付标的物，经承租人或者出租人催告后在合理期限内仍未交付。

承租人拒绝受领标的物的，应当及时通知出租人。

对应司法解释

《最高人民法院关于审理融资租赁合同纠纷案件适用法律问题的解释》（法释〔2020〕17号修正）

第三条 承租人拒绝受领租赁物，未及时通知出租人，或者无正当理由拒绝受领租赁物，造成出租人损失，出租人向承租人主张损害赔偿的，人民法院应予支持。

旧法对应关系

合同法第二百三十九条

第七百四十一条 【承租人行使索赔权】出租人、出卖人、承租人可以约定，出卖人不履行买卖合同义务的，由承租人行使索赔的权利。承租人行使索赔权利的，出租人应当协助。

旧法对应关系

合同法第二百四十条

第七百四十二条 【承租人行使索赔权不影响支付租金义务】承租人对出卖人行使索赔权利，不影响其履行支付租金的义务。但是，

承租人依赖出租人的技能确定租赁物或者出租人干预选择租赁物的，承租人可以请求减免相应租金。

旧法对应关系

原融资租赁合同解释第六条

第七百四十三条 【索赔失败的责任承担】出租人有下列情形之一，致使承租人对出卖人行使索赔权利失败的，承租人有权请求出租人承担相应的责任：

（一）明知租赁物有质量瑕疵而不告知承租人；

（二）承租人行使索赔权利时，未及时提供必要协助。

出租人怠于行使只能由其对出卖人行使的索赔权利，造成承租人损失的，承租人有权请求出租人承担赔偿责任。

旧法对应关系

原融资租赁合同解释第十八条

第七百四十四条 【出租人不得擅自变更买卖合同内容】出租人根据承租人对出卖人、租赁物的选择订立的买卖合同，未经承租人同意，出租人不得变更与承租人有关的合同内容。

对应司法解释

《最高人民法院关于审理融资租赁合同纠纷案件适用法律问题的解释》（法释〔2020〕17 号修正）

第四条 出租人转让其在融资租赁合同项下的部分或者全部权利，受让方以此为由请求解除或者变更融资租赁合同的，人民法院不予支持。

旧法对应关系

合同法第二百四十一条

第七百四十五条 【租赁物的所有权】出租人对租赁物享有的所有权,未经登记,不得对抗善意第三人。

对应司法解释

《最高人民法院关于适用〈中华人民共和国民法典〉有关担保制度的解释》(法释〔2020〕28号)

第六十七条 在所有权保留买卖、融资租赁等合同中,出卖人、出租人的所有权未经登记不得对抗的“善意第三人”的范围及其效力,参照本解释第五十四条的规定处理。

旧法对应关系

合同法第二百四十二条

第七百四十六条 【融资租赁合同租金的确定】融资租赁合同的租金,除当事人另有约定外,应当根据购买租赁物的大部分或者全部成本以及出租人的合理利润确定。

旧法对应关系

合同法第二百四十三条

典型案例指导

甲租赁公司与乙公司融资租赁合同纠纷案(2022年4月19日《最高人民法院发布12起人民法院助力中小微企业发展典型案例》)

融资租赁公司以收取服务费、代收保险费为名扣收的款项属于变相高息,增加了中小微企业的融资成本,对融资租赁公司收取的变相利息不予支持。

【典型意义】

人民法院在审判工作中助力解决中小微企业融资贵的问题,依法审理融资纠纷,降低不合理的融资利率。对资金融出方收取的利息,以及以咨询费、担保费等其他费用为名收取的变相利息,依法严格认定,对超出法定保护范围的部分不予支持。本案中,租赁公司收取服务费、代收保险费,但未能举证就其扣收的服务费具体提供了何种服务,也未能举证证明其代收保险费后实际缴纳了相应保险项目费用,增加了用款企业的融资成本,人民法院依法认定该等费用属于变相高息,不予支持,降低了中小微企业的融资成本,解决了中小微企业发展面临的资金困难。

第七百四十七条 【租赁物质量瑕疵担保责任】租赁物不符合约定或者不符合使用目的的,出租人不承担责任。但是,承租人依赖出租人的技能确定租赁物或者出租人干预选择租赁物的除外。

对应司法解释

《最高人民法院关于审理融资租赁合同纠纷案件适用法律问题的解释》(法释〔2020〕17号修正)

第八条 租赁物不符合融资租赁合同的约定且出租人实施了下列行为之一,承租人依照民法典第七百四十四条、第七百四十七条的规定,要求出租人承担相应责任的,人民法院应予支持:

(一)出租人在承租人选择出卖人、租赁物时,对租赁物的选定起决定作用的;

(二)出租人干预或者要求承租人按照出租人意愿选择出卖人或者租赁物的;

(三)出租人擅自变更承租人已经选定的出卖人或者租赁物的。

承租人主张其系依赖出租人的技能确定租赁物或者出租人干预选择租赁物的,对上述事实承担举证责任。

旧法对应关系

合同法第二百四十四条

第七百四十八条 【出租人保证承租人占有和使用租赁物】出租人应当保证承租人对租赁物的占有和使用。

出租人有下列情形之一的,承租人有权请求其赔偿损失:

(一)无正当理由收回租赁物;

(二)无正当理由妨碍、干扰承租人对租赁物的占有和使用;

(三)因出租人的原因致使第三人对租赁物主张权利;

(四)不当影响承租人对租赁物占有和使用的其他情形。

对应司法解释

《最高人民法院关于审理融资租赁合同纠纷案件适用法律问题的解释》(法释〔2020〕17号修正)

第六条 因出租人的原因致使承租人无法占有、使用租赁物,承租人请求解除融资租赁合同的,人民法院应予支持。

条文应用提示

出租人负有保证承租人对租赁物的占有和使用的义务,此项义务也被称为保障承租人和平占有的义务。具体而言,应当包括以下几个方面:

第一,出租人不得妨碍承租人依照融资租赁合同所拥有的承租权,也不得擅自变更原承租条件。

第二,承租人在租赁期限内,对租赁物拥有独占使用权。在融资租赁合同中,虽然承租人是通过租赁公司融通资金的,但承租人订立融资租赁合同的根本目的是取得租赁物的使用权。所以,承租人在接受出卖人交付的标的物后,在租赁期限内,承租人对租赁物享有独占使用权,对使用租赁物所取得的收益可以独立处分。从买卖的角度看,出租人为买受人,出卖人虽将标的物直接交付给承租人,但标的物的所有权属于出租人,承租人则取得标的物的占有权、使用权和收益权。

第三,出租人应保证承租人在租赁期限内对租赁物的占有和使用,不受第三人的干扰。例如,出租人转让租赁物所有权的,融资租赁合同对新的所有权人继续有效,新所有权人不得解除合同,取回租赁物。此即所谓"买卖不破租赁"原则。出租人将租赁物设定抵押时,出租人的抵押行为不得影响承租人的使用收益权。承租人的使用收益权可以对抗抵押权人的抵押权。

当然,如果在融资租赁合同期间出现本条第二款列举的因出租人原因不当影响承租人对租赁物占有和使用的,承租人有权请求出租人赔偿损失。

旧法对应关系

合同法第二百四十五条

第七百四十九条 【租赁物致人损害的责任承担】承租人占有租赁物期间,租赁物造成第三人人身损害或者财产损失的,出租人不承担责任。

旧法对应关系

合同法第二百四十六条

第七百五十条 【承租人对租赁物的保管、使用和维修义务】承租人应当妥善保管、使用租赁物。

承租人应当履行占有租赁物期间的维修义务。

旧法对应关系

合同法第二百四十七条

第七百五十一条 【租赁物毁损、灭失对租金给付义务的影响】承租人占有租赁物期间,租赁物毁损、灭失的,出租人有权请求承租人继续支付租金,但是法律另有规定或者当事人另有约定的除外。

旧法对应关系

原融资租赁合同解释第七条

第七百五十二条 【承租人支付租金义务】承租人应当按照约定支付租金。承租人经催告后在合理期限内仍不支付租金的,出租人可以请求支付全部租金;也可以解除合同,收回租赁物。

对应司法解释

《最高人民法院关于审理融资租赁合同纠纷案件适用法律问题的解释》(法释〔2020〕17号修正)

第五条 有下列情形之一,出租人请求解除融资租赁合同的,人民法院应予支持:

（一）承租人未按照合同约定的期限和数额支付租金，符合合同约定的解除条件，经出租人催告后在合理期限内仍不支付的；

（二）合同对于欠付租金解除合同的情形没有明确约定，但承租人欠付租金达到两期以上，或者数额达到全部租金百分之十五以上，经出租人催告后在合理期限内仍不支付的；

（三）承租人违反合同约定，致使合同目的不能实现的其他情形。

第九条 承租人逾期履行支付租金义务或者迟延履行其他付款义务，出租人按照融资租赁合同的约定要求承租人支付逾期利息、相应违约金的，人民法院应予支持。

第十条 出租人既请求承租人支付合同约定的全部未付租金又请求解除融资租赁合同的，人民法院应告知其依照民法典第七百五十二条的规定作出选择。

出租人请求承租人支付合同约定的全部未付租金，人民法院判决后承租人未予履行，出租人再行起诉请求解除融资租赁合同、收回租赁物的，人民法院应予受理。

《最高人民法院关于适用〈中华人民共和国民法典〉有关担保制度的解释》（法释〔2020〕28号）

第六十五条 在融资租赁合同中，承租人未按照约定支付租金，经催告后在合理期限内仍不支付，出租人请求承租人支付全部剩余租金，并以拍卖、变卖租赁物所得的价款受偿的，人民法院应予支持；当事人请求参照民事诉讼法“实现担保物权案件”的有关规定，以拍卖、变卖租赁物所得价款支付租金的，人民法院应予准许。

出租人请求解除融资租赁合同并收回租赁物，承租人以抗辩或者反诉的方式主张返还租赁物价值超过欠付租金以及其他费用的，人民法院应当一并处理。当事人对租赁物的价值有争议的，应当按照下列规则确定租赁物的价值：

（一）融资租赁合同有约定的，按照其约定；

（二）融资租赁合同未约定或者约定不明的，根据约定的租赁物折旧以及合同到期后租赁物的残值来确定；

（三）根据前两项规定的方法仍然难以确定，或者当事人认为根据前两项规定的方法确定的价值严重偏离租赁物实际价值的，根据当事人的申请委托有资质的机构评估。

旧法对应关系

合同法第二百四十八条，原融资租赁合同解释第二十条、第二十一条

第七百五十三条　【出租人解除融资租赁合同】承租人未经出租人同意，将租赁物转让、抵押、质押、投资入股或者以其他方式处分的，出租人可以解除融资租赁合同。

旧法对应关系

原融资租赁合同解释第十二条

第七百五十四条　【出租人或承租人解除融资租赁合同】有下列情形之一的，出租人或者承租人可以解除融资租赁合同：

（一）出租人与出卖人订立的买卖合同解除、被确认无效或者被撤销，且未能重新订立买卖合同；

（二）租赁物因不可归责于当事人的原因毁损、灭失，且不能修复或者确定替代物；

（三）因出卖人的原因致使融资租赁合同的目的不能实现。

旧法对应关系

原融资租赁合同解释第十一条

第七百五十五条　【承租人承担赔偿责任】融资租赁合同因买卖合同解除、被确认无效或者被撤销而解除，出卖人、租赁物系由承租人选择的，出租人有权请求承租人赔偿相应损失；但是，因出租人原因致使买卖合同解除、被确认无效或者被撤销的除外。

出租人的损失已经在买卖合同解除、被确认无效或者被撤销时获得赔偿的，承租人不再承担相应的赔偿责任。

对应司法解释

《最高人民法院关于审理融资租赁合同纠纷案件适用法律问题的解释》（法释〔2020〕17号修正）

第十一条 出租人依照本解释第五条的规定请求解除融资租赁合同，同时请求收回租赁物并赔偿损失的，人民法院应予支持。

前款规定的损失赔偿范围为承租人全部未付租金及其他费用与收回租赁物价值的差额。合同约定租赁期间届满后租赁物归出租人所有的，损失赔偿范围还应包括融资租赁合同到期后租赁物的残值。

旧法对应关系

原融资租赁合同解释第十六条

第七百五十六条 【租赁物意外毁损灭失】融资租赁合同因租赁物交付承租人后意外毁损、灭失等不可归责于当事人的原因解除的，出租人可以请求承租人按照租赁物折旧情况给予补偿。

旧法对应关系

原融资租赁合同解释第十五条

第七百五十七条 【租赁期限届满租赁物归属】出租人和承租人可以约定租赁期限届满租赁物的归属；对租赁物的归属没有约定或者约定不明确，依据本法第五百一十条的规定仍不能确定的，租赁物的所有权归出租人。

旧法对应关系

合同法第二百五十条，原融资租赁合同解释第十条

第七百五十八条　【租赁物价值返还及租赁物无法返还】当事人约定租赁期限届满租赁物归承租人所有，承租人已经支付大部分租金，但是无力支付剩余租金，出租人因此解除合同收回租赁物，收回的租赁物的价值超过承租人欠付的租金以及其他费用的，承租人可以请求相应返还。

当事人约定租赁期限届满租赁物归出租人所有，因租赁物毁损、灭失或者附合、混合于他物致使承租人不能返还的，出租人有权请求承租人给予合理补偿。

对应司法解释

《最高人民法院关于适用〈中华人民共和国民法典〉有关担保制度的解释》(法释〔2020〕28号)

第六十五条　在融资租赁合同中，承租人未按照约定支付租金，经催告后在合理期限内仍不支付，出租人请求承租人支付全部剩余租金，并以拍卖、变卖租赁物所得的价款受偿的，人民法院应予支持；当事人请求参照民事诉讼法"实现担保物权案件"的有关规定，以拍卖、变卖租赁物所得价款支付租金的，人民法院应予准许。

出租人请求解除融资租赁合同并收回租赁物，承租人以抗辩或者反诉的方式主张返还租赁物价值超过欠付租金以及其他费用的，人民法院应当一并处理。当事人对租赁物的价值有争议的，应当按照下列规则确定租赁物的价值：

(一)融资租赁合同有约定的，按照其约定；

(二)融资租赁合同未约定或者约定不明的，根据约定的租赁物折旧以及合同到期后租赁物的残值来确定；

(三)根据前两项规定的方法仍然难以确定，或者当事人认为根据前两项规定的方法确定的价值严重偏离租赁物实际价值的，根据当事人的申请委托有资质的机构评估。

旧法对应关系

合同法第二百四十九条，原融资租赁合同解释第十条(本条已失效)

第七百五十九条 【支付象征性价款后租赁物归属】当事人约定租赁期限届满,承租人仅需向出租人支付象征性价款的,视为约定的租金义务履行完毕后租赁物的所有权归承租人。

第七百六十条 【融资租赁合同无效租赁物归属】融资租赁合同无效,当事人就该情形下租赁物的归属有约定的,按照其约定;没有约定或者约定不明确的,租赁物应当返还出租人。但是,因承租人原因致使合同无效,出租人不请求返还或者返还后会显著降低租赁物效用的,租赁物的所有权归承租人,由承租人给予出租人合理补偿。

旧法对应关系

原融资租赁合同解释第四条

第十六章 保理合同

第七百六十一条 【保理合同定义】保理合同是应收账款债权人将现有的或者将有的应收账款转让给保理人,保理人提供资金融通、应收账款管理或者催收、应收账款债务人付款担保等服务的合同。

对应司法解释

《最高人民法院关于适用〈中华人民共和国民法典〉时间效力的若干规定》(法释〔2020〕15号)

第十二条 民法典施行前订立的保理合同发生争议的,适用民法典第三编第十六章的规定。

条文应用提示

保理合同,是以债权人转让其应收账款为前提,集资金融通、应收账款催收或者管理、付款担保等服务于一体的综合性金融服务合同。保理目前在我国区分为银行业保理和商业保理。保理法律关系,涉及保理商与债权人、保理商与债务人之间不同的法律关系，债权人与债务人之间的基础交易合同是成立保理的前提，而债权人与保理商之间的应收账款债权转让则是保理关系的核心。这与单纯的借款合同有显著区别，故不应将保理合同简单视为借款合同。

按照本条规定，保理合同必须具备的要素是应收账款债权的转让，没有应收账款的转让就不能构成保理合同。所谓应收账款，是指权利人因提供一定的货物、服务或设施而获得的要求债务人付款的权利以及依法享有的其他付款请求权，包括现有的和未来的金钱债权，但不包括因票据或其他有价证券而产生的付款请求权，以及法律、行政法规禁止转让的付款请求权。应收账款主要包括下列权利：(1)销售、出租产生的债权，包括销售货物，供应水、电、气、暖，知识产权的许可使用，出租动产或不动产等；(2)提供医疗、教育、旅游等服务或劳务产生的债权；(3)能源、交通运输、水利、环境保护、市政工程等基础设施和公用事业项目收益权；(4)提供贷款或其他信用活动产生的债权；(5)其他以合同为基础的具有金钱给付内容的债权。这些应收账款的转让既可以是单独转让，也可以是批量集合转让，这取决于当事人之间的约定。应收账款的转让，应当适用本法关于债权转让的一般规则。

除了必须具备的应收账款转让之外，保理合同还需要保理人提供资金融通、应收账款管理或者催收、应收账款债务人付款担保等服务。资金融通，是指保理人应债权人的申请，在债权人将应收账款转让给保理人后，为债权人提供的贷款或者应收账款转让预付款。应收账款催收，是指保理人根据应收账款账期，主动或应债权人要求，采取电话、函件、上门等方式直至运用法律手段等对债务人进行催收。应收账款管理，又称为销售分户账管理，是指保理人根据债权人的要求，定期或不定期向其提供关于应收账款的回收情况、逾期账款情况、对账单等财务和统计报表，协助其进行应收账款管理。付款担保，是指保理人与债权人签订保理合同后，为债务人核定信用额度，并在核准额度内，对债权人无商业纠纷的应收账款，提供约定的付款担保。除了这些服务之外，保理合同中，保理人提供的服务通常还包括资信调查与评估、信用风险控制等其他可认定为保理性质的金融服务。

关联法律法规

《商业银行保理业务管理暂行办法》(2014年4月3日)

第六条 本办法所称保理业务是以债权人转让其应收账款为前提,集应收账款催收、管理、坏账担保及融资于一体的综合性金融服务。债权人将其应收账款转让给商业银行,由商业银行向其提供下列服务中至少一项的,即为保理业务:

(一)应收账款催收:商业银行根据应收账款账期,主动或应债权人要求,采取电话、函件、上门等方式或运用法律手段等对债务人进行催收。

(二)应收账款管理:商业银行根据债权人的要求,定期或不定期向其提供关于应收账款的回收情况、逾期账款情况、对账单等财务和统计报表,协助其进行应收账款管理。

(三)坏账担保:商业银行与债权人签订保理协议后,为债务人核定信用额度,并在核准额度内,对债权人无商业纠纷的应收账款,提供约定的付款担保。

(四)保理融资:以应收账款合法、有效转让为前提的银行融资服务。

《最高人民法院关于当前商事审判工作中的若干具体问题》(2015年12月24日)

七、关于保理合同纠纷案件的审理问题

保理业务是以债权人转让其应收账款债权为前提,集应收账款催收、管理、坏账担保及融资于一体的综合性金融服务,在国际贸易中运用广泛。近年来,保理业务在国内贸易领域的运用显著增多。从保理商的分类来看,主要包括银监会审批监管的银行类保理机构和商务部、地方商务主管机关审批监管的商业保理公司。二者虽然在设立主体、行业准入和监管要求上有差异,但在交易结构上并无不同。从各地法院受理的案件数量来看,各地并不均衡。北京、天津以及东南沿海地区法院受理的保理合同案件较多。

由于现行法律尚未就保理合同作出专门规定,因此,对相关法律问题仍存有争议。对此,我们高度关注,并已着手进行调研。就几个主要问题,我先提一些意见。

第一,关于保理合同的案由问题。

相对于传统合同类案件而言,保理合同案件属于新的案件类型。由于《合同法》未就保理合同作出专门规定，其属于无名合同，加之现行的案由规定中尚无“保理合同”的专门案由，所以有的法院直接将保理合同的案由确定为借款合同。

需要指出的是，保理法律关系的实质是应收账款债权转让，涉及到三方主体和两个合同，这与单纯的借款合同有显著区别，故不应将保理合同简单视为借款合同。

在保理合同纠纷对应的案由方面，最高人民法院已将此纳入到新修订的案由规定中予以考虑，在新的案由规定尚未出台之前，可将其归入“其他合同纠纷”中。

应注意的是，实务中确实有部分保理商与交易相对人虚构基础合同，以保理之名行借贷之实。对此，应查明事实，从是否存在基础合同、保理商是否明知虚构基础合同、双方当事人之间实际的权利义务关系等方面审查和确定合同性质。如果确实是名为保理、实为借贷的，仍应当按照借款合同确定案由并据此确定当事人之间的权利义务。

第二，要正确认识保理的交易结构和当事人之间的权利义务关系。

保理合同涉及保理商与债权人、保理商与债务人之间不同的法律关系。债权人与债务人之间的基础合同是成立保理的前提，而债权人与保理商之间的应收账款债权转让则是保理关系的核心。

在合同效力上，只要不具有《合同法》第五十二条规定的合同无效情形，均应当认定有效。对于未来债权能否作为保理合同的基础债权的问题，在保理合同订立时，只要存在基础合同所对应的应收账款债权，则即使保理合同所转让的债权尚未到期，也不应当据此否定保理合同的性质及效力。

在确定当事人的权利义务方面，法院应当以当事人约定及《合同法》中有关债权转让的规定作为法律依据。债务人收到债权转让通知后，应当按照通知支付应收账款。当然，债务人依据基础合同享有的抵销权及抗辩权，可以对抗保理商，但保理商与债务人另有约定的除外。

第三，要正确认识保理合同与基础合同的关系。

基础合同的存在是保理合同缔约的前提。但是，二者并非主从合同关系，而是相对独立的两个合同。应当看到，二者有关权利义务关系的约定存有牵连。实践中，如果保理商明知基础合同约定应收账款债权不得

转让,但仍然受让债权的,应当注意:

一方面,前述约定并不当然影响保理合同的效力;另一方面,保理商以保理合同为依据向基础合同债务人主张债权的,并不能以此约束债务人,债务人仍可以此抗辩。债权人、债务人及保理商就基础合同的变更作出约定的,依其约定处理。如果无三方约定,保理商受让债权后,债务人又与原债权人变更基础合同,导致保理商不能实现保理合同目的,保理商请求原债权人承担违约责任或者解除保理合同并赔偿损失的,应当支持。

第七百六十二条 【保理合同内容和形式】保理合同的内容一般包括业务类型、服务范围、服务期限、基础交易合同情况、应收账款信息、保理融资款或者服务报酬及其支付方式等条款。

保理合同应当采用书面形式。

第七百六十三条 【虚构应收账款的法律后果】应收账款债权人与债务人虚构应收账款作为转让标的,与保理人订立保理合同的,应收账款债务人不得以应收账款不存在为由对抗保理人,但是保理人明知虚构的除外。

第七百六十四条 【保理人表明身份义务】保理人向应收账款债务人发出应收账款转让通知的,应当表明保理人身份并附有必要凭证。

第七百六十五条 【无正当理由变更或者终止基础交易合同行为对保理人的效力】应收账款债务人接到应收账款转让通知后,应收账款债权人与债务人无正当理由协商变更或者终止基础交易合同,对保理人产生不利影响的,对保理人不发生效力。

条文应用提示

依据保理合同,为保障保理人地位,应收账款债权人负有不减损该应收账款债权价值的义务,因此,债权人不能通过与债务人协商,作出任何使得转让的应收账款债权价值落空或者减损的行为,债权人违反该义务时,保理人有权依法解除保理合同并请求债权人承担违约责任。

本条适用的前提如下:首先,应收账款债权人和债务人协商作出了有关转让债权的民事法律行为。该民事法律行为必须是关于转让债权的,如果不涉及转让债权,不会对保理人发生影响,就不适用本条。

其次,该民事法律行为对保理人产生不利影响。这里意味着债权人和债务人通过协商使得应收账款债权的价值落空或者减损,而对保理人产生不利影响,例如,债权人和债务人协商一致变更基础交易合同而减少了债权数额,或者协商一致解除基础交易合同而对保理人产生了不利影响。如果债权人和债务人的行为对保理人是有利的,自然无须保理人同意即可对保理人发生有利的效力。

再次,该民事法律行为发生在债务人接到债权转让通知后。债务人接到债权转让通知前,由于债权转让对债务人不发生效力,债务人有权主张债权人仍然对债权有处分权,此时债权人和债务人协商一致作出的民事法律行为,即使导致保理人利益受损,该行为仍然对保理人发生效力,保理人所取得的债权发生相应变动,保理人仅能依法解除保理合同并请求债权人承担违约责任。

最后,对保理人产生不利影响的民事法律行为无正当理由。这里所谓的正当理由,一是指经过了保理人的同意。如果经过了保理人的同意,自然能够对保理人发生效力。二是指该民事法律行为符合诚信原则且保理人并无合理理由反对的情形。

本条的法律后果是,该民事法律行为对保理人不发生效力。这意味着,保理人仍然可以根据该民事法律行为成立之前的债权状况请求债务人履行支付应收账款的债务。该规定的目的是保护保理人利益,保理人自然可以放弃此种保护,而选择依法解除保理合同并请求债权人承担违约责任。债权人与债务人恶意串通变更或者终止基础交易合同,损害保理人利益的,保理人也有权选择依据《民法典》第一千一百六十八条的规定主张债权人与债务人构成共同侵权,请求他们对造成的损失承担连带责任。

应当注意的是,本条仅适用于保理合同,但是在其他债权转让中也同样会发生类似情形,如果在其他债权转让中出现类似的问题,可以参照适用本条予以处理。

第七百六十六条 【有追索权保理】当事人约定有追索权保理的，保理人可以向应收账款债权人主张返还保理融资款本息或者回购应收账款债权，也可以向应收账款债务人主张应收账款债权。保理人向应收账款债务人主张应收账款债权，在扣除保理融资款本息和相关费用后有剩余的，剩余部分应当返还给应收账款债权人。

条文应用提示

按照保理人在债务人破产、无理拖欠或无法偿付应收账款时，是否可以向债权人反转让应收账款，或要求债权人回购应收账款或归还融资，可以区分为有追索权保理和无追索权保理。有追索权保理，是指保理人不承担为债务人核定信用额度和提供坏账担保的义务，仅提供包括融资在内的其他金融服务，有追索权保理在应收账款到期无法从债务人处收回时，保理人可以向债权人反转让应收账款，或要求债权人回购应收账款或归还融资，又称为回购型保理。无追索权保理，是指保理人根据债权人提供的债务人核准信用额度，在信用额度内承购债权人对债务人的应收账款并提供坏账担保责任，债务人因发生信用风险未按基础合同约定按时足额支付应收账款时，保理人不能向债权人追索，又称为买断型保理。

在有追索权保理中，保理人向应收账款债务人主张应收账款债权的，在获得债务人的履行后，首先应当扣除保理融资款本息和相关费用，具体包括保理融资款本息、保理商未受清偿的应收账款融资额度承诺费、保理手续费、保理首付款使用费，以及其他债权人到期未付款等。在扣除后仍有剩余的这部分保理余款，应当返还给应收账款债权人。

典型案例指导

珠海华润银行股份有限公司与江西省电力燃料有限公司、广州大优煤炭销售有限公司保理合同纠纷案（2017 年 7 月 20 日《最高人民法院第三巡回法庭发布十个典型案例》）

本案再审判决明确界定保理合同纠纷中各方当事人的法律关系，细化了保理合同纠纷的裁判规则。

1. 在有追索权的保理纠纷案件中，保理商向债务人的追索权、向次债务人的求偿权以及债权反转让的法律性质及其相互关系如下：债权反转让的法律效果应为解除债权转让合同，解除后保理商不再具备次债务人的债权人地位，故该项权利与保理商向次债务人的求偿权不得并存；而追索权的功能相当于债务人为次债务人的债务清偿能力提供担保，其功能与放弃先诉抗辩权的一般保证相当，其与保理商向次债务人的求偿权能够同时并存，其中一方的清偿行为相应减少另一方的清偿义务。

2. 对实践中经常出现的转让债权存在瑕疵的情况，若该瑕疵系债务人和次债务人共同的虚伪意思表示，根据当事人的虚伪意思表示在当事人之间绝对无效，但不得对抗善意第三人的基本原理，应审查保理商在受让债权时是否尽到审查义务，是否知道或应当知道该债权存在瑕疵。若保理商为善意，则次债务人不得以债权瑕疵为由对抗保理商。

第七百六十七条　【无追索权保理】当事人约定无追索权保理的，保理人应当向应收账款债务人主张应收账款债权，保理人取得超过保理融资款本息和相关费用的部分，无需向应收账款债权人返还。

第七百六十八条　【多重保理的清偿顺序】应收账款债权人就同一应收账款订立多个保理合同，致使多个保理人主张权利的，已经登记的先于未登记的取得应收账款；均已经登记的，按照登记时间的先后顺序取得应收账款；均未登记的，由最先到达应收账款债务人的转让通知中载明的保理人取得应收账款；既未登记也未通知的，按照保理融资款或者服务报酬的比例取得应收账款。

对应司法解释

《最高人民法院关于适用〈中华人民共和国民法典〉有关担保制度的解释》（法释〔2020〕28 号）

第六十六条　同一应收账款同时存在保理、应收账款质押和债权转让，当事人主张参照民法典第七百六十八条的规定确定优先顺序的，人民法院应予支持。

在有追索权的保理中，保理人以应收账款债权人或者应收账款债务人为被告提起诉讼，人民法院应予受理；保理人一并起诉应收账款债权人和应收账款债务人的，人民法院可以受理。

应收账款债权人向保理人返还保理融资款本息或者回购应收账款债权后，请求应收账款债务人向其履行应收账款债务的，人民法院应予支持。

第七百六十九条 【适用债权转让规定】本章没有规定的，适用本编第六章债权转让的有关规定。

第十七章 承揽合同

第七百七十条 【承揽合同定义和承揽主要类型】承揽合同是承揽人按照定作人的要求完成工作，交付工作成果，定作人支付报酬的合同。

承揽包括加工、定作、修理、复制、测试、检验等工作。

条文应用提示

承揽合同是承揽人按照定作人的要求完成一定的工作，并将工作成果交付给定作人，定作人接受该工作成果并按照约定向承揽人支付报酬的合同。承揽合同的主体是承揽人和定作人。承揽人就是按照定作人指示完成特定工作并向定作人交付该工作成果的人；定作人是要求承揽人完成承揽工作并接受承揽工作成果、支付报酬的人。承揽人和定作人可以是法人或者非法人组织，也可以是自然人。承揽合同的客体是完成特定的工作。承揽合同的对象为承揽标的，承揽标的是有体物的，合同的标的物又可以称为承揽物或者定作物。承揽工作具有特定性，如修理汽车、裁剪制作衣服等。承揽人完成的承揽工作需有承揽工作成果，该工作成果可以是有形的，如加工的零部件、印刷的图书、录制的磁带、检验的结论；也可以是无形的，如测试仪器的运行。

承揽合同是一大类合同的总称，传统民法中承揽合同包括加工承揽合同和建设工程合同两大类。由于建设工程合同在发展中形成了许多独特的行业特点,原经济合同法将建设工程合同独立于加工承揽合同加以规定,因此本章所指的承揽合同主要是指加工承揽合同而不包括建设工程合同。根据本条第二款的规定,承揽合同的形式包括加工、定作、修理、复制、测试、检验等多种形式。(1)加工。加工是指承揽人以自己的技能、设备和劳力,按照定作人的要求,将定作人提供的原材料加工为成品,定作人接受该成品并支付报酬的合同。加工合同是实践中大量存在的合同,它既有生产性,比如一个企业将另一个企业提供的材料加工成特定的设备,也有生活性,如服装店用顾客提供的布料为其裁缝衣服,还可能具有一些艺术性,如画廊为他人装裱图画等。在国际经济活动中,来料加工是一种重要的外贸形式。(2)定作。定作就是承揽人根据定作人的要求,以自己的技能、设备和劳力,用自己的材料为定作人制作成品,定作人接受该特别制作的成品并支付报酬的合同。定作合同在日常生活中也很常见,如家具厂为顾客定作家具,服装厂为某学校定作校服等。定作与加工的区别在于定作中承揽人需自备材料,而不是由定作人提供。(3)修理。修理既包括承揽人为定作人修复损坏的动产,如修理汽车、手表、电器、自行车、鞋等;也包括对不动产的修缮,如检修房屋屋顶的防水层。(4)复制。复制是指承揽人按照定作人的要求,根据定作人提供的样品,重新制作类似的成品,定作人接受复制品并支付报酬的合同。复制既包括复印文稿,也包括复制其他物品,如文物部门要求承揽人复制一文物用以展览。(5)测试。测试是指承揽人根据定作人的要求,利用自己的技术和设备为定作人完成某一项目的性能测试,定作人接受测试成果并支付报酬的合同。(6)检验。检验是指承揽人以自己的技术和仪器、设备等为定作人提供的特定事物的性能、问题、质量等进行检查化验,定作人接受检验成果,并支付报酬的合同。

需要说明的是,承揽合同作为一种广义上的劳务合同,其范围并不限于本条第二款所列举的几类,任何符合本条第一款所定义的合同行为,如印刷、洗染、打字、翻译、拍照、冲卷、扩印、广告制作、测绘、鉴定等都属于本章所调整的承揽。

旧法对应关系

合同法第二百五十一条

第七百七十一条 【承揽合同主要内容】承揽合同的内容一般包括承揽的标的、数量、质量、报酬,承揽方式,材料的提供,履行期限,验收标准和方法等条款。

旧法对应关系

合同法第二百五十二条

第七百七十二条 【承揽工作主要完成人】承揽人应当以自己的设备、技术和劳力,完成主要工作,但是当事人另有约定的除外。

承揽人将其承揽的主要工作交由第三人完成的,应当就该第三人完成的工作成果向定作人负责;未经定作人同意的,定作人也可以解除合同。

旧法对应关系

合同法第二百五十三条

第七百七十三条 【承揽辅助工作转交】承揽人可以将其承揽的辅助工作交由第三人完成。承揽人将其承揽的辅助工作交由第三人完成的,应当就该第三人完成的工作成果向定作人负责。

旧法对应关系

合同法第二百五十四条

第七百七十四条 【承揽人提供材料时的义务】承揽人提供材料的,应当按照约定选用材料,并接受定作人检验。

旧法对应关系

合同法第二百五十五条

第七百七十五条 【定作人提供材料时双方当事人的义务】定作人提供材料的,应当按照约定提供材料。承揽人对定作人提供的材料

应当及时检验，发现不符合约定时，应当及时通知定作人更换、补齐或者采取其他补救措施。

承揽人不得擅自更换定作人提供的材料，不得更换不需要修理的零部件。

旧法对应关系

合同法第二百五十六条

第七百七十六条　【定作人要求不合理时双方当事人的义务】承揽人发现定作人提供的图纸或者技术要求不合理的，应当及时通知定作人。因定作人怠于答复等原因造成承揽人损失的，应当赔偿损失。

旧法对应关系

合同法第二百五十七条

第七百七十七条　【定作人变更工作要求的法律后果】定作人中途变更承揽工作的要求，造成承揽人损失的，应当赔偿损失。

旧法对应关系

合同法第二百五十八条

第七百七十八条　【定作人协助义务】承揽工作需要定作人协助的，定作人有协助的义务。定作人不履行协助义务致使承揽工作不能完成的，承揽人可以催告定作人在合理期限内履行义务，并可以顺延履行期限；定作人逾期不履行的，承揽人可以解除合同。

旧法对应关系

合同法第二百五十九条

关联法律法规

《第八次全国法院民事商事审判工作会议(民事部分)纪要》(2016年11月30日)

33.发包人不履行告知变更后的施工方案、施工技术交底、完善施工条件等协作义务,致使承包人停(窝)工,以至难以完成工程项目建设的,承包人催告在合理期限内履行,发包人逾期仍不履行的,人民法院视违约情节,可以依据合同法第二百五十九条、第二百八十三条规定裁判顺延工期,并有权要求赔偿停(窝)工损失。

第七百七十九条　【定作人监督检验】承揽人在工作期间,应当接受定作人必要的监督检验。定作人不得因监督检验妨碍承揽人的正常工作。

旧法对应关系

合同法第二百六十条

第七百八十条　【承揽人工作成果交付】承揽人完成工作的,应当向定作人交付工作成果,并提交必要的技术资料和有关质量证明。定作人应当验收该工作成果。

旧法对应关系

合同法第二百六十一条

第七百八十一条　【工作成果不符合质量要求时的违约责任】承揽人交付的工作成果不符合质量要求的,定作人可以合理选择请求承揽人承担修理、重作、减少报酬、赔偿损失等违约责任。

旧法对应关系

合同法第二百六十二条

关联法律法规

《中华人民共和国产品质量法》(2018年12月29日修正)

第四十条　售出的产品有下列情形之一的,销售者应当负责修理、更换、退货;给购买产品的消费者造成损失的,销售者应当赔偿损失:

(一)不具备产品应当具备的使用性能而事先未作说明的;

(二)不符合在产品或者其包装上注明采用的产品标准的;

(三)不符合以产品说明、实物样品等方式表明的质量状况的。

销售者依照前款规定负责修理、更换、退货、赔偿损失后,属于生产者的责任或者属于向销售者提供产品的其他销售者(以下简称供货者)的责任的,销售者有权向生产者、供货者追偿。

销售者未按照第一款规定给予修理、更换、退货或者赔偿损失的,由市场监督管理部门责令改正。

生产者之间,销售者之间,生产者与销售者之间订立的买卖合同、承揽合同有不同约定的,合同当事人按照合同约定执行。

典型案例指导

万泽丰渔业有限公司与海洋工程装备研究院有限公司养殖设备建造合同纠纷案(2022年6月7日《最高人民法院发布2021年全国海事审判典型案例》)

【基本案情】

万泽丰公司与海洋工程公司等为全潜式渔业养殖装备设计、建造及样机研制事宜签署《研制合同》,万泽丰公司为出资方,海洋工程公司负责设计、建造。2018年5月底,全潜式深海养殖装备"深蓝一号"出坞,拖航过程中发生两次倾斜事故;投入使用后,又出现网箱网衣破损、部分鱼苗逃出网箱等情况。就"深蓝一号"建造质量问题,万泽丰公司与海洋工程公司协商未果,万泽丰公司向青岛海事法院提起诉讼,要求海洋工程公司赔偿各项损失;海洋工程公司提起反诉,要求万泽丰公司继续履行合同,支付欠付的工程款及修理费用等。

【裁判结果】

青岛海事法院经审理认为:案涉《研制合同》系承揽合同,依法有效。"深蓝一号"因不适拖和拖带时间过长发生倾斜事故,双方均有过错,应按责任比例分担救助和临时修复产生的费用。"深蓝一号"既已交接,万泽丰公司应依约支付欠付的费用,海洋工程公司应对"深蓝一号"的质量瑕疵依法承担修理义务和相应的损失赔偿责任。一审判决作出后,双方均提起上诉,山东省高级人民法院二审维持原判。

【典型意义】

本案是一起助力我国海洋工程设备创新、保障海洋经济发展的新类型典型案例。案涉全潜式渔业养殖装备"深蓝一号"项目,是我国海洋养殖产业从浅海走向深海,从分散的个体养殖走向集约化规模化养殖的重大突破。法院依法查明新型设备存在的缺陷及原因,为后续网箱的建造提供经验借鉴;合理划分双方的责任、确定损失的数额,既注意保护出资方的合法权益,也注意保护研制建造单位的创新积极性,鼓励其继续改进网箱工艺;积极探索判后调解模式,促成双方当事人在判决基础上达成和解并自动履行完毕,为双方化解纠纷、继续合作提供了可能。2021 年 6 月底,项目方宣布依靠"深蓝一号"网箱进行的首批国产深远海三文鱼规模化养殖收鱼成功。

第七百八十二条　【定作人支付报酬的期限】定作人应当按照约定的期限支付报酬。对支付报酬的期限没有约定或者约定不明确,依据本法第五百一十条的规定仍不能确定的,定作人应当在承揽人交付工作成果时支付;工作成果部分交付的,定作人应当相应支付。

旧法对应关系

合同法第二百六十三条

第七百八十三条　【定作人未履行付款义务时承揽人权利】定作人未向承揽人支付报酬或者材料费等价款的,承揽人对完成的工作成果享有留置权或者有权拒绝交付,但是当事人另有约定的除外。

旧法对应关系

合同法第二百六十四条,担保法第八十四条第一款

第七百八十四条　【承揽人保管义务】承揽人应当妥善保管定作人提供的材料以及完成的工作成果,因保管不善造成毁损、灭失的,应当承担赔偿责任。

旧法对应关系

合同法第二百六十五条

第七百八十五条 【承揽人保密义务】承揽人应当按照定作人的要求保守秘密，未经定作人许可，不得留存复制品或者技术资料。

旧法对应关系

合同法第二百六十六条

第七百八十六条 【共同承揽人连带责任】共同承揽人对定作人承担连带责任，但是当事人另有约定的除外。

旧法对应关系

合同法第二百六十七条

第七百八十七条 【定作人任意解除权】定作人在承揽人完成工作前可以随时解除合同，造成承揽人损失的，应当赔偿损失。

条文应用提示

根据本条规定，定作人在承揽人完成工作前可以随时解除合同。解除合同是指在合同成立后，因当事人一方或者双方的意思表示而使合同关系消灭的行为。根据本法合同编的有关规定，双方当事人可以协商解除合同。当事人一方解除合同的，只限于两种情况：一是发生不可抗力致使合同目的无法实现。二是对方当事人严重违约，包括在履行期限届满之前，当事人一方明确表示或者以自己的行为表明不履行其主要债务；当事人一方迟延履行主要债务，经催告后在合理期限内仍未履行；对方当事人迟延履行债务或者有其他违约行为致使不能实现合同目的等。除这些法定解除权外，当事人擅自解除合同的，应当承担违约责任。

但在承揽合同中，定作人除了享有合同编所规定的合同解除权外，还享有在承揽人完成工作前随时解除合同的权利，这是承揽合同的一大特点，也是由承揽合同的性质所决定的。合同解除后，承揽人应当将已完成的部分工作交付定作人。定作人提供材料的，如有剩余，也应当返还定作人。定作人预先支付报酬的，在扣除已完成部分的报酬后，承揽人也应当将剩余价款返还定作人。

旧法对应关系

合同法第二百六十八条

典型案例指导

李某、景某诉某影楼承揽合同纠纷案（2022 年 3 月 15 日《最高人民法院发布 10 起消费者权益保护典型案例》）

【基本案情】

李某、景某为两在校大学生，看到某影楼发布 19.9 元古装写真广告，遂去店拍摄。后两人对照片、相册、化妆、服装等项目多次消费升级，与某影楼先后签订了五份协议，合计金额达 2.6 万余元。李某、景某通过向亲友借款和开通网贷支付了部分款项后，当天向该公司提出变更套餐内容，减少合同金额，遭拒。后两人向某区消保委投诉未果，遂诉至法院，要求解除五份协议，并退还已经支付的全部款项 2 万余元，尚未支付的 5900 元不再支付。

【裁判结果】

法院认为，某影楼按照李某、景某特定拍摄、化妆、选片、选相册等要求而与其签订多份合同，影楼以自己的设备、技术和劳力，根据李某、景某的指示进行相应工作，交付约定的工作成果，李某、景某向影楼支付约定的报酬。故双方为承揽合同关系，李某、景某作为定作人享有任意解除权。但是，任意解除权的行使应有三大限制条件：解除应有效通知到承揽人；解除通知应在承揽人完成承揽工作之前到达承揽人；如因解除行为给承揽人造成损失的，定作人应当赔偿损失。合同解除后，定作人按合同约定预先支付报酬的，承揽人在扣除已完成部分的报酬后，应当将剩余价款返还定作人。故法院判决五份协议中尚未履行的协议全部解除，未全部履行的协议部分解除，已履行完毕的协议不能解除，被告退还两原告合同款项 1.86 万元。

【典型意义】

当前，越来越多的消费者选择摄影、美容、美发、健身、婚庆、教育培训等可以满足精神需求的消费方式。本案中，两女大学生从商家 19.9 元的低价引流活动一路消费升级至 2.6 万余元。因无力支付，被商家引导现场开通网贷等消费贷款，后因合同协商解除不成引发纠纷。本案通过对系争合同解除争议作出正确判决，最大限度地维护了消费者合法权益的同时，充分发挥个案的指引、评价、教育功能，将司法裁判与倡导树立正确的消费观以及通过司法建议促进商家规范经营相结合，引导广大消费者理性消费，广大商家诚信经营。

第十八章　建设工程合同

第七百八十八条　【建设工程合同定义和种类】建设工程合同是承包人进行工程建设，发包人支付价款的合同。

建设工程合同包括工程勘察、设计、施工合同。

旧法对应关系

合同法第二百六十九条

条文应用提示

建设工程合同，是指承包人进行工程建设，发包人支付价款的合同。建设工程合同的客体是工程。这里的工程是指土木建筑工程和建筑业范围内的线路、管道、设备安装工程的新建、扩建、改建及大型的建筑装修装饰活动，主要包括房屋、铁路、公路、机场、港口、桥梁、矿井、水库、电站、通讯线路等。建设工程的主体是发包人和承包人。建设工程的发包人，一般为建设工程的建设单位，即投资建设该项工程的单位，通常也称作“业主”。建设工程实行总承包的，总承包单位经发包人同意，在法律规定的范围内对部分工程项目进行分包的，工程总承包单位即成为分包工程的发包人。建设工程的承包人，即实施建设工程的勘察、设计、施工等业务的单位，包括对建设工程实行总承包的单位、勘察承包单位、设计承包单位、施工承包单位和承包分包工程的单位。

关联法律法规

《建设工程勘察设计管理条例》

第二条　从事建设工程勘察、设计活动，必须遵守本条例。

本条例所称建设工程勘察,是指根据建设工程的要求,查明、分析、评价建设场地的地质地理环境特征和岩土工程条件,编制建设工程勘察文件的活动。

本条例所称建设工程设计,是指根据建设工程的要求,对建设工程所需的技术、经济、资源、环境等条件进行综合分析、论证,编制建设工程设计文件的活动。

第七百八十九条 【建设工程合同的形式】建设工程合同应当采用书面形式。

旧法对应关系

合同法第二百六十九条

关联法律法规

《中华人民共和国建筑法》(2019年4月23日修正)

第十五条 建筑工程的发包单位与承包单位应当依法订立书面合同,明确双方的权利和义务。

发包单位和承包单位应当全面履行合同约定的义务。不按照合同约定履行义务的,依法承担违约责任。

第七百九十条 【建设工程招投标活动的原则】建设工程的招标投标活动,应当依照有关法律的规定公开、公平、公正进行。

旧法对应关系

合同法第二百七十一条

关联法律法规

《中华人民共和国建筑法》(2019年4月23日修正)

第十六条 建筑工程发包与承包的招标投标活动,应当遵循公开、公正、平等竞争的原则,择优选择承包单位。

建筑工程的招标投标,本法没有规定的,适用有关招标投标法律的规定。

第十七条 发包单位及其工作人员在建筑工程发包中不得收受贿赂、回扣或者索取其他好处。

承包单位及其工作人员不得利用向发包单位及其工作人员行贿、提供回扣或者给予其他好处等不正当手段承揽工程。

第十八条　建筑工程造价应当按照国家有关规定，由发包单位与承包单位在合同中约定。公开招标发包的，其造价的约定，须遵守招标投标法律的规定。

发包单位应当按照合同的约定，及时拨付工程款项。

第十九条　建筑工程依法实行招标发包，对不适于招标发包的可以直接发包。

第二十条　建筑工程实行公开招标的，发包单位应当依照法定程序和方式，发布招标公告，提供载有招标工程的主要技术要求、主要的合同条款、评标的标准和方法以及开标、评标、定标的程序等内容的招标文件。

开标应当在招标文件规定的时间、地点公开进行。开标后应当按照招标文件规定的评标标准和程序对标书进行评价、比较，在具备相应资质条件的投标者中，择优选定中标者。

第二十一条　建筑工程招标的开标、评标、定标由建设单位依法组织实施，并接受有关行政主管部门的监督。

第二十二条　建筑工程实行招标发包的，发包单位应当将建筑工程发包给依法中标的承包单位。建筑工程实行直接发包的，发包单位应当将建筑工程发包给具有相应资质条件的承包单位。

《中华人民共和国招标投标法》(2017 年 12 月 27 日修正)

第三条　在中华人民共和国境内进行下列工程建设项目包括项目的勘察、设计、施工、监理以及与工程建设有关的重要设备、材料等的采购，必须进行招标：

(一)大型基础设施、公用事业等关系社会公共利益、公众安全的项目；

(二)全部或者部分使用国有资金投资或者国家融资的项目；

(三)使用国际组织或者外国政府贷款、援助资金的项目。

前款所列项目的具体范围和规模标准，由国务院发展计划部门会同国务院有关部门制订，报国务院批准。

法律或者国务院对必须进行招标的其他项目的范围有规定的，依照其规定。

第七百九十一条　【建设工程的发包、承包、分包】发包人可以与总承包人订立建设工程合同，也可以分别与勘察人、设计人、施工人订

立勘察、设计、施工承包合同。发包人不得将应当由一个承包人完成的建设工程支解成若干部分发包给数个承包人。

总承包人或者勘察、设计、施工承包人经发包人同意，可以将自己承包的部分工作交由第三人完成。第三人就其完成的工作成果与总承包人或者勘察、设计、施工承包人向发包人承担连带责任。承包人不得将其承包的全部建设工程转包给第三人或者将其承包的全部建设工程支解以后以分包的名义分别转包给第三人。

禁止承包人将工程分包给不具备相应资质条件的单位。禁止分包单位将其承包的工程再分包。建设工程主体结构的施工必须由承包人自行完成。

对应司法解释

《最高人民法院关于审理建设工程施工合同纠纷案件适用法律问题的解释(一)》(法释〔2020〕25 号修正)

第一条　建设工程施工合同具有下列情形之一的，应当依据民法典第一百五十三条第一款的规定，认定无效：

(一)承包人未取得建筑业企业资质或者超越资质等级的；

(二)没有资质的实际施工人借用有资质的建筑施工企业名义的；

(三)建设工程必须进行招标而未招标或者中标无效的。

承包人因转包、违法分包建设工程与他人签订的建设工程施工合同，应当依据民法典第一百五十三条第一款及第七百九十一条第二款、第三款的规定，认定无效。

第三条　当事人以发包人未取得建设工程规划许可证等规划审批手续为由，请求确认建设工程施工合同无效的，人民法院应予支持，但发包人在起诉前取得建设工程规划许可证等规划审批手续的除外。

发包人能够办理审批手续而未办理，并以未办理审批手续为由请求确认建设工程施工合同无效的，人民法院不予支持。

第四条　承包人超越资质等级许可的业务范围签订建设工程施工合同，在建设工程竣工前取得相应资质等级，当事人请求按照无效合同处理的，人民法院不予支持。

第五条 具有劳务作业法定资质的承包人与总承包人、分包人签订的劳务分包合同,当事人请求确认无效的,人民法院依法不予支持。

第六条 建设工程施工合同无效,一方当事人请求对方赔偿损失的,应当就对方过错、损失大小、过错与损失之间的因果关系承担举证责任。

损失大小无法确定,一方当事人请求参照合同约定的质量标准、建设工期、工程价款支付时间等内容确定损失大小的,人民法院可以结合双方过错程度、过错与损失之间的因果关系等因素作出裁判。

第七条 缺乏资质的单位或者个人借用有资质的建筑施工企业名义签订建设工程施工合同,发包人请求出借方与借用方对建设工程质量不合格等因出借资质造成的损失承担连带赔偿责任的,人民法院应予支持。

第二十四条 当事人就同一建设工程订立的数份建设工程施工合同均无效,但建设工程质量合格,一方当事人请求参照实际履行的合同关于工程价款的约定折价补偿承包人的,人民法院应予支持。

实际履行的合同难以确定,当事人请求参照最后签订的合同关于工程价款的约定折价补偿承包人的,人民法院应予支持。

条文应用提示

建设工程合同发包承包根据订约双方的不同,可以分为直接承包和分包两大类。直接承包是指发包人直接将工程承包给承包人,包括工程总承包和单项工程承包两种方式。分包是指总承包人或者勘察、设计、施工承包人经发包人同意,可以将自己承包的部分工作交由第三人完成。

建设工程的总承包,又称为"交钥匙承包",是指建设工程任务的总承包,即发包人将建设工程的勘察、设计、施工等工程建设的全部任务一并发包给一个具备相应的总承包资质条件的承包人,由该承包人负责工程的全部建设工作,直至工程竣工,向发包人交付经验收合格符合发包人要求的建设工程的发包承包方式。工程总承包是国内外建设活动中多有使用的发包承包方式,它有利于充分发挥那些在工程建设方面具有较强的技术力量、丰富的经验和组织管理能力的大承包商的专业优势,综合协调工程建设中的各种关系,强化对工程建设的统一指挥和组织管理,保证工程质量和进度,提高投资效益。在建设工程的发包承包中采用总承包方式,对那些缺乏工程建设方面的专门技术力量、难以对建设项目实施具体的组织管理的建设单位来说,更具有明显的优越性,也符合社会化大生产专业分工的要求。为此应当提倡对建设工程实行总承包,发包人可以将全部工程发包给一个总承包人完成,由该承包人就工程建设的全过程向发包人负责。与总承包方式相对应的是单项任务的承包,即发包人将建设工程中的勘察、设计、施工等不同工作任务,分别发包给勘察人、设计人、施工人,与其签订相应的承包合同。这种发包方式有利于吸引较多的承包商参与各项工程建设业务的投标竞争,使发包人有更大的选择余地;也有利于发包人对建设工程的各环节、各阶段实施直接的监督管理,这对于那些具有建设活动方面的专业技术人才、对工程建设有较强的组织管理能力的单位来说是有利的。

建设工程的发包承包是采取总承包方式还是单项工程承包方式,可以由发包人根据实际情况自行确定。但是无论发包人采取何种方式与承包人签订合同,都应当遵守本条的规定,不得将建设工程支解发包,即不得将应当由一个承包人完成的建设工程支解成若干部分发包给几个承包人。这是针对目前我国建筑市场中多有发生且危害较大的将工程支解发包的实际情况所作出的规定。一些发包单位将按其性质和技术联系应当由一个承包单位整体承包的工程支解成若干部分,分别发包给几个承包单位,使整个工程建设在管理和技术上缺乏应有的统筹协调,往往造成施工现场秩序混乱、责任不清,严重影响工程建设质量,出了问题也很难找到责任者。而且从实际情况看,支解发包往往与发包单位的工作人员徇私舞弊、利用支解发包多拿回扣等违法行为有关。因此,本条第一款中明确规定,发包人不得将应当由一个承包人完成的建设工程支解成若干部分发包给数个承包人。至于如何确定是不是应当由一个承包人完成的建设工程,需要由国务院有关主管部门根据实际情况作出具体规定。如对一幢房屋的供水管线,发包人就不应将其分成若干部分发包给几个承包单位。又如对一幢房屋中的供水管线和空调设备的安装,尽管都属于同一建筑的设备安装,但因各有较强的专业性,发包人则可以将其分别发包给不同的承包人。

所谓建设工程的分包,是指工程总承包人、勘察承包人、设计承包人、施工承包人承包建设工程后，将其承包的某一部分工程或某几部分工程，再发包给其他承包人，与其签订承包合同项下的分包合同的发包承包方式。总承包人或者勘察、设计、施工承包人在分包合同中即成为分包合同的发包人。总承包人或者勘察、设计、施工承包人分包建设工程的，应当符合以下条件：(1)总承包人或者勘察、设计、施工承包人只能将部分工程分包给具有相应资质条件的分包人；(2)为防止总承包人或者勘察、设计、施工承包人擅自将应当由自己完成的工程分包出去或者将工程分包给发包人所不信任的第三人，分包工程的，必须经过发包人的同意。

在承包与分包相结合的承包形式中，存在承包合同与分包合同两个不同的合同关系。承包合同是发包人与总承包人或者勘察人、设计人、施工人之间订立的合同，总承包人或者勘察、设计、施工承包人应当就承包合同的履行向发包人承担全部的责任；即使总承包人或者勘察、设计、施工承包人根据合同约定或者经发包人同意将承包合同范围内的部分建设项目分包给他人，其也需要对分包的工程向发包人负责。分包合同是承包合同中的总承包人或者勘察、设计、施工承包人与分包人之间订立的合同。通常来说，分包人仅就分包合同的履行向总承包人或者勘察、设计、施工承包人负责，并不直接向发包人承担责任；但为了维护发包人的利益，保证工程的质量，本条适当地加重了分包人的责任，即第三人(分包人)就其完成的工作成果与总承包人或者勘察、设计、施工承包人向发包人承担连带责任。分包的工程出现问题，发包人既可以要求总承包人或者勘察、设计、施工承包人承担责任，也可以直接要求分包人承担责任。

所谓转包，是指建设工程的承包人将其承包的建设工程倒手转让给第三人，使该第三人实际上成为该建设工程新的承包人的行为。转包与分包的根本区别在于：转包行为中，原承包人将其工程全部倒手转给他人，自己并不实际履行合同约定的义务；而在分包行为中，承包人只是将其承包工程的某一部分或某几部分再分包给其他承包人，承包人仍然要就承包合同约定的全部义务的履行向发包人负责。依照本法和其他法律规定，承包人经发包人同意将其部分工程分包给他人的行为是允许的，但承包人的转包行为是禁止的。本条明确规定承包人不得将其承包的全部建设工程转包给第三人或者将其承包的全部建设工程支解以后以分包的名义分别转包给第三人。这是因为：(1)在实践中，转包行为具有很大的危害性。一些单位将其承包的工程压价转包给他人,从中谋取不正当利益,形成“层层转包、层层扒皮”的现象,最后实际用于工程建设的费用大为减少,导致严重的偷工减料;一些建设工程转包后落入不具备相应资质条件的包工队中,留下严重的工程质量隐患,甚至造成重大质量事故。(2)承包人擅自将其承包的工程项目转包,破坏了合同关系应有的稳定性和严肃性。在建设工程合同订立过程中,发包人往往是经过慎重选择,才确定与其所信任并具有相应资质条件的承包人订立合同。承包人将其所承包的工程转包给他人,违背了发包人的意志,损害了发包人的利益,这是法律所不允许的。

为了保证工程的质量,本条第三款规定,禁止承包人将工程分包给不具备相应资质条件的单位;禁止分包单位将其承包的工程再分包。依据本款规定,工程的分包人必须具备相应的资质条件。依照我国有关法律的规定,从事建设活动的勘察人、设计人和施工人必须具备以下资质条件:(1)有符合国家规定的注册资本;(2)有与其从事的建设活动相适应的具有法定执业资格的专业技术人员;(3)有从事相关建设活动所应有的技术装备;(4)法律、行政法规规定的其他条件。从事工程建设活动的勘察人、设计人和施工人,按照其拥有的注册资本、专业技术人员、技术装备和已完成的建设工程业绩等资质条件,划分为不同的资质等级,经资质审查合格,取得相应等级的资质证书后,方可在其资质等级许可的范围内从事建设活动。承包人在将工程分包时,应当审查分包人是否具备承包该部分工程建设的资质条件。承包人将工程分包给不具备相应资质条件的分包人的,该分包合同无效。为避免因层层分包造成责任不清以及因中间环节过多造成实际用于工程的费用减少的问题,依据本款的规定,分包人不得将其承包的工程再分包,即对工程建设项目只能实行一次分包。实行施工承包的,建设工程的主体结构必须由承包人自行完成,不得分包,即承包人承包工程全部施工任务的,该工程的主体结构必须由承包人自行完成,即使经发包人同意,也不得将主体工程的施工再分包给第三人;承包人违反本款规定,将工程主体部分的施工任务分包给第三人的,该分包合同无效。

旧法对应关系

合同法第二百七十二条

关联法律法规

《中华人民共和国建筑法》(2019年4月23日修正)

第二十四条　提倡对建筑工程实行总承包,禁止将建筑工程肢解发包。

建筑工程的发包单位可以将建筑工程的勘察、设计、施工、设备采购一并发包给一个工程总承包单位,也可以将建筑工程勘察、设计、施工、设备采购的一项或者多项发包给一个工程总承包单位;但是,不得将应当由一个承包单位完成的建筑工程肢解成若干部分发包给几个承包单位。

第二十八条　禁止承包单位将其承包的全部建筑工程转包给他人,禁止承包单位将其承包的全部建筑工程肢解以后以分包的名义分别转包给他人。

第二十九条　建筑工程总承包单位可以将承包工程中的部分工程发包给具有相应资质条件的分包单位;但是,除总承包合同中约定的分包外,必须经建设单位认可。施工总承包的,建筑工程主体结构的施工必须由总承包单位自行完成。

建筑工程总承包单位按照总承包合同的约定对建设单位负责;分包单位按照分包合同的约定对总承包单位负责。总承包单位和分包单位就分包工程对建设单位承担连带责任。

禁止总承包单位将工程分包给不具备相应资质条件的单位。禁止分包单位将其承包的工程再分包。

《建设工程质量管理条例》(2019年4月23日修订)

第七条　建设单位应当将工程发包给具有相应资质等级的单位。

建设单位不得将建设工程肢解发包。

第十八条　从事建设工程勘察、设计的单位应当依法取得相应等级的资质证书,并在其资质等级许可的范围内承揽工程。

禁止勘察、设计单位超越其资质等级许可的范围或者以其他勘察、设计单位的名义承揽工程。禁止勘察、设计单位允许其他单位或者个人以本单位的名义承揽工程。

勘察、设计单位不得转包或者违法分包所承揽的工程。

第七十八条　本条例所称肢解发包,是指建设单位将应当由一个承包单位完成的建设工程分解成若干部分发包给不同的承包单位的行为。

本条例所称违法分包,是指下列行为:

(一)总承包单位将建设工程分包给不具备相应资质条件的单位的;

(二)建设工程总承包合同中未有约定,又未经建设单位认可,承包单位将其承包的部分建设工程交由其他单位完成的;

(三)施工总承包单位将建设工程主体结构的施工分包给其他单位的;

(四)分包单位将其承包的建设工程再分包的。

本条例所称转包,是指承包单位承包建设工程后,不履行合同约定的责任和义务,将其承包的全部建设工程转给他人或者将其承包的全部建设工程肢解以后以分包的名义分别转给其他单位承包的行为。

第七百九十二条 【订立国家重大建设工程合同】国家重大建设工程合同,应当按照国家规定的程序和国家批准的投资计划、可行性研究报告等文件订立。

旧法对应关系

合同法第二百七十三条

第七百九十三条 【建设工程合同无效、验收不合格的处理】建设工程施工合同无效,但是建设工程经验收合格的,可以参照合同关于工程价款的约定折价补偿承包人。

建设工程施工合同无效,且建设工程经验收不合格的,按照以下情形处理:

(一)修复后的建设工程经验收合格的,发包人可以请求承包人承担修复费用;

(二)修复后的建设工程经验收不合格的,承包人无权请求参照合同关于工程价款的约定折价补偿。

发包人对因建设工程不合格造成的损失有过错的,应当承担相应的责任。

对应司法解释

《最高人民法院关于审理建设工程施工合同纠纷案件适用法律问题的解释(一)》(法释〔2020〕25号修正)

第六条 建设工程施工合同无效,一方当事人请求对方赔偿损失的,应当就对方过错、损失大小、过错与损失之间的因果关系承担举证责任。

损失大小无法确定,一方当事人请求参照合同约定的质量标准、建设工期、工程价款支付时间等内容确定损失大小的,人民法院可以结合双方过错程度、过错与损失之间的因果关系等因素作出裁判。

第二十四条 当事人就同一建设工程订立的数份建设工程施工合同均无效,但建设工程质量合格,一方当事人请求参照实际履行的合同关于工程价款的约定折价补偿承包人的,人民法院应予支持。

实际履行的合同难以确定,当事人请求参照最后签订的合同关于工程价款的约定折价补偿承包人的,人民法院应予支持。

旧法对应关系

原建设工程施工合同解释第二条、第三条

典型案例指导

莫志华、深圳市东深工程有限公司与东莞市长富广场房地产开发有限公司建设工程合同纠纷案[最高人民法院(2011)民提字第235号民事判决书,《最高人民法院公报》2013年第11期(总第205期)]

鉴于建设工程的特殊性,虽然合同无效,但施工人的劳动和建筑材料已经物化在建筑工程口,依据《最高人民法院关于审理建设工程施工合同纠纷案件适用法律问题的解释》第二条的规定,建设工程合同无效,但建设工程经竣工验收合格,承包人请求参照有效合同处理的,应当参照合同约定来计算涉案工程价款,承包人不应获得比合同有效时更多的利益。

第七百九十四条 【勘察、设计合同的内容】勘察、设计合同的内容一般包括提交有关基础资料和概预算等文件的期限、质量要求、费用以及其他协作条件等条款。

旧法对应关系

合同法第二百七十四条

第七百九十五条 【施工合同的内容】施工合同的内容一般包括工程范围、建设工期、中间交工工程的开工和竣工时间、工程质量、工程造价、技术资料交付时间、材料和设备供应责任、拨款和结算、竣工验收、质量保修范围和质量保证期、相互协作等条款。

对应司法解释

《最高人民法院关于审理建设工程施工合同纠纷案件适用法律问题的解释(一)》(法释〔2020〕25号修正)

第二条 招标人和中标人另行签订的建设工程施工合同约定的工程范围、建设工期、工程质量、工程价款等实质性内容,与中标合同不一致,一方当事人请求按照中标合同确定权利义务的,人民法院应予支持。

招标人和中标人在中标合同之外就明显高于市场价格购买承建房产、无偿建设住房配套设施、让利、向建设单位捐赠财物等另行签订合同,变相降低工程价款,一方当事人以该合同背离中标合同实质性内容为由请求确认无效的,人民法院应予支持。

第八条 当事人对建设工程开工日期有争议的,人民法院应当分别按照以下情形予以认定:

(一)开工日期为发包人或者监理人发出的开工通知载明的开工日期;开工通知发出后,尚不具备开工条件的,以开工条件具备的时间为开工日期;因承包人原因导致开工时间推迟的,以开工通知载明的时间为开工日期。

(二)承包人经发包人同意已经实际进场施工的,以实际进场施工时间为开工日期。

(三)发包人或者监理人未发出开工通知,亦无相关证据证明实际开工日期的,应当综合考虑开工报告、合同、施工许可证、竣工验收报告或者竣工验收备案表等载明的时间,并结合是否具备开工条件的事实,认定开工日期。

旧法对应关系

合同法第二百七十五条

第七百九十六条 【建设工程监理】建设工程实行监理的，发包人应当与监理人采用书面形式订立委托监理合同。发包人与监理人的权利和义务以及法律责任，应当依照本编委托合同以及其他有关法律、行政法规的规定。

旧法对应关系

合同法第二百七十六条

关联法律法规

《中华人民共和国建筑法》（2019年4月23日修正）

第三十条 国家推行建筑工程监理制度。

国务院可以规定实行强制监理的建筑工程的范围。

第三十一条 实行监理的建筑工程，由建设单位委托具有相应资质条件的工程监理单位监理。建设单位与其委托的工程监理单位应当订立书面委托监理合同。

第三十二条 建筑工程监理应当依照法律、行政法规及有关的技术标准、设计文件和建筑工程承包合同，对承包单位在施工质量、建设工期和建设资金使用等方面，代表建设单位实施监督。

工程监理人员认为工程施工不符合工程设计要求、施工技术标准和合同约定的，有权要求建筑施工企业改正。

工程监理人员发现工程设计不符合建筑工程质量标准或者合同约定的质量要求的，应当报告建设单位要求设计单位改正。

第三十三条 实施建筑工程监理前，建设单位应当将委托的工程监理单位、监理的内容及监理权限，书面通知被监理的建筑施工企业。

第三十四条 工程监理单位应当在其资质等级许可的监理范围内，承担工程监理业务。

工程监理单位应当根据建设单位的委托，客观、公正地执行监理任务。

工程监理单位与被监理工程的承包单位以及建筑材料、建筑构配件和设备供应单位不得有隶属关系或者其他利害关系。

工程监理单位不得转让工程监理业务。

第三十五条 工程监理单位不按照委托监理合同的约定履行监理义务,对应当监督检查的项目不检查或者不按照规定检查,给建设单位造成损失的,应当承担相应的赔偿责任。

工程监理单位与承包单位串通,为承包单位谋取非法利益,给建设单位造成损失的,应当与承包单位承担连带赔偿责任。

《建设工程质量管理条例》(2019 年 4 月 23 日修订)

第十二条 实行监理的建设工程,建设单位应当委托具有相应资质等级的工程监理单位进行监理,也可以委托具有工程监理相应资质等级并与被监理工程的施工承包单位没有隶属关系或者其他利害关系的该工程的设计单位进行监理。

下列建设工程必须实行监理:

(一)国家重点建设工程;

(二)大中型公用事业工程;

(三)成片开发建设的住宅小区工程;

(四)利用外国政府或者国际组织贷款、援助资金的工程;

(五)国家规定必须实行监理的其他工程。

第三十四条 工程监理单位应当依法取得相应等级的资质证书,并在其资质等级许可的范围内承担工程监理业务。

禁止工程监理单位超越本单位资质等级许可的范围或者以其他工程监理单位的名义承担工程监理业务。禁止工程监理单位允许其他单位或者个人以本单位的名义承担工程监理业务。

工程监理单位不得转让工程监理业务。

第三十五条 工程监理单位与被监理工程的施工承包单位以及建筑材料、建筑构配件和设备供应单位有隶属关系或者其他利害关系的,不得承担该项建设工程的监理业务。

第三十六条 工程监理单位应当依照法律、法规以及有关技术标准、设计文件和建设工程承包合同,代表建设单位对施工质量实施监理,并对施工质量承担监理责任。

第三十七条 工程监理单位应当选派具备相应资格的总监理工程师

和监理工程师进驻施工现场。

未经监理工程师签字，建筑材料、建筑构配件和设备不得在工程上使用或者安装，施工单位不得进行下一道工序的施工。未经总监理工程师签字，建设单位不拨付工程款，不进行竣工验收。

第三十八条　监理工程师应当按照工程监理规范的要求，采取旁站、巡视和平行检验等形式，对建设工程实施监理。

第七百九十七条　【发包人的检查权】发包人在不妨碍承包人正常作业的情况下，可以随时对作业进度、质量进行检查。

旧法对应关系

合同法第二百七十七条

第七百九十八条　【隐蔽工程】隐蔽工程在隐蔽以前，承包人应当通知发包人检查。发包人没有及时检查的，承包人可以顺延工程日期，并有权请求赔偿停工、窝工等损失。

旧法对应关系

合同法第二百七十八条

第七百九十九条　【建设工程的竣工验收】建设工程竣工后，发包人应当根据施工图纸及说明书、国家颁发的施工验收规范和质量检验标准及时进行验收。验收合格的，发包人应当按照约定支付价款，并接收该建设工程。

建设工程竣工经验收合格后，方可交付使用；未经验收或者验收不合格的，不得交付使用。

对应司法解释

《最高人民法院关于审理建设工程施工合同纠纷案件适用法律问题的解释（一）》（法释〔2020〕25号修正）

第九条　当事人对建设工程实际竣工日期有争议的，人民法院应当分别按照以下情形予以认定：

（一）建设工程经竣工验收合格的，以竣工验收合格之日为竣工日期；

（二）承包人已经提交竣工验收报告，发包人拖延验收的，以承包人提交验收报告之日为竣工日期；

（三）建设工程未经竣工验收，发包人擅自使用的，以转移占有建设工程之日为竣工日期。

第十条 当事人约定顺延工期应当经发包人或者监理人签证等方式确认，承包人虽未取得工期顺延的确认，但能够证明在合同约定的期限内向发包人或者监理人申请过工期顺延且顺延事由符合合同约定，承包人以此为由主张工期顺延的，人民法院应予支持。

当事人约定承包人未在约定期限内提出工期顺延申请视为工期不顺延的，按照约定处理，但发包人在约定期限后同意工期顺延或者承包人提出合理抗辩的除外。

第十一条 建设工程竣工前，当事人对工程质量发生争议，工程质量经鉴定合格的，鉴定期间为顺延工期期间。

第十四条 建设工程未经竣工验收，发包人擅自使用后，又以使用部分质量不符合约定为由主张权利的，人民法院不予支持；但是承包人应当在建设工程的合理使用寿命内对地基基础工程和主体结构质量承担民事责任。

条文应用提示

建设工程的竣工验收，是指建设工程已按照设计要求完成全部工作任务，准备交付给发包人投入使用前，由发包人或者有关主管部门依照国家关于建设工程竣工验收制度的规定，对该项工程是否合乎设计要求和工程质量标准所进行的检查、考核工作。建设工程的竣工验收是工程建设全过程的最后一道程序，是对工程质量实行控制的最后一个重要环节。验收的内容主要是：

第一，工程是否符合规定的建设工程质量标准。建设工程的质量标准包括依照法律、行政法规的有关规定制定的保证建设工程质量和安全的强制性国家标准和行业标准以及国家颁发的施工验收规范，建设工程合同中约定的对该项建设工程特殊的质量要求，以及为体现法律、行政法规规定的质量标准和建设工程合同约定的质量要求而在工程设计文件、施工图纸和说明书中提出的有关工程质量的具体指标和技术要求。

第二，承包人是否提供了完整的工程技术经济资料。这里的工程技术经济资料，一般应包括建设工程合同、建设用地的批准文件、工程的设计图纸及其他有关设计文件、工程所用的主要建筑材料、建筑构配件和设备的进场试验报告，申请竣工验收的报告书及有关工程建设的技术档案，完整的施工管理资料等。

第三，承包人是否有建设工程质量检验书等凭证。

第四，工程是否具备国家规定的其他竣工条件。

建设工程必须竣工经验收合格后，方可交付使用；没有经过竣工验收或者经过竣工验收确定为不合格的建设工程，不得交付使用。

旧法对应关系

合同法第二百七十九条

关联法律法规

《中华人民共和国建筑法》(2019年4月23日修正)

第六十条　建筑物在合理使用寿命内，必须确保地基基础工程和主体结构的质量。

建筑工程竣工时，屋顶、墙面不得留有渗漏、开裂等质量缺陷；对已发现的质量缺陷，建筑施工企业应当修复。

第六十一条　交付竣工验收的建筑工程，必须符合规定的建筑工程质量标准，有完整的工程技术经济资料和经签署的工程保修书，并具备国家规定的其他竣工条件。

建筑工程竣工经验收合格后，方可交付使用；未经验收或者验收不合格的，不得交付使用。

《建设工程质量管理条例》(2019年4月23日修订)

第十六条　建设单位收到建设工程竣工报告后，应当组织设计、施工、工程监理等有关单位进行竣工验收。

建设工程竣工验收应当具备下列条件：

(一)完成建设工程设计和合同约定的各项内容；

(二)有完整的技术档案和施工管理资料;

(三)有工程使用的主要建筑材料、建筑构配件和设备的进场试验报告;

(四)有勘察、设计、施工、工程监理等单位分别签署的质量合格文件;

(五)有施工单位签署的工程保修书。

建设工程经验收合格的,方可交付使用。

第十七条 建设单位应当严格按照国家有关档案管理的规定,及时收集、整理建设项目各环节的文件资料,建立、健全建设项目档案,并在建设工程竣工验收后,及时向建设行政主管部门或者其他有关部门移交建设项目档案。

第八百条 【勘察人、设计人对勘察、设计的责任】勘察、设计的质量不符合要求或者未按照期限提交勘察、设计文件拖延工期,造成发包人损失的,勘察人、设计人应当继续完善勘察、设计,减收或者免收勘察、设计费并赔偿损失。

旧法对应关系

合同法第二百八十条

关联法律法规

《中华人民共和国建筑法》(2019年4月23日修正)

第五十二条 建筑工程勘察、设计、施工的质量必须符合国家有关建筑工程安全标准的要求,具体管理办法由国务院规定。

有关建筑工程安全的国家标准不能适应确保建筑安全的要求时,应当及时修订。

第五十三条 国家对从事建筑活动的单位推行质量体系认证制度。从事建筑活动的单位根据自愿原则可以向国务院产品质量监督管理部门或者国务院产品质量监督管理部门授权的部门认可的认证机构申请质量体系认证。经认证合格的,由认证机构颁发质量体系认证证书。

第五十四条 建设单位不得以任何理由,要求建筑设计单位或者建筑施工企业在工程设计或者施工作业中,违反法律、行政法规和建筑工程质量、安全标准,降低工程质量。

建筑设计单位和建筑施工企业对建设单位违反前款规定提出的降低工程质量的要求,应当予以拒绝。

第五十五条 建筑工程实行总承包的,工程质量由工程总承包单位负责,总承包单位将建筑工程分包给其他单位的,应当对分包工程的质量与分包单位承担连带责任。分包单位应当接受总承包单位的质量管理。

第五十六条 建筑工程的勘察、设计单位必须对其勘察、设计的质量负责。勘察、设计文件应当符合有关法律、行政法规的规定和建筑工程质量、安全标准、建筑工程勘察、设计技术规范以及合同的约定。设计文件选用的建筑材料、建筑构配件和设备,应当注明其规格、型号、性能等技术指标,其质量要求必须符合国家规定的标准。

《建设工程质量管理条例》(2019年4月23日修订)

第十八条 从事建设工程勘察、设计的单位应当依法取得相应等级的资质证书,并在其资质等级许可的范围内承揽工程。

禁止勘察、设计单位超越其资质等级许可的范围或者以其他勘察、设计单位的名义承揽工程。禁止勘察、设计单位允许其他单位或者个人以本单位的名义承揽工程。

勘察、设计单位不得转包或者违法分包所承揽的工程。

第十九条 勘察、设计单位必须按照工程建设强制性标准进行勘察、设计,并对其勘察、设计的质量负责。

注册建筑师、注册结构工程师等注册执业人员应当在设计文件上签字,对设计文件负责。

第二十条 勘察单位提供的地质、测量、水文等勘察成果必须真实、准确。

第二十一条 设计单位应当根据勘察成果文件进行建设工程设计。

设计文件应当符合国家规定的设计深度要求,注明工程合理使用年限。

第二十二条 设计单位在设计文件中选用的建筑材料、建筑构配件和设备,应当注明规格、型号、性能等技术指标,其质量要求必须符合国家规定的标准。

除有特殊要求的建筑材料、专用设备、工艺生产线等外,设计单位不得指定生产厂、供应商。

第二十三条　设计单位应当就审查合格的施工图设计文件向施工单位作出详细说明。

第二十四条　设计单位应当参与建设工程质量事故分析，并对因设计造成的质量事故，提出相应的技术处理方案。

第三十九条　建设工程实行质量保修制度。

建设工程承包单位在向建设单位提交工程竣工验收报告时，应当向建设单位出具质量保修书。质量保修书中应当明确建设工程的保修范围、保修期限和保修责任等。

第八百零一条　【施工人对建设工程质量承担的民事责任】因施工人的原因致使建设工程质量不符合约定的，发包人有权请求施工人在合理期限内无偿修理或者返工、改建。经过修理或者返工、改建后，造成逾期交付的，施工人应当承担违约责任。

对应司法解释

《最高人民法院关于审理建设工程施工合同纠纷案件适用法律问题的解释(一)》(法释〔2020〕25号修正)

第十二条　因承包人的原因造成建设工程质量不符合约定，承包人拒绝修理、返工或者改建，发包人请求减少支付工程价款的，人民法院应予支持。

第十六条　发包人在承包人提起的建设工程施工合同纠纷案件中，以建设工程质量不符合合同约定或者法律规定为由，就承包人支付违约金或者赔偿修理、返工、改建的合理费用等损失提出反诉的，人民法院可以合并审理。

旧法对应关系

合同法第二百八十一条

关联法律法规

《中华人民共和国建筑法》(2019年4月23日修正)

第五十八条　建筑施工企业对工程的施工质量负责。

建筑施工企业必须按照工程设计图纸和施工技术标准施工，不得偷工减料。工程设计的修改由原设计单位负责，建筑施工企业不得擅自修改工程设计。

第五十九条　建筑施工企业必须按照工程设计要求、施工技术标准和合同的约定，对建筑材料、建筑构配件和设备进行检验，不合格的不得使用。

《建设工程质量管理条例》（2019 年 4 月 23 日修订）

第二十五条　施工单位应当依法取得相应等级的资质证书，并在其资质等级许可的范围内承揽工程。

禁止施工单位超越本单位资质等级许可的业务范围或者以其他施工单位的名义承揽工程。禁止施工单位允许其他单位或者个人以本单位的名义承揽工程。

施工单位不得转包或者违法分包工程。

第二十六条　施工单位对建设工程的施工质量负责。

施工单位应当建立质量责任制，确定工程项目的项目经理、技术负责人和施工管理负责人。

建设工程实行总承包的，总承包单位应当对全部建设工程质量负责；建设工程勘察、设计、施工、设备采购的一项或者多项实行总承包的，总承包单位应当对其承包的建设工程或者采购的设备的质量负责。

第二十七条　总承包单位依法将建设工程分包给其他单位的，分包单位应当按照分包合同的约定对其分包工程的质量向总承包单位负责，总承包单位与分包单位对分包工程的质量承担连带责任。

第二十八条　施工单位必须按照工程设计图纸和施工技术标准施工，不得擅自修改工程设计，不得偷工减料。

施工单位在施工过程中发现设计文件和图纸有差错的，应当及时提出意见和建议。

第二十九条　施工单位必须按照工程设计要求、施工技术标准和合同约定，对建筑材料、建筑构配件、设备和商品混凝土进行检验，检验应当有书面记录和专人签字；未经检验或者检验不合格的，不得使用。

第三十条　施工单位必须建立、健全施工质量的检验制度，严格工序管理，作好隐蔽工程的质量检查和记录。隐蔽工程在隐蔽前，施工单位应当通知建设单位和建设工程质量监督机构。

第三十一条 施工人员对涉及结构安全的试块、试件以及有关材料，应当在建设单位或者工程监理单位监督下现场取样，并送具有相应资质等级的质量检测单位进行检测。

第三十二条 施工单位对施工中出现质量问题的建设工程或者竣工验收不合格的建设工程，应当负责返修。

第三十三条 施工单位应当建立、健全教育培训制度，加强对职工的教育培训；未经教育培训或者考核不合格的人员，不得上岗作业。

第八百零二条 【合理使用期限内质量保证责任】因承包人的原因致使建设工程在合理使用期限内造成人身损害和财产损失的，承包人应当承担赔偿责任。

对应司法解释

《最高人民法院关于审理建设工程施工合同纠纷案件适用法律问题的解释(一)》(法释〔2020〕25号修正)

第十八条 因保修人未及时履行保修义务，导致建筑物毁损或者造成人身损害、财产损失的，保修人应当承担赔偿责任。

保修人与建筑物所有人或者发包人对建筑物毁损均有过错的，各自承担相应的责任。

关联法律法规

《中华人民共和国建筑法》(2019年4月23日修正)

第六十条 建筑物在合理使用寿命内，必须确保地基基础工程和主体结构的质量。

建筑工程竣工时，屋顶、墙面不得留有渗漏、开裂等质量缺陷；对已发现的质量缺陷，建筑施工企业应当修复。

第六十一条 交付竣工验收的建筑工程，必须符合规定的建筑工程质量标准，有完整的工程技术经济资料和经签署的工程保修书，并具备国家规定的其他竣工条件。

建筑工程竣工经验收合格后，方可交付使用；未经验收或者验收不合格的，不得交付使用。

第六十二条 建筑工程实行质量保修制度。

建筑工程的保修范围应当包括地基基础工程、主体结构工程、屋面防水工程和其他土建工程,以及电气管线、上下水管线的安装工程,供热、供冷系统工程等项目;保修的期限应当按照保证建筑物合理寿命年限内正常使用,维护使用者合法权益的原则确定。具体的保修范围和最低保修期限由国务院规定。

第六十三条 任何单位和个人对建筑工程的质量事故、质量缺陷都有权向建设行政主管部门或者其他有关部门进行检举、控告、投诉。

《建设工程质量管理条例》(2019年4月23日修订)

第三十九条 建设工程实行质量保修制度。

建设工程承包单位在向建设单位提交工程竣工验收报告时,应当向建设单位出具质量保修书。质量保修书中应当明确建设工程的保修范围、保修期限和保修责任等。

第四十条 在正常使用条件下,建设工程的最低保修期限为:

(一)基础设施工程、房屋建筑的地基基础工程和主体结构工程,为设计文件规定的该工程的合理使用年限;

(二)屋面防水工程、有防水要求的卫生间、房间和外墙面的防渗漏,为5年;

(三)供热与供冷系统,为2个采暖期、供冷期;

(四)电气管线、给排水管道、设备安装和装修工程,为2年。

其他项目的保修期限由发包方与承包方约定。

建设工程的保修期,自竣工验收合格之日起计算。

第四十一条 建设工程在保修范围和保修期限内发生质量问题的,施工单位应当履行保修义务,并对造成的损失承担赔偿责任。

第四十二条 建设工程在超过合理使用年限后需要继续使用的,产权所有人应当委托具有相应资质等级的勘察、设计单位鉴定,并根据鉴定结果采取加固、维修等措施,重新界定使用期。

第八百零三条 【发包人未按约定的时间和要求提供相关物资的违约责任】发包人未按照约定的时间和要求提供原材料、设备、场地、资金、技术资料的,承包人可以顺延工程日期,并有权请求赔偿停工、窝工等损失。

旧法对应关系

合同法第二百五十一条

第八百零四条 【因发包人原因造成工程停建、缓建所应承担责任】因发包人的原因致使工程中途停建、缓建的，发包人应当采取措施弥补或者减少损失，赔偿承包人因此造成的停工、窝工、倒运、机械设备调迁、材料和构件积压等损失和实际费用。

对应司法解释

《最高人民法院关于审理建设工程施工合同纠纷案件适用法律问题的解释(一)》(法释〔2020〕25号修正)

第十三条 发包人具有下列情形之一，造成建设工程质量缺陷，应当承担过错责任：

(一)提供的设计有缺陷；

(二)提供或者指定购买的建筑材料、建筑构配件、设备不符合强制性标准；

(三)直接指定分包人分包专业工程。

承包人有过错的，也应当承担相应的过错责任。

旧法对应关系

合同法第二百八十四条，原建设工程施工合同解释第十二条

第八百零五条 【因发包人原因造成勘察、设计的返工、停工或者修改设计所应承担责任】因发包人变更计划，提供的资料不准确，或者未按照期限提供必需的勘察、设计工作条件而造成勘察、设计的返工、停工或者修改设计，发包人应当按照勘察人、设计人实际消耗的工作量增付费用。

旧法对应关系

合同法第二百八十五条

典型案例指导

河南省偃师市鑫龙建安工程有限公司与洛阳理工学院、河南省第六建筑工程公司索赔及工程欠款纠纷案[最高人民法院(2011)民提字第292号民事判决书,《最高人民法院公报》2013年第1期(总第195期)]

因发包人提供错误的地质报告致使建设工程停工,当事人对停工时间未作约定或未达成协议的,承包人不应盲目等待而放任停工状态的持续以及停工损失的扩大。对于计算由此导致的停工损失所依据的停工时间的确定,也不能简单地以停工状态的自然持续时间为准,而应根据案件事实综合确定一定的合理期间作为停工时间。

第八百零六条 【合同解除及后果处理的规定】承包人将建设工程转包、违法分包的,发包人可以解除合同。

发包人提供的主要建筑材料、建筑构配件和设备不符合强制性标准或者不履行协助义务,致使承包人无法施工,经催告后在合理期限内仍未履行相应义务的,承包人可以解除合同。

合同解除后,已经完成的建设工程质量合格的,发包人应当按照约定支付相应的工程价款;已经完成的建设工程质量不合格的,参照本法第七百九十三条的规定处理。

旧法对应关系

原建设工程施工合同解释第三条、第八条、第九条、第十条第一款

第八百零七条 【发包人未支付工程价款的责任】发包人未按照约定支付价款的,承包人可以催告发包人在合理期限内支付价款。发包人逾期不支付的,除根据建设工程的性质不宜折价、拍卖外,承包人可以与发包人协议将该工程折价,也可以请求人民法院将该工程依法拍卖。建设工程的价款就该工程折价或者拍卖的价款优先受偿。

对应司法解释

《最高人民法院关于审理建设工程施工合同纠纷案件适用法律问题的解释(一)》(法释〔2020〕25号修正)

第二条 招标人和中标人另行签订的建设工程施工合同约定的工程范围、建设工期、工程质量、工程价款等实质性内容,与中标合同不一致,一方当事人请求按照中标合同确定权利义务的,人民法院应予支持。

招标人和中标人在中标合同之外就明显高于市场价格购买承建房产、无偿建设住房配套设施、让利、向建设单位捐赠财物等另行签订合同,变相降低工程价款,一方当事人以该合同背离中标合同实质性内容为由请求确认无效的,人民法院应予支持。

第十九条 当事人对建设工程的计价标准或者计价方法有约定的,按照约定结算工程价款。

因设计变更导致建设工程的工程量或者质量标准发生变化,当事人对该部分工程价款不能协商一致的,可以参照签订建设工程施工合同时当地建设行政主管部门发布的计价方法或者计价标准结算工程价款。

建设工程施工合同有效,但建设工程经竣工验收不合格的,依照民法典第五百七十七条规定处理。

第二十条 当事人对工程量有争议的,按照施工过程中形成的签证等书面文件确认。承包人能够证明发包人同意其施工,但未能提供签证文件证明工程量发生的,可以按照当事人提供的其他证据确认实际发生的工程量。

第二十一条 当事人约定,发包人收到竣工结算文件后,在约定期限内不予答复,视为认可竣工结算文件的,按照约定处理。承包人请求按照竣工结算文件结算工程价款的,人民法院应予支持。

第二十二条 当事人签订的建设工程施工合同与招标文件、投标文件、中标通知书载明的工程范围、建设工期、工程质量、工程价款不一致,一方当事人请求将招标文件、投标文件、中标通知书作为结算工程价款的依据的,人民法院应予支持。

第二十三条 发包人将依法不属于必须招标的建设工程进行招标后,与承包人另行订立的建设工程施工合同背离中标合同的实质性内容,当事人请求以中标合同作为结算建设工程价款依据的,人民法院应予支持,但发包人与承包人因客观情况发生了在招标投标时难以预见的变化而另行订立建设工程施工合同的除外。

第二十六条 当事人对欠付工程价款利息计付标准有约定的,按照约定处理。没有约定的,按照同期同类贷款利率或者同期贷款市场报价利率计息。

第二十七条 利息从应付工程价款之日开始计付。当事人对付款时间没有约定或者约定不明的,下列时间视为应付款时间:

(一)建设工程已实际交付的,为交付之日;

(二)建设工程没有交付的,为提交竣工结算文件之日;

(三)建设工程未交付,工程价款也未结算的,为当事人起诉之日。

第二十八条 当事人约定按照固定价结算工程价款,一方当事人请求对建设工程造价进行鉴定的,人民法院不予支持。

第三十五条 与发包人订立建设工程施工合同的承包人,依据民法典第八百零七条的规定请求其承建工程的价款就工程折价或者拍卖的价款优先受偿的,人民法院应予支持。

第三十六条 承包人根据民法典第八百零七条规定享有的建设工程价款优先受偿权优于抵押权和其他债权。

第三十七条 装饰装修工程具备折价或者拍卖条件,装饰装修工程的承包人请求工程价款就该装饰装修工程折价或者拍卖的价款优先受偿的,人民法院应予支持。

第三十八条 建设工程质量合格,承包人请求其承建工程的价款就工程折价或者拍卖的价款优先受偿的,人民法院应予支持。

第三十九条 未竣工的建设工程质量合格,承包人请求其承建工程的价款就其承建工程部分折价或者拍卖的价款优先受偿的,人民法院应予支持。

第四十条 承包人建设工程价款优先受偿的范围依照国务院有关行政主管部门关于建设工程价款范围的规定确定。

承包人就逾期支付建设工程价款的利息、违约金、损害赔偿金等主张优先受偿的，人民法院不予支持。

第四十一条 承包人应当在合理期限内行使建设工程价款优先受偿权，但最长不得超过十八个月，自发包人应当给付建设工程价款之日起算。

第四十二条 发包人与承包人约定放弃或者限制建设工程价款优先受偿权，损害建筑工人利益，发包人根据该约定主张承包人不享有建设工程价款优先受偿权的，人民法院不予支持。

第四十三条 实际施工人以转包人、违法分包人为被告起诉的，人民法院应当依法受理。

实际施工人以发包人为被告主张权利的，人民法院应当追加转包人或者违法分包人为本案第三人，在查明发包人欠付转包人或者违法分包人建设工程价款的数额后，判决发包人在欠付建设工程价款范围内对实际施工人承担责任。

第四十四条 实际施工人依据民法典第五百三十五条规定，以转包人或者违法分包人怠于向发包人行使到期债权或者与该债权有关的从权利，影响其到期债权实现，提起代位权诉讼的，人民法院应予支持。

旧法对应关系

合同法第二百八十六条，原建设工程施工合同解释第十九条、第二十条、第二十一条、第二十二条，原建设工程施工合同解释二第二十条、第二十一条、第二十二条、第二十三条

典型案例指导

中天建设集团有限公司诉河南恒和置业有限公司建设工程施工合同纠纷案（最高人民法院指导案例 171 号）

【关键词】

民事/建设工程施工合同/优先受偿权/除斥期间

【裁判要点】

执行法院依其他债权人的申请，对发包人的建设工程强制执行，承包人向

执行法院主张其享有建设工程价款优先受偿权且未超过除斥期间的，视为承包人依法行使了建设工程价款优先受偿权。发包人以承包人起诉时行使建设工程价款优先受偿权超过除斥期间为由进行抗辩的，人民法院不予支持。

【相关法条】

《中华人民共和国合同法》第二百八十六条（注：现行有效的法律为《中华人民共和国民法典》第八百零七条）

【基本案情】

2012年9月17日，河南恒和置业有限公司与中天建设集团有限公司签订一份《恒和国际商务会展中心工程建设工程施工合同》约定，由中天建设集团有限公司对案涉工程进行施工。2013年6月25日，河南恒和置业有限公司向中天建设集团有限公司发出《中标通知书》，通知中天建设集团有限公司中标位于洛阳市洛龙区开元大道的恒和国际商务会展中心工程。2013年6月26日，河南恒和置业有限公司和中天建设集团有限公司签订《建设工程施工合同》，合同中双方对工期、工程价款、违约责任等有关工程事项进行了约定。合同签订后，中天建设集团有限公司进场施工。施工期间，因河南恒和置业有限公司拖欠工程款，2013年11月12日、11月26日、2014年12月23日中天建设集团有限公司多次向河南恒和置业有限公司送达联系函，请求河南恒和置业有限公司立即支付拖欠的工程款，按合同约定支付违约金并承担相应损失。2014年4月、5月，河南恒和置业有限公司与德汇工程管理（北京）有限公司签订《建设工程造价咨询合同》，委托德汇工程管理（北京）有限公司对案涉工程进行结算审核。2014年11月3日，德汇工程管理（北京）有限公司出具《恒和国际商务会展中心结算审核报告》。河南恒和置业有限公司、中天建设集团有限公司和德汇工程管理（北京）有限公司分别在审核报告中的审核汇总表上加盖公章并签字确认。2014年11月24日，中天建设集团有限公司收到通知，河南省焦作市中级人民法院依据河南恒和置业有限公司其他债权人的申请将对案涉工程进行拍卖。2014年12月1日，中天建设集团有限公司第九建设公司向河南省焦作市中级人民法院提交《关于恒和国际商务会展中心在建工程拍卖联系函》中载明，中天建设集团有限公司系恒和国际商务会展中心在建工程承包方，自项目开工，中天建设集团有限公司已完成产值2.87亿元工程，中天建设集团有限公司请求依法确认优先受偿权并参与整个拍卖过程。中天建设集团有限公司和河南恒和置业有限公司均认可案涉工程于2015年2月5日停工。

2018年1月31日,河南省高级人民法院立案受理中天建设集团有限公司对河南恒和置业有限公司的起诉。中天建设集团有限公司请求解除双方签订的《建设工程施工合同》并请求确认河南恒和置业有限公司欠付中天建设集团有限公司工程价款及优先受偿权。

【裁判结果】

河南省高级人民法院于2018年10月30日作出(2018)豫民初3号民事判决:一、河南恒和置业有限公司与中天建设集团有限公司于2012年9月17日、2013年6月26日签订的两份《建设工程施工合同》无效;二、确认河南恒和置业有限公司欠付中天建设集团有限公司工程款288428047.89元及相应利息(以288428047.89元为基数,自2015年3月1日起至2018年4月10日止,按照中国人民银行公布的同期贷款利率计付);三、中天建设集团有限公司在工程价款288428047.89元范围内,对其施工的恒和国际商务会展中心工程折价或者拍卖的价款享有行使优先受偿权的权利;四、驳回中天建设集团有限公司的其他诉讼请求。宣判后,河南恒和置业有限公司提起上诉,最高人民法院于2019年6月21日作出(2019)最高法民终255号民事判决:驳回上诉,维持原判。

【裁判理由】

最高人民法院认为:《最高人民法院关于审理建设工程施工合同纠纷案件适用法律问题的解释(二)》第二十二条规定:"承包人行使建设工程价款优先受偿权的期限为六个月,自发包人应当给付建设工程价款之日起算。"根据《最高人民法院关于建设工程价款优先受偿权问题的批复》第一条规定,建设工程价款优先受偿权的效力优先于设立在建设工程上的抵押权和发包人其他债权人所享有的普通债权。人民法院依据发包人的其他债权人或抵押权人申请对建设工程采取强制执行行为,会对承包人的建设工程价款优先受偿权产生影响。此时,如承包人向执行法院主张其对建设工程享有建设工程价款优先受偿权的,属于行使建设工程价款优先受偿权的合法方式。河南恒和置业有限公司和中天建设集团有限公司共同委托的造价机构德汇工程管理(北京)有限公司于2014年11月3日对案涉工程价款出具《审核报告》。2014年11月24日,中天建设集团有限公司收到通知,河南省焦作市中级人民法院依据河南恒和置业有限公司其他债权人的申请将对案涉工程进行拍卖。2014年12月1日,中天建设集团有限公司第九建设公司向河南省焦作市中级人民法院提交《关于恒和国际商务会展中心在建工程拍卖联系函》,请求依法确认对案涉建设工程的优先受偿权。2015年2月5日，中天建设集团有限公司对案涉工程停止施工。2015年8月4日，中天建设集团有限公司向河南恒和置业有限公司发送《关于主张恒和国际商务会展中心工程价款优先受偿权的工作联系单》，要求对案涉工程价款享有优先受偿权。2016年5月5日，中天建设集团有限公司第九建设公司又向河南省洛阳市中级人民法院提交《优先受偿权参与分配申请书》，依法确认并保障其对案涉建设工程价款享有的优先受偿权。因此，河南恒和置业有限公司关于中天建设集团有限公司未在6个月除斥期间内以诉讼方式主张优先受偿权，其优先受偿权主张不应得到支持的上诉理由不能成立。

通州建总集团有限公司诉安徽天宇化工有限公司别除权纠纷案（最高人民法院指导案例73号）

【裁判要点】

符合《中华人民共和国企业破产法》第十八条规定的情形，建设工程施工合同视为解除的，承包人行使优先受偿权的期限应自合同解除之日起计算。

【相关法条】

《中华人民共和国合同法》第二百八十六条

《中华人民共和国企业破产法》第十八条

【基本案情】

2006年3月，安徽天宇化工有限公司（以下简称安徽天宇公司）与通州建总集团有限公司（以下简称通州建总公司）签订了一份《建设工程施工合同》，安徽天宇公司将其厂区一期工程生产厂区的土建、安装工程发包给通州建总公司承建，合同约定，开工日期：暂定2006年4月28日（以实际开工报告为准），竣工日期：2007年3月1日，合同工期总日历天数300天。发包方不按合同约定支付工程款，双方未达成延期付款协议，承包人可停止施工，由发包人承担违约责任。后双方又签订一份《合同补充协议》，对支付工程款又做了新的约定，并约定厂区工期为113天，生活区工期为266天。2006年5月23日，监理公司下达开工令，通州建总公司遂组织施工，2007年安徽天宇公司厂区的厂房等主体工程完工。后因安徽天宇公司未按合同约定支付工程款，致使工程停工，该工程至今未竣工。2011年7月30日，双方在仲裁期间达成和解协议，约定如处置安徽天宇公司土地及建筑物偿债时，通州建总公司的工程款可优先受偿。后安徽天宇公司因不能清偿到期债务，江苏宏远建设集团有限公司向安徽省滁州市中级人民法院申请安徽天宇公司破产还债。安徽省滁州市中级人民法院于2011年8月26日作出(2011)滁民二破字第00001号民事裁定,裁定受理破产申请。2011年10月10日,通州建总公司向安徽天宇公司破产管理人申报债权并主张对该工程享有优先受偿权。2013年7月19日,安徽省滁州市中级人民法院作出(2011)滁民二破字第00001-2号民事裁定,宣告安徽天宇公司破产。通州建总公司于2013年8月27日提起诉讼,请求确认其债权享有优先受偿权。

【裁判结果】

安徽省滁州市中级人民法院于2014年2月28日作出(2013)滁民一初字第00122号民事判决:确认原告通州建总公司对申报的债权就其施工的被告安徽天宇公司生产厂区土建、安装工程享有优先受偿权。宣判后,安徽天宇公司提出上诉。安徽省高级人民法院于2014年7月14日作出(2014)皖民一终字第00054号民事判决:驳回上诉,维持原判。

【裁判理由】

法院生效裁判认为:本案双方当事人签订的建设工程施工合同虽约定了工程竣工时间,但涉案工程因安徽天宇公司未能按合同约定支付工程款导致停工。现没有证据证明在工程停工后至法院受理破产申请前,双方签订的建设施工合同已经解除或终止履行,也没有证据证明在法院受理破产申请后,破产管理人决定继续履行合同。根据《中华人民共和国企业破产法》第十八条"人民法院受理破产申请后,管理人对破产申请受理前成立而债务人和对方当事人均未履行完毕的合同有权决定解除或继续履行,并通知对方当事人。管理人自破产申请受理之日起二个月未通知对方当事人,或者自收到对方当事人催告之日起三十日内未答复的,视为解除合同"之规定,涉案建设工程施工合同在法院受理破产申请后已实际解除,本案建设工程无法正常竣工。按照最高人民法院全国民事审判工作会议纪要精神,因发包人的原因,合同解除或终止履行时已经超出合同约定的竣工日期的,承包人行使优先受偿权的期限自合同解除之日起计算,安徽天宇公司要求按合同约定的竣工日期起算优先受偿权行使时间的主张,缺乏依据,不予采信。2011年8月26日,法院裁定受理对安徽天宇公司的破产申请,2011年10月10日通州建总公司向安徽天宇公司的破产管理人申报债权并主张工程款优先受偿权,因此,通州建总公司主张优先受偿权的时间是2011年10月10日。安徽天宇公司认为通州建总公司行使优先受偿权的时间超过了破产管理之日六个月,与事实不符,不予支持。

四川中成煤炭建设(集团)有限责任公司与成都泓昌嘉泰房地产有限公司建设工程施工合同纠纷案[《最高人民法院公报》2023年第3期(总第319期)]

建设工程中基坑工程承包人投入的建筑材料和劳动力已物化到建筑物中,与建筑物不可分割,基坑施工合同的承包人应享有优先受偿权。

对于同一建设工程,可能存在多个承包人,如承包人完成的工程属于建设工程,且共同完成的建设工程易于折价、拍卖的,则应依法保障承包人的优先受偿权。根据建筑行业管理规范和办法,深基坑工程施工包括支护结构施工、地下水和地表水控制、土石方开挖等内容,故基坑支护、降水、土石方挖运工程施工合同的承包人,要求在未受偿工程款范围内享有优先受偿权的,人民法院应予支持。

江苏南通二建集团有限公司与上海农村商业银行股份有限公司浦东分行等建设工程施工合同纠纷案[最高人民法院(2021)最高法民申3629号民事裁定书,《最高人民法院公报》2022年第9期(总第313期)]

承包人出具虚假的工程款收款证明,就其未获清偿的工程款债权主张享有建设工程价款优先受偿权的,人民法院不予支持。

江苏省第一建筑安装集团股份有限公司与唐山市昌隆房地产开发有限公司建设工程施工合同纠纷案[最高人民法院(2017)最高法民终175号民事判决书,《最高人民法院公报》2018年第6期(总第260期)]

《最高人民法院关于审理建设工程施工合同纠纷案件适用法律若干问题的解释》第二十一条规定,当事人就同一建设工程另行订立的建设工程施工合同与经过备案的中标合同实质性内容不一致的,应当以备案的中标合同作为结算工程价款的依据,其适用前提应为备案的中标合同合法有效,无效的备案合同并非当然具有比其他无效合同更优先参照适用的效力。

在当事人存在多份施工合同且均无效的情况下,一般应参照符合当事人真实意思表示并实际履行的合同作为工程价款结算依据;在无法确定实际履行合同时,可以根据两份争议合同之间的差价,结合工程质量、当事人过错、诚实信用原则等予以合理分配。

第八百零八条　【适用承揽合同】本章没有规定的,适用承揽合同的有关规定。

旧法对应关系

合同法第二百八十七条

第十九章 运输合同

第一节 一般规定

第八百零九条 【运输合同定义】运输合同是承运人将旅客或者货物从起运地点运输到约定地点，旅客、托运人或者收货人支付票款或者运输费用的合同。

条文应用提示

运输合同又称运送合同，本条规定是对运输合同所作的定义。根据本条规定，运输合同的定义包含以下几个方面的内容：

(1)运输合同的主体是承运人和旅客、托运人。运输合同的主体是运输合同权利义务的承担者，即运输合同的当事人。根据运输合同是双务合同的特性，当事人一方是享受收取运费或者票款权利承担运送义务的承运人，另一方是享受运送权利并支付运费的旅客和托运人，双方当事人的数目视具体合同关系而定。

(2)运输合同中的托运人有时就是收货人，但在多数情况下，另有收货人，此时收货人不是运输合同的一方当事人。

(3)运输合同的内容是承运人将旅客或者货物运输到约定地点。由此可见，运输合同的客体是承运人的运送行为，不是货物和旅客。

(4)在运输合同中，承运人的义务是将旅客或者货物运输到约定地点，权利是收取票款或者运费；而旅客、托运人的权利和义务则与此对应，即权利是要求承运人将其运输到约定地点，义务是向承运人支付票款或者运费。

旧法对应关系

合同法第二百八十七条

关联法律法规

《中华人民共和国民用航空法》(2021年4月29日修正)

第一百零七条　本法所称国内航空运输，是指根据当事人订立的航空运输合同，运输的出发地点、约定的经停地点和目的地点均在中华人民共和国境内的运输。

本法所称国际航空运输，是指根据当事人订立的航空运输合同，无论运输有无间断或者有无转运，运输的出发地点、目的地点或者约定的经停地点之一不在中华人民共和国境内的运输。

第一百零八条　航空运输合同各方认为几个连续的航空运输承运人办理的运输是一项单一业务活动的，无论其形式是以一个合同订立或者数个合同订立，应当视为一项不可分割的运输。

《中华人民共和国铁路法》(2015年4月24日修正)

第十一条　铁路运输合同是明确铁路运输企业与旅客、托运人之间权利义务关系的协议。

旅客车票、行李票、包裹票和货物运单是合同或者合同的组成部分。

《中华人民共和国海商法》(1992年11月7日)

第四十一条海上货物运输合同，是指承运人收取运费，负责将托运人托运的货物经海路由一港运至另一港的合同。

《中华人民共和国道路运输条例》(2022年3月29日修订)

第二条　从事道路运输经营以及道路运输相关业务的，应当遵守本条例。

前款所称道路运输经营包括道路旅客运输经营(以下简称客运经营)和道路货物运输经营(以下简称货运经营)；道路运输相关业务包括站(场)经营、机动车维修经营、机动车驾驶员培训。

第八百一十条　【承运人强制缔约义务】从事公共运输的承运人不得拒绝旅客、托运人通常、合理的运输要求。

旧法对应关系

合同法第二百八十九条

第八百一十一条 【承运人安全运输义务】承运人应当在约定期限或者合理期限内将旅客、货物安全运输到约定地点。

旧法对应关系

合同法第二百九十条

关联法律法规

《中华人民共和国铁路法》(2015年4月24日修正)

第十一条 铁路运输合同是明确铁路运输企业与旅客、托运人之间权利义务关系的协议。

旅客车票、行李票、包裹票和货物运单是合同或者合同的组成部分。

《最高人民法院关于审理铁路运输人身损害赔偿纠纷案件适用法律若干问题的解释》(法释〔2021〕19号修正)

第十二条 在专用铁路及铁路专用线上因运输造成人身损害,依法应当由肇事工具或者设备的所有人、使用人或者管理人承担赔偿责任的,适用本解释。

《最高人民法院关于审理铁路运输损害赔偿案件若干问题的解释》(法释〔2020〕17号修正)

七、逾期交付的责任

货物、包裹、行李逾期交付,如果是因铁路逾期运到造成的,由铁路运输企业支付逾期违约金;如果是因收货人或旅客逾期领取造成的,由收货人或旅客支付保管费;既因逾期运到又因收货人或旅客逾期领取造成的,由双方各自承担相应的责任。

铁路逾期运到并且发生损失时,铁路运输企业除支付逾期违约金外,还应当赔偿损失。对收货人或者旅客逾期领取,铁路运输企业在代保管期间因保管不当造成损失的,由铁路运输企业赔偿。

第八百一十二条 【承运人合理运输义务】承运人应当按照约定的或者通常的运输路线将旅客、货物运输到约定地点。

旧法对应关系

合同法第二百九十一条

关联法律法规

《中华人民共和国铁路法》(2015年4月24日修正)

第十二条　铁路运输企业应当保证旅客按车票载明的日期、车次乘车,并到达目的站。因铁路运输企业的责任造成旅客不能按车票载明的日期、车次乘车的,铁路运输企业应当按照旅客的要求,退还全部票款或者安排改乘到达相同目的站的其他列车。

第八百一十三条　【支付票款或者运输费用】旅客、托运人或者收货人应当支付票款或者运输费用。承运人未按照约定路线或者通常路线运输增加票款或者运输费用的,旅客、托运人或者收货人可以拒绝支付增加部分的票款或者运输费用。

旧法对应关系

合同法第二百九十二条

关联法律法规

《中华人民共和国铁路法》(2015年4月24日修正)

第二十五条　铁路的旅客票价率和货物、行李的运价率实行政府指导价或者政府定价,竞争性领域实行市场调节价。政府指导价、政府定价的定价权限和具体适用范围以中央政府和地方政府的定价目录为依据。铁路旅客、货物运输杂费的收费项目和收费标准,以及铁路包裹运价率由铁路运输企业自主制定。

第二十六条　铁路的旅客票价,货物、包裹、行李的运价,旅客和货物运输杂费的收费项目和收费标准,必须公告;未公告的不得实施。

典型案例指导

马士基有限公司(MaerskA/S)与百鲜食品(福建)有限公司海上货物运输合同纠纷案(2022年6月7日《最高人民法院发布2021年全国海事审判典型案例》)

【基本案情】

2020年8月15日,马士基公司作为承运人自阿根廷运输装载于集装箱的冻鱿鱼至中国福建马尾港,收货人为百鲜公司。因自2020年下半年起,境外进口至福州马尾港的冷链货物实行新冠病毒检疫措施,案涉货物于2020年11月6日运抵中转港厦门时先行卸下,直至2020年12月21日才运抵目的港马尾港。双方就中转期间额外产生的集装箱滞留费用的负担发生纠纷,马士基公司向厦门海事法院起诉,要求百鲜公司承担全部费用。

【裁判结果】

厦门海事法院经审理认为,本案运输合同确因目的港疫情防控因素而无法正常履行,马士基公司将货物安全存放在目的港的邻近港口厦门港后,根据《最高人民法院关于依法妥善审理涉新冠肺炎疫情民事案件若干问题的指导意见(三)》第十三条的规定,其本可以主张已履行完毕货物运输合同项下义务,且无须因此承担违约责任,但其仍坚持等到目的港具备卸货条件时,继续完成支线转运任务。马士基公司因疫情防控承受了额外成本负担,百鲜公司作为收货人,从马士基公司提供的海运服务中实际受益。综合考虑疫情防控措施对集装箱货物中转滞留的影响以及双方当事人就合同履行的受益情况等因素,根据公平原则,酌定百鲜公司补偿马士基公司集装箱中转港滞留费用的50%。一审判决百鲜公司向马士基公司支付补偿款,驳回马士基公司的其他诉讼请求。双方当事人均未上诉。

【典型意义】

本案根据公平原则,合理认定中转港集装箱滞留费用数额,并判定双方对因疫情防控在中转港额外增加的履约成本和费用予以分摊。一审判决作出后,双方当事人均服判息诉,取得了良好的社会效果。本案对航运企业克服疫情影响,坚持等待目的港具备卸货条件后完成运输合同全部义务的行为给予了正面评价和司法支持,在目前航运经济遭受疫情巨大影响的背景下,对鼓励航运企业恪尽职守、促进航运复苏具有积极作用。判决合理确定相关费用数额,平衡船货双方利益,依法保护进出口企业的合法权益,为促进疫情影响下国际贸易顺畅有序发展提供了有力保障。

第二节 客运合同

第八百一十四条 【客运合同成立时间】客运合同自承运人向旅客出具客票时成立,但是当事人另有约定或者另有交易习惯的除外。

条文应用提示

客运合同的成立时间和地点，涉及合同当事人受合同约束的开始时间和案件管辖问题，而国际客运合同的成立往往还涉及法律适用问题。

在普通情况下，客票是客运合同成立的凭据，也就是说，承运人向旅客签发的客票证明了承运人和旅客之间订立了合同。所以客运合同的成立时间一般即是旅客客票的取得时间，即承运人向旅客交付客票时成立。

但随着互联网技术的发展，传统的购票方式发生了很大变化，客票的无纸化成为普遍趋势。旅客在客运合同订立过程中，可以通过网上购票的方式与承运人达成出行日期、票价等事项的合意，一旦意思表示一致，承运人出具电子票据，合同即宣告成立。有时甚至旅客都不需要接收电子票据，出示身份证件即可乘坐。因此，本条将合同法规定的“交付客票时成立”修改为“出具客票时成立”。

但是，在运输合同的当事人另有约定的情况下，旅客运输合同的成立时间可以不是在承运人出具客票时成立。例如，在航空运输中，旅客与承运人约定航空运输合同从旅客登上飞机时成立，则该航空运输合同的成立时间即为旅客登上飞机的那一刻。本条还规定，在另有交易习惯的情况下，客运合同的成立时间也可以不在出具客票时成立。例如，在出租车运输中，客票的交付时间一般在运输行为完成后，按出租车运输的交易习惯，该运输合同在旅客登上出租车时就成立。

旧法对应关系

合同法第二百九十三条

关联法律法规

《中华人民共和国民用航空法》(2021年4月29日修正)

第一百零九条　承运人运送旅客，应当出具客票。旅客乘坐民用航空器，应当交验有效客票。

第一百一十一条　客票是航空旅客运输合同订立和运输合同条件的初步证据。

旅客未能出示客票、客票不符合规定或者客票遗失，不影响运输合同的存在或者有效。

在国内航空运输中,承运人同意旅客不经其出票而乘坐民用航空器的,承运人无权援用本法第一百二十八条有关赔偿责任限制的规定。

在国际航空运输中,承运人同意旅客不经其出票而乘坐民用航空器的,或者客票上未依照本法第一百一十条第(三)项的规定声明的,承运人无权援用本法第一百二十九条有关赔偿责任限制的规定。

《中华人民共和国海商法》(1992 年 11 月 7 日)

第一百一十条　旅客客票是海上旅客运输合同成立的凭证。

第一百一十一条　海上旅客运输的运送期间,自旅客登船时起至旅客离船时止,客票票价含接送费用的,运送期间并包括承运人经水路将旅客从岸上接到船上和从船上送到岸上的时间,但是不包括旅客在港站内、码头上或者在港口其他设施内的时间。

旅客的自带行李,运送期间同前款规定,旅客自带行李以外的其他行李,运送期间自旅客将行李交付承运人或者承运人的受雇人、代理人时起至承运人或者承运人的受雇人、代理人交还旅客时止。

《铁路旅客运输规程》(交通运输部令 2022 年第 37 号)(2022 年 11 月 3 日)

第四条　车票是铁路旅客运输合同的凭证,可以采用纸质形式或者电子数据形式,一般应当载明发站、到站、车次、车厢号、席别、席位号、票价、开车时间等主要信息。铁路运输企业与旅客另有约定的,按照其约定。

第八百一十五条　【旅客乘运义务的一般规定】旅客应当按照有效客票记载的时间、班次和座位号乘坐。旅客无票乘坐、超程乘坐、越级乘坐或者持不符合减价条件的优惠客票乘坐的,应当补交票款,承运人可以按照规定加收票款;旅客不支付票款的,承运人可以拒绝运输。

实名制客运合同的旅客丢失客票的,可以请求承运人挂失补办,承运人不得再次收取票款和其他不合理费用。

旧法对应关系

合同法第二百九十四条

关联法律法规

《铁路旅客运输规程》(交通运输部令 2022 年第 37 号)(2022 年 11 月 3 日)

第十六条　旅客丢失实名制车票后,可以向铁路运输企业申请办理车票挂失补办手续，铁路运输企业不得重复收取票款和其他不合理费用。

旅客丢失非实名制车票应当另行购票乘车。

第二十条　铁路运输企业应当按照有效车票记载的时间、车次、车厢号、席别和席位号运输旅客；旅客应当按照有效车票载明的时间、车次、车厢号、席别和席位号乘车。

第八百一十六条　【旅客办理退票或者变更乘运手续】旅客因自己的原因不能按照客票记载的时间乘坐的，应当在约定的期限内办理退票或者变更手续；逾期办理的，承运人可以不退票款，并不再承担运输义务。

旧法对应关系

合同法第二百九十五条

关联法律法规

《铁路旅客运输规程》(交通运输部令2022年第37号)(2022年11月3日)

第三十条　因旅客自身原因不能按车票记载的时间、车次、车厢号、席别和席位号乘车，或者按照本规程规定被拒绝运输时，旅客要求办理退票或者改签的，应当按照铁路运输企业和旅客的约定办理。

第八百一十七条　【行李携带及托运要求】旅客随身携带行李应当符合约定的限量和品类要求；超过限量或者违反品类要求携带行李的，应当办理托运手续。

旧法对应关系

合同法第二百九十六条

第八百一十八条　【禁止旅客携带危险物品、违禁物品】旅客不得随身携带或者在行李中夹带易燃、易爆、有毒、有腐蚀性、有放射性以及可能危及运输工具上人身和财产安全的危险物品或者违禁物品。

旅客违反前款规定的，承运人可以将危险物品或者违禁物品卸下、

销毁或者送交有关部门。旅客坚持携带或者夹带危险物品或者违禁物品的，承运人应当拒绝运输。

旧法对应关系

合同法第二百九十七条

关联法律法规

《铁路旅客运输规程》(交通运输部令2022年第37号)(2022年11月3日)

第三十六条 铁路运输企业应当按照《中华人民共和国反恐怖主义法》、《铁路安全管理条例》、《铁路旅客运输安全检查管理办法》等规定，对旅客托运的行李进行安全检查。旅客托运行李应当遵守国家禁止运输或者限制运输的相关规定，不得夹带货币、珍贵文物、金银珠宝、档案材料、证书证件等贵重物品。

铁路运输企业在承运行李时或者运输过程中，发现行李中装有不得作为行李运输的任何物品，应当拒绝承运或者终止运输，并通知旅客处理。

第八百一十九条 【承运人的告知义务和旅客的协助义务】承运人应当严格履行安全运输义务，及时告知旅客安全运输应当注意的事项。旅客对承运人为安全运输所作的合理安排应当积极协助和配合。

旧法对应关系

合同法第二百九十八条

第八百二十条 【承运人按照约定运输的义务】承运人应当按照有效客票记载的时间、班次和座位号运输旅客。承运人迟延运输或者有其他不能正常运输情形的，应当及时告知和提醒旅客，采取必要的安置措施，并根据旅客的要求安排改乘其他班次或者退票；由此造成旅客损失的，承运人应当承担赔偿责任，但是不可归责于承运人的除外。

旧法对应关系

合同法第二百九十九条

典型案例指导

阿卜杜勒·瓦希德诉中国东方航空股份有限公司航空旅客运输合同纠纷案(最高人民法院指导案例51号)

【裁判要点】

1. 对航空旅客运输实际承运人提起的诉讼,可以选择对实际承运人或缔约承运人提起诉讼,也可以同时对实际承运人和缔约承运人提起诉讼。被诉承运人申请追加另一方承运人参加诉讼的,法院可以根据案件的实际情况决定是否准许。

2. 当不可抗力造成航班延误,致使航空公司不能将换乘其他航班的旅客按时运抵目的地时,航空公司有义务及时向换乘的旅客明确告知到达目的地后是否提供转签服务,以及在不能提供转签服务时旅客如何办理旅行手续。航空公司未履行该项义务,给换乘旅客造成损失的,应当承担赔偿责任。

3. 航空公司在打折机票上注明"不得退票,不得转签",只是限制购买打折机票的旅客由于自身原因而不得退票和转签,不能据此剥夺旅客在支付票款后享有的乘坐航班按时抵达目的地的权利。

【相关法条】

《中华人民共和国民法通则》第一百四十二条

《经1955年海牙议定书修订的1929年华沙统一国际航空运输一些规则的公约》第十九条、第二十条、第二十四条第一款

《统一非缔约承运人所办国际航空运输某些规则以补充华沙公约的公约》第七条

【基本案情】

2004年12月29日,ABDUL WAHEED(阿卜杜勒·瓦希德,以下简称阿卜杜勒)购买了一张由香港国泰航空公司(以下简称国泰航空公司)作为出票人的机票。机票列明的航程安排为:2004年12月31日上午11点,上海起飞至香港,同日16点香港起飞至卡拉奇;2005年1月31日卡拉奇起飞至香港,同年2月1日香港起飞至上海。其中,上海与香港间的航程由中国东方航空股份有限公司(以下简称东方航空公司)实际承运,香港与卡拉奇间的航程由国泰航空公司实际承运。机票背面条款注明,该合同应遵守华沙公约所指定的

有关责任的规则和限制。该机票为打折票,机票上注明“不得退票、不得转签”。

2004年12月30日下午15点起上海浦东机场下中雪,导致机场于该日22点至23点被迫关闭1小时,该日104个航班延误。31日,因飞机除冰、补班调配等原因,导致该日航班取消43架次、延误142架次,飞机出港正常率只有24.1%。东方航空公司的MU703航班也因为天气原因延误了3小时22分钟,导致阿卜杜勒及其家属到达香港机场后未能赶上国泰航空公司飞卡拉奇的衔接航班。东方航空公司工作人员告知阿卜杜勒只有两种处理方案:其一,阿卜杜勒等人在机场里等候3天,然后搭乘国泰航空公司的下一航班,3天费用自理;其二,阿卜杜勒等人出资,另行购买其他航空公司的机票至卡拉奇,费用为2.5万港元。阿卜杜勒当即表示无法接受该两种方案,其妻子杜琳打电话给东方航空公司,但该公司称有关工作人员已下班。杜琳对东方航空公司的处理无法接受,且因携带婴儿而焦虑、激动。最终由香港机场工作人员交涉,阿卜杜勒及家属共支付1.7万港元,购买了阿联酋航空公司的机票及行李票,搭乘该公司航班绕道迪拜,到达卡拉奇。为此,阿卜杜勒支出机票款4721港元、行李票款759港元,共计5480港元。

阿卜杜勒认为,东方航空公司的航班延误,又拒绝重新安排航程,给自己造成了经济损失,遂提出诉讼,要求判令东方航空公司赔偿机票款和行李票款,并定期对外公布航班的正常率、旅客投诉率。

东方航空公司辩称,航班延误的原因系天气条件恶劣,属不可抗力;其已将此事通知了阿卜杜勒,阿卜杜勒亦明知将错过香港的衔接航班,其无权要求东方航空公司改变航程。阿卜杜勒称,其明知会错过衔接航班仍选择登上飞往香港的航班,系因为东方航空公司对其承诺会予以妥善解决。

【裁判结果】

上海市浦东新区人民法院于2005年12月21日作出(2005)浦民一(民)初字第12164号民事判决:一、东方航空公司应在判决生效之日起10日内赔偿阿卜杜勒损失共计人民币5863.60元;二、驳回阿卜杜勒的其他诉讼请求。宣判后,东方航空公司提出上诉。上海市第一中级人民法院于2006年2月24日作出(2006)沪一中民一(民)终字第609号民事判决:驳回上诉,维持原判。

【裁判理由】

法院生效裁判认为:原告阿卜杜勒是巴基斯坦国公民,其购买的机票,出发地为我国上海,目的地为巴基斯坦卡拉奇。《中华人民共和国民法通则》第一百四十二条第一款规定:“涉外民事关系的法律适用,依照本章的规定确定。”第二款规定：“中华人民共和国缔结或者参加的国际条约同中华人民共和国的民事法律有不同规定的，适用国际条约的规定，但中华人民共和国声明保留的条款除外。”我国和巴基斯坦都是《经1955年海牙议定书修订的1929年华沙统一国际航空运输一些规则的公约》（以下简称《1955年在海牙修改的华沙公约》）和1961年《统一非缔约承运人所办国际航空运输某些规则以补充华沙公约的公约》（以下简称《瓜达拉哈拉公约》）的缔约国，故这两个国际公约对本案适用。《1955年在海牙修改的华沙公约》第二十八条第一款规定：“有关赔偿的诉讼，应该按原告的意愿，在一个缔约国的领土内，向承运人住所地或其总管理处所在地或签订契约的机构所在地法院提出，或向目的地法院提出。”第三十二条规定：“运输合同的任何条款和在损失发生以前的任何特别协议，如果运输合同各方借以违背本公约的规则，无论是选择所适用的法律或变更管辖权的规定，都不生效力。”据此，在阿卜杜勒持机票起诉的情形下，中华人民共和国上海市浦东新区人民法院有权对这起国际航空旅客运输合同纠纷进行管辖。

《瓜达拉哈拉公约》第一条第二款规定：“‘缔约承运人’指与旅客或托运人，或与旅客或托运人的代理人订立一项适用华沙公约的运输合同的当事人。”第三款规定：“‘实际承运人’指缔约承运人以外，根据缔约承运人的授权办理第二款所指的全部或部分运输的人，但对该部分运输此人并非华沙公约所指的连续承运人。在没有相反的证据时，上述授权被推定成立。”第七条规定：“对实际承运人所办运输的责任诉讼，可以由原告选择，对实际承运人或缔约承运人提起，或者同时或分别向他们提起。如果只对其中的一个承运人提起诉讼，则该承运人应有权要求另一承运人参加诉讼。这种参加诉讼的效力以及所适用的程序，根据受理案件的法院的法律决定。”阿卜杜勒所持机票，是由国泰航空公司出票，故国际航空旅客运输合同关系是在阿卜杜勒与国泰航空公司之间设立，国泰航空公司是缔约承运人。东方航空公司与阿卜杜勒之间不存在直接的国际航空旅客运输合同关系，也不是连续承运人，只是推定其根据国泰航空公司的授权，完成该机票确定的上海至香港间运输任务的实际承运人。阿卜杜勒有权选择国泰航空公司或东方航空公司或两者同时为被告提起诉讼；在阿卜杜勒只选择东方航空公司为被告提起的诉讼中，东方航空公司虽然有权要求国泰航空公司参加诉讼，但由于阿卜杜勒追究的航班延误责任发生在东方航空公司承运的上海至香港段航程中，与国泰航空公司无关，根据本案案情，衡量诉讼成本，无须追加国泰航空公司为本案的当事人共同参加诉讼。故东方航空公司虽然有权申请国泰航空公司参加诉讼,但这种申请能否被允许,应由受理案件的法院决定。一审法院认为国泰航空公司与阿卜杜勒要追究的航班延误责任无关,根据本案旅客维权的便捷性、担责可能性、诉讼的成本等情况,决定不追加香港国泰航空公司为本案的当事人,并无不当。

《1955 年在海牙修改的华沙公约》第十九条规定:"承运人对旅客、行李或货物在航空运输过程中因延误而造成的损失应负责任。"第二十条第一款规定:"承运人如果证明自己和他的代理人为了避免损失的发生,已经采取一切必要的措施,或不可能采取这种措施时,就不负责任。"2004 年 12 月 31 日的 MU703 航班由于天气原因发生延误,对这种不可抗力造成的延误,东方航空公司不可能采取措施来避免发生,故其对延误本身无须承担责任。但还需证明其已经采取了一切必要的措施来避免延误给旅客造成的损失发生,否则即应对旅客因延误而遭受的损失承担责任。阿卜杜勒在浦东机场时由于预见到 MU703 航班的延误会使其错过国泰航空公司的衔接航班,曾多次向东方航空公司工作人员询问怎么办。东方航空公司应当知道国泰航空公司从香港飞往卡拉奇的衔接航班三天才有一次,更明知阿卜杜勒一行携带着婴儿,不便在中转机场长时间等候,有义务向阿卜杜勒一行提醒中转时可能发生的不利情形,劝告阿卜杜勒一行改日乘机。但东方航空公司没有这样做,却让阿卜杜勒填写《续航情况登记表》,并告知会帮助解决,使阿卜杜勒对该公司产生合理信赖,从而放心登机飞赴香港。鉴于阿卜杜勒一行是得到东方航空公司的帮助承诺后来到香港,但是东方航空公司不考虑阿卜杜勒一行携带婴儿要尽快飞往卡拉奇的合理需要,向阿卜杜勒告知了要么等待 3 天乘坐下一航班且 3 天中相关费用自理,要么自费购买其他航空公司机票的"帮助解决"方案。根据查明的事实,东方航空公司始终未能提供阿卜杜勒的妻子杜琳在登机前填写的《续航情况登记表》,无法证明阿卜杜勒系在明知飞往香港后会发生对己不利的情况仍选择登机,故法院认定"东方航空公司没有为避免损失采取了必要的措施"是正确的。东方航空公司没有采取一切必要的措施来避免因航班延误给旅客造成的损失发生,不应免责。阿卜杜勒迫于无奈自费购买其他航空公司的机票,对阿卜杜勒购票支出的 5480 港元损失,东方航空公司应承担赔偿责任。

在延误的航班到达香港机场后,东方航空公司拒绝为阿卜杜勒签转机票,其主张阿卜杜勒的机票系打折票,已经注明了"不得退票,不得转签",其无须另行提醒和告知。法院认为,即使是航空公司在打折机票上注明"不得退票,不得转签”，只是限制购买打折机票的旅客由于自身原因而不得退票和转签；旅客购买了打折机票，航空公司可以相应地取消一些服务，但是旅客支付了足额票款，航空公司就要为旅客提供完整的运输服务，并不能剥夺旅客在支付了票款后享有的乘坐航班按时抵达目的地的权利。本案中的航班延误并非由阿卜杜勒自身的原因造成。阿卜杜勒乘坐延误的航班到达香港机场后肯定需要重新签转机票，东方航空公司既未能在始发机场告知阿卜杜勒在航班延误时机票仍不能签转的理由，在中转机场亦拒绝为其办理签转手续。因此，东方航空公司未能提供证据证明损失的产生系阿卜杜勒自身原因所致，也未能证明其为了避免损失扩大采取了必要的方式和妥善的补救措施，故判令东方航空公司承担赔偿责任。

第八百二十一条　【承运人擅自降低或者提高服务标准的后果】承运人擅自降低服务标准的，应当根据旅客的请求退票或者减收票款；提高服务标准的，不得加收票款。

旧法对应关系

合同法第三百条

第八百二十二条　【承运人救助义务】承运人在运输过程中，应当尽力救助患有急病、分娩、遇险的旅客。

旧法对应关系

合同法第三百零一条

关联法律法规

《铁路旅客运输规程》（交通运输部令2022年第37号）（2022年11月18日）

第四十五条　发生旅客急病、分娩、遇险时，铁路运输企业应当积极采取救助措施并做好记录。

公安机关开展调查、侦查时，铁路运输企业应当配合公安机关开展工作，协助收集相关证据、调查事件发生原因。

第八百二十三条 【旅客人身伤亡责任】承运人应当对运输过程中旅客的伤亡承担赔偿责任;但是,伤亡是旅客自身健康原因造成的或者承运人证明伤亡是旅客故意、重大过失造成的除外。

前款规定适用于按照规定免票、持优待票或者经承运人许可搭乘的无票旅客。

旧法对应关系

合同法第三百零二条

关联法律法规

《中华人民共和国民用航空法》(2021年4月29日修正)

第一百二十四条 因发生在民用航空器上或者在旅客上、下民用航空器过程中的事件,造成旅客人身伤亡的,承运人应当承担责任;但是,旅客的人身伤亡完全是由于旅客本人的健康状况造成的,承运人不承担责任。

第一百二十七条 在旅客、行李运输中,经承运人证明,损失是由索赔人的过错造成或者促成的,应当根据造成或者促成此种损失的过错的程度,相应免除或者减轻承运人的责任。旅客以外的其他人就旅客死亡或者受伤提出赔偿请求时,经承运人证明,死亡或者受伤是旅客本人的过错造成或者促成的,同样应当根据造成或者促成此种损失的过错的程度,相应免除或者减轻承运人的责任。

在货物运输中,经承运人证明,损失是由索赔人或者代行权利人的过错造成或者促成的,应当根据造成或者促成此种损失的过错的程度,相应免除或者减轻承运人的责任。

第一百三十二条 经证明,航空运输中的损失是由于承运人或者其受雇人、代理人的故意或者明知可能造成损失而轻率地作为或者不作为造成的,承运人无权援用本法第一百二十八条、第一百二十九条有关赔偿责任限制的规定;证明承运人的受雇人、代理人有此种作为或者不作为的,还应当证明该受雇人、代理人是在受雇、代理范围内行事。

第一百三十三条 就航空运输中的损失向承运人的受雇人、代理人提起诉讼时,该受雇人、代理人证明他是在受雇、代理范围内行事的,有权援用本法第一百二十八条、第一百二十九条有关赔偿责任限制的规定。

《中华人民共和国铁路法》(2015年4月24日修正)

第五十八条 因铁路行车事故及其他铁路运营事故造成人身伤亡的,铁路运输企业应当承担赔偿责任;如果人身伤亡是因不可抗力或者由于受害人自身的原因造成的,铁路运输企业不承担赔偿责任。

违章通过平交道口或者人行过道,或者在铁路线路上行走、坐卧造成的人身伤亡,属于受害人自身的原因造成的人员伤亡。

《中华人民共和国海商法》(1992年11月7日)

第一百一十四条 在本法第一百一十一条规定的旅客及其行李的运送期间,因承运人或者承运人的受雇人、代理人在受雇或者受委托的范围内过失引起事故,造成旅客人身伤亡或者行李灭失、损坏的,承运人应当负赔偿责任。

请求人对承运人或者承运人的受雇人、代理人的过失,应当负举证责任;但是,本条第三款和第四款规定的情形除外。

旅客的人身伤亡或者自带行李的灭失、损坏,是由于船舶的沉没、碰撞、搁浅、爆炸、火灾所引起或者是由于船舶的缺陷所引起的,承运人或者承运人的受雇人、代理人除非提出反证,应当视为其有过失。

旅客自带行李以外的其他行李的灭失或者损坏,不论由于何种事故所引起,承运人或者承运人的受雇人、代理人除非提出反证,应当视为其有过失。

第一百一十五条 经承运人证明,旅客的人身伤亡或者行李的灭失、损坏,是由于旅客本人的过失或者旅客和承运人的共同过失造成的,可以免除或者相应减轻承运人的赔偿责任。

经承运人证明,旅客的人身伤亡或者行李的灭失、损坏,是由于旅客本人的故意造成的,或者旅客的人身伤亡是由于旅客本人健康状况造成的,承运人不负赔偿责任。

第一百一十八条 经证明,旅客的人身伤亡或者行李的灭失、损坏,是由于承运人的故意或者明知可能造成损害而轻率地作为或者不作为造成的,承运人不得援用本法第一百一十六条和第一百一十七条限制赔偿责任的规定。

经证明,旅客的人身伤亡或者行李的灭失、损坏,是由于承运人的受雇人、代理人的故意或者明知可能造成损害而轻率地作为或者不作为造成的，承运人的受雇人、代理人不得援用本法第一百一十六条和第一百一十七条限制赔偿责任的规定。

第一百二十四条 就旅客的人身伤亡或者行李的灭失、损坏，分别向承运人、实际承运人以及他们的受雇人、代理人提出赔偿请求，赔偿总额不得超过本法第一百一十七条规定的限额。

第八百二十四条 【旅客随身携带物品毁损、灭失的责任承担】在运输过程中旅客随身携带物品毁损、灭失，承运人有过错的，应当承担赔偿责任。

旅客托运的行李毁损、灭失的，适用货物运输的有关规定。

旧法对应关系

合同法第三百零三条

关联法律法规

《中华人民共和国民用航空法》(2021 年 4 月 29 日修正)

第一百二十五条 因发生在民用航空器上或者在旅客上、下民用航空器过程中的事件，造成旅客随身携带物品毁灭、遗失或者损坏的，承运人应当承担责任。因发生在航空运输期间的事件，造成旅客的托运行李毁灭、遗失或者损坏的，承运人应当承担责任。

旅客随身携带物品或者托运行李的毁灭、遗失或者损坏完全是由于行李本身的自然属性、质量或者缺陷造成的，承运人不承担责任。

本章所称行李，包括托运行李和旅客随身携带的物品。

因发生在航空运输期间的事件，造成货物毁灭、遗失或者损坏的，承运人应当承担责任；但是，承运人证明货物的毁灭、遗失或者损坏完全是由于下列原因之一造成的，不承担责任：

(一)货物本身的自然属性、质量或者缺陷；

(二)承运人或者其受雇人、代理人以外的人包装货物的，货物包装不良；

(三)战争或者武装冲突；

（四）政府有关部门实施的与货物入境、出境或者过境有关的行为。

本条所称航空运输期间，是指在机场内、民用航空器上或者机场外降落的任何地点，托运行李、货物处于承运人掌管之下的全部期间。

航空运输期间，不包括机场外的任何陆路运输、海上运输、内河运输过程；但是，此种陆路运输、海上运输、内河运输是为了履行航空运输合同而装载、交付或者转运，在没有相反证据的情况下，所发生的损失视为在航空运输期间发生的损失。

第一百二十六条　旅客、行李或者货物在航空运输中因延误造成的损失，承运人应当承担责任；但是，承运人证明本人或者其受雇人、代理人为了避免损失的发生，已经采取一切必要措施或者不可能采取此种措施的，不承担责任。

《中华人民共和国铁路法》（2015年4月24日修正）

第十六条　铁路运输企业应当按照合同约定的期限或者国务院铁路主管部门规定的期限，将货物、包裹、行李运到目的站；逾期运到的，铁路运输企业应当支付违约金。

铁路运输企业逾期三十日仍未将货物、包裹、行李交付收货人或者旅客的，托运人、收货人或者旅客有权按货物、包裹、行李灭失向铁路运输企业要求赔偿。

第十七条　铁路运输企业应当对承运的货物、包裹、行李自接受承运时起到交付时止发生的灭失、短少、变质、污染或者损坏，承担赔偿责任：

（一）托运人或者旅客根据自愿申请办理保价运输的，按照实际损失赔偿，但最高不超过保价额。

（二）未按保价运输承运的，按照实际损失赔偿，但最高不超过国务院铁路主管部门规定的赔偿限额；如果损失是由于铁路运输企业的故意或者重大过失造成的，不适用赔偿限额的规定，按照实际损失赔偿。

托运人或者旅客根据自愿可以向保险公司办理货物运输保险，保险公司按照保险合同的约定承担赔偿责任。

托运人或者旅客根据自愿，可以办理保价运输，也可以办理货物运输保险；还可以既不办理保价运输，也不办理货物运输保险。不得以任何方式强迫办理保价运输或者货物运输保险。

第十八条　由于下列原因造成的货物、包裹、行李损失的，铁路运输企业不承担赔偿责任：

（一）不可抗力。

（二）货物或者包裹、行李中的物品本身的自然属性，或者合理损耗。

（三）托运人、收货人或者旅客的过错。

第三节 货运合同

第八百二十五条 【托运人如实申报义务】托运人办理货物运输，应当向承运人准确表明收货人的姓名、名称或者凭指示的收货人，货物的名称、性质、重量、数量，收货地点等有关货物运输的必要情况。

因托运人申报不实或者遗漏重要情况，造成承运人损失的，托运人应当承担赔偿责任。

旧法对应关系

合同法第三百零四条

关联法律法规

《中华人民共和国铁路法》（2015年4月24日修正）

第十九条 托运人应当如实填报托运单，铁路运输企业有权对填报的货物和包裹的品名、重量、数量进行检查。经检查，申报与实际不符的，检查费用由托运人承担；申报与实际相符的，检查费用由铁路运输企业承担，因检查对货物和包裹中的物品造成的损坏由铁路运输企业赔偿。

托运人因申报不实而少交的运费和其他费用应当补交，铁路运输企业按照国务院铁路主管部门的规定加收运费和其他费用。

第八百二十六条 【托运人提交有关文件义务】货物运输需要办理审批、检验等手续的，托运人应当将办理完有关手续的文件提交承运人。

旧法对应关系

合同法第三百零五条

关联法律法规

《中华人民共和国民用航空法》(2021年4月29日修正)

第一百二十三条　托运人应当提供必需的资料和文件,以便在货物交付收货人前完成法律、行政法规规定的有关手续;因没有此种资料、文件,或者此种资料、文件不充足或者不符合规定造成的损失,除由于承运人或者其受雇人、代理人的过错造成的外,托运人应当对承运人承担责任。

除法律、行政法规另有规定外,承运人没有对前款规定的资料或者文件进行检查的义务。

第八百二十七条　【托运人货物包装义务】托运人应当按照约定的方式包装货物。对包装方式没有约定或者约定不明确的,适用本法第六百一十九条的规定。

托运人违反前款规定的,承运人可以拒绝运输。

旧法对应关系

合同法第三百零六条

关联法律法规

《中华人民共和国铁路法》(2015年4月24日修正)

第二十条　托运货物需要包装的,托运人应当按照国家包装标准或者行业包装标准包装;没有国家包装标准或者行业包装标准的,应当妥善包装,使货物在运输途中不因包装原因而受损坏。

铁路运输企业对承运的容易腐烂变质的货物和活动物,应当按照国务院铁路主管部门的规定和合同的约定,采取有效的保护措施。

第八百二十八条　【运输危险货物】托运人托运易燃、易爆、有毒、有腐蚀性、有放射性等危险物品的,应当按照国家有关危险物品运输的规定对危险物品妥善包装,做出危险物品标志和标签,并将有关危险物品的名称、性质和防范措施的书面材料提交承运人。

托运人违反前款规定的,承运人可以拒绝运输,也可以采取相应措施以避免损失的发生,因此产生的费用由托运人负担。

旧法对应关系

合同法第三百零七条

关联法律法规

《铁路危险货物运输安全监督管理规定》(交通运输部令2022年第24号)(2022年9月26日)

第二条 本规定所称危险货物,是指列入铁路危险货物品名表,具有爆炸、易燃、毒害、感染、腐蚀、放射性等危险特性,在铁路运输过程中,容易造成人身伤亡、财产损毁或者环境污染而需要特别防护的物质和物品。

未列入铁路危险货物品名表,依据有关法律、行政法规、规章或者《危险货物分类和品名编号》(GB 6944)等标准确定为危险货物的,按照本规定办理运输。

第三条 禁止运输下列物品:

(一)法律、行政法规禁止生产和运输的危险物品;

(二)危险性质不明、可能存在安全隐患的物品;

(三)未采取安全措施的过度敏感物品;

(四)未采取安全措施的能自发反应而产生危险的物品。

高速铁路、城际铁路等客运专线及旅客列车禁止运输危险货物,法律、行政法规等另有规定的除外。

第七条 运输危险货物应当在符合法律、行政法规和有关标准规定,具备相应品名办理条件的车站、专用铁路、铁路专用线间发到。

铁路运输企业应当将办理危险货物的车站名称、作业地点(包括货场、专用铁路、铁路专用线名称,下同)、办理品名及铁危编号、装运方式等信息及时向社会公布,并同时报送所在地的地区铁路监督管理局。前述信息发生变化的,应当重新公布并报送。

第八条 运输危险货物应当依照法律法规和国家其他有关规定使用专用的设施设备。

运输危险货物所使用的设施设备依法应当进行产品认证、检验检测的,经认证、检验检测合格方可使用。

第十二条 运输危险货物包装应当符合下列要求:

(一)包装物、容器、衬垫物的材质以及包装型式、规格、方法和单件质

量(重量),应当与所包装的危险货物的性质和用途相适应;

(二)包装能够抗御运输、储存和装卸过程中正常的冲击、振动、堆码和挤压,并便于装卸和搬运;

(三)所使用的包装物、容器,须按《中华人民共和国安全生产法》、《中华人民共和国工业产品生产许可证管理条例》等国家有关规定,由专业生产单位生产,并经具有专业资质的检测、检验机构检测、检验合格;

(四)包装外表面应当牢固、清晰地标明危险货物包装标志和包装储运图示标志;

(五)法律、行政法规、有关标准和安全技术规范规定的其他要求。

第十三条　运输新品名、新包装或者改变包装、尚未明确安全运输条件的危险货物时,发送货物的铁路运输企业应当组织托运人、收货人和货物运输全程涉及的其他铁路运输企业共同商定安全运输条件,签订安全协议并组织试运,试运方案应当报所在地的地区铁路监督管理局。危险货物试运应当符合法律、行政法规、规章和有关标准的规定。

第八百二十九条　【托运人变更或者解除运输合同权利】在承运人将货物交付收货人之前,托运人可以要求承运人中止运输、返还货物、变更到达地或者将货物交给其他收货人,但是应当赔偿承运人因此受到的损失。

条文应用提示

所谓托运人的变更或者解除权,就是货物运输合同成立后,托运人有权变更或者解除合同。这种变更或者解除可以不经过承运人同意,承运人也无权过问相对方变更和解除合同的原因,只要托运人提出变更或者解除合同,均应予以变更或者解除。

根据本条规定,在承运人将货物交付收货人之前,托运人享有以下权利:一是中止运输、返还货物。中止运输,是指托运人要求承运人立即停止运输托运的货物;返还货物,是指托运人要求承运人将已经办理托运手续的货物返还给托运人或者提货凭证持有人。这实际上就是解除货运合同。二是变更到达地。变更到达地,是指托运人在货物交付给收货人之前,改变原来约定的到达地。对此承运人不得拒绝变更。三是将货物交给其他收货人。这实际上就是变更收货人。在承运人将货物交付收货人之前,托运人享有以上权利,承运人不得拒绝变更后的运输义务,应当按照托运人的要求中止运输、返还货物,或者按照托运人变更后的要求将货物安全、及时地运送至新的到达地或者交给新的收货人。当然,如果因为托运人单方变更或者解除合同给承运人造成损失的,托运人应当赔偿其损失,包括承担因变更或者解除合同而产生的各种费用等。

理解本条还需要注意以下几点:(1)如果托运人或者提单持有人指示不能执行,承运人应当立即通知托运人或者提单持有人。(2)托运人或者提单持有人这种单方变更或者解除权只能在货物交付收货人之前行使,如果货物已经交付给收货人,则托运人或者提单持有人这种变更或者解除合同的权利就即告终止。但是收货人拒绝接受货物的,或者承运人无法同收货人联系的,托运人或者提单持有人可以恢复行使这种权利。(3)本条的单方变更或者解除权只能由托运人或者提单持有人享有。承运人在运输合同成立后,不得单方变更或者解除合同,除非对方严重违约或者发生不可抗力。

旧法对应关系

合同法第三百零八条

典型案例指导

浙江隆达不锈钢有限公司诉 A. P. 穆勒-马士基有限公司海上货物运输合同纠纷案(最高人民法院指导案例 108 号)

【裁判要点】

在海上货物运输合同中,依据《中华人民共和国合同法》第三百零八条的规定,承运人将货物交付收货人之前,托运人享有要求变更运输合同的权利,但双方当事人仍要遵循《中华人民共和国合同法》第五条规定的公平原则确定各方的权利和义务。托运人行使此项权利时,承运人也可相应行使一定的抗辩权。如果变更海上货物运输合同难以实现或者将严重影响承运人正常营运,承运人可以拒绝托运人改港或者退运的请求,但应当及时通知托运人不能变更的原因。

【相关法条】

《中华人民共和国合同法》第三百零八条

《中华人民共和国海商法》第八十六条

【基本案情】

2014年6月，浙江隆达不锈钢有限公司（以下简称隆达公司）由中国宁波港出口一批不锈钢无缝产品至斯里兰卡科伦坡港，货物报关价值为366918.97美元。隆达公司通过货代向A.P.穆勒-马士基有限公司（以下简称马士基公司）订舱，涉案货物于同年6月28日装载于4个集装箱内装船出运，出运时隆达公司要求做电放处理。2014年7月9日，隆达公司通过货代向马士基公司发邮件称，发现货物运错目的地要求改港或者退运。马士基公司于同日回复，因货物距抵达目的港不足2日，无法安排改港，如需退运则需与目的港确认后回复。次日，隆达公司的货代询问货物退运是否可以原船带回，马士基公司于当日回复“原船退回不具有操作性，货物在目的港卸货后，需要由现在的收货人在目的港清关后，再向当地海关申请退运。海关批准后，才可以安排退运事宜”。2014年7月10日，隆达公司又提出“这个货要安排退运，就是因为清关清不了，所以才退回宁波的，有其他办法吗”。此后，马士基公司再未回复邮件。

涉案货物于2014年7月12日左右到达目的港。马士基公司应隆达公司的要求于2015年1月29日向其签发了编号603386880的全套正本提单。根据提单记载，托运人为隆达公司，收货人及通知方均为VENUSSTEEL PVT LTD，起运港中国宁波，卸货港科伦坡。2015年5月19日，隆达公司向马士基公司发邮件表示已按马士基公司要求申请退运。马士基公司随后告知隆达公司涉案货物已被拍卖。

【裁判结果】

宁波海事法院于2016年3月4日作出（2015）甬海法商初字第534号民事判决，认为隆达公司因未采取自行提货等有效措施导致涉案货物被海关拍卖，相应货损风险应由该公司承担，故驳回隆达公司的诉讼请求。一审判决后，隆达公司提出上诉。浙江省高级人民法院于2016年9月29日作出（2016）浙民终222号民事判决：撤销一审判决；马士基公司于判决送达之日起10日内赔偿隆达公司货物损失183459.49美元及利息。二审法院认为依据《中华人民共和国合同法》第三百零八条，隆达公司在马士基公司交付货物前享有请求改港或退运的权利。在隆达公司提出退运要求后，马士基公司既未明确拒绝安排退运，也未通知隆达公司自行处理，对涉案货损应承担相应的赔偿责任，酌定责任比例为50%。马士基公司不服二审判决，向最高人民法院申请再审。最高人民法院于2017年12月29日作出（2017）最高法民再412号民事判决;撤销二审判决;维持一审判决。

【裁判理由】

最高人民法院认为,合同法与海商法有关调整海上运输关系、船舶关系的规定属于普通法与特别法的关系。根据《中华人民共和国海商法》第八十九条的规定,船舶在装货港开航前,托运人可以要求解除合同。本案中,隆达公司在涉案货物海上运输途中请求承运人进行退运或者改港,因海商法未就航程中托运人要求变更运输合同的权利进行规定,故本案可适用《中华人民共和国合同法》第三百零八条关于托运人要求变更运输合同权利的规定。基于特别法优先适用于普通法的法律适用基本原则,《中华人民共和国合同法》第三百零八条规定的是一般运输合同,该条规定在适用于海上货物运输合同的情况下,应该受到海商法基本价值取向及强制性规定的限制。托运人依据《中华人民共和国合同法》第三百零八条主张变更运输合同的权利不得致使海上货物运输合同中各方当事人利益显失公平,也不得使承运人违反对其他托运人承担的安排合理航线等义务,或剥夺承运人关于履行海上货物运输合同变更事项的相应抗辩权。

合同法总则规定的基本原则是合同法立法的准则,是适用于合同法全部领域的准则,也是合同法具体制度及规范的依据。依据《中华人民共和国合同法》第三百零八条的规定,在承运人将货物交付收货人之前,托运人享有要求变更运输合同的权利,但双方当事人仍要遵循《中华人民共和国合同法》第五条规定的公平原则确定各方的权利和义务。海上货物运输具有运输量大、航程预先拟定、航线相对固定等特殊性,托运人要求改港或者退运的请求有时不仅不易操作,还会妨碍承运人的正常营运或者给其他货物的托运人或收货人带来较大损害。在此情况下,如果要求承运人无条件服从托运人变更运输合同的请求,显失公平。因此,在海上货物运输合同下,托运人并非可以无限制地行使请求变更的权利,承运人也并非在任何情况下都应无条件服从托运人请求变更的指示。为合理平衡海上货物运输合同中各方当事人利益之平衡,在托运人行使要求变更权利的同时,承运人也相应地享有一定的抗辩权利。如果变更运输合同难以实现或者将严重影响承运人正常营运,承运人可以拒绝托运人改港或者退运的要求,但应当及时通知托运人不能执行的原因。如果承运人关于不能执行原因等抗辩成立,承运人未按照托运人退运或改港的指示执行则并无不当。

涉案货物采用的是国际班轮运输,载货船舶除运载隆达公司托运的4个集装箱外，还运载了其他货主托运的众多货物。涉案货物于2014年6月28日装船出运，于2014年7月12日左右到达目的港。隆达公司于2014年7月9日才要求马士基公司退运或者改港。马士基公司在航程已过大半，距离到达目的港只有两三天的时间，以航程等原因无法安排改港、原船退回不具有操作性为抗辩事由，符合案件事实情况，该抗辩事由成立，马士基公司未安排退运或者改港并无不当。

马士基公司将涉案货物运至目的港后，因无人提货，将货物卸载至目的港码头符合《中华人民共和国海商法》第八十六条的规定。马士基公司于2014年7月9日通过邮件回复隆达公司距抵达目的港不足2日。隆达公司已了解货物到港的大体时间并明知涉案货物在目的港无人提货，但在长达8个月的时间里未采取措施处理涉案货物致其被海关拍卖。隆达公司虽主张马士基公司未尽到谨慎管货义务，但并未举证证明马士基公司存在管货不当的事实。隆达公司的该项主张缺乏依据。依据《中华人民共和国海商法》第八十六条的规定，马士基公司卸货后所产生的费用和风险应由收货人承担，马士基公司作为承运人无须承担相应的风险。

第八百三十条　【提货】货物运输到达后，承运人知道收货人的，应当及时通知收货人，收货人应当及时提货。收货人逾期提货的，应当向承运人支付保管费等费用。

旧法对应关系

合同法第三百零九条

第八百三十一条　【收货人检验货物】收货人提货时应当按照约定的期限检验货物。对检验货物的期限没有约定或者约定不明确，依据本法第五百一十条的规定仍不能确定的，应当在合理期限内检验货物。收货人在约定的期限或者合理期限内对货物的数量、毁损等未提出异议的，视为承运人已经按照运输单证的记载交付的初步证据。

旧法对应关系

合同法第三百一十条

第八百三十二条 【运输过程中货物毁损、灭失的责任承担】承运人对运输过程中货物的毁损、灭失承担赔偿责任。但是,承运人证明货物的毁损、灭失是因不可抗力、货物本身的自然性质或者合理损耗以及托运人、收货人的过错造成的,不承担赔偿责任。

旧法对应关系

合同法第三百一十一条

典型案例指导

深圳市恒通海船务有限公司与吉安恒康航运有限公司航次租船合同纠纷案(2020年9月7日《最高人民法院发布2019年全国海事审判典型案例》)

在海上货物运输实务中,台风是一个较为常见的自然灾害,因台风引发货主、码头、船舶损失进而诉至法院的情况屡见不鲜,责任方往往抗辩台风构成不可抗力而免责。台风是否构成不可抗力,目前司法实践对该问题存在分歧。本案对不可抗力的三个构成要件进行分析。首先,判断台风是否属于不可抗力,系针对案件当事人在案涉事故发生时的判断,需要结合案情具体分析,在同一次台风事故中,不同的承运人预见能力不同,不同的承运船舶防风能力不同,不能以相同的要求来衡量不同的承运人。其次,如果责任人以台风预报误差为不可抗力理由的,应举证证明其基于不同级别的台风采取了何种防台措施,以及台风实际强度与预报强度之间的差异足以影响其防台措施的效果。最后,在航运实践中,因台风造成货损的情况下,往往还同时存在承运人管货过失的因素,法官应正确区分管货过失与不可抗力之间就造成货损的原因力比例与作用大小,从而准确区分责任。本案对判断台风是否构成不可抗力的构成要件进行深入分析,为类似案件的处理提供了参考。

第八百三十三条 【确定货物赔偿额】货物的毁损、灭失的赔偿额,当事人有约定的,按照其约定;没有约定或者约定不明确,依据本法第五百一十条的规定仍不能确定的,按照交付或者应当交付时货物到达地的市场价格计算。法律、行政法规对赔偿额的计算方法和赔偿限额另有规定的,依照其规定。

旧法对应关系

合同法第三百一十二条

典型案例指导

哈池曼海运公司与上海申福化工有限公司、日本德宝海运株式会社海上货物运输合同货损纠纷案[最高人民法院(2013)民提字第6号民事判决书,《最高人民法院公报》2016年第2期(总第232期)]

海上货物运输合同的承运人对其责任期间发生的货损依照《中华人民共和国海商法》第五十五条的规定承担赔偿责任。《中华人民共和国海商法》第五十五条规定的货物实际价值不包括市价损失。

第八百三十四条 【相继运输】两个以上承运人以同一运输方式联运的,与托运人订立合同的承运人应当对全程运输承担责任;损失发生在某一运输区段的,与托运人订立合同的承运人和该区段的承运人承担连带责任。

旧法对应关系

合同法第三百一十三条

第八百三十五条 【货物因不可抗力灭失的运费处理】货物在运输过程中因不可抗力灭失,未收取运费的,承运人不得请求支付运费;已经收取运费的,托运人可以请求返还。法律另有规定的,依照其规定。

旧法对应关系

合同法第三百一十四条

第八百三十六条 【承运人留置权】托运人或者收货人不支付运费、保管费或者其他费用的,承运人对相应的运输货物享有留置权,但是当事人另有约定的除外。

旧法对应关系

合同法第三百一十五条，担保法第八十四条

第八百三十七条 【承运人提存货物】收货人不明或者收货人无正当理由拒绝受领货物的，承运人依法可以提存货物。

旧法对应关系

合同法第三百一十六条

第四节 多式联运合同

第八百三十八条 【多式联运经营人应当负责履行或者组织履行合同】多式联运经营人负责履行或者组织履行多式联运合同，对全程运输享有承运人的权利，承担承运人的义务。

条文应用提示

本法所称的多式联运合同，是指多式联运经营人以两种以上的不同运输方式，负责将货物从接收地运至目的地交付收货人，并收取全程运费的合同。可见，以两种以上的不同运输方式进行运输是多式联运合同区别于传统运输合同的最大特征。

在多式联运合同中，多式联运经营人处于一个比较特殊的位置。本条所指的多式联运经营人，是指本人或者委托他人以本人名义与托运人订立多式联运合同的人，其是事主，而不是托运人的代理人或者代表人，也不是参加多式联运的各承运人的代理人或者代表人。从本条的规定可知，多式联运经营人要根据多式联运合同履行运输义务或者组织承运人履行运输义务。多式联运经营人可分为两种类型：第一种是多式联运经营人自己拥有运输工具，并且直接参加了运输合同的履行。第二种是多式联运经营人自己不拥有运输工具或者不经营运输工具，也不直接从事运输活动，而是在签订多式联运合同后，通过双边合同与各运输方式承运人又单独签订各区段运输合同，组织其他承运人进行运输。但是，不管多式联运经营人属于哪种情形，根据本条的规定，多式联运经营人都要对与之签订合同的托运人或者收货人承担全程运输的义务；同时，根据本章的规定，多式联运经营人要承担全程运输所发生的责任和风险。当然，其也享有作为全程运输承运人的权利，如有向托运人或者收货人要求运输费用的权利等。

旧法对应关系

合同法第三百一十七条

关联法律法规

《中华人民共和国海商法》（1992年11月7日）

第一百零二条　【多式联运的定义】本法所称多式联运合同，是指多式联运经营人以两种以上的不同运输方式，其中一种是海上运输方式，负责将货物从接收地运至目的地交付收货人，并收取全程运费的合同。

前款所称多式联运经营人，是指本人或者委托他人以本人名义与托运人订立多式联运合同的人。

《铁路运输服务质量监督管理办法》（交通运输部令2023年第5号）（2023年5月8日）

第十八条　鼓励铁路运输企业加强与道路、水路、民航等其他运输企业的协调配合，完善联运设施，共享信息资源，规范联运服务，开展多种运输方式间的旅客联程运输，便捷顺畅旅客出行。

第十九条　鼓励铁路运输企业发展集装化运输，推广适用于多式联运的设施设备，推进应用符合行业标准的多式联运运输单证、电子单证，提升信息化水平，加强与道路、水路、民航等其他运输企业共享运输信息，提升综合运输效率。

典型案例指导

三井住友海上火灾保险株式会社（Mitsui Sumitomo Insurance Company Limited）诉中远海运集装箱运输有限公司国际多式联运合同纠纷案（2019年9月11日《最高人民法院发布2018年全国海事审判典型案例》）

本案是一起含海运在内的国际多式联运合同纠纷。海运始于马来西亚，中途经希腊转铁路，目的地为斯洛伐克，是一条典型的通过“21世纪海上丝绸之路”，经由地中海转铁路将货物运送至中欧内陆国家的海铁联运。随着“一带一路"国家和地区间贸易往来的日益密切,国际贸易对多式联运的需求也呈现快速增长趋势。在跨越多国、涉及多种运输方式的国际多式联运合同纠纷中,对"网状责任制"与确定运输区段准据法之间的关系,存在认识不统一的情况。本案中法院坚持意思自治原则,充分尊重当事人的选择,铁路运输区段适用希腊法律,其余争议问题适用中华人民共和国法律,并根据希腊法下的法律渊源适用《国际铁路运输公约》《国际铁路货物运输合同统一规则》相关规定。此外,"一带一路"沿线国家和地区的自然气候状况、地理水文条件差别很大,基础设施的建设和养护水平也参差不齐,货运事故的发生又往往出现多种因素相互交织、并存的复杂局面,本案在评判风险责任承担时,较好地运用了原因力分析的方法,论证充分,说理透彻,为类似纠纷的处理提供了借鉴思路。

第八百三十九条 【多式联运合同责任制度】多式联运经营人可以与参加多式联运的各区段承运人就多式联运合同的各区段运输约定相互之间的责任;但是,该约定不影响多式联运经营人对全程运输承担的义务。

旧法对应关系

合同法第三百一十八条

关联法律法规

《中华人民共和国海商法》(1992年11月7日)

第一百零三条 【责任期限】多式联运经营人对多式联运货物的责任期间,自接收货物时起至交付货物时止。

第一百零四条 【多式联运经营人的责任】多式联运经营人负责履行或者组织履行多式联运合同,并对全程运输负责。

多式联运经营人与参加多式联运的各区段承运人,可以就多式联运合同的各区段运输,另以合同约定相互之间的责任。但是,此项合同不得影响多式联运经营人对全程运输所承担的责任。

第八百四十条 【多式联运单据】多式联运经营人收到托运人交付的货物时,应当签发多式联运单据。按照托运人的要求,多式联运单据可以是可转让单据,也可以是不可转让单据。

旧法对应关系

合同法第三百一十九条

第八百四十一条 【托运人承担过错责任】因托运人托运货物时的过错造成多式联运经营人损失的,即使托运人已经转让多式联运单据,托运人仍然应当承担赔偿责任。

旧法对应关系

合同法第三百二十条

第八百四十二条 【多式联运经营人赔偿责任的法律适用】货物的毁损、灭失发生于多式联运的某一运输区段的,多式联运经营人的赔偿责任和责任限额,适用调整该区段运输方式的有关法律规定;货物毁损、灭失发生的运输区段不能确定的,依照本章规定承担赔偿责任。

旧法对应关系

合同法第三百二十一条

关联法律法规

《中华人民共和国铁路法》(2015年4月24日修正)

第二十九条 铁路运输企业与公路、航空或者水上运输企业相互间实行国内旅客、货物联运,依照国家有关规定办理;国家没有规定的,依照有关各方的协议办理。

《中华人民共和国海商法》(1992年11月7日)

第一百零五条 【区段损坏的赔偿】货物的灭失或者损坏发生于多式联运的某一运输区段的,多式联运经营人的赔偿责任和责任限额,适用调整该区段运输方式的有关法律规定。

第一百零六条 【责任推定】货物的灭失或者损坏发生的运输区段不能确定的,多式联运经营人应当依照本章关于承运人赔偿责任和责任限额的规定负赔偿责任。

第二十章 技术合同

第一节 一般规定

第八百四十三条 【技术合同定义】技术合同是当事人就技术开发、转让、许可、咨询或者服务订立的确立相互之间权利和义务的合同。

对应司法解释

《最高人民法院关于审理技术合同纠纷案件适用法律若干问题的解释》(法释〔2020〕19号修正)

第四十二条 当事人将技术合同和其他合同内容或者将不同类型的技术合同内容订立在一个合同中的,应当根据当事人争议的权利义务内容,确定案件的性质和案由。

技术合同名称与约定的权利义务关系不一致的,应当按照约定的权利义务内容,确定合同的类型和案由。

技术转让合同或者技术许可合同中约定让与人或者许可人负责包销或者回购受让人、被许可人实施合同标的技术制造的产品,仅因让与人或者许可人不履行或者不能全部履行包销或者回购义务引起纠纷,不涉及技术问题的,应当按照包销或者回购条款约定的权利义务内容确定案由。

第四十三条 技术合同纠纷案件一般由中级以上人民法院管辖。

各高级人民法院根据本辖区的实际情况并报经最高人民法院批准,可以指定若干基层人民法院管辖第一审技术合同纠纷案件。

其他司法解释对技术合同纠纷案件管辖另有规定的,从其规定。

合同中既有技术合同内容,又有其他合同内容,当事人就技术合同内容和其他合同内容均发生争议的,由具有技术合同纠纷案件管辖权的人民法院受理。

第四十四条 一方当事人以诉讼争议的技术合同侵害他人技术成果为由请求确认合同无效，或者人民法院在审理技术合同纠纷中发现可能存在该无效事由的，人民法院应当依法通知有关利害关系人，其可以作为有独立请求权的第三人参加诉讼或者依法向有管辖权的人民法院另行起诉。

利害关系人在接到通知后 15 日内不提起诉讼的，不影响人民法院对案件的审理。

第四十五条 第三人向受理技术合同纠纷案件的人民法院就合同标的技术提出权属或者侵权请求时，受诉人民法院对此也有管辖权的，可以将权属或者侵权纠纷与合同纠纷合并审理；受诉人民法院对此没有管辖权的，应当告知其向有管辖权的人民法院另行起诉或者将已经受理的权属或者侵权纠纷案件移送有管辖权的人民法院。权属或者侵权纠纷另案受理后，合同纠纷应当中止诉讼。

专利实施许可合同诉讼中，被许可人或者第三人向国家知识产权局请求宣告专利权无效的，人民法院可以不中止诉讼。在案件审理过程中专利权被宣告无效的，按照专利法第四十七条第二款和第三款的规定处理。

第四十六条 计算机软件开发等合同争议，著作权法以及其他法律、行政法规另有规定的，依照其规定；没有规定的，适用民法典第三编第一分编的规定，并可以参照民法典第三编第二分编第二十章和本解释的有关规定处理。

条文应用提示

技术合同是当事人就技术开发、转让、许可、咨询或者服务订立的确立相互之间权利和义务的合同。技术合同的内容是当事人就技术开发、技术转让、技术许可、技术咨询、技术服务所确立的相互之间权利和义务关系。这种权利义务关系，有自己的特殊性。比如，技术合同履行过程中常常出现相关权利（发明权、专利权、非专利权使用权等）的归属问题；又如，技术合同的标的多数是无形的，特别是技术转让合同的一方当事人允许他方使用自己的技术多数是无形的；再如，使用技术合同标的的主体既可以是一个主体，也可以是多个主体。

旧法对应关系

合同法第三百二十二条

第八百四十四条　【技术合同订立的目的】订立技术合同，应当有利于知识产权的保护和科学技术的进步，促进科学技术成果的研发、转化、应用和推广。

对应司法解释

《最高人民法院关于审理技术合同纠纷案件适用法律若干问题的解释》（法释〔2020〕19号修正）

第一条　技术成果，是指利用科学技术知识、信息和经验作出的涉及产品、工艺、材料及其改进等的技术方案，包括专利、专利申请、技术秘密、计算机软件、集成电路布图设计、植物新品种等。

技术秘密，是指不为公众所知悉、具有商业价值并经权利人采取相应保密措施的技术信息。

旧法对应关系

合同法第三百二十三条

第八百四十五条　【技术合同主要条款】技术合同的内容一般包括项目的名称，标的的内容、范围和要求，履行的计划、地点和方式，技术信息和资料的保密，技术成果的归属和收益的分配办法，验收标准和方法，名词和术语的解释等条款。

与履行合同有关的技术背景资料、可行性论证和技术评价报告、项目任务书和计划书、技术标准、技术规范、原始设计和工艺文件，以及其他技术文档，按照当事人的约定可以作为合同的组成部分。

技术合同涉及专利的，应当注明发明创造的名称、专利申请人和专利权人、申请日期、申请号、专利号以及专利权的有效期限。

旧法对应关系

合同法第三百二十四条

第八百四十六条　【技术合同价款、报酬及使用费】技术合同价款、报酬或者使用费的支付方式由当事人约定，可以采取一次总算、一次总付或者一次总算、分期支付，也可以采取提成支付或者提成支付附加预付入门费的方式。

约定提成支付的，可以按照产品价格、实施专利和使用技术秘密后新增的产值、利润或者产品销售额的一定比例提成，也可以按照约定的其他方式计算。提成支付的比例可以采取固定比例、逐年递增比例或者逐年递减比例。

约定提成支付的，当事人可以约定查阅有关会计账目的办法。

对应司法解释

《最高人民法院关于审理技术合同纠纷案件适用法律若干问题的解释》（法释〔2020〕19号修正）

第十四条　对技术合同的价款、报酬和使用费，当事人没有约定或者约定不明确的，人民法院可以按照以下原则处理：

（一）对于技术开发合同和技术转让合同、技术许可合同，根据有关技术成果的研究开发成本、先进性、实施转化和应用的程度，当事人享有的权益和承担的责任，以及技术成果的经济效益等合理确定；

（二）对于技术咨询合同和技术服务合同，根据有关咨询服务工作的技术含量、质量和数量，以及已经产生和预期产生的经济效益等合理确定。

技术合同价款、报酬、使用费中包含非技术性款项的，应当分项计算。

旧法对应关系

合同法第三百二十五条

第八百四十七条　【职务技术成果的财产权权属】职务技术成果的使用权、转让权属于法人或者非法人组织的，法人或者非法人组织可以就该项职务技术成果订立技术合同。法人或者非法人组织订立技

术合同转让职务技术成果时，职务技术成果的完成人享有以同等条件优先受让的权利。

职务技术成果是执行法人或者非法人组织的工作任务，或者主要是利用法人或者非法人组织的物质技术条件所完成的技术成果。

对应司法解释

《最高人民法院关于审理技术合同纠纷案件适用法律若干问题的解释》（法释〔2020〕19号修正）

第二条 民法典第八百四十七条第二款所称“执行法人或者非法人组织的工作任务”，包括：

（一）履行法人或者非法人组织的岗位职责或者承担其交付的其他技术开发任务；

（二）离职后一年内继续从事与其原所在法人或者非法人组织的岗位职责或者交付的任务有关的技术开发工作，但法律、行政法规另有规定的除外。

法人或者非法人组织与其职工就职工在职期间或者离职以后所完成的技术成果的权益有约定的，人民法院应当依约定确认。

第三条 民法典第八百四十七条第二款所称“物质技术条件”，包括资金、设备、器材、原材料、未公开的技术信息和资料等。

第四条 民法典第八百四十七条第二款所称“主要是利用法人或者非法人组织的物质技术条件”，包括职工在技术成果的研究开发过程中，全部或者大部分利用了法人或者非法人组织的资金、设备、器材或者原材料等物质条件，并且这些物质条件对形成该技术成果具有实质性的影响；还包括该技术成果实质性内容是在法人或者非法人组织尚未公开的技术成果、阶段性技术成果基础上完成的情形。但下列情况除外：

（一）对利用法人或者非法人组织提供的物质技术条件，约定返还资金或者交纳使用费的；

（二）在技术成果完成后利用法人或者非法人组织的物质技术条件对技术方案进行验证、测试的。

第五条　个人完成的技术成果,属于执行原所在法人或者非法人组织的工作任务,又主要利用了现所在法人或者非法人组织的物质技术条件的,应当按照该自然人原所在和现所在法人或者非法人组织达成的协议确认权益。不能达成协议的,根据对完成该项技术成果的贡献大小由双方合理分享。

第六条　民法典第八百四十七条所称"职务技术成果的完成人"、第八百四十八条所称"完成技术成果的个人",包括对技术成果单独或者共同作出创造性贡献的人,也即技术成果的发明人或者设计人。人民法院在对创造性贡献进行认定时,应当分解所涉及技术成果的实质性技术构成。提出实质性技术构成并由此实现技术方案的人,是作出创造性贡献的人。

提供资金、设备、材料、试验条件,进行组织管理,协助绘制图纸、整理资料、翻译文献等人员,不属于职务技术成果的完成人、完成技术成果的个人。

旧法对应关系

合同法第三百二十六条

关联法律法规

《中华人民共和国专利法》(2020年10月17日修正)

第六条　执行本单位的任务或者主要是利用本单位的物质技术条件所完成的发明创造为职务发明创造。职务发明创造申请专利的权利属于该单位,申请被批准后,该单位为专利权人。该单位可以依法处置其职务发明创造申请专利的权利和专利权,促进相关发明创造的实施和运用。

非职务发明创造,申请专利的权利属于发明人或者设计人;申请被批准后,该发明人或者设计人为专利权人。

利用本单位的物质技术条件所完成的发明创造,单位与发明人或者设计人订有合同,对申请专利的权利和专利权的归属作出约定的,从其约定。

第八百四十八条 【非职务技术成果的财产权权属】非职务技术成果的使用权、转让权属于完成技术成果的个人,完成技术成果的个人可以就该项非职务技术成果订立技术合同。

对应司法解释

《最高人民法院关于审理技术合同纠纷案件适用法律若干问题的解释》(法释〔2020〕19号修正)

第六条 民法典第八百四十七条所称“职务技术成果的完成人”、第八百四十八条所称“完成技术成果的个人”,包括对技术成果单独或者共同作出创造性贡献的人,也即技术成果的发明人或者设计人。人民法院在对创造性贡献进行认定时,应当分解所涉及技术成果的实质性技术构成。提出实质性技术构成并由此实现技术方案的人,是作出创造性贡献的人。

提供资金、设备、材料、试验条件,进行组织管理,协助绘制图纸、整理资料、翻译文献等人员,不属于职务技术成果的完成人、完成技术成果的个人。

第十六条 当事人以技术成果向企业出资但未明确约定权属,接受出资的企业主张该技术成果归其享有的,人民法院一般应当予以支持,但是该技术成果价值与该技术成果所占出资额比例明显不合理损害出资人利益的除外。

当事人对技术成果的权属约定有比例的,视为共同所有,其权利使用和利益分配,按共有技术成果的有关规定处理,但当事人另有约定的,从其约定。

当事人对技术成果的使用权约定有比例的,人民法院可以视为当事人对实施该项技术成果所获收益的分配比例,但当事人另有约定的,从其约定。

旧法对应关系

合同法第三百二十七条,原技术合同解释第五条、第六条

第八百四十九条 【技术成果的人身权归属】完成技术成果的个人享有在有关技术成果文件上写明自己是技术成果完成者的权利和取得荣誉证书、奖励的权利。

旧法对应关系

合同法第三百二十八条

第八百五十条 【技术合同无效】非法垄断技术或者侵害他人技术成果的技术合同无效。

对应司法解释

《最高人民法院关于审理技术合同纠纷案件适用法律若干问题的解释》(法释〔2020〕19号修正)

第十条 下列情形,属于民法典第八百五十条所称的“非法垄断技术”:

(一)限制当事人一方在合同标的技术基础上进行新的研究开发或者限制其使用所改进的技术,或者双方交换改进技术的条件不对等,包括要求一方将其自行改进的技术无偿提供给对方、非互惠性转让给对方、无偿独占或者共享该改进技术的知识产权;

(二)限制当事人一方从其他来源获得与技术提供方类似技术或者与其竞争的技术;

(三)阻碍当事人一方根据市场需求,按照合理方式充分实施合同标的技术,包括明显不合理地限制技术接受方实施合同标的技术生产产品或者提供服务的数量、品种、价格、销售渠道和出口市场;

(四)要求技术接受方接受并非实施技术必不可少的附带条件,包括购买非必需的技术、原材料、产品、设备、服务以及接收非必需的人员等;

(五)不合理地限制技术接受方购买原材料、零部件、产品或者设备等的渠道或者来源;

（六）禁止技术接受方对合同标的技术知识产权的有效性提出异议或者对提出异议附加条件。

第十一条 技术合同无效或者被撤销后，技术开发合同研究开发人、技术转让合同让与人、技术许可合同许可人、技术咨询合同和技术服务合同的受托人已经履行或者部分履行了约定的义务，并且造成合同无效或者被撤销的过错在对方的，对其已履行部分应当收取的研究开发经费、技术使用费、提供咨询服务的报酬，人民法院可以认定为因对方原因导致合同无效或者被撤销给其造成的损失。

技术合同无效或者被撤销后，因履行合同所完成新的技术成果或者在他人技术成果基础上完成后续改进技术成果的权利归属和利益分享，当事人不能重新协议确定的，人民法院可以判决由完成技术成果的一方享有。

第十二条 根据民法典第八百五十条的规定，侵害他人技术秘密的技术合同被确认无效后，除法律、行政法规另有规定的以外，善意取得该技术秘密的一方当事人可以在其取得时的范围内继续使用该技术秘密，但应当向权利人支付合理的使用费并承担保密义务。

当事人双方恶意串通或者一方知道或者应当知道另一方侵权仍与其订立或者履行合同的，属于共同侵权，人民法院应当判令侵权人承担连带赔偿责任和保密义务，因此取得技术秘密的当事人不得继续使用该技术秘密。

条文应用提示

本条根据技术合同的特点明确了技术合同无效的两种情形，即非法垄断技术或者侵害他人技术成果的技术合同无效。

一是非法垄断技术，是指合同的一方当事人通过合同条款限制另一方当事人在合同标的技术的基础上进行新的研究开发，限制另一方当事人从其他渠道吸收技术，或者阻碍另一方根据市场的需求，按照合理的方式充分实施专利和使用技术秘密。常见的非法垄断技术条款主要有以下几种表现形式：(1)限制另一方在合同标的基础上进行新的研究开发。例如，在合同中约定一方在所取得的技术基础上进行新的研究开发，或者进行新的研究活动要得到其许可等。(2)限制另一方从其他渠道获取技术。

例如,在合同中约定一方当事人在取得技术成果或者接受技术服务后,不得采用合同外第三方新的有竞争优势的技术。(3)阻碍另一方根据市场需求,以合理的方式实施技术。合同的双方当事人可以自由约定实施专利和使用非专利技术的期限、地区、方式等,但是除此之外不得限制另一方当事人的生产规模、产品规模、原料来源、销售渠道等。(4)阻碍国家推广、使用技术。根据《专利法》的有关规定,国家对专利实行强制许可制度,对重要的发明创造实行计划许可。如果当事人受让专利权目的不是实施这一技术,而是为了防止他人使用这一新技术后冲出其控制的市场,那么这个技术合同则是为了规避专利法的规定,是徒具形式而当事人并不想使其发生法律后果的技术合同,应认定为无效的技术合同。

二是侵害他人技术成果,是指侵害另一方或者第三方的专利权、专利申请权、专利实施权、技术秘密使用权和转让权或者发明权、发现权以及其他科技成果权的行为。主要是未经拥有者或者持有技术成果的个人或者法人、非法人组织的许可,而与他人订立自己无权处分的技术成果的技术合同,或者订立了侵害技术成果完成人身份权、荣誉权的技术合同。《技术合同认定规则》规定,申请认定登记的技术合同,其合同条款含有下列非法垄断技术、妨碍技术进步等不合理限制条款的,不予登记:(1)一方限制另一方在合同标的技术的基础上进行新的研究开发的;(2)一方强制性要求另一方在合同标的基础上研究开发所取得的科技成果及其知识产权独占回授的;(3)一方限制另一方从其他渠道吸收竞争技术的;(4)一方限制另一方根据市场需求实施专利和使用技术秘密的。

旧法对应关系

合同法第三百二十九条,原技术合同解释第十条、第十一条、第十二条、第十三条

第二节 技术开发合同

第八百五十一条 【技术开发合同定义及合同形式】技术开发合同是当事人之间就新技术、新产品、新工艺、新品种或者新材料及其系统的研究开发所订立的合同。

技术开发合同包括委托开发合同和合作开发合同。

技术开发合同应当采用书面形式。

当事人之间就具有实用价值的科技成果实施转化订立的合同，参照适用技术开发合同的有关规定。

对应司法解释

《最高人民法院关于审理技术合同纠纷案件适用法律若干问题的解释》(法释〔2020〕19 号修正)

第十七条 民法典第八百五十一条第一款所称“新技术、新产品、新工艺、新品种或者新材料及其系统”，包括当事人在订立技术合同时尚未掌握的产品、工艺、材料及其系统等技术方案，但对技术上没有创新的现有产品的改型、工艺变更、材料配方调整以及对技术成果的验证、测试和使用除外。

第十八条 民法典第八百五十一条第四款规定的“当事人之间就具有实用价值的科技成果实施转化订立的”技术转化合同，是指当事人之间就具有实用价值但尚未实现工业化应用的科技成果包括阶段性技术成果，以实现该科技成果工业化应用为目标，约定后续试验、开发和应用等内容的合同。

条文应用提示

技术开发合同是当事人之间就新技术、新产品、新工艺、新品种或者新材料及其系统的研究开发所订立的合同。技术开发合同具有以下特点：(1)技术开发合同通常是双务合同、有偿合同。在技术开发合同中双方当事人均有义务，一方当事人在取得权利的同时必须向另一方支付一定的费用，付出相应的义务。(2)技术开发合同是一种要式合同。本条第三款规定当事人订立技术开发合同应当采用书面形式，便于将多且复杂的合同内容固定下来，有利于合同当事人认真遵循，履行好合同。(3)技术开发合同的标的(新技术、新产品、新工艺、新品种或者新材料及其系统)应有相对新的特点。新技术、新产品、新工艺、新品种或者新材料及其系统，一般是指当事人在订立技术合同时尚未掌握的产品、工艺、品种、材料及其系统等技术方案，但是在技术上没有创新的现有产品改型、工艺变更、品种更新、材料配方调整以及技术成果的检验、测试和使用的除外。(4)技术开发合同风险性较大。技术开发是一项探索未知的活动,受各方面条件的限制,可能双方尽了很大的努力,也难以达到订立合同的目的,因此,订立技术开发合同必须依据本法的有关规定,明确合同各方的责任和所承担的风险。

根据本条第二款的规定,技术开发合同包括委托开发合同和合作开发合同。委托开发合同,是指当事人一方委托另一方进行研究开发所订立的合同。合作开发合同,是指当事人各方就共同进行研究开发所订立的合同。即当事人各方共同投资、共同参与研究开发活动、共同承担研究开发风险、共享研究开发成果。

当事人之间就具有实用价值的科技成果实施转化订立的合同,是指当事人之间就具有实用价值但尚未实现工业化应用的科技成果包括阶段性技术成果,以实现该科技成果工业化应用为目标,约定后续试验、开发和应用等内容的合同。实践中,当事人就科技成果实施转化订立的合同逐渐增多,为适应技术创新和科技产业化的需要,本条第四款规定这些合同参照适用技术开发合同的有关规定。

旧法对应关系

合同法第三百三十条,原技术合同解释第十七条、第十八条

第八百五十二条 【委托开发合同的委托人义务】委托开发合同的委托人应当按照约定支付研究开发经费和报酬,提供技术资料,提出研究开发要求,完成协作事项,接受研究开发成果。

旧法对应关系

合同法第三百三十一条

第八百五十三条 【委托开发合同的研究开发人义务】委托开发合同的研究开发人应当按照约定制定和实施研究开发计划,合理使用研究开发经费,按期完成研究开发工作,交付研究开发成果,提供有关的技术资料和必要的技术指导,帮助委托人掌握研究开发成果。

旧法对应关系

合同法第三百三十二条

第八百五十四条　【委托开发合同的违约责任】委托开发合同的当事人违反约定造成研究开发工作停滞、延误或者失败的，应当承担违约责任。

旧法对应关系

合同法第三百三十三条、第三百三十四条

第八百五十五条　【合作开发合同的当事人主要义务】合作开发合同的当事人应当按照约定进行投资，包括以技术进行投资，分工参与研究开发工作，协作配合研究开发工作。

对应司法解释

《最高人民法院关于审理技术合同纠纷案件适用法律若干问题的解释》（法释〔2020〕19号修正）

第十九条　民法典第八百五十五条所称“分工参与研究开发工作”，包括当事人按照约定的计划和分工，共同或者分别承担设计、工艺、试验、试制等工作。

技术开发合同当事人一方仅提供资金、设备、材料等物质条件或者承担辅助协作事项，另一方进行研究开发工作的，属于委托开发合同。

旧法对应关系

合同法第三百三十五条，原技术合同解释第十九条

第八百五十六条　【合作开发合同的违约责任】合作开发合同的当事人违反约定造成研究开发工作停滞、延误或者失败的，应当承担违约责任。

旧法对应关系

合同法第三百三十六条

第八百五十七条　【技术开发合同解除】作为技术开发合同标的的技术已经由他人公开，致使技术开发合同的履行没有意义的，当事人可以解除合同。

旧法对应关系

合同法第三百三十七条

第八百五十八条　【技术开发合同风险负担及通知义务】技术开发合同履行过程中，因出现无法克服的技术困难，致使研究开发失败或者部分失败的，该风险由当事人约定；没有约定或者约定不明确，依据本法第五百一十条的规定仍不能确定的，风险由当事人合理分担。

当事人一方发现前款规定的可能致使研究开发失败或者部分失败的情形时，应当及时通知另一方并采取适当措施减少损失；没有及时通知并采取适当措施，致使损失扩大的，应当就扩大的损失承担责任。

旧法对应关系

合同法第三百三十八条

第八百五十九条　【委托开发合同的技术成果归属】委托开发完成的发明创造，除法律另有规定或者当事人另有约定外，申请专利的权利属于研究开发人。研究开发人取得专利权的，委托人可以依法实施该专利。

研究开发人转让专利申请权的，委托人享有以同等条件优先受让的权利。

旧法对应关系

合同法第三百三十九条

第八百六十条 【合作开发合同的技术成果归属】合作开发完成的发明创造，申请专利的权利属于合作开发的当事人共有；当事人一方转让其共有的专利申请权的，其他各方享有以同等条件优先受让的权利。但是，当事人另有约定的除外。

合作开发的当事人一方声明放弃其共有的专利申请权的，除当事人另有约定外，可以由另一方单独申请或者由其他各方共同申请。申请人取得专利权的，放弃专利申请权的一方可以免费实施该专利。

合作开发的当事人一方不同意申请专利的，另一方或者其他各方不得申请专利。

旧法对应关系

合同法第三百四十条

第八百六十一条 【技术秘密成果归属与分享】委托开发或者合作开发完成的技术秘密成果的使用权、转让权以及收益的分配办法，由当事人约定；没有约定或者约定不明确，依据本法第五百一十条的规定仍不能确定的，在没有相同技术方案被授予专利权前，当事人均有使用和转让的权利。但是，委托开发的研究开发人不得在向委托人交付研究开发成果之前，将研究开发成果转让给第三人。

对应司法解释

《最高人民法院关于审理技术合同纠纷案件适用法律若干问题的解释》(法释〔2020〕19号修正)

第二十条　民法典第八百六十一条所称“当事人均有使用和转让的权利”，包括当事人均有不经对方同意而自己使用或者以普通使用许可的方式许可他人使用技术秘密，并独占由此所获利益的权利。当事人一方将技术秘密成果的转让权让与他人，或者以独占或者排他使用许可的方式许可他人使用技术秘密，未经对方当事人同意或者追认的，应当认定该让与或者许可行为无效。

第二十一条　技术开发合同当事人依照民法典的规定或者约定自行实施专利或使用技术秘密，但因其不具备独立实施专利或者使用技术秘密的条件，以一个普通许可方式许可他人实施或者使用的，可以准许。

旧法对应关系

合同法第三百四十一条，原技术合同解释第二十条、第二十一条

关联法律法规

《中华人民共和国专利法》(2020年10月17日修正)

第八条　两个以上单位或者个人合作完成的发明创造、一个单位或者个人接受其他单位或者个人委托所完成的发明创造，除另有协议的以外，申请专利的权利属于完成或者共同完成的单位或者个人；申请被批准后，申请的单位或者个人为专利权人。

《中华人民共和国促进科技成果转化法》(2015年8月29日修正)

第四十条　科技成果完成单位与其他单位合作进行科技成果转化的，应当依法由合同约定该科技成果有关权益的归属。合同未作约定的，按照下列原则办理：

(一)在合作转化中无新的发明创造的，该科技成果的权益，归该科技成果完成单位；

(二)在合作转化中产生新的发明创造的，该新发明创造的权益归合作各方共有；

(三)对合作转化中产生的科技成果，各方都有实施该项科技成果的权利，转让该科技成果应经合作各方同意。

第三节　技术转让合同和技术许可合同

第八百六十二条　【技术转让合同和技术许可合同定义】技术转让合同是合法拥有技术的权利人，将现有特定的专利、专利申请、技术秘密的相关权利让与他人所订立的合同。

技术转让合同和技术许可合同中关于提供实施技术的专用设备、原材料或者提供有关的技术咨询、技术服务的约定，属于合同的组成部分。

对应司法解释

《最高人民法院关于审理技术合同纠纷案件适用法律若干问题的解释》(法释〔2020〕19号修正)

第二十二条　就尚待研究开发的技术成果或者不涉及专利、专利申请或者技术秘密的知识、技术、经验和信息所订立的合同，不属于民法典第八百六十二条规定的技术转让合同或者技术许可合同。

技术转让合同中关于让与人向受让人提供实施技术的专用设备、原材料或者提供有关的技术咨询、技术服务的约定，属于技术转让合同的组成部分。因此发生的纠纷，按照技术转让合同处理。

当事人以技术入股方式订立联营合同，但技术入股人不参与联营体的经营管理，并且以保底条款形式约定联营体或者联营对方支付其技术价款或者使用费的，视为技术转让合同或者技术许可合同。

第二十三条　专利申请权转让合同当事人以专利申请被驳回或者被视为撤回为由请求解除合同，该事实发生在依照专利法第十条第三款的规定办理专利申请权转让登记之前的，人民法院应当予以支持；发生在转让登记之后的，不予支持，但当事人另有约定的除外。

专利申请因专利申请权转让合同成立时即存在尚未公开的同样发明创造的在先专利申请被驳回，当事人依据民法典第五百六十三条第一款第(四)项的规定请求解除合同的，人民法院应当予以支持。

条文应用提示

本条是这次编纂《民法典》时新增加的条文。技术转让合同和技术许可合同具有以下特点：

第一，标的的特点。一是必须是特定的完整的技术内容。该内容构成一项产品、工艺、材料及其系统的技术方案；该方案须有特定的名称、技术指标、功能和适用范围。如果标的仅为一般的商业秘密和数据，不构成一项完整的技术方案，或者标的为依靠个人技能和经验掌握的技术诀窍，无法认定其内容的，不属于技术合同转让和许可的标的。二是转让和许可的标的应当是当事人已经掌握的、特定的、现有的技术成果，包括专利权、专利申请权、技术秘密使用权和转让权，不包括尚待研究开发的技术成果或者不涉及专利、专利申请或者技术秘密的知识、技术、经验和信息。

第二，当事人应当对转让和许可标的拥有权属。技术的转让和许可是技术权利的转让和许可，转让人和许可人应当保证自己是所提供的技术的合法拥有者，否则该技术不属于技术转让和许可合同可以转让的标的。例如，当事人享有的专利权已经终止，则不能转让了。

第三，技术商品不同于一般的商品，可以多次转让和许可。

旧法对应关系

原技术合同解释第二十二条

关联法律法规

《中华人民共和国专利法》（2020年10月17日修正）

第十条　专利申请权和专利权可以转让。

中国单位或者个人向外国人、外国企业或者外国其他组织转让专利申请权或者专利权的，应当依照有关法律、行政法规的规定办理手续。

转让专利申请权或者专利权的，当事人应当订立书面合同，并向国务院专利行政部门登记，由国务院专利行政部门予以公告。专利申请权或者专利权的转让自登记之日起生效。

第十二条　任何单位或者个人实施他人专利的，应当与专利权人订立实施许可合同，向专利权人支付专利使用费。被许可人无权允许合同规定以外的任何单位或者个人实施该专利。

第四十七条　宣告无效的专利权视为自始即不存在。

宣告专利权无效的决定，对在宣告专利权无效前人民法院作出并已执行的专利侵权的判决、调解书，已经履行或者强制执行的专利侵权纠纷处理决定，以及已经履行的专利实施许可合同和专利权转让合同，不具有追溯力。但是因专利权人的恶意给他人造成的损失，应当给予赔偿。

依照前款规定不返还专利侵权赔偿金、专利使用费、专利权转让费，明显违反公平原则的，应当全部或者部分返还。

第八百六十三条 【技术转让合同和技术许可合同类型和形式】技术转让合同包括专利权转让、专利申请权转让、技术秘密转让等合同。

技术许可合同包括专利实施许可、技术秘密使用许可等合同。

技术转让合同和技术许可合同应当采用书面形式。

对应司法解释

《最高人民法院关于审理技术合同纠纷案件适用法律若干问题的解释》(法释〔2020〕19号修正)

第二十四条 订立专利权转让合同或者专利申请权转让合同前,让与人自己已经实施发明创造,在合同生效后,受让人要求让与人停止实施的,人民法院应当予以支持,但当事人另有约定的除外。

让与人与受让人订立的专利权、专利申请权转让合同,不影响在合同成立前让与人与他人订立的相关专利实施许可合同或者技术秘密转让合同的效力。

第二十五条 专利实施许可包括以下方式:

(一)独占实施许可,是指许可人在约定许可实施专利的范围内,将该专利仅许可一个被许可人实施,许可人依约定不得实施该专利;

(二)排他实施许可,是指许可人在约定许可实施专利的范围内,将该专利仅许可一个被许可人实施,但许可人依约定可以自行实施该专利;

(三)普通实施许可,是指许可人在约定许可实施专利的范围内许可他人实施该专利,并且可以自行实施该专利。

当事人对专利实施许可方式没有约定或者约定不明确的,认定为普通实施许可。专利实施许可合同约定被许可人可以再许可他人实施专利的,认定该再许可为普通实施许可,但当事人另有约定的除外。

技术秘密的许可使用方式,参照本条第一、二款的规定确定。

第二十七条 排他实施许可合同许可人不具备独立实施其专利的条件,以一个普通许可的方式许可他人实施专利的,人民法院可以认定为许可人自己实施专利,但当事人另有约定的除外。

第二十九条　当事人之间就申请专利的技术成果所订立的许可使用合同，专利申请公开以前，适用技术秘密许可合同的有关规定；发明专利申请公开以后、授权以前，参照适用专利实施许可合同的有关规定；授权以后，原合同即为专利实施许可合同，适用专利实施许可合同的有关规定。

人民法院不以当事人就已经申请专利但尚未授权的技术订立专利实施许可合同为由，认定合同无效。

旧法对应关系

合同法第三百四十二条

第八百六十四条　【技术转让合同和技术许可合同的限制性条款】技术转让合同和技术许可合同可以约定实施专利或者使用技术秘密的范围，但是不得限制技术竞争和技术发展。

对应司法解释

《最高人民法院关于审理技术合同纠纷案件适用法律若干问题的解释》（法释〔2020〕19号修正）

第二十八条　民法典第八百六十四条所称"实施专利或者使用技术秘密的范围"，包括实施专利或者使用技术秘密的期限、地域、方式以及接触技术秘密的人员等。

当事人对实施专利或者使用技术秘密的期限没有约定或者约定不明确的，受让人、被许可人实施专利或者使用技术秘密不受期限限制。

旧法对应关系

合同法第三百四十三条

第八百六十五条　【专利实施许可合同限制】专利实施许可合同仅在该专利权的存续期限内有效。专利权有效期限届满或者专利权被宣告无效的，专利权人不得就该专利与他人订立专利实施许可合同。

对应司法解释

《最高人民法院关于审理技术合同纠纷案件适用法律若干问题的解释》(法释〔2020〕19号修正)

第二十六条 专利实施许可合同许可人负有在合同有效期内维持专利权有效的义务,包括依法缴纳专利年费和积极应对他人提出宣告专利权无效的请求,但当事人另有约定的除外。

旧法对应关系

合同法第三百四十四条

关联法律法规

《中华人民共和国专利法》(2020年10月17日修正)

第四十二条 发明专利权的期限为二十年,实用新型专利权的期限为十年,外观设计专利权的期限为十五年,均自申请日起计算。

自发明专利申请日起满四年,且自实质审查请求之日起满三年后授予发明专利权的,国务院专利行政部门应专利权人的请求,就发明专利在授权过程中的不合理延迟给予专利权期限补偿,但由申请人引起的不合理延迟除外。

为补偿新药上市审评审批占用的时间,对在中国获得上市许可的新药相关发明专利,国务院专利行政部门应专利权人的请求给予专利权期限补偿。补偿期限不超过五年,新药批准上市后总有效专利权期限不超过十四年。

第四十三条 专利权人应当自被授予专利权的当年开始缴纳年费。

第四十四条 有下列情形之一的,专利权在期限届满前终止:

(一)没有按照规定缴纳年费的;

(二)专利权人以书面声明放弃其专利权的。

专利权在期限届满前终止的,由国务院专利行政部门登记和公告。

典型案例指导

北京朗坤生物科技有限公司与北京汇朗生物科技有限公司专利权转让合同纠纷案[最高人民法院(2019)最高法知民终394号民事判决书,《最高人民法院公报》2021年第1期(总第291期)]

专利权被宣告无效的,之前已经签订的专利权许可或转让合同并不因此而无效，上述合同因专利权无效而不能履行的，当事人可以据此主张变更或解除合同；专利权被宣告无效后合同尚未履行的部分是否一概不再履行，应根据未履行部分涉及的利益是否系因行使专利权所直接获得的利益进行判断。专利权许可费、转让费、侵权损害赔偿等均属于专利权价值的对价，专利权被宣告无效后，权利人无权要求继续履行。如果未履行部分系因当事人违约行为而应承担的违约金，由于违约金通常并非直接对应于专利权的价值，而是对应当事人的违约行为，专利权宣告无效对此并不具有溯及力，专利权人有权要求违约方继续履行未支付的违约金。

第八百六十六条 【专利实施许可合同许可人主要义务】专利实施许可合同的许可人应当按照约定许可被许可人实施专利，交付实施专利有关的技术资料，提供必要的技术指导。

旧法对应关系

合同法第三百四十五条

第八百六十七条 【专利实施许可合同被许可人主要义务】专利实施许可合同的被许可人应当按照约定实施专利，不得许可约定以外的第三人实施该专利，并按照约定支付使用费。

旧法对应关系

合同法第三百四十六条

第八百六十八条 【技术秘密让与人和许可人主要义务】技术秘密转让合同的让与人和技术秘密使用许可合同的许可人应当按照约定提供技术资料，进行技术指导，保证技术的实用性、可靠性，承担保密义务。

前款规定的保密义务，不限制许可人申请专利，但是当事人另有约定的除外。

对应司法解释

《最高人民法院关于审理技术合同纠纷案件适用法律若干问题的解释》(法释〔2020〕19号修正)

第二十九条 当事人之间就申请专利的技术成果所订立的许可使用合同,专利申请公开以前,适用技术秘密许可合同的有关规定;发明专利申请公开以后、授权以前,参照适用专利实施许可合同的有关规定;授权以后,原合同即为专利实施许可合同,适用专利实施许可合同的有关规定。

人民法院不以当事人就已经申请专利但尚未授权的技术订立专利实施许可合同为由,认定合同无效。

旧法对应关系

合同法第三百四十七条

第八百六十九条 【技术秘密受让人和被许可人主要义务】技术秘密转让合同的受让人和技术秘密使用许可合同的被许可人应当按照约定使用技术,支付转让费、使用费,承担保密义务。

旧法对应关系

合同法第三百四十八条

第八百七十条 【技术转让合同让与人和技术许可合同许可人保证义务】技术转让合同的让与人和技术许可合同的许可人应当保证自己是所提供的技术的合法拥有者,并保证所提供的技术完整、无误、有效,能够达到约定的目标。

旧法对应关系

合同法第三百四十九条

第八百七十一条 【技术转让合同受让人和技术许可合同被许可人保密义务】技术转让合同的受让人和技术许可合同的被许可人应当按照约定的范围和期限，对让与人、许可人提供的技术中尚未公开的秘密部分，承担保密义务。

旧法对应关系

合同法第三百五十条

第八百七十二条 【许可人和让与人违约责任】许可人未按照约定许可技术的，应当返还部分或者全部使用费，并应当承担违约责任；实施专利或者使用技术秘密超越约定的范围的，违反约定擅自许可第三人实施该项专利或者使用该项技术秘密的，应当停止违约行为，承担违约责任；违反约定的保密义务的，应当承担违约责任。

让与人承担违约责任，参照适用前款规定。

旧法对应关系

合同法第三百五十一条

第八百七十三条 【被许可人和受让人违约责任】被许可人未按照约定支付使用费的，应当补交使用费并按照约定支付违约金；不补交使用费或者支付违约金的，应当停止实施专利或者使用技术秘密，交还技术资料，承担违约责任；实施专利或者使用技术秘密超越约定的范围的，未经许可人同意擅自许可第三人实施该专利或者使用该技术秘密的，应当停止违约行为，承担违约责任；违反约定的保密义务的，应当承担违约责任。

受让人承担违约责任，参照适用前款规定。

旧法对应关系

合同法第三百五十二条

第八百七十四条 【受让人和被许可人侵权责任】受让人或者被许可人按照约定实施专利、使用技术秘密侵害他人合法权益的，由让与人或者许可人承担责任，但是当事人另有约定的除外。

旧法对应关系

合同法第三百五十三条

第八百七十五条 【后续技术成果的归属与分享】当事人可以按照互利的原则，在合同中约定实施专利、使用技术秘密后续改进的技术成果的分享办法；没有约定或者约定不明确，依据本法第五百一十条的规定仍不能确定的，一方后续改进的技术成果，其他各方无权分享。

旧法对应关系

合同法第三百五十四条

第八百七十六条 【其他知识产权的转让和许可】集成电路布图设计专有权、植物新品种权、计算机软件著作权等其他知识产权的转让和许可，参照适用本节的有关规定。

旧法对应关系

原技术合同解释第四十六条

第八百七十七条 【技术进出口合同或者专利、专利申请合同法律适用】法律、行政法规对技术进出口合同或者专利、专利申请合同另有规定的，依照其规定。

旧法对应关系

合同法第三百五十五条

关联法律法规

《中华人民共和国对外贸易法》(2022 年 12 月 30 日修正)

第十三条 国家准许货物与技术的自由进出口。但是，法律、行政法规另有规定的除外。

第十四条 国务院对外贸易主管部门基于监测进出口情况的需要，可以对部分自由进出口的货物实行进出口自动许可并公布其目录。

实行自动许可的进出口货物，收货人、发货人在办理海关报关手续前提出自动许可申请的，国务院对外贸易主管部门或者其委托的机构应当予以许可；未办理自动许可手续的，海关不予放行。

进出口属于自由进出口的技术，应当向国务院对外贸易主管部门或者其委托的机构办理合同备案登记。

第十五条 国家基于下列原因，可以限制或者禁止有关货物、技术的进口或者出口：

（一）为维护国家安全、社会公共利益或者公共道德，需要限制或者禁止进口或者出口的；

（二）为保护人的健康或者安全，保护动物、植物的生命或者健康，保护环境，需要限制或者禁止进口或者出口的；

（三）为实施与黄金或者白银进出口有关的措施，需要限制或者禁止进口或者出口的；

（四）国内供应短缺或者为有效保护可能用竭的自然资源，需要限制或者禁止出口的；

（五）输往国家或者地区的市场容量有限，需要限制出口的；

（六）出口经营秩序出现严重混乱，需要限制出口的；

（七）为建立或者加快建立国内特定产业，需要限制进口的；

（八）对任何形式的农业、牧业、渔业产品有必要限制进口的；

（九）为保障国家国际金融地位和国际收支平衡，需要限制进口的；

（十）依照法律、行政法规的规定，其他需要限制或者禁止进口或者出口的；

（十一）根据我国缔结或者参加的国际条约、协定的规定，其他需要限制或者禁止进口或者出口的。

第十六条 国家对与裂变、聚变物质或者衍生此类物质的物质有关的货物、技术进出口，以及与武器、弹药或者其他军用物资有关的进出口，可以采取任何必要的措施，维护国家安全。

在战时或者为维护国际和平与安全，国家在货物、技术进出口方面可以采取任何必要的措施。

第十七条 国务院对外贸易主管部门会同国务院其他有关部门,依照本法第十五条和第十六条的规定,制定、调整并公布限制或者禁止进出口的货物、技术目录。

国务院对外贸易主管部门或者由其会同国务院其他有关部门,经国务院批准,可以在本法第十五条和第十六条规定的范围内,临时决定限制或者禁止前款规定目录以外的特定货物、技术的进口或者出口。

第十八条 国家对限制进口或者出口的货物,实行配额、许可证等方式管理;对限制进口或者出口的技术,实行许可证管理。

实行配额、许可证管理的货物、技术,应当按照国务院规定经国务院对外贸易主管部门或者经其会同国务院其他有关部门许可,方可进口或者出口。

国家对部分进口货物可以实行关税配额管理。

第十九条 进出口货物配额、关税配额,由国务院对外贸易主管部门或者国务院其他有关部门在各自的职责范围内,按照公开、公平、公正和效益的原则进行分配。具体办法由国务院规定。

第二十条 国家实行统一的商品合格评定制度,根据有关法律、行政法规的规定,对进出口商品进行认证、检验、检疫。

第二十一条 国家对进出口货物进行原产地管理。具体办法由国务院规定。

第二十二条 对文物和野生动物、植物及其产品等,其他法律、行政法规有禁止或者限制进出口规定的,依照有关法律、行政法规的规定执行。

《中华人民共和国技术进出口管理条例》(2020年11月29日修订)

第一条 为了规范技术进出口管理,维护技术进出口秩序,促进国民经济和社会发展,根据《中华人民共和国对外贸易法》(以下简称对外贸易法)及其他有关法律的有关规定,制定本条例。

第二条 本条例所称技术进出口,是指从中华人民共和国境外向中华人民共和国境内,或者从中华人民共和国境内向中华人民共和国境外,通过贸易、投资或者经济技术合作的方式转移技术的行为。

前款规定的行为包括专利权转让、专利申请权转让、专利实施许可、技术秘密转让、技术服务和其他方式的技术转移。

第四节　技术咨询合同和技术服务合同

第八百七十八条　【技术咨询合同和技术服务合同定义】技术咨询合同是当事人一方以技术知识为对方就特定技术项目提供可行性论证、技术预测、专题技术调查、分析评价报告等所订立的合同。

技术服务合同是当事人一方以技术知识为对方解决特定技术问题所订立的合同，不包括承揽合同和建设工程合同。

对应司法解释

《最高人民法院关于审理技术合同纠纷案件适用法律若干问题的解释》（法释〔2020〕19号修正）

第三十条　民法典第八百七十八条第一款所称“特定技术项目”，包括有关科学技术与经济社会协调发展的软科学研究项目，促进科技进步和管理现代化、提高经济效益和社会效益等运用科学知识和技术手段进行调查、分析、论证、评价、预测的专业性技术项目。

第三十三条　民法典第八百七十八条第二款所称“特定技术问题”，包括需要运用专业技术知识、经验和信息解决的有关改进产品结构、改良工艺流程、提高产品质量、降低产品成本、节约资源能耗、保护资源环境、实现安全操作、提高经济效益和社会效益等专业技术问题。

旧法对应关系

合同法第三百五十六条

第八百七十九条　【技术咨询合同委托人义务】技术咨询合同的委托人应当按照约定阐明咨询的问题，提供技术背景材料及有关技术资料，接受受托人的工作成果，支付报酬。

旧法对应关系

合同法第三百五十七条

第八百八十条 【技术咨询合同受托人义务】技术咨询合同的受托人应当按照约定的期限完成咨询报告或者解答问题，提出的咨询报告应当达到约定的要求。

对应司法解释

《最高人民法院关于审理技术合同纠纷案件适用法律若干问题的解释》(法释〔2020〕19号修正)

第三十一条 当事人对技术咨询合同委托人提供的技术资料和数据或者受托人提出的咨询报告和意见未约定保密义务，当事人一方引用、发表或者向第三人提供的，不认定为违约行为，但侵害对方当事人对此享有的合法权益的，应当依法承担民事责任。

第三十二条 技术咨询合同受托人发现委托人提供的资料、数据等有明显错误或者缺陷，未在合理期限内通知委托人的，视为其对委托人提供的技术资料、数据等予以认可。委托人在接到受托人的补正通知后未在合理期限内答复并予补正的，发生的损失由委托人承担。

旧法对应关系

合同法第三百五十八条

第八百八十一条 【技术咨询合同的违约责任】技术咨询合同的委托人未按照约定提供必要的资料，影响工作进度和质量，不接受或者逾期接受工作成果的，支付的报酬不得追回，未支付的报酬应当支付。

技术咨询合同的受托人未按期提出咨询报告或者提出的咨询报告不符合约定的，应当承担减收或者免收报酬等违约责任。

技术咨询合同的委托人按照受托人符合约定要求的咨询报告和意见作出决策所造成的损失，由委托人承担，但是当事人另有约定的除外。

旧法对应关系

合同法第三百五十九条

第八百八十二条 【技术服务合同委托人义务】技术服务合同的委托人应当按照约定提供工作条件，完成配合事项，接受工作成果并支付报酬。

旧法对应关系

合同法第三百六十条

第八百八十三条 【技术服务合同受托人义务】技术服务合同的受托人应当按照约定完成服务项目，解决技术问题，保证工作质量，并传授解决技术问题的知识。

对应司法解释

《最高人民法院关于审理技术合同纠纷案件适用法律若干问题的解释》(法释〔2020〕19号修正)

第三十四条 当事人一方以技术转让或者技术许可的名义提供已进入公有领域的技术，或者在技术转让合同、技术许可合同履行过程中合同标的技术进入公有领域，但是技术提供方进行技术指导、传授技术知识，为对方解决特定技术问题符合约定条件的，按照技术服务合同处理，约定的技术转让费、使用费可以视为提供技术服务的报酬和费用，但是法律、行政法规另有规定的除外。

依照前款规定，技术转让费或者使用费视为提供技术服务的报酬和费用明显不合理的，人民法院可以根据当事人的请求合理确定。

第三十五条 技术服务合同受托人发现委托人提供的资料、数据、样品、材料、场地等工作条件不符合约定，未在合理期限内通知委托人的，视为其对委托人提供的工作条件予以认可。委托人在接到受托人的补正通知后未在合理期限内答复并予补正的，发生的损失由委托人承担。

旧法对应关系

合同法第三百六十一条

第八百八十四条 【技术服务合同的违约责任】技术服务合同的委托人不履行合同义务或者履行合同义务不符合约定，影响工作进度和质量，不接受或者逾期接受工作成果的，支付的报酬不得追回，未支付的报酬应当支付。

技术服务合同的受托人未按照约定完成服务工作的，应当承担免收报酬等违约责任。

旧法对应关系

合同法第三百六十二条

第八百八十五条 【创新技术成果归属】技术咨询合同、技术服务合同履行过程中，受托人利用委托人提供的技术资料和工作条件完成的新的技术成果，属于受托人。委托人利用受托人的工作成果完成的新的技术成果，属于委托人。当事人另有约定的，按照其约定。

旧法对应关系

合同法第三百六十三条

第八百八十六条 【工作费用的负担】技术咨询合同和技术服务合同对受托人正常开展工作所需费用的负担没有约定或者约定不明确的，由受托人负担。

第八百八十七条 【技术中介合同和技术培训合同法律适用】法律、行政法规对技术中介合同、技术培训合同另有规定的，依照其规定。

对应司法解释

《最高人民法院关于审理技术合同纠纷案件适用法律若干问题的解释》（法释〔2020〕19号修正）

第三十八条 民法典第八百八十七条规定的“技术中介合同”，是指当事人一方以知识、技术、经验和信息为另一方与第三人订立技术合同进行联系、介绍以及对履行合同提供专门服务所订立的合同。

第三十九条 中介人从事中介活动的费用，是指中介人在委托人和第三人订立技术合同前，进行联系、介绍活动所支出的通信、交通和必要的调查研究等费用。中介人的报酬，是指中介人为委托人与第三人订立技术合同以及对履行该合同提供服务应当得到的收益。

当事人对中介人从事中介活动的费用负担没有约定或者约定不明确的，由中介人承担。当事人约定该费用由委托人承担但未约定具体数额或者计算方法的，由委托人支付中介人从事中介活动支出的必要费用。

当事人对中介人的报酬数额没有约定或者约定不明确的，应当根据中介人所进行的劳务合理确定，并由委托人承担。仅在委托人与第三人订立的技术合同中约定中介条款，但未约定给付中介人报酬或者约定不明确的，应当支付的报酬由委托人和第三人平均承担。

第四十条 中介人未促成委托人与第三人之间的技术合同成立的，其要求支付报酬的请求，人民法院不予支持；其要求委托人支付其从事中介活动必要费用的请求，应当予以支持，但当事人另有约定的除外。

中介人隐瞒与订立技术合同有关的重要事实或者提供虚假情况，侵害委托人利益的，应当根据情况免收报酬并承担赔偿责任。

第四十一条 中介人对造成委托人与第三人之间的技术合同的无效或者被撤销没有过错，并且该技术合同的无效或者被撤销不影响有关中介条款或者技术中介合同继续有效，中介人要求按照约定或者本解释的有关规定给付从事中介活动的费用和报酬的，人民法院应当予以支持。

中介人收取从事中介活动的费用和报酬不应当被视为委托人与第三人之间的技术合同纠纷中一方当事人的损失。

旧法对应关系

合同法第三百六十四条

第二十一章 保管合同

第八百八十八条 【保管合同定义】保管合同是保管人保管寄存人交付的保管物,并返还该物的合同。

寄存人到保管人处从事购物、就餐、住宿等活动,将物品存放在指定场所的,视为保管,但是当事人另有约定或者另有交易习惯的除外。

条文应用提示

保管合同又称寄托合同或者寄存合同,是指双方当事人约定一方将物交付他方保管,尔后他方返还保管物的合同。保管物品的一方称为保管人,或者称为受寄人,其所保管的物品称为保管物,或者称为寄托物,交付物品保管的一方称为寄存人,或者称为寄托人。

保管合同的主要法律特征有:

第一,保管合同为有偿合同或者无偿合同。根据《民法典》第八百八十九条的规定,保管合同既可以是有偿合同,也可以是无偿合同,由保管人和寄存人自行约定。当寄存人和保管人没有就是否支付报酬作出约定,或者约定不明确的,双方可以协议补充;不能达成补充协议的,按照合同相关条款或者交易习惯确定。

第二,保管合同为要物合同。《民法典》第八百九十条规定:"保管合同自保管物交付时成立,但是当事人另有约定的除外。"根据该规定,保管合同原则上为要物合同。

第三,保管合同为不要式合同。本法并未对保管合同的订立形式作出规定,并不要求当事人必须以何种形式订立合同。订立保管合同既可以是口头形式,也可以是书面形式,为不要式合同。

第四,保管合同为继续性合同。继续性合同,是指合同的内容,并非一次性给付可以完结,而是继续地实现。在保管合同中,保管人要持续地履行其保管义务,并不是一次履行即告完结,具有继续性的特点。作为继续性合同的保管合同解除的效果不同于非继续性合同,保管合同的解除仅向将来发生效力。

旧法对应关系

合同法第三百六十五条

关联法律法规

《最高人民法院关于审理旅游纠纷案件适用法律若干问题的规定》（法释〔2020〕17号修正）

第十九条　旅游经营者或者旅游辅助服务者为旅游者代管的行李物品损毁、灭失，旅游者请求赔偿损失的，人民法院应予支持，但下列情形除外：

（一）损失是由于旅游者未听从旅游经营者或者旅游辅助服务者的事先声明或者提示，未将现金、有价证券、贵重物品由其随身携带而造成的；

（二）损失是由于不可抗力造成的；

（三）损失是由于旅游者的过错造成的；

（四）损失是由于物品的自然属性造成的。

第八百八十九条　【保管费】寄存人应当按照约定向保管人支付保管费。

当事人对保管费没有约定或者约定不明确，依据本法第五百一十条的规定仍不能确定的，视为无偿保管。

旧法对应关系

合同法第三百六十六条

第八百九十条　【保管合同成立时间】保管合同自保管物交付时成立，但是当事人另有约定的除外。

旧法对应关系

合同法第三百六十七条

第八百九十一条　【保管人出具保管凭证义务】寄存人向保管人交付保管物的，保管人应当出具保管凭证，但是另有交易习惯的除外。

旧法对应关系

合同法第三百六十八条

第八百九十二条 【保管人妥善保管义务】保管人应当妥善保管保管物。

当事人可以约定保管场所或者方法。除紧急情况或者为维护寄存人利益外,不得擅自改变保管场所或者方法。

旧法对应关系

合同法第三百六十九条

第八百九十三条 【寄存人告知义务】寄存人交付的保管物有瑕疵或者根据保管物的性质需要采取特殊保管措施的,寄存人应当将有关情况告知保管人。寄存人未告知,致使保管物受损失的,保管人不承担赔偿责任;保管人因此受损失的,除保管人知道或者应当知道且未采取补救措施外,寄存人应当承担赔偿责任。

条文应用提示

寄存人对保管人负有告知的义务,包括以下两种情况:

一是如果保管物有瑕疵的,应当将真实情况如实告知保管人。此处所说的瑕疵,不同于买卖合同中的瑕疵,主要是指保管物自身存在的、可能造成保管物自身或者其他物品毁损、灭失的缺陷。

二是按照保管物的性质需要采取特殊保管措施的,寄存人应当告知保管人。所谓“保管物的性质”,即如保管物属于易燃、易爆、有毒、有腐蚀性、有放射性等危险物品或者易变质物品。

寄存人违反前两项义务,使保管物本身遭受损失的,保管人不承担赔偿责任,即寄存人未履行相应的告知义务的,将使保管人免责。此处所说的免责,仅指因为寄存人未履行告知义务而造成保管财产自身损毁、灭失的,保管人对此免于承担赔偿责任。

寄存人违反前两项义务,使保管人的人身、财产遭受损失的,寄存人应当承担赔偿责任。

旧法对应关系

合同法第三百七十条

第八百九十四条 【保管人亲自保管保管物义务】保管人不得将保管物转交第三人保管，但是当事人另有约定的除外。

保管人违反前款规定，将保管物转交第三人保管，造成保管物损失的，应当承担赔偿责任。

旧法对应关系

合同法第三百七十一条

第八百九十五条 【保管人不得使用或者许可他人使用保管物的义务】保管人不得使用或者许可第三人使用保管物，但是当事人另有约定的除外。

旧法对应关系

合同法第三百七十二条

第八百九十六条 【保管人返还保管物及通知寄存人的义务】第三人对保管物主张权利的，除依法对保管物采取保全或者执行措施外，保管人应当履行向寄存人返还保管物的义务。

第三人对保管人提起诉讼或者对保管物申请扣押的，保管人应当及时通知寄存人。

旧法对应关系

合同法第三百七十三条

第八百九十七条 【保管人赔偿责任】保管期内，因保管人保管不善造成保管物毁损、灭失的，保管人应当承担赔偿责任。但是，无偿保管人证明自己没有故意或者重大过失的，不承担赔偿责任。

条文应用提示

保管人应当对保管物尽到妥善保管的义务。保管期间,因保管人保管不善造成保管物毁损、灭失的,原则上保管人都应当承担赔偿责任。在保管有偿与无偿的情况下,保管人责任的大小(或者轻重)应有所区别。

保管是无偿的,保管人对于故意或者重大过失造成保管物毁损、灭失的,承担赔偿责任,对于一般轻过失造成保管物毁损、灭失的,则可免除责任。保管是有偿的,保管人除证明自己对保管物的毁损、灭失没有过失的以外,一律承担赔偿责任。

旧法对应关系

合同法第三百七十四条

第八百九十八条 【寄存人声明义务】寄存人寄存货币、有价证券或者其他贵重物品的,应当向保管人声明,由保管人验收或者封存;寄存人未声明的,该物品毁损、灭失后,保管人可以按照一般物品予以赔偿。

旧法对应关系

合同法第三百七十五条

第八百九十九条 【领取保管物】寄存人可以随时领取保管物。

当事人对保管期限没有约定或者约定不明确的,保管人可以随时请求寄存人领取保管物;约定保管期限的,保管人无特别事由,不得请求寄存人提前领取保管物。

旧法对应关系

合同法第三百七十六条

第九百条 【返还保管物及其孳息】保管期限届满或者寄存人提前领取保管物的,保管人应当将原物及其孳息归还寄存人。

旧法对应关系

合同法第三百七十七条

第九百零一条 【消费保管合同】保管人保管货币的,可以返还相同种类、数量的货币;保管其他可替代物的,可以按照约定返还相同种类、品质、数量的物品。

条文应用提示

消费保管又称不规则保管,是指保管物为可替代物时,如约定将保管物的所有权移转于保管人,保管期间届满由保管人以同种类、品质、数量的物返还的保管。消费保管合同与一般保管合同有以下几点不同:

第一,消费保管合同的保管物必须为可替代物,即种类物。种类物是相对于特定物而言的,是指以品种、质量、规格或度量衡确定,不需具体指定的转让物,如标号相同的水泥,相同品牌、规格的电视机等。

第二,并不是所有种类物的寄存都属于消费保管合同。例如,《民法典》第八百九十八条规定的寄存货币的情形,就属于需返还原货币的一般保管合同,而不属于消费保管合同。

第三,既然保管物的所有权转移至保管人,因此,从寄存人交付时起,保管人就享有该物的利益,并承担该物的风险。

第四,消费保管的保管人仅须以同种类、品质、数量的物返还即可。而一般保管的保管人须返还原保管物。

旧法对应关系

合同法第三百七十八条

第九百零二条 【保管费支付期限】有偿的保管合同,寄存人应当按照约定的期限向保管人支付保管费。

当事人对支付期限没有约定或者约定不明确,依据本法第五百一十条的规定仍不能确定的,应当在领取保管物的同时支付。

旧法对应关系

合同法第三百七十九条

第九百零三条 【保管人留置权】寄存人未按照约定支付保管费或者其他费用的，保管人对保管物享有留置权，但是当事人另有约定的除外。

旧法对应关系

合同法第三百八十条，担保法第八十四条

第二十二章 仓储合同

第九百零四条 【仓储合同定义】仓储合同是保管人储存存货人交付的仓储物，存货人支付仓储费的合同。

条文应用提示

仓储合同，是指当事人双方约定由保管人（又称仓管人或仓库营业人）为存货人保管储存的货物，存货人支付仓储费的合同。仓储合同与保管合同相比，具有以下联系与区别：

第一，保管人必须是具有仓库营业资质的人，即具有仓储设施、仓储设备、专事仓储保管业务的人。

第二，仓储合同的对象仅为动产，不动产不可能成为仓储合同的对象。

第三，仓储合同为诺成合同。仓储合同自保管人和存货人意思表示一致时成立。

第四，仓储合同为不要式合同，可以是书面形式，也可以是口头形式。保管合同对合同订立的形式也没有特别要求，同样是不要式合同。

第五，仓储合同为双务、有偿合同。保管人提供储存、保管的义务，存货人承担支付仓储费的义务。保管合同可以为双务、有偿合同，也可以是单务、无偿合同。

第六,仓单是仓储合同的重要特征。

仓储合同的定义确定了保管人和存货人的主要义务。保管人的主要义务是储存存货人交付的仓储物,而存货人的主要义务是支付仓储费。

储存存货人交付的仓储物是保管人的主要义务。换言之,就是要妥善保管仓储物。这种义务主要包括以下几个方面的内容:其一,保管人应当具备储存仓储物的相应资质,并能提供符合约定的保管条件。其二,保管人应当亲自保管,不得擅自转交他人保管。其三,保管人应当尽到善良管理人的义务。

旧法对应关系

合同法第三百八十一条

典型案例指导

中化国际(控股)股份有限公司诉大连港股份有限公司港口货物保管合同纠纷案(2020年9月7日《最高人民法院发布2019年全国海事审判典型案例》)

本案涉及提货单权利人与仓单持有人分离时,港口经营人所面临向谁货物交付货物的问题。一方面,仓储合同不以存货人是仓储物的所有权人为前提,港口经营人在签订港口货物保管合同时没有识别仓储物所有权人的法定义务;另一方面,在仓储合同未实际履行或无法继续履行时,港口经营人作为海关监管的企业法人,在海关准予放行后,经生效判决确认的进口货物所有权人有权要求其交付货物。本案判决一方面肯定了依法成立的仓储合同的效力,另一方面维护了进口货物实际所有权人的物权,在司法实践中公平维护了各市场主体的合法权益,促进了国际贸易顺畅有序发展,对于营造诚实信用的营商环境发挥了良好的指引作用。

第九百零五条 【仓储合同成立时间】仓储合同自保管人和存货人意思表示一致时成立。

旧法对应关系

合同法第三百八十二条

第九百零六条 【危险物品和易变质物品的储存】储存易燃、易爆、有毒、有腐蚀性、有放射性等危险物品或者易变质物品的,存货人应

当说明该物品的性质，提供有关资料。

存货人违反前款规定的，保管人可以拒收仓储物，也可以采取相应措施以避免损失的发生，因此产生的费用由存货人负担。

保管人储存易燃、易爆、有毒、有腐蚀性、有放射性等危险物品的，应当具备相应的保管条件。

旧法对应关系

合同法第三百八十三条

关联法律法规

《危险化学品安全管理条例》(2013 年 12 月 7 日修订)

第九百零七条 【保管人验收义务以及损害赔偿】保管人应当按照约定对入库仓储物进行验收。保管人验收时发现入库仓储物与约定不符合的，应当及时通知存货人。保管人验收后，发生仓储物的品种、数量、质量不符合约定的，保管人应当承担赔偿责任。

旧法对应关系

合同法第三百八十四条

第九百零八条 【保管人出具仓单、入库单义务】存货人交付仓储物的，保管人应当出具仓单、入库单等凭证。

旧法对应关系

合同法第三百八十五条

第九百零九条 【仓单】保管人应当在仓单上签名或者盖章。仓单包括下列事项：

（一）存货人的姓名或者名称和住所；

（二）仓储物的品种、数量、质量、包装及其件数和标记；

（三）仓储物的损耗标准；

（四）储存场所；

（五）储存期限；

（六）仓储费；

（七）仓储物已经办理保险的，其保险金额、期间以及保险人的名称；

（八）填发人、填发地和填发日期。

旧法对应关系

合同法第三百八十六条

第九百一十条　【仓单性质和转让】仓单是提取仓储物的凭证。存货人或者仓单持有人在仓单上背书并经保管人签名或者盖章的，可以转让提取仓储物的权利。

旧法对应关系

合同法第三百八十七条

第九百一十一条　【存货人或者仓单持有人有权检查仓储物或者提取样品】保管人根据存货人或者仓单持有人的要求，应当同意其检查仓储物或者提取样品。

旧法对应关系

合同法第三百八十八条

第九百一十二条　【保管人危险通知义务】保管人发现入库仓储物有变质或者其他损坏的，应当及时通知存货人或者仓单持有人。

旧法对应关系

合同法第三百八十九条

第九百一十三条　【保管人危险催告义务和紧急处置权】保管人发现入库仓储物有变质或者其他损坏，危及其他仓储物的安全和正常保管的，应当催告存货人或者仓单持有人作出必要的处置。因情况紧急，保管人可以作出必要的处置；但是，事后应当将该情况及时通知存货人或者仓单持有人。

旧法对应关系

合同法第三百九十条

第九百一十四条　【储存期限不明确时仓储物提取】当事人对储存期限没有约定或者约定不明确的，存货人或者仓单持有人可以随时提取仓储物，保管人也可以随时请求存货人或者仓单持有人提取仓储物，但是应当给予必要的准备时间。

旧法对应关系

合同法第三百九十一条

第九百一十五条　【储存期限届满仓储物提取】储存期限届满，存货人或者仓单持有人应当凭仓单、入库单等提取仓储物。存货人或者仓单持有人逾期提取的，应当加收仓储费；提前提取的，不减收仓储费。

旧法对应关系

合同法第三百九十二条

第九百一十六条　【逾期提取仓储物】储存期限届满，存货人或者仓单持有人不提取仓储物的，保管人可以催告其在合理期限内提取；逾期不提取的，保管人可以提存仓储物。

旧法对应关系

合同法第三百九十三条

第九百一十七条　【保管人的损害赔偿责任】储存期内，因保管不善造成仓储物毁损、灭失的，保管人应当承担赔偿责任。因仓储物本身的自然性质、包装不符合约定或者超过有效储存期造成仓储物变质、损坏的，保管人不承担赔偿责任。

旧法对应关系

合同法第三百九十四条

第九百一十八条　【适用保管合同】本章没有规定的，适用保管合同的有关规定。

旧法对应关系

合同法第三百九十五条

第二十三章　委托合同

第九百一十九条　【委托合同定义】委托合同是委托人和受托人约定，由受托人处理委托人事务的合同。

条文应用提示

委托合同又称委任合同，是指当事人双方约定一方委托他人处理事务，他人同意为其处理事务的协议。在委托合同关系中，委托他人为自己处理事务的人称委托人，接受委托的人称受托人。

根据委托合同的定义，受托人要按照约定处理委托事务，这是受托人的主要义务。委托人和受托人应当在合同中明确约定委托事项，委托人还应当就委托事务中应该注意的问题向受托人告知说明。受托人处理委托事务过程中，也有很多需要尽到的义务。受托人应当按照合同约定和委托人的指示处理委托事务，需要变更委托人指示的，应当经委托人同意。受托人应当亲自处理委托事务，须经委托人同意才可以进行转委托，不得擅自将委托事务转委托给第三人。

受托人应当按照委托人的要求报告委托事务的处理情况,在委托合同终止时向委托人报告委托事务的结果。受托人处理委托事务取得的财产,应当转交给委托人。受托人处理委托事务不得超越权限,超越权限造成委托人损失的应当进行赔偿。受托人在处理委托事务过程中,还应当尽到一定的注意义务,例如,在需要变更委托人指示,又因情况紧急难以和委托人取得联系的,应当妥善处理委托事务,事后再将该情况及时向委托人报告。

旧法对应关系

合同法第三百九十五条

第九百二十条　【委托权限】委托人可以特别委托受托人处理一项或者数项事务,也可以概括委托受托人处理一切事务。

条文应用提示

受托人在处理委托事务时,应以委托人指示的委托事务范围为准。以受托人处理委托事务的范围为标准把委托划分为两大类,即特别委托和概括委托,前者是指仅将一项或者数项事务委托给受托人,后者是指将所有事务一并委托给受托人来处理。

划分特别委托与概括委托的意义在于,使受托人能够明确自己可以从事哪些活动,也使第三人知道受托人的身份和权限,使之有目的、有选择地订立民事合同,以防止因委托权限不明确而引起不必要的纠纷,如果发生了纠纷,也便于根据委托权限确定当事人之间的相互责任。委托人可以根据自己的需要选择特别委托还是概括委托。委托人选择特别委托来委托他人处理一项或者数项事务,更有针对性,也可以防止受托人权限过大而损害自己的利益。委托人也可以选择概括委托他人处理其一切事务。

特别委托,是指双方当事人约定受托人为委托人处理一项或者数项事务的委托。特别委托一般有以下几种情况:(1)不动产出售、出租或者就不动产设定抵押权。(2)赠与。由于赠与属于无偿行为,所以需要有委托人的特别授权。(3)和解。在发生纠纷后,有关人员在处理问题时需要双方当事人彼此作出一定的妥协与让步,以终止争执或者防止争执的扩大,它包括民法上的和解或者诉讼法上的和解,以及企业破产法上的和解。(4)诉讼。当事人就有关事宜向法院提起诉讼,请求法院依照法定程序进行审判的行为。(5)仲裁。仲裁,是指当事人发生争执时,不诉请法院判决,而是提请仲裁机构裁判,其效力同法院的判决一样。受托人接受特别委托时,对于委托事务的处理,可以采取一切为维护委托人的合法权益而必要的合法行为。

概括委托,是指双方当事人约定受托人为委托人处理某个方面或者范围内的一切事务的合同。例如,委托人委托受托人处理其买卖业务或租赁业务的所有事宜,即概括委托。

旧法对应关系

合同法第三百九十七条

第九百二十一条　【委托费用的预付和垫付】委托人应当预付处理委托事务的费用。受托人为处理委托事务垫付的必要费用,委托人应当偿还该费用并支付利息。

旧法对应关系

合同法第三百八十九条

第九百二十二条　【受托人应当按照委托人的指示处理委托事务】受托人应当按照委托人的指示处理委托事务。需要变更委托人指示的,应当经委托人同意;因情况紧急,难以和委托人取得联系的,受托人应当妥善处理委托事务,但是事后应当将该情况及时报告委托人。

旧法对应关系

合同法第三百九十九条,民通意见第八十条、第八十一条

第九百二十三条　【受托人亲自处理委托事务】受托人应当亲自处理委托事务。经委托人同意,受托人可以转委托。转委托经同意或

者追认的,委托人可以就委托事务直接指示转委托的第三人,受托人仅就第三人的选任及其对第三人的指示承担责任。转委托未经同意或者追认的,受托人应当对转委托的第三人的行为承担责任;但是,在紧急情况下受托人为了维护委托人的利益需要转委托第三人的除外。

旧法对应关系

合同法第四百条,民法总则第一百六十九条

第九百二十四条 【受托人的报告义务】受托人应当按照委托人的要求,报告委托事务的处理情况。委托合同终止时,受托人应当报告委托事务的结果。

旧法对应关系

合同法第四百零一条

第九百二十五条 【委托人介入权】受托人以自己的名义,在委托人的授权范围内与第三人订立的合同,第三人在订立合同时知道受托人与委托人之间的代理关系的,该合同直接约束委托人和第三人;但是,有确切证据证明该合同只约束受托人和第三人的除外。

旧法对应关系

合同法第四百零二条

典型案例指导

厦门航空开发股份有限公司与北京南钢金贸易有限公司及第三人厦门市东方龙金属材料有限公司买卖合同纠纷案[最高人民法院(2014)民申字第2225号民事裁定书,《最高人民法院公报》2017年第1期(总第243期)]

《合同法》第四百零二条但书前的规定,仅适用于单纯的委托合同关系。实践中因委托合同产生的法律关系,往往不仅涉及委托关系,还可能涉及买卖、借贷以及担保等多重法律关系。在此情况下,如简单适用《合同法》第四百零二条但书前的规定,可能损害委托方合法权益,故应综合考虑全部案情,谨慎衡量，正确适用《合同法》第四百零二条的规定。

第九百二十六条 【委托人对第三人的权利和第三人选择权】受托人以自己的名义与第三人订立合同时，第三人不知道受托人与委托人之间的代理关系的，受托人因第三人的原因对委托人不履行义务，受托人应当向委托人披露第三人，委托人因此可以行使受托人对第三人的权利。但是，第三人与受托人订立合同时如果知道该委托人就不会订立合同的除外。

受托人因委托人的原因对第三人不履行义务，受托人应当向第三人披露委托人，第三人因此可以选择受托人或者委托人作为相对人主张其权利，但是第三人不得变更选定的相对人。

委托人行使受托人对第三人的权利的，第三人可以向委托人主张其对受托人的抗辩。第三人选定委托人作为其相对人的，委托人可以向第三人主张其对受托人的抗辩以及受托人对第三人的抗辩。

旧法对应关系

合同法第四百零三条

典型案例指导

上海闽路润贸易有限公司与上海钢翼贸易有限公司买卖合同纠纷案［最高人民法院（2015）民申字第956号民事裁定书，《最高人民法院公报》2016年第1期（总第231期）］

受托人以自己的名义与第三人订立合同时，第三人不知道受托人与委托人之间的代理关系的，合同约束受托人与第三人。受托人因第三人的原因对委托人不履行义务，受托人向委托人披露第三人后，委托人可以选择是否行使介入权：委托人行使介入权的，则合同直接约束委托人与第三人，委托人可以要求第三人向其承担违约责任；委托人不行使介入权的，根据合同的相对性原则，合同仍约束受托人与第三人，受托人可以向第三人主张违约责任，受托人与委托人之间的纠纷根据委托合同的约定另行解决。

在判定合同的效力时，不能仅因合同当事人一方实施了涉嫌犯罪的行为，而当然认定合同无效。此时，仍应根据《合同法》等法律、行政法规的规定对合同的效力进行审查判断，以保护合同中无过错一方当事人的合法权益，维护交易安全和交易秩序。在合同约定本身不属于无效事由的情况下，合同中一方当事人实施的涉嫌犯罪的行为并不影响合同的有效性。

第九百二十七条 【受托人转移利益】受托人处理委托事务取得的财产，应当转交给委托人。

旧法对应关系

合同法第四百零四条

第九百二十八条 【委托人支付报酬】受托人完成委托事务的，委托人应当按照约定向其支付报酬。

因不可归责于受托人的事由，委托合同解除或者委托事务不能完成的，委托人应当向受托人支付相应的报酬。当事人另有约定的，按照其约定。

旧法对应关系

合同法第四百零五条

第九百二十九条 【受托人的赔偿责任】有偿的委托合同，因受托人的过错造成委托人损失的，委托人可以请求赔偿损失。无偿的委托合同，因受托人的故意或者重大过失造成委托人损失的，委托人可以请求赔偿损失。

受托人超越权限造成委托人损失的，应当赔偿损失。

旧法对应关系

合同法第四百零六条

典型案例指导

周伟均、周伟达诉王煦琼委托合同纠纷案［上海市第一中级人民法院 2015 年 1 月 29 日民事判决书，《最高人民法院公报》2018 年第 3 期（总第 257 期）］

一、在借贷关系中，出借人为防止借款无法按期收回而要求借款人提供不动产作为债权担保的，双方应签订抵押合同并办理抵押物登记。出借人回避抵押担保制度，选择指定第三人与借款人签订委托合同并由该第三人取得出售借款人的不动产等重大权利的，此时委托合同虽意在实现抵押担保功能，但其项下的权利义务关系仍应受委托合同的法律规则之制约。

二、在委托合同项下，受托人负有遵照委托人指示，本着诚实信用的原则在授权范围内依法善意处理委托事务之法定义务。受托人无视委托人的真实意愿与切身利益，转而根据出借人指令恶意处分委托人财产，即使该处分行为对交易相对方发生效力，受托人仍应就其严重侵害委托人利益的行为承担相应赔偿责任。

第九百三十条　【委托人的赔偿责任】受托人处理委托事务时，因不可归责于自己的事由受到损失的，可以向委托人请求赔偿损失。

旧法对应关系

合同法第四百零七条

第九百三十一条　【委托人另行委托他人处理事务】委托人经受托人同意，可以在受托人之外委托第三人处理委托事务。因此造成受托人损失的，受托人可以向委托人请求赔偿损失。

旧法对应关系

合同法第四百零九条

第九百三十二条　【共同委托】两个以上的受托人共同处理委托事务的，对委托人承担连带责任。

条文应用提示

共同委托，是指委托人委托两个以上的受托人共同行使代理权处理事务。但是，如果委托人为两个以上时，而受托人只有一个时，则不是共同委托。因为有的委托事务，一个受托人可能无法处理或者不能较好地完成，为了提高委托事务的处理效率和完成质量，有时就需要委托给两个以上的受托人。

共同委托的特点如下：

第一，共同委托的代理权必须是由数个受托人共同行使的。

所谓共同行使，是指数个受托人享有共同的权利义务，即平等享有、共同享有的代理权，处理事务时只有经过全体受托人的共同同意，才能行使代理权。并不是一个委托人同时委托了两个以上受托人，都产生共同委托的问题，如委托人在受托人之外另行委托他人处理委托事务的情况。

第二，受托人承担连带责任。

共同委托中的一个受托人与其他受托人协商后或者数个受托人共同协商后，单独或者共同实施的委托行为，其实施的委托行为应该被认为是全体受托人的共同行为，由此造成损失的，若干个受托人依法应当对委托合同的履行承担连带责任。但是，如果共同受托人中的一个受托人或者数个受托人没有经过协商而擅自单独行使代理权的，对于由此造成的损失，若干个受托人仍然承担连带责任。当然，委托人与各受托人事先约定了按份责任的除外，即合同中无特别规定，他们应对委托人承担连带责任。也就是说，无论委托人的损失是出于哪个受托人的过错，也无论各个受托人内部是否约定了对委托事务的处理权限和责任承担，除委托人与受托人有特别约定外，所有受托人都应当对委托人承担连带责任。各受托人在承担连带责任后，可以按照受托人之间的约定、各受托人的过错来处理内部关系。

旧法对应关系

合同法第四百零九条

第九百三十三条 【委托合同解除】委托人或者受托人可以随时解除委托合同。因解除合同造成对方损失的，除不可归责于该当事人的事由外，无偿委托合同的解除方应当赔偿因解除时间不当造成的直接损失，有偿委托合同的解除方应当赔偿对方的直接损失和合同履行后可以获得的利益。

条文应用提示

委托合同是以双方信任为存在的条件，如果一方不守信用，失信于另一方，则继续履行合同已无必要。法律赋予了双方当事人的权利，即只要一方想终止合同，就可以随时解除合同，而且无须任何理由。一方面，委托人可以随时撤销委托。如果互相没有信任或者已不再需要办理委托的事项，委托人即可单方解除委托合同，无须征得受托人的同意即可发生效力。但是受托人可以就其损失要求委托人承担相应的赔偿责任。另一方面，受托人可以随时辞去委托。委托合同的成立既需要委托人对受托人的了解和信任，也需要受托人对委托人的信任。如果受托人不愿意办理受委托的事务，受托人无须表明任何理由，即可解除合同。

委托合同的一方当事人在不利于对方当事人的时期解除委托合同而造成对方损失的，应当承担赔偿责任。这是对任意解除权的一种限制。如果当事人可以任意解除委托而无须赔偿对方损失，显然是不公平的。所谓不利于对方当事人的时期，就不利于委托人方面而言，是指当受托人在未完成委托事务的情况下解除合同时，委托人自己不可能亲自处理该项事务，而且又不能及时找到合适的受托人代他处理该委托事务而发生损害的情形；就不利于受托人方面而言，是指委托人在受托人处理委托事务尚未完成前解除了合同，使受托人因不能继续履行义务而少获的报酬。委托人除对受托人已履行的部分给付报酬外，对在不可归责于受托人的情况下，因解除委托合同给委托人造成的报酬减少承担赔偿责任。

但是，受托人未尽注意义务，怠于委托事务的处理，委托人无奈而解除委托合同虽会给受托人造成一定损失，但因解除合同事由不可归责于委托人或者不能完全归责于委托人，委托人对受托人因合同终止而遭受的损失不予赔偿或者只赔偿其部分损失。

旧法对应关系

合同法第四百一十条

第九百三十四条 【委托合同终止】委托人死亡、终止或者受托人死亡、丧失民事行为能力、终止的，委托合同终止；但是，当事人另有约定或者根据委托事务的性质不宜终止的除外。

旧法对应关系

合同法第四百一十一条，民法总则第一百七十四条

第九百三十五条　【受托人继续处理委托事务】因委托人死亡或者被宣告破产、解散，致使委托合同终止将损害委托人利益的，在委托人的继承人、遗产管理人或者清算人承受委托事务之前，受托人应当继续处理委托事务。

旧法对应关系

合同法第四百一十二条

第九百三十六条　【受托人的继承人等的义务】因受托人死亡、丧失民事行为能力或者被宣告破产、解散，致使委托合同终止的，受托人的继承人、遗产管理人、法定代理人或者清算人应当及时通知委托人。因委托合同终止将损害委托人利益的，在委托人作出善后处理之前，受托人的继承人、遗产管理人、法定代理人或者清算人应当采取必要措施。

旧法对应关系

合同法第四百一十三条

第二十四章　物业服务合同

第九百三十七条　【物业服务合同定义】物业服务合同是物业服务人在物业服务区域内，为业主提供建筑物及其附属设施的维修养护、环境卫生和相关秩序的管理维护等物业服务，业主支付物业费的合同。

物业服务人包括物业服务企业和其他管理人。

对应司法解释

《最高人民法院关于审理物业服务纠纷案件适用法律若干问题的解释》（法释〔2020〕17号修正）

第一条　业主违反物业服务合同或者法律、法规、管理规约，实施妨碍物业服务与管理的行为，物业服务人请求业主承担停止侵害、排除妨碍、恢复原状等相应民事责任的，人民法院应予支持。

第二条　物业服务人违反物业服务合同约定或者法律、法规、部门规章规定，擅自扩大收费范围、提高收费标准或者重复收费，业主以违规收费为由提出抗辩的，人民法院应予支持。

业主请求物业服务人退还其已经收取的违规费用的，人民法院应予支持。

第三条　物业服务合同的权利义务终止后，业主请求物业服务人退还已经预收，但尚未提供物业服务期间的物业费的，人民法院应予支持。

第四条　因物业的承租人、借用人或者其他物业使用人实施违反物业服务合同，以及法律、法规或者管理规约的行为引起的物业服务纠纷，人民法院可以参照关于业主的规定处理。

条文应用提示

相较于一般的民事合同，物业服务人提供物业服务的内容较为复杂，其既要管理物业服务区域内的建筑物及其附属设施等物，也要管理进出小区以及建筑物内的人员。物业服务的内容十分庞杂，既包括物的管理，也包括人的管理。物业服务的具体内容视小区具体情况不同而有所差异，但是都势必包括卫生、环保、安全、消防等方方面面，具有综合性和全面性。

物业服务合同的一方当事人为全体业主，具有集合性的特点。如果由物业服务人与业主逐一签订合同，不仅效率极低，而且无法实现。为了提高订约效率、避免发生纠纷，在物业服务合同的订立方面，需要设置一定的程序性要求，也就是物业服务合同的订立需要遵循法定的程序，业主需要通过一定的方式来作出决定。根据《民法典》物权编第二百七十八条的规定，选聘和解聘物业服务企业或者其他管理人时，应当由专有部分面积占比 2/3 以上的业主且人数占比 2/3 以上的业主参与表决，并且经参与表决专有部分面积过半数的业主且参与表决人数过半数的业主同意；同时，经过业主大会的选聘之后，由业主委员会代表全体业主与物业服务人签订物业服务合同。

第九百三十八条　【物业服务合同内容和形式】物业服务合同的内容一般包括服务事项、服务质量、服务费用的标准和收取办法、维修资金的使用、服务用房的管理和使用、服务期限、服务交接等条款。

物业服务人公开作出的有利于业主的服务承诺，为物业服务合同的组成部分。

物业服务合同应当采用书面形式。

旧法对应关系

原物业服务解释第三条第二款

关联法律法规

《物业管理条例》(2018年3月19日修订)

第三十四条　业主委员会应当与业主大会选聘的物业服务企业订立书面的物业服务合同。

物业服务合同应当对物业管理事项、服务质量、服务费用、双方的权利义务、专项维修资金的管理与使用、物业管理用房、合同期限、违约责任等内容进行约定。

典型案例指导

某小区业主委员会诉邓某某物业服务合同纠纷案(2016年8月22日《最高人民法院发布十起关于弘扬社会主义核心价值观典型案例》)

本案中双方争议的焦点是业主委员会是否是本案的适格主体。近年来，由于传统物业公司与业主之间的矛盾激化，业主不满意物业公司的服务不按时交纳物业管理费，物业公司收费率低，无法维持公司正常运营，最终撤出小区管理，或是业主不满物业公司的服务而将其“赶”出小区。这就造成小区无人管理的情况，为维护整洁、安全、和谐的小区环境，就出现了业主委员会自行管理小区的情况。目前，我国并没有一部专门的物业管理法律。在审理物业服务合同纠纷案件时，法院主要依据《物业管理条例》及《物权法》的相关规定。但这些法律对于类似业主委员会自管这种物业模式都没有明确的规定。在立案、审理、执行等各个环节都会遇到问题，也加大了案件审理难度。我们认为，根据《中华人民共和国物权法》第八十一条的规定，业主可以自行管理建筑物及其附属设施，也可以委托物业服务企业或者其他管理人管理。由此可见,法律赋予业主对所居住的小区的物业管理予以选择的权利,业主有权对所居住小区进行自治管理。出于保护当事人合理诉求的考虑,同时业主委员会自管小区有利于营造舒适安全的环境,有利于维护小区和谐稳定的角度考虑,我们对现阶段业主委员会自管模式中业主委员会的主体资格予以认定。

第九百三十九条　【物业服务合同的效力】建设单位依法与物业服务人订立的前期物业服务合同,以及业主委员会与业主大会依法选聘的物业服务人订立的物业服务合同,对业主具有法律约束力。

旧法对应关系

原物业服务解释第一条

第九百四十条　【前期物业服务合同法定终止条件】建设单位依法与物业服务人订立的前期物业服务合同约定的服务期限届满前,业主委员会或者业主与新物业服务人订立的物业服务合同生效的,前期物业服务合同终止。

关联法律法规

《物业管理条例》(2018年3月19日修订)

第二十六条　前期物业服务合同可以约定期限;但是,期限未满、业主委员会与物业服务企业签订的物业服务合同生效的,前期物业服务合同终止。

第九百四十一条　【物业服务转委托的条件和限制性条款】物业服务人将物业服务区域内的部分专项服务事项委托给专业性服务组织或者其他第三人的,应当就该部分专项服务事项向业主负责。

物业服务人不得将其应当提供的全部物业服务转委托给第三人,或者将全部物业服务支解后分别转委托给第三人。

关联法律法规

《物业管理条例》(2018年3月19日修订)

第三十九条　物业服务企业可以将物业管理区域内的专项服务业务

委托给专业性服务企业,但不得将该区域内的全部物业管理一并委托给他人。

第九百四十二条 【物业服务人的一般义务】物业服务人应当按照约定和物业的使用性质,妥善维修、养护、清洁、绿化和经营管理物业服务区域内的业主共有部分,维护物业服务区域内的基本秩序,采取合理措施保护业主的人身、财产安全。

对物业服务区域内违反有关治安、环保、消防等法律法规的行为,物业服务人应当及时采取合理措施制止、向有关行政主管部门报告并协助处理。

条文应用提示

物业服务人的主要义务,即物业服务人按照合同的约定、法律法规的规定和物业的使用性质,为业主提供物业服务。具体来说物业服务人的主要义务包括以下内容:(1)对业主共有部分的管理和维护。物业服务人的义务首先就是对物业服务区域内的建筑物及其附属设施等共有财产进行管理和维护,这是物业服务人最重要的合同义务之一,也是保障业主正常生活、改善业主生活品质的重要基础。(2)维护物业服务区域内的基本秩序。物业服务区域内的基本秩序,是业主正常生活的重要方面。物业服务人应当负有维护小区内共同生活秩序的义务,该项义务主要涉及对人的管理。(3)保护业主的人身、财产安全。保护业主的人身和财产安全,是物业服务合同对物业服务人的基本要求,也可以说是最为重要的内容。(4)对违法行为的制止、报告义务。本条第二款规定,对物业服务区域内违反有关治安、环保、消防等法律法规的行为,物业服务人应当及时采取合理措施制止、向有关行政主管部门报告并协助处理。

关联法律法规

《中华人民共和国消防法》(2021 年 4 月 29 日修正)

第十八条 同一建筑物由两个以上单位管理或者使用的,应当明确各方的消防安全责任,并确定责任人对共用的疏散通道、安全出口、建筑消防设施和消防车通道进行统一管理。

住宅区的物业服务企业应当对管理区域内的共用消防设施进行维护管理，提供消防安全防范服务。

《物业管理条例》（2018年3月19日修订）

第三十五条 物业服务企业应当按照物业服务合同的约定，提供相应的服务。

物业服务企业未能履行物业服务合同的约定，导致业主人身、财产安全受到损害的，应当依法承担相应的法律责任。

第四十六条 物业服务企业应当协助做好物业管理区域内的安全防范工作。发生安全事故时，物业服务企业在采取应急措施的同时，应当及时向有关行政管理部门报告，协助做好救助工作。

物业服务企业雇请保安人员的，应当遵守国家有关规定。保安人员在维护物业管理区域内的公共秩序时，应当履行职责，不得侵害公民的合法权益。

第四十七条 物业使用人在物业管理活动中的权利义务由业主和物业使用人约定，但不得违反法律、法规和管理规约的有关规定。

物业使用人违反本条例和管理规约的规定，有关业主应当承担连带责任。

《最高人民法院关于依法妥善审理高空抛物、坠物案件的意见》（法发〔2019〕25号）

12. 依法确定物业服务企业的责任。物业服务企业不履行或者不完全履行物业服务合同约定或者法律法规规定、相关行业规范确定的维修、养护、管理和维护义务，造成建筑物及其搁置物、悬挂物发生脱落、坠落致使他人损害的，人民法院依法判决其承担侵权责任。有其他责任人的，物业服务企业承担责任后，向其他责任人行使追偿权的，人民法院应予支持。物业服务企业隐匿、销毁、篡改或者拒不向人民法院提供相应证据，导致案件事实难以认定的，应当承担相应的不利后果。

典型案例指导

长城宽带网络服务有限公司江苏分公司诉中国铁通集团有限公司南京分公司恢复原状纠纷案［江苏省南京市江宁区人民法院2015年5月7日民事判决书，《最高人民法院公报》2019年第12期（总第278期）］

小区内的通信管道在小区交付后属于全体业主共有。通信运营公司与小区房地产开发公司签订的小区内通信管线等通信设施由通信运营公司享有专有使用权的条款,侵犯了业主的共有权,侵犯了业主选择电信服务的自由选择权,应属无效。

汤某1诉连云港光鼎置业有限公司、灌南县开源物业管理有限公司人身损害赔偿纠纷案[江苏省灌南县人民法院2015年3月19日民事判决书,《最高人民法院公报》2017年第3期(总第245期)]

物业公司作为小区健身器材的管理人,应当对健身器材进行日常管理和维护,器材存在安全隐患的,物业公司应设置安全警示标志并及时维修,以保障他人使用器材时的安全。物业公司未尽到该职责造成他人损害的,应依法承担相应赔偿责任。

赵淑华与沈阳皇朝万鑫酒店管理有限公司、沈阳中一万鑫物业管理有限公司财产损害赔偿纠纷案[最高人民法院(2018)最高法民再206号民事判决书,《最高人民法院公报》2019年第5期(总第271期)]

消防安全事关人身、财产安全,属于社会公共利益,确保建筑物消防安全是建设单位的法定义务。商品房买卖合同的购房人一般不具有检测所购房屋是否符合消防安全规定的能力,难以适用一般商品买卖合同在标的物交付后买受人应当及时检验产品质量的规定。

案涉责任人在不同时期的数个行为密切结合致使火灾发生,侵权行为、致害原因前后接继而非叠加,责任人对火灾的发生均有重大过失,但没有共同故意或者共同过失,应各自承担相应的责任。建设单位并非主动积极的行为致受害人权益受损,不承担主要责任。

物业服务企业依法或依约在物业管理区域内负有安全防范义务,应协助做好安全事故、隐患等的防范、制止或救助工作。第三人原因致损,物业服务企业未尽到专业管理人的谨慎注意义务的,应在其能够预见和防范的范围内承担相应的补充责任。

第九百四十三条　【物业服务人信息公开义务】物业服务人应当定期将服务的事项、负责人员、质量要求、收费项目、收费标准、履行情况,以及维修资金使用情况、业主共有部分的经营与收益情况等以合理方式向业主公开并向业主大会、业主委员会报告。

关联法律法规

《物业管理条例》(2018年3月19日修订)

第四十条 物业服务收费应当遵循合理、公开以及费用与服务水平相适应的原则,区别不同物业的性质和特点,由业主和物业服务企业按照国务院价格主管部门会同国务院建设行政主管部门制定的物业服务收费办法,在物业服务合同中约定。

第九百四十四条 【业主支付物业费义务】业主应当按照约定向物业服务人支付物业费。物业服务人已经按照约定和有关规定提供服务的,业主不得以未接受或者无需接受相关物业服务为由拒绝支付物业费。

业主违反约定逾期不支付物业费的,物业服务人可以催告其在合理期限内支付;合理期限届满仍不支付的,物业服务人可以提起诉讼或者申请仲裁。

物业服务人不得采取停止供电、供水、供热、供燃气等方式催交物业费。

条文应用提示

物业费,即物业服务费用,是指物业服务人按照物业服务合同的约定,对物业服务区域内的建筑物及其附属设施、相关场地进行维修、养护、管理,维护相关区域内的环境卫生和秩序,而向业主收取的报酬。物业服务合同是有偿合同,业主与物业服务人应当在物业服务合同中对业主支付物业费作出约定。业主应当按照物业服务合同的约定向物业服务人支付物业费,既是其最基本也是最核心的合同义务。业主违反该义务的,应当承担相应的法律责任。物业费的缴纳和收取需要注意以下几点,这些也是实践中比较容易产生物业费纠纷的问题:(1)物业费的缴纳主体。对于前期物业服务合同,物业费的缴纳义务人应当是建设单位或者业主。对于普通物业服务合同,物业费的缴纳义务人是业主。(2)物业费收取的范围、标准和办法。物业费的收费范围、收费标准和收取办法通常应当在物业服务合同中作出约定。(3)物业服务人不得违规收费。物业服务人有权依据合同约定收取物业服务费用,但物业服务人不仅应当按照合同约定收取物业费,还应当符合法律法规、部门规章的规定。物业费的收取范围、标准必须合理,物业服务人不得擅自单方不合理定价。物业服务人违规收费的行为包括:(1)擅自扩大收费范围,即物业服务人违反合同约定、法律法规的规定收取额外费用。(2)擅自提高收费标准,即物业服务人违反法律、行政法规、部门规章等关于物业费收取的有关规定或者行业标准收取高额物业费。(3)重复收费,即物业服务人收取的物业费中原本就已经包含了有关项目的费用,但物业服务人又针对该项目向业主另行收费。

业主拖欠物业费的行为构成违约的要件主要有:(1)业主逾期没有支付物业费。(2)业主欠缺正当理由。业主逾期不支付物业费构成违约必须欠缺正当理由。业主不得以未接受或者无须接受相关物业服务为抗辩的理由拒绝向物业服务人支付物业费。第一,业主不得以"未接受"为理由提出抗辩。第二,业主不得以无须相关物业服务为抗辩理由。(3)物业服务人进行了催告。业主违反约定逾期不支付物业费的,物业服务人可以催告其在合理期限内支付。一般情况下,在业主逾期未支付物业费时,物业服务人都要先进行催告,而不是直接起诉业主。

业主逾期不支付物业费的,物业服务人可以通过诉讼或者仲裁等合法途径主张权利,但是无权采取停止供电、供水等措施。如果物业服务人为催交物业费,采取停止向业主供电、供水、供热、供燃气等措施,造成业主损失的,应当承担相应的赔偿责任。

关联法律法规

《物业管理条例》(2018年3月19日修订)

第七条　业主在物业管理活动中,履行下列义务:

(一)遵守管理规约、业主大会议事规则;

(二)遵守物业管理区域内物业共用部位和共用设施设备的使用、公共秩序和环境卫生的维护等方面的规章制度;

(三)执行业主大会的决定和业主大会授权业主委员会作出的决定;

(四)按照国家有关规定交纳专项维修资金;

(五)按时交纳物业服务费用;

(六)法律、法规规定的其他义务。

第四十条 物业服务收费应当遵循合理、公开以及费用与服务水平相适应的原则，区别不同物业的性质和特点，由业主和物业服务企业按照国务院价格主管部门会同国务院建设行政主管部门制定的物业服务收费办法，在物业服务合同中约定。

第四十一条 业主应当根据物业服务合同的约定交纳物业服务费用。业主与物业使用人约定由物业使用人交纳物业服务费用的，从其约定，业主负连带交纳责任。

已竣工但尚未出售或者尚未交给物业买受人的物业，物业服务费用由建设单位交纳。

第四十二条 县级以上人民政府价格主管部门会同同级房地产行政主管部门，应当加强对物业服务收费的监督。

第四十三条 物业服务企业可以根据业主的委托提供物业服务合同约定以外的服务项目，服务报酬由双方约定。

第四十四条 物业管理区域内，供水、供电、供气、供热、通信、有线电视等单位应当向最终用户收取有关费用。

物业服务企业接受委托代收前款费用的，不得向业主收取手续费等额外费用。

第九百四十五条 【业主告知、协助义务】业主装饰装修房屋的，应当事先告知物业服务人，遵守物业服务人提示的合理注意事项，并配合其进行必要的现场检查。

业主转让、出租物业专有部分、设立居住权或者依法改变共有部分用途的，应当及时将相关情况告知物业服务人。

关联法律法规

《物业管理条例》（2018年3月19日修订）

第四十九条 物业管理区域内按照规划建设的公共建筑和共用设施，不得改变用途。

业主依法确需改变公共建筑和共用设施用途的，应当在依法办理有关手续后告知物业服务企业；物业服务企业确需改变公共建筑和共用设施用途的，应当提请业主大会讨论决定同意后，由业主依法办理有关手续。

第五十条 业主、物业服务企业不得擅自占用、挖掘物业管理区域内的道路、场地，损害业主的共同利益。

因维修物业或者公共利益，业主确需临时占用、挖掘道路、场地的，应当征得业主委员会和物业服务企业的同意；物业服务企业确需临时占用、挖掘道路、场地的，应当征得业主委员会的同意。

业主、物业服务企业应当将临时占用、挖掘的道路、场地，在约定期限内恢复原状。

第五十一条 供水、供电、供气、供热、通信、有线电视等单位，应当依法承担物业管理区域内相关管线和设施设备维修、养护的责任。

前款规定的单位因维修、养护等需要，临时占用、挖掘道路、场地的，应当及时恢复原状。

第五十二条 业主需要装饰装修房屋的，应当事先告知物业服务企业。

物业服务企业应当将房屋装饰装修中的禁止行为和注意事项告知业主。

第五十三条 住宅物业、住宅小区内的非住宅物业或者与单幢住宅楼结构相连的非住宅物业的业主，应当按照国家有关规定交纳专项维修资金。

专项维修资金属于业主所有，专项用于物业保修期满后物业共用部位、共用设施设备的维修和更新、改造，不得挪作他用。

专项维修资金收取、使用、管理的办法由国务院建设行政主管部门会同国务院财政部门制定。

第五十四条 利用物业共用部位、共用设施设备进行经营的，应当在征得相关业主、业主大会、物业服务企业的同意后，按照规定办理有关手续。业主所得收益应当主要用于补充专项维修资金，也可以按照业主大会的决定使用。

第五十五条 物业存在安全隐患，危及公共利益及他人合法权益时，责任人应当及时维修养护，有关业主应当给予配合。

责任人不履行维修养护义务的，经业主大会同意，可以由物业服务企业维修养护，费用由责任人承担。

第九百四十六条　【业主合同任意解除权】业主依照法定程序共同决定解聘物业服务人的，可以解除物业服务合同。决定解聘的，应当提前六十日书面通知物业服务人，但是合同对通知期限另有约定的除外。

依据前款规定解除合同造成物业服务人损失的，除不可归责于业主的事由外，业主应当赔偿损失。

条文应用提示

根据合同法理论，合同的解除方式包括任意解除和非任意解除。任意解除，是指当事人可以在合同约定的期限届满之前，根据法律规定或者合同的约定，无须特别理由，不受条件限制，而根据自己单方的意思表示解除合同。非任意解除，是指当事人根据双方协议，或者当合同约定、法律规定的事由发生而解除合同，适用于所有民事合同。物业服务合同作为一种民事合同，自然适用非任意解除的规则。物业服务合同订立后，可能因为种种原因导致合同无法履行，或者双方均不愿意再继续保持合同关系，此时，双方当事人可以通过协议方式解除合同。业主与物业服务人也可以在物业服务合同中约定，如果发生某种事由，业主或者物业服务人得以解除合同。例如，物业服务合同约定，因可归责于物业服务人的原因，在物业服务区域内发生人身伤害事故的，业主可以解除物业服务合同。当然，业主与物业服务人还享有法定解除权。《民法典》第五百六十三条规定了当事人可以解除合同的法定事由，包括因不可抗力致使不能实现合同目的，一方当事人根本违约，等等。

任意解除权并不是所有民事合同当事人都享有的，必须在有法律明确规定或者当事人特别约定的情况下，合同当事人才能享有任意解除权。

关联法律法规

《物业管理条例》(2018 年 3 月 19 日修订)

第十一条　下列事项由业主共同决定：

(一)制定和修改业主大会议事规则；

(二)制定和修改管理规约；

(三)选举业主委员会或者更换业主委员会成员；

(四)选聘和解聘物业服务企业;

(五)筹集和使用专项维修资金;

(六)改建、重建建筑物及其附属设施;

(七)有关共有和共同管理权利的其他重大事项。

第九百四十七条 【物业服务合同的续订】物业服务期限届满前,业主依法共同决定续聘的,应当与原物业服务人在合同期限届满前续订物业服务合同。

物业服务期限届满前,物业服务人不同意续聘的,应当在合同期限届满前九十日书面通知业主或者业主委员会,但是合同对通知期限另有约定的除外。

第九百四十八条 【不定期物业服务合同】物业服务期限届满后,业主没有依法作出续聘或者另聘物业服务人的决定,物业服务人继续提供物业服务的,原物业服务合同继续有效,但是服务期限为不定期。

当事人可以随时解除不定期物业服务合同,但是应当提前六十日书面通知对方。

第九百四十九条 【物业服务人的移交义务及法律责任】物业服务合同终止的,原物业服务人应当在约定期限或者合理期限内退出物业服务区域,将物业服务用房、相关设施、物业服务所必需的相关资料等交还给业主委员会、决定自行管理的业主或者其指定的人,配合新物业服务人做好交接工作,并如实告知物业的使用和管理状况。

原物业服务人违反前款规定的,不得请求业主支付物业服务合同终止后的物业费;造成业主损失的,应当赔偿损失。

关联法律法规

《物业管理条例》(2018 年 3 月 19 日修订)

第三十八条 物业服务合同终止时,物业服务企业应当将物业管理用房和本条例第二十九条第一款规定的资料交还给业主委员会。

物业服务合同终止时,业主大会选聘了新的物业服务企业的,物业服务企业之间应当做好交接工作。

第九百五十条 【物业服务人的后合同义务】物业服务合同终止后,在业主或者业主大会选聘的新物业服务人或者决定自行管理的业主接管之前,原物业服务人应当继续处理物业服务事项,并可以请求业主支付该期间的物业费。

第二十五章 行纪合同

第九百五十一条 【行纪合同定义】行纪合同是行纪人以自己的名义为委托人从事贸易活动,委托人支付报酬的合同。

条文应用提示

行纪合同,是指行纪人接受委托人的委托,以自己的名义,为委托人从事贸易活动,委托人支付报酬的合同。接受委托的一方为行纪人,另一方则为委托人。行纪合同具有以下特征:(1)行纪人从事贸易行为。根据行纪合同的定义,行纪人从事的活动限于贸易行为,这是行纪合同和委托合同的重要区别。(2)行纪人应当具有相应的资质。行纪人一般专门从事贸易活动,其开业和经营往往需要经过国家有关部门的审批或者登记,并不是所有民事主体都可以无条件地成为行纪人从事行纪业务。(3)行纪人的行为是以自己的名义。行纪人必须以自己的名义为委托人从事贸易行为,而非委托人的名义。这也是行纪人和受托人、代理人的重要区别。受托人既可以委托人的名义进行民事活动,也可以自己的名义。代理人则只能以被代理人的名义进行民事法律行为,其在代理权限内从事的代理行为的法律后果直接由被代理人承担。行纪人从事的贸易行为法律效果由行纪人承担,委托人可能不知道行纪人的相对人是谁,相对人也可能不知道委托人是谁,委托人和行纪人的相对人之间并不发生直接的法律关系。在行纪中一般存在两个法律关系,即委托人和行纪人之间的行纪关系,以及行纪人与第三人之间的合同关系。(4)行纪合同为诺成合同、不要式合同、有偿合同、双务合同。

如何理解本条对行纪合同的定义，重要的一点是分清行纪合同与委托合同的界限。行纪合同和委托合同有相同点，如都以提供劳务为合同的标的；都以当事人双方的信任为基础；都以处理一定事务为目的。

行纪合同与委托合同的区别在于：第一，适用范围不同。行纪合同适用范围较窄，仅限于代销等贸易行为；而委托合同的适用范围宽，可以适用于除法律规定禁止委托或者依性质不得委托以外的各种事务，有的学者甚至认为可以包括事实行为。第二，行纪合同的受托人只能以自己的名义处理委托事务；委托合同的受托人处理事务既可以用委托人名义，也可以用自己的名义。行纪人以自己的名义与第三人订立合同，该合同与行纪合同是相互独立的两个合同，委托人与第三人之间不发生直接的法律关系。而在委托合同中，受托人以委托人的名义处理委托事务的，对委托人直接发生效力，以委托人的名义与第三人订立的合同，合同当事人为委托人与第三人。受托人以自己的名义与第三人订立合同，如果第三人在订立合同时知道受托人和委托人之间的代理关系，则该合同直接对委托人发生效力，即可以直接约束委托人和第三人。第三，行纪人一般是专门为他人从事贸易活动的人，应当取得从事某种行纪行为的特定资质，其开业和经营需要经过国家有关部门的审批或者登记；而委托合同的当事人不必专门从事贸易活动，既可以是一般的自然人，也可以是法人或者非法人组织。第四，行纪合同是双务、有偿合同；而委托合同既可以是双务、有偿合同，也可以是单务、无偿合同，是否有偿由当事人自行约定。第五，处理委托事务的费用负担不同。行纪合同中，如无特别约定，行纪人处理委托事务支出的费用由行纪人负担。而在委托合同中，受托人处理委托事务的费用由委托人负担，委托人还应当预付受托人处理委托事务的费用。

旧法对应关系

合同法第四百一十四条

第九百五十二条 【行纪人承担费用的义务】行纪人处理委托事务支出的费用，由行纪人负担，但是当事人另有约定的除外。

旧法对应关系

合同法第四百一十五条

第九百五十三条 【行纪人的保管义务】行纪人占有委托物的，应当妥善保管委托物。

旧法对应关系

合同法第四百一十六条

第九百五十四条 【行纪人处置委托物的义务】委托物交付给行纪人时有瑕疵或者容易腐烂、变质的，经委托人同意，行纪人可以处分该物；不能与委托人及时取得联系的，行纪人可以合理处分。

旧法对应关系

合同法第四百一十七条

第九百五十五条 【行纪人依照委托人指定价格买卖的义务】行纪人低于委托人指定的价格卖出或者高于委托人指定的价格买入的，应当经委托人同意；未经委托人同意，行纪人补偿其差额的，该买卖对委托人发生效力。

行纪人高于委托人指定的价格卖出或者低于委托人指定的价格买入的，可以按照约定增加报酬；没有约定或者约定不明确，依据本法第五百一十条的规定仍不能确定的，该利益属于委托人。

委托人对价格有特别指示的，行纪人不得违背该指示卖出或者买入。

旧法对应关系

合同法第四百一十八条

第九百五十六条 【行纪人的介入权】行纪人卖出或者买入具有市场定价的商品，除委托人有相反的意思表示外，行纪人自己可以作为

买受人或者出卖人。

行纪人有前款规定情形的,仍然可以请求委托人支付报酬。

条文应用提示

行纪人的介入权,即行纪人按照委托人的指示实施行纪行为时,有权以自己作为买受人或者出卖人与委托人进行交易活动。

行纪人行使介入权,实际上就是行纪人自己作为买受人或出卖人,与委托人之间直接订立买卖合同。买卖合同的双方当事人是委托人和行纪人。一般认为介入是实施行纪行为的一种特殊方法,行纪人虽然介入买卖合同,但依然是行纪人。此时存在两个独立的合同关系,委托人同时也是出卖人或者买受人,与之对应,行纪人同时也是买受人或者出卖人。

但是,如果在订立行纪合同或者行纪人在履行义务时告知委托人自己想作为买受人或者出卖人,委托人明确表示不同意的,行纪人便不能实施该行为。

自己是否可以作为交易的相对人,是行纪人和代理人的区别之一。法律禁止自己代理,如果不经被代理人同意或者追认,代理人不能以自己作为合同相对人。而在行纪合同中,除了委托人明确表示反对外,行纪人自己可以作为买受人或者出卖人。

旧法对应关系

合同法第四百一十九条

第九百五十七条 【委托人及时受领、取回和处分委托物及行纪人提存委托物】行纪人按照约定买入委托物,委托人应当及时受领。经行纪人催告,委托人无正当理由拒绝受领的,行纪人依法可以提存委托物。

委托物不能卖出或者委托人撤回出卖,经行纪人催告,委托人不取回或者不处分该物的,行纪人依法可以提存委托物。

旧法对应关系

合同法第四百二十条

第九百五十八条 【行纪人的直接履行义务】行纪人与第三人订立合同的，行纪人对该合同直接享有权利、承担义务。

第三人不履行义务致使委托人受到损害的，行纪人应当承担赔偿责任，但是行纪人与委托人另有约定的除外。

旧法对应关系

合同法第四百二十一条

第九百五十九条 【行纪人的报酬请求权及留置权】行纪人完成或者部分完成委托事务的，委托人应当向其支付相应的报酬。委托人逾期不支付报酬的，行纪人对委托物享有留置权，但是当事人另有约定的除外。

旧法对应关系

合同法第四百二十二条

第九百六十条 【参照适用委托合同】本章没有规定的，参照适用委托合同的有关规定。

旧法对应关系

合同法第四百二十三条

第二十六章 中介合同

第九百六十一条 【中介合同定义】中介合同是中介人向委托人报告订立合同的机会或者提供订立合同的媒介服务，委托人支付报酬的合同。

条文应用提示

中介合同，传统理论一般将其称为居间合同，是指当事人双方约定一方接受他方的委托，并按照他方的指示要求，为他方报告订立合同的机会或者为订约提供媒介服务，委托人给付报酬的合同。

在中介合同中，接受委托报告订立合同机会或者提供交易媒介的一方为中介人，也称为居间人，给付报酬的一方为委托人。在中介合同中，中介人的主要义务就是提供中介服务以促成委托人和第三人订立合同，包括提供订约信息、据实报告的义务等；而委托人的主要义务是在其与第三人的合同因中介人提供的中介服务而成立后向中介人支付约定的报酬。

中介的宗旨是中介人把同一商品的买卖双方联系在一起，以促成交易后取得合理佣金的服务。无论何种中介，中介人都不是委托人的代理人，而只是居于交易双方当事人之间起介绍、协助作用的中间人。中介人是独立的民事主体，是完全民事行为能力人，可以自己作出意思表示，实施民事法律行为，中介人可以与委托人订立中介合同，成为中介合同的当事人。但是在中介人促成的交易中，中介人不是合同的当事人，也不是任何一方的代理人，不代表任何一方向对方作出意思表示或者实施民事法律行为，只是为委托人提供订约的机会，或者在双方之间进行周旋，为他们提供媒介服务，努力促成双方的交易。

中介业务根据中介人所接受委托内容的不同，既可以只为委托人提供订约机会的报告中介，也可以为促成委托人与第三人订立合同进行介绍或提供机会的媒介中介，还可以报告中介与媒介中介兼而有之的中介活动。

旧法对应关系

合同法第四百二十四条

典型案例指导

上海中原物业顾问有限公司诉陶德华居间合同纠纷案（最高人民法院指导案例1号）

【裁判要点】

房屋买卖居间合同中关于禁止买方利用中介公司提供的房源信息却绕开

该中介公司与卖方签订房屋买卖合同的约定合法有效。但是，当卖方将同一房屋通过多个中介公司挂牌出售时，买方通过其他公众可以获知的正当途径获得相同房源信息的，买方有权选择报价低、服务好的中介公司促成房屋买卖合同成立，其行为并没有利用先前与之签约中介公司的房源信息，故不构成违约。

【相关法条】

《中华人民共和国合同法》第四百二十四条

【基本案情】

原告上海中原物业顾问有限公司（以下简称中原公司）诉称：被告陶德华利用中原公司提供的上海市虹口区株洲路某号房屋销售信息，故意跳过中介，私自与卖方直接签订购房合同，违反了《房地产求购确认书》的约定，属于恶意"跳单"行为，请求法院判令陶德华按约支付中原公司违约金1.65万元。

被告陶德华辩称：涉案房屋原产权人李某某委托多家中介公司出售房屋，中原公司并非独家掌握该房源信息，也非独家代理销售。陶德华并没有利用中原公司提供的信息，不存在"跳单"违约行为。

法院经审理查明：2008年下半年，原产权人李某某到多家房屋中介公司挂牌销售涉案房屋。2008年10月22日，上海某房地产经纪有限公司带陶德华看了该房屋；11月23日，上海某房地产顾问有限公司（以下简称某房地产顾问公司）带陶德华之妻曹某某看了该房屋；11月27日，中原公司带陶德华看了该房屋，并于同日与陶德华签订了《房地产求购确认书》。该确认书第2.4条约定，陶德华在验看过该房地产后六个月内，陶德华或其委托人、代理人、代表人、承办人等与陶德华有关联的人，利用中原公司提供的信息、机会等条件但未通过中原公司而与第三方达成买卖交易的，陶德华应按照与出卖方就该房地产买卖达成的实际成交价的1%，向中原公司支付违约金。当时中原公司对该房屋报价165万元，而某房地产顾问公司报价145万元，并积极与卖方协商价格。11月30日，在某房地产顾问公司居间下，陶德华与卖方签订了房屋买卖合同，成交价138万元。后买卖双方办理了过户手续，陶德华向某房地产顾问公司支付佣金1.38万元。

【裁判结果】

上海市虹口区人民法院于2009年6月23日作出（2009）虹民三（民）初字第912号民事判决：被告陶德华应于判决生效之日起10日内向原告中原公司支付违约金1.38万元。宣判后，陶德华提出上诉。上海市第二中级人民法院于2009年9月4日作出(2009)沪二中民二(民)终字第1508号民事判决：一、撤销上海市虹口区人民法院(2009)虹民三(民)初字第912号民事判决；二、中原公司要求陶德华支付违约金1.65万元的诉讼请求,不予支持。

【裁判理由】

法院生效裁判认为：中原公司与陶德华签订的《房地产求购确认书》属于居间合同性质,其中第2.4条约定,属于房屋买卖居间合同中常有的禁止“跳单”格式条款,其本意是为防止买方利用中介公司提供的房源信息却“跳”过中介公司购买房屋,从而使中介公司无法得到应得的佣金,该约定并不存在免除一方责任、加重对方责任、排除对方主要权利的情形,应认定有效。根据该条约定,衡量买方是否“跳单”违约的关键,是看买方是否利用了该中介公司提供的房源信息、机会等条件。如果买方并未利用该中介公司提供的信息、机会等条件,而是通过其他公众可以获知的正当途径获得同一房源信息,则买方有权选择报价低、服务好的中介公司促成房屋买卖合同成立,而不构成“跳单”违约。本案中,原产权人通过多家中介公司挂牌出售同一房屋,陶德华及其家人分别通过不同的中介公司了解到同一房源信息,并通过其他中介公司促成了房屋买卖合同成立。因此,陶德华并没有利用中原公司的信息、机会,故不构成违约,对中原公司的诉讼请求不予支持。

根据大连佳期置业代理有限公司诉大连德享房地产开发有限公司委托合同纠纷抗诉案：最高人民法院(2013)民抗字第18号民事判决书[《最高人民检察院公报》2014年第5号(总第142号)],受托人依据合同为委托人办理贷款并收取代理费,属于居间合同,符合法律规定,并非违法发放贷款,也不会增加银行贷款风险,该合同有效。

根据北京诺米多餐饮管理有限责任公司与北京飞度网络科技有限公司居间合同纠纷上诉案：北京市第一中级人民法院(2015)一中民(商)终字第09220号民事判决书(2015年度人民法院十大民事行政案件之七),委托合同是委托人和受托人约定,由受托人处理委托人事务的合同；而居间合同是居间人向委托人报告订立合同的机会或者提供订立合同的媒介服务,委托人支付报酬的合同。本案中,虽然双方签订的合同名为《融资协议》,但委托融资只是双方当事人整体交易的一部分,相对于项目展示、筹集资金等服务,融资平台公司还提供信息审核、风险防控以至交易结构设计、交易过程监督等服务,其核心在于促成交易。从该角度分析,双方当事人之间的法律关系主要系居间合同关系。但是,界定为居间合同关系是基于对本案争议的相对概括,但众筹融资作为一种新型金融业态，众筹平台提供的服务以及功能仍在不断创新、变化和调整当中，其具体法律关系也会随之而发生变化。

张亚红诉陶军男、北京首创期货有限责任公司期货交易纠纷案（2023年1月19日《最高人民法院发布2022年全国法院十大商事案件》）

张亚红（原告）通过居间人陶军男在北京首创期货有限责任公司（以下简称首创期货公司）从事期货交易并受到损失，认为陶军男和首创期货公司均存在过错造成其损失，遂将陶军男和首创期货公司诉至法院。裁判认为：作为期货居间人的陶军男应严格履行"投资者适当性义务"，同时对投资者应当负有诚实守信、勤勉尽责的义务。陶军男未履行"投资者适当性义务"，导致张亚红在对期货投资的高风险认知不充分的情况下进行了投资，增加了张亚红经济损失发生的客观可能性，且高风险随后被现实化。同时，陶军男因为张亚红的交易而获取高额比例的居间报酬。陶军男对于张亚红期货交易损失的发生具有较大的主观过错，该过错与损失之间具有法律上的因果关系。因此，陶军男应当承担相应的赔偿责任。虽然首创期货公司的履约行为对于张亚红期货交易损失的发生不具有直接因果关系，但首创期货公司对期货居间人疏于管理，导致期货居间人陶军男未履行"投资者适当性义务"，因此，首创期货公司具有一定过错，应承担相应的赔偿责任。张亚红作为一位有金融产品投资经验的投资者，其风险承受能力级别与其所交易的期货产品风险等级相适配。张亚红的损失发生直接源于期货交易市场的波动，并与张亚红采取的操作方式相关。张亚红对期货投资的高风险不作充分分析判断，对他人指定的期货居间人陶军男的身份未向首创期货公司进行核实，后发生期货交易损失。故虽然陶军男及首创期货公司分别实施的侵权行为造成了对张亚红期货交易结果的同一损害，但均不足以造成全部损害，且期货居间人应当独立承担基于居间经纪关系所产生的民事责任。因此，二审法院结合张亚红、陶军男及首创期货公司存在的过错、过错的性质及大小、过错和损失之间的因果关系等因素，酌定陶军男赔偿张亚红损失的30%，首创期货公司赔偿张亚红损失的10%。

第九百六十二条　【中介人报告义务】中介人应当就有关订立合同的事项向委托人如实报告。

中介人故意隐瞒与订立合同有关的重要事实或者提供虚假情况，损害委托人利益的，不得请求支付报酬并应当承担赔偿责任。

旧法对应关系

合同法第四百二十五条

关联法律法规

《房地产经纪管理办法》(2016年4月1日修正)

第二十一条 房地产经纪机构签订房地产经纪服务合同前,应当向委托人说明房地产经纪服务合同和房屋买卖合同或者房屋租赁合同的相关内容,并书面告知下列事项:

(一)是否与委托房屋有利害关系;

(二)应当由委托人协助的事宜、提供的资料;

(三)委托房屋的市场参考价格;

(四)房屋交易的一般程序及可能存在的风险;

(五)房屋交易涉及的税费;

(六)经纪服务的内容及完成标准;

(七)经纪服务收费标准和支付时间;

(八)其他需要告知的事项。

房地产经纪机构根据交易当事人需要提供房地产经纪服务以外的其他服务的,应当事先经当事人书面同意并告知服务内容及收费标准。书面告知材料应当经委托人签名(盖章)确认。

典型案例指导

李彦东诉上海汉宇房地产顾问有限公司居间合同纠纷案[上海市第二中级人民法院2013年5月9日民事判决书,《最高人民法院公报》2015年第2期(总第220期)]

在房屋买卖居间活动中,中介公司(居间人)对于受托事项及居间服务应承担符合专业主体要求的注意义务,注重审查核实与交易相关的主体身份、房产权属、委托代理、信用资信等证明材料的真实性。中介公司因未尽必要的注意义务而未能发现一方提供的相关材料存在重大瑕疵、缺陷,由此使另一方受欺诈遭受损失的,应根据其过错程度在相应的范围内承担赔偿责任。

第九百六十三条 【中介人报酬请求权】中介人促成合同成立的，委托人应当按照约定支付报酬。对中介人的报酬没有约定或者约定不明确，依据本法第五百一十条的规定仍不能确定的，根据中介人的劳务合理确定。因中介人提供订立合同的媒介服务而促成合同成立的，由该合同的当事人平均负担中介人的报酬。

中介人促成合同成立的，中介活动的费用，由中介人负担。

旧法对应关系

合同法第四百二十六条

关联法律法规

《房地产经纪管理办法》(2016年4月1日修正)

第十七条 房地产经纪机构提供代办贷款、代办房地产登记等其他服务的，应当向委托人说明服务内容、收费标准等情况，经委托人同意后，另行签订合同。

第十八条 房地产经纪服务实行明码标价制度。房地产经纪机构应当遵守价格法律、法规和规章规定，在经营场所醒目位置标明房地产经纪服务项目、服务内容、收费标准以及相关房地产价格和信息。

房地产经纪机构不得收取任何未予标明的费用；不得利用虚假或者使人误解的标价内容和标价方式进行价格欺诈；一项服务可以分解为多个项目和标准的，应当明确标示每一个项目和标准，不得混合标价、捆绑标价。

第十九条 房地产经纪机构未完成房地产经纪服务合同约定事项，或者服务未达到房地产经纪服务合同约定标准的，不得收取佣金。

两家或者两家以上房地产经纪机构合作开展同一宗房地产经纪业务的，只能按照一宗业务收取佣金，不得向委托人增加收费。

第九百六十四条 【中介人必要费用请求权】中介人未促成合同成立的，不得请求支付报酬；但是，可以按照约定请求委托人支付从事中介活动支出的必要费用。

旧法对应关系

合同法第四百二十七条

第九百六十五条 【委托人私下与第三人订立合同后果】委托人在接受中介人的服务后，利用中介人提供的交易机会或者媒介服务，绕开中介人直接订立合同的，应当向中介人支付报酬。

第九百六十六条 【参照适用委托合同】本章没有规定的，参照适用委托合同的有关规定。

第二十七章 合伙合同

第九百六十七条 【合伙合同定义】合伙合同是两个以上合伙人为了共同的事业目的，订立的共享利益、共担风险的协议。

条文应用提示

合伙合同，是指两个以上合伙人为了共同的事业目的，订立的共享利益、共担风险的协议。合伙合同，是以共同出资为基础，以共同事业为目的，以共享利益、共担风险为本质的协议。作为一种新增的典型合同，合伙合同与其他类型的合同有很多不同之处。合伙合同主要有以下几个特征：

(1)对合伙人有所限制。根据合伙合同的定义，合伙合同的主体为两个以上的合伙人。合伙人的数量要求两个以上，只有一个则无法成立合伙。合伙人并不是完全没有限制，不是所有民事主体都可以成为合伙人。国有独资公司、国有企业、上市公司以及公益性的事业单位、社会团体不得成为合伙企业的普通合伙人，也不应当与他人订立合伙合同成为合伙人。

(2)为了共同目的或者共同利益。合伙人订立合伙合同是为了达到共同的事业目的，实现共同的利益，这是合伙合同最重要的特征，也是合伙合同与其他类型的合同最重要的区别之一。

(3)共享利益、共担风险。如前所述,合伙合同的所有合伙人之间具有共同的事业目的,是合作共赢的关系。因此,所有合伙人就应当共享合伙经营之利益,共担合伙经营之风险。

(4)合伙具有较强的人合性和一定的组织性。合伙合同的成立是基于合伙人之间的互相信任,合伙人之间可以互为代理人,且全体合伙人对合伙债务承担连带责任。合伙人具有共同的事业目的,共享利益,共担风险。基于本章规定的合伙合同形成的合伙,具有一定的组织性,但又不是完全独立的组织体,不具有民事主体资格。这是基于本章规定的合伙合同成立的合伙与合伙企业的重要区别。合伙企业具有民事主体资格,属于《民法典》总则编中规定的非法人组织,具有民事权利能力和民事行为能力,可以依法享有民事权利和承担民事义务。

(5)不要式合同、继续性合同。民法典对合伙合同的订立形式没有作出特别要求,可以是口头形式,也可以是书面形式或者其他形式。合伙合同是继续性合同。无论合伙合同的共同事业目的是持续性的还是临时性的,都不影响合伙合同为继续性合同。合伙人履行义务的行为不是一次性的,只要共同目的仍未实现,所有合伙人都应持续履行其义务。作为继续性合同,合伙合同的解除等方面也与非继续性合同有所不同,例如合同的解除不具有溯及力,仅向将来发生效力。

旧法对应关系

民法通则第三十条,民通意见第四十六条

关联法律法规

《中华人民共和国律师法》(2017年9月1日修正)

第十五条　设立合伙律师事务所,除应当符合本法第十四条规定的条件外,还应当有三名以上合伙人,设立人应当是具有三年以上执业经历的律师。

合伙律师事务所可以采用普通合伙或者特殊的普通合伙形式设立。合伙律师事务所的合伙人按照合伙形式对该律师事务所的债务依法承担责任。

第十七条　申请设立律师事务所,应当提交下列材料:

(一)申请书;

(二)律师事务所的名称、章程;

(三)律师的名单、简历、身份证明、律师执业证书;

(四)住所证明;

(五)资产证明。

设立合伙律师事务所,还应当提交合伙协议。

《中华人民共和国合伙企业法》(2006年8月27日修订)

第四条 合伙协议依法由全体合伙人协商一致、以书面形式订立。

第十八条 合伙协议应当载明下列事项:

(一)合伙企业的名称和主要经营场所的地点;

(二)合伙目的和合伙经营范围;

(三)合伙人的姓名或者名称、住所;

(四)合伙人的出资方式、数额和缴付期限;

(五)利润分配、亏损分担方式;

(六)合伙事务的执行;

(七)入伙与退伙;

(八)争议解决办法;

(九)合伙企业的解散与清算;

(十)违约责任。

第十九条 合伙协议经全体合伙人签名、盖章后生效。合伙人按照合伙协议享有权利,履行义务。

修改或者补充合伙协议,应当经全体合伙人一致同意;但是,合伙协议另有约定的除外。

合伙协议未约定或者约定不明确的事项,由合伙人协商决定;协商不成的,依照本法和其他有关法律、行政法规的规定处理。

第九百六十八条 【合伙人履行出资义务】合伙人应当按照约定的出资方式、数额和缴付期限,履行出资义务。

关联法律法规

《中华人民共和国合伙企业法》(2006年8月27日修订)

第十六条　合伙人可以用货币、实物、知识产权、土地使用权或者其他财产权利出资,也可以用劳务出资。

合伙人以实物、知识产权、土地使用权或者其他财产权利出资,需要评估作价的,可以由全体合伙人协商确定,也可以由全体合伙人委托法定评估机构评估。

合伙人以劳务出资的,其评估办法由全体合伙人协商确定,并在合伙协议中载明。

第十七条　合伙人应当按照合伙协议约定的出资方式、数额和缴付期限,履行出资义务。

以非货币财产出资的,依照法律、行政法规的规定,需要办理财产权转移手续的,应当依法办理。

第九百六十九条　【合伙财产】合伙人的出资、因合伙事务依法取得的收益和其他财产,属于合伙财产。

合伙合同终止前,合伙人不得请求分割合伙财产。

条文应用提示

合伙财产包括两个部分:一是合伙人对合伙的出资,也就是合伙的原始财产;二是所有因合伙事务依法取得的收益和其他财产,例如,合伙经营的收入、债权、因他人违约或者侵权向合伙作出的赔偿或者补偿等。此处的“财产”仅指积极财产。

从外部关系来看,合伙财产由全体合伙人共有,只有根据合伙合同的约定或者所有合伙人同意才可以对合伙财产进行处分。但是合伙人之间对处分合伙财产的内部约定不能对抗善意第三人。合伙财产中的某个具体财产可能实际为某个合伙人占有,或者仅登记在某个合伙人名下。此时如果该合伙人将该财产转让给并不知晓该财产为合伙财产的善意第三人,第三人可以依据《民法典》第三百一十一条的规定取得财产的所有权。当然,如果第三人明知该合伙人处分合伙财产的行为属未授权行为,或者与该合伙人相互串通损害其他合伙人的利益,即不属于善意第三人,则其他合伙人不仅可以此与之相对抗，要求其返回财产或补足差价，而且有权依法追究该第三人的相关责任。

旧法对应关系

合同法第四百二十五条，民法通则第三十二条

关联法律法规

《中华人民共和国合伙企业法》(2006年8月27日修订)

第二十一条　合伙人在合伙企业清算前，不得请求分割合伙企业的财产；但是，本法另有规定的除外。

合伙人在合伙企业清算前私自转移或者处分合伙企业财产的，合伙企业不得以此对抗善意第三人。

第二十二条　除合伙协议另有约定外，合伙人向合伙人以外的人转让其在合伙企业中的全部或者部分财产份额时，须经其他合伙人一致同意。

合伙人之间转让在合伙企业中的全部或者部分财产份额时，应当通知其他合伙人。

第九百七十条　【合伙事务的执行】合伙人就合伙事务作出决定的，除合伙合同另有约定外，应当经全体合伙人一致同意。

合伙事务由全体合伙人共同执行。按照合伙合同的约定或者全体合伙人的决定，可以委托一个或者数个合伙人执行合伙事务；其他合伙人不再执行合伙事务，但是有权监督执行情况。

合伙人分别执行合伙事务的，执行事务合伙人可以对其他合伙人执行的事务提出异议；提出异议后，其他合伙人应当暂停该项事务的执行。

条文应用提示

合伙人就合伙事务作出决定的，除合伙合同另有约定外，应当经全体合伙人一致同意。当然，合伙合同可以对此作出特别约定。合伙人之间存在相互信任关系，合伙事务的表决应当更多地体现合伙人意思自治的原则和协商原则。为了提高合伙的决策经营效率，合伙合同可以对合伙

事务的决定作出更加灵活的规定，如规定某些事项可以采用普通多数决或特别多数决的办法作出决定。

合伙人对执行合伙事务享有同等的权利，即每一个合伙人对企业的经营管理和其他事务的执行不但有参与权，而且权利平等。但如果所有合伙事务都由全体合伙人共同执行，则程序将变得十分烦琐，容易导致经营效率低下，不利于合伙事务的执行、处理。因此，合伙人可以在合伙合同中约定，或者在订立合伙合同后由全体合伙人共同决定，委托一个或者数个合伙人来执行合伙事务。合伙人分工协作，不仅有利于发挥各个合伙人的专长，也有利于提高合伙的决策和经营效率，促进合伙经营的发展。

关于非执行事务合伙人的监督权，内容主要包括：执行事务的合伙人要向不执行事务的合伙人报告业务经营情况；必要时不执行事务合伙人有权查阅企业的有关会计账册，查看合伙财产的实际状况；等等。需要注意的是，实际上，全体合伙人都享有对合伙事务执行情况的监督权。分别执行合伙事务的合伙人，除了自己执行的事务，对他人执行事务的情况，也应当有监督的权利，应当有权了解、知晓其他合伙人执行事务的情况以及合伙财产的情况等，这种权利也体现在对其他合伙人执行事务有提出异议的权利。

旧法对应关系

民法通则第三十四条

关联法律法规

《中华人民共和国合伙企业法》(2006年8月27日修订)

第二十六条　合伙人对执行合伙事务享有同等的权利。

按照合伙协议的约定或者经全体合伙人决定，可以委托一个或者数个合伙人对外代表合伙企业，执行合伙事务。

作为合伙人的法人、其他组织执行合伙事务的，由其委派的代表执行。

第二十七条　依照本法第二十六条第二款规定委托一个或者数个合伙人执行合伙事务的，其他合伙人不再执行合伙事务。

不执行合伙事务的合伙人有权监督执行事务合伙人执行合伙事务的

情况。

第二十八条　由一个或者数个合伙人执行合伙事务的，执行事务合伙人应当定期向其他合伙人报告事务执行情况以及合伙企业的经营和财务状况，其执行合伙事务所产生的收益归合伙企业，所产生的费用和亏损由合伙企业承担。

合伙人为了解合伙企业的经营状况和财务状况，有权查阅合伙企业会计账簿等财务资料。

第二十九条　合伙人分别执行合伙事务的，执行事务合伙人可以对其他合伙人执行的事务提出异议。提出异议时，应当暂停该项事务的执行。如果发生争议，依照本法第三十条规定作出决定。

受委托执行合伙事务的合伙人不按照合伙协议或者全体合伙人的决定执行事务的，其他合伙人可以决定撤销该委托。

第三十条　合伙人对合伙企业有关事项作出决议，按照合伙协议约定的表决办法办理。合伙协议未约定或者约定不明确的，实行合伙人一人一票并经全体合伙人过半数通过的表决办法。

本法对合伙企业的表决办法另有规定的，从其规定。

第三十一条　除合伙协议另有约定外，合伙企业的下列事项应当经全体合伙人一致同意：

（一）改变合伙企业的名称；

（二）改变合伙企业的经营范围、主要经营场所的地点；

（三）处分合伙企业的不动产；

（四）转让或者处分合伙企业的知识产权和其他财产权利；

（五）以合伙企业名义为他人提供担保；

（六）聘任合伙人以外的人担任合伙企业的经营管理人员。

第三十二条　合伙人不得自营或者同他人合作经营与本合伙企业相竞争的业务。

除合伙协议另有约定或者经全体合伙人一致同意外，合伙人不得同本合伙企业进行交易。

合伙人不得从事损害本合伙企业利益的活动。

第三十三条　合伙企业的利润分配、亏损分担，按照合伙协议的约定办理；合伙协议未约定或者约定不明确的，由合伙人协商决定；协商不成的，由合伙人按照实缴出资比例分配、分担；无法确定出资比例的，由合伙人平均分配、分担。

合伙协议不得约定将全部利润分配给部分合伙人或者由部分合伙人承担全部亏损。

第三十四条　合伙人按照合伙协议的约定或者经全体合伙人决定，可以增加或者减少对合伙企业的出资。

第三十五条　被聘任的合伙企业的经营管理人员应当在合伙企业授权范围内履行职务。

被聘任的合伙企业的经营管理人员，超越合伙企业授权范围履行职务，或者在履行职务过程中因故意或者重大过失给合伙企业造成损失的，依法承担赔偿责任。

第三十六条　合伙企业应当依照法律、行政法规的规定建立企业财务、会计制度。

典型案例指导

芜湖华融兴商投资合伙企业（有限合伙）与黄山市黄山区名人国际艺术家庄园置业有限公司等借款合同纠纷案（《最高人民法院公报》2023年第11期（总第327期））

【裁判要旨】

合伙企业是否就经营中发生争议提起诉讼，属于合伙企业较为重大的经营事项，不能简单归于经营活动中的日常事务。如合伙协议对该事项未约定明确的表决方式，合伙企业的执行事务合伙人就该事项产生争议时，其决议适用资本多数决进行表决不利于保护中小投资者利益，亦不能体现合伙企业的人合性质，应根据《中华人民共和国合伙企业法》第三十条的规定，实行合伙人一人一票并经全体合伙人过半数通过的表决办法。

世欣荣和投资管理股份有限公司与长安国际信托股份有限公司等信托合同纠纷案［最高人民法院（2016）最高法民终19号民事判决书，《最高人民法院公报》2016年第12期（总第242期）］

一、有限合伙企业中，如果执行事务合伙人怠于行使诉讼权利时，不执行合伙事务的有限合伙人可以为了合伙企业的利益以自己的名义提起诉讼。

二、资金信托设立时，受托人因承诺信托而从委托人处取得的资金是信托财产；资金信托设立后，受托人管理运用、处分该资金而取得的财产也属于信托财产。

三、信托财产的确定体现为该财产明确且特定。信托财产的确定要求其从委托人的自有财产中隔离和指定出来，而且在数量和边界上应当明确，以便受托人为实现信托目的对其进行管理运用、处分；信托财产上存在权利负担或者他人就该财产享有购买权益，与信托财产的确定属不同的法律问题，也不当然影响信托财产的确定。

四、当事人以信托财产上存在权利负担或者他人就该财产享有购买权益，主张信托无效的，不能成立。

第九百七十一条 【执行合伙事务报酬】合伙人不得因执行合伙事务而请求支付报酬，但是合伙合同另有约定的除外。

旧法对应关系

民法通则第三十四条

第九百七十二条 【合伙的利润分配与亏损分担】合伙的利润分配和亏损分担，按照合伙合同的约定办理；合伙合同没有约定或者约定不明确的，由合伙人协商决定；协商不成的，由合伙人按照实缴出资比例分配、分担；无法确定出资比例的，由合伙人平均分配、分担。

旧法对应关系

民通意见第四十七条、第四十八条

关联法律法规

《中华人民共和国合伙企业法》(2006年8月27日修订)

第三十三条 合伙企业的利润分配、亏损分担，按照合伙协议的约定办理；合伙协议未约定或者约定不明确的，由合伙人协商决定；协商不成的，由合伙人按照实缴出资比例分配、分担；无法确定出资比例的，由合伙人平均分配、分担。

合伙协议不得约定将全部利润分配给部分合伙人或者由部分合伙人承担全部亏损。

第九百七十三条 【合伙人的连带责任及追偿权】合伙人对合伙债务承担连带责任。清偿合伙债务超过自己应当承担份额的合伙人，有权向其他合伙人追偿。

条文应用提示

关于合伙财产和合伙人的个人财产清偿合伙债务的顺序，本条规定的合伙与合伙企业是不同的。合伙企业中的合伙人，对合伙企业的债务承担“无限”连带责任。而本章规定的契约型合伙，虽然具有一定的组织性，却是松散型的合伙，并不具有独立的民事主体资格，其财产还是由全体合伙人共有，合伙财产与合伙人的其他财产难以厘清，因此，并不要求对合伙债务先以合伙财产进行清偿，债权人可以直接请求所有合伙人以包括合伙财产在内的所有财产来履行合伙债务。这是契约型合伙与企业型合伙的重要区别之一。

关联法律法规

《中华人民共和国合伙企业法》(2006 年 8 月 27 日修订)

第三十八条　合伙企业对其债务，应先以其全部财产进行清偿。

第三十九条　合伙企业不能清偿到期债务的，合伙人承担无限连带责任。

第四十条　合伙人由于承担无限连带责任，清偿数额超过本法第三十三条第一款规定的其亏损分担比例的，有权向其他合伙人追偿。

第九百七十四条 【合伙人转让其财产份额】除合伙合同另有约定外，合伙人向合伙人以外的人转让其全部或者部分财产份额的，须经其他合伙人一致同意。

关联法律法规

《中华人民共和国合伙企业法》(2006 年 8 月 27 日修订)

第二十五条　合伙人以其在合伙企业中的财产份额出质的，须经其他合伙人一致同意；未经其他合伙人一致同意，其行为无效，由此给善意第三人造成损失的，由行为人依法承担赔偿责任。

典型案例指导

邢福荣与北京鼎典泰富投资管理有限公司、丁世国等合伙企业财产份额转让纠纷案[最高人民法院(2020)最高法民终904号民事判决书,《最高人民法院公报》2021年第5期(总第295期)]

合伙协议就合伙企业财产份额转让的特别约定,不违反法律、行政法规的强制性规定,亦不违背公序良俗,应认定其合法有效,合伙人应严格遵守该约定。合伙协议已经明确约定合伙人之间转让合伙财产份额需经全体合伙人一致同意的,在其他合伙人未同意合伙财产份额转让之前,当事人就合伙财产份额转让签订的转让协议成立但未生效。如其他合伙人明确不同意该合伙财产份额转让,则转让协议确定不生效,不能在当事人之间产生履行力。当事人请求履行转让协议的,人民法院不予支持。

第九百七十五条 【合伙人权利代位】合伙人的债权人不得代位行使合伙人依照本章规定和合伙合同享有的权利,但是合伙人享有的利益分配请求权除外。

条文应用提示

合伙人在合伙中不仅享有财产性质的利益分配请求权,还包括其在合伙中的表决权等身份权及合伙事务执行权、监督权等其他权利。合伙人的债权人要求合伙人偿还债务,只能通过与合伙人签订合同或通过诉讼的方式,获得对合伙人在合伙中利益分配的请求权或者分割其在合伙财产中的份额以实现债权,而对合伙人的其他具有人身属性的权利,如合伙事务执行权、重大事务表决权、对合伙的监督权等均没有请求权。此外,合伙还具有一定的组织性,合伙人一旦出资就成为合伙财产,合伙人的出资和其他因合伙取得的财产都是合伙财产,属于所有合伙人共同共有。基于共同共有的理论,在合伙合同终止前,合伙人不得请求分割合伙财产,也不得随意处分合伙财产以及合伙人在合伙财产中的份额。

但是,当合伙人的自有财产不足清偿其债务时,还是可以以基于合伙产生的其他财产性权利来进行清偿,本条规定允许合伙人的债权人代位行使该合伙人基于合伙享有的利益分配请求权。债权人行使合伙人的利益分配请求权，并不影响合伙的人合性和组织性，也不减少合伙财产，对合伙经营来说并无害处，应当允许。

关联法律法规

《中华人民共和国合伙企业法》(2006年8月27日修订)

第四十一条　合伙人发生与合伙企业无关的债务，相关债权人不得以其债权抵销其对合伙企业的债务；也不得代位行使合伙人在合伙企业中的权利。

第四十二条　合伙人的自有财产不足清偿其与合伙企业无关的债务的，该合伙人可以以其从合伙企业中分取的收益用于清偿；债权人也可以依法请求人民法院强制执行该合伙人在合伙企业中的财产份额用于清偿。

人民法院强制执行合伙人的财产份额时，应当通知全体合伙人，其他合伙人有优先购买权；其他合伙人未购买，又不同意将该财产份额转让给他人的，依照本法第五十一条的规定为该合伙人办理退伙结算，或者办理削减该合伙人相应财产份额的结算。

第九百七十六条　【合伙期限】合伙人对合伙期限没有约定或者约定不明确，依据本法第五百一十条的规定仍不能确定的，视为不定期合伙。

合伙期限届满，合伙人继续执行合伙事务，其他合伙人没有提出异议的，原合伙合同继续有效，但是合伙期限为不定期。

合伙人可以随时解除不定期合伙合同，但是应当在合理期限之前通知其他合伙人。

关联法律法规

《中华人民共和国合伙企业法》(2006年8月27日修订)

第四十六条　合伙协议未约定合伙期限的，合伙人在不给合伙企业事务执行造成不利影响的情况下，可以退伙，但应当提前三十日通知其他合伙人。

第九百七十七条　【合伙合同终止】合伙人死亡、丧失民事行为能力或者终止的，合伙合同终止；但是，合伙合同另有约定或者根据合伙事务的性质不宜终止的除外。

关联法律法规

《中华人民共和国合伙企业法》(2006年8月27日修订)

第八十条 作为有限合伙人的自然人死亡、被依法宣告死亡或者作为有限合伙人的法人及其他组织终止时,其继承人或者权利承受人可以依法取得该有限合伙人在有限合伙企业中的资格。

第九百七十八条 【合伙剩余财产分配顺序】合伙合同终止后,合伙财产在支付因终止而产生的费用以及清偿合伙债务后有剩余的,依据本法第九百七十二条的规定进行分配。

关联法律法规

《中华人民共和国合伙企业法》(2006年8月27日修订)

第八十九条 合伙企业财产在支付清算费用和职工工资、社会保险费用、法定补偿金以及缴纳所欠税款、清偿债务后的剩余财产,依照本法第三十三条第一款的规定进行分配。

第三分编　准　合　同

第二十八章　无因管理

第九百七十九条　【无因管理定义】管理人没有法定的或者约定的义务，为避免他人利益受损失而管理他人事务的，可以请求受益人偿还因管理事务而支出的必要费用；管理人因管理事务受到损失的，可以请求受益人给予适当补偿。

管理事务不符合受益人真实意思的，管理人不享有前款规定的权利；但是，受益人的真实意思违反法律或者违背公序良俗的除外。

对应司法解释

《最高人民法院关于审理民事案件适用诉讼时效制度若干问题的规定》（法释〔2020〕17号修正）

第七条　管理人因无因管理行为产生的给付必要管理费用、赔偿损失请求权的诉讼时效期间，从无因管理行为结束并且管理人知道或者应当知道本人之日起计算。

本人因不当无因管理行为产生的赔偿损失请求权的诉讼时效期间，从其知道或者应当知道管理人及损害事实之日起计算。

条文应用提示

无因管理虽是法律所鼓励的合法行为，但毕竟具有干涉他人事务的特征，为了避免被滥用，应当对其构成要件作出明确规定，让其在社会观念许可的限度和范围内发挥其积极作用。根据本条的规定，无因管理应当满足以下要件：

首先，管理人对所管理的事务没有法定或者约定的义务。管理人对管理他人事务是否有法定或者约定义务,是认定是否构成无因管理的前提条件。这里的法定义务是指法律法规直接规定的义务,不限于《民法典》规定的义务,约定的义务,是指因当事人之间约定而产生的义务,管理人管理事务无论是履行法定义务,还是履行约定义务,均不构成无因管理。无因管理制度是一种民事制度,只调整平等民事主体之间的关系,不调整公法上的义务,对于行政机关履行行政法等公法上的义务,例如,公安机关救人就是履行公法上的义务,虽客观上是管理他人事务,但不构成无因管理行为。

其次,管理人管理他人的事务。这里的他人事务是指有关人们生活利益并能成为债务的一切事项,既可以是涉及他人经济利益的事项,也可以是涉及他人非经济利益的事项;既可以是管理财产的事项,也可以是提供服务的事项。对于管理属于自己的事务或者不适宜由他人管理的事务,不得为无因管理的事项。一般情况下,下列事项不宜作为无因管理的事项:一是违法行为,如为他人销赃等;二是必须经本人授权、同意或者必须由本人亲为的行为,如股东的投票权,演员亲自表演节目等;三是违反公序良俗的行为;四是单纯属于管理人自己的事项。本规定中的“管理”是指处理事务的行为,是广义的,既包括对财产的保管、利用、改良或者处分行为,也包括提供劳务服务等行为。至于管理他人事务的目的是否最终达到,不影响无因管理的成立。也就是说,即使本人未因管理人的管理行为而获得利益,或者甚至因此还受到损失,也不影响无因管理的成立。

最后,管理人具有管理他人事务的意思,即管理人有为他人谋取利益的意思或者有使管理行为所生的利益归于他人的意思。无因管理制度中的管理人客观上干涉了他人事务,若其主观上没有为他人利益进行管理的意思,必将损害他人权益,管理人也有可能从中获得利益,这违背了无因管理制度的设立目的,所以管理人有无管理意思是区分无因管理与侵权行为、不当得利的重要标准。管理人的这种意思无须明确表示出来,只要其认识到所管理的事务属于他人事务,并且没有将其作为自己事务进行管理的想法和意思,就可以认定为具有管理他人事务的意思。管理人是否具有管理意思,可以从管理人是否具有“为避免本人利益受损害”的目的、效果等因素综合判断。管理人要具有管理他人事务的意思,并不意味着要明确知道他人具体是谁,即使不知道他人具体是谁,也不影响无因管理的成立。但是,若管理人与本人就是否具有管理意思产生争议时,原则上应当由管理人承担举证责任。

旧法对应关系

民通意见第九十三条,民法总则第一百二十一条

第九百八十条　【受益人享有管理利益时的法律适用】管理人管理事务不属于前条规定的情形,但是受益人享有管理利益的,受益人应当在其获得的利益范围内向管理人承担前条第一款规定的义务。

第九百八十一条　【管理人适当管理义务】管理人管理他人事务,应当采取有利于受益人的方法。中断管理对受益人不利的,无正当理由不得中断。

条文应用提示

管理人在管理他人事务时,应当履行一定的义务,其中最主要的是按照善良管理人的注意义务管理他人事务,这主要体现在三个方面:

一是管理人依本人明示的或者可推知的意思进行管理。实践中,通常是依平常人或者一般人的经验得以推知本人的意思。

二是管理人应当以利于本人的方法进行管理。是否有利于本人应当以客观上能否避免本人利益受损为标准,一般都认为管理人应当像管理自己事务一样进行管理。管理人未以善良管理人的身份尽到恰当管理义务造成本人损害的,原则上要承担过错的损害赔偿责任,但是若管理人为本人管理的是公共利益上的事务或者紧急事务的,仅就其故意或者重大过失管理行为承担损害赔偿责任。

三是管理人还应当履行继续管理义务。因此,从原则上讲,管理人在受益人自己能进行管理时,可以停止管理行为,并将管理事务移交给受益人,但是管理人在开始管理后,如其中途停止管理行为较不管理对本人更为不利的,若放任管理人中止管理事务,既与设立无因管理制度的目的不符,也不符合《民法典》总则编规定的诚信原则,所以在这种情况下,管理

人不得中断对事务的管理,应当继续管理事务。管理人违反该义务导致受益人的利益受到损害的,管理人应当承担损害赔偿责任。

第九百八十二条 【管理人通知义务】管理人管理他人事务,能够通知受益人的,应当及时通知受益人。管理的事务不需要紧急处理的,应当等待受益人的指示。

第九百八十三条 【管理人报告和交付义务】管理结束后,管理人应当向受益人报告管理事务的情况。管理人管理事务取得的财产,应当及时转交给受益人。

第九百八十四条 【受益人追认的法律效果】管理人管理事务经受益人事后追认的,从管理事务开始时起,适用委托合同的有关规定,但是管理人另有意思表示的除外。

第二十九章 不当得利

第九百八十五条 【不当得利定义】得利人没有法律根据取得不当利益的,受损失的人可以请求得利人返还取得的利益,但是有下列情形之一的除外:

(一)为履行道德义务进行的给付;

(二)债务到期之前的清偿;

(三)明知无给付义务而进行的债务清偿。

条文应用提示

不当得利,是指没有法律根据,取得不当利益,造成他人损失的情形。关于不当得利的类型存在不同的认识,理论上一般区分为给付型不当得利和非给付型不当得利。

(1)给付型不当得利,是指基于给付而产生的不当得利。构成给付型不当得利,有以下几个要件:一是基于给付而取得利益。所谓给付,是指有意识地基于一定目的而增加他人的财产。二是他方当事人受有损失。在损害赔偿制度中,损失(损害),是指权利或利益受到侵害时所发生的不利益,即行为发生前的财产状态和行为发生后的财产状态两相比较,受害人所受的不利益,即为损失(损害)之所在。三是具有因果关系。构成不当得利,需要一方当事人取得的利益与他方当事人受到的损失之间具有因果关系,以决定谁得向谁主张不当得利。四是没有法律根据。即欠缺给付目的,其内容即给付目的的内容,为给付所关联的债的关系及其缘由。

(2)非给付型不当得利。非给付型不当得利是因给付以外的事由而发生的类型,包括:①基于受益人的行为而生的不当得利。有以下几个要件:a. 因侵害他人的权益而取得利益。基于受益人的行为而生的不当得利,以侵害他人的权益而取得利益为基本要件。无权出卖他人之物而取得价款,出租他人之物而收取租金,占用消费他人之物等为其典型表现。b. 使他人受损失。基于受益人的行为而生的不当得利,其构成所要求的"使他人受损失",只要因侵害应归属于他人的权益而取得利益,就可认为基于同一原因事实"使他人受损失",不以有财产移转为必要。c. 没有法律根据。②基于受害人的行为而生的不当得利。基于受害人的行为而生的不当得利,有的是给付型不当得利,有的是非给付型不当得利,究竟如何,需要根据个案予以确定。这种类型的不当得利主要有如下两种类型:a. 支出费用的不当得利。b. 因清偿他人的债务而发生的所谓"求偿不当得利请求权"。③基于第三人的行为而生的不当得利。基于第三人的行为而生的不当得利,是指受益人因第三人的行为取得应当归属于他人(受害人)的利益,而成立的不当得利。④基于法律规定而生的不当得利。基于法律的直接规定而生的不当得利,其中的法律规定,应从广义上理解,指法律秩序,包括法院的判决和行政处分。如果法律规定的目的是在使受益人终局地实质地保有利益,以维护财产状态的新秩序为目的,则不成立不当得利;反之,该法律规定的目的仅仅在技术上谋取方便,形式上使该项利益归属于某人,实质上并不使其终局地保有该项利益时,则可成立不当得利。基于法律规定而生的不当得利,主要发生在添附、善意取得、终局确定判决等场合。⑤基于自然事件而生的不当得利。取得利益出于自然事件的结果,可成立不当得利。例如,甲放养的羊群进入乙承包的牧场,乙取得占有利益,甲可基于占有的不当得利请求乙返还该羊群。当然,在甲能够证明哪些羊属于他(它)所有的情况下,也可以基于物的返还请求权请求乙返还。

该条第二款是关于不得请求返还的不当得利的规定。从前述理论构成看,主要针对的是给付型不当得利:

第一项排除事由是不当给付是为履行道德上义务而为之。

第二项排除事由是债务到期之前的清偿。债务到期之前的清偿,因为债务并非不存在,所以债权人受领给付,不能称为缺乏法律上的原因。并且债务因清偿而消灭,所以债权人也没有什么得利可言。

第三项排除事由是明知无给付义务而进行的债务清偿。非债清偿属于典型的不当得利,本来是可以请求返还的,但是法律对于明知无债务而进行的清偿,特别设置了本项这个例外。这一例外的设置的理论根据在于禁反言原则。也就是说,明知没有给付义务而进行的给付再请求返还,则构成了前后矛盾,有违诚信原则,所以不允许。

旧法对应关系

民法通则第九十二条、第一百二十二条,民通意见第一百三十一条

第九百八十六条 【善意得利人返还义务免除】得利人不知道且不应当知道取得的利益没有法律根据,取得的利益已经不存在的,不承担返还该利益的义务。

第九百八十七条 【恶意得利人返还义务】得利人知道或者应当知道取得的利益没有法律根据的,受损失的人可以请求得利人返还其取得的利益并依法赔偿损失。

对应司法解释

《最高人民法院关于审理民事案件适用诉讼时效制度若干问题的规定》(法释〔2020〕17号修正)

第六条 返还不当得利请求权的诉讼时效期间,从当事人一方知道或者应当知道不当得利事实及对方当事人之日起计算。

第九百八十八条　【第三人返还义务】得利人已经将取得的利益无偿转让给第三人的，受损失的人可以请求第三人在相应范围内承担返还义务。

附录一　总则编相关内容

第六章　民事法律行为

第一节　一 般 规 定

第一百三十三条　【民事法律行为的定义】民事法律行为是民事主体通过意思表示设立、变更、终止民事法律关系的行为。

条文应用提示

民事法律行为是对合同行为、婚姻行为、遗嘱行为等一系列能够产生具体权利义务关系的行为的抽象和概括，是民事主体在民事活动中实现自己意图的一项重要民事制度。

根据本条的规定，民事法律行为具有以下几个特征：

(1)民事法律行为是民事主体实施的行为。非民事主体实施的行为不是民事法律行为，如司法机关作出的裁决、行政机关作出的处罚决定等也会产生法律后果，但其不是以民事主体身份作出的行为，因而裁决和处罚决定不属于民事法律行为。但机关在履行公共管理职能过程中可能会进行一些民事活动，如行政机关购买办公用品、修建办公大楼等，从事这些活动时是以机关法人的民事主体身份进行的，其实施的行为也属于民事法律行为。

(2)民事法律行为应当是以发生一定的法律效果为目的的行为。民事主体在社会生产生活中会从事各种各样的活动，但并非任何行为都是民事法律行为。根据本条的规定，只有以设立、变更、终止民事法律关系为目的的行为才是民事法律行为，其最终结果是让民事主体具体地享受民事权利、承担民事义务。所谓设立民事法律关系，是指民事主体通过民事法律行为形成某种法律关系，如双方当事人通过要约和承诺形成的买卖关系、租赁关系、委托关系等合同关系。所谓变更民事法律关系，是指民事主体在保持原有民事法律关系效力的基础上，通过民事法律行为对其内容作出一些调整。所谓消灭民事法律关系，是指民事主体通过民事法律行为消灭原民事法律关系，终止其效力。这里需要强调的是，民事法律行为虽然是民事主体期望发生一定法律效果为目的的行为，但并非任何民事法律行为都能最终产生民事主体所期望的法律效果。民事主体所从事的民事法律行为既可能是合法的，也可能是非法的，这与《民法通则》关于民事法律行为的规定有很大的不同。根据本章第三节关于民事法律行为效力的规定，合法有效的民事法律行为能产生民事主体所期望发生的法律效果，但是非法的民事法律行为则不一定能产生民事主体所期望的法律效果。例如，无效的民事法律行为就确定地不发生民事主体所希望发生的法律效果；如果当事人提出撤销的申请，可撤销的民事法律行为也不能实现民事主体所希望的法律效果。非法的民事法律行为虽然可能不能实现民事主体意欲实现的法律效果，但是都可能产生一定的法律后果，例如，根据本章的规定，欺诈、胁迫等民事法律行为是非法的，可能产生民事法律行为被撤销的法律后果；又如，根据本章的规定，恶意串通损害他人合法权益的民事法律行为会产生无效的法律后果。

（3）民事法律行为是以意思表示为核心要素的行为。意思表示，是指民事主体意欲发生一定法律效果的内心意思的外在表达，是民事法律行为最为核心的内容。民事法律行为之所以能对民事主体产生法律约束力，就是因为其是民事主体按照自己的意思作出的，这也是民事法律行为与事实行为最根本的区别。

第一百三十四条　【民事法律行为的成立】民事法律行为可以基于双方或者多方的意思表示一致成立，也可以基于单方的意思表示成立。

法人、非法人组织依照法律或者章程规定的议事方式和表决程序作出决议的，该决议行为成立。

条文应用提示

本条第一款根据不同的民事法律行为类型对其不同的成立条件和成立时间作了规定。

第一,双方民事法律行为。双方民事法律行为,是指双方当事人意思表示一致才能成立的民事法律行为。最为典型的双方民事法律行为是合同。双方民事法律行为与单方民事法律行为的最大区别是行为的成立需要双方的意思表示一致,仅凭一方的意思表示而没有经过对方的认可或者同意不能成立。

第二,多方民事法律行为。多方民事法律行为,是指根据两个以上的民事主体的意思表示一致而成立的行为。订立公司章程的行为和签订合伙协议的行为就是较为典型的多方民事法律行为。

第三,单方民事法律行为。单方民事法律行为,是指根据一方的意思表示就能够成立的行为。与双方民事法律行为不同,单方民事法律行为不存在相对方,其成立不需要其他人的配合或者同意,而是依据行为人自己一方的意志就可以产生自己所期望的法律效果。在现实生活中单方民事法律行为也不少,这些民事法律行为从内容上划分,主要可以分为两类:(1)行使个人权利而实施的单方行为,如所有权人抛弃所有权的行为等,这些单方民事法律行为仅涉及个人的权利变动,不涉及他人的权利变动;(2)涉及他人权利变动的单方民事法律行为,如立遗嘱,授予代理权,行使撤销权、解除权、选择权等处分形成权的行为。

本条第二款还规定了一种较为特殊的民事法律行为,即决议行为。决议行为是两个或者两个以上的当事人基于共同的意思表示而意图实现一定法律效果而实施的行为,其满足民事法律行为的所有条件,是一种民事法律行为。但是与多方民事法律行为、双方民事法律行为和单方民事法律行为相比,其又具有特殊性,这种特殊性体现在三个方面:一是双方民事法律行为或者多方民事法律行为需要所有当事人意思表示一致才能成立,决议行为一般并不需要所有当事人意思表示一致才能成立,而是多数人意思表示一致就可以成立。二是双方民事法律行为或者多方民事法律行为的设立过程一般不需要遵循特定的程序,而决议行为一般需要依一定的程序才能设立,根据本条的规定,决议行为的设立应当依照法律或者章程规定的议事方式和表决程序。三是双方民事法律行为或者多方民事法律行为适用的范围一般不受限制，而根据本条的规定，决议行为原则上仅适用于法人或者非法人组织内部的决议事项。

需要强调的是，民事法律行为的成立是其生效的前提，根据本法第一百三十六条的规定，民事法律行为自成立时生效，但是法律另有规定或者当事人另有约定的除外。也就是说，除法律另有规定或者当事人另有约定外，民事法律行为原则上在成立时就对当事人产生法律约束力，任何一方都不得擅自变更或者解除。

第一百三十五条 【民事法律行为的形式】民事法律行为可以采用书面形式、口头形式或者其他形式；法律、行政法规规定或者当事人约定采用特定形式的，应当采用特定形式。

对应司法解释

《最高人民法院关于适用〈中华人民共和国民法典〉总则编若干问题的解释》（法释〔2022〕6号）

第十八条 当事人未采用书面形式或者口头形式，但是实施的行为本身表明已经作出相应意思表示，并符合民事法律行为成立条件的，人民法院可以认定为民法典第一百三十五条规定的采用其他形式实施的民事法律行为。

条文应用提示

根据本条的规定，民事法律行为可以采用书面形式、口头形式或者其他形式。（1）书面形式，是指以文字等可以有形形式再现民事法律行为内容的形式。书面形式的种类很多，根据《民法典》第四百六十九条第二款、第三款的规定，书面形式是合同书、信件、电报、电传、传真等可以有形地表现所载内容的形式。以电子数据交换、电子邮件等方式能够有形地表现所载内容，并可以随时调取查用的数据电文，视为书面形式。随着互联网技术的发展，微信、QQ等已成为人们社会交往的重要载体，也可以成为民事法律行为的载体，有的也属于书面形式的种类。（2）口头形式，是指当事人以面对面的谈话或者以电话交流等方式形成民事法律行为的形式。（3）在某些情况下，当事人还可以采取书面形式和口头形式之外的方式形成民事法律行为。例如在合同领域,可以根据当事人的行为或者特定情形推定合同的成立,也被称为默示合同。此类合同,是指当事人未用语言或者文字明确表示成立,而是根据当事人的行为推定合同成立。这类合同在现实生活中有很多,如租房合同的期限届满后,出租人未提出让承租人退房,承租人也未表示退房而是继续交房租,出租人也接受了租金。根据双方的行为,可以推定租赁合同继续有效。

对于民事法律行为是采用书面形式、口头形式还是其他形式,由当事人自主选择,法律原则上不干涉,但在一些特殊情况下,出于保护交易安全、避免纠纷等考虑,有的法律、行政法规会对民事法律行为提出特殊要求,或者当事人会约定民事法律行为采用特定形式,在这种情况下,应当采用特定形式。

第一百三十六条 【民事法律行为的生效时间】民事法律行为自成立时生效,但是法律另有规定或者当事人另有约定的除外。

行为人非依法律规定或者未经对方同意,不得擅自变更或者解除民事法律行为。

条文应用提示

1. 成立时就生效的民事法律行为必须是具备一般有效要件的民事法律行为,根据《民法典》第一百四十三条的规定,具备下列条件的民事法律行为有效:(1)行为人具有相应的民事行为能力;(2)意思表示真实;(3)不违反法律、行政法规的强制性规定,不违背公序良俗。

2. 在成立时不立即生效,只有满足特殊生效要件后才生效。例如,本章第四节规定的附生效条件和附生效期限的民事法律行为在成立时并不立即生效,只有在条件成就时或者期限届至时才生效。又如,遗嘱行为只有在遗嘱人死亡后才生效。《民法典》第五百零二条第二款规定,法律、行政法规规定合同应当办理批准等手续的,依照其规定。

3. 基于自愿原则,当事人对民事法律行为何时生效也可以约定。

关联法律法规

《中华人民共和国民法典》第一百三十四条、第一百四十三条、第五百零二条

第二节 意思表示

第一百三十七条 【有相对人的意思表示生效时间】以对话方式作出的意思表示,相对人知道其内容时生效。

以非对话方式作出的意思表示,到达相对人时生效。以非对话方式作出的采用数据电文形式的意思表示,相对人指定特定系统接收数据电文的,该数据电文进入该特定系统时生效;未指定特定系统的,相对人知道或者应当知道该数据电文进入其系统时生效。当事人对采用数据电文形式的意思表示的生效时间另有约定的,按照其约定。

条文应用提示

意思表示,是指行为人为了产生一定民法上的效果而将其内心意思通过一定方式表达于外部的行为。意思表示中的“意思”,是指设立、变更、终止民事法律关系的内心意图;“表示”,是指将内心意思以适当方式向适当对象表示出来的行为。意思表示具有以下特征:一是意思表示的表意人具有使民事法律关系发生变动的意图。通过这种意图,表意人可以依据自己的主观意志发生法律关系,所以从这一角度来讲,意思表示是实现意思自治的工具。二是意思表示是一个将意思由内到外表示的过程。一个人内心可能有很多的主观意思,但是若不通过适当的方式表示出来,让他人知晓,其内心意思就没有任何法律意义。三是意思表示可以产生一定的法律效果。符合法定生效要件的意思表示可以发生当事人预期的法律效果。意思表示作为民事法律行为中最为核心的要素,对于确定民事法律行为的效力具有重要作用。

本条是对有相对人的意思表示生效时间的规定。对于此类情况,本条又根据是否采用对话方式作了不同规定:

(1)以对话方式作出的意思表示。所谓以对话方式作出的意思表示,是指采取使相对方可以同步受领的方式进行的意思表示,如面对面交谈、电话等方式。在以这种方式进行的意思表示中,表意人作出意思表示和相对人受领意思表示是同步进行的,没有时间差。因此,表意人作出意思表示并使相对人知道时即发生效力。基于此,本条第一款规定,以对话方式作出的意思表示,相对人知道其内容时生效。

(2)以非对话方式作出的意思表示。以非对话方式作出的意思表示,是表意人作出意思表示的时间与相对人受领意思表示的时间不同步,二者之间存在时间差。非对话的意思表示在现实生活中存在的形式多样,如传真、信函等。我国的民事立法对意思表示的生效时间的规定采用了到达主义的模式。《合同法》规定,当事人的要约和承诺到达对方当事人时生效。本条延续了《合同法》的做法,规定以非对话方式作出的意思表示,到达相对人时生效。需要强调的是,这里"到达"并不意味着相对人必须亲自收到,只要进入相对人通常的地址、住所或者能够控制的地方(如信箱)即可视为到达,意思表示被相对人的代理人收到也可以视为"到达"。送达相对人时生效还意味着即使在意思表示送达相对人前相对人已经知道该意思表示内容的,该意思表示也不生效。

(3)以非对话方式作出的采用数据电文形式的意思表示。"数据电文"系指经由电子手段、电磁手段、光学手段或类似手段生成、发送、接收或存储的信息,这些手段包括但不限于电子数据交换、电子邮件、电报、电传或传真。采用数据电文方式作出的意思表示虽然也是以非对话方式进行的,但由于其发出和到达具有自动性、实时性等特点,意思表示发出即到达,其生效规则也与一般的非对话方式作出的意思表示的生效时间有所区别。采用数据电文形式订立合同,收件人指定特定系统接收数据电文的,该数据电文进入该特定系统的时间,视为到达时间;未指定特定系统的,该数据电文进入收件人的任何系统的首次时间,视为到达时间。

当事人对采用数据电文形式的意思表示的生效时间另有约定的,按照其约定。这主要是为了尊重当事人对意思表示生效时间的约定,体现意思自治。在现实生活中,当事人可以约定数据电文形式意思表示的生效时间可以不是该意思表示进入特定系统的时间。有这种约定的,从其约定。

关联法律法规

《中华人民共和国电子签名法》第十一条

第一百三十八条 【无相对人的意思表示生效时间】无相对人的意思表示,表示完成时生效。法律另有规定的,依照其规定。

条文应用提示

本条规定,无相对人的意思表示在完成时生效,这是无相对人意思表示生效的一般性规则。但有时法律对无相对人的意思表示的生效时间会作出特别规定,例如,根据《民法典》继承编的规定,遗嘱这种无相对人的意思表示自遗嘱人死亡时发生效力。所以,本条还规定,法律对无相对人意思表示的生效时间另有规定的,依照其规定。

第一百三十九条 【以公告方式作出的意思表示生效时间】以公告方式作出的意思表示,公告发布时生效。

条文应用提示

本条规定,对于以公告方式作出的意思表示,公告发布时生效。这里的"公告方式"既可以是在有关机构的公告栏,例如人民法院的公告栏;也可以是在报纸上刊登公告的方式。以公告方式作出的意思表示,表意人一旦发出公告能够为社会公众所知道,就认为意思表示已经到达,即发生效力。理解本条还需要注意:本条所规定的表意人并不是在任何情况都可以采用公告方式作出意思表示,只有在表意人非因自己的过错而不知相对人的下落或者地址的情况下才可以采用公告方式作出意思表示,否则对相对人很不公平。在表意人知道相对人下落的情况下,表意人不得采用公告方式作出意思表示,除非相对人同意。

第一百四十条 【意思表示的作出方式】行为人可以明示或者默示作出意思表示。

沉默只有在有法律规定、当事人约定或者符合当事人之间的交易习惯时,才可以视为意思表示。

条文应用提示

在现实生活中,行为人作出意思表示的方式很多,归纳起来大体上可以分为两类:一是以明示的方式作出意思表示。所谓明示的意思表示,就是行为人以作为的方式使相对人能够直接了解到意思表示的内容。以明示方式作出的意思表示具有直接、明确、不易产生纠纷等特征。二是以默示方式作出的意思表示。这种方式又称为行为默示,是指行为人虽没有以语言或文字等明示方式作出意思表示,但以行为的方式作出了意思表示。这种方式虽不如明示方式那么直接表达出意思表示的内容,但通过其行为可以推定出其作出一定的意思表示。在现实生活中,以默示方式作出的意思表示也比较常见。例如,某人向自动售货机投入货币的行为即可推断其作出了购买物品的意思表示。又如,某人乘坐无人售票的公交车时,其投币行为就可以视为其具有缔结运输合同的意思表示。

意思表示原则上都需要以明示或者默示的方式作出。但是在现实生活中也会出现一种特殊情形,即行为人作出意思表示时既无语言等明示方式,也无行为等默示方式,在一定条件下仍可视为意思表示。这种情形就是以沉默的方式作出的意思表示。沉默是一种既无语言表示也无行为表示的纯粹的缄默,是一种完全的不作为,从法学理论和境外的立法例来看,原则上纯粹的不作为不能视为当事人有意思表示。也就是说,与明示和默示原则上可以作为意思表示的方式不同,沉默原则上不得作为意思表示的方式。只有在有法律规定、当事人约定或者符合当事人之间的交易习惯时,才可以视为意思表示。

第一百四十一条 【意思表示的撤回】行为人可以撤回意思表示。撤回意思表示的通知应当在意思表示到达相对人前或者与意思表示同时到达相对人。

条文应用提示

意思表示的撤回,是指在意思表示作出之后发生法律效力之前,意思表示的行为人欲使该意思表示不发生效力而作出的意思表示。意思表示之所以可以撤回,是因为意思表示生效才能发生法律约束力,在其尚未生效之前,不会对意思表示的相对人产生任何影响,也不会对交易秩序产生任何影响,因此,在此阶段应当允许行为人使未发生法律效力的意思表示不产生预期的效力,这也是对行为人意思自由的充分尊重。基于此,本条规定,行为人可以撤回意思表示。

行为人可以撤回意思表示,但不是在任何情况下都可以撤回其意思表示，而是有条件的。根据本条的规定，撤回意思表示的通知应当在意思表示到达相对人前或者与意思表示同时到达相对人。如果撤回意思表示的通知在意思表示到达相对人之后到达的，该意思表示已经生效，是否能够使其失效，则取决于相对人是否同意。因此，行为人若要撤回意思表示，必须选择以快于意思表示作出的方式发出撤回的通知，使之能在意思表示到达之前到达相对人。如果意思表示的行为人作出意思表示以后又立即以比作出意思表示更快的方式发出撤回通知，按照通常情况，撤回的通知应当先于或者最迟与意思表示同时到达相对人，但因为其他原因耽误了，撤回的通知在意思表示到达相对人后才到达相对人，在这种情况下，相对人应当根据诚信原则及时通知意思表示的行为人，告知其撤回的通知已经迟到，意思表示已经生效；如果相对人怠于通知行为人，行为人撤回意思表示的通知视为未迟到，仍发生撤回表示的效力。

理解本条需要注意以下两点：

一是意思表示的撤回原则上只有在该意思表示有相对人的情况下才有意义，若是无相对人的意思表示则不存在撤回不撤回的问题，只可能撤销。

二是意思表示的撤回与意思表示的撤销是不同的。根据本条的规定，意思表示的撤回是在意思表示未生效前使其不发生效力；而意思表示的撤销，是指在意思表示作出并生效之后，行为人又作出取消其意思表示的表示。由于意思表示在到达后已经生效，相对人已知悉了意思表示的内容，甚至可能已经对该意思表示产生了合理的信赖，因此，行为人能否在意思表示生效后取消其意思表示，需要考虑保障相对人合理信赖的问题。这与意思表示撤回中仅考虑保护意思表示行为人对其意思表示的自由处分权利存在较大区别。考虑到意思表示生效后，已经对行为人产生了法律约束力，能否撤销，要平衡行为人和相对人的利益，不宜泛泛规定行为人可以撤销意思表示。基于此，合同编第四百七十六条规定，要约可以撤销，但有下列情形之一的，要约不得撤销：(1)要约人以确定承诺期限或者其他形式明示要约不可撤销；(2)受要约人有理由认为要约是不可撤销的，并已经为履行合同做了合理准备工作。所以，总则编只规定了意思表示的撤回，未规定意思表示的撤销。

第一百四十二条 【意思表示的解释】有相对人的意思表示的解释,应当按照所使用的词句,结合相关条款、行为的性质和目的、习惯以及诚信原则,确定意思表示的含义。

无相对人的意思表示的解释,不能完全拘泥于所使用的词句,而应当结合相关条款、行为的性质和目的、习惯以及诚信原则,确定行为人的真实意思。

对应司法解释

《最高人民法院关于适用〈中华人民共和国民法典〉总则编若干问题的解释》(法释〔2022〕6号)

第一条 民法典第二编至第七编对民事关系有规定的,人民法院直接适用该规定;民法典第二编至第七编没有规定的,适用民法典第一编的规定,但是根据其性质不能适用的除外。

就同一民事关系,其他民事法律的规定属于对民法典相应规定的细化的,应当适用该民事法律的规定。民法典规定适用其他法律的,适用该法律的规定。

民法典及其他法律对民事关系没有具体规定的,可以遵循民法典关于基本原则的规定。

第二条 在一定地域、行业范围内长期为一般人从事民事活动时普遍遵守的民间习俗、惯常做法等,可以认定为民法典第十条规定的习惯。

当事人主张适用习惯的,应当就习惯及其具体内容提供相应证据;必要时,人民法院可以依职权查明。

适用习惯,不得违背社会主义核心价值观,不得违背公序良俗。

条文应用提示

根据本条第一款的规定,对有相对人的意思表示的解释,应当遵循以下规则:第一,首先要按照意思表示所使用的词句进行解释。对词句的解释应当按照一个合理人通常的理解来进行。第二,如果按通常的理解对有相对人的意思表示所使用的词句进行解释比较困难或者不合理的,则应当结合相关条款、行为的性质和目的、习惯以及诚实信用原则,确定意思表示的含义。其中,按照习惯进行解释,是指在意思表示发生争议以后,应当根据当事人所知悉的生活和交易习惯来对意思表示进行解释。在运用习惯进行解释时,双方当事人应当对运用的习惯是否存在以及其内容进行举证证明,在当事人未举证的情况下,人民法院也可以主动适用习惯进行解释。

本条第二款对无相对人的意思表示的解释规则作了规定。需要强调的是,对无相对人的意思表示的解释,不能完全拘泥于意思表示所使用的词句,但不是完全抛开意思表示所使用的词句,这主要是为了防止在解释这类意思表示时自由裁量权过大,影响当事人的利益。例如,在对遗嘱进行解释时,虽说主要是探究遗嘱人立遗嘱的真实意思,但也不能完全不考虑遗嘱本身的词句。

关联法律法规

《中华人民共和国民法典》第四百六十六条

第三节　民事法律行为的效力

第一百四十三条　【民事法律行为有效的条件】具备下列条件的民事法律行为有效:

(一)行为人具有相应的民事行为能力;

(二)意思表示真实;

(三)不违反法律、行政法规的强制性规定,不违背公序良俗。

条文应用提示

根据本条的规定,民事法律行为应当具备的有效条件包括:

第一,行为人具有相应的民事行为能力。民事行为能力是行为人通过自己行为参与民事活动,享有权利和承担义务的能力。与作为法律资格的民事权利能力相比,民事行为能力是行为人实施民事法律行为的相应保证。这里的“相应”,强调行为人所实施的民事法律行为应当与其行为能力相匹配:就完全民事行为能力人而言,可以从事一切民事法律行为,其行为能力不受限制;就限制行为能力人而言,只能实施与其年龄、智力、精神健康状况等相适应的民事法律行为，实施其他行为需要经过法定代理人的同意或者追认；而无行为能力人由于不具备行为能力，其实施的民事法律行为是无效的。

第二，意思表示真实。意思表示作为法律行为的核心要素，其真实性对于保证行为人正确实现行为目的至关重要。应当注意的是，此处的真实应作扩大解释，实际上还包含了传统民法理论意思表示自由的含义。例如，在因欺诈、胁迫实施民事法律行为的情形中，受欺诈人、受胁迫人的意思表示虽然从表面看是真实的，但实际上并非其内心自由意志的体现。在意思表示不真实的情况下，民事法律行为不能具备完全有效的效力。

第三，不违反法律、行政法规的强制性规定，不违背公序良俗。前者侧重于具体的法律规范对民事法律行为效力的要求，后者则是从公共秩序和善良习俗方面对民事法律行为提出的要求。

关联法律法规

《中华人民共和国消费者权益保护法》第二十六条

第一百四十四条　【无民事行为能力人实施的民事法律行为的效力】无民事行为能力人实施的民事法律行为无效。

第一百四十五条　【限制民事行为能力人实施的民事法律行为的效力】限制民事行为能力人实施的纯获利益的民事法律行为或者与其年龄、智力、精神健康状况相适应的民事法律行为有效；实施的其他民事法律行为经法定代理人同意或者追认后有效。

相对人可以催告法定代理人自收到通知之日起三十日内予以追认。法定代理人未作表示的，视为拒绝追认。民事法律行为被追认前，善意相对人有撤销的权利。撤销应当以通知的方式作出。

条文应用提示

本条第一款是关于限制民事行为能力人从事的民事法律行为效力的规定，具体包括两层含义：(1)原则上，限制民事行为能力人所从事的民事法律行为，须经法定代理人同意或者追认才能有效。同意，指的是法定代理人事先对限制民事行为能力人实施某种民事法律行为予以明确认可;追认,指的是法定代理人事后明确无误地对限制民事行为能力人实施某种民事法律行为表示同意。无论是事先的同意还是事后的追认,都是法定代理人的单方意思表示,无须行为相对人的同意即可发生效力。需要说明的是,法定代理人对限制民事行为能力人行为的同意或者追认应当采用明示的方式作出,同时应当为行为相对人所知晓才能发生效力。(2)规定了部分民事法律行为无须经法定代理人同意或者追认即可有效。这些行为主要包括两类:一类是纯获利益的民事法律行为。所谓"纯获利益",一般是指限制民事行为能力人在某种民事法律行为中只享有权利或者利益,不承担任何义务,如限制民事行为能力人接受赠与、奖励、报酬等。另一类是与限制民事行为能力人的年龄、智力、精神健康状态相适应的民事法律行为,这些民事法律行为多与日常生活相关,如对于8周岁以上的未成年人购买价值不高的学习用品、平日出行乘坐交通工具等;对于不能完全辨认自己行为的精神病人,在其健康状况允许时,可以实施某些民事法律行为,而不经其法定代理人追认。

本条第二款除规定相对人的催告权外,还规定了善意相对人的撤销权,即民事法律行为被追认前,善意相对人有撤销的权利。这里的撤销权,是指民事法律行为的相对人在法定代理人追认限制民事行为能力人实施的民事法律行为前,撤销自己在该民事法律行为中所作的意思表示。本条撤销权的行使应注意以下几点:(1)相对人撤销权的行使须在法定代理人追认之前,法定代理人一经追认,相对人不得再行使这一权利。(2)仅善意相对人可行使撤销权。所谓善意,是指相对人实施民事法律行为时并不知晓对方为限制民事行为能力人,且此种不知晓不构成重大过失。(3)相对人行使撤销权时,应当通过通知的方式作出,这种通知必须是明示的、明确的,不得通过默示的方式。

第一百四十六条 【虚假表示与隐藏行为的效力】行为人与相对人以虚假的意思表示实施的民事法律行为无效。

以虚假的意思表示隐藏的民事法律行为的效力,依照有关法律规定处理。

条文应用提示

虚假意思表示又称虚伪表示,是指行为人与相对人都知道自己所表示的意思并非真意,通谋作出与真意不一致的意思表示。虚伪表示的特征在于,双方当事人都知道自己所表示出的意思不是真实意思,民事法律行为本身欠缺效果意思,双方均不希望此行为能够真正发生法律上的效力。

本条第一款是对双方以虚假意思表示作出的民事法律行为效力的规定,即行为人与相对人以虚假的意思表示实施的民事法律行为无效。这一规定的含义是:双方通过虚假的意思表示实施的民事法律行为是无效的。之所以对通过虚伪表示实施的民事法律行为的效力予以否定,是因为这一“意思表示”所指向的法律效果并非双方当事人的内心真意,双方对此相互知晓,如果认定其为有效,有悖于意思自治的原则。本款虽未明确规定行为人与相对人须通谋而为虚假的意思表示,实际上双方对虚假意思表示达成一致的结果反映出二者必须有一个意思联络的过程。这也是虚伪表示区别于真意保留的重要一点,真意保留的相对人并不知晓行为人表示的是虚假意思。

本条第二款是对隐藏行为效力的规定:以虚假的意思表示隐藏的民事法律行为的效力,依照有关法律规定处理。所谓隐藏行为,又称隐匿行为,是指在虚伪表示掩盖之下行为人与相对人真心所欲达成的民事法律行为。根据虚伪表示与隐藏行为的对应关系,有虚伪表示,未必存在隐藏行为;但有隐藏行为,则一定存在虚伪表示。前者如以逃避债务为目的的假赠与,赠与行为是通过虚伪表示而实施的行为,但并不存在隐藏行为;后者如名为赠与实为买卖,赠与行为是通过虚伪表示实施的行为,而买卖则是掩盖在虚伪表示之下的隐藏行为。根据本条的规定,当同时存在虚伪表示与隐藏行为时,虚伪表示无效,隐藏行为并不因此无效,其效力如何,应当依据有关法律规定处理。

第一百四十七条 【基于重大误解实施的民事法律行为的效力】基于重大误解实施的民事法律行为,行为人有权请求人民法院或者仲裁机构予以撤销。

对应司法解释

《最高人民法院关于适用〈中华人民共和国民法典〉总则编若干问题的解释》(法释〔2022〕6号)

第十九条　行为人对行为的性质、对方当事人或者标的物的品种、质量、规格、价格、数量等产生错误认识,按照通常理解如果不发生该错误认识行为人就不会作出相应意思表示的,人民法院可以认定为民法典第一百四十七条规定的重大误解。

行为人能够证明自己实施民事法律行为时存在重大误解,并请求撤销该民事法律行为的,人民法院依法予以支持;但是,根据交易习惯等认定行为人无权请求撤销的除外。

第二十条　行为人以其意思表示存在第三人转达错误为由请求撤销民事法律行为的,适用本解释第十九条的规定。

条文应用提示

认定重大误解需满足以下几个条件:一是行为人主观上存在错误认识,这种错误可以是关于行为的性质,也可以是关于行为的相对人、交易标的的质量、数量等;二是行为的结果与行为人的意思相悖;三是行为人的错误认识与行为后果之间存在因果关系,即如果没有这种错误认识,将不会产生该行为后果;四是行为人在客观上遭受了较大损失,如果没有损失或者损失较小,也不能构成重大误解。

第一百四十八条　【以欺诈手段实施的民事法律行为的效力】一方以欺诈手段,使对方在违背真实意思的情况下实施的民事法律行为,受欺诈方有权请求人民法院或者仲裁机构予以撤销。

条文应用提示

民法中的欺诈,一般是指行为人故意欺骗他人,使对方陷入错误判断,并基于此错误判断作出意思表示的行为。欺诈的构成要件一般包括四项:一是行为人须有欺诈的故意。这种故意既包括使对方陷入错误判断的故意,也包括诱使对方基于此错误判断而作出意思表示的故意。二是行为人须有欺诈的行为。这种行为既可以是故意虚构虚假事实,也可以是故意隐瞒应当告知的真实情况等。三是受欺诈人因行为人的欺诈行为陷入错误判断,即欺诈行为与错误判断之间存在因果关系。四是受欺诈人基于错误判断作出意思表示。

第一百四十九条 【受第三人欺诈的民事法律行为的效力】第三人实施欺诈行为,使一方在违背真实意思的情况下实施的民事法律行为,对方知道或者应当知道该欺诈行为的,受欺诈方有权请求人民法院或者仲裁机构予以撤销。

对应司法解释

《最高人民法院关于适用〈中华人民共和国民法典〉总则编若干问题的解释》(法释〔2022〕6号)

第二十一条 故意告知虚假情况,或者负有告知义务的人故意隐瞒真实情况,致使当事人基于错误认识作出意思表示的,人民法院可以认定为民法典第一百四十八条、第一百四十九条规定的欺诈。

条文应用提示

针对第三人欺诈的行为作了规定,主要内容包括:(1)当事人以外的第三人对一方当事人实施了欺诈行为,并致使该当事人陷入错误判断且据此作出了意思表示。欺诈行为的具体形式,有可能是故意告知虚假信息,或者故意隐瞒真实情况,也可能存在其他不同形式,但其根本目的在于使受欺诈人陷入错误认识,作出"若了解真实情况便不会作出的"意思表示。(2)受欺诈人享有对民事法律行为的撤销权,但该撤销权行使须满足一定条件。具体来说,第三人实施欺诈行为,只有在受欺诈人的相对方不属于善意时,受欺诈人才能行使撤销权。相对方的这种非善意表现为,对于第三人的欺诈行为,其知道或者应当知道。实践中,对于第三人实施的欺诈行为,受欺诈人的相对方既可能知情,也可能不知情。例如,在欺诈买受人购买朋友二手车的例子中,二手车的出卖人既可能知道交易的达成系其朋友欺诈买受人的结果,也可能对此并不知情,单纯认为买受人愿意购买自己的二手车。法律仅赋予相对方知情时受欺诈人撤销民事法律行为的权利，体现了对善意相对人的保护。（3）撤销权的行使仍须通过人民法院或者仲裁机构。

还有一个问题需要说明，在一方当事人实施欺诈行为时，相对人对欺诈并不知情，由此陷入错误判断并作出意思表示。在此种情形下，相对人必然为善意，应当享有撤销权。此时，受欺诈人尽管不能通过行使撤销权的方式保护其自身权益，但如果其权益因此受损，并不妨碍其向实施欺诈的第三人主张赔偿。

第一百五十一条　【以胁迫手段实施的民事法律行为的效力】一方或者第三人以胁迫手段，使对方在违背真实意思的情况下实施的民事法律行为，受胁迫方有权请求人民法院或者仲裁机构予以撤销。

对应司法解释

《最高人民法院关于适用〈中华人民共和国民法典〉总则编若干问题的解释》（法释〔2022〕6号）

第二十二条　以给自然人及其近亲属等的人身权利、财产权利以及其他合法权益造成损害或者以给法人、非法人组织的名誉、荣誉、财产权益等造成损害为要挟，迫使其基于恐惧心理作出意思表示的，人民法院可以认定为民法典第一百五十条规定的胁迫。

条文应用提示

所谓胁迫，是指行为人通过威胁、恐吓等不法手段对他人思想上施加强制，由此使他人产生恐惧心理并基于恐惧心理作出意思表示的行为。在民法理论中，胁迫与欺诈一样，都属于意思表示不自由的情形。当事人因受胁迫而作出意思表示，其意思表示并没有产生错误，受胁迫人在作出符合胁迫人要求的意思表示时，清楚地意识到自己意思表示的法律后果，只是这种意思表示的作出并非基于受胁迫人的自由意志。胁迫的构成要件一般应当包括：（1）胁迫人主观上有胁迫的故意，即故意实施胁迫行为使他人陷入恐惧以及基于此恐惧心理作出意思表示。（2）胁迫人客观上实施了胁迫的行为，即以将要实施某种加害行为威胁受胁迫人，以此使受胁迫人产生心理恐惧。这种加害既可以是对受胁迫人自身的人身、财产权益的加害,也可以是对受胁迫人的亲友甚至与之有关的其他人的人身、财产权益的加害,客观上使受胁迫人产生了恐惧心理。(3)胁迫须具有不法性,包括手段或者目的的不法性,反之则不成立胁迫。例如,出租人以向法院起诉为要挟,要求承租人按合同约定及时履行交付租金的义务,此种情形便不属于应受法律调整的胁迫行为。(4)受胁迫人基于胁迫产生的恐惧心理作出意思表示。换言之,意思表示的作出与胁迫存在因果关系。此处因果关系的判断,应以受胁迫人自身而非其他人为标准。由于胁迫侵害了被胁迫人的自由意志,法律对通过胁迫手段实施的民事法律行为加以规制。

需要进一步说明的是,胁迫相较于欺诈而言,对当事人意思自由的侵害更为严重,法律应当赋予受胁迫人程度更为严格的保护。因此,本条规定,无论是一方胁迫还是第三人胁迫,受胁迫人均享有对民事法律行为的撤销权。

第一百五十一条 【显失公平的民事法律行为的效力】一方利用对方处于危困状态、缺乏判断能力等情形,致使民事法律行为成立时显失公平的,受损害方有权请求人民法院或者仲裁机构予以撤销。

对应司法解释

《最高人民法院关于适用〈中华人民共和国民法典〉合同编通则若干问题的解释》(法释〔2023〕13号)

第十一条 当事人一方是自然人,根据该当事人的年龄、智力、知识、经验并结合交易的复杂程度,能够认定其对合同的性质、合同订立的法律后果或者交易中存在的特定风险缺乏应有的认知能力的,人民法院可以认定该情形构成民法典第一百五十一条规定的"缺乏判断能力"。

条文应用提示

本条所规定的显失公平,须包括两项要件:一是主观上民事法律行为的一方当事人利用了对方处于危困状态、缺乏判断能力等情形。这意味着,一方当事人主观上意识到对方当事人处于不利情境,且有利用这一不利情境之故意。所谓危困状态，一般指因陷入某种暂时性的急迫困境而对于金钱、物的需求极为迫切等。二是客观上民事法律行为成立时显失公平。此处的显失公平是指双方当事人在民事法律行为中的权利义务明显失衡、显著不相称。至于“失衡”“不相称”的具体标准，则需要结合民事法律行为的具体情形，如市场风险、交易行情、通常做法等加以判断。同时，需要说明的是，对于显失公平的判断时点，应以民事法律行为成立时为限。由于民事法律行为从成立到实际履行往往有一个过程，这个过程中的许多因素都可能对双方当事人的权利义务产生影响，如果不限定判断的时点，对于显失公平的判定将会缺少客观标准，也无法将原已存在的“权利义务失衡”结果与民事法律行为成立后当事人以外因素对权利义务产生的影响相区分。

关于显失公平民事法律行为的效力，从尊重权益受损方意思自治的角度，本条将其规定为可撤销的民事法律行为。受损害方可以基于民事法律行为的具体情况，选择是否向法院或者仲裁机构请求撤销这一行为。

第一百五十二条　【撤销权的消灭】有下列情形之一的，撤销权消灭：

（一）当事人自知道或者应当知道撤销事由之日起一年内、重大误解的当事人自知道或者应当知道撤销事由之日起九十日内没有行使撤销权；

（二）当事人受胁迫，自胁迫行为终止之日起一年内没有行使撤销权；

（三）当事人知道撤销事由后明确表示或者以自己的行为表明放弃撤销权。

当事人自民事法律行为发生之日起五年内没有行使撤销权的，撤销权消灭。

条文应用提示

民事法律行为因不同事由被撤销的，其撤销权应当在一定期间内行使。这一点是由撤销权的性质所决定的。在民法理论上，撤销权属于形成权，行为人可以通过自己的行为直接行使权利，实现权利目的。但是，撤销权的行使将使可撤销的民事法律行为效力终局性地归于无效，这将对相对人的利益产生重大影响,因此,享有撤销权的权利人必须在一定期间内决定是否行使这一权利,从而保护相对人的利益,维护交易安全。这一期间被称为除斥期间,除斥期间经过,撤销权终局性地归于消灭,可撤销的民事法律行为自此成为完全有效的民事法律行为。

由于导致民事法律行为可撤销的事由多样,因此不同情况下除斥期间的起算以及期间的长短也应有所不同。对撤销权的除斥期间作了以下规定:(1)撤销权原则上应在权利人知道或者应当知道撤销事由之日起1年内行使,但自民事法律行为发生之日起5年内没有行使的,撤销权消灭。将期间起算的标准规定为“权利人知道或者应当知道撤销事由之日”有利于撤销权人的利益保护,防止其因不知撤销事由存在而错失撤销权的行使。同时,辅之以“自民事法律行为发生之日起五年”的客观期间,有助于法律关系的稳定,稳定交易秩序,维护交易安全。(2)对于因重大误解享有撤销权的,权利人应在知道或者应当知道撤销事由之日起3个月内行使,否则撤销权消灭。与欺诈、胁迫、显失公平等影响意思表示自由的情形相比,重大误解权利人的撤销事由系自己造就,不应赋予其与其他撤销事由同样的除斥期间。因此,本条将重大误解的撤销权除斥期间单独确定为90日,并仍以权利人知道或者应当知道撤销事由之日起算。(3)对于因胁迫享有撤销权的,应自胁迫行为终止之日起1年内行使,否则撤销权消灭。与欺诈、重大误解等其他撤销事由相比,胁迫具有特殊性。受胁迫人在胁迫行为终止前,即使知道胁迫行为的存在,事实上仍然无法行使撤销权。考虑到这一特殊情况,本条将因胁迫享有撤销权的除斥期间起算规定为“自胁迫行为终止之日起”,期间仍为1年。(4)对于权利人知道撤销事由后明确表示或者以自己的行为表明放弃撤销权的,撤销权消灭,不受1年期间的限制。权利人无论是明确表示还是通过行为表示对撤销权的放弃,均属于对自己权利的处分,依据意思自治的原则,法律予以准许。

第一百五十三条 【违反强制性规定及违背公序良俗的民事法律行为的效力】违反法律、行政法规的强制性规定的民事法律行为无效。但是,该强制性规定不导致该民事法律行为无效的除外。

违背公序良俗的民事法律行为无效。

条文应用提示

《民法典》第一百四十三条属于对民事法律行为有效的一般性要求，而本条则属于可以直接判定行为效力的裁判性规范。

本条第一款规定，违反法律、行政法规的强制性规定的民事法律行为无效，但是，该强制性规定不导致该民事法律行为无效的除外。法律规范分为强制性规范与任意性规范。任意性规范的目的是引导、规范民事主体的行为，并不具备强制性效力，民事法律行为与任意性规范不一致的，并不影响其效力。任意性规范体现的是法律对主体实施民事法律行为的一种指引，当事人可以选择适用，也可以选择不适用。与任意性规范相对的是强制性规范，后者体现的是法律基于对国家利益、社会公共利益等的考量，对私人意思自治领域所施加的一种限制。民事主体在实施民事法律行为时，必须服从这种对行为自由的限制，否则会因对国家利益、社会公共利益等的侵害而被判定无效。但是，民事法律行为违反强制性规定无效有一种例外，即当该强制性规定本身并不导致民事法律行为无效时，民事法律行为并不无效。这里实际上涉及对具体强制性规定的性质判断问题。某些强制性规定尽管要求民事主体不得违反，但其并不导致民事法律行为无效。违反该法律规定的后果应由违法一方承担，对没有违法的当事人不应承受一方违法的后果。例如，一家经营水果的商店出售种子，农户购买了该种子，该商店违法经营种子，必须承担相应违法责任，但出于保护农户的目的，不宜认定该买卖行为无效。

本条第二款规定，违背公序良俗的民事法律行为无效。公序良俗是公共秩序和善良习俗的简称，属于不确定概念。民法学说一般采取类型化研究的方式，将裁判实务中依据公序良俗裁判的典型案件，区别为若干公序良俗违反的行为类型。法院或者仲裁机构在审理案件时，如果发现待决案件事实与其中某一个类型相符，即可判定行为无效。这些类型包括但不限于：(1)危害国家政治、经济、财政、税收、金融、治安等秩序类型；(2)危害家庭关系行为类型；(3)违反性道德行为类型；(4)违反人权和人格尊重行为类型；(5)限制经济自由行为类型；(6)违反公平竞争行为类型；(7)违反消费者保护行为类型；(8)违反劳动者保护行为类型等。同强制性规定一样，公序良俗也体现了国家对民事领域意思自治的一种限制。因此,对公序良俗的违背也构成民事法律行为无效的理由。

典型案例指导

张正国诉江苏红战建设工程有限公司等居间合同纠纷案(《最高人民法院公报》2023年第5期(总第321期))

【案例要旨】

当事人订立、履行合同,应当遵守法律法规,不得扰乱社会秩序,损害社会公共利益。居间合同约定的居间事项系促成签订违反法律法规强制性规定的无效建设工程施工合同的,该居间合同因扰乱建筑市场秩序,损害社会公共利益,应属无效合同,居间方据此主张居间费用的,人民法院不予支持。

关联法律法规

《最高人民法院关于审理建设工程施工合同纠纷案件适用法律问题的解释(一)》第一条

第一百五十四条 【恶意串通的民事法律行为的效力】行为人与相对人恶意串通,损害他人合法权益的民事法律行为无效。

条文应用提示

所谓恶意串通,是指行为人与相对人互相勾结,为谋取私利而实施的损害他人合法权益的民事法律行为。恶意串通的民事法律行为在主观上要求双方有互相串通、为满足私利而损害他人合法权益的目的,客观上表现为实施了一定形式的行为来达到这一目的。

需要注意的是,在虚伪表示的民事法律行为中,行为人与相对人所表示出的意思均非真意,而恶意串通的双方当事人所表达的都是内心真意,二者尽管在法律后果上相同,但不可混淆。尽管在某些情况下,双方通谋的虚伪表示也表现为主观上的恶意,且同时损害了他人的合法权益,但二者的侧重点不同,不能相互替代。

关联法律法规

《中华人民共和国拍卖法》第六十五条,《中华人民共和国企业国有资产法》第七十二条

第一百五十五条 【无效、被撤销的民事法律行为自始无效】无效的或者被撤销的民事法律行为自始没有法律约束力。

条文应用提示

无效和被撤销的民事法律行为是自始无效的,具有溯及力。这种自始无效意味着,民事法律行为一旦无效或者被撤销后,双方的权利义务状态应当恢复到这一行为实施之前的状态,已经履行的,应当恢复原状。

关于本条,还有两点需要进一步说明。(1)无效的民事法律行为除自始无效外,还应当是当然无效、绝对无效。所谓当然无效,是指只要民事法律行为具备无效条件,其便当然产生无效的法律后果,无须经过特定程序的确认才无效;所谓绝对无效,是指这种民事法律行为的无效是绝对而非相对的,对于包括当事人在内的其他任何人而言均是无效的。(2)有的意见提出,被撤销的民事法律行为自始无效的规定过于绝对,身份行为以及具有持续性的民事法律行为被撤销后,其无效的效果应仅向将来发生,不应溯及既往。我国《婚姻法》《收养法》等法律规定已经对无效或被撤销婚姻、无效收养等身份行为的无效溯及既往作了规定,本条应当延续这一规定,对符合无效情形以及被撤销的此类行为,仍坚持无效溯及既往的规定。

第一百五十六条 【民事法律行为部分无效】民事法律行为部分无效,不影响其他部分效力的,其他部分仍然有效。

条文应用提示

民事法律行为的无效事由既可以导致其全部无效,也可以导致部分无效。在部分无效时,如果不影响其他部分的效力,其他部分仍可有效。这意味着,只有在民事法律行为的内容效力可分且相互不影响的情况下,部分无效才不会导致其他部分同时无效。反之,当部分无效的民事法律行为会影响其他部分效力的,其他部分也应无效。

本条所规定的"民事法律行为部分无效,不影响其他部分效力"的情形,主要包括以下几种:一是民事法律行为的标的数量超过国家法律许可的范围。例如,遗嘱继承中,被继承人将其全部遗产均遗赠他人,并未给胎儿保留必要的遗产份额,违反了继承相关的法律规定。因此,在遗产的应继承份额范围内的那部分遗赠是无效的,但其他部分的遗赠仍然有效。二是民事法律行为的标的可分,其中一项或数项无效。比如,同一买卖合同的标的物有多个,其中一个或数个标的物因属于国家禁止流通物而无效,其他标的物的买卖仍为有效。三是民事法律行为的非根本性条款因违法或违背公序良俗而无效。例如,雇佣合同中有条款约定"工作期间发生的一切人身伤害,雇主概不负责"。这一条款因违反相关劳动法律以及公序良俗原则而无效,但雇佣合同的其他权利义务条款并不因此无效。

本条在民事法律行为无效部分与其他部分效力可分的情况下,规定部分无效在不影响其他部分效力的情况下,其他部分仍然有效。这实际上体现了民法尽可能尊重双方意思自治、承认民事法律行为效力的原则。当然,如果无效部分属于整体民事法律行为成立生效的必要条款,或者无效部分事实上与其他部分不可分割,那么这种部分无效当然会同时导致其他部分的无效,进而影响整体的行为效力。

关联法律法规

《中华人民共和国劳动合同法》第二十七条

第一百五十七条　【民事法律行为无效、被撤销或确定不发生效力的法律后果】民事法律行为无效、被撤销或者确定不发生效力后,行为人因该行为取得的财产,应当予以返还;不能返还或者没有必要返还的,应当折价补偿。有过错的一方应当赔偿对方由此所受到的损失;各方都有过错的,应当各自承担相应的责任。法律另有规定的,依照其规定。

对应司法解释

《最高人民法院关于适用〈中华人民共和国民法典〉总则编若干问题的解释》(法释〔2022〕6号)

第二十三条　民事法律行为不成立,当事人请求返还财产、折价补偿或者赔偿损失的,参照适用民法典第一百五十七条的规定。

条文应用提示

本条规定了民事法律行为无效、被撤销以及确定不发生效力的以下几种法律后果：

1. 返还财产。这是指民事法律行为被确认无效、被撤销或者确定不发生效力后，行为人因民事法律行为所取得的财产应当予以返还，相对人亦享有对已交付财产的返还请求权。这里需要说明的是，返还财产的目的在于使双方的财产关系恢复到民事法律行为实施前的状态，因此无论双方是否存在过错，都负有返还财产的义务。一方存在过错的，相对方可以通过主张损失的赔偿来维护其利益。

2. 折价补偿。民事法律行为无效、被撤销或者确定不发生效力后，返还财产应当作为恢复原状的原则做法。但是，在有些情况下，返还财产并不具备现实条件或者没有必要，此时应当通过折价补偿的方式来达到使财产关系恢复原状的目的。(1)财产不能返还，包括法律上的不能返还和事实上的不能返还。法律上的不能返还主要是指财产返还受到善意取得制度的影响，即一方当事人将通过民事法律行为取得的财产转让给第三人，第三人取得财产时符合善意取得制度的各项要件，此时该第三人因善意取得制度成为财产的所有权人，该财产又是不可替代的。事实上的不能返还主要是指因标的物已经灭失，造成客观上无法返还，且原物又是不可替代物。此时，取得该财产的当事人应当依据原物的市价进行折价补偿。(2)没有必要返还财产的，主要包括以下两种情况：一是如果当事人接受的财产是劳务或者利益，在性质上不能恢复原状，应以国家规定的价格计算，以金钱返还；没有国家规定的，按照市价或者同类劳务的报酬标准计算返还。二是如果一方当事人是通过使用对方的知识产权获得的利益，因知识产权属于无形财产，此时应折价补偿对方当事人。

3. 赔偿损失。根据本条的规定，有过错的一方应当赔偿对方由此所受到的损失；各方都有过错的，应当各自承担相应的责任。需要指出的是，这里规定的损失赔偿是一种过错责任，行为人只有主观上对民事法律行为无效、被撤销以及确定不发生效力的情形存在过错时才予以承担。

第四节　民事法律行为的附条件和附期限

第一百五十八条　【附条件的民事法律行为】民事法律行为可以附条件，但是根据其性质不得附条件的除外。附生效条件的民事法律行为，自条件成就时生效。附解除条件的民事法律行为，自条件成就时失效。

对应司法解释

《最高人民法院关于适用〈中华人民共和国民法典〉总则编若干问题的解释》（法释〔2022〕6号）

第二十四条　民事法律行为所附条件不可能发生，当事人约定为生效条件的，人民法院应当认定民事法律行为不发生效力；当事人约定为解除条件的，应当认定未附条件，民事法律行为是否失效，依照民法典和相关法律、行政法规的规定认定。

条文应用提示

民事法律行为成立之后的效力问题，当事人之间可以自行约定，这也是意思自治原则的体现。民事法律行为中所附条件，是指当事人以未来客观上不确定发生的事实，作为民事法律行为效力的附款。所附条件具有以下特点：第一，条件系当事人共同约定，并作为民事法律行为的一部分内容。条件体现的是双方约定一致的意思，这是与法定条件最大的不同之处，后者是指由法律规定的、不由当事人意思决定并具有普遍约束力的条件。当事人不得以法定条件作为其所附条件。第二，条件是未来可能发生的事实。这意味着，已经过去的、现在的以及将来确定不会发生的事实不能作为民事法律行为的所附条件。如果是将来必然发生的事实，应当作为附期限。应当注意的是，这种条件事实发生的不确定性应当是客观存在的，如果仅是当事人认为事实发生与否不确定，但实际上必然发生或者不发生的，也不能作为所附条件。第三，所附条件是当事人用以限定民事法律行为效力的附属意思表示。应当将所附条件与民事法律行为中的供货条件、付款条件等相互区分，后者是民事法律行为自身内容的一部分而非决定效力的附属意思表示。第四,所附条件中的事实应为合法事实,违法事实不能作为民事法律行为的附条件。如不能约定以故意伤害他人作为合同生效的条件。

以所附条件决定民事法律行为效力发生或消灭为标准,条件可以分为生效条件和解除条件。所谓生效条件,是指使民事法律行为效力发生或者不发生的条件。生效条件具备之前,民事法律行为虽已成立但未生效,其效力是否发生处于不确定状态。条件具备,民事法律行为生效;条件不具备,民事法律行为就不生效。比如,甲、乙双方签订房屋买卖合同,约定甲将所居住的房产出卖给乙,其条件是甲出国定居,不在国内居住。当条件具备时,此房屋买卖合同才生效。所谓解除条件,又称消灭条件,是指对已经生效的民事法律行为,当条件具备时,该民事法律行为失效;如果该条件确定不具备,则该民事法律行为将继续有效。

在附条件的民事法律行为中,所附条件的出现与否直接决定了民事法律行为的效力状态。附生效条件的民事法律行为,自条件成就时生效。附解除条件的民事法律行为,自条件成就时失效。需要特别指出的是,附条件的民事法律行为虽然在所附条件出现时才生效或失效,但在条件尚未具备时,民事法律行为对于当事人仍然具有法律约束力,当事人不得随意变更或者撤销。因此,可以将附条件的民事法律行为的效力分为条件成就前的效力和条件成就后的效力。对于附生效条件的民事法律行为来说,条件成就前的效力表现为当事人不得随意变更、撤销民事法律行为以及对于民事法律行为生效的期待权;对于附解除条件的民事法律行为来说,条件成就前的效力表现为条件具备后民事法律行为效力归于消灭的期待权。

关联法律法规

《中华人民共和国保险法》第十三条,《中华人民共和国票据法》第三十三条

第一百五十九条 【条件成就和不成就的拟制】附条件的民事法律行为,当事人为自己的利益不正当地阻止条件成就的,视为条件已经成就;不正当地促成条件成就的,视为条件不成就。

条文应用提示

在附条件的民事法律行为中,条件的成就与否直接关系到民事法律行为的效力状况。对于附生效条件的民事法律行为来说,条件成就,民事法律行为就开始生效;条件不成就,民事法律行为就确定不发生效力。对附解除条件的民事法律行为来说,条件成就,民事法律行为就失效,反之民事法律行为继续有效。

本条规定,当事人为自己的利益不正当地阻止条件成就的,视为条件已经成就;不正当地促成条件成就的,视为条件不成就。对本条的把握应当注意以下几点:第一,当事人主观上有为自己利益人为改变条件状态的故意。换言之,当事人从自己利益的角度考虑,主观上具有使条件成就或者不成就的故意。第二,当事人为此实施了人为改变条件成就状态的行为。民事法律行为中所附条件,其成就与否本不确定。当事人为自己利益实施了促成或阻止条件成就的行为。第三,该行为具有不正当性。这主要是指当事人的此种行为违反了诚信原则,不符合事先约定。

第一百六十条 【附期限的民事法律行为】民事法律行为可以附期限,但是根据其性质不得附期限的除外。附生效期限的民事法律行为,自期限届至时生效。附终止期限的民事法律行为,自期限届满时失效。

条文应用提示

根据所附期限决定民事法律行为的生效或失效,期限可以分为生效期限和终止期限。所谓生效期限,是指决定民事法律行为效力发生的期限。期限届至,民事法律行为生效;期限届至前,民事法律行为虽已成立但并未生效。所谓终止期限,是指决定民事法律行为效力消灭的期限。期限届至,民事法律行为失效;期限届至前,民事法律行为始终有效。

关联法律法规

《中华人民共和国保险法》第十三条

第七章 代 理

第一节 一般规定

第一百六十一条 【代理适用范围】民事主体可以通过代理人实施民事法律行为。

依照法律规定、当事人约定或者民事法律行为的性质，应当由本人亲自实施的民事法律行为，不得代理。

条文应用提示

代理，是指代理人代被代理人实施民事法律行为，其法律效果直接归属于被代理人的行为。代理制度是调整被代理人、代理人和第三人之间关系的法律制度。

代理的适用范围原则上限于民事法律行为。但一般认为，一些与合同密切相关的准民事法律行为、事实行为和程序行为，如要约邀请、要约撤回、订约时样品的交付和受领、办理合同公证等，也允许代理。

但不是所有民事法律行为都允许代理。根据本条第二款的规定，下列三类民事法律行为不得代理：一是依照法律规定应当由本人亲自实施的民事法律行为。二是依照当事人约定应当由本人亲自实施的民事法律行为。当事人双方基于某种原因，约定某一民事法律行为必须由本人亲自实施的，当事人自然应当遵守这一约定，不得通过代理人实施该民事法律行为。三是依照民事法律行为的性质，应当由本人亲自实施的民事法律行为。这主要是指具有人身性质的身份行为，如结婚、离婚、收养、遗嘱、遗赠等。

关联法律法规

《中华人民共和国保险法》第一百一十七条，《中华人民共和国拍卖法》第二十六条、第三十四条

第一百六十二条　【代理的效力】代理人在代理权限内，以被代理人名义实施的民事法律行为，对被代理人发生效力。

第一百六十三条　【代理的类型】代理包括委托代理和法定代理。

委托代理人按照被代理人的委托行使代理权。法定代理人依照法律的规定行使代理权。

第一百六十四条　【代理人不当行为的法律后果】代理人不履行或者不完全履行职责，造成被代理人损害的，应当承担民事责任。

代理人和相对人恶意串通，损害被代理人合法权益的，代理人和相对人应当承担连带责任。

条文应用提示

本条第二款规定，代理人和相对人应当承担连带责任。根据本款的规定，代理人和相对人承担连带责任的前提是恶意串通。恶意，是指双方都明知或者应知其实施的行为会造成被代理人合法权益的损害还故意为之。串通，是指双方在主观上有共同的意思联络。此处的恶意串通就是双方串通在一起，共同实施某种行为来损害被代理人的合法权益。如果双方当事人或者一方当事人不知且不应知其行为的损害后果，就不构成恶意串通，不能适用本款规定，应当根据各自的行为来承担相应的民事责任。

第二节　委托代理

第一百六十五条　【授权委托书】委托代理授权采用书面形式的，授权委托书应当载明代理人的姓名或者名称、代理事项、权限和期限，并由被代理人签名或者盖章。

条文应用提示

根据《民法典》第一百三十五条的规定，在法律、行政法规没有特别规定或者当事人没有约定的情况下，委托代理授权可以采取书面形式、口头形式或者其他形式中的任何一种。其中，书面形式是最主要的一种授权形式，称为授权委托书。根据本条的规定，授权委托书的内容包括代理人的姓名或者名称、代理事项、代理权限、代理期限等，被代理人还应当在授权委托书上签名或者盖章。本条规定是对授权委托书应当包括的内容作提示性规定，目的是减少实践中产生纠纷。

第一百六十六条　【共同代理】数人为同一代理事项的代理人的，应当共同行使代理权，但是当事人另有约定的除外。

对应司法解释

《最高人民法院关于适用〈中华人民共和国民法典〉总则编若干问题的解释》（法释〔2022〕6号）

第二十五条　数个委托代理人共同行使代理权，其中一人或者数人未与其他委托代理人协商，擅自行使代理权的，依据民法典第一百七十一条、第一百七十二条等规定处理。

条文应用提示

共同代理，是指数个代理人共同行使一项代理权的代理。共同代理有以下几个特征：一是有数个代理人。如果只有一个代理人，属于单独代理，而不是共同代理。二是只有一个代理权。如果数个代理人有数个代理权，属于集合代理，而不是共同代理。例如，被代理人授权甲为其购买一台电视机、乙为其购买一台电冰箱，即为集合代理。被代理人授权甲、乙一起为其购买一台电视机和一台电冰箱，才属于共同代理。三是共同行使代理权。共同行使，是指只有经过全体代理人的共同同意才能行使代理权，即数人应当共同实施代理行为，享有共同的权利义务。任何一个代理人单独行使代理权，均属于无权代理。如果数个代理人对同一个代理权可以单独行使，也属于单独代理，而不是共同代理。比如，被代理人授权甲、乙一起为其购买一台电视机和一台电冰箱，但谁买都可以，此种情况属于单独代理，而不是共同代理。

共同代理，应当由被代理人授权，但在被代理人就同一代理权指定了数个代理人,有约定的当然按约定处理,没约定的,法律推定为共同代理,数个代理人应当共同行使代理权,任何一个代理人都不得擅自单独实施代理行为。

关联法律法规

《中华人民共和国信托法》第三十一条

第一百六十七条 【违法代理及其法律后果】代理人知道或者应当知道代理事项违法仍然实施代理行为,或者被代理人知道或者应当知道代理人的代理行为违法未作反对表示的,被代理人和代理人应当承担连带责任。

条文应用提示

被代理人、代理人利用委托代理关系从事的违法行为可分为两类:一是代理事项本身违法,如委托代理人销售假冒伪劣产品;二是代理事项不违法,但代理人实施的代理行为违法,如委托代理人销售合法产品,代理人将该产品贴上假冒商标进行销售。代理违法造成第三人损害的,自应承担民事责任,但由被代理人承担还是代理人承担应当区分不同情形加以确定。

第一百六十八条 【禁止自我代理和双方代理及例外】代理人不得以被代理人的名义与自己实施民事法律行为,但是被代理人同意或者追认的除外。

代理人不得以被代理人的名义与自己同时代理的其他人实施民事法律行为,但是被代理的双方同意或者追认的除外。

条文应用提示

自己代理,是指代理人以被代理人的名义与自己实施民事法律行为。实践中,自己代理主要有两种情况:一是代理人以自己的名义向被代理人发出要约且代理人以被代理人的名义予以承诺;二是代理人以被代理人的名义向自己发出要约且以自己的名义予以承诺。

双方代理，是指代理人同时代理被代理人和相对人实施同一民事法律行为。构成双方代理，必须符合两个条件：一是代理人必须既获得被代理人的委托代理授权，又获得相对人的委托代理授权。二是代理人同时代理双方为同一民事法律行为的当事人。

第一百六十九条 【复代理】代理人需要转委托第三人代理的，应当取得被代理人的同意或者追认。

转委托代理经被代理人同意或者追认的，被代理人可以就代理事务直接指示转委托的第三人，代理人仅就第三人的选任以及对第三人的指示承担责任。

转委托代理未经被代理人同意或者追认的，代理人应当对转委托的第三人的行为承担责任；但是，在紧急情况下代理人为了维护被代理人的利益需要转委托第三人代理的除外。

对应司法解释

《最高人民法院关于适用〈中华人民共和国民法典〉总则编若干问题的解释》（法释〔2022〕6号）

第二十六条　由于急病、通讯联络中断、疫情防控等特殊原因，委托代理人自己不能办理代理事项，又不能与被代理人及时取得联系，如不及时转委托第三人代理，会给被代理人的利益造成损失或者扩大损失的，人民法院应当认定为民法典第一百六十九条规定的紧急情况。

条文应用提示

复代理，又称再代理、转代理或者次代理，是指代理人为了实施其代理权限内的行为，而以自己的名义为被代理人选任代理人的代理。与复代理相对的是本代理，或者称原代理，是指被代理人直接选任代理人而成立的代理。复代理具有以下几个特征：(1) 以本代理的存在为前提。必须有一个本代理，才能在其基础上产生复代理。(2) 复代理人是原代理人以自己的名义选任的代理人。原代理人以自己的名义选任复代理人是复代理的重要特征。(3) 复代理人行使的代理权是原代理人的代理权，但原代理人的代理权并不因此而丧失。复代理人是由原代理人以自己名义选任的，其代理权直接来源于原代理人的代理权，而且权限范围不得大于原代理权的权限范围。同时，原代理人选任复代理人后，其代理权并不因此而消灭，仍然保有其代理人地位，其与被代理人之间的代理法律关系没有发生变化。如果代理人失去其代理权，而向被代理人推介他人接替自己担任代理人的，是向被代理人推介新代理人的行为，而不是选任复代理人的行为。(4)复代理人是被代理人的代理人，而不是代理人的代理人。复代理人以被代理人的名义实施民事法律行为，其法律效果直接归属于被代理人。如果复代理人以代理人的名义实施民事法律行为，就不是复代理，而属于一般代理了。

本条延续了《民法通则》和《合同法》的规定，明确只有在两种情况下才允许复代理：(1)被代理人允许。被代理人的允许，包括事先同意和事后追认。(2)出现紧急情况。

第一百七十条 【职务代理】执行法人或者非法人组织工作任务的人员，就其职权范围内的事项，以法人或者非法人组织的名义实施的民事法律行为，对法人或者非法人组织发生效力。

法人或者非法人组织对执行其工作任务的人员职权范围的限制，不得对抗善意相对人。

条文应用提示

职务代理，顾名思义，是指根据代理人所担任的职务而产生的代理，即执行法人或者非法人组织工作任务的人员，就其职权范围内的事项，以法人或者非法人组织的名义实施的民事法律行为，无须法人或者非法人组织的特别授权，对法人或者非法人组织发生效力。

第一百七十一条 【无权代理】行为人没有代理权、超越代理权或者代理权终止后，仍然实施代理行为，未经被代理人追认的，对被代理人不发生效力。

相对人可以催告被代理人自收到通知之日起三十日内予以追认。被代理人未作表示的，视为拒绝追认。行为人实施的行为被追认前，

善意相对人有撤销的权利。撤销应当以通知的方式作出。

行为人实施的行为未被追认的，善意相对人有权请求行为人履行债务或者就其受到的损害请求行为人赔偿。但是，赔偿的范围不得超过被代理人追认时相对人所能获得的利益。

相对人知道或者应当知道行为人无权代理的，相对人和行为人按照各自的过错承担责任。

对应司法解释

《最高人民法院关于适用〈中华人民共和国民法典〉总则编若干问题的解释》（法释〔2022〕6号）

第二十七条　无权代理行为未被追认，相对人请求行为人履行债务或者赔偿损失的，由行为人就相对人知道或者应当知道行为人无权代理承担举证责任。行为人不能证明的，人民法院依法支持相对人的相应诉讼请求；行为人能够证明的，人民法院应当按照各自的过错认定行为人与相对人的责任。

第二十九条　法定代理人、被代理人依据民法典第一百四十五条、第一百七十一条的规定向相对人作出追认的意思表示的，人民法院应当依据民法典第一百三十七条的规定确认其追认意思表示的生效时间。

条文应用提示

本条将无权代理分为三种类型：(1)没有代理权的无权代理。其是指行为人根本没有得到被代理人的授权，就以被代理人名义从事的代理。比如，行为人伪造他人的公章、合同书或者授权委托书等，假冒他人的名义实施民事法律行为，就是典型的无权代理。(2)超越代理权的无权代理。其是指行为人与被代理人之间有代理关系存在，行为人有一定的代理权，但其实施的代理行为超出了代理范围的代理。例如，甲委托乙购买300台电视机，但是乙擅自与他人签订了购买500台电视机的合同；或者甲委托乙购买电视机，但是乙购买了电冰箱，这些都是超越代理权的无权代理。(3)代理权终止后的无权代理。其是指行为人与被代理人之间原本有代理关系，由于法定情形的出现使代理权终止，但是行为人仍然从事的代理。法定情形主要指《民法典》第一百七十三条规定的情形，包括代理期限届满、代理事务完成或者被代理人取消委托等。

根据本条的规定，对于无权代理行为，被代理人可以追认该行为，使之确定地发生法律效力，也可以拒绝追认使之确定地不发生法律效力；善意相对人可以在被代理人追认前行使撤销权使之确定地不发生效力，如果相对人希望尽早确定其效力，可以催告被代理人予以追认。

无权代理发生后，根据本条的规定，被代理人有追认和拒绝的权利。这里所指的“追认”，是指被代理人对无权代理行为事后予以承认的一种单方意思表示。被代理人的追认应当以明示的意思表示向相对人作出，如果仅向行为人作出意思表示，也必须使相对人知道后才能产生法律效果。追认必须在相对人催告期限尚未届满前以及善意相对人未行使撤销权前行使。一旦被代理人作出追认，无权代理就变成有权代理，行为人实施的民事法律行为就从成立时起对被代理人产生法律效力。

无权代理经被代理人追认即产生效力，拒绝追认便不产生效力，这是为了更好地保护被代理人的合法权益。但同时相对人的合法权益也应当予以妥善保护，基于此，法律赋予了相对人催告权和善意相对人撤销权。所谓催告权，是指相对人催促被代理人在一定期限内明确答复是否承认无权代理行为。根据本条第二款的规定，催告权的行使一般需具备以下要件：一是要求被代理人在一定的期限内作出答复，本条第二款规定的期限为 30 日；二是催告应当以通知的方式作出；三是催告的意思必须是向被代理人作出。所谓撤销权，是指相对人在被代理人未追认无权代理行为之前，可撤回其对行为人所作的意思表示。相对人撤销权的行使必须满足以下条件：一是必须在被代理人作出追认之前作出，如果被代理人已经对无权代理行为作出了追认，该民事法律行为就对被代理人产生了效力，相对人就不能再撤销其意思表示了。二是相对人在行为人实施民事法律行为时必须是善意的，也就是说，相对人在作出意思表示时，并不知道对方是无权代理的。如果明知对方是无权代理而仍与对方共同实施民事法律行为，那么相对人就无权撤销其意思表示。三是撤销应当以通知的方式作出。

第一百七十二条 【表见代理】行为人没有代理权、超越代理权或者代理权终止后，仍然实施代理行为，相对人有理由相信行为人有代理权的，代理行为有效。

对应司法解释

《最高人民法院关于适用〈中华人民共和国民法典〉总则编若干问题的解释》(法释〔2022〕6号)

第二十八条　同时符合下列条件的,人民法院可以认定为民法典第一百七十二条规定的相对人有理由相信行为人有代理权:

(一)存在代理权的外观;

(二)相对人不知道行为人行为时没有代理权,且无过失。

因是否构成表见代理发生争议的,相对人应当就无权代理符合前款第一项规定的条件承担举证责任;被代理人应当就相对人不符合前款第二项规定的条件承担举证责任。

条文应用提示

所谓表见代理,是指行为人虽无代理权而实施代理行为,如果相对人有理由相信其有代理权,该代理行为有效。根据本条的规定,构成表见代理需要满足以下两个条件:(1)行为人并没有获得被代理人的授权就以被代理人的名义与相对人实施民事法律行为。本条规定了没有代理权、超越代理权或者代理权终止三种情形。(2)相对人在主观上必须是善意、无过失的。所谓善意,是指相对人不知道或者不应当知道行为人实际上是无权代理;所谓无过失,是指相对人的这种不知道不是因为其大意造成的。如果相对人明知或者应知行为人没有代理权、超越代理权或者代理权已终止,而仍与行为人实施民事法律行为,那么就不构成表见代理,而成为无权代理。

第三节　代理终止

第一百七十三条　【委托代理终止的情形】有下列情形之一的,委托代理终止:

(一)代理期限届满或者代理事务完成;

(二)被代理人取消委托或者代理人辞去委托;

(三)代理人丧失民事行为能力;

（四）代理人或者被代理人死亡；

（五）作为代理人或者被代理人的法人、非法人组织终止。

第一百七十四条　【委托代理终止的例外】被代理人死亡后，有下列情形之一的，委托代理人实施的代理行为有效：

（一）代理人不知道且不应当知道被代理人死亡；

（二）被代理人的继承人予以承认；

（三）授权中明确代理权在代理事务完成时终止；

（四）被代理人死亡前已经实施，为了被代理人的继承人的利益继续代理。

作为被代理人的法人、非法人组织终止的，参照适用前款规定。

第一百七十五条　【法定代理终止的情形】有下列情形之一的，法定代理终止：

（一）被代理人取得或者恢复完全民事行为能力；

（二）代理人丧失民事行为能力；

（三）代理人或者被代理人死亡；

（四）法律规定的其他情形。

第八章　民 事 责 任

第一百七十六条　【民事义务与责任】民事主体依照法律规定或者按照当事人约定，履行民事义务，承担民事责任。

条文应用提示

民事责任的基本特征包括两个方面：

1. 民事责任是民事主体违反民事义务所应承担的责任，是以民事义务为基础的。法律规定或者当事人约定民事主体应当做什么和不应当做什么，即要求应当为一定的行为或者不为一定的行为，这就是民事主体的义务。法律同时也规定了违反民事义务的后果,即应当承担的责任,这就是民事责任。民事责任不同于民事义务,民事责任是违反民事义务的后果,而不是民事义务本身。本条规定民事主体依照法律规定或者当事人约定履行民事义务,根据这一规定,民事义务分为两类:(1)法律直接规定的义务。(2)在法律允许的范围内民事主体自行约定的义务。民事主体无论违反哪一类义务都要依法承担民事责任。

2. 民事责任具有强制性。强制性是法律责任的重要特征。法律责任中的民事责任的强制性表现在对不履行民事义务的行为予以制裁,要求民事主体承担民事责任。

第一百七十七条 【按份责任】二人以上依法承担按份责任,能够确定责任大小的,各自承担相应的责任;难以确定责任大小的,平均承担责任。

条文应用提示

按份责任,是指责任人为多人时,各责任人按照一定的份额向权利人承担民事责任,各责任人之间无连带关系。也就是说,责任人各自承担不同份额的责任,不具有连带性,权利人只能请求属于按份责任人的责任份额。按份责任产生的前提,是二个以上的民事主体不依照法律规定或者当事人约定履行民事义务产生的民事责任。

第一百七十八条 【连带责任】二人以上依法承担连带责任的,权利人有权请求部分或者全部连带责任人承担责任。

连带责任人的责任份额根据各自责任大小确定;难以确定责任大小的,平均承担责任。实际承担责任超过自己责任份额的连带责任人,有权向其他连带责任人追偿。

连带责任,由法律规定或者当事人约定。

条文应用提示

连带责任,是指依照法律规定或者当事人的约定,两个或者两个以上当事人对共同产生的不履行民事义务的民事责任承担全部责任,并因此引起内部债务关系的一种民事责任。连带责任是一项重要的责任承担方式。连带责任可能基于合同产生,也可能基于侵权行为产生。

连带责任的特征主要表现在:(1)连带责任对于违反民事义务的主体而言是一种比较严厉的责任方式。连带责任对外是一个整体的责任。连带责任中的每个主体都需要对被损害者承担全部责任。被请求承担全部责任的连带责任主体,不得因自己的过错程度而只承担自己的责任。(2)连带责任对被损害者的保护更为充分。连带责任给了被损害者更多的选择权,被损害者可以请求一个或者数个连带责任人承担全部或者部分的赔偿责任。(3)连带责任是法定责任,连带责任人之间不能约定改变责任的性质,对于内部责任份额的约定对外不发生效力。

在一个或者数个连带责任人清偿了全部责任后,实际承担责任的人有权向其他连带责任人追偿。行使追偿权的前提是连带责任人实际承担了超出自己责任的份额,没有超出自己责任的份额,不得行使追偿权。

第一百七十九条　【承担民事责任的方式】承担民事责任的方式主要有:

(一)停止侵害;

(二)排除妨碍;

(三)消除危险;

(四)返还财产;

(五)恢复原状;

(六)修理、重作、更换;

(七)继续履行;

(八)赔偿损失;

(九)支付违约金;

(十)消除影响、恢复名誉;

(十一)赔礼道歉。

法律规定惩罚性赔偿的,依照其规定。

本条规定的承担民事责任的方式,可以单独适用,也可以合并适用。

条文应用提示

根据本条的规定,承担民事责任的方式主要有:

(1)停止侵害,即要求行为人不实施某种侵害。

(2)排除妨碍。这是指行为人实施的行为使他人无法行使或者不能正常行使人身、财产权益,受害人可以要求行为人排除妨碍权益实施的障碍。受害人也可以自己排除妨碍,但排除妨碍的费用由行为人承担。

(3)消除危险。这是指行为人的行为对他人人身、财产权益造成现实威胁,他人有权要求行为人采取有效措施消除这种现实威胁。

(4)返还财产。没有法律或者合同根据占有他人财产,就构成无权占有,侵害了他人的财产权益,行为人应当返还该财产。

(5)恢复原状。这是指行为人通过修理等手段使受到损坏的财产恢复到损坏发生前的状况的一种责任方式。采取恢复原状责任方式要符合受到损坏的财产仍然存在且有恢复原状的可能性且恢复原状有必要。

(6)修理、重作、更换。修理包括对产品、工作成果等标的物质量瑕疵的修补,也包括对服务质量瑕疵的改善。修理、重作、更换不是恢复原状,如果将损坏的财产修理复原,则是承担恢复原状的责任。

(7)继续履行。就是按照合同的约定继续履行义务。

(8)赔偿损失。这是指行为人向受害人支付一定额数的金钱以弥补其损失的责任方式,是运用较为广泛的一种责任方式。

(9)支付违约金。违约金是当事人在合同中约定的或者由法律直接规定的一方违反合同时应向对方支付一定数额的金钱,这是违反合同可以采用的承担民事责任的方式,只适用于合同当事人有违约金约定或者法律规定违反合同应支付违约金的情形。

(10)消除影响、恢复名誉。这是指人民法院根据受害人的请求,责令行为人在一定范围内采取适当方式消除对受害人名誉的不利影响,以使其名誉得到恢复的一种责任方式。

(11)赔礼道歉。这是指行为人通过口头、书面或者其他方式向受害人进行道歉,以取得谅解的一种责任方式。赔礼道歉主要适用于侵害名誉权、荣誉权、隐私权、姓名权、肖像权等人格权益的情形。

本条第二款规定,法律规定惩罚性赔偿的,依照其规定。惩罚性赔偿是指当侵权人(义务人)以恶意、故意、欺诈等的方式实施加害行为而致权利人受到损害的,权利人可以获得实际损害赔偿之外的增加赔偿。其目的是通过对义务人施以惩罚,阻止其重复实施恶意行为,并警示他人不要采取类似行为。

关联法律法规

《中华人民共和国消费者权益保护法》第五十条、第五十二条、第五十三条,《中华人民共和国商标法》第六十三条,《中华人民共和国电子商务法》第四十二条,《中华人民共和国食品安全法》第一百四十八条

第一百八十条 【不可抗力】因不可抗力不能履行民事义务的,不承担民事责任。法律另有规定的,依照其规定。

不可抗力是不能预见、不能避免且不能克服的客观情况。

条文应用提示

对"不可抗力"的理解,应是根据现有的技术水平,一般对某事件发生没有预知能力。人们对某事件的发生的预知能力取决于当代的科学技术水平。"不能避免且不能克服",应是指当事人已经尽到最大努力和采取一切可以采取的措施,仍不能避免某种事件的发生并不能克服事件所造成的后果。"不能避免且不能克服"表明某个事件的发生和事件所造成的后果具有必然性。

通常情况下,因不可抗力不能履行民事义务的,不承担民事责任。但法律规定因不可抗力不能履行民事义务,也要承担民事责任的则需要依法承担民事责任。具体什么情况下应承担民事责任、承担责任的程度等要依照法律的规定确定。例如,根据《民用航空法》第一百六十条的规定,民用航空器造成他人损害的,民用航空器的经营人只有能够证明损害是武装冲突、骚乱造成的,或者是因受害人故意造成的,才能免除其责任。因不可抗力的自然灾害造成的,不能免除民用航空器经营人的责任。

关联法律法规

《中华人民共和国电力法》第六十条,《中华人民共和国旅游法》第六十七条,《中华人民共和国民用航空器法》第一百六十条,《中华人民共和国铁路法》第十八条,《中华人民共和国水污染防治法》第九十六条

第一百八十一条 【正当防卫】因正当防卫造成损害的，不承担民事责任。

正当防卫超过必要的限度，造成不应有的损害的，正当防卫人应当承担适当的民事责任。

对应司法解释

《最高人民法院关于适用〈中华人民共和国民法典〉总则编若干问题的解释》（法释〔2022〕6号）

第三十条 为了使国家利益、社会公共利益、本人或者他人的人身权利、财产权利以及其他合法权益免受正在进行的不法侵害，而针对实施侵害行为的人采取的制止不法侵害的行为，应当认定为民法典第一百八十一条规定的正当防卫。

第三十一条 对于正当防卫是否超过必要的限度，人民法院应当综合不法侵害的性质、手段、强度、危害程度和防卫的时机、手段、强度、损害后果等因素判断。

经审理，正当防卫没有超过必要限度的，人民法院应当认定正当防卫人不承担责任。正当防卫超过必要限度的，人民法院应当认定正当防卫人在造成不应有的损害范围内承担部分责任；实施侵害行为的人请求正当防卫人承担全部责任的，人民法院不予支持。

实施侵害行为的人不能证明防卫行为造成不应有的损害，仅以正当防卫人采取的反击方式和强度与不法侵害不相当为由主张防卫过当的，人民法院不予支持。

条文应用提示

正当防卫，是指本人、他人的人身权利、财产权利遭受不法侵害时，行为人所采取的一种防卫措施。正当防卫作为行为人不承担责任和减轻责任的情形，其根据是行为的正当性、合法性，表明行为人主观上没有过错。正当防卫是法律赋予当事人自卫的权利，是属于受法律鼓励的行为，目的是保护当事人本人、他人不受侵犯。

正当防卫应当同时具备以下六个要件：（1）必须是为了使本人、他人的人身、财产权利免受不法侵害而实施的。可参考《刑法》第二十条第一款的规定。(2)必须有不法侵害行为发生。所谓"不法侵害行为",是指对某种权利或者利益的侵害为法律所明文禁止,既包括犯罪行为,也包括其他违法的侵害行为。(3)必须是正在进行的不法侵害,而不是尚未开始,或者已经实施完毕,或者实施者确已自动停止。否则,就是防卫不适时,应当承担民事责任。(4)必须是本人、他人的人身权利、财产权利遭受不法侵害,在来不及请求有关国家机关救助的情况下实施的防卫行为。(5)必须是针对不法侵害者本人实行,即正当防卫行为不能对没有实施不法侵害行为的第三者(包括不法侵害者的家属)造成损害。(6)不能明显超过必要限度造成损害,应以足以制止不法侵害为限。

只有同时满足以上六个要件,才能构成正当防卫,防卫人才能免于承担民事责任。

正当防卫超过必要限度,造成侵害人不应有的损害的,正当防卫人应当承担适当的民事责任。所谓"适当的民事责任",是指不对侵害人的全部损失赔偿,而是根据正当防卫人过错的程度,由正当防卫人在损失范围内承担一部分责任。

关联法律法规

《中华人民共和国刑法》第二十条

第一百八十二条 【紧急避险】因紧急避险造成损害的,由引起险情发生的人承担民事责任。

危险由自然原因引起的,紧急避险人不承担民事责任,可以给予适当补偿。

紧急避险采取措施不当或者超过必要的限度,造成不应有的损害的,紧急避险人应当承担适当的民事责任。

对应司法解释

《最高人民法院关于适用〈中华人民共和国民法典〉总则编若干问题的解释》(法释〔2022〕6号)

第三十二条　为了使国家利益、社会公共利益、本人或者他人的人身权利、财产权利以及其他合法权益免受正在发生的急迫危险，不得已而采取紧急措施的，应当认定为民法典第一百八十二条规定的紧急避险。

第三十三条　对于紧急避险是否采取措施不当或者超过必要的限度，人民法院应当综合危险的性质、急迫程度、避险行为所保护的权益以及造成的损害后果等因素判断。

经审理，紧急避险采取措施并无不当且没有超过必要限度的，人民法院应当认定紧急避险人不承担责任。紧急避险采取措施不当或者超过必要限度的，人民法院应当根据紧急避险人的过错程度、避险措施造成不应有的损害的原因力大小、紧急避险人是否为受益人等因素认定紧急避险人在造成的不应有的损害范围内承担相应的责任。

条文应用提示

紧急避险，是指为了使本人或者他人的人身、财产权利免受正在发生的危险，不得已采取的紧急避险行为，造成损害的，不承担责任或者减轻责任的情形。危险有时来自人的行为，有时来自自然原因。不管危险来自哪里，紧急避险人避让风险、排除危险的行为都有其正当性、合法性。

紧急避险应当同时具备以下四个要件：(1)必须是为了使本人、他人的人身、财产权利免受危险的损害。我国《刑法》第二十一条明确规定了紧急避险的内容。(2)必须是对正在发生的危险采取的紧急避险行为。倘若危险已经消除或者尚未发生，或者虽然已经发生但不会对合法权益造成损害，则不得采取紧急避险措施。某人基于对危险状况的误解、臆想而采取紧急避险措施，造成他人利益损害的，应向他人承担民事责任。(3)必须是在不得已的情况下采取避险措施。所谓不得已，是指当事人面对突然而遇的危险，不得不采取紧急避险措施，以保全更大的利益，且这个利益是法律所保护的。(4)避险行为不能超过必要的限度，避险人须采取适当的措施，以尽可能小的损害保全更大的利益，即紧急避险行为所引起的损害应轻于危险所可能带来的损害。

只有同时满足以上四个要件，才能构成紧急避险。行为人(避险人)免于承担民事责任。

按照本条规定，紧急避险人造成本人或者他人损害的，由引起险情发生的人承担责任。如果危险是由自然原因引起的,紧急避险人是为了他人的利益而采取了避险行为,造成第三人利益损害的,紧急避险人免于对第三人承担责任,但如果紧急避险人是为了本人的利益而采取了避险行为,造成第三人利益损害的,紧急避险人本人作为受益人,应当对第三人的损害给予补偿。

因紧急避险采取措施不当或者超过必要的限度,造成不应有的损害的,紧急避险人应当承担适当的责任。"紧急避险采取措施不当",是指在当时的情况下能够采取可能减少或者避免损害的措施而未采取,或者采取的措施并非排除险情所必需。紧急避险"超过必要的限度",是指采取紧急避险措施没有减轻损害,或者紧急避险所造成的损害大于所保全的利益。

关联法律法规

《中华人民共和国刑法》第二十一条

第一百八十三条 【因保护他人民事权益受损时的责任承担与补偿办法】因保护他人民事权益使自己受到损害的,由侵权人承担民事责任,受益人可以给予适当补偿。没有侵权人、侵权人逃逸或者无力承担民事责任,受害人请求补偿的,受益人应当给予适当补偿。

对应司法解释

《最高人民法院关于适用〈中华人民共和国民法典〉总则编若干问题的解释》(法释〔2022〕6号)

第三十四条 因保护他人民事权益使自己受到损害,受害人依据民法典第一百八十三条的规定请求受益人适当补偿的,人民法院可以根据受害人所受损失和已获赔偿的情况、受益人受益的多少及其经济条件等因素确定受益人承担的补偿数额。

条文应用提示

受益人应当给予适当补偿的情形。一是侵权人逃逸或者无力承担民事责任的情形。这里需要注意以下几点:第一,侵权人逃逸确实找不到,或者侵权人确实没有承担民事责任的能力。这是受害人请求补偿的前提条件。如果侵权人没有逃逸,能够找到或者有承担民事责任的能力,受害人则不能向受益人提出补偿要求。第二,要有明确的受益人。如果没有明确的受益人,那么受害人就没有提出请求的对象。第三,受害人明确提出了受益人给予适当补偿的请求。补偿不是赔偿,赔偿一般是填平原则,即损失多少赔偿多少,而补偿仅是其中的一部分。本条规定是"给予适当补偿",表明是要根据受害人的受损情况和受益人的受益情况等因素确定补偿的数额。

二是没有侵权人的情形。因保护他人民事权益使自己受到损害的,有时并无侵权人,如舍身相救落水人员使自己受伤等。在这种情况下,受害人请求受益人给予适当补偿是合乎情理的,受益人给予适当补偿也是理所当然的。因此,本条规定体现了社会公平。

第一百八十四条　【紧急救助人不承担民事责任】因自愿实施紧急救助行为造成受助人损害的,救助人不承担民事责任。

条文应用提示

本条规定包括以下几个方面:(1)救助人自愿实施紧急救助行为。自愿实施紧急救助行为,是指一般所称的见义勇为或者乐于助人的行为,不包括专业救助行为。(2)救助人以救助为目的实施紧急救助行为。本条所称的救助行为应是在紧急情况下,救助人实施的救助他人的行为。(3)受助人的损害与救助人的行为有因果关系,即在紧急救助过程中,因为救助人的救助行为造成受助人的损害。(4)救助人对因救助行为造成受助人的损害不承担民事责任。

第一百八十五条　【侵害英烈等的姓名、肖像、名誉、荣誉的民事责任】侵害英雄烈士等的姓名、肖像、名誉、荣誉,损害社会公共利益的,应当承担民事责任。

对应司法解释

《最高人民法院关于适用〈中华人民共和国民法典〉时间效力的若干规定》(法释〔2020〕15号)

第六条　《中华人民共和国民法总则》施行前,侵害英雄烈士等的姓名、肖像、名誉、荣誉,损害社会公共利益引起的民事纠纷案件,适用民法典第一百八十五条的规定。

条文应用提示

本条保护的对象"英雄烈士等"包括为了人民利益英勇斗争而牺牲,堪为楷模的人,还包括在保卫国家和国家建设中作出巨大贡献、建立卓越功勋,已经故去的人。

关联法律法规

《烈士褒扬条例》第八条、第二十三条、第二十六条、第二十九条、第三十四条,《中华人民共和国英雄烈士保护法》第二十二条,《军人抚恤优待条例》第八条

第一百八十六条 【责任竞合】因当事人一方的违约行为,损害对方人身权益、财产权益的,受损害方有权选择请求其承担违约责任或者侵权责任。

条文应用提示

如果一方当事人的违约行为侵害了对方的人身、财产权益,则同时构成侵权行为,即违约方的同一行为违反了两种法律义务。这时违约方既负有违约责任,也负有侵权责任,这就是违约责任与侵权责任的竞合。违约责任与侵权责任的竞合,是指义务人的违约行为既符合违约要件,又符合侵权要件,导致违约责任与侵权责任一并产生。从另一方面来说,受损害方既可以就违约责任行使请求权,也可以就侵权责任行使请求权。这就产生了两种请求权竞合的情况。在两种请求权同时存在的情况下,如果允许受损害方同时行使双重请求权,则使违约方承受双重责任,这对违约方来说显失公平;从受损害方说,受损害方获得双重补偿,又构成受损害方不当得利,也不合理。因此,根据公平原则,本条规定,受损害方可以在两种请求权中选择行使一种请求权。这意味着受损害方只能行使一种请求权,如果受损害方选择行使一种请求权并得到实现,那么另一种请求权即告消灭。但是,如果受损害方行使一种请求权未果,而另一种请求权

并未因时效而消灭，则受损害方仍可行使另一种请求权。由于合同纠纷与侵权纠纷在管辖法院和适用法律方面存在区别，允许受损害方选择有利于自己的一种诉由提起诉讼，对受损害方比较方便，也有利于对受损害方的保护。对违约方来说，这两种责任无论对方要求其承担哪一种，都是合理的。

第一百八十七条　【民事责任优先承担】民事主体因同一行为应当承担民事责任、行政责任和刑事责任的，承担行政责任或者刑事责任不影响承担民事责任；民事主体的财产不足以支付的，优先用于承担民事责任。

关联法律法规

《中华人民共和国刑法》第三十六条，《中华人民共和国公司法》第二百一十四条，《中华人民共和国食品安全法》第一百四十七条，《中华人民共和国消费者权益保护法》第五十八条，《中华人民共和国产品质量法》第六十四条，《中华人民共和国证券法》第二百二十条，《中华人民共和国证券投资基金法》第一百五十条

第九章　诉讼时效

第一百八十八条　【普通诉讼时效、最长权利保护期间】向人民法院请求保护民事权利的诉讼时效期间为三年。法律另有规定的，依照其规定。

诉讼时效期间自权利人知道或者应当知道权利受到损害以及义务人之日起计算。法律另有规定的，依照其规定。但是，自权利受到损害之日起超过二十年的，人民法院不予保护，有特殊情况的，人民法院可以根据权利人的申请决定延长。

对应司法解释

《最高人民法院关于适用〈中华人民共和国民法典〉总则编若干问题的解释》(法释〔2022〕6号)

第三十五条 民法典第一百八十八条第一款规定的三年诉讼时效期间,可以适用民法典有关诉讼时效中止、中断的规定,不适用延长的规定。该条第二款规定的二十年期间不适用中止、中断的规定。

第三十六条 无民事行为能力人或者限制民事行为能力人的权利受到损害的,诉讼时效期间自其法定代理人知道或者应当知道权利受到损害以及义务人之日起计算,但是法律另有规定的除外。

第三十七条 无民事行为能力人、限制民事行为能力人的权利受到原法定代理人损害,且在取得、恢复完全民事行为能力或者在原法定代理终止并确定新的法定代理人后,相应民事主体才知道或者应当知道权利受到损害的,有关请求权诉讼时效期间的计算适用民法典第一百八十八条第二款、本解释第三十六条的规定。

条文应用提示

诉讼时效是权利人在法定期间内不行使权利,该期间届满后,发生义务人可以拒绝履行其给付义务效果的法律制度。该制度有利于促使权利人及时行使权利,维护交易秩序和安全。

第一款规定的"法律另有规定的,依照其规定",是允许特别法对诉讼时效作出不同于普通诉讼时效期间的规定。市场经济要求加快经济流转,通信手段和交易方式的创新使行使权利更加便利。在商事领域可能存在需要短于普通诉讼时效期间的情形。法律另有规定时,根据特别规定优于一般规定的原则,优先适用特别规定。

第二款的"知道或者应当知道权利受到损害"和"知道或者应当知道义务人"两个条件应当同时具备。

关联法律法规

《中华人民共和国民事诉讼法》第五十四条,《中华人民共和国保险法》第二十六条,《中华人民共和国拍卖法》第六十一条,《中华人民共和国环境保护法》第六十六条

第一百八十九条 【分期履行债务的诉讼时效】当事人约定同一债务分期履行的，诉讼时效期间自最后一期履行期限届满之日起计算。

第一百九十条 【对法定代理人请求权的诉讼时效】无民事行为能力人或者限制民事行为能力人对其法定代理人的请求权的诉讼时效期间，自该法定代理终止之日起计算。

第一百九十一条 【受性侵未成年人赔偿请求权的诉讼时效】未成年人遭受性侵害的损害赔偿请求权的诉讼时效期间，自受害人年满十八周岁之日起计算。

条文应用提示

理解本条规定需要注意以下两点：

1. 未成年人遭受性侵害的，在年满18周岁之前，其法定代理人当然可以代位行使请求权。此处的请求权应当认为是法定代理人代位向人民法院的请求，人民法院依法作出的生效判决具有既判力，受害人在年满18周岁之后对相关处理不满意要求再次处理的，应当符合《民事诉讼法》等法律的规定。如果年满18周岁之前，其法定代理人选择与侵害人"私了"的方式解决纠纷，受害人在年满18周岁之后，可以依据本条的规定请求损害赔偿。

2. 未成年人遭受性侵害的损害赔偿请求权的诉讼时效期间，自受害人年满18周岁之日起计算。其具体的诉讼时效期间，适用本法第一百八十八条3年的普通诉讼时效期间的规定，即从年满18周岁之日起计算3年；符合《民法典》第一百九十四条、第一百九十五条诉讼时效中止、中断情形的，可以相应中止、中断。

关联法律法规

《中华人民共和国未成年人保护法》第五十四条、第一百一十二条

第一百九十二条 【诉讼时效期间届满的法律效果】诉讼时效期间届满的，义务人可以提出不履行义务的抗辩。

诉讼时效期间届满后，义务人同意履行的，不得以诉讼时效期间届满为由抗辩；义务人已经自愿履行的，不得请求返还。

条文应用提示

本条第一款规定，诉讼时效期间届满的，义务人可以提出不履行义务的抗辩。这就意味着，权利人享有起诉权，可以向法院主张其已过诉讼时效之权利，法院应当受理。如果义务人不提出时效完成的抗辩，法院将以公权力维护权利人的利益；如果义务人行使抗辩权，法院审查后会依法保护义务人的抗辩权，不得强制义务人履行义务。但是，义务人行使时效抗辩权不得违反诚实信用原则，否则即使诉讼时效完成，义务人也不能取得时效抗辩权。例如，在诉讼时效期间届满前，义务人通过与权利人协商，营造其将履行义务的假象，及至时效完成后，立即援引时效抗辩拒绝履行义务。该种行为违反诚实信用，构成时效抗辩权的滥用，不受保护。

本条第二款规定，诉讼时效期间届满后，义务人同意履行的，不得以诉讼时效期间届满为由抗辩；义务人已自愿履行的，不得请求返还。诉讼时效期间届满后，权利人虽不能请求法律的强制性保护，但法律并不否定其权利的存在。若义务人放弃时效利益自愿履行的，权利人可以受领并保持，受领不属于不当得利，义务人不得请求返还。诉讼时效期间届满后，义务人同意履行的，不得以诉讼时效期间届满为由抗辩。这是因为诉讼时效届满后，义务人可以处分自己的时效利益。此时义务人同意履行义务，属于对时效利益的放弃。义务人放弃时效利益的行为属于单方法律行为，并且是处分行为，自义务人放弃时效利益的意思表示到达权利人时即发生时效利益放弃的法律效果，不以权利人同意为条件。放弃的意思表示既可以是承认的明示方式，也可以是不主张时效利益的默示方式。对于义务人已自愿履行的情况，自愿履行意味着义务人自愿解除了债务的自然债务属性，恢复了原本可以获得司法强制执行的可能性，使权利人因时效完成而转化为自然权利回升为法律权利。因此，自愿履行的，不能再请求返还。

还应当注意的是,法律制度需要一系列的具体规定相配合。除本条规定外,也包括本法第一百九十三条规定的人民法院不得主动适用诉讼时效、第一百九十七条第二款规定的当事人对诉讼时效利益的预先放弃无效等具体规定。

第一百九十三条 【诉讼时效援引】人民法院不得主动适用诉讼时效的规定。

关联法律法规

《最高人民法院关于审理民事案件适用诉讼时效制度若干问题的规定》第三条

第一百九十四条 【诉讼时效中止的情形】在诉讼时效期间的最后六个月内,因下列障碍,不能行使请求权的,诉讼时效中止:

(一)不可抗力;

(二)无民事行为能力人或者限制民事行为能力人没有法定代理人,或者法定代理人死亡、丧失民事行为能力、丧失代理权;

(三)继承开始后未确定继承人或者遗产管理人;

(四)权利人被义务人或者其他人控制;

(五)其他导致权利人不能行使请求权的障碍。

自中止时效的原因消除之日起满六个月,诉讼时效期间届满。

条文应用提示

诉讼时效中止,是因法定事由的存在使诉讼时效停止进行,待法定事由消除后继续进行的制度。在诉讼时效进行中的某一时间内,出现了权利人主张权利的客观障碍,导致权利人无法在诉讼时效期间内行使权利,可能产生不公平的结果,因此法律规定了诉讼时效中止制度。

第一百九十五条 【诉讼时效中断的情形】有下列情形之一的,诉讼时效中断,从中断、有关程序终结时起,诉讼时效期间重新计算:

(一)权利人向义务人提出履行请求;

（二）义务人同意履行义务；

（三）权利人提起诉讼或者申请仲裁；

（四）与提起诉讼或者申请仲裁具有同等效力的其他情形。

对应司法解释

《最高人民法院关于适用〈中华人民共和国民法典〉总则编若干问题的解释》（法释〔2022〕6号）

第三十八条 诉讼时效依据民法典第一百九十五条的规定中断后，在新的诉讼时效期间内，再次出现第一百九十五条规定的中断事由，可以认定为诉讼时效再次中断。

权利人向义务人的代理人、财产代管人或者遗产管理人等提出履行请求的，可以认定为民法典第一百九十五条规定的诉讼时效中断。

条文应用提示

诉讼时效期间中断，指诉讼时效期间进行过程中，出现了权利人积极行使权利等法定事由，从而使已经经过的诉讼时效期间归于消灭，重新计算期间的制度。诉讼时效中断的特征表现为：一是发生于诉讼时效的进行中，诉讼时效尚未开始计算或者已经届满的情况下排除其适用。二是发生了一定的法定事由导致诉讼时效存在的基础被推翻。三是它使已经进行的诉讼时效重新起算，以前经过的期间归于消灭。境外立法例均规定有诉讼时效中断制度。

在重新计算诉讼时效期间的起算点上，应根据不同情况区别处理。以本条第一项规定的“权利人向义务人提出履行请求”、第二项规定的“义务人同意履行义务”等方式中断诉讼时效的，一旦履行请求到达义务人，或者义务人同意履行的意思表示到达权利人，即可发生时效中断的效果。因此，在这两款规定的情况下，诉讼时效期间从中断时起重新计算。以本条第三项规定的“权利人提起诉讼或者申请仲裁”、第四项规定的“与提起诉讼或者申请仲裁具有同等效力的其他情形”等方式中断诉讼时效的，权利人处于依据法律程序主张权利的状态。如果规定诉讼时效期间从起诉之日或者提起仲裁之日起重新计算，可能会因法律程序烦琐、耗费时日过长，出现法律程序尚未终结而诉讼时效期间已经届满的情况，这在我国的司法实践中并不算少见。这一情况有违诉讼时效中断制度的目的，为了避免制度上的缺陷，对这两项规定的情形，法律规定从有关程序终结时起，诉讼时效期间重新计算。

关联法律法规

《最高人民法院关于审理民事案件适用诉讼时效制度若干问题的规定》第十条、第十三条至第十六条

第一百九十六条　【不适用诉讼时效的情形】下列请求权不适用诉讼时效的规定：

（一）请求停止侵害、排除妨碍、消除危险；

（二）不动产物权和登记的动产物权的权利人请求返还财产；

（三）请求支付抚养费、赡养费或者扶养费；

（四）依法不适用诉讼时效的其他请求权。

第一百九十七条　【诉讼时效法定、时效利益预先放弃无效】诉讼时效的期间、计算方法以及中止、中断的事由由法律规定，当事人约定无效。

当事人对诉讼时效利益的预先放弃无效。

第一百九十八条　【仲裁时效】法律对仲裁时效有规定的，依照其规定；没有规定的，适用诉讼时效的规定。

关联法律法规

《中华人民共和国劳动争议调解仲裁法》第二十七条

第一百九十九条　【除斥期间】法律规定或者当事人约定的撤销权、解除权等权利的存续期间，除法律另有规定外，自权利人知道或者应当知道权利产生之日起计算，不适用有关诉讼时效中止、中断和延长的规定。存续期间届满，撤销权、解除权等权利消灭。

条文应用提示

除斥期间是民法中的一项重要制度，其目的在于促使法律关系早日确定，防止相对人因为消极等待而蒙受损害。除斥期间是权利预设期间，以促使法律关系尽早确定为目标，为达制度目的，需要规定除斥期间经过后，权利人的权利即归于消灭，要么使原本不确定的法律关系明确固定，要么使既有的法律关系归于消灭，都会引起实体法上效果的变化。所以除斥期间没有中断的可能性，一般也不会发生中止。

第十章 期间计算

第二百条 【期间计算单位】民法所称的期间按照公历年、月、日、小时计算。

第二百零一条 【期间起算】按照年、月、日计算期间的，开始的当日不计入，自下一日开始计算。

按照小时计算期间的，自法律规定或者当事人约定的时间开始计算。

关联法律法规

《中华人民共和国民事诉讼法》第八十五条

第二百零二条 【期间结束】按照年、月计算期间的，到期月的对应日为期间的最后一日；没有对应日的，月末日为期间的最后一日。

第二百零三条 【期间结束日顺延和末日结束点】期间的最后一日是法定休假日的，以法定休假日结束的次日为期间的最后一日。

期间的最后一日的截止时间为二十四时；有业务时间的，停止业务活动的时间为截止时间。

关联法律法规

《中华人民共和国劳动法》第四十四条、第四十五条,《中华人民共和国民事诉讼法》第八十五条

第二百零四条 【期间的法定或约定】期间的计算方法依照本法的规定,但是法律另有规定或者当事人另有约定的除外。

附录二　最高人民法院关于适用《中华人民共和国民法典》合同编通则若干问题的解释

（2023 年 5 月 23 日由最高人民法院审判委员会第 1889 次会议通过　2023 年 12 月 4 日法释〔2023〕13 号公布　自 2023 年 12 月 5 日起施行）

为正确审理合同纠纷案件以及非因合同产生的债权债务关系纠纷案件，依法保护当事人的合法权益，根据《中华人民共和国民法典》、《中华人民共和国民事诉讼法》等相关法律规定，结合审判实践，制定本解释。

一、一 般 规 定

第一条　人民法院依据民法典第一百四十二条第一款、第四百六十六条第一款的规定解释合同条款时，应当以词句的通常含义为基础，结合相关条款、合同的性质和目的、习惯以及诚信原则，参考缔约背景、磋商过程、履行行为等因素确定争议条款的含义。

有证据证明当事人之间对合同条款有不同于词句的通常含义的其他共同理解，一方主张按照词句的通常含义理解合同条款的，人民法院不予支持。

对合同条款有两种以上解释，可能影响该条款效力的，人民法院应当选择有利于该条款有效的解释；属于无偿合同的，应当选择对债务人负担较轻的解释。

第二条　下列情形，不违反法律、行政法规的强制性规定且不违背公

序良俗的,人民法院可以认定为民法典所称的“交易习惯”:

(一)当事人之间在交易活动中的惯常做法;

(二)在交易行为当地或者某一领域、某一行业通常采用并为交易对方订立合同时所知道或者应当知道的做法。

对于交易习惯,由提出主张的当事人一方承担举证责任。

二、合同的订立

第三条 当事人对合同是否成立存在争议,人民法院能够确定当事人姓名或者名称、标的和数量的,一般应当认定合同成立。但是,法律另有规定或者当事人另有约定的除外。

根据前款规定能够认定合同已经成立的,对合同欠缺的内容,人民法院应当依据民法典第五百一十条、第五百一十一条等规定予以确定。

当事人主张合同无效或者请求撤销、解除合同等,人民法院认为合同不成立的,应当依据《最高人民法院关于民事诉讼证据的若干规定》第五十三条的规定将合同是否成立作为焦点问题进行审理,并可以根据案件的具体情况重新指定举证期限。

第四条 采取招标方式订立合同,当事人请求确认合同自中标通知书到达中标人时成立的,人民法院应予支持。合同成立后,当事人拒绝签订书面合同的,人民法院应当依据招标文件、投标文件和中标通知书等确定合同内容。

采取现场拍卖、网络拍卖等公开竞价方式订立合同,当事人请求确认合同自拍卖师落槌、电子交易系统确认成交时成立的,人民法院应予支持。合同成立后,当事人拒绝签订成交确认书的,人民法院应当依据拍卖公告、竞买人的报价等确定合同内容。

产权交易所等机构主持拍卖、挂牌交易,其公布的拍卖公告、交易规则等文件公开确定了合同成立需要具备的条件,当事人请求确认合同自该条件具备时成立的,人民法院应予支持。

第五条 第三人实施欺诈、胁迫行为,使当事人在违背真实意思的情况下订立合同,受到损失的当事人请求第三人承担赔偿责任的,人民法院依法予以支持;当事人亦有违背诚信原则的行为的,人民法院应当根据各自的过错确定相应的责任。但是,法律、司法解释对当事人与第三人的民事责任另有规定的,依照其规定。

第六条　当事人以认购书、订购书、预订书等形式约定在将来一定期限内订立合同,或者为担保在将来一定期限内订立合同交付了定金,能够确定将来所要订立合同的主体、标的等内容的,人民法院应当认定预约合同成立。

当事人通过签订意向书或者备忘录等方式,仅表达交易的意向,未约定在将来一定期限内订立合同,或者虽然有约定但是难以确定将来所要订立合同的主体、标的等内容,一方主张预约合同成立的,人民法院不予支持。

当事人订立的认购书、订购书、预订书等已就合同标的、数量、价款或者报酬等主要内容达成合意,符合本解释第三条第一款规定的合同成立条件,未明确约定在将来一定期限内另行订立合同,或者虽然有约定但是当事人一方已实施履行行为且对方接受的,人民法院应当认定本约合同成立。

第七条　预约合同生效后,当事人一方拒绝订立本约合同或者在磋商订立本约合同时违背诚信原则导致未能订立本约合同的,人民法院应当认定该当事人不履行预约合同约定的义务。

人民法院认定当事人一方在磋商订立本约合同时是否违背诚信原则,应当综合考虑该当事人在磋商时提出的条件是否明显背离预约合同约定的内容以及是否已尽合理努力进行协商等因素。

第八条　预约合同生效后,当事人一方不履行订立本约合同的义务,对方请求其赔偿因此造成的损失的,人民法院依法予以支持。

前款规定的损失赔偿,当事人有约定的,按照约定;没有约定的,人民法院应当综合考虑预约合同在内容上的完备程度以及订立本约合同的条件的成就程度等因素酌定。

第九条　合同条款符合民法典第四百九十六条第一款规定的情形,当事人仅以合同系依据合同示范文本制作或者双方已经明确约定合同条款不属于格式条款为由主张该条款不是格式条款的,人民法院不予支持。

从事经营活动的当事人一方仅以未实际重复使用为由主张其预先拟

定且未与对方协商的合同条款不是格式条款的，人民法院不予支持。但是，有证据证明该条款不是为了重复使用而预先拟定的除外。

第十条　提供格式条款的一方在合同订立时采用通常足以引起对方注意的文字、符号、字体等明显标识，提示对方注意免除或者减轻其责任、排除或者限制对方权利等与对方有重大利害关系的异常条款的，人民法院可以认定其已经履行民法典第四百九十六条第二款规定的提示义务。

提供格式条款的一方按照对方的要求，就与对方有重大利害关系的异常条款的概念、内容及其法律后果以书面或者口头形式向对方作出通常能够理解的解释说明的，人民法院可以认定其已经履行民法典第四百九十六条第二款规定的说明义务。

提供格式条款的一方对其已经尽到提示义务或者说明义务承担举证责任。对于通过互联网等信息网络订立的电子合同，提供格式条款的一方仅以采取了设置勾选、弹窗等方式为由主张其已经履行提示义务或者说明义务的，人民法院不予支持，但是其举证符合前两款规定的除外。

三、合同的效力

第十一条　当事人一方是自然人，根据该当事人的年龄、智力、知识、经验并结合交易的复杂程度，能够认定其对合同的性质、合同订立的法律后果或者交易中存在的特定风险缺乏应有的认知能力的，人民法院可以认定该情形构成民法典第一百五十一条规定的“缺乏判断能力”。

第十二条　合同依法成立后，负有报批义务的当事人不履行报批义务或者履行报批义务不符合合同的约定或者法律、行政法规的规定，对方请求其继续履行报批义务的，人民法院应予支持；对方主张解除合同并请求其承担违反报批义务的赔偿责任的，人民法院应予支持。

人民法院判决当事人一方履行报批义务后，其仍不履行，对方主张解除合同并参照违反合同的违约责任请求其承担赔偿责任的，人民法院应予支持。

合同获得批准前，当事人一方起诉请求对方履行合同约定的主要义务，经释明后拒绝变更诉讼请求的，人民法院应当判决驳回其诉讼请求，但是不影响其另行提起诉讼。

负有报批义务的当事人已经办理申请批准等手续或者已经履行生效判决确定的报批义务，批准机关决定不予批准，对方请求其承担赔偿责任的，人民法院不予支持。但是，因迟延履行报批义务等可归责于当事人的原因导致合同未获批准，对方请求赔偿因此受到的损失的，人民法院应当依据民法典第一百五十七条的规定处理。

第十三条 合同存在无效或者可撤销的情形，当事人以该合同已在有关行政管理部门办理备案、已经批准机关批准或者已依据该合同办理财产权利的变更登记、移转登记等为由主张合同有效的，人民法院不予支持。

第十四条 当事人之间就同一交易订立多份合同，人民法院应当认定其中以虚假意思表示订立的合同无效。当事人为规避法律、行政法规的强制性规定，以虚假意思表示隐藏真实意思表示的，人民法院应当依据民法典第一百五十三条第一款的规定认定被隐藏合同的效力；当事人为规避法律、行政法规关于合同应当办理批准等手续的规定，以虚假意思表示隐藏真实意思表示的，人民法院应当依据民法典第五百零二条第二款的规定认定被隐藏合同的效力。

依据前款规定认定被隐藏合同无效或者确定不发生效力的，人民法院应当以被隐藏合同为事实基础，依据民法典第一百五十七条的规定确定当事人的民事责任。但是，法律另有规定的除外。

当事人就同一交易订立的多份合同均系真实意思表示，且不存在其他影响合同效力情形的，人民法院应当在查明各合同成立先后顺序和实际履行情况的基础上，认定合同内容是否发生变更。法律、行政法规禁止变更合同内容的，人民法院应当认定合同的相应变更无效。

第十五条 人民法院认定当事人之间的权利义务关系，不应当拘泥于合同使用的名称，而应当根据合同约定的内容。当事人主张的权利义务关系与根据合同内容认定的权利义务关系不一致的，人民法院应当结合缔约背景、交易目的、交易结构、履行行为以及当事人是否存在虚构交易标的等事实认定当事人之间的实际民事法律关系。

第十六条 合同违反法律、行政法规的强制性规定，有下列情形之一，由行为人承担行政责任或者刑事责任能够实现强制性规定的立法目的的，人民法院可以依据民法典第一百五十三条第一款关于“该强制性规定不导致该民事法律行为无效的除外”的规定认定该合同不因违反强制性规定无效：

（一）强制性规定虽然旨在维护社会公共秩序，但是合同的实际履行对社会公共秩序造成的影响显著轻微，认定合同无效将导致案件处理结果有失公平公正；

（二）强制性规定旨在维护政府的税收、土地出让金等国家利益或者其他民事主体的合法利益而非合同当事人的民事权益，认定合同有效不会影响该规范目的的实现；

（三）强制性规定旨在要求当事人一方加强风险控制、内部管理等，对方无能力或者无义务审查合同是否违反强制性规定，认定合同无效将使其承担不利后果；

（四）当事人一方虽然在订立合同时违反强制性规定，但是在合同订立后其已经具备补正违反强制性规定的条件却违背诚信原则不予补正；

（五）法律、司法解释规定的其他情形。

法律、行政法规的强制性规定旨在规制合同订立后的履行行为，当事人以合同违反强制性规定为由请求认定合同无效的，人民法院不予支持。但是，合同履行必然导致违反强制性规定或者法律、司法解释另有规定的除外。

依据前两款认定合同有效，但是当事人的违法行为未经处理的，人民法院应当向有关行政管理部门提出司法建议。当事人的行为涉嫌犯罪的，应当将案件线索移送刑事侦查机关；属于刑事自诉案件的，应当告知当事人可以向有管辖权的人民法院另行提起诉讼。

第十七条　合同虽然不违反法律、行政法规的强制性规定，但是有下列情形之一，人民法院应当依据民法典第一百五十三条第二款的规定认定合同无效：

（一）合同影响政治安全、经济安全、军事安全等国家安全的；

（二）合同影响社会稳定、公平竞争秩序或者损害社会公共利益等违背社会公共秩序的；

（三）合同背离社会公德、家庭伦理或者有损人格尊严等违背善良风俗的。

人民法院在认定合同是否违背公序良俗时,应当以社会主义核心价值观为导向,综合考虑当事人的主观动机和交易目的、政府部门的监管强度、一定期限内当事人从事类似交易的频次、行为的社会后果等因素,并在裁判文书中充分说理。当事人确因生活需要进行交易,未给社会公共秩序造成重大影响,且不影响国家安全,也不违背善良风俗的,人民法院不应当认定合同无效。

第十八条 法律、行政法规的规定虽然有"应当""必须"或者"不得"等表述,但是该规定旨在限制或者赋予民事权利,行为人违反该规定将构成无权处分、无权代理、越权代表等,或者导致合同相对人、第三人因此获得撤销权、解除权等民事权利的,人民法院应当依据法律、行政法规规定的关于违反该规定的民事法律后果认定合同效力。

第十九条 以转让或者设定财产权利为目的订立的合同,当事人或者真正权利人仅以让与人在订立合同时对标的物没有所有权或者处分权为由主张合同无效的,人民法院不予支持;因未取得真正权利人事后同意或者让与人事后未取得处分权导致合同不能履行,受让人主张解除合同并请求让与人承担违反合同的赔偿责任的,人民法院依法予以支持。

前款规定的合同被认定有效,且让与人已经将财产交付或者移转登记至受让人,真正权利人请求认定财产权利未发生变动或者请求返还财产的,人民法院应予支持。但是,受让人依据民法典第三百一十一条等规定善意取得财产权利的除外。

第二十条 法律、行政法规为限制法人的法定代表人或者非法人组织的负责人的代表权,规定合同所涉事项应当由法人、非法人组织的权力机构或者决策机构决议,或者应当由法人、非法人组织的执行机构决定,法定代表人、负责人未取得授权而以法人、非法人组织的名义订立合同,未尽到合理审查义务的相对人主张该合同对法人、非法人组织发生效力并由其承担违约责任的,人民法院不予支持,但是法人、非法人组织有过错的,可以参照民法典第一百五十七条的规定判决其承担相应的赔偿责任。相对人已尽到合理审查义务,构成表见代表的,人民法院应当依据民法典第五百零四条的规定处理。

合同所涉事项未超越法律、行政法规规定的法定代表人或者负责人的代表权限,但是超越法人、非法人组织的章程或者权力机构等对代表权的限制，相对人主张该合同对法人、非法人组织发生效力并由其承担违约责任的，人民法院依法予以支持。但是，法人、非法人组织举证证明相对人知道或者应当知道该限制的除外。

法人、非法人组织承担民事责任后，向有过错的法定代表人、负责人追偿因越权代表行为造成的损失的，人民法院依法予以支持。法律、司法解释对法定代表人、负责人的民事责任另有规定的，依照其规定。

第二十一条 法人、非法人组织的工作人员就超越其职权范围的事项以法人、非法人组织的名义订立合同，相对人主张该合同对法人、非法人组织发生效力并由其承担违约责任的，人民法院不予支持。但是，法人、非法人组织有过错的，人民法院可以参照民法典第一百五十七条的规定判决其承担相应的赔偿责任。前述情形，构成表见代理的，人民法院应当依据民法典第一百七十二条的规定处理。

合同所涉事项有下列情形之一的，人民法院应当认定法人、非法人组织的工作人员在订立合同时超越其职权范围：

（一）依法应当由法人、非法人组织的权力机构或者决策机构决议的事项；

（二）依法应当由法人、非法人组织的执行机构决定的事项；

（三）依法应当由法定代表人、负责人代表法人、非法人组织实施的事项；

（四）不属于通常情形下依其职权可以处理的事项。

合同所涉事项未超越依据前款确定的职权范围，但是超越法人、非法人组织对工作人员职权范围的限制，相对人主张该合同对法人、非法人组织发生效力并由其承担违约责任的，人民法院应予支持。但是，法人、非法人组织举证证明相对人知道或者应当知道该限制的除外。

法人、非法人组织承担民事责任后，向故意或者有重大过失的工作人员追偿的，人民法院依法予以支持。

第二十二条 法定代表人、负责人或者工作人员以法人、非法人组织的名义订立合同且未超越权限，法人、非法人组织仅以合同加盖的印章不是备案印章或者系伪造的印章为由主张该合同对其不发生效力的，人民法院不予支持。

合同系以法人、非法人组织的名义订立，但是仅有法定代表人、负责人或者工作人员签名或者按指印而未加盖法人、非法人组织的印章，相对人能够证明法定代表人、负责人或者工作人员在订立合同时未超越权限的，人民法院应当认定合同对法人、非法人组织发生效力。但是，当事人约定以加盖印章作为合同成立条件的除外。

合同仅加盖法人、非法人组织的印章而无人员签名或者按指印，相对人能够证明合同系法定代表人、负责人或者工作人员在其权限范围内订立的，人民法院应当认定该合同对法人、非法人组织发生效力。

在前三款规定的情形下，法定代表人、负责人或者工作人员在订立合同时虽然超越代表或者代理权限，但是依据民法典第五百零四条的规定构成表见代表，或者依据民法典第一百七十二条的规定构成表见代理的，人民法院应当认定合同对法人、非法人组织发生效力。

第二十三条 法定代表人、负责人或者代理人与相对人恶意串通，以法人、非法人组织的名义订立合同，损害法人、非法人组织的合法权益，法人、非法人组织主张不承担民事责任的，人民法院应予支持。

法人、非法人组织请求法定代表人、负责人或者代理人与相对人对因此受到的损失承担连带赔偿责任的，人民法院应予支持。

根据法人、非法人组织的举证，综合考虑当事人之间的交易习惯、合同在订立时是否显失公平、相关人员是否获取了不正当利益、合同的履行情况等因素，人民法院能够认定法定代表人、负责人或者代理人与相对人存在恶意串通的高度可能性的，可以要求前述人员就合同订立、履行的过程等相关事实作出陈述或者提供相应的证据。其无正当理由拒绝作出陈述，或者所作陈述不具合理性又不能提供相应证据的，人民法院可以认定恶意串通的事实成立。

第二十四条 合同不成立、无效、被撤销或者确定不发生效力，当事人请求返还财产，经审查财产能够返还的，人民法院应当根据案件具体情况，单独或者合并适用返还占有的标的物、更正登记簿册记载等方式；经审查财产不能返还或者没有必要返还的，人民法院应当以认定合同不成立、无效、被撤销或者确定不发生效力之日该财产的市场价值或者以其他合理方式计算的价值为基准判决折价补偿。

除前款规定的情形外，当事人还请求赔偿损失的，人民法院应当结合财产返还或者折价补偿的情况，综合考虑财产增值收益和贬值损失、交易成本的支出等事实，按照双方当事人的过错程度及原因力大小，根据诚信原则和公平原则，合理确定损失赔偿额。

合同不成立、无效、被撤销或者确定不发生效力，当事人的行为涉嫌违法且未经处理，可能导致一方或者双方通过违法行为获得不当利益的，人民法院应当向有关行政管理部门提出司法建议。当事人的行为涉嫌犯罪的，应当将案件线索移送刑事侦查机关；属于刑事自诉案件的，应当告知当事人可以向有管辖权的人民法院另行提起诉讼。

第二十五条　合同不成立、无效、被撤销或者确定不发生效力，有权请求返还价款或者报酬的当事人一方请求对方支付资金占用费的，人民法院应当在当事人请求的范围内按照中国人民银行授权全国银行间同业拆借中心公布的一年期贷款市场报价利率（LPR）计算。但是，占用资金的当事人对于合同不成立、无效、被撤销或者确定不发生效力没有过错的，应当以中国人民银行公布的同期同类存款基准利率计算。

双方互负返还义务，当事人主张同时履行的，人民法院应予支持；占有标的物的一方对标的物存在使用或者依法可以使用的情形，对方请求将其应支付的资金占用费与应收取的标的物使用费相互抵销的，人民法院应予支持，但是法律另有规定的除外。

四、合同的履行

第二十六条　当事人一方未根据法律规定或者合同约定履行开具发票、提供证明文件等非主要债务，对方请求继续履行该债务并赔偿因怠于履行该债务造成的损失的，人民法院依法予以支持；对方请求解除合同的，人民法院不予支持，但是不履行该债务致使不能实现合同目的或者当事人另有约定的除外。

第二十七条　债务人或者第三人与债权人在债务履行期限届满后达成以物抵债协议，不存在影响合同效力情形的，人民法院应当认定该协议自当事人意思表示一致时生效。

债务人或者第三人履行以物抵债协议后，人民法院应当认定相应的原债务同时消灭；债务人或者第三人未按照约定履行以物抵债协议，经催告后在合理期限内仍不履行，债权人选择请求履行原债务或者以物抵债协议的，人民法院应予支持，但是法律另有规定或者当事人另有约定的除外。

前款规定的以物抵债协议经人民法院确认或者人民法院根据当事人达成的以物抵债协议制作成调解书，债权人主张财产权利自确认书、调解书生效时发生变动或者具有对抗善意第三人效力的，人民法院不予支持。

债务人或者第三人以自己不享有所有权或者处分权的财产权利订立以物抵债协议的，依据本解释第十九条的规定处理。

第二十八条　债务人或者第三人与债权人在债务履行期限届满前达成以物抵债协议的，人民法院应当在审理债权债务关系的基础上认定该协议的效力。

当事人约定债务人到期没有清偿债务，债权人可以对抵债财产拍卖、变卖、折价以实现债权的，人民法院应当认定该约定有效。当事人约定债务人到期没有清偿债务，抵债财产归债权人所有的，人民法院应当认定该约定无效，但是不影响其他部分的效力；债权人请求对抵债财产拍卖、变卖、折价以实现债权的，人民法院应予支持。

当事人订立前款规定的以物抵债协议后，债务人或者第三人未将财产权利转移至债权人名下，债权人主张优先受偿的，人民法院不予支持；债务人或者第三人已将财产权利转移至债权人名下的，依据《最高人民法院关于适用〈中华人民共和国民法典〉有关担保制度的解释》第六十八条的规定处理。

第二十九条　民法典第五百二十二条第二款规定的第三人请求债务人向自己履行债务的，人民法院应予支持；请求行使撤销权、解除权等民事权利的，人民法院不予支持，但是法律另有规定的除外。

合同依法被撤销或者被解除，债务人请求债权人返还财产的，人民法院应予支持。

债务人按照约定向第三人履行债务，第三人拒绝受领，债权人请求债务人向自己履行债务的，人民法院应予支持，但是债务人已经采取提存等方式消灭债务的除外。第三人拒绝受领或者受领迟延，债务人请求债权人赔偿因此造成的损失的，人民法院依法予以支持。

第三十条　下列民事主体，人民法院可以认定为民法典第五百二十四条第一款规定的对履行债务具有合法利益的第三人：

（一）保证人或者提供物的担保的第三人；

（二）担保财产的受让人、用益物权人、合法占有人；

（三）担保财产上的后顺位担保权人；

（四）对债务人的财产享有合法权益且该权益将因财产被强制执行而丧失的第三人；

（五）债务人为法人或者非法人组织的，其出资人或者设立人；

（六）债务人为自然人的，其近亲属；

（七）其他对履行债务具有合法利益的第三人。

第三人在其已经代为履行的范围内取得对债务人的债权，但是不得损害债权人的利益。

担保人代为履行债务取得债权后，向其他担保人主张担保权利的，依据《最高人民法院关于适用〈中华人民共和国民法典〉有关担保制度的解释》第十三条、第十四条、第十八条第二款等规定处理。

第三十一条　当事人互负债务，一方以对方没有履行非主要债务为由拒绝履行自己的主要债务的，人民法院不予支持。但是，对方不履行非主要债务致使不能实现合同目的或者当事人另有约定的除外。

当事人一方起诉请求对方履行债务，被告依据民法典第五百二十五条的规定主张双方同时履行的抗辩且抗辩成立，被告未提起反诉的，人民法院应当判决被告在原告履行债务的同时履行自己的债务，并在判项中明确原告申请强制执行的，人民法院应当在原告履行自己的债务后对被告采取执行行为；被告提起反诉的，人民法院应当判决双方同时履行自己的债务，并在判项中明确任何一方申请强制执行的，人民法院应当在该当事人履行自己的债务后对对方采取执行行为。

当事人一方起诉请求对方履行债务，被告依据民法典第五百二十六条的规定主张原告应先履行的抗辩且抗辩成立的，人民法院应当驳回原告的诉讼请求，但是不影响原告履行债务后另行提起诉讼。

第三十二条　合同成立后，因政策调整或者市场供求关系异常变动等原因导致价格发生当事人在订立合同时无法预见的、不属于商业风险的涨跌，继续履行合同对于当事人一方明显不公平的，人民法院应当认定合同的基础条件发生了民法典第五百三十三条第一款规定的“重大变化”。但是,合同涉及市场属性活跃、长期以来价格波动较大的大宗商品以及股票、期货等风险投资型金融产品的除外。

合同的基础条件发生了民法典第五百三十三条第一款规定的重大变化,当事人请求变更合同的,人民法院不得解除合同;当事人一方请求变更合同,对方请求解除合同的,或者当事人一方请求解除合同,对方请求变更合同的,人民法院应当结合案件的实际情况,根据公平原则判决变更或者解除合同。

人民法院依据民法典第五百三十三条的规定判决变更或者解除合同的,应当综合考虑合同基础条件发生重大变化的时间、当事人重新协商的情况以及因合同变更或者解除给当事人造成的损失等因素,在判项中明确合同变更或者解除的时间。

当事人事先约定排除民法典第五百三十三条适用的,人民法院应当认定该约定无效。

五、合同的保全

第三十三条　债务人不履行其对债权人的到期债务,又不以诉讼或者仲裁方式向相对人主张其享有的债权或者与该债权有关的从权利,致使债权人的到期债权未能实现的,人民法院可以认定为民法典第五百三十五条规定的“债务人怠于行使其债权或者与该债权有关的从权利,影响债权人的到期债权实现”。

第三十四条　下列权利,人民法院可以认定为民法典第五百三十五条第一款规定的专属于债务人自身的权利:

(一)抚养费、赡养费或者扶养费请求权;

(二)人身损害赔偿请求权;

(三)劳动报酬请求权,但是超过债务人及其所扶养家属的生活必需费用的部分除外;

(四)请求支付基本养老保险金、失业保险金、最低生活保障金等保障当事人基本生活的权利;

(五)其他专属于债务人自身的权利。

第三十五条　债权人依据民法典第五百三十五条的规定对债务人的相对人提起代位权诉讼的，由被告住所地人民法院管辖，但是依法应当适用专属管辖规定的除外。

债务人或者相对人以双方之间的债权债务关系订有管辖协议为由提出异议的，人民法院不予支持。

第三十六条　债权人提起代位权诉讼后，债务人或者相对人以双方之间的债权债务关系订有仲裁协议为由对法院主管提出异议的，人民法院不予支持。但是，债务人或者相对人在首次开庭前就债务人与相对人之间的债权债务关系申请仲裁的，人民法院可以依法中止代位权诉讼。

第三十七条　债权人以债务人的相对人为被告向人民法院提起代位权诉讼，未将债务人列为第三人的，人民法院应当追加债务人为第三人。

两个以上债权人以债务人的同一相对人为被告提起代位权诉讼的，人民法院可以合并审理。债务人对相对人享有的债权不足以清偿其对两个以上债权人负担的债务的，人民法院应当按照债权人享有的债权比例确定相对人的履行份额，但是法律另有规定的除外。

第三十八条　债权人向人民法院起诉债务人后，又向同一人民法院对债务人的相对人提起代位权诉讼，属于该人民法院管辖的，可以合并审理。不属于该人民法院管辖的，应当告知其向有管辖权的人民法院另行起诉；在起诉债务人的诉讼终结前，代位权诉讼应当中止。

第三十九条　在代位权诉讼中，债务人对超过债权人代位请求数额的债权部分起诉相对人，属于同一人民法院管辖的，可以合并审理。不属于同一人民法院管辖的，应当告知其向有管辖权的人民法院另行起诉；在代位权诉讼终结前，债务人对相对人的诉讼应当中止。

第四十条　代位权诉讼中，人民法院经审理认为债权人的主张不符合代位权行使条件的，应当驳回诉讼请求，但是不影响债权人根据新的事实再次起诉。

债务人的相对人仅以债权人提起代位权诉讼时债权人与债务人之间的债权债务关系未经生效法律文书确认为由，主张债权人提起的诉讼不符合代位权行使条件的，人民法院不予支持。

第四十一条　债权人提起代位权诉讼后，债务人无正当理由减免相对人的债务或者延长相对人的履行期限，相对人以此向债权人抗辩的，人民法院不予支持。

第四十二条 对于民法典第五百三十九条规定的“明显不合理”的低价或者高价，人民法院应当按照交易当地一般经营者的判断，并参考交易时交易地的市场交易价或者物价部门指导价予以认定。

转让价格未达到交易时交易地的市场交易价或者指导价百分之七十的，一般可以认定为“明显不合理的低价”；受让价格高于交易时交易地的市场交易价或者指导价百分之三十的，一般可以认定为“明显不合理的高价”。

债务人与相对人存在亲属关系、关联关系的，不受前款规定的百分之七十、百分之三十的限制。

第四十三条 债务人以明显不合理的价格，实施互易财产、以物抵债、出租或者承租财产、知识产权许可使用等行为，影响债权人的债权实现，债务人的相对人知道或者应当知道该情形，债权人请求撤销债务人的行为的，人民法院应当依据民法典第五百三十九条的规定予以支持。

第四十四条 债权人依据民法典第五百三十八条、第五百三十九条的规定提起撤销权诉讼的，应当以债务人和债务人的相对人为共同被告，由债务人或者相对人的住所地人民法院管辖，但是依法应当适用专属管辖规定的除外。

两个以上债权人就债务人的同一行为提起撤销权诉讼的，人民法院可以合并审理。

第四十五条 在债权人撤销权诉讼中，被撤销行为的标的可分，当事人主张在受影响的债权范围内撤销债务人的行为的，人民法院应予支持；被撤销行为的标的不可分，债权人主张将债务人的行为全部撤销的，人民法院应予支持。

债权人行使撤销权所支付的合理的律师代理费、差旅费等费用，可以认定为民法典第五百四十条规定的“必要费用”。

第四十六条 债权人在撤销权诉讼中同时请求债务人的相对人向债务人承担返还财产、折价补偿、履行到期债务等法律后果的，人民法院依法予以支持。

债权人请求受理撤销权诉讼的人民法院一并审理其与债务人之间的债权债务关系，属于该人民法院管辖的，可以合并审理。不属于该人民法院管辖的，应当告知其向有管辖权的人民法院另行起诉。

债权人依据其与债务人的诉讼、撤销权诉讼产生的生效法律文书申请强制执行的，人民法院可以就债务人对相对人享有的权利采取强制执行措施以实现债权人的债权。债权人在撤销权诉讼中，申请对相对人的财产采取保全措施的，人民法院依法予以准许。

六、合同的变更和转让

第四十七条　债权转让后，债务人向受让人主张其对让与人的抗辩的，人民法院可以追加让与人为第三人。

债务转移后，新债务人主张原债务人对债权人的抗辩的，人民法院可以追加原债务人为第三人。

当事人一方将合同权利义务一并转让后，对方就合同权利义务向受让人主张抗辩或者受让人就合同权利义务向对方主张抗辩的，人民法院可以追加让与人为第三人。

第四十八条　债务人在接到债权转让通知前已经向让与人履行，受让人请求债务人履行的，人民法院不予支持；债务人接到债权转让通知后仍然向让与人履行，受让人请求债务人履行的，人民法院应予支持。

让与人未通知债务人，受让人直接起诉债务人请求履行债务，人民法院经审理确认债权转让事实的，应当认定债权转让自起诉状副本送达时对债务人发生效力。债务人主张因未通知而给其增加的费用或者造成的损失从认定的债权数额中扣除的，人民法院依法予以支持。

第四十九条　债务人接到债权转让通知后，让与人以债权转让合同不成立、无效、被撤销或者确定不发生效力为由请求债务人向其履行的，人民法院不予支持。但是，该债权转让通知被依法撤销的除外。

受让人基于债务人对债权真实存在的确认受让债权后，债务人又以该债权不存在为由拒绝向受让人履行的，人民法院不予支持。但是，受让人知道或者应当知道该债权不存在的除外。

第五十条　让与人将同一债权转让给两个以上受让人，债务人以已经向最先通知的受让人履行为由主张其不再履行债务的，人民法院应予支持。债务人明知接受履行的受让人不是最先通知的受让人,最先通知的受让人请求债务人继续履行债务或者依据债权转让协议请求让与人承担违约责任的,人民法院应予支持;最先通知的受让人请求接受履行的受让人返还其接受的财产的,人民法院不予支持,但是接受履行的受让人明知该债权在其受让前已经转让给其他受让人的除外。

前款所称最先通知的受让人,是指最先到达债务人的转让通知中载明的受让人。当事人之间对通知到达时间有争议的,人民法院应当结合通知的方式等因素综合判断,而不能仅根据债务人认可的通知时间或者通知记载的时间予以认定。当事人采用邮寄、通讯电子系统等方式发出通知的,人民法院应当以邮戳时间或者通讯电子系统记载的时间等作为认定通知到达时间的依据。

第五十一条 第三人加入债务并与债务人约定了追偿权,其履行债务后主张向债务人追偿的,人民法院应予支持;没有约定追偿权,第三人依照民法典关于不当得利等的规定,在其已经向债权人履行债务的范围内请求债务人向其履行的,人民法院应予支持,但是第三人知道或者应当知道加入债务会损害债务人利益的除外。

债务人就其对债权人享有的抗辩向加入债务的第三人主张的,人民法院应予支持。

七、合同的权利义务终止

第五十二条 当事人就解除合同协商一致时未对合同解除后的违约责任、结算和清理等问题作出处理,一方主张合同已经解除的,人民法院应予支持。但是,当事人另有约定的除外。

有下列情形之一的,除当事人一方另有意思表示外,人民法院可以认定合同解除:

(一)当事人一方主张行使法律规定或者合同约定的解除权,经审理认为不符合解除权行使条件但是对方同意解除;

(二)双方当事人均不符合解除权行使的条件但是均主张解除合同。

前两款情形下的违约责任、结算和清理等问题,人民法院应当依据民法典第五百六十六条、第五百六十七条和有关违约责任的规定处理。

第五十三条 当事人一方以通知方式解除合同,并以对方未在约定的异议期限或者其他合理期限内提出异议为由主张合同已经解除的,人民法院应当对其是否享有法律规定或者合同约定的解除权进行审查。经审查,享有解除权的,合同自通知到达对方时解除;不享有解除权的,不发生合同解除的效力。

第五十四条 当事人一方未通知对方,直接以提起诉讼的方式主张解除合同,撤诉后再次起诉主张解除合同,人民法院经审理支持该主张的,合同自再次起诉的起诉状副本送达对方时解除。但是,当事人一方撤诉后又通知对方解除合同且该通知已经到达对方的除外。

第五十五条 当事人一方依据民法典第五百六十八条的规定主张抵销,人民法院经审理认为抵销权成立的,应当认定通知到达对方时双方互负的主债务、利息、违约金或者损害赔偿金等债务在同等数额内消灭。

第五十六条 行使抵销权的一方负担的数项债务种类相同,但是享有的债权不足以抵销全部债务,当事人因抵销的顺序发生争议的,人民法院可以参照民法典第五百六十条的规定处理。

行使抵销权的一方享有的债权不足以抵销其负担的包括主债务、利息、实现债权的有关费用在内的全部债务,当事人因抵销的顺序发生争议的,人民法院可以参照民法典第五百六十一条的规定处理。

第五十七条 因侵害自然人人身权益,或者故意、重大过失侵害他人财产权益产生的损害赔偿债务,侵权人主张抵销的,人民法院不予支持。

第五十八条 当事人互负债务,一方以其诉讼时效期间已经届满的债权通知对方主张抵销,对方提出诉讼时效抗辩的,人民法院对该抗辩应予支持。一方的债权诉讼时效期间已经届满,对方主张抵销的,人民法院应予支持。

八、违约责任

第五十九条 当事人一方依据民法典第五百八十条第二款的规定请求终止合同权利义务关系的,人民法院一般应当以起诉状副本送达对方的时间作为合同权利义务关系终止的时间。根据案件的具体情况，以其他时间作为合同权利义务关系终止的时间更加符合公平原则和诚信原则的，人民法院可以以该时间作为合同权利义务关系终止的时间，但是应当在裁判文书中充分说明理由。

第六十条　人民法院依据民法典第五百八十四条的规定确定合同履行后可以获得的利益时，可以在扣除非违约方为订立、履行合同支出的费用等合理成本后，按照非违约方能够获得的生产利润、经营利润或者转售利润等计算。

非违约方依法行使合同解除权并实施了替代交易，主张按照替代交易价格与合同价格的差额确定合同履行后可以获得的利益的，人民法院依法予以支持；替代交易价格明显偏离替代交易发生时当地的市场价格，违约方主张按照市场价格与合同价格的差额确定合同履行后可以获得的利益的，人民法院应予支持。

非违约方依法行使合同解除权但是未实施替代交易，主张按照违约行为发生后合理期间内合同履行地的市场价格与合同价格的差额确定合同履行后可以获得的利益的，人民法院应予支持。

第六十一条　在以持续履行的债务为内容的定期合同中，一方不履行支付价款、租金等金钱债务，对方请求解除合同，人民法院经审理认为合同应当依法解除的，可以根据当事人的主张，参考合同主体、交易类型、市场价格变化、剩余履行期限等因素确定非违约方寻找替代交易的合理期限，并按照该期限对应的价款、租金等扣除非违约方应当支付的相应履约成本确定合同履行后可以获得的利益。

非违约方主张按照合同解除后剩余履行期限相应的价款、租金等扣除履约成本确定合同履行后可以获得的利益的，人民法院不予支持。但是，剩余履行期限少于寻找替代交易的合理期限的除外。

第六十二条　非违约方在合同履行后可以获得的利益难以根据本解释第六十条、第六十一条的规定予以确定的，人民法院可以综合考虑违约方因违约获得的利益、违约方的过错程度、其他违约情节等因素，遵循公平原则和诚信原则确定。

第六十三条　在认定民法典第五百八十四条规定的“违约一方订立合同时预见到或者应当预见到的因违约可能造成的损失”时，人民法院应当根据当事人订立合同的目的,综合考虑合同主体、合同内容、交易类型、交易习惯、磋商过程等因素,按照与违约方处于相同或者类似情况的民事主体在订立合同时预见到或者应当预见到的损失予以确定。

除合同履行后可以获得的利益外,非违约方主张还有其向第三人承担违约责任应当支出的额外费用等其他因违约所造成的损失,并请求违约方赔偿,经审理认为该损失系违约一方订立合同时预见到或者应当预见到的,人民法院应予支持。

在确定违约损失赔偿额时,违约方主张扣除非违约方未采取适当措施导致的扩大损失、非违约方也有过错造成的相应损失、非违约方因违约获得的额外利益或者减少的必要支出的,人民法院依法予以支持。

第六十四条 当事人一方通过反诉或者抗辩的方式,请求调整违约金的,人民法院依法予以支持。

违约方主张约定的违约金过分高于违约造成的损失,请求予以适当减少的,应当承担举证责任。非违约方主张约定的违约金合理的,也应当提供相应的证据。

当事人仅以合同约定不得对违约金进行调整为由主张不予调整违约金的,人民法院不予支持。

第六十五条 当事人主张约定的违约金过分高于违约造成的损失,请求予以适当减少的,人民法院应当以民法典第五百八十四条规定的损失为基础,兼顾合同主体、交易类型、合同的履行情况、当事人的过错程度、履约背景等因素,遵循公平原则和诚信原则进行衡量,并作出裁判。

约定的违约金超过造成损失的百分之三十的,人民法院一般可以认定为过分高于造成的损失。

恶意违约的当事人一方请求减少违约金的,人民法院一般不予支持。

第六十六条 当事人一方请求对方支付违约金,对方以合同不成立、无效、被撤销、确定不发生效力、不构成违约或者非违约方不存在损失等为由抗辩,未主张调整过高的违约金的,人民法院应当就若不支持该抗辩,当事人是否请求调整违约金进行释明。第一审人民法院认为抗辩成立且未予释明,第二审人民法院认为应当判决支付违约金的,可以直接释明,并根据当事人的请求,在当事人就是否应当调整违约金充分举证、质证、辩论后,依法判决适当减少违约金。

被告因客观原因在第一审程序中未到庭参加诉讼,但是在第二审程序中到庭参加诉讼并请求减少违约金的,第二审人民法院可以在当事人就是否应当调整违约金充分举证、质证、辩论后,依法判决适当减少违约金。

第六十七条 当事人交付留置金、担保金、保证金、订约金、押金或者订金等,但是没有约定定金性质,一方主张适用民法典第五百八十七条规定的定金罚则的,人民法院不予支持。当事人约定了定金性质,但是未约定定金类型或者约定不明,一方主张为违约定金的,人民法院应予支持。

当事人约定以交付定金作为订立合同的担保,一方拒绝订立合同或者在磋商订立合同时违背诚信原则导致未能订立合同,对方主张适用民法典第五百八十七条规定的定金罚则的,人民法院应予支持。

当事人约定以交付定金作为合同成立或者生效条件,应当交付定金的一方未交付定金,但是合同主要义务已经履行完毕并为对方所接受的,人民法院应当认定合同在对方接受履行时已经成立或者生效。

当事人约定定金性质为解约定金,交付定金的一方主张以丧失定金为代价解除合同的,或者收受定金的一方主张以双倍返还定金为代价解除合同的,人民法院应予支持。

第六十八条 双方当事人均具有致使不能实现合同目的的违约行为,其中一方请求适用定金罚则的,人民法院不予支持。当事人一方仅有轻微违约,对方具有致使不能实现合同目的的违约行为,轻微违约方主张适用定金罚则,对方以轻微违约方也构成违约为由抗辩的,人民法院对该抗辩不予支持。

当事人一方已经部分履行合同,对方接受并主张按照未履行部分所占比例适用定金罚则的,人民法院应予支持。对方主张按照合同整体适用定金罚则的,人民法院不予支持,但是部分未履行致使不能实现合同目的的除外。

因不可抗力致使合同不能履行,非违约方主张适用定金罚则的,人民法院不予支持。

九、附　　则

第六十九条　本解释自 2023 年 12 月 5 日起施行。

民法典施行后的法律事实引起的民事案件,本解释施行后尚未终审的,适用本解释;本解释施行前已经终审,当事人申请再审或者按照审判监督程序决定再审的,不适用本解释。